AF153011

Leo Frobenius

Die Masken und Geheimbünde Afrikas

Leo Frobenius

Die Masken und Geheimbünde Afrikas

ISBN/EAN: 9783743302228

Hergestellt in Europa, USA, Kanada, Australien, Japan

Cover: Foto ©ninafisch / pixelio.de

Manufactured and distributed by brebook publishing software
(www.brebook.com)

Leo Frobenius

Die Masken und Geheimbünde Afrikas

NOVA ACTA.

Abh. der Kaiserl. Leop.-Carol. Deutschen Akademie der Naturforscher

Band LXXIV. Nr. 1.

Die

Masken und Geheimbünde

Afrikas

von

L Frobenius.

Mit 14 Tafeln. Nr. I—XIV und 33 Textfiguren.

Eingegangen bei der Akademie am 3. Juni 1898.

HALLE.

1898.

Druck von Ehrhardt Karras, Halle a. S.

Für die Akademie in Commission bei Wilh. Engelmann in Leipzig.

Inhalt.

1*

[1] Ein knapper Abriss der Entwicklung der oceanischen Geheimbünde und Masken ist in der „Leopoldina XXXIV, 1898" zu finden.

Einleitendes.

Die erste Aufgabe einer jungen Wissenschaft ist es stets, die eigenen Probleme kennen zu lernen. Die Lösung dieser Aufgabe wird mit einem gewissen Sammeln eingeleitet werden müssen. Das Gruppiren der zu untersuchenden Stoffe zeitigt die Erkenntniss der Fragen, die sich ganz von selbst ergeben.

Infolge so regen Sammelns wie es Bastian, Taylor und auch Andree unternommen haben, zumal aber der Methode des ersten dieser Männer, ist die Völkerkunde verhältnissmässig schnell dem ermüdenden Stadium der Vorbereitungsarbeiten entwachsen. Uns Jüngeren ist es schon beschieden nach dem Wesen und Werden der Stoffe unserer Wissenschaft zu fragen. Uns eröffnen sich schon die Probleme.

Wenn wir daher es unternehmen, einen Gegenstand der wissenschaftlichen Untersuchung zu unterziehen, so sind Behandlungsweise und Ergebnisse, Fragestellung und Beantwortung andersartig, als die der älteren Gelehrten. Das muss erwähnt werden, weil die Vorarbeiten Andrees und Bastians, dessen einen Lieblingsthema das der Masken, dessen anderen das der Geheimbünde in älteren Schriften war, sehr verschieden sind von den vorliegenden Studien. Die Abhandlungen dieser Männer gaben mir die Wegweisung.

Die Reihe der Jahre, die theilweise ausschliesslich dem Studium der Masken und Geheimbünde Afrikas und Oceaniens gewidmet waren, zeitigte immer mehr die Erkenntniss, dass die Probleme der Masken und die der Geheimbünde untrennbar seien, dass fernerhin die musealen und litterarischen Materiale für eine eingehende Darstellung genügten. Auf Grund der sich

entwickelnden Anschauungsklarheit wurde die Abhandlung zweimal um-
gearbeitet, wodurch sie die heutige Gestalt erhielt. So wie sie ist, sollte
sie nach Möglichkeit Museumsbeamten ein Hülfsbuch für Bestimmung und
Werthschätzung der Objecte, Quellwerk für weitere Studien auf den entsprechenden Gebieten und ein Beitrag zur Völkerkunde Afrikas, zur Entwicklungsgeschichte der Plastik, der Weltanschauung und der socialen Einrichtungen der Naturvölker und endlich der prähistorischen Beziehungen
auf der südlichen Hälfte des Erdballes sein. Ich sage „sollte", denn es
ist mir sehr wohl bewusst, dass ich diese hohen Ziele nicht so, wie ich es
gewünscht hätte, erreicht habe.

Infolge seiner naturgemässen Beschaffenheit zerfällt die Arbeit in
zwei Theile: einen ethnographischen, beschreibenden und einen ethnologischen, vergleichenden. Letzterer sucht die drei Fragen des Werdens
der Form, des Werdens der Sitte und des Wesens der Verbreitung
zu lösen.

In vieler Hinsicht fusst die Arbeit auf anderen Publikationen. So
das gesammte Gerüst der Weltanschauungsdarstellung auf dem Werke:
„Weltanschauung der Naturvölker" (1898), das vierte Capitel auf den Ausführungen in: „Der Kameruner Schiffsschnabel und seine Motive" (Nova
Acta, Bd. 70). Die Probleme der Malajonigritier und des westafrikanischen
Kulturkreises sind zunächst in Arbeiten bei Petermann, vor allem aber in
dem Hauptwerke „Der Ursprung der Kultur" Bd. I (1898) besprochen.

Der Verfasser hat keine Mühe, Reise, und so weit es möglich war
auch Ausgabe gescheut, um dem Werke die Wiedergabe aller erreichbaren
Masken aus den europäischen Museen beizufügen. Man bedenke, wenn die
Anzahl der Stücke gering erscheint, dass die afrikanische Maske im allgemeinen ein seltener Gegenstand ist.

Um eine Uebersicht über die Beziehung zwischen den Abbildungen,
dem ethnographischen und ethnologischen Theile zu gewähren, wird ein
doppeltes Verzeichniss beigefügt, eines für die Tafelillustrationen und ihre
Beziehung zum Text und eines für die Namen der Bünde, Masken, Bezeichnungen. Im ethnographischen Theile sind vor jeder Beschreibung der Vorkommnisse eines Bezirkes, die diesem entstammenden Masken, die Text-

Illustrationen und die Litteratur angegeben. — „No." bedeutet stets Text-illustration, „Fig." die Tafelillustrationen.

Es ist mir eine grosse Freude, an dieser Stelle meinen warmen Dank für das Wohlwollen, Interesse und die Hülfe aussprechen zu können, die das Werk erfahren hat. An erster Stelle gebührt derselbe Herrn Dr. J. D. E. Schmeltz, der mir fast in jeder Hinsicht behülflich war. Ohne die Unterstützung der Museumsleitungen wäre die Abhandlung natürlich nicht zu dem Grade der Vollkommenheit des Illustrationsapparates gediehen. Besonders die Herren Prof. Dr. A. Bastian, Dr. von Luschan, Dr. Weule (Berlin), Dr. Serrurier, Dr. J. D. E. Schmeltz (Leiden), Prof. Dr. Max Buchner (München), Prof. Dr. Lampert (Stuttgart), Dr. W. Hein, Botstiber (Wien), Director Lüders, Dr. Hagen (Hamburg), Pleite (Amsterdam), van Bemelen (Rotterdam), Dr. Obst (Leipzig), Dr. Balfour (Oxford), Dr. W. Clark (Edinbourgh), Director Kasser (Bern), Dr. Hjalmar Stolpe (Stockholm), Conservator E. Gosselin (Duai), Hausvater Käser (Basel), Louis Taeschler (St. Gallen) haben dieser Abhandlung Zeit, Wohlwollen und Mitarbeiterschaft zu Theil werden lassen.

Um neue Quellen zu eröffnen, wurde eine umfangreiche Correspondenz geführt, die zum Theil ausserordentlich erfolgreich war. Zumal folgende Herren haben in grosser Bereitwilligkeit alle erwünschte Auskunft ertheilt: Prof. Dr. Max Buchner, Paul Reichard, Lieutenant Hutter, Prof. Dr. Georg Schweinfurth, Prof. Dr. Oscar Lenz, Paul Staudinger, Missionar Ramsayer, Hofrath Dr. Gerhard Rohlfs, Dr. Hans Meyer, Major von François, Missionar Steiner, Dr. Alfred Grandidier, Dr. Maclean. — Herr Dr. Holub hat mir seine Original-Farbskizzen zur Verfügung gestellt. — Prof. Dr. Gerland ist in liebenswürdiger Weise auf alle Anfragen bezüglich seiner Karten im ethnographischen Atlas eingegangen.

Bei den Illustrationen hat mich eine Reihe begabter Künstler unterstützt; die Herren Zeichenlehrer E. Hugelshofer, Maler Hans Schulz, Architect P. Fries, R. Raar, Dr. Lindner und mein Bruder, der Maler H. Frobenius haben sich in dieser Weise um das Werk verdient gemacht — die Herren cand. med. Carl Keller und Grossmann waren mir bei Uebersetzungen behülflich.

Ihnen allen, denen ich mich verpflichtet fühle, meinen wärmsten Dank.

Zum Schluss möge mir noch die Bitte erlaubt sein, noch unbekannte Formen afrikanischer Masken und Kameruner Schiffsschnäbel sowie Mittheilungen über Sinn und Verwendung mir (unter der Adresse der Kaiserl. Leop. Carol. Akademie in Halle) einzusenden, da diese Arbeiten noch manches Nachtrages bedürftig sind.

Basel, 21. September 1897.

I. Theil.

Ethnographische Darstellung.

1. Capitel. Die Abbildungen.

Dass die Abbildungen, die wie die des vorliegenden Werkes auf den verschiedensten Wegen, aus den verschiedensten Sammlungen zusammengeströmt sind von einem ganz verschiedenen wissenschaftlichen Werthe allein schon wegen der verschiedenen Grösse und der verschiedenen Abbildungsweise sind, bedarf weiter keines Beweises. Es ist deshalb Pflicht, mitzutheilen, welchen Grad der Genauigkeit sie besitzen, ferner die Quellen, Notizen über sie, Grössenverhältnisse etc. Leider kann nur in wenigen Fällen alles Wünschenswerthe angeführt werden. Theils waren Grössenangaben nicht zu erreichen, theils sind die Museumsnotizen und — ein nicht seltener Fall — sogar die Quellenangaben mangelhaft, theils reicht das Gedächtniss nach einigen Jahren nicht mehr zurück zur Zeit der Museumsbesichtigung. Und doch eröffnet sich das Verständniss erst am Ende langer Studien. Erst nach langem Studium des Materiales versteht man Einzelheiten zu würdigen. Mit alledem mag die Mangelhaftigkeit der Angaben, die manchmal das Wichtigste unberücksichtigt lassen, entschuldigt werden.

Es lag dem Illustrationsverfahren das Bestreben zu Grunde, möglichst von verwandten Formen gezeichnete, photographische und bunte Typen wiederzugeben. Jede dieser Darstellungsweisen hat ihre grossen unverkennbaren Vorzüge, jede aber auch ihre Nachtheile. Wo es möglich war wurden auch bei den gezeichneten und bunten Illustrationen Photographieen berücksichtigt.

Um das Nachschlagen zu erleichtern, lasse ich die Abbildungsnummern vorspringen.

Tafelillustrationen.

b. Masken Südafrikas, Ostafrikas und des Kongo-Beckens.

(Fig. 1—23).

Fig. 12. Taf. II. Maske der Baluba. Museum für Völkerkunde in Berlin. III E. 2453.
Slg. Stuhlmann. Höhe: 39 cm. — Die Maske ward ohne Provinienz-
angabe von Manjewa in Tabora erworben. Der Vergleich mit Fig. 13
Taf. II ergiebt aber die Möglichkeit, die Herkunft zu bestimmen. —
Man kann unter den Augenlidern durchsehen. Die kleinen Löcher am
Halse haben offenbar der Befestigung der theilweise ruinirten Quasten
gedient. Vielleicht auch eines Faserbehanges. — Der Wiedergabe von
Fig. 12a diente eine Photographie und eine Farbenskizze des Verfassers,
Fig. 12b, dem Halstheile in Seitenansicht, eine Zeichnung und Farben-
skizze zur Grundlage.

Fig. 13. Taf. II. Maske der Wasära-Warua am Luapula. Museum für Völkerkunde in Berlin.
III E. 1922a. Slg. P. Reichard. Die Angabe „Tanzmaske" scheint
unmotivirt, da der Reisende nichts über die Maske erfuhr. Höhe:
37 cm. — Die Löcher liegen unter den Augen. — Vorlage: Photographie und Farbenskizze. Die Färbung der Fellstreifen ist nicht vollkommen getroffen.

Fig. 14. Taf. II. Maske vom Lomami. Museum für Völkerkunde in Berlin. III C. 1953.
Slg. Pogge. Angabe: Kriegsmaske. (?) Höhe ohne den Bastbehang:
46 cm. Durch eine Lücke zwischen den Zähnen kann man sehen. —
Als Vorlage diente eine Photographie und Farbenskizzen des Verfassers.

Fig. 15. Taf. II. Maske der Bakuba. Museum für Völkerkunde in Berlin. Slg. L. Wolff.
Museumsangabe: „geschnitzte und bemalte mit zwei Hörnern und mit
Bart aus Raphiafaser versehene Maske". Bemerkung des Sammlers zu
der Abbildung im Reisewerk („Im Innern Afrikas" S. 255): „Fetisch-
Maske aus Holz geschnitzt, wird bei festlichen Gelegenheiten vom Vor-
tänzer getragen". Der vordere Theil ist aus Holz, der hintere aus
Stoff. Die schwarzen Punkte auf dem unteren Gesicht sind Löcher.
Zwischen Kinn und Bart findet sich ein anscheinend beabsichtigter
Zwischenraum, wahrscheinlich zum Durchsehen. — Als Vorlage dienten
Abbildung bei Ratzel (Völkerkunde, zweite Auflage), Wissmann, Wolff
und Farbenskizzen des Verfassers. Die Farbe der Abbildung weicht
von der Wahrheit um einige Nüancen ab.

Fig. 16. Taf. I. Maske der Baluba. Ethnographisches Museum in München. Angaben von
Prof. Dr. Max Buchner: „Die Maske stammt von Gravenreuth und
wurde wahrscheinlich durch diesen an der Küste von Händlern des
Innern gekauft. Die Farbe ist ein schwärzliches Grau. Die Einschnitte sind mit weissem Kalk gefüllt. An der Stirne lassen sich
Spuren von Indigoblau bemerken. Die Mundfalte war mit rothem
Flanell garnirt. der aber jetzt von den Motten weggefressen ist. Die
Maske hat ganz schmale Augenschlitze". — Die rothe Flanellgarnitur
möchte ich als Zunge deuten (siehe Loango-Masken). — Die Bestimmung
der Maske ist nicht schwer. Typus, Gesichts- und Augenform sind
ganz die der Baluba-Masken. Die Tätowirung, Kreise auf Schläfen
und Wangen, drei Längsschnitte seitlich der Nase treffen wir auch bei
der Baluba-Maske vom oberen Kassai Fig. 18 (Taf. I) wieder. Endlich

sind die drei Ausläufer auf der Stirn Eigenthümlichkeit vieler Baluba-
Schnitzereien. — Abbildung nach Photographie.

Fig. 17. Tafel I. Maske aus dem Kassai-Gebiet. Museum für Völkerkunde in Berlin. III E.
2452. Slg. Stuhlmann. Höhe 23 cm. Die Maske ist vom Sammler in
Tabora von Manjema erworben. Augen- und Mund-Oeffnungen. Löcher
am unteren Rande, wahrscheinlich für einen Faserbehang. — Für die
Bestimmung der Maske war Folgendes maassgebend: Augen- und
Nasenbildung ist die der Bakuba-Maske (Fig. 15, Taf. II). Die mit
Löchern versehene Fortsetzung am Halse entspricht dem gleichen
Theile an der Baluba-Maske Fig. 12 (Taf. II), die ausserdem vom
gleichen Sammler in Tabora von denselben Händlern erworben worden
ist. — Ausser einer kleinen als Vorlage dienenden Photographie sind
Zeichen- und Farbenskizzen vorhanden.

Fig. 18. Taf. I. Maske der Baluba vom oberen Kassai. Weltausstellung in Antwerpen 1894.
Topfmaske mit Augenöffnungen. Farbe: Augenlider, der Strich unter
dem Mund, Backenringe, Streifen und Dreieck über den Augen und
der Stirn weiss; obere Stirn und Gesicht von den Augen nach unten
schwarz; Stirn über den Augen (also Untertheil der Stirn) roth. —
Ausser den der Abbildung dienenden Photographieen liegen Skizzen
des Verfassers vor.

Fig. 19. Taf. I. Maske vom oberen Mongallo. Ethnographisches Reichsmuseum. Ueber sie
machte Schmeltz seiner Zeit folgende Mittheilung: „Volgens ontvangen
mededeeling von den heer Greshoff zijn ook aan den Boven-Congo
maskers in gebruik en werd door hem een exemplar angetroffen te
Moleka ± 50 mijlen boven Bangalla aan den mond der Mongalla —
(of Ngala) -river, hetwelk van den boven Mongalla afkomstig is". —
Höhe: 36 cm. Catalognummer des Museums 708 H. — Als Vorlage
diente eine Photographie. — Vom oberen Mongalla stammt auch die
Miniaturmaske Text No. 33. Dieselbe hat die gleichen durchbohrten
Ohren.

Fig. 20. Taf. I. Maske vom Aruwimi. Weltausstellung in Antwerpen 1894. Augen- und
Mundöffnungen. Farbe: grau und weiss. — Ausser Photographieen
liegen Bleistiftskizzen vor. — Zähne eingesetzt.

Fig. 21. Taf. I. Maske vom Uelle oder Aruwimi. Weltausstellung in Antwerpen 1894.
Farbe: weiss und dunkelgrau. Augen- und Mundöffnungen. Zwei
Zähne sind eingesetzt. — Zeichnungen und Photographieen liegen vor.

Fig. 22. Taf. III. Maske der Wandumbo. Museum für Völkerkunde in Berlin. III E. 2593.
Slg. Stuhlmann. Angabe des Sammlers: „Kriegsmaske". (?) Höhe
46 cm. Breite: 20 cm. — Gezeichnet nach Abbildungen bei Stuhlmann und Ratzel.

Fig. 23. Taf. IV. Maske vom Sangha. Ethnographisches Reichsmuseum in Leiden. Nr. 299.
Slg. Kovienan. Oeffnung nur in den Augen. — Die Maske ist an Ort
und Stelle in ½ der natürlichen Grösse aquarellirt.

16   L. Frobenius,

c. **Masken der Loango-Ogowe-Völker.**

Fig. 24. Taf. I. Loango-Maske. Musée de Douai. Nr. 6507. Höhe 27 cm. Museumsangabe:
                 „Congo; masque de docteur". — Augen- und Mundöffnungen. — Nach
                 einer Photographie.
Fig. 25. Taf. I. Maske aus Cabinda. Museum für Völkerkunde in Hamburg. Augen- und
                 Mundöffnung. — Abgebildet nach einer Photographie.
Fig. 26. Taf. I. Loango-Maske. Ethnographisches Reichsmuseum in Leiden. Serie 945.
                 Nr. 11. Länge: 41 cm. Löcher am Rande scheinen auf einen Körper-
                 behang hinzudeuten. — Abgebildet nach einer Photographie.
Fig. 27. Taf. II. Loango-Maske. Museum des zoologischen Gartens in Rotterdam. Nr. 131.
                 Ohne Provinienzangabe. Jedoch ist der Loangotypus unverkennbar.
                 (Farben, Nase, Mund, Kinn etc.). Bemalung mit weisser Kalkfarbe;
                 Streifen und Punkte graublau und roth. In den Augenlöchern sitzen
                 Spiegel. Breite: 19 cm, Höhe: 20 cm. — Abbildungsmaterial, Bleistift-
                 und Farbenskizzen des Verfassers.
Fig. 28. Taf. II. Maske von Banana am Kongo. Museum für Völkerkunde in Berlin.
                 III C. 3768. Höhe: 23 cm. — In den Augen Löcher. — Vorlage:
                 Farbenskizze des Verfassers.
Fig. 29. Taf. II. Maske, am Kongo erworben. Museum für Völkerkunde in Berlin. III C. 3905.
                 Höhe: 32 cm. Museumsangabe: Maske, von Aerzten bei Kranken-
                 besuchen getragen, gekauft von Joest bei einem Händler. — Vorlage:
                 Aquarellskizzen des Verfassers. Die Zeugstreifen am Hintertheile sind
                 nicht ganz deutlich.
Fig. 30. Taf. II. Loango-Maske. Ethnographisches Museum der ostschweizerischen, com-
                 merciellen geographischen Gesellschaft in St. Gallen. Museumsangabe:
                 Afrikanische Maske. Die Bestimmung ergiebt sich von selbst. Be
                 malung in Kalkfarben, weiss mit schwarz und roth. — Material der
                 Darstellung: Photographie, Farbenskizze von Louis Taeschler und
                 Skizze des Verfassers.
Fig. 31. Taf. II. Loango-Maske. Museum für Natur-, Völker- und Handelskunde in Bremen.
                 Länge: 60 cm, Breite: 27 cm. Museumsvermerk: „Fetischmaske (?) aus
                 leichtem Holz gearbeitet und mit weisser Farbe bemalt.' Der obere
                 Gesichtstheil bildet eine ausgehöhlte Halbkugel, während der Gesichts-
                 theil von der Stirne ab nach unten zu allmählich schmäler wird.
                 Mitten auf der Stirn stehen zwei gewundene 15 cm lange durch Brennen
                 geschwärzte Hörner empor. Die Augen bilden zwei ovale mit dunklen
                 Rändern umgebene Löcher. Unterhalb der sehr grossen Nase sitzt der
                 breite aus einem hervorspringenden Stück Holz geschnitzter Mund mit
                 einer rothen Kittmasse ausgestrichen und die spitzen Zähne zeigend.
                 An den beiden Seiten der Backen sind in durchgebohrten Löchern
                 Büschel von Pflanzenfasern befestigt, welche den Bart vorstellen. Die
                 Maske wird von den Fetischdoctoren (?) bei Todesfällen in Verbindung
                 mit einem den ganzen Körper bedeckenden Gewande von grauen
                 Federn getragen". — Vorlage der Abbildung waren Photographie und
                 Farbenskizzen des Verfassers.

Fig. 32.　Taf. II.　Loango-Maske.　Museum für Völkerkunde in Berlin. III C. 3904.　Höhe:
30 cm.　Museumsangabe: Maske, von Aerzten bei Krankenbesuchen
getragen; geschenkt von Prof. Joest, der sie am Kongo von einem
holländischen Händler erwarb. Augen- und Mundöffnungen. — Vorlage: Aquarellskizze des Verfassers.

Fig. 33.　Taf. II.　Loango-Maske.　Museum für Völkerkunde in Berlin. III C. 3907.　Höhe:
25 cm.　Museumsangabe: Maske, von Aerzten bei Krankenbesuchen
getragen; geschenkt von Prof. Joest, der sie am Kongo von einem
holländischen Händler erwarb. — Als Vorlage diente eine Farbenskizze
des Verfassers.

Fig. 34.　Taf. II.　Loango-Maske.　Museum für Völkerkunde in Berlin. III C. 3908.　Höhe:
25 cm.　Museumsangabe: Maske, von Aerzten bei Krankenbesuchen
getragen; geschenkt von Prof. Joest, der sie am Kongo von einem
holländischen Händler erwarb. Augen und Mundlöcher.　b, die Skizze
der Seitenansicht. — Nach Aquarellen des Verfassers gemalt. Das
Fell der Hinterseite ist nicht ganz geglückt.

Fig. 35.　Taf. II.　Loango-Maske.　Museum für Völkerkunde in Berlin. III C. 3906.　Höhe:
32 cm.　Museumsangabe: Maske, von Aerzten bei Krankenbesuchen
getragen; geschenkt von Prof. Joest, der sie am Kongo von einem
holländischen Händler erwarb. Zwei Löcher unter der Nase. Augen
und Mundöffnungen. An der Hinterseite ein Fadengewebe. Am Kinn
(Ziegen)fell mit Haaren als Bart. — Vorlage: Farbenskizze des Verfassers.

Fig. 36.　Taf. III.　Maske aus Loango Pequeno.　Museum für Völkerkunde in Berlin. III.
C. 721. Museumsangabe: „Maske zum Federfetisch(?) N'Dungu ge-
hörig. Gilssfeld“. Höhe: 40 cm. Augen- und Mundöffnungen. — Vorlage: eine Bleistiftzeichnung des Verfassers.

Fig. 37.　Taf. III.　Loango-Maske.　Museum für Völkerkunde in Leipzig. Museumsangabe:
Maske vom Lukungu. Augen- und Mundöffnungen. — Gezeichnet nach
einer Photographie.

Fig. 38.　Taf. III.　Maske von Cabinda.　Museum voor Land- en Volkenkunde in Rotterdam.
Nr. 3912. Museumsangabe: Maske der Fetischero(?), wenn sie Regen
machen. Augenöffnungen. Stirn und Nase weiss, alles andere grau,
Lippen braun. — Nach einer Skizze des Verfassers.

Fig. 39.　Taf. IV.　Maske von Quillu.　Ethnographisches Reichsmuseum in Leiden. Nr. 300.
Slg. Kovienau. - Die Maske ist an Ort und Stelle in ¹⁄₁, der natürlichen Grösse aquarellirt.

Fig. 40.　Taf. IV.　Loango-Maske.　Koninklijk Zoolog. Genootschap. Ethnographisches Museum
in Amsterdam. Museumsangabe: „Tombela, Maske wird von Zauberern
gebraucht beim Begräbniss eines Prinzen. Diese Masken sind schwer
zu bekommen, gewöhnlich findet man nur eine solche Maske in jedem
Dorfe von einiger Grösse“. Die Maske ist mit Oelfarben bemalt. -
An Ort und Stelle in ¹⁄₁ der natürlichen Grösse aquarellirt.

Fig. 41.　Taf. IV.　Maske vom Massabe-Fluss (Loango).　Koninklijk Zoolog. Genootschap.
Ethnographisches Museum in Amsterdam. Museumsangabe: „N'dunga,

Maske, sehr alt, wird gebraucht, um auszuforschen, wo sich Regen befindet, wenn es lange trocken gewesen ist. Aus der Umgebung des Massabe-Flusses". Augen- und Mundöffnungen. — Die Maske wurde an Ort und Stelle in ⅓ der natürlichen Grösse aquarellirt.

Fig. 42. Taf. V.   Maske von Massabi (Loango). Ethnographisches Reichsmuseum in Leiden. Doppelmaske mit Federgewand. a und b Vorder- und Rückseite. Eine genaue Beschreibung von Serrurier findet sich im „Internationalen Archiv für Ethnographie" 1888, Bd. I, S. 154 ff. Die dort beigefügte Tafel ist hier verkleinert wiedergegeben, wobei mehr der allgemeine Typus als Einzelheiten der Federn berücksichtigt wurden. — Aehnliche Doppelmasken der Loango-Küste befinden sich in dem ethnographischen Museum des Zoologischen Gartens sowohl Rotterdams als Amsterdams und auch im Museum für Völkerkunde in Berlin. Diejenigen Amsterdams tragen fälschlich die Bezeichnung: „Angola-Masken" und führen folgenden Vermerk: N'dunga-Masken aus Chiosambo. Bei Leichenfesten eines verstorbenen Prinzen getragen. Der oberste Priester versteckt sich in solch eine Maske, und kann, weil alsdann legale Anarchie herrscht, alles sich zueignen, was ihm gefällt.

Fig. 43. Taf. II.   Maske vom Ogowe: „Historisches Museum in Bern. Höhe: 32 cm, Breite: 19 cm. Museumsangaben fehlen. Die Herkunft ergiebt sich jedoch sofort aus dem Vergleich mit Formen wie Fig. 52—54 (Taf. VI). Augenlöcher. — Vorlagen: Photographie und Farbenskizze des Verfassers.

Fig. 44. Taf. III.   Maske der Ondumbo. Trocadéro Paris. — Gezeichnet nach einem Druck unbekannter Herkunft.

Fig. 45. Taf. III.   Maske der Ondumbo. Trocadéro, Paris. Gezeichnet nach einem Druck unbekannter Herkunft.

Fig. 46. Taf. III.   Maske der Ondumbo. Trocadéro, Paris. Gezeichnet nach einem Druck unbekannter Herkunft.

Fig. 47. Taf. III.   Maske der Ondumbo. Trocadéro, Paris. Gezeichnet nach einem Druck unbekannter Herkunft.

Fig. 48. Taf. III.   Maske der Ondumbo. Trocadéro, Paris. Gezeichnet nach einem Druck unbekannter Herkunft.

Fig. 49. Taf. III.   Maske vom Ogowe. — Gezeichnet nach einer Abbildung in: Le Tour du Monde.

Fig. 50. Taf. VI.   Maske der Gallois nördl. der Loangoküste. Museum für Völkerkunde in Hamburg. — Nach einer Photographie, die das weisse Kreuz mit den Flügeln auf Stirn, Augen, Mund und Kinn leider nicht ganz klar wiedergiebt.

Fig. 51. Taf. VI.   Maske der Gallois nördl. der Loangoküste. Museum für Völkerkunde in Hamburg. — Vorlage: Photographie.

Fig. 52. Taf. VI.   Maske der Ivili. University Museum in Oxford. Nr. 3315. a von der Seite b von vorn. Museumsangabe: „used in their dances". — Nach Photographieen.

Fig. 53. Taf. VI. Maske von Sette Kama. Free public Museum in Liverpool. Slg. J. G.
C. Harrison. Museumsangabe: „Mask. in wood painted white. — Nach
Photographie, die die Umrandung nicht ganz klar erkennen lässt.

Fig. 54. Taf. VI. Maske vom Ogowe. Museum für Völkerkunde in Hamburg. — Nach
Photographie.

d. Masken Kamerun-Calabars.

Fig. 55. Taf. VI. Maske. Ngolo (Kamerun) Ethnographisches Museum in Stockholm. Nennes
Slg. Nr. 16. Höhe: 29 cm, grösste Breite: 21 cm. — Beschreibung
H. Stolpes: „Die Maske ist schwarz, der Scheitel flach, mit zwei par-
allelen Reihen viereckiger Löcher, hinten 9 vorn 8, wahrscheinlich zur
Befestigung von Haaren. Auf der rechten Seite 5, auf der linken
4 ähnliche Löcher“. — Die Maske ist die einzige derartige, aus
Kamerun bekannt gewordene, weshalb das wichtige Stück in zwei An-
sichten nach Photographie hier wiedergegeben ist.

Fig. 56. Taf. VI. Maske aus Kamerun. Museum für Völkerkunde in Hamburg. Nr. 1310.
Museumsangabe: „Kopfschmuck. Antilopenkopf aus Cabinda“. Die
Provenienzangabe bedarf keiner Widerlegung. Die Maske ist wie die
meisten Kameruner Masken mit Oelfarbe übermalt (siehe bei Fig. 57).
Die Zunge ist ein Eisenkeil. — Nach einer Photographie. — Ueber
den Namen dieser Masken siehe Fig. 60.

Fig. 57. Taf. VIII. Maske aus Kamerun. Museum für Völkerkunde in Hamburg. Nr. 1745.
Länge: 82 cm. Die Angabe Cabinda ist falsch. — Es ist dies ein
interessantes altes Stück aus braunem Holz, das dadurch besonders
wichtig ist, dass es beweist, wie wenig bedeutungsvoll die Bemalung
für die Werthschatzung solcher Objecte ist. Sie ist nämlich, wie
kleinere Reste es beweisen, mit grüner Farbe bemalt gewesen, die aber
wieder entfernt ist. — Es liegen die Photographieen von zwei Seiten
der Maske vor, sowie eine Federzeichnung des Verfassers. Im Munde
ein Eisenstück als Zunge.

Fig. 58. Taf. VIII. Maske aus Kamerun. Im Besitze des Missionars Autenrieth. Name:
Njati. — Als Vorlage diente eine Photographie.

Fig. 59. Taf. VIII. Maske aus Kamerun. Im Besitze des Missionars Autenrieth. Name:
Njati. — Als Vorlage diente eine Photographie.

Fig. 60. Taf. IX. Maske aus Kamerun. Museum für Völkerkunde in Berlin. III C. 3752.
Slg. Zintgraff. Museumsangabe: „Name ist Nyate; bei Leichenfeierlichkeiten getragen. Unbetheiligte ergreifen die Flucht.“ Länge: 82 cm.
b zeigt die hintere Seite der Maske. d die Weise des Tragens. Im
Munde ein Eisenstück als Zunge. — Nach Farbenskizze und Federzeichnungen des Verfassers.

Fig. 61. Taf. IX. Maske aus Kamerun. Ethnographisches Museum in München. Museumsangabe: Ekongolo-Maske. Im Munde ein Eisentheil als Zunge. Als
Vorlage dienten eine Photographie sowie eine Oelskizze von H. Frobenius.

Fig. 62. Taf. XI. Maske aus Kamerun. Ethnographisches Museum in München. Museumsangabe: Ekongolomaske. — Nach einer Oelskizze von H. Frobenius.

2*

20   L. Frobenius,

Fig. 63. Taf. XI. Maske aus Kamerun. Sammlung Späthe in Oels. Angabe des Sammlers:
                    Tanzhut der Wurilente. Auch das Zungeneisen im Munde ist wie die
                    ganze Maske mit Oelfarbe bemalt. — Als Vorlage diente eine Farben-
                    skizze und Federzeichnung des Verfassers.

Fig. 64. Taf. IX. Maske aus Kamerun. Ethnographisches Museum in München. Museums-
                    angabe: „Ekongolo-Maske". Im Munde ein Stück Eisen. — Als Vor-
                    lage dienten eine Photographie und eine Oelskizze von H. Frobenius.

Fig. 65. Taf. IX. Maske aus Kamerun. Museum für Völkerkunde in Berlin. III C. 1925.
                    Länge: 56 cm. Museumsangabe: „Tanzhut." Aus gelbem Holz ge-
                    schnitzt. — Nach einer Farbenskizze des Verfassers.

Fig. 66. Taf. IX. Maske aus Kamerun. Ethnographisches Museum in München. Museums-
                    angabe: „Ekongolo-Maske". — Diese Maske ist ausserordentlich werth-
                    voll, da ausser einer im Leipziger Museum sich befindenden, bis jetzt
                    die einzige, die Eidechse oder Krokodil in dieser Verbindung mit der
                    Maske unverkennbar zeigt. — Zu Grunde liegen eine Photographie
                    und eine Oelskizze von H. Frobenius.

Fig. 67. Taf. IX. Maske aus Kamerun. Museum für Völkerkunde in Hamburg. Nr. 1746.
                    Provenienzangabe: Kabinda, was falsch ist. Länge: 83 cm. — Als
                    Vorlage: Photographieen, Federzeichnung und Farbenskizze des Ver-
                    fassers.

Fig. 68. Taf. VI. Aufsatzmaske aus Calabar. Museum für Natur-, Völker- und Handels-
                    kunde in Bremen. Museumsangabe: Untere Niger. — Nach einer
                    Photographie.

Fig. 69. Taf. VI. Maske aus Neu Calabar. Ethnographisches Reichsmuseum in Leiden.
                    S. 845. Nr. 15. Länge: 44 cm. Hamburg besitzt ein vollkommen
                    gleiches Stück unter Nr. 1541 mit der Bezeichnung Alt Calabar. Höhe
                    derselben 44¹⁄₂ cm.

                    Die Analogie der Stücke im Leidener und Hamburger Museum
                    darf den Schluss zulassen, dass zweimal die vorkommenden Stücke
                    systematisch gesammelt sind. Es stimmen nämlich überein:
                    1. Diese Vorleg-Masken wie Fig. 69.
                    2. Der Typus. Fig. 70 (Leiden) und Fig. 81 (Hamburg).
                    3. Stammbaummasken Fig. 78 (Leiden) und Fig. 71 (Hamburg).
                    4. Klappmasken Fig. 72 (Leiden) und Fig. 80 (Hamburg).
                    5. Der Typus Fig. 74 (Leiden) und Fig. 82 (Hamburg).
                    Thatsächlich scheinen damit die Haupttypen dieses wichtigen, vielleicht
                    wichtigsten Maskengebietes in Afrika erschöpft. Berlin hat neuerdings
                    ähnliche Masken wie Fig. 72 und 80 erhalten.
                    Fig. 69 ist nach Photographie abgebildet.

Fig. 70. Taf. VI. Maske aus Bugumar in Neu-Calabar. Ethnographisches Reichsmuseum in
                    Leiden. S. 845. Nr. 14. Höhe: 33 cm. Ohne Augenlöcher. Vergleiche
                    bei Fig. 69 Gesagtes. — Nach Photographie.

Fig. 71. Taf. VI. Maske aus Calabar. Museum für Völkerkunde in Hamburg. — Vergleiche
                    bei Fig. 69 Gesagtes. — Nach Photographie.

Fig. 72. Taf. VI. Maske aus Bugumar in Neu Calabar. Ethnographisches Reichsmuseum in Leiden. Höhe: 27 cm. Der Unterkiefer ist beweglich. Augen- und Nasenöffnungen. Ohren aus Fell. — Vergleiche bei Fig. 69 gesagtes.

Fig. 73. Taf. VI. Maske aus Calabar. Museum für Natur-Völker- und Handelskunde in Bremen. Angabe der Sammlung: „vom unteren Niger." — Nach einer Photographie.

Fig. 74. Taf. VI. Maske, aus Neu-Calabar. Ethnographisches Reichs-museum in Leiden. S. 845, Nr. 13. Länge: 32 cm. — Vergleiche das bei Fig. 69 gesagte. — Die Maske hat keine Augen. — Nach Photographie.

Fig. 75. Taf. VIII. Aufsatz-Maske aus Kamerun. Museum für Völkerkunde in Berlin. III C. 3744. Höhe: 66 cm. Museumsangabe: „Name: Ecala Hualia; bei Leichenfeierlichkeiten zu Ehren von Sklaven getragen." — Der oberste Vogel ist beweglich. Löcher finden sich im Halse des unteren Vogels, des Gesichtes und der hohlen Halbkugel. Daher ist anzunehmen, dass früher von dem Kopf des oberen Vogels ein Strick ausging, der durch den unteren Vogel, das Gesicht und die Halbkugel gezogen war. Durch Ziehen an demselben gerieth der Vogel in eine begattende Bewegung. Der Strick ist durch eine punktirte Linie angedeutet. — Die Zeichnung ist nach einer Farbenskizze hergestellt und ist in Einzelheiten nicht vollkommen fehlerfrei oder klar.

Fig. 76. Taf. VIII. Aufsatz-Maske aus Kamerun. Ethnographisches Museum in Basel. Slg. Spälhe. Notiz des Sammlers: „Kopfputz der Abo-Leute." Vergl. Kameruner Schiffsschnabel Taf. IV. Fig. 28 a b c. — Gezeichnet nach Farbenskizzen.

Fig. 77. Taf. VIII. Aufsatz-Maske aus Neu Calabar. Ethnographisches Reichsmuseum in Leiden. Serie 845. Nr. 16. — Gezeichnet nach einer flüchtigen Bleistiftskizze.

Fig. 78. Taf. VIII. Aufsatz-Maske aus Neu Calabar. Ethnographisches Reichsmuseum in Leiden. Serie 845. Nr. 17. — Gezeichnet nach einer flüchtigen Bleistift-skizze. — Vergl. das bei Fig. 69 Gesagte.

Fig. 79. Taf. VIII. Vorleg-Maske aus Bugumar, Neu Calabar. Museum für Völkerkunde in Hamburg. Nr. 1510. Höhe: 41 ; cm. Hinten eine flache Aushöhlung. Sehr schwer an Gewicht. Augenöffnungen fehlen. — Nach einer Federzeichnung des Verfassers.

Fig. 80. Taf. VIII. Maske aus Bugumar, Neu Calabar. Museum für Völkerkunde in Hamburg. Nr. 1520. Höhe: 30 cm; Breite mit Ohren: 32 cm., ohne: 15 cm. Unterkiefer klappbar. Ohren aus Fell, ebenso die Augenlider. Vergleiche das unter Fig. 69 Gesagte. — Seitenansicht nach Zeichnung des Verfassers, Vorderansicht nach Photographie gezeichnet.

Fig. 81. Taf. VIII. Maske aus Alt Calabar. Museum für Völkerkunde in Hamburg. Nr. 1542. Hinten eine starke Ausschaalung. Augenlöcher fehlen. Höhe: 31 cm. Vergleiche das unter Fig. 69 Gesagte. — Abbildung nach Zeichnung und Photographie.

Fig. 82. Taf. VIII. Maske aus Alt Calabar. Museum für Völkerkunde in Hamburg. Nr. 1543. Höhe: 32 cm; Breite: 9 cm. Hinten Ausschaalung. Augen nicht vorhanden. Löcher an den Seiten für einen Körperbehang. Vergleiche das bei Fig. 69 Gesagte. — Gezeichnet nach Photographieen, Federzeichnungen und Farbenskizzen.

Fig. 83.   Taf. VIII.   Maske aus Alt Calabar.   Museum für Völkerkunde in Hamburg. Nr. 1544.   Höhe: 35 cm.   Ohne Ausschaulung und Löcher. — Gezeichnet nach Farbenskizzen und Photographie.

e. Masken des Sudan.

Fig. 84.   Taf. VII.   Maske der Bali. Ethnographisches Museum in München. Slg. Hutter. Näheres siehe Cap. 2f.   Museums-Notiz: „Wird beim Tanzen unter Gebrüll vor das Gesicht gehalten." Ohne Augenöffnungen und Munddurchbruch. — Gezeichnet nach einer Photographie.

Fig. 85.   Taf. VII.   Maske der Djuku (Flegel) oder Djikum (Passarge) Museum für Völkerkunde in Berlin.   III F. 1257.   Höhe der Maske: 28 cm; Fasern hinten ca. 90 cm. vorn nur 20 cm.   Museumsangabe: „Fetisch-Maske mit Faserbehang.   In Wukari erworben.   Slg. Flegel." — Die Vorderansicht a ist nach einer Photographie, die Seitenansicht b nach Skizzen des Verfassers und Passarge gezeichnet.

Fig. 86.   Taf. VII.   Aufsatzmaske der Djuku (Flegel) oder Djikum (Passarge) Museum für Völkerkunde in Berlin.   III F. 1254.   Angabe des Museums: „Fetisch-Kopfputz aus Holz geschnitzt, roth und weiss bemalt, in Wukari erworben.   Slg. Flegel."   Bei Passarge („Adamaua" S. 362) abgebildet als „hölzerner Götze der Djikum" (?). — Die Farbe des Holzes ist altholzgrau.   Die aufgemalten Flecke sind fast verblichen.   Hinten (Fig. 86 b) geht ein Loch nach unten durch.   Die Oeffnungen hinten (zwei in der Mitte und viele am Rande) deuten auf das Fehlen irgend eines Behanges, Federschmuckes etc.   Jedenfalls haben wir es mit einem Bruchstücke eines complicirteren Gebildes zu thun, dessen Analogieen in Calabar aufzusuchen sein dürften. — Als Vorlage dienten Feder- und Bleistiftzeichnungen sowie die Abbildung bei Passarge.

Fig. 87.   Taf. VII.   Maske der Bongo. Museum für Völkerkunde in Berlin, Slg. Junker, III A c 774.   Höhe: 30 cm.   Museumsangabe: „Tanzmaske".   Die Zähne sind eingesetzt, Haare am Munde befestigt.   Ebenda findet sich eine Wachsmasse.   Die Form der Stirn, Scheitel und Einschnitt erinnert an die Ngolo-Maske, Fig. 55, Taf. VII.   Eine mangelhafte Abbildung derselben (?) Maske bei Junker Bd. II. — Abbildung nach Federzeichnungen des Verfassers.

Fig. 88.   Taf. VII.   Maske der Baja, Museum für Völkerkunde Berlin.   III F. 465.   Höhe: 33 cm.   Museumsnotiz: „Maske aus Fell, Stroh und Wachs zusammengesetzt.   In Ngaundere erworben.   Slg. Flegel." — Auf ein Rohrgestell ist Tuch gespannt, auf welches die Wachsmasse aufgeklebt ist. Die letztere ist sehr bröcklich.   In Augen und Mund sind Oeffnungen. — Gezeichnet nach einer Photographie und einer Farbenskizze des Verfassers.

Fig. 89.   Taf. VII.   Maske aus Nupe. Museum für Völkerkunde in Berlin.   III F. 249, 250, 251, 252, 253.   Die Maske besteht aus folgenden Stücken:

Fig. 89 a. Museumsangabe: „Hut aus Gras geflochten, zum Maskenfest für
die Erntefestspiele der Nupe. Angekauft in Kpatatschi, dem Grenzorte
gegen Bussan. III F. 249. Flegel." Maske von der Spitze bis zum
Kinn 50 cm; von der Spitze bis zum Ende des Strohbehanges 90 cm.
Maske und oberer Theil des Strohbehanges naturgelb. Mittlerer Theil
des Strohbehanges rothbraun, unterer roth gefärbt. Löcher nur in den
Augen. Durch daraufbefestigte Büschel sind die Ränder und Mund,
Nase angedeutet. Der vom Kinn herabhängende Strohbehang reicht
nur bis zur Grenze der rothbraunen und rothen Färbung.

Fig. 89 b. Museumsangabe: „Jacke zum Maskenanzug für die Erntefestspiele
der Nupe. III F. 250." Grösste Breite: 90 cm; Länge: 60 cm. Farbe
des Flechtwerkes strohgelb, des Strohbehanges die rothe des Unter-
theiles am Hutbehang.

Fig. 89 c. Museumsangabe: „Schurz für den etc. III F. 251." Breite: ca.
1 m. Farbe des Behanges roth, des geflochtenen Strickes dunkel-
strohgelb. Länge des Behanges: ca. 50 cm.

Fig. 89 d e. Museumsangabe: „Beinschienen für den etc. III F. 252 a b."
Länge: ca. 40 cm. Das Geflecht ist naturgelb, der Besatz roth.

Fig. 89 f. Museumsangabe: „Armbüschel für den etc. III F. 253 a – d."
Von den vier vorhandenen Büscheln ist nur einer wiedergegeben.
Länge: ca. 30 cm.

Fig. 89 g soll das Aussehen der Strohfasern oder -halme wiedergeben;
Fig. 89 h die aufgenähten Verzierungen der Jacke; Fig. 89 i das
Flechtwerk des Hutes, Gesichtes und der Beinschienen; Fig. 89 k das
Flechtwerk der Jacke.

Die Zeichnungen sind ausgeführt nach Farben- und Bleistiftskizzen des Verfassers. Die Wiedergabe der Strohbehänge kann nicht
als gelungen bezeichnet werden, da sie mehr wie Haare, als wie Stroh
aussehen (vgl. daher Fig. 89 g).

Fig. 90. Taf. VII. Maske aus Kpatatschi in Nupe. Museum für Völkerkunde in Berlin.
Sammlung Flegel. III F. 1653. Höhe von der Spitze bis zum Ge-
sichtsbehang: ca. 40 cm, des Gesichtsbehanges: ca. 10 cm. Bei Passarge
(S. 452) abgebildet als: „Helm aus dem Sudan." Der Kopftheil besteht aus Tuch. Auch die von rampunirten Federn geschmückte Spitze
ist tuchumwunden. Das mit drei Löchern für Augen und Mund versehene Gesichtsstück ist aus Leder und mit Fell besetzt. Ein Fell
hängt hinten herab. Der Hut ist mit Kauris, Spiegeln und vorn einem
Vogelkopf verziert. — Drei ähnliche Masken im Museum Umtauf (siehe
Cap. 2). Provenienzangabe derselben: Porto-Novo. — Die Abbildung
ist nach Skizzen des Verfassers und der Abbildung bei Passarge
gezeichnet.

f. Masken Nord-Guineas und Senegambiens.

Fig. 91. Taf. VIII. Maske aus Yoruba. Museum für Völkerkunde in Berlin. III C. 5112.
Länge vom Kopf der Schlange bis zum Vorderrand: ca. 33 cm. Die

Maske ist wie alle anderen Kopfmasken aus Yoruba (Ausnahme ist
Fig. 99, Taf. IX) mit europäischen Oelfarben bemalt. Wie es die
Richtung der Löcher in den Augen und Nasen erkennen lässt, sowie
aus der Kopfweite zu schliessen, werden die Masken nicht über den
Kopf gestülpt, sondern mit dem Hinterrand auf den Kopf aufgelegt. —
Gezeichnet nach Federzeichnungen des Verfassers.

Fig. 92. Taf. VIII. Maske aus Yoruba. Museum für Völkerkunde in Berlin. III C. 5441.
Länge von der Spitze des Affen bis zum Vorderrand: ca. 30 cm.
Löcher in den Augen und Nase (siehe Fig. 91). — Nach Feder-
zeichnungen des Verfassers.

Fig. 93. Taf. VIII. Maske aus Yoruba. Museum für Völkerkunde in Berlin. III K. 211.
Museumsangabe: „von Palma“. Die Maske hat keine Löcher. Die
beiden äusseren Figuren der Maske fassen an die Brüste und haben
getrennt geschnitzte Beine. Bei der mittleren ist dies nicht der Fall.
Also Darstellung von zwei Weibern und einem Mann. — Gezeichnet
nach einer Bleistiftskizze. Flüchtige Darstellung.

Fig. 94. Taf. VIII. Maske aus Yoruba. Koninglijk Zoologisch Genootschap in Amsterdam.
Diese und eine ähnliche Maske wurden vom Museum mit der Be-
zeichnung: „Geschnellte Köpfe der Dajak“ übernommen. Es sind die
beiden ältesten afrikanischen Masken in europäischen Museen. Das
Stück ist als solches sehr wichtig und wäre eine bessere Wiedergabe,
als ich sie nach einer Reiseskizze geben kann, erwünscht. Der Ober-
theil sieht weniger wie die Nachbildung einer Haartracht aus, als wie
ein Schädel, dessen Decke entfernt ist, sodass das Gehirn zum Vorschein kommt.

Fig. 95. Taf. IX. Maske aus Lagos (?). Sammlung des Württembergischen Vereins für
Handelsgeographie in Stuttgart. Nr. 31. — Aquarellirt nach dem
Original.

Fig. 96. Taf. IX. Maske aus Dahome (?). Ethnographisches Museum in München. Museumsangabe: „Tanzmaske“. — Nach einer Oelskizze von H. Frobenius.

Fig. 97. Taf. IX. Maske aus Yoruba. Im Berliner Museum für Völkerkunde. III C. 2332.
Museumsangabe: „made by Angbologe, an Egbodo.“ Stg. Lüderitz.
Länge vom hinteren Unterrand bis zur Schnabelspitze: 54 cm. Aus
sehr leichtem gelben Holz hergestellt. Ohne Bemalung. Im Munde
sind drei Löcher zum Sehen und Athmen. — Als Vorlage dienten
Photographie und Aquarellskizze des Verfassers.

Fig. 98. Taf. IX. Maske aus Dahome (?). Museum für Völkerkunde in Berlin. III C. 1519.
Löcher zum Sehen: Nasenöffnungen. Also nicht in den Augen. Durch-
messer unten incl. des Randes, von vorn nach hinten gemessen: 28 cm.
— Eine ganz ähnliche Maske im historischen Museum in Bern trägt
den Vermerk: „Aus Addo: wird bei Belustigungen der Eingeborenen
getragen.“ — Fig. 98 ist nach einer Farbenskizze des Verfassers
gemalt.

Fig. 99. Taf. IX. Maske aus Lagos (?). Sammlung des Württembergischen Vereins für
Handelsgeographie in Stuttgart. Nr. 32. — Nach der Natur aquarellirt.

Fig. 100. Taf. X. Maske aus Lagos(?). Musée de Douai. Nr. 749. Museumsangabe. „Masque de la danse du diable." Hauteur mesurée de la pointe supérieure au menton: 31 cm. — Nach Photographie.

Fig. 101. Taf. X. Maske der Yaboo. University Museum in Oxford. Nr. 679 und 3314. Museumsangabe: „From the Yaboo country near Lagos. — Warren Edwards." — Nach Photographie.

Fig. 102. Taf. X. Maske aus Yoruba, Musée de Douai. Nr. 720. Angeblich vom Niger. Museumsnotiz: „Masque de la Dance du diable." Hauteur: 24 cm; hauteur totale avec la tige: 39 cm. — Nach Photographieen.

Fig. 103. Taf. X. Maske aus Yoruba. Museum of Science and Art in Edinburgh. 1885— 1100. Museumsangabe: „It was worn during the danse." Nach Angabe Walter Clark's zwar erst 10—12 Jahre alt, aber mit einheimischen, nicht europäischen Farben bemalt. — Nach Photographie.

Fig. 104. Taf. X. Maske aus Yoruba. Musée de Douai. Nr. 756. Museumsangabe: „Masque de la danse du diable." Hauteur: 35 cm. Oben auf dem Hut findet sich ein Zettel mit der undeutlichen Aufschrift: „Cap used by A. . .ier at the Devils dance." — Nach Photographie.

Fig. 105. Taf. X. Maske aus Lagos(?). Musée de Douai. Nr. 750. Museumsangabe: „Masque de la danse du diable." Hauteur mesurée de la pointe supérieure au menton: 33 cm. — Nach Photographie.

Fig. 106. Taf. X. Maske aus Porto Novo(?). Ethnographisches Reichsmuseum in Leiden. S. 945, Nr. 3. — Nach Photographie.

Fig. 107. Taf. X. Maske aus Yoruba. Ethnographisches Reichsmuseum in Leiden. S. 945, Nr. 3. — Nach Photographie.

Fig. 108. Taf. X. Maske aus Yoruba. Collections de l'OEuvre de la Propagation de la Foi in Lyon. Slg. Planque. Nr. 633. Museumsangabe: „Masque Fétiche dont les negres de la Côte de Guinée se parent dans leurs processions et leurs cérémonies." — Nach Photographie.

Fig. 109. Taf. X. Maske aus Abbeokuta. Collections de l'OEuvre de la Propagation de la Foi in Lyon. Slg. Brun. Nr. 744. Museumsangabe: „Masque servant dans les danses." — Nach Photographie.

Fig. 110. Taf. XI. Maske der Grebo. Ethnographisches Reichsmuseum in Leiden. S. 485, Nr. 6. Länge: 20 cm. Angeblich: „Reareden Congo." Ueber die richtige Bestimmung siehe unten Nr. 112. — Nach Photographie.

Fig. 111. Taf. XI. Maske der Grebo. Museum für Völkerkunde in Hamburg. Angeblich Akkra. — Dass diese Bestimmung falsch ist, geht schon daraus hervor, dass eine der drei Hamburger Grebo-Masken (111, 113, 114) bei Zoeller auf einem Bilde der Festlichkeit der Kru-Leute abgebildet ist. — Nach Photographie.

Fig. 112. Taf. XI. Maske von Sassandré an der Elfenbeinküste. Musée de Douai. Nr. 675. Hauteur totale: 53 cm. Museumsangabe: „Fétich. St. André (Côte D'Ivoire)." Da es ein St. André auf der Elfenbeinküste nicht zu geben scheint, dürfte Sassandré die richtige Bestimmung sein. — Dieses Stück zeigt alle typischen Merkmale der Grebo-Masken, so dass durch sie auch die anderen (Fig. 110, 111, 113, 114) bestimmt werden können.

Auch ohne dies Beweisstück deuten viele Merkmale auf einen nördlichen Ursprung hin (Stirn, Nase, Augen, Mund). Die auffallende Erscheinung, dass fast alle Grebo-Masken falsch bestimmt sind, findet ihre Erklärung in der Verbreitung der Kru, die ihre Geräthe überallhin mitnehmen. — In Akkra werden übrigens, wie langjährige Bewohner der Stadt aussagen (Mann, Ramseyer, Steiner), nie Masken gebraucht. — Nach Photographieen.

Fig. 113. Taf. XI. Maske der Grebo. Museum für Völkerkunde in Hamburg. Ueber die Angabe: „Akkra", die zu verwerfen ist, siehe Fig. 111 und 112. Die Spitzenverziehung dürfte das Holzskelett eines früheren Strahlenkranzes sein. Auf dem Mund Perlmuttereinlage. — Nach Photographieen.

Fig. 114. Taf. XI. Maske der Grebo. Museum für Völkerkunde in Hamburg. Ueber die falsche Angabe: „Akkra". siehe Fig. 111 u. 112. — Nach Photographie.

Fig. 115. Taf. VIII. Maske der Vey. Nach Büttikofer. Maske eines Sandi-Mädchens (vergl. Textabbildung Nr. 18). Solche Masken werden auch bei Leichenfeierlichkeiten und Todtenfesten getragen. („Festen, zur Erinnerung an Verstorbene").

Fig. 116. Taf. VIII. Maske aus Liberia. Museum für Natur-Völker- und Handelskunde in Bremen. Ohne Angabe der Herkunft, die aber aus dem Haarputz, den Augen. Nase und Mund. sowie dem ganzen Typus als „Liberia" sich erweist. Darauf. oder wenigsten auf diese Gegend deuten auch die Blechbeschläge. — Nach Photographie.

Fig. 117. Taf. IX. Maske der Purrah. Museum für Völkerkunde in Berlin. Mit Blechstreifen verziert. — Gemalt nach einem Farbenbilde Sütterlin's in Bastian: „Ethnologisches Notizblatt" Heft I.

Fig. 118. Taf. IX. Maske vom oberen Casamanka. Museum für Völkerkunde in Berlin. III C. 4293. Höhe von der Hörnerspitze bis zum Kinn: ca. 27 cm; Weite zwischen den Hörnern: ca. 44 cm; Länge des Behanges: ca. 70 cm. Aus Stroh geflochten. — Nach Farbenskizzen des Verfassers.

Fig. 119. Taf. XI. Maske aus Senegambien. Kaiserl. Königl. Naturhistorisches Hofmuseum in Wien. Nr. 8347. Museumsangabe: „Maske der Djola. Senegambien; wird den Negerknaben nach der Beschneidung aufgesetzt, und mit derselben ziehen sie in die umliegenden Ortschaften. Geschenk des französischen Ministeriums der Marine und Colonien durch Herrn A. L., Commissär der Ausstellung der französischen Colonien bei der Pariser Weltausstellung 1878." — Nach Photographieen. Der Behang ist nur bei der Seitenansicht wiedergegeben.

Fig. 120. Taf. XI. Maske der Mandingo. Ethnographisches Reichsmuseum in Leiden. S. 547, Nr. 12. Länge mit dem Behang: 85 cm. Der Behang ist nicht ganz wiedergegeben. — Nach Photographie.

Fig. 121. Taf. XI. Maske von Sedhion am Casamanka. Musée de Douai. Nr. 566. Hauteur totale: 1 m 30 cm. Angabe: „Beschneidungsmaske". Der Behang ist nicht wiedergegeben. — Nach Photographie.

Fig. 122. Taf. XI. Maske des Mandingo. Musée de Douai. Nr. 5859. Hauteur totale: 118 cm. Angabe; „Beschneidungsmaske". Der Behang ist nicht in

seiner ganzen Länge wiedergegeben. — Nach Photographie.
Vergl. Fig. 128—131, Taf. XIII.

g. Masken unbekannter Herkunft.

Fig. 123. Taf. XII. Provincial-Museum in Hannover. Höhe: 15 cm; Breite: 8 cm. Siehe
unten. — Nach Photographie.

Fig. 124. Taf. XII. Museum für Völkerkunde in Hamburg. Nr. 1268. Höhe: 25 cm. Angabe: „Ost Afrika". Siehe unten. — Nach Federzeichnung und
Photographie.

Fig. 125. Taf. XII. Free Public Museum in Liverpool. 9" wide (ear to ear). Ueber die
Herkunft ist nichts zu ermitteln. Die Maske besteht aus der Kopfhaut
eines Thieres, vielleicht eines Leoparden. — Nach einer Photographie.

Fig. 126. Taf. XII. Ethnographisches Reichsmuseum in Leiden. Höhe: 20 cm. Provenienzangabe: „Südliches Congogebiet." Siehe unten. — Nach Photographie.

Fig. 127. Taf. XII. Provinzial-Museum in Hannover. Höhe: 20 cm; Breite: 15 cm. Ohne
jede Angabe. Siehe unten. Nach einer Photographie.

Die Bestimmung von Fig. 123 und 124 erhält mancherlei Anhaltspunkte durch die Tätowirung, die sowohl in Calabar (vergl. Fig 80, Taf. VIII),
als in Loango (Fig. 39, Taf. IV) und am Ogowe (Fig. 53. Taf. VI) heimisch
ist. Gegen Calabar spricht der ganze Typus, gegen Loango das Fehlen
bunter Farben und das Herbe der Formen. Für Ogowe spricht aber alles,
was oben angeführt wurde. Auch die Kopfzierathe erinnern an Vorkommnisse dieser Gegend. Die Zweifarbigkeit und die Form der Augen würden
auch in die Ogowe Länder weisen.

Für die Bestimmung der beiden letzten Masken Fig. 126 und 127
lässt sich dagegen kein fester Anhaltepunkt gewinnen. Die Angabe Südl.
Congogebiet ist vielleicht(?) richtig. Die Augenform weist aber nach
Yoruba. Der aufgemalte Bart von Fig 127 ist aufschenerregend. Eine
Zeit lang neigte ich zu dem Glauben, Fälschungen vor mir zu haben.

Nachtrag.

Seitdem das Manuskript der Akademie übergeben ist, erschien das Werk von Luchans: „Beiträge zur Völkerkunde der deutschen Schutzgebiete". Berlin 1897, in welchem eine Taf. XLI: „Masken aus Oberguinea" sich befindet. Es ist dies das erste Mal, dass eine grössere Anzahl von afrikanischen Masken von einem Ethnologen veröffentlicht worden ist und deshalb recht bedauerlich, dass der Autor sich von seiner Ansicht, „Müssige Spekulationen" müssten vermieden werden, hat verleiten lassen. seine Kritik allzusehr einzuschränken. so sehr, dass die Provenienzangabe sämmtlicher Stücke, und zwar folgendermaassen zu berichtigen ist:

Fig.	1	statt	Dahome	—	Yoruba.
„	2	„	Dahome	—	Yoruba.
„	3	„	Lagos	—	Yoruba.
„	4	„	Lagos	—	Ogowegebiet.
„	5	„	Dahome	—	Ogowegebiet.
„	6	„	Lagos	—	Yoruba, wahrscheinlich Yebu.
„	7	„	Dahome	—	Liberia, wahrscheinlich Vey.
„	8	„	Porto Novo	—	Yoruba.
„	9	„	Lagos	—	Yoruba, wahrscheinlich Yebu.
„	10	„	Dahome	—	Liberia, wahrscheinlich Vey.

Für Fig. 4: 5 und 7: 10 brauche ich weiter keine Belege zu erbringen, da die entsprechenden Darlegungen und Abbildungen des vorliegenden Werkes solcher Berichtigung nöthig machen. Dass die 4 Angaben „Dahome" (Fig. 1, 2, 5, 10) falsch sind, geht aus dem Fehlen der Masken in diesem Lande hervor. Für die Verwerfung der Angabe „Lagos" habe ich mich durch neue zahlreiche Mittheilungen entschliessen müssen. Elton z. B. berichtet, dass die Masken, welche in Lagos den Europäern zum Kaufe angeboten wurden, entweder von den Yebu (eng. Yaboo, auf einigen Karten Jebu) mitgebracht oder nach dem Muster der Yebu-Masken angefertigt wurden. Und ganz ähnlich scheint es sich mit der Angabe Porto-Novo zu verhalten. Wie gesagt, ist es bedauerlich, dass von Luchan in allzugrosser Furcht vor müssigen Spekulationen das Formstudium unterlassen und dadurch 4 schwere Fehler (Fig. 4, 5, 7, 10) in einem dem grossen Publikum vorgelegten Werke nicht vermieden hat.

Von den Abbildungen gebe ich einige wichtige auf der Taf. XIII
wieder. Fig. 1 ist unsere Fig. 91; Fig. 2 unsere Fig. 92.

Fig. 128. Taf. XIII.   Maske aus Yoruba; angeblich Lagos. Berliner Museum für Völkerkunde.
III C. 6439. In der Mitte ein Reiter mit einem breitrandigen Hute;
rechts und links drei Reiter und auch ein Fussgänger; bei v. Luchan
Taf. LXI. Fig. 9 u. 9a.

Fig. 129. Taf. XIII.   Maske aus Yoruba; angeblich Lagos. Berliner Museum für Völkerkunde. III C. 6443. In der Mitte ein Reiter; rechts und links zwei
Reiter; bei v. Luchan Taf. LXI. Fig. 6.

Fig. 130. Taf. XIII.   Maske aus Yoruba; angeblich Porto Novo. Berliner Museum für Völkerkunde. III C. 6302. Bei v. Luchan Taf. LXI. Fig. 8.

Fig. 131. Taf. XIII.   Maske aus Liberia; angeblich Dahome. Berliner Museum für Völkerkunde. III C. 6659. Bei v. Luchan Taf. LXI. Fig. 7. — Eine Doppel-
gesichts-maske wie Fig. 12, Taf. V. Um so interessanter, als Büttikofer
in Liberia keine derartige Maske gesehen hat und sie daher als Seltenheit zu gelten hat.

2. Capitel. Maskenverwendung und Bünde.

Alles Erreichbare und Verwendbare ist herangezogen worden. Dennoch ist die Darstellung eine lückenhafte geblieben. Vielleicht hat diese Beschreibung aber die Folge eifrigen Studiums und Forschens. Dass mehr zu erfahren ist, als es gewöhnlich der Fall ist, geht daraus hervor, dass anderen wie z. B. Büttikofer, Spieth, Golbery, Zenker ausführliche Mittheilungen möglich waren. Gerade die Deutsche Kolonie Kamerun ist ein aussichtsvolles Gebiet für Masken- und Bund-Forschung. Bei dem Sammeln von Masken ist mehr auf die Namen zu achten und deren Bedeutung. Von den vielen Masken in europäischen Museen bieten die wenigsten einen Anhaltspunkt durch Erklärung. — Das Wort: „Fetisch-Maske" ist nichtssagend (siehe Schluss) und zu vermeiden, wie es der Verfasser auch thut.

a. Süd- und Ost-Afrika.

Abbildungen. Tafel: Fig. 1—8.
           Text: Nr. 1—3.

Litteratur. G. Fritsch: „Die Eingeborenen Südafrikas" Breslau 1872, S. 109, 206 ff. — A. Kropf: „Das Volk der Xosa-Kaffern" Berlin 1889, S. 126. — Emil Holub: „Sieben Jahre in Südafrika" Wien 1881, Bd. II, S. 196 7, 200 ff. — Serpa Pinto: „Wanderungen quer durch Afrika" Leipzig 1886, Bd. I, S. 219. — H. H. Johnston: „Der Kilima-Njaro" Leipzig 1886, S. 161 2. — Briefliche Mittheilungen von Dr. Hans Meyer, Paul Reichard etc. — Hildebrandt in der „Zeitschrift für Ethnologie" Bd. X, S. 358. Cameron, Bd. I.

Im Süden beginnend, treffen wir zunächst die Aba Kweta der Ama Xosa an. Wenn die Pubertät erreicht ist, bereiten sich die Jünglinge in der Zurückgezogenheit auf das Fest der Mannbarkeit und die Aufnahme unter die Reihe der Männer vor. Sie geniessen in dieser Zeit eine fast völlige Freiheit von allen Gesetzen, besonders hinsichtlich des geschlechtlichen Umganges. Ungestraft können sie sich jeden unverheiratheten Frauenzimmers bemächtigen. Sie sind in der Nahrung beschränkt, können aber, wenn nicht auf der That ertappt, Vieh sogar aus dem elterlichen Kraale stehlen. Am Tage der Pubertätsweihe empfangen die aus der Wildniss heimkehrenden einen neuen, stark mit Fett eingeriebenen Stock, der Wunderkraft besitzen soll und oft mit dem Greis in das Grab wandert. Die Tracht der Aba Queta, in der sie den Uku-Tebila tanzen, ist sehr eigenthümlich. Die aus trockenen Grashalmen zusammengebundenen Grasmasken sind die einfachsten aus Afrika bekannten Gegenstände dieser Art. Den Leib umgiebt ein krinolinenartiger Behang gleicher Herstellung, die auch bei dem weit abstehenden Halskragen wiederkehrt. Ein Stab in der Hand und einige Perlstickereien an Arm und Beinen vervollständigen das Costüm.

Die Tracht der Bechuana-Mädchen schliesst sich anscheinend in formaler Hinsicht eng an die Gewandung der Aba Questa an. Folgendermaassen wird sie von Fritsch beschrieben: Es ist eine phantastische Umhüllung von Röhricht und Schnüren von getrockneten Kürbiskernen. Die Röhre werden um die Lenden zu Schürzen zusammengefügt; sie umziehen den blossen Leib in dicken Wülsten, hängen locker um den blossen Hals und die Schultern hinab und selbst der Kopf trägt einen Aufbau von dem gleichen Material.

Bei den Marutse traf Holub den sogenannten Kischi-Tanz der Mabunda. Er wird auf des Königs Geheiss getanzt und hat geschlechtliche Aufregung zum Zweck. Den Kischi tanzen je zwei oder vier Männer, von denen immer einer den Mann, der andere die Frau markirt. Als Begleitung wird die grosse Röhrentrommel geschlagen. Die Tänzer sind von einem Haufen junger Leute umgeben, die zum Trommelschlag singend in die Hände klatschen, und aus deren Mitte zuerst einzelne, dann zu zweien neue Tänzer hervorkommen und gegen den König gewendet ihren Körper-verdrehenden Tanz beginnen. Ein Anlauf, ein Annähern von der einen, ein Zurückweichen von der anderen Seite etc. sind das Wesen und die gebräuchlichsten Gesten des Tanzes.

Die Costüme des Kischi-Tanzes sind königliches Eigenthum. Sie bestehen aus der Gesichtsmaske, dem Netzwerk und der Lendenumhüllung. Die Maske wird von Knaben aus Thon und Kuhdünger modellirt. Sie ist mit rothem Ocker und Kalk bemalt; sie sei, sagt Holub, ein ziemlich bedeutendes Produkt des Mabunda-Flusses. Die Maske ist bedeutend grösser als der Kopf, den sie nebst dem Halse vollkommen bedeckt. Sie ähneln einer mit niedergeschlagenem Visir versehenen Helmhaube. Für die Augen und den Mund, seltener für die Nase sind kleine Spalten offen gelassen. Die scharf hervorragenden Züge der Maske sind den als Wasserspeier benutzten Zwerggestalten ähnlich und die Maske am Cranium mit Buckeln versehen, am mittleren Theile sind in der Regel als Schmuck Schwanzhaare des gestreiften Gnu, an den übrigen Federbüsche befestigt. Von den Lenden bis zu den Knöcheln reicht eine in Falten gelegte Wolldecke oder Carosse, welche die die Frau vorstellende Maske trägt; über der letzteren wird noch je ein Thierfell vorn und hinten

Nr. 1. Maskentracht der Aba-Queta bei den Ama Xosa. (Nach Photographie).

getragen. Bis auf einen um den Hals bandartig getragenen Strohwisch ähnelt die weibliche Maske der männlichen. Letztere zeigt auffallendere Haubenverzierungen. Am Stabkringe, der um die Hüften läuft, sind rückwärts einige Glöckchen befestigt, die bei den leisesten Körperbewegungen erklingen.

Der Kischi-Tanz, der eine Anzahl von Zuschauern anlockt, wurde in Schescheke meist in vierzehntägigen Zwischenräumen aufgeführt. Kinder wurden nicht zugelassen.

Wunderlich war die Tracht, in der der Sova Mowanda, Fürst der Ganguella vor seinen Weibern und Serpa Pinto tanzte: Sein ungeschlachter Körper steckte in einem Rahmenwerk aus Weiden geflochten, das mit schwarz und weiss angepinseltem Zeug bedeckt war. Eine Art Rock aus Pferdehaaren und die Schwänze von Thieren vervollständigten seinen grotesken Aufzug. Ich will ehrlich gestehen, dass es mir nicht gelungen ist, Text und Abbildung in Einklang zu bringen. Ich glaube jedoch, dass es sich um eine Variante der Akisch-Maskirung — siehe weiter unten — handelt. Ehe wir diesen Ausläufer aber an seine Quelle, in das Congo-Becken verfolgen, sollen die östlichen Vorkommnisse, die Masken in Ost-Afrika besprochen werden.

Cameron schrieb seinerzeit aus Kinjari am Tanganjika: Ein Eingeborener im vollen Kriegsschmucke stolzirte vor mir herum, um sich von mir bewundern zu lassen. Er trug eine Mütze und eine ganz ausserordentliche Maske aus Zebrahaut. — Es ist bei der Betrachtung ethnologischer Merkmale in dieser Gegend Afrikas stets auf die Aehnlichkeit des Culturbesitzes im Osten und Westen des südlichen Tanganjika hinzuweisen. So erinnere ich z. B. an die typische Sitte der Verwendung des Nasenklemmers. Die Warua-Waguhha saugen die Nase voll Tabakslauge und klemmen das gefüllte Organ mittelst einer Klammer zu. Solches wurde von Wissmann und — wenn ich nicht irre — auch von Thomson bei den östlichen Strandsassen des Tanganjika ebenfalls bemerkt. In gleicher Weise wie die Maske von Kinjari, müssen wohl die Masken der Makonde als Vorposten der Culturform des Kongo-Beckens bezeichnet werden. Es ist auch hier wieder an mehrere Beziehungen zu erinnern und zu beachten, dass die Wakonde des Niassa Palmfaserstoffe tragen; eine in Ostafrika nur noch einmal, nämlich nördlich des Pangani vorkommende Eigenthümlichkeit der Kongo-Völker.

Die nördlichen Tanganjikavölker besitzen keine Masken. Stuhlmann schreibt, den Blick von der Ostküste des Kontinents dem Westen zuwendend: Erst jenseits des Tanganjika finden sich Tanzmasken. — Dass auch die Wanjamwesi-Stämme die Maske nicht verwenden, bezeugt ausser einem negativen Erfolge verschiedener Reisender Forschung vor allem die Mittheilung eines so guten Kenners wie Paul Reichard, der sie ihnen rundweg abspricht.

Johnston hat behauptet, er habe bei den Wadschagga Krieger gesehen, „von denen nicht wenige am Kopfe Masken von abscheulicher Hässlichkeit befestigt hatten, die mit einem doppelten Gesicht von vorn und hinten schauten". — In seinem Buche über den Kilima Ndjaro hat sich Johnston verschiedene Extravaganzen geleistet, — vergl. Hans Meyers Werk: „Ostafrikanische Gletscherfahrten"! — so dass auch diese Bemerkung mit allergrösster Vorsicht zu verwenden ist. Reisende wie Rebmann, Höhnel, Baumann etc. hätten sicher etwas von „nicht wenigen" Doppelmasken gesagt, wenn es sich hier nicht um ein Versehen Johnstons handelte.

Masken sind aus Ostafrika nur noch einmal bekannt geworden. Die Wakamba tragen im Kriege Ledermasken, sagt Hildebrandt.

Die nördlichen Völker: die Waganda, Wakawirondo, Wanyoro, Wakarague dürften wohl keine Masken verwenden. Wäre das der Fall, so wäre schon längst hierüber etwas bekannt geworden. Das gleiche gilt von Massai und Massaiverwandten, von den Usambarastämmen, Wagogo etc. und endlich von den westlichen Zulustämmen Ostafrikas.

b. Das Kongo-Becken.

Abbildungen. Tafel: Fig. 9—23.
Text: No. 1—10.
Litteratur. Max Buchner: „Schorers Familienblatt". Bd. V. S. 168ff. — Cameron: „Quer durch Afrika" 1877. Bd. II. S. 162ff. — Otto Schütt: „Reisen im südwestlichen Becken des Congo" 1881. S. 106, 116. — H. Wissmann: „Unter deutscher Flagge quer durch Afrika von West nach Ost". 1889. S. 29, 380. — Stuhlmann: „Mit Emin Pascha im Herz von Afrika". 1893. S. 558, 559, 597. — „Internationales Archiv für Ethnographie". 1889. S. 54. — Capello and Ivens: „From Benguella to the territory of the Yaka". London 1882. Bd. I. S. 296, 297 — F. Ratzel: „Völkerkunde". 2. Auflage. 1890. Bd. II. S. 233. — Wolf, Wissmann: „Im Innern von Afrika". 1888. S. 255.

Im südöstlichen Kongo-Becken, bei Massongo, Minungo, Kioko treffen wir den Mukisch (Plur. die Akisch). Von ihm liegen mehrere Beobachtungen, Abbildungen, von Museumsinventar leider nur ein Netzgewand vor. Sehr

5*

wichtig ist es, dass die Beobachtungen und Bemerkungen der einzelnen Reisenden sich in glücklichster Weise ergänzen.

Buchner schreibt, es seien die Akisch auf Deutsch Waldteufel und sie repräsentirten eine ganz besonders interessante Art religiöser Vermummung, die er nur im Lande der Minungo angetroffen habe. Um die Schreckgespenster imaginärer Natur zu bannen, nehmen die Ganga dieses Stammes selber Schreckgestalten an. Da nun aber das Negergemüth nur hie und da zu düsteren Stimmungen hinneigt und das Bedürfniss ernster Zauberarbeit oft auf längere Zeiten gänzlich schlummert, so dienen die Ganga während solcher Pausen auch als Lustigmacher und Hanswürste, oder, sollten sie hierzu keine Neigung verspüren, so leihen sie wenigstens ihr Kostüm zu diesem Zweck an andere.

Fast jeden Tag, so erzählt der Gelehrte, so lange wir im Lande der Minungo reisten, kamen ein oder zwei derartige Hanswürste zu uns an das Lager, um nach dem Takt einer Trommel vor meinen Leuten zu tanzen und der Ruf: „Mukisch!" electrisirte jedesmal die ganze Mannschaft. Unter fröhlichem Geschrei stob alles vor ihnen her, wenn sie zu laufen begannen und sicherlich lag ein Theil des Genusses, den sie boten, in dem Kitzel des Gruschus. Meine Träger benahmen sich ihnen gegenüber stets ausserordentlich freigebig und beschenkten sie reichlich mit Tabak, Fleisch und Perlen, vielleicht um die schauerlichen Wesen, die ihnen abergläubische Gefühle erweckten, sich geneigt zu machen.

Die Textabbildungen Nr. 9 a, b, c, d zeigen die am meisten charakteristischen Stellungen eines Mukisch. Die Vermummung besteht aus einer geschnitzten schwarz-weiss-rothen Gesichtsmaske, welche ein Strahlenkranz von Adlerfedern krönt, einem Zebraartigen quergestreiften Netztricot von brauner Farbe und einem kurzen Rock aus losem Schilfgras, der hauptsächlich an zwei epaulettartigen Hüttklappen befestigt ist. Unter den Knieen sind je drei hohle Fruchtschalen, mit klappernden Steinchen gefüllt, an dem Trikot angeheftet; in der Hand wird ein zierliches Schmuckbeil geschwungen.

Gleichfalls einen Mukisch, aber von anderer Form und Bedeutung stellt Nr. 10 dar. Diesen konterfeite Max Buchner im Lande der Kioko ab. Die ungeheure Kopfmaske war nach Art einer Fischreuse aus Längsstäben

und Querstäben mit einer Füllung von Rindenzeug construirt; auch hier
waren die verschiedenen Bestandtheile schwarz, weiss und roth gefärbt.
Bart und Rock sind gleichfalls aus Gras hergestellt; die linke Hand hält

Nr. 2. Maskentracht der Aba-Queta bei den Ama-Xosa. (Nach Photographie).

eine eiserne Schelle. Das betreffende
Individuum war Vorsteher einer Ein-
siedelei, in welcher die Knaben des
Gaues sich auf gewisse Ceremonien
vorbereiten, welche ihre Aufnahme in
die Schaar der Jünglinge bezwecken,
wobei sie sich die Zeit mit Singen
und Trommeln vertreiben.

　　　Wissmann fiel im Lande der
Minungo ein Mukisch auf, der durch
seine Tänze, die in plumpen und genitalen Hüftbewegungen bestanden, die
Aufmerksamkeit der Zuschauer zu
fesseln suchte. Er hat diesen Mukisch

Nr. 2a. Maskentracht der Aba-Queta
bei den Ama-Xosa. (Nach Photographie).

ebenso wie Capello und Jvens die von ihnen angetroffenen abgebildet. Letztere haben auf ihre Fragen nach dem Wesen dieser Maskenträger Folgendes in Erfahrung gebracht:

Das Amt eines Mukisch — (die Schreibweise des Reisenden ist: Mu-quiche) scheint ein traditionelles zu sein, welches sich bei vielen afrikanischen Stämmen in bestimmten Familien forterbt. Das Geheimniss, wer der jeweilige Träger desselben ist, wird streng gewahrt. Dieser treibt gelegentlich Zauberei, aber ohne Zweifel ist es eine seiner Hauptaufgaben, dem schädlichen Einflusse der Fetische (?) des Innern, die in Kioko so häufig sind, entgegen zu wirken, und die Leute vor der Plünderung durch diese gewissenlosen Ränkeschmiede zu schützen. Es ist auch bekannt, dass er für schwere Vergehen schnelle Züchtigung ausübt, wenigstens sahen wir mehrmals am Cuanza eine solche Maske verschiedene Personen unter grosser Befriedigung der Umstehenden und lebhaften Zurufen, wie: „es geschieht ihm recht!" mit einer Peitsche bearbeiten.

Man kann daher annehmen, dass der Mukisch, trotz seiner Eigenschaft als Fetischmann (?) nützliche Verrichtungen ausübt, wie zum Beispiel die Züchtigung von Uebelthätern, die Bestrafung schamloser Frauen und die Anklage von Verbrechern. Seine Thätigkeit hat jedoch noch einen weiteren Spielraum und umfasst das Herbeirufen und Aufhalten des Regens, das Abwenden drohender Stürme und die Besorgung von Gegenzauber und Gegengiften für gefährliche Fetische (?!).

Der Anzug des Mukisch wird irgendwo im Walde sorgfältig versteckt und seine Beschäftigung ist nur seinen nächsten Familienangehörigen bekannt. Wenn wir recht berichtet sind, ist der Mukisch mehr als einmal für besondere Zwecke als Spion verwendet worden und es ist sogar bekannt, dass Eingeborene das Gewand angelegt haben, um irgend eine wirkliche oder vermuthete Untreue ihrer Frauen zu entdecken.

„M'Quichi" nennt Schütt diese Tänzer. Einen derselben beschreibt er folgendermaassen. Er war mit einem Tricot, bemalt mit gelben und braunen Linien bekleidet und trug vor dem Gesicht eine aus Binda geschnitzte, roth und braun angestrichene Larve. Sein Kopfputz bestand aus vielen hohen, geradeauf stehenden Federn und einem Gestell von Aesten reifartig getragen; um den Leib trug er einen Bast, von dem die einzelnen

Strähnen herabhingen und so einen Schurz bildeten. Es war ein Hanswurst, der auf Geschenke spekulirte und die Leute lachten über ihn.

Es wurde dem Reisenden gesagt, es sei dies ein Divindada, der bei der Andanda, der Beschneidung präsidire, nach welcher die etwa zehnjährigen Knaben drei Monate, die sogenannte Cacibo-Dauer, in dem Walde, in dem die Operation vorgenommen wird, ohne einen ihrer Verwandten zu sehen, verweilen müssen. Nach dieser Frist wird wiederum ein grosses Fest veranstaltet und wirkt an diesem der aufgeputzte Divindada ebenfalls mit, indem er solo tanzt. Die Jungen werden an diesem Feste mit neuen Fellen, die sie vom Leib vorn und hinten herabhängend tragen, bekleidet und gehen dann voll Stolz und Selbstbewusstsein in die Dörfer ihrer Eltern zurück, da sie ja von jetzt an courfähig sind.

Einmal hatte Schütt das Glück, zwei solche Akisch in voller Thätigkeit beobachten zu können. Sie tanzten phantastisch, während die Leute der Expedition, in langer Reihe aufgestellt, zur Trommel sangen und reiche Gaben an Perlen, Pulver und Zeug schenkten. Unaufhörlich führten die beiden ihre tollen Sprünge aus, bittend die Hände ausstreckend. Immer von neuem rannten die Träger vor und verschenkten, was sie entbehren konnten.

Zuletzt zeigte sich der eine Mukisch gar als Zauberer. Er hielt sich fern von den Leuten am Rande der Lichtung auf, wo er ein kleines Gehölz im Rücken hatte, und warf mit grotesken Geberden Blätter vor sich auf den Boden. „Plötzlich" lag da ein nackter „Leichnam", der natürlich schon geraume Zeit unbeobachtet im Grase gelegen hatte; dieser — bei 600 Meter Entfernung war der Vorgang schwer zu erkennen — richtete sich auf und legte sich nieder. Alle Zuschauer fühlten sich durch dieses wunderbare Experiment aufs tiefste bewegt und jauchzten, mit der Hand auf den Mund schlagend. Der eine Mukisch tanzt nun wieder vor, kehrt dann um, und nachdem er Blätter auf den angeblichen Toten gestreut, erhebt sich dieser als Schaf und kriecht sehr unschafartig in den Wald. Die ganz gut erkennbaren, hinten vorstehenden Beine störten die tiefe Ueberzeugung der staunenden und verwunderten Neger keineswegs und niemand von ihnen hätte sich getraut, das Wunder näher zu betrachten. Später setzte der Mukisch seine Zaubereien fort, indem er im Gebüsch Tote storchartig auf

Stelzen herumsteigen liess und auch das Schafsfell noch einige Male zum
Vorschein brachte.

Cameron endlich beschreibt den Mukisch als einen Mann, gekleidet
in ein Netz von einheimischer Arbeit, das sich eng an den ganzen Körper
anschloss. Auf dem Kopf lag eine geschnitzte und bemalte Maske. Der
Netzanzug war horizontal schwarz und weiss gestreift. Die Bekleidung der
Hände und Füsse war an die der Arme und Beine angeknüpft und die
Lücke zwischen dem Ober- und Unterleib mit einem Schurz aus geflochtenem
Gras verdeckt. Die Maske stellte das Gesicht eines alten Mannes dar mit
sehr grossen Augenlöchern und hinten etwas grauem Pelzwerk statt der
Haare. In der einen Hand hielt er einen langen Stab, in der anderen einen
Schelle, mit der er beständig klingelte. Hinter ihm her ging ein kleiner
Junge mit einem Sack zur Aufnahme der freiwilligen Gaben, die man ihm
zukommen liess.

Auf die Frage, was dieses seltsame Individuum vorstellen solle, be-
lehrte man den Reisenden, es sei ein „Scheinteufel“ und als solcher habe
es das Amt, die in den Wäldern hausenden Geister (statt Teufel) zu ver-
scheuchen.

Von den Geistern in den Wäldern von Kibokwe heisst es nämlich,
sie seien ebenso zahlreich als mächtig und jeder habe ein besonderes Revier
inne; dabei seien sie sehr eifersüchtig auf einander und wenn einer einen
gegnerischen Dämon in seinem Gebiet antreffe, so ärgere er sich dermaassen
darüber, dass er fortziehe, um sich einen anderen Bezirk zu suchen, über
den er unbestrittene Herrschaft ausüben könne. Nun glaubt man, Scheingeister (statt Scheinteufel) sähen genau wie wirkliche Geister aus; wenn
sich daher ein Scheingeist in dem Revier eines wirklichen Geistes zeige, so
veranlasse er letzteren dadurch, die Gegend künftig zu meiden und seinen
Sitz anderswohin zu verlegen. Infolge dieses Glaubens (statt Aberglaubens)
werden die Scheingeister von den Bewohnern der Dörfer gut bezahlt und
da sie zugleich die Ganga (statt Fetischpriester) des Stammes sind, so er-
freuten sie sich eines ganz erklecklichen Einkommens.

Dem vielerfahrenen Pogge verdanken wir folgenden Bericht:

Mukischi ist der Name gewerbsmässiger Tänzer, die nichts mit dem
Cultus (statt Fetischwesen) zu thun haben und vorzüglich dazu da sind, das

Volk zu amüsiren, und die für ihre Leistungen bezahlt werden. Der Mukisch trägt Maske und aus Baumfaser gefertigte Gewandung. Es giebt
Meister und Lehrlinge in dieser Genossenschaft. In Kioko werden die
Masken Mutue na Mukuschi, d. h. Kopf des Mukuschi genannt; Muschimba
na Mukuschi heisst der Körper des Mukisch. — Mukischtänze finden, wie
es scheint, überall da statt, wo die Beschneidung mit Festlichkeiten verbunden ist. Wo dies nicht der Fall ist, wie bei den Bena Riamba oder
Baschi-Langei findet man auch keine solchen Tänze.

Fig. 3. Der maskirte Sowa der Gangnela vor seinen Unterthanen tanzend. Nach Serpa Pinto.

Neben den Tänzen, die bloss zur Belustigung des Volkes dienen,
scheint die Institution des Mukischi, wie Pogge bei weiteren Nachforschungen
erfuhr, doch noch eine tiefere Bedeutung zu haben und direct mit der Sitte
der Beschneidung im engsten Connex zu stehen. Der Meister und Führer
der Mukischi ist der Kakongo; er übt die Beschneidung aus. Die Lehrlinge

und Assistenten heissen Mukisch. Aus ihnen geht der Kakongo hervor. Im Gegensatz zu den Ganga kann der Mukisch nie ein Weib sein. Verweilen wir einen Augenblick bei der Betrachtung des Namens dieser Maskirten. Den Stamm des Wortes Mukisch haben wir schon in dem Namen des Mabunda-Tanzes, in Kischi angetroffen, desgleichen im Namen des Tanzes der Xosa Maskirten, im Uku Tschila. Die Heimath des Wortes dürfte aber an der Loango-Küste insofern zu suchen sein, als in der zahllosen Menge der Mukisso, Mukissio, Nkissi etc. die nächsten und bekanntesten Verwandten der Akisch des Südens das Scepter im profanen und religiösen Leben führen. Die Herkunft des Mokisso ist leicht aufzudecken. Es sind das die selbständig gewordenen Gegenstände, in denen die Ahnen früher hausend geglaubt wurden. Heute haben sie jeder eigene Kraft, das Vermögen, Besitz zu ergreifen resp. in Besessenheit zu versetzen, zu orakeln, zu beleben, sie sind rachsüchtig, eifersüchtig, gierig etc., kurz, es sind die ächten afrikanischen, manistischen Götterchen. Damit wird die Bedeutung der Akisch klar. Wir werden hierauf später zurückkommen.

Im übrigen Kongo-Becken wissen wir noch recht wenig Bescheid und wir sind hier auf das Museumsmaterial fast allein angewiesen.

Soweit wir Baluba verfolgen können, zeigen sich auch Spuren von Masken. Max Buchner erinnert sich — wie er freundlichst mittheilt — in der Mussumba bei einem Schwerttanze unter den Kriegern einen Prinzen mit einer unförmig grossen, hölzernen Maske vor dem Gesicht mittanzen gesehen zu haben. Scharpe traf neuerdings am Hofe des Kasembe eine Anzahl von Männern in Leopardenfellen mit grossen hölzernen Masken. Eine Maske der Wasära — Stamm der Warua-Baluba — birgt die Sammlung Paul Reichards in Berlin. Masken dieses Typus sind von den Araberwellen mehrfach an die afrikanischen Küsten geschwemmt worden.

Eine weitere schätzenswerthe Nachricht verdanke ich Paul Reichard: Am Tanganjika fand dieser Reisende bei den um Mpala herumsitzenden Hollo-Hollo ebenfalls eine Maske. Es war ein aus Raphiafaser hergestellter Anzug für, soweit der Referent sich erinnert, zwei Personen eingerichtet und stellte einen Elephanten dar, der trotz der primitiven Formen lebhaft an das Thier erinnerte und dessen Bewegungen gut markirte.

Es wurde, fährt Reichard fort, der Maskenscherz am Abend aufgeführt und kann ich nicht leugnen, dass die Sache für die Ausführenden
wie für die Zuschauer etwas Geheimnissvolles hatte, obgleich ich andererseits
den Eindruck hatte, dass eine tiefere Bedeutung, was die Darstellung selbst
anbelangt, unmöglich innewohnen konnte.

Im Norden schliesst sich an die Balubavölker ein Kreis von Stämmen
an, deren nördliche resp. nordwestliche Herkunft ziemlich unbestreitbar sein
dürfte. Da sind zunächst die Wakussu, von denen Stuhlmann sagt, sie hätten
viele Tanzmasken. Dann ist die Maske vom Lomami zu erwähnen, die
Wissmann in der Beschreibung seiner zweiten Durchquerung als Werk der
Bena Lussambo bezeichnet. Ferner muss die Berliner Maske aus dem Bakuba-
gebiet erwähnt werden. Sie gehört dem Cultus an (Fetischmaske?) und wird
bei festlichen Gelegenheiten vom Vortänzer getragen.

Die erste Nachricht von Masken am mittleren Kongo sandte Greshoff
1889 nach Leiden. Bald folgte ihr das erste Belegstück. Wohl hat Stuhlmann noch eine Maske vom oberen Ituri (Wandumbo) heimgebracht, wohl
sind noch sonst Exemplare vom Aruwimi nach Europa gelangt, aber die
wichtigen ausführlichen Begleitschreiben sind ausgeblieben.

c. Die Nkimba und Ndembo.

Abbildungen. Text Nr. 11.

Litteratur. H. H. Johnston: „Der Kongo“ 1888. S. 377 ff. — „Kongo Illustré“. Band I
S. 3. VIII S. 59 60 und 62 63. — Oskar Baumann: „Beiträge zur Ethnographie des Kongo“ 1887. S. 5 6. — Herbert Ward: „Fünf Jahre unter
den Stämmen des Kongo“ 1891. S. 31 32. — Meinhof im „Globus“ 1894.
S. 118 19. — W. H. Bentley: „Dictionary and grammar of the Congo
language“ S. 506 ff. — Büttner in: „Mittheilungen der afrikanischen Gesell-
schaft in Deutschland“ 1889. Bd. V S. 188. — „Allgemeine Historien der
Reisen“ Bd. V S. 43. — O. Dapper: Umbständliche und eigentliche Be-
schreibung von Afrika“ 1670. S. 532. — A. Bastian: „Ein Besuch in San
Salvador“ 1859. S. 82/83. — Derselbe: „Die deutsche Expedition an der
Loangoküste“ 1875. Bd. II S. 15 ff. — Briefliche Mittheilungen von Oskar
Lenz und anderen. — C. Coquilhat: „Sur le Haut-Congo“ 1888. S. 59 ff.

Am unteren Congo giebt es zwei Bünde, den Nkimba und den Ndembo.
Viele haben sich mit der Erforschung dieser Institutionen beschäftigt und
viel Werthvolles ist so an das Tageslicht gelangt. Die Mittheilungen wider-
sprechen sich in einzelnen Punkten, weshalb hier eine eingehende Ver-

gleichung des vorhandenen Materials am Platze zu sein scheint. Die Entwicklung dieser Geheimbünde im Inland einerseits und an der Loangoküste
andererseits ist eine nicht ganz gleiche und mag es so am richtigsten sein,
sich erst den ersteren Formen, dann denen der Küste zuzuwenden.

Der Nkimba.

Am Kongo in der Kataraktengegend (Wauters) landeinwärts bis
Isangila (Johnston) oder Mbanza-Mateza (Baumann), jedenfalls nur im Mün-
dungsgebiet und an den Ufern des Stromes hat sich der Nkimba-Brauch
verbreitet. Bentley meint, die Institution stamme von der Küste und habe
sich erst in junger Zeit eingebürgert. Dass ihr Einfluss im Rückgange
begriffen ist, darüber scheinen sich alle Autoren einig zu sein.

Im Alter von 12—15 Jahren (Johnston), 7—15 Jahren (Baumann)
oder 10—12 Jahren (Lejeune, Slosse, Ward, Wauters) befinden sich die
Knaben, wenn der Ganga erklärt, durch seinen Nkissi seien diese oder
jene (etwa 10, 15 oder 20), die Einweihungsceremonien durchzumachen bestimmt. Es scheint, als werde das als eine Ehre angesehen, die verhältnissmässig nur wenigen zu Theil wird (Wauters, Lejeune). Jedenfalls giebt es
verschiedene Grade oder Rangstufen (Johnston), die nur von einem Theile
der Schüler alle durchlaufen werden (Slosse).

Der Ganga zieht sich mit seinen Schülern in den Wald zurück.
(Wauters, Lejeune). Unter seiner Obhut verweilen die Knaben daselbst
1½—2 Jahre (Ward und Bentley), 1 Jahr (Johnston und Slosse), 2 Jahre
(Ward und Wauters) oder auch nur 2 Monate (Lejeune). Dort wird dem
Candidaten ein Trank oder eine Speise geboten, die ihm das Bewusstsein
raubt, worauf er als tot erklärt wird (Bentley, Lejeune, Ward). Wenn der
Jüngling aus der Ohnmacht erwacht, glaubt man, dass er alles Alte und
und Frühere vergessen habe (Lejeune, Ward, Wauters). Die Dorfbewohner
meinen, er sei von den Todten auferstanden (Ward). Er erhält nunmehr
einen neuen Namen (Ward, Wauters, Baumann, Lejeune). Die gebräuchlichsten sind Lutete, Sakóla, Sikú, Mavungu (Slosse).

Nach seiner „Buschzeit" darf niemand, auch kein Angehöriger seiner
Familie ihn mit dem alten Namen benennen. Der Uebertreter dieses Gesetzes muss sofort eine Busse zahlen und für den Fall er sich weigern

sollte, müsste der Nkimba in den Wald flüchten, einen Palmbaum besteigen und auf demselben verweilen bis die Strafe erlegt ist (Lejeune).

Der Zusammenhang der Nkimba-Institution mit der Beschneidung ist nicht ganz klar. Nach Lenz wird dieselbe gleich nach der Aufnahme vorgenommen. Ward berichtet von der Operation zur Zeit der Betäubung. Stosses und Johnstons Aussagen geben die Möglichkeit verschiedener Auslegung. Als eigentlichen Zweck aller dieser Ceremonien stellt nur Büttner Beschneidung und Erregung der Sinnlichkeit hin. Endlich bringt Johnston diese Sitten mit einem am unteren Congo weiter verbreiteten Phalluscultus in Verbindung.

Die Kleidung der im Busche Lebenden ist sehr charakteristisch. Zunächst sind sie über und über weiss bemalt, bieten infolgedessen einen abschreckenden und, da sie sich nicht waschen, unappetitlichen und schmutzigen Anblick (Ward, Lenz, Wauters, Lejeune, Baumann, Johnston). Um die Lenden ist mittelst hölzernen Reifens oder Gurtes, der oft wunderbar mit eingeschnitzten Figuren geschmückt ist (Johnston), ein langes, bis auf die Füsse herabwallendes Grasgewand befestigt. Oft ist dasselbe durch ein innen befindliches Gerüst krinolinenartig auseinandergehalten, so dass es unten vom Körper weit absteht (Ward, Lenz, Wauters, Lejeune, Johnston, Baumann). Häufig schmückt das Haupt eine seltsame „Weidenkrone", eine Art

Nr. 1. Netzgewand des Mukisch. (Museum für Völkerkunde, Hamburg).

Käfig, an welchem kleine, flimmernde Streifen von scharlachrothem Tuch oder auch die Federn glänzend befiederter Vögel befestigt sind (Baumann und auch Lejeune). Oft hängen auch Garben oder Bündel von Gras von den Schultern und dem Nacken herunter. Johnston glaubt, dass diese Zugabe die Erreichung eines höheren Grades des Nkimba-Bundes kennzeichne.

Vor allen Dingen lernen nun die Jünglinge im Walde eine neue
und mysteriöse Sprache, über die Bastian und Bentley Genaueres mittheilen
(vgl. auch Johnston, Baumann, Wauters, Ward, Lenz). Der Nkimba-Wort-
schatz, sagt Bentley, ist allerdings beschränkt und das Kimbwauvu, wie
man die Sprache nennt, ist gekennzeichnet durch das System der allite-
rirenden Uebereinstimmung. Einige Wörter sind nur aus Veränderungen
der gewöhnlichen Congovokabeln entstanden, andere haben keine Aehnlichkeit mit dem Congo. — Jedenfalls scheint es, handele es sich im Kimbwauvu um eine mehr oder weniger vollständig ausgebildete, selbständige
Sprache (Meinhof).

Strenge Zurückgezogenheit, besonders vollständige Trennung von
Frauen und Kindern ist ein Hauptpunkt der Erziehungsgesetze. Wenn die
Nkimba durch die Strassen ziehen, stossen sie langgedehnte plärrende Schreie
aus wie: „Durrrrr!" Wehe denen, die nicht ausweichen! Der mitgeführte
Stock ist schnell zum Schlage bereit (Johnston, Bently, Wauters, Lenz).
Die Macht des Novizen geht soweit, dass sie sich jeden, einem Nichtein-
geweihten gehörigen Gegenstand aneignen dürfen (Ward). Lenz sagt, dass
manche Dörfer in der Zeit der Einweihung wegen der umherschwärmenden
Nkimba geradezu unzugänglich seien, dass vom Felde oder Markte heim-
kehrende Frauen der Hühner und Früchte beraubt würden, dass besonders
Europäer der Verfolgung ausgesetzt seien und dass, wenn man Burschen in
diesem Zustand trifft es gut sein solle, die Arme kreuzweis zusammenzu-
schlagen und die Hände im Handgelenk in drehende Bewegung zu versetzen,
dann sprechen die Burschen in friedlichem Sinne.

Etwas anders lautet der Bericht Bentleys. Demselben zufolge wandern sie Tags über im Grase, wo sie nach Wurzeln graben oder Nüsse im
Gehölz suchen. Die ihnen begegnenden aber nicht ausweichenden Leute
sind Schlägen ausgesetzt. Bei Nacht laufen die Nkimba herum, kreischen,
schreien und stossen ihre wilden Triller aus. Wehe dem armen Manne,
der sich zu irgend einem Zwecke in der Nacht aus dem Hause wagt;
Schläge und schwere Strafe folgen gewiss.

Nach Wauters tanzen die Nkimba im Mondenschein. Das erinnert
an ältere Berichte über Sitten der Congovölker. Sie haben, lauten diese,
einen Tanz, den Quimboara, bei welchem sie sagen, dass der Mokisso in

einen von ihnen fahre und die Fragen, sowohl wegen vergangener als zu-
künftiger Begebenheiten ihnen beantworte. — Gelegentlich der Besprechung
des Mokisso Bumba wird der Tanz der Kimbos, jener Vermummten, die
bei der Geistercitirung resp. Besessenheitsceremonie thätig sind, erwähnt. —
In diesen beiden Namen Quimboara und Kimbo ist der Stamm des Wortes
Nkimba schon enthalten. Wir erhalten demnach einen Einblick in die Verhältnisse des Mittelalters. Wir erkennen, dass die Vergeistigungsceremonien
die gleichen wie heute waren. Um die heutige Form der Vergeistigungssitten zu verstehen, muss der ganze Umfang der Enthaltungsgebote — die
linguistischen und socialen lernten wir schon kennen — dargestellt werden.

Ueber die Nahrung und Ernährungsweise gehen die Mittheilungen
weit auseinander. Was schon Bentleys Bericht annehmen lässt, wird von
Wauters bestätigt. Sie dürfen sich nur von Pflanzenkost ernähren. Johnston weiss zu erzählen, die Nkimba würden auf gemeinsame Kosten des
Dorfes unterhalten, wozu Lenz bemerkt, sie erhielten die Nahrung „von alten,
unkenntlich gemachten Weibern!" Während Ward erzählt, sie dürften jeden
einem Uneingeweihten gehörigen Gegenstand, somit auch Nahrungsmittel stehlen,
sagt Lejeune, der Ganga brächte ihnen selbst alle Speisen, welche sie nur
jeden zweiten Tag geniessen dürften. Der Genuss aller von Frauenhand
hergerichteten Kost ist den Novizen untersagt. Wauters führt als weitere
streng eingehaltene Beschränkung an, dass die Nkimbajünglinge nicht in
Hütten schlafen dürften.

Am Schlusse eines jeden Jahres wird unter den begabteren Schülern
eine Auswahl getroffen. Die Erkorenen bleiben noch länger im Busch, wogegen die anderen heimziehen. Aber hierüber wie über die Gradeintheilung
werden nur Andeutungen aber keine Ausführungen gegeben (Johnston,
Wauters, Slosse). Jedenfalls scheint das Versprechen, über alles Einschlägige
zu schweigen, im Allgemeinen gut gehalten zu werden (Bentley, Wauters).
Nach Zahlung der Kosten (Wauters, Lejeune, Bentley) tritt der Nkimba als
„Tongwata" (d. h. Eingeweihter, im Gegensatz zum „Mungwata" oder „Mung-
wala" d. h. Uneingeweihter) in das profane Leben zurück (Ward, Johnston).
Beim Austritt bezeichnet nach Lejeune der Ganga dem Nkimba die ihm
bestimmte Frau. Diejenigen, die diese Lehrjahre durchgemacht haben, sollen
sehr angesehen sein (Wauters).

An Absonderlichkeiten unter den Anschauungen und Sitten der Nkimba am Kongo ist noch zweierlei erwähnenswerth.

Einmal behaupten die Nkimba, ihr Vater sei der Regenbogen, der jedesmal sich am Himmel zeige, wenn ein neuer Bruder eingeweiht und aufgenommen werde (Ward). — Dabei darf wohl daran erinnert werden, dass zu den Funktionen des Mokisso Bumba, mit dem auch die Ceremonie des Kimba-Tanzes verbunden ist, die Herbeiführung des Regengusses gehört. Zweitens hören wir von Bentley: Den gewöhnlichen Leuten wird erzählt, die Nkimba könnten Hexen fangen.

Sehr interessant sind auch die Amulette der Nkimba, von denen Lejeune zwei erwähnt. Das eine — von Lejeune als Fetisch bezeichnet — heisst Masamputila; dieses ist aus einigen langen, zu einem Bündel vereinigten Palmblättern hergestellt, in deren Mitte der Ganga die Gegenstände anbringt, die dem Amulet (statt Fetisch) seine Kraft verleihen: Pemba oder weisse Thonerde, kleine Körner, Kieselsteine etc. Die Blätter sind in der Weise zusammengefügt, dass sie an einem Ende eine Art Besen bilden, während das andere in nur zwei Stiele ausläuft, die wie ein Halsband um den Hals geschlungen werden. Das zweite Amulet der Nkimba trägt den Namen Konoengele und besteht aus einem Stücke Holz von der Dicke eines Handgelenkes und einer Länge von ca. 20 Centimeter. Das eine Ende derselben höhlt der Ganga aus und steckt Federn, Pulver, Schlangenhäute etc. hinein, welche den Nkissi oder die Zauberkraft des Gegenstandes ausmachen. Die Eigenschaft dieses Talismanes ist merkwürdig. Wenn z. B. der Nkimba des Nachts in seiner Hütte schläft und ein böser Mensch, ein böser Geist, ein Ndoki kommt herein, um ihn zu töten oder zu bestehlen, so wendet sich der Konoengele sogleich gegen den Eindringling, macht es ihm unmöglich, vorwärts zu kommen und lähmt alle seine Bewegungen. Bei seinem Erwachen am folgenden Morgen findet unser Nkimba den Ndoki am Boden, unfähig sich zu rühren und durch das wunderbare Instrument festgebannt. — Das gemahnt an Bentley's Worte, die Nkimba könnten Hexen fangen.

Der Name des Masamputila giebt Veranlassung zu einem kleinen Umblick. Der eine Theil des Wortes, sampu, ist eine in Südafrika und auch auf Madagaskar (sampi) wohl bekannte Benennung für Amulet, Zauber- oder Geisterkraft, Gottheit, Glück etc. Das tila dürfte mit dem

Tschila in Uku-Tschila-Tanze der Aba-Queta oder Ama Xosa zu identificiren sein.

Nunmehr ist ein Blick auf die Nkimbasitten der Meeresküste zu werfen. Unser Autor ist A. Bastian, der von Quimbe, Quimba, Que-imbe, Inquimbe etc. spricht. Folgen wir seinen Ausführungen.

Der Kissan-Quimbe ist nach Bomma am Kongo aus Kongo oder Gross-Kongo gekommen. In Kongo findet sich gleichfalls ein Geheimorden Wiedergeborener, der nur dann, wenn ein Krüppel oder ein sonstiges Monstrosum im Lande geboren wird, seine Reihen zur Aufnahme neuer Candidaten öffnet. Wer nach Vollziehung der Weihen entlassen wird, geht

Wochen und Monate stumm umher, die Lippen mit der Hand schliessend; denn das vergangene Leben ist völlig vergessen und die Erinnerung kehrt erst allmählich zurück.

Wenn ein Fürst eine Quimba errichtet, treten ausser seinen eigenen Leuten auch oft solche aus den benachbarten Dörfern ein. Diese müssen dann für den Unterricht beim Ganga Inquimba Zahlung leisten. Beim Verlassen der Quimba sind alle dick und fett, da sie sich in der langen Mussezeit, in der keine andere Arbeit

Fig. 5. Mukisch der Minungo. (Nach Wissmann, Pogge.)

als Essen und Trinken vorlag, kräftigen konnten. Mitunter wird auch für Mädchen eine Quimba eingerichtet. Darein treten dann solche, die sich von langer Krankheit heilen oder gegen diese sich im Voraus schützen wollen.

Allerdings gehen in Bomma oft mehrere Jahre hin, ohne dass eine Quimbe eröffnet wird. Wenn dieses daher in einem Dorfe geschieht, so strömen dort auch aus den umliegenden Dörfern alle die jungen Leute, die diese Weihaceremonie noch nicht durchgemacht haben, zusammen, so dass sich denn in einer und derselben Quimbe oft die verschiedensten Altersstufen von 8 — 20 Jahren vereinigt finden. Sehr regelmässig wird dagegen die Beschneidung geübt, bei der die Knaben im Walde zurückgehalten werden bis zur feierlichen Entlassung nach Vernarbung der Wunde, während man für die darauf folgende Wehrhaftmachung in der Inquimba (Kimba) ausserhalb des Dorfes ein langes Haus baut.

Die darin für die Jünglingsweihe Eintretenden werden in Palmblattzeuge gekleidet, einer Reihe von Prüfungen unterworfen, in einen totenähnlichen Zustand versetzt und im Tempel (statt Fetischhaus) begraben. Wenn sie wieder zum Leben erweckt werden, haben sie das Gedächtniss für alles frühere, selbst für ihre Eltern, ihren Vater und ihre Mutter verloren und vermögen sich ihres eigenen Namens nicht mehr zu erinnern. Es werden ihnen daher je nach den Titeln oder Gaben, zu denen sie aufgestiegen sind, neue Namen gegeben wie Lusala, Lutete, Chinkele, Luvungu, Malanga, Lubele, Juka. Das Führen eines solchen Namens lässt erkennen, dass das Individuum die Quimba (des Mokisso Quimba) durchgemacht hat.

Innerhalb der Quimba gehen die Zöglinge nackt, ausserhalb werden die Kleider, Palmblattkleider über einem Gestell von Rohrstäben, angelegt. Weder Hände noch Füsse sind zu waschen und es darf nicht von Tellern, sondern nur auf der Erde gegessen werden. Die von den Eltern täglich dem Mutinde oder Zuchtmeister überbrachten Speisen sind vorwiegend mästender Natur; viele Arten von Fleisch und Fisch sind jedoch verboten. Die Knaben lernen neben dem Verfertigen von Palmwein, Fischen und anderen Kunstfertigkeiten allerlei Geheimnisse, die sie durch einen Schwur beim Mokisso (statt Fetisch) verbunden sind, niemand zu verrathen. Damit sie sich untereinander verständigen können, ohne von Uneingeweihten belauscht zu werden, besitzen sie eine Geheimsprache, die von der gewöhnlichen abweicht. Bastian giebt eine Sammlung von Worten.

In dieser Sprache, sowie in den Ceremonien Siquimba (des Mokisso [statt Fetisch] Quimba) unterrichtet der Mutende Anquimba (Inquimbo) und der Hülfslehrer Baku als Assistent. Unser Autor führt ferner die Namen der Lehrer des heiligen Tanzes Sangula, Sangila oder Cochina auf (Matondo, Malanda, Bondo, Kongo). Im Quimbahause finden sich verschiedene

Mokissos, so Tañ, ein Holz mit zwei Figuren, nämlich Matunda und Malanda, ferner Bondo etc. Der Ganga des Quimba heisst Matando.

In Bomma endet die Quimba unter Festlichkeiten und zwar stets mit einer Jahreszeit, während sie in Mayumba 4 Jahre und länger dauern mag. Das Haus der Quimba wird beim Verlassen am Ende der Saison verbrannt.

Das so vor unseren Augen sich entrollende Bild der Nkimba in Bomma lässt die Institution an der Mündung des Kongo als einen Ansläufer mit all' den Eigenschaften eines solchen, nämlich Unregelmässigkeit, Betonung der Nebendinge und phantastische Ausschmückung erscheinen.

Der Ndembo.

Bentley sagt, der Ndembo oder Nkita sei im Kongo sehr weit verbreitet, sogar weit in den Inlandgebieten. Wenn jemand in das Ndembo eingeweiht werden soll, weist ihn der Ganga an, auf ein gegebenes Zeichen hin, sich plötzlich tot zu stellen. Dementsprechend stürzt der Novize auf irgend einem öffentlichen Platze ganz unerwartet nieder; man legt Begräbnissgewänder über ihn und er wird zu einer Umzäunung ausserhalb der Stadt, die Vela heisst, hinweggetragen. Man sagt von ihm, er sei Ndembo gestorben. Die jungen Leute beiderlei Geschlechts folgen nach der Reihe; wenn alles gut geht, wird dieser vorgebliche plötzliche Tod oft zu einer Art Hysterie. Auf diese Art erhält der Ganga die genügende Anzahl für eine vollständige Einweihung, 20, 30 oder auch 50.

Man nimmt nun an, dass die derart Gestorbenen in dem Vela verwesen und vermodern, bis nur noch ein einziger Knochen übrig geblieben ist. Den nimmt der Ganga an sich. Nach einer gewissen Zeit, die an den verschiedenen Orten zwischen drei Monaten und drei Jahren schwankt, glaubt man, dass der Ganga diesen Knochen nimmt und dass er vermöge seiner Zaubermittel, jeden einzelnen vom Tode wieder auferstehen lässt. An einem bestimmten Tage glaubt man, dass die Auferstehung stattgefunden hat und die Ndembo-Gesellschaft kommt in Masse in feierlichem Aufzuge, mit feinen Kleidern und unter allgemeinem Jubel in die Stadt zurück.

Wenn die Ndembo-Leute zurückgekehrt sind, thuen sie so, als seien sie aus einer anderen Welt gekommen. Sie haben neue Namen an-

genommen, welche dem Ndembo eigenthümlich sind. Sie geberden sich, als
seien sie in dieser Erscheinungswelt ganz fremd, kennen ihre Eltern und
Verwandten nicht, wissen nicht, wie man isst und brauchen einen, der für
sie kaut: sie wollen alles haben, was sie sehen, und wehe dem, der das
verweigert. Die Ndemboleute dürfen schlagen und tödten, wenn es ihnen
passt, ohne die Folgen fürchten zu müssen. „Sie wissen's nicht besser",
sagen die Leute in der Stadt. Sie betragen sich alle zusammen wie die
Mondsüchtigen, bis sich die Erregung und das Interesse an der Betrügerei
etwas gelegt hat. Wenn irgend jemand neugierige Fragen nach dem Lande,
aus dem sie gekommen seien, an sie richtet, stecken sie einen Grashalm
hinter das Ohr und thun so, als hätten sie keine Ahnung davon, dass man
sie angeredet habe.

Die, welche diese Ceremonien durchgemacht haben, nennen sich
nganga, die Wissenden: die Uneingeweihten bezeichnet man mit vanga. —
Während des Aufenthaltes in dem Vela lernen die Nganga eine Geheimsprache, die den gewöhnlichsten Dingen phantastische Namen giebt. Sie
hat indessen einen sehr unvollkommenen Wortschatz und ist daher nicht
im praktischen Gebrauche wie die der Nkimba; sie wird weder ordentlich
gelernt, noch behalten.

Beide Geschlechter wohnen zusammen in dem Vela und angeblich
werden hier die gemeinsten Unsittlichkeiten geübt. Hierin sind indessen
einige Gegenden schlimmer als andere und der König des Kongolandes hat
schon seit geraumer Zeit den Gebrauch in seiner Stadt verboten als etwas,
was zu schändlich wäre, um erlaubt zu sein. Aus demselben Grunde ist
der Ndembo in einigen anderen Städten verboten. Dies sind indessen nur
geringe Ausnahmen. Die schändliche und sinnlose Sitte ist ganz allgemein.

Es ist schwer zu beurtheilen, ob Bentleys scharfe Kritik ganz gerecht oder seine Ausdrücke übertrieben sind. Die grosse Sinnlichkeit der
Neger ist ein erwiesenes Faktum. Dass der Ndembo wie viele derartige
Institutionen der Sinnlichkeit zum Theil seine Ceremonien widmet, wissen
wir auch von Büttner. Ob der Missionar in seinen obigen Ausführungen
diese Sinnlichkeit meint oder wirkliche Unsittlichkeit, muss dahingestellt
bleiben.

Ueber den Ndembo im Congo existirt noch ein Bericht. Es ist die beste Wiedergabe einer afrikanischen Anschauung. So unverfälscht wie hier Bastian fast mit den Worten der Neger selbst die Anschauung geboten hat, ist solches noch niemand gelungen. Nicht einmal der Bericht des alten Dapper über den Belli Paaro ist so trefflich.

Der grosse Nkissi (statt Fetisch) lebt im Innern des Buschlandes, wo ihn niemand sehen kann. Wenn er stirbt, sammeln die Ganga sorgsam seine Knochen, um sie wieder zu beleben und ernähren sie, damit sie aufs neue Fleisch und Blut gewinnen. Es ist aber nicht gut, davon zu sprechen. Im Lande Ambamba muss jeder einmal gestorben sein, und wenn der Ganga (statt Fetischpriester) seine Kalebasse gegen ein Dorf schüttelt, so fallen diejenigen Männer und Jünglinge, deren Stunde gekommen ist, in einen Zustand lebloser Erstarrung, aus dem sie gewöhnlich nach drei Tagen auf-

Nr. 6. Mukisch der Kioke.
(Nach Capello und Ivens.)

erstehen. Den aber, welchen der Nkissi (statt Fetisch) liebt, führt er fort in den Busch und begräbt ihn oftmals für eine lange Reihe von Jahren. Wenn er wieder zum Leben erwacht, beginnt er zu essen und zu trinken wie zuvor, aber sein Verstand ist fort und der Ganga (statt Fetischmann) muss ihn erziehen und selbst in jeder Bewegung unterweisen, wie das kleinste Kind. Anfänglich kann das nur mit dem Stock geschehen, aber allmählich kehren die Sinne zurück, sodass sich mit ihm sprechen lässt, und nachdem seine Ausbildung vollendet ist, bringt ihn der Ganga seinen Eltern zurück. Dieselben würden ihn selten wiedererkennen, ohne die ausdrückliche Versicherung des Ganga, der ihnen zugleich frühere Ereignisse ins Gedächtniss zurückführt. Wer die Procedur in Ambamba noch nicht durchgemacht hat, ist allgemein verachtet und wird bei den Tänzen nicht zugelassen.

Auch den Ndembo oder Nkita treffen wir an der Küste bei Bomma wieder. Es wird sogar versichert, der Ndembo habe sich von Bomma aus am Kongo aufwärts ausgedehnt. Hier wird der Mabiali-mandembo die männliche Hälfte des weiblichen Mokisso Queimba (mit der Ganga-Inquimba genannten Priesterin) genannt (Bastian). In wie weit der Cultus sich hier erstreckt, welche Form er hat, ist unbekannt. Immerhin wirft diese Mittheilung ein helles Licht auf das Verhältniss des Nkimba und Ndembo.

Mehr hören wir aus der Gegend der Dörfer Goello, Lungejhi und Tschima muinghu. Hier hat der vom Oberpriester oder Undundo geleitete Geheimorden des Mokisso Undémbo seinen Sitz in unnahbarem Walde. Nur wenn eine Missgeburt vorkommt, öffnen sich die Reihen der Eingeweihten für Aufnahme neuer Mitglieder. Die Candidaten werden, mit Takula beschmiert, für mehrere Jahre in abgelegenen Hütten des Waldes von ihren Verwandten, die täglich Speisen bringen, fern gehalten und haben bei der Rückkehr alles vergessen. Den Mund mit der Hand zuhaltend wandeln sie stumm dahin und bringen nur auf Geheiss eines älteren und oberen Bruders einige Worte hervor, denn ihre Zunge ist nur an fremde und heilige Sprache gewöhnt. Der Profane, der an nicht richtiger Beantwortung einer an ihn gerichteten Frage erkannt wird, verfällt dem Tode, so er innerhalb des heiligen Waldes und seines geweihten Umkreises betroffen wird.

Endlich hören wir von Coquilhat, dass auch die Bateke eine N'Dembo-Secte besitzen. Der Bericht stimmt fast wörtlich mit dem von Bentley überein, sodass wir annehmen dürfen, er stamme von diesem. Wenn der gewissenhafte Coquilhat ihn bei den Bateke wiederholt, so gestattet das den Schluss, dass die Bateke die Ndembo-Sitten im ganzen Umfange von den Muschi- resp. Ba-Kongo übernommen haben.

Zum Schlusse darf wohl bemerkt werden, dass Ndembo und Nkimba fast gleiche oder ganz analoge Institutionen sind, die über einen weiten Raum mit allerdings wichtigen, aber für die genetischen Studien wenig belangreichen Unterschieden verbreitet sind.

d. Loango und Ogowe.

Abbildungen. Tafel: Fig. 24—54.

Text: Nr. 12—15.

Litteratur. A. Bastian: „Loangoküste" a. a. O. Bd. I S. 81 ff., 221 ff.; Bd. II S. 174 etc. — Dapper, u. a. O. S. 547. — „Allg. Hist. d. R." a. a. O. Bd. IV S. 692, 654 ff.

— Degrandpré: „Reise nach der westlichen Küste von Afrika" 1801. S. 64 ff.
— Ratzel: „Volkerkunde" 1. Aufl., Bd. I S. 610. — „Internationales Archiv
für Ethnographie" 1888. Bd. I S. 154 ff. — L. Wilson: „Westafrika" 1862.
S. 290 ff. — Andree: „Ethnographische Parallelen und Vergleiche" Bd. II
S. 136. — Oskar Lenz: „Skizzen aus Westafrika" 1878. S. 88, 110, 201, 207,
211, 301 ff., 318. — Paul Barret: „L'Afrique occidentale" 1888. Bd. II
S. 168, 172. — „Katholische Missionen" 1890, S. 162 ff.[1]

Wir betreten nunmehr jenes Gebiet, aus dem die meisten Masken
bekannt geworden sind, das Land der Mokissos: Loango. In diesen Land-
schaften treten die Geheimbünde wie alle grossen Institutionen der Uebermacht der Schöpfungen individualisirender Auffassungs- und Ausdrucksweise
gegenüber zurück. Daher darf es nicht Wunder nehmen, wenn von den
meisten der Masken der Loangoküste jede ihren eigenen Zweck hat. Leider
wissen wir nur von den wenigsten der für Afrika auffallend verschiedenartigen Masken, deren reiche Fülle in Erstaunen setzt und stark an
melanesische und nordwestamerikanische Produktivität erinnert, wozu sie
gedient haben.

Auf den Inseln der Kongomündung, in Bomma beginnt diese Masken-
region. Von den Bewohnern dieser Gegend erzählt schon ein alter Reisender:
sie sind grosse Zauberer, und reden mit dem Teufel von Angesicht zu Angesicht. Wenn sie bei solchen Angelegenheiten sich versammelt haben,
läuft einer von ihnen mit einer Maske herum. Dies währet drei Tage.
Wenn diese Zeit vorüber ist, so brauchen sie eine andere Ceremonie und
alsdann redet der böse Feind aus dem vermummten Manne.

Es ist hier also die Maske Vergeistigungsmittel. An einigen Loka-
litäten in Klein-Loango giebt es gewisse Ganga Nkissi, die bei Todesfällen
berechtigt sind, ein ganz eigenthümliches Gewand anzulegen. Es besteht
dies aus einer Federkrone, einer kolossalen Maske aus leichtem Holze und
einem über den ganzen Körper fallenden Gewande aus grauen Adlerfedern.
Man kann sich keinen eigenthümlicheren Eindruck denken als den, den das

[1] Bei R. Dennett: „Seven Years among the Fjort" London 1887 findet sich abgebildet: S. 166 die Verabreichung des Kassagiftes durch einen Ganga; S. 67 die Verabreichung
von Medizin etc. an den Kranken durch einen Ganga; S. 48 einige Masken von der Loangoküste. Letztere sind zu klein und zu unbedeutend zur Reproduktion; den ersteren fehlt
dagegen offenbar Genauigkeit.

unerwartete Erscheinen eines so vermummten, des Weges dahertanzenden, mit bauchrednerischer Stimme singenden und sprechenden Ganga macht.

Mit dem Tode hängen die meisten Masken anscheinend zusammen. Gelegentlich der Besprechung einer Fürstenbestattung in Loango erwähnt Degrandpré einen Tanz eigenthümlicher Ausstattung. Die Tänzer waren in eine Art von Sack gekleidet, der mit weissen Federn besetzt und seltsam geflickt war und mit Mützen von eben der Art wie die Kleider. Das Gesicht hatten sie durch den Schnabel und den halben Kopf einer Löffelgans geschmückt. Der Tanz bezog sich hauptsächlich auf einen mächtigen Phallus, den sie mit grossem Gepränge herumführten.

Auch unter den Masken in den europäischen Sammlungen finden sich solche mit Bezeichnungen betreffend Totenfeste. Da ist eine Tombela-Maske in Amsterdam z. B., die von Gangas beim Begräbniss von Prinzen getragen wird. Ferner ist in Bremen eine solche, „die von den Ganga bei Todesfällen in Verbindung mit einem, den ganzen Körper bedeckenden Gewande von grauen Federn getragen ward." Dann sind auch Masken, die von den Aerzten bei Krankenbesuchen getragen werden. Am häufigsten sind aber die Ndunga-Masken. Damit treten wir vor den Geheimbund in Angoy.

Dass die Geheimbundsitten in diesen Gegenden auch sonst nicht fehlen, beweisen Battels Berichte über den Maramba, denen wir zunächst folgen wollen. Der Maramba ist in Mayumba heimisch. Er ist dargestellt in einem wie ein Bienenkorb hergestellten Korbe, der sich wiederum in einem Hause, dem Tempel, befindet. Bei allerhand Unternehmungen: auf Reisen, Fischen und Jagen, Heilung von Kranken und Auffinden von Mördern und Dieben wird Maramba herangezogen und seine Hülfe in Anspruch genommen.

Diesem Maramba nun werden Männer, Weiber und Knaben von 12 Jahren geweiht, was auf folgende Weise geschieht. Sie begeben sich zu dem vornehmsten Ganga, der sie in ein finsteres Haus sperret und mit schlechten Speisen füttert. Darauf lässt er sie heraus mit dem Gebote, einige Tage nichts zu sprechen, möchte ihnen auch begegnen, was da wolle; also erleiden sie grosses Elend, ehe sie eingeweiht werden. Endlich bringt der Ganga die Novizen vor den Maramba. Nachdem ihnen zwei Zeichen in Gestalt eines halben Mondes in die Schultern geschnitten sind, werden sie bei dem Blute, das aus den Wunden quillt, beschworen, dem Maramba treu zu sein.

Dem Eingeweihten ist es verboten, gewisse Arten von Speisen und Fischen zu essen; es sind ihnen auch noch andere Dinge auferlegt, die sie genau beobachten müssen, sonst werden sie krank und genesen nie wieder. Als Heiligthum des Maramba tragen sie eine kleine Büchse, die unter dem linken Arme um den Hals hängt. Dem Herrn von Mayumbe wird der Maramba stets vorangetragen und ihm opfert er vor jedem Genusse Speise und Trank.

In verschiedenen Ortschaften Angoy's nun, wie in Nutchisi, Matamba, Mecono (Tumba), Tschin-sasa, sowie besonders in der Hauptstadt (Angoy) besteht der von Vater auf Sohn vererbte Geheim-bund Sindungo (Dungo im Sing.), die nur unter umständlichen Ceremonien einen Candidaten auf-nehmen und ausser den Regenbeschwörungen dem Könige als Executivtruppen dienen, wobei die Ver-mummung den Schrecken vermehrt. Die Sindungo stehen unter den Befehlen des Kuvukuta-Kanga-Asabi, eines Staatsbeamten, der sie auch bei ge-botenen Gelegenheiten in den Wald, in dem ihre Sitzungen abgehalten werden, zusammenruft und dort die grotesken Blättergewänder, die zur Ver-

Fig. 7. Mukisch der Kioke.
Cameron. „Quer durch Afrika"
Bd. II S. 163.

hüllung dienen, austheilt. Sobald indess die Sindungo ihr Rüstzeug empfangen haben, treiben sie den Kuvukuta-Kanga-Asabi mit Schlägen in das Dorf zurück, als symbolisches Zeichen, dass jetzt das gemeine Gesetz für eine Zeitlang suspendirt sei und das Walten der dunklen Vehme beginne. In ihrem phantastischen Aufputz und durch ihre Masken unkenntlich gemacht, durchziehen sie das Dorf. Sie eignen sich das ihnen Passende an und finden zumal in der Regenzeit hierbei wenig Widerstand.

Das „Regenmachen" scheint eine Hauptaufgabe der Sindungo zu sein. Eine der Masken auf den Tafeln, die vom Massabe-Flusse stammt, trägt den Vermerk: Ndunga, wird gebraucht um auszuforschen, wo sich Regen befindet. — Um Regen auf die Erde herabzuziehen, bedienen sich die

Sindungo des Mokisso Kokolo-Umkissie. Um sich seine Mitwirkung zu sichern, nehmen sie die Ceremonie des Nachts auf einem in der Mitte des Dorfes dafür hergerichteten Platze vor. Das Dorf wird so lange von den meisten Bewohnern verlassen; denn sollte jemand husten oder sonst durch einen Laut die Stille der Nacht durchbrechen, so würde er von den in sein Haus einstürmenden Sindungo lebendig zertreten werden.

Nach einer anderen Mittheilung Bastians werden die phantastischen Maskereien der Dunga unter der Leitung des Mabobolo, des Gnngiyn und des Luenje zwecks Regenmachens im Walde, im heiligen Walde des Dunga veranstaltet. Bei dieser Versammlung bekleiden sie sich mit den Masken (Bukus Kiendunga), bei deren Umkehr, von den Mokissie-insie Dungo (unter dem Ganga Mandunga-Andunga) kein Regen gegeben würde. Für solchen Zweck müssen sie daher mit der Oeffnung nach oben gestellt werden.

Wer Schulden einzutreiben wünscht, wendet sich an den Kuvukuta-Kanga-Asabi, und dieser sendet die maskirten Sindungo aus, die, wenn sie keine Bezahlung erhalten, Hühner, Ziegen oder anderes Hausvieh töten, reife Bananen abschneiden oder sich sonstiges Eigenthum des lässigen Schuldners aneignen. Die Theilnehmer an solchen Expeditionen bleiben wegen der Bekleidung unbekannt, und wenn die Sindungo bei ihrer Rückkehr aus dem Walde mit einem Bekannten zusammentreffen, haben sie die eine oder andere Ausrede fertig, ihre längere Abwesenheit und jetziges Vorhaben in unschuldiger Weise zu erklären.

Eine weitere Thätigkeit der Sindungo erkennen wir aus der Beschreibung zweier hier nicht wiedergegebener Doppelmasken in Amsterdam: Name: „Ndunga"; sie werden beim Leichenfeste eines verstorbenen Prinzen getragen. Der oberste Ganga versteckt sich in solch eine Maske und kann, weil dann legale Anarchie herrscht, alles sich aneignen, was ihm gefällt.

In der Hauptstadt Angoy werden die inneren Angelegenheiten der Sindungo von dem Tschisinbongo geleitet, dem der Mabobolo als Stellvertreter dient mit dem Kombokutu, Suenji, Tschinmantscho, Tendekele, Tendekele-Munsumbi-Ibulu als Gehülfen. — In Mekono, wo die Sindungo als Soldaten des Königs gelten, zollen sie den Mokissos Lunga, Vemba, Lusunsu Verehrung.

Bastian hatte einmal die Freude, einige Sindungo beobachten zu können. Es war ein sonderbares Schauspiel. Auf einem freien Platze raste ein sonderbar gestaltetes Ungethüm umher, unerkennbar an Kopf und Füssen, eine dicke und formlose Masse dürrer Palmblätter, die treppig übereinander herabhingen und vorstanden. Nachdem durch das wüste Gebahren desselben aller lose Sand zu Staub aufgewirbelt war, hockte es in dieser die Luft füllenden Wolke nieder, und nun trat zwischen den Palmblattumkragungen ein beweglich hin- und her wackelnder Punkt hervor, der sich beim weiteren Ausscheiden aus der niedersinkenden Hülle als eine übermenschlich-kolossale Maske grotesker Form erwies. Ausserdem fing noch etwas anderes an, sich zwischen den Blattmassen zu regen, und liess sich dann als ein Peitschenstock erkennen, der von den unter der Umhüllung gehaltenen Händen gehalten wurde. Kurz darauf kamen noch zwei andere, ähnlich travestirte Ungeheuer hinzu, und die drei führten nun in ungestalt plumpen Attitüden einen Tanz auf, vor dem das Volk bei der Annäherung stets nach allen Seiten entfloh. Dann kauerten sie in einer Reihe nieder, mit ihren riesigen Kopfmasken in komischer Weise nickend und schüttelnd, während in der Hand des Mittelsten eine Ruthe wedelte, in denen der anderen dünne Stöcke. Die Zuschauer liessen einen weiten Kreis offen, um sich vor einem plötzlichen Anfahren zu wahren, und die Frauen und Kinder hielten sich in respectvoller Entfernung, aus der sie nur verstohlen herüber zu blicken wagten. Die Hauptkunst der Ungethüme bestand in unbehülflichen Sprüngen, wobei sie dröhnend mit den Füssen aufstampften, während die trockenen Blätter ihrer Verkleidung rasselten und rauschten.

Es waren das Sindungo. Die Zahl derer, die gekommen waren, wie sie es auf Fragen in quiekendem und dröhnend resonirendem Stimmgetöse verkündeten, um den weissen Besucher zu schauen, vermehrte sich allmählich bis auf 8 oder 9, während sie sich in der Totalsumme auf 30 bis 40 belaufen soll.

Die meist monströsen Masken der Sindungo sind aus leichtem Holz angefertigt und mit verschiedenen Farben angemalt. Zu diesen Holzlarven gehören Trachten aus Palmblättern und Federn. — Den Namen der Ndungo treffen wir im Gebiet des Ogowe wieder, was daran erinnert, dass Loango ein Ausstrahlungscentrum der Masken ist. Die Bakuba-Wakussu Masken werden wir als nächste Verwandte in der Form kennen lernen. Ob die

Masken des Alima und Ssanga eine ebenso directe Abstammung vom Loango-Typus besitzen, ist noch nicht nachweisbar, aber möglich.

Die Schekiani, Bakele, Mpongwe, Aduma etc., die am Ogowe wohnen, haben zahlreiche Geheimbundinstitutionen.

Die Schekiani und Bakele haben einen grossen Geist, den sie Mwetyi nennen. Er wohnt, wie man meint in der Tiefe, der Erde, kommt aber zu gewissen Zeiten, oder wenn er zu besonderen Zwecken citirt wird, zur Oberfläche empor. Ein in der Mitte des Dorfes erbautes grosses Haus von eigenthümlicher Gestalt und mit einem Dache von trockenen Pisangblättern dient diesem Geiste zum zeitweiligen Aufenthalte und von hier aus ertheilt er seine Orakelsprüche. Dieses Haus wird stets vollkommen dunkel gehalten und darf nur von denjenigen betreten werden, die in die Geheimnisse des Ordens eingeweiht sind, zu welchen allerdings fast die ganze erwachsene männliche Bevölkerung des Dorfes gehört. Aus der dunklen Behausung dringen eigenthümliche Töne hervor, nicht unähnlich dem Brummen eines Tigers, welche von den Eingeweihten nach Belieben gedeutet werden.

Die Frauen und Kinder werden durch die Anwesenheit dieses Geistes in beständiger Angst gehalten. Wilson sieht sogar als den Hauptzweck der mit den Besuchen des Mwetyi verbundenen Ceremonien darin, die Frauen und Kinder unterwürfig zu machen. Der Mwetyi ist demnach ein afrikanischer Blaubart, an welchen jedes Weib und jedes Kind im Lande nur mit Schrecken denkt.

Jeder Knabe vom 14. bis zum 18. Jahre wird in alle mit diesem grossem Geiste verknüpften Geheimnisse eingeweiht. Die Lehrzeit dauert ein Jahr und darüber und müssen sich die Lehrlinge während dieser Zeit einer ziemlich harten Behandlung unterwerfen, die wahrscheinlich auf ihre physische und geistige Natur einen dauernden Eindruck machen und sie abhalten soll, die Geheimnisse des Ordens auszuplaudern. Bei der Aufnahme muss ein Gelübde, z. B. sich einer gewissen Speise oder eines bestimmten Getränkes zu enthalten, abgelegt werden, das für das ganze Leben bindend bleibt.

Wenn Mwetyi nach Erledigung seiner verschiedenartigen Vorrichtungen sich aus dem Dorfe entfernt, müssen alle Frauen und Kinder, sowie alle Freunden, die sich zufällig darin aufhalten, dasselbe verlassen. Die mit seinem Abzuge verknüpften Ceremonien sind daher nur dem Eingeweihten bekannt. Soll zwischen den verschiedenen Stämmen ein Vertrag abgeschlossen werden, so wird Mwetyi stets als Zeuge angerufen und mit der Obliegenheit betraut, an der Partei, die den Vertrag verletzen will, Rache zu üben. Wenn man dies unterlassen sollte, würden Bündnisse und Verträge wenig oder keine bindende Kraft haben. Wird ein Gesetz erlassen, dem man besondere Wirksamkeit zu geben wünscht, so wird Mwetyi als derjenige bezeichnet, der an den Uebertretenden Rache üben werde, und dies ist im Allgemeinen eine hinreichende Bürgschaft für strenge Beobachtung des Gesetzes.

Bei den Aduma wird ein Wesen Namens Mangongo als Flussgeist und zwar ausschliesslich von den Männern verehrt. Unter seinem Schutze stellen die Eingeborenen ihre häufigen Fahrten auf dem Flusse an. An gefährlichen Stellen beten die Neger zu ihrem Mangongo. Haben sie die schlimmsten Stromschnellen glücklich überwunden, so glauben sie, dass er ihnen geneigt gewesen sei. Bei Mangongo leisten die Aduma ihre heiligsten Schwüre. Hat er einmal dessen Namen genannt, so wird sein Wort unverbrüchlich; er kann sich von demselben nicht mehr entbinden.

Nur Männer können Mitglieder des um den Mangongo entstandenen Bundes

Nr. 8. Mukisch der Kioke. (Nach Capello und Ivens).

werden. Die Aufnahmefeierlichkeiten bestehen etwa in Folgendem. Zunächst muss sich der Kandidat das Recht der Theilnahme von dem Mon-Ndonga (statt Fetischpriester) erkaufen; dann ergeht an ihn die Einladung, sich vor die Hütte des Mangongo einzufinden. Dieses Heiligthum unterscheidet sich nur durch seine geringere Grösse von den übrigen Wohnungen. Vor dem Eingange ist eine hohe Stange aufgerichtet, die an ihrer Spitze durch eine Liane mit dem Tempelchen in Verbindung gehalten wird. Eine

Frau darf niemals darunter hinschreiten; es ist heiliger Boden, den kein Uneingeweihter betreten darf.

Zur bestimmten Stunde beginnen die Anrufungen Mangongos. Dieser verlässt sein feuchtes Element, fährt mit Getöse durch das Dorf und nimmt, zahlreiche Spuren hinter sich lassend von seinem Heiligthume Besitz. Nach ihm tritt der Aufzunehmende mit verbundenen Augen ein. Nun wird in einem Loche ein dicker Brei, eine Art Mörtel angerührt. Ein Eingeweihter packt den Candidaten und reibt ihm mit der erwähnten Masse, die mit Pfeffer untersetzt ist, die Augen. Während dieses Vorganges erhebt Mangongo ein unmenschliches Geschrei. Draussen klatschen die Anwesenden in die Hände und singen das Lob des Geistes. Mit einem Male entflieht dieser; der Neuaufgenommene reisst die Binde von den Augen; Mangongo hat das Ufer wieder gewonnen. Noch für kurze Zeit sieht man eine schwere Masse sich in den Wogen wälzen, dann ist alles verschwunden. — Dem Eingeweihten wird das Versprechen abgenommen, den Weibern gegenüber Schweigen zu bewahren.

Die Priester Mangongos, wie die Ngoïs (siehe weiter unten) heissen Mon-Donga. In diesem Namen erkennen wir die Bezeichnung der Sindungo oder Dunga wieder. Grüne Zweige bilden das Abzeichen der Ndongawürde.

Als die bemerkenswerthesten unter den Genossenschaften des Ogowe bezeichnet Wilson den Nda-Bund. Derselbe beschränkt sich auf die erwachsene männliche Bevölkerung. An seiner Spitze steht ein Geist dieses Namens, der im Walde wohnt und nur bei ausserordentlichen Ereignissen erscheint wie bei dem Tode eines Bundesmitgliedes, bei der Geburt von Zwillingen oder bei der Einsetzung eines Mannes in sein Amt. Seine Stimme wird nur bei Nacht und nachdem die Leute zur Ruhe gegangen sind, vernommen. Er kommt von der Waldseite in das Dorf und ist so vollständig von Pisangblättern eingehüllt, dass so leicht in ihm niemand ein menschliches Wesen erkennen kann. Sein Gefolge bildet stets eine Anzahl junger Männer, die beim Zuge durch die Strassen nach einer eigenthümlichen etwas klagenden Weise eines flötenartigen Instrumentes tanzen. Sobald es bekannt wird, dass er das Dorf betreten hat, eilen Frauen und Kinder fort und verbergen sich in ihren Gemächern. Sollten sie das Unglück haben, Ndá zu erblicken, oder es wagen, ihn durch die Ritzen des Hauses zu beobachten, so würden sie fast tot geprügelt werden. Ndá bleibt häufig vor dem Hause eines Mannes stehen, von welchem bekannt ist, dass er Rum besitzt, und fordert eine Flasche davon, die ihm unverweigerlich verabreicht werden muss. Die angesehenen Männer des Dorfes bezeigen der Macht des Ndá die grösste Ehrfurcht, ohne Zweifel, um damit einen um so grösseren Eindruck auf die Gemüther der Frauen und Kinder zu machen. Wenn ein ausgezeichneter Mann stirbt, stellt sich Ndá überaus wüthend und erscheint in der nächsten Nacht mit einer grossen Schaar von Männern, um sich ohne Unterschied am Eigenthum der Dorfbewohner zu vergreifen. Er nimmt dann jederzeit soviel Schafe und Ziegen in Beschlag, als zu einem grossen Schmause erforderlich sind, und niemand hat das Recht, darüber Klage zu führen. Viele bedienen sich der Vorsicht, dass sie in der Nacht zuvor ihre Schafe und anderen Hausthiere in ihre Wohnhäuser verschliessen, und nur auf diese Weise können sie den Plünderungen dieses Waldungeheuers entgehen, deren Umfang sich nach der Wichtigkeit oder dem Range des Verstorbenen zu richten pflegt. Hauptzweck ist heute angeblich, die Frauen und Kinder in der erwünschten Unterwürfigkeit zu erhalten.

Eine ähnliche Institution wie den Ndá finden wir als Ngoï bei den Aduma; wir haben nachstehend den Bericht über eine Totenfeier dieses Geistes zu geben, die ausserordentlich an das vom Nda Erzählte erinnert. Der Dienst des Ngoï ist ein Geheimcult, um den Frauen und Kinder nichts wissen dürfen. In diesen Bund kauft sich der Novize ein. Hat er es an reichlichen Gaben für den Mon-Ndonga nicht fehlen lassen, so darf er sich den Leichenzügen anschliessen und an dem darauf folgenden Gastmahle theilnehmen. Es wird ihm unverbrüchliches Schweigen auferlegt.

Der Ngoï-Cultus besteht angeblich zur Hauptsache in einem ausgedehnten Kannibalismus. Folgen wir aber dem Bericht einer Bestattung der Ngoï-Leute.

Nachdem der Leichnam mit rother Farbe überzogen, in eine Matte gehüllt und eine oder mehr Nächte im Freien ausgestellt war, heben an dem für die Beisetzung bestimmten Tage weissbemalte Männer den entseelten Körper auf ihre Schultern und tragen ihn unter Gesang in das Dickicht des Waldes. Die Mitglieder des Ngoï folgen als Leichenzug. Nach dem Untergange der Sonne flammen inmitten des Waldesdunkels grosse Holzstösse auf. Ein Ndonga (statt Fetischpriester) steigt auf einen Baum; eine lange Liane wird herabgelassen, und alsbald schwankt der Leichnam in der Luft. Dazwischen wecken die dumpfen Wirbel des Tamtam ringsum das Echo. Trauergesänge schallen durch die Nacht dahin. Plötzlich wird die Leiche wieder heruntergelassen. Von allen Seiten stürzt man sich nun mit dem Messer auf dieselbe los und zerstückelt sie, um die Todesursache zu finden. Anscheinend werden die Fleischtheile von den Ngoï-Leuten verzehrt. Abseits brodelt in einem Topfe Schaffleisch, Hühner, Bananen und Maniok, angeblich die Speise des Ngoï selbst, in Wahrheit aber die Fortsetzung des kannibalisch begonnenen Mahles. Nach Beendigung dieser Feier packt man die menschlichen Gebeine zusammen und kehrt in das Dorf zurück. Die Knochen, die während der Feier in siedendem Wasser gebleicht worden sind, werden jetzt getrocknet und dann mit demselben rothen Stoffe, der schon zum Färben der Leichen gedient hat, überstrichen. In einer Art Urne ruhen sie dann in der Hütte. Gesänge und Tänze beginnen von Neuem, bis die ersten Strahlen der Morgensonne die Spitzen der Hügel vergolden. Die Trauer dauert mehrere Monate und jede Nacht wiederholen sich die Toten-tänze und die Klagelieder.

Wie gesagt sind auch von diesem Cultus die Frauen ausgeschlossen; sie dürfen nicht seinen Namen aussprechen, und verstopfen sich die Ohren, wenn er ausgesprochen wird. Wenn Ngoï das Dorf betritt, sperrt sich die weibliche Bevölkerung in die Hütten ein.

Vielfach ist behauptet worden, die Geheimbünde des Ogowe seien nur Erfindungen der Männer, die sich gegen das Ueberhandnehmen der weiblichen Macht schützen wollten. Darauf ist später einzugehen. Es würde das z. B. auch vom Kukwi der Pongwe gesagt, der mit einer grossen, abschreckenden Maske auf Stelzen einherschreitet und vor dem Weiber und Kinder von dannen laufen. Barret hat diese Figur Okukue genannt; andern Ortes soll sie Yasi heissen.

Eine solche Trennung der Geschlechter scheint auch eine Sitte der Akelle anzudeuten. Lenz bemerkte bei ihren Tänzen, dass die tanzenden Männer und Frauen durch einen ausgespannten Strick getrennt waren, an dem Fetzen und frische Blätter hingen. Ueber den Strick hinaus durften die Frauen nicht tanzen, es wäre ihr Tod gewesen, denn auf der Seite der

Männer tanzt angeblich ein Wesen, das darauf ausgeht, Weiber zu töten. Diese Mittheilung giebt dem Kundigen an, in welcher Richtung der Ursprung auch dieser Sitten und ihr pri-

märer Anschauungsgehalt aufzusuchen ist. Der Strick mit den
daran hängenden Blättern ist
nichts anderes als die Leiter, an
der der Geist, „das böse Wesen",
herabgestiegen ist. Doch hierüber unten mehr.

Aber auch die Frauen haben
ihren eigenen Cultus. Als Aerz-
tinnen spielen sie eine grosse
Rolle unter den Ogowe Völkern.
Ist zum Beispiel ein Dorfbewohner
erkrankt, so gehen sie in den
Wald, um zu berathen; was sie
da sprechen und treiben, weiss
niemand, denn die Männer sind

Nr. 9a. Mukisch der Minungo. (Nach M. Buchner.)

Nr. 9b, c, d. Mukisch der Minungo. (Nach Max Buchner.)

von diesen Zusammenkünften streng ausgeschlossen. Wenn sie zurückkommen, können sie sagen, ob der Kranke gesund wird oder stirbt. Bei

den Aduma haben die Frauen die eigene Gottheit, den Lisimbo, dem allerdings auch Männer Verehrung zollen.

Die Frauen des Pongwe-Landes jedoch haben einen eigenen Bund, den Njembe, der ziemlich das Gegenstück zu dem Ndä-Bunde bildet. Ein Geist steht, so viel bekannt ist, nicht an der Spitze dieser Verbindung, wohl aber werden alle Bräuche und Verrichtungen desselben streng geheim gehalten. Die Frauen halten es für eine Ehre, dem Orden anzugehören und niemand kann ohne die Erlegung einer Einweihungsgebühr, die sehr bedeutend ist, darin aufgenommen werden. Die Ceremonie der Einweihung erfordert mehrere Wochen und es können Mädchen vom zehnten oder zwölften Jahre an zugelassen werden, sobald ihre Eltern die Kosten tragen. Während des Einweihungsprocesses bemalen alle zum Orden gehörigen Frauen ihren Körper mit phantastischen Farben. Gesicht, Arme, Brust, Beine werden mit rothen und weissen Flecken bedeckt, die zuweilen kreisförmig sind, zuweilen gerade Linien bilden. In wohlgeordnetem Zuge und von der Musik einer halbmondförmigen Trommel begleitet, marschiren sie aus dem Dorfe in den Wald, wo alle ihre Ceremonien verrichtet werden, und wo sie, zuweilen unter den heftigsten Regengüssen ganze Nächte lang bleiben. Es wird zur Verherrlichung dieser Ceremonien eine Art vestalischen Feuers angezündet, das während der ganzen Dauer der Festlichkeiten nicht erlöschen darf.

Die Njembe erfreuen sich eines grossen Einflusses und werden als Bund von den Männern wirklich gefürchtet. Sie geben vor, Diebe entdecken und die Geheimnisse ihrer Feinde errathen zu können und gelten der Gemeinde, der sie angehören, als sehr nützlich. Als eigentlichen Zweck bezeichnet Wilson das Bestreben der Frauen, sich gegen die harte Behandlung von Seiten ihrer Männer zu schützen, was auch durch den mysteriösen Deckmantel wirklich gelungen ist.

Sehr wichtig ist es mir, festzustellen, dass auch die Beschneidungssitten die gleichen wie in den Kongoländern sind, also in einem engen Verhältniss zu den Geheimbund-Institutionen stehen. Die Jünglinge der Banschaka tanzen am Pubertätsfeste nach der Beschneidung mit weiss bemaltem Körper und mächtigen Büscheln von Laub auf dem Platze herum, auf dem an diesem Tage eine kleine Hütte, die die Ahnenbildnisse enthält, errichtet ist.

Auf den Inseln des Ogowe und der Ogowe-Seen sind Heiligthümer, die von Gangas bewacht werden. Hier wohnen grosse Geister. Hier werden aber auch die Jünglinge, ehe sie unter die Schaar der Männer aufgenommen werden, erzogen. Näheres hierüber ist leider unbekannt.

An Maskeraden sind noch die Vermummungen der Fan zu erwähnen, die sich in alle möglichen Thiere verwandeln.

e. Die Pubertatsweihe der Yaunde.

Litteratur: C. Morgen: „Durch Kamerun von Süd nach Nord" 1893. S. 50 ff. — G. Zenker: „Yaunde" in „Mittheilungen von Forschungsreisenden und Gelehrten aus den Deutschen Schutzgebieten." Bd. VIII 1895.

Ueber die eigenartige Pubertätsweihe der Yaunde, eines Fanstammes im südlichen Kamerun, erhielten wir zuerst durch Morgen Kenntniss. Neuerdings hat Zenker einen ausgezeichneten Bericht über die dazu gehörigen Feste geboten, wohl die beste Beschreibung religiöser Ceremonien der Afrikaner. Es scheint mir vollkommen in den Rahmen unseres Werkes eine solche Beschreibung zu passen. Ich nehme sie hier um so lieber auf, als durch sie die grosse Bedeutung derartiger Sitten für die Entwicklung der Geheimbünde sofort ersichtlich ist.

Diese Feste beim Eintritt der Mannbarkeit bezw. bei der Aufnahme in den Stamm zerfallen in mehrere Theile und zwar:

1. Majen infonu: Vorstellung vor dem Volke.
2. Laa so: Medicin für den Ingium.
3. Bita abok: Krieg dem Festgeber.
4. Ingium eso: Aufrichtung des Bildes.
5. So und Infonu minsana: Medicin und Infonu ins Haus.
6. Mba: Eintritt in den Stamm.

1. Majen infonu.

Schon lange vor dem Festtag ertönen um die Mittagszeit die Trommeln, um auf diese wichtige Feier hinzuweisen, und so wird auch der Tag verkündet, an dem die zu markenden Knaben dem Volke in grosser Versammlung vorgestellt werden sollen. An dem so bekannt gegebenen

9*

Tage versammeln sich Verwandte, Freunde und Freunde im Festort, um die jungen Leute zu sehen, an denen die Stammesmarkung vorgenommen werden soll. Nach einem Reihentanz, den die Familienhäupter, Weiber und Kinder aufführen, wird getanzt, gesungen und geschossen, worauf die Knaben vorgestellt werden. Dieses Vorfest dauert nur bis Mittag. Die Familienhäupter berathen im grossen Männerhause und bestimmen und verkünden den Tag für den Laa so (eigentlich Maballa so).

2. Laa so.

Dieses Fest ist schon grossartiger und dauert zwei Tage. Der Zweck desselben ist die Weihe des Platzes, auf dem das Haus des Infoun errichtet wird. Die Medicin besteht in einer Antilope von Rehgrösse, die „so" heisst. Die Hörner dieser Antilope dienen als Medicinbehälter, welche gegen Krankheit und Unglück verschiedener Art schützen sollen. Diese erhält jeder zu markende Knabe. Das Infounhaus wird stets in der Nähe des Dorfes, jedoch im Walde errichtet. Hierzu wird die Zwischenzeit zwischen dem ersten und zweiten Festabschnitt benutzt. Gelingt es jedoch nicht, eine Anzahl der so geschätzten Antilopen zu erlegen, müssen Ziegenhörner benutzt werden.

Am ersten Festtage kommt wiederum alles zusammen. Diesmal jedoch bringt jeder seine Reichthümer mit, um damit zu prunken. Die Familienoberhäupter haben einige Elephantenzähne, schöne Zeuge, viel Messing und Gewehre, andere haben Regenschirme, europäische Hemden, Ziehharmonikas, während die Weiber alle möglichen Kleinigkeiten, Spiegel, Porzellan- und Steingutsachen in den Händen tragen. Viele dieser Dinge wissen sie gar nicht zu gebrauchen; da sie jedoch von Weissen stammen, muss irgend eine geheimnissvolle Kraft darin verborgen sein. Es folgt nun wieder ein Reihentanz; von Zeit zu Zeit wird mit möglichst starker Pulverladung geschossen, damit es recht knallt. Ein schwacher Schuss erregt Hohngelächter. Die vollführte Musik spottet jeder Beschreibung, mit Trommeln, Mingams (Marimba), alten Blechdosen etc. wird ein möglichst lauter Lärm gemacht; die muskulösen Gestalten, die merkwürdigen Frisuren, die verschiedenartigen Trachten, Zeuge, Felle von Leoparden etc., dazu der blaue Himmel und das Grün des Waldes. Alles vereinigt sich zu einem farbenprächtigen Bilde.

Am ersten Tage ist das weibliche Geschlecht voll vertreten. An einer Stelle des Dorfes, die mit Jagdnetzen abgesteckt ist, hat der Imboballa seine Stange aufgerichtet, um den Regen, den grossen Feststörer abzuhalten (Abi invonge). Ist der Reihenmarsch vollendet, so giebt sich alles einer ungebundenen Fröhlichkeit hin. Tanz, Gesang und Spiel vertreiben bis zum Einbruch der Dunkelheit dem Festpublikum die Zeit, worauf sich alle nach ihren Dörfern aufmachen.

Am folgenden Tage kommen nur die Männer zusammen, um die Medicin zu bereiten, mit welcher der abgesteckte Festplatz besprengt wird.

Nr. 19. Mukisch der Kioke. (Nach Max Buchner.)

Ist diese Ceremonie beendet, so werden Gewehrschüsse abgegeben; die Weiber und Kinder dürfen wieder in das Dorf, doch müssen sie den umfriedigten Platz meiden.

3. Bita Abok.

Es tritt nun eine längere Pause bis zum grossen Feste, dem Inginm eso und dem ihm vorhergehenden Scheinkrieg, dem Bita abok, ein. Einige Tage nach dem Laa so ziehen alle Männer aus den um den Festort herumliegenden Weilern mit Trommelklang in den Wald, um die zur Umzäunung des Infomhauses nothwendigen Wedel der Weinpalme zu holen; dieselben werden geflochten und dann auf die Hütten des Festortes zum Trocknen gelegt. Am Anfang und Ende des Ortes wird je ein Palmwedel aufgesteckt, um jeden den Ort passirenden daran zu erinnern, dass hier die grossen Festtage begonnen haben. In den folgenden Tagen ertönen nun die Trommeln zur Mittagszeit im Festort und es herrscht eine fieberhafte

Thätigkeit in allen in der Nähe befindlichen Weilern, welche bis kurz vor dem Fest andauert.

Die Weiber fischen und räuchern den Fang, die Knaben gehen mit ihren Armbrüsten auf die Vogeljagd, stellen Maus-, Ratten- und Vogelfallen, auch die Männer liegen der Jagd ob und der Festgeber zählt die Schafe und Ziegen seiner Heerde, welche er zum Feste opfern will. In diesem Feste gipfelt das grösste Vergnügen der hiesigen Bevölkerung. Schon Tage vorher kommen Freunde, Gäste und Fremde und quartiren sich in der Nähe des Festortes ein, jeder bringt etwas Esswaaren mit, jeder wechselt das Gastgeschenk; diese schöne Sitte heisst „Mavaug"; „ha ma mavaug" ist das erste Wort, was man hört. Am Vorabend des Festes tönen die Trommeln oft stundenlang, sei es um den Festgeber zu verherrlichen, sei es, um ihn zu necken. Letzteres thut man, um seine Eitelkeit herauszufordern, damit er das Fest so glänzend als möglich gestalte.

Am Tage vor dem eigentlichen Feste nun ertönen die Alarmtrommeln in der Umgebung des Festortes. Krieg „treng, treng, treng, tang, tang, tang" tönt es fast allerorts. Die Männer und jungen Leute versammeln sich, um den Festgeber zu bekriegen, halten feurige Reden, bis zuletzt alle aufbrechen, um ein regelrechtes Gefecht auszuführen. Der Festgeber mit den Seinen vertheidigt sein Dorf und so wird oft den halben Tag geschossen, oft beginnt am Abend die Sache von Neuem. Natürlich ist alles nur Scherz und wird nur Pulver verschossen. Nach Beendigung dieses Manövers zieht die Schaar, nicht ohne vorher im Festort unter allgemeinem Jubel einige Pisangpflanzen angeschossen zu haben, unter Trommelschall in demselben herum, Chef auf Chef nebst Familie, um den Festgeber zu begrüssen.

4. Ingium eso.

Am Morgen des folgenden Tages findet sich wieder alles vollzählig am Festorte zusammen. Lange Trommelsignale und Schiessen eröffnen das Ingium eso.

Zuerst thun sich die Festtheilnehmer an den mitgebrachten Nahrungsmitteln gütlich. Darauf waschen sie sich im nahen Bache und reiben sich mit Rothholz ein und formiren sich familienweise zu dem Reihentanz.

Alles prangt in höchstem Schmuck: die Häuptlinge in rother Kappe, Leo-
pardenzahnkette, Leopardenfell als Mantel, neue bunte Lendentücher, Messing-
spangen und Fussringe glänzend geputzt. Die Weiber haben sich ebenfalls
mit Rothholz angemalt, tragen glänzend rothen oder schwarzen Hinter-
schmuck, breite Kopfbänder, breite, aus Perlen hergestellte Schamgürtel,
prächtige mit Palmöl gefettete Frisuren und wie beim Laa so die dort genannten Gegenstände in den Händen. Dieser Reihenmarsch dauert etwa
eine Stunde. Während dieser Zeit wird das Inginnbild, welches bei jedem
Feste eine andere Figur zeigt, aufgerichtet.

Der Festgeber befindet sich mit seinen Weibern an der oberen Seite
des Platzes. Freunde und Bekannte begrüssend und Fremde willkommen
heissend und lässt den Reihenmarsch an sich vorbeidefiliren; des öfteren
springt der eine oder andere aus dem Zuge heraus und feuert ihm zu Ehren
sein Gewehr ab. Nach und nach bilden sich Gruppen, die tanzen, singen
oder spielen. Spassmacher mit grossen Körben drängen sich durch die
Menge und theilen Püffe aus. Sie werden mit Esswaaren beworfen, die
sie in ihre Körbe sammeln. Letztere entleeren sie dann innerhalb des
Weilers an einer bestimmten Stelle.

Die Infonnleute anderer Plätze vom vorhergehenden Jahre kommen
an diesem Tage zusammen, sie haben den letzten Grad erreicht und sind
an dem weissen Thonanstrich, der bloss bis an das Knie geht, leicht erkennbar. Neue Infonn von andern Dörfern, mit langen Stöcken bewaffnet,
unter Vorantritt ihres Imboballa (der Ganga der Yaunde), der zur Abwehr
einen fliegenwedelähnlichen Büschel schwingt, aus dem ein weisses, zum
Niesen reizendes Pulver fliegt, geben Tänze zum Besten und lassen auf
ihren Flöten ganz melodiöse Töne erschallen.

Die anwesenden Familienchefs bereiten dem Gastgeber eine Ovation,
wobei sich derselbe an die Spitze des Zuges stellt, der sich von einem
Ende des Weilers bis an das andere bewegt. Dabei wird tüchtig geschossen. Bei solchen Festen versammeln sich zuweilen mehr als 1000
Personen. Trotzdem geht alles ohne Streit ab; höchstens wenn jemand
des Palmweins zuviel genossen hat, kommt es zur Schlägerei, die aber sofort unterdrückt wird. Bei anderen Festen heisst es aber „Abok abole",
der Abok ist gebrochen. Denn der So würde den Störer des Festes tödten;

aus diesem Grunde wagen auch zuweilen Mitglieder feindlicher Stämme solche Feste zu besuchen, und sich zu vergnügen.

Lautes Schreien verkündet den Anfang der Ceremonie auf dem Inginm-Platz. Die Knaben, welche die Stammesmaske erhalten sollen befinden sich in dem hinter dem Inginm-Bilde befindlichen Hause verborgen. Die Stammesmaske ist eine Tätowirung, die nur die Männer schmückt. Sie besteht aus drei Reihen Querstrichen von erhöhten Narben längs des Rückgrates, die am Nacken am breitesten sind und nach dem Kreuze zu in in einer Spitze auslaufen. Auf dem Platze ist eine primitive Tribüne für das aus vier bis sechs Trommeln zusammengesetzte Orchester errichtet. In der Nähe des Inginmbildes sind an den Bäumen Querstangen angebracht, auf welchen Leute sitzen, die von Zeit zu Zeit Schüsse abgeben.

Das Inginmbild besteht aus einem langen, halbirten Stamme, der wagerecht auf zwei mit Büschen oben verzierten Gabeln ruht. Auf dem vorderen Ende sind zwei Figuren, das* männliche und weibliche Princip darstellend, hinter einander aufgestellt; das hintere Ende ragt in den mit Palmwedeln abgesteckten kreisrunden Platz, auf dem sich auch die Inginm-hütte befindet, die nun den neuen Stammesmitgliedern auf ein Jahr zum Aufenthaltsort dient und wo sie in die Geheimnisse des Stammes etc. eingeweiht werden.

Zunächst herrscht eine ungewöhnliche Ruhe, die aber plötzlich durch Schreien, Pfeifen, Trommeln und Schiessen unterbrochen wird. Darauf begiebt sich ein grosser Haufe von Männern und Weibern mit Messern bewaffnet schnell nach einem anderen Platze, um mit Palmwedeln, grossen Blättern etc. zurückzukehren und dieselben nach dem Inginmbild zu bringen. Dieser Vorgang wiederholt sich mehrmals. Es erscheinen nun in den Zwischenpausen die jungen Inginmleute, welche gemarkt sind, auf der Gallerie des Bildes, um einen Tanz aufzuführen. Die Musik macht einen furchtbaren Lärm und die Schüsse krachen, als ob Pulver kein Geld koste. Ist diese Ceremonie zu Ende, so kehrt alles in das Dorf zurück zu Tanz und allerlei Kurzweil. Die Alten sitzen indessen im Männerhaus um den Festgeber in Unterhaltung versammelt und trinken dabei Palmwein, bis die Nacht der Festlichkeit ein Ende bereitet.

5. So und Infoun nimsam.

Nach einer Pause von wenigen Tagen feiert man den So. Dies ist
ein Medicinschmaus; daher verschwinden
Frauen und Kinder sowie die Ungemarkten
für diesen Tag spurlos im Walde. Am
frühen Morgen tönt eine bestimmte kleine
Trommel und die Ceremonie beginnt.
Ich selbst habe trotz aller Versuche darüber nichts in Erfahrung bringen können,
nur weiss ich, dass bei dieser Gelegenheit alle diejenigen Palaver ausgeklügelt
werden, von denen die Allgemeinheit
nichts wissen soll.

Die Infounleute machen Umzüge
nach den nahen Weilern, unter Anschlagen
zweier zusammengebundener Glocken ihr
Nahen verkündend, damit kein Unge-
markter sie erblickt und Zeit hat zu verschwinden. Schiessen verkündet das Ende
der Ceremonie. Die Infoun geberden sich
zuweilen gleich Wilden und zerstören
alles. Sie werden dann von ihrem Imboballa in das Infounhaus gesperrt, das sie
nun für 8–10 Tage nicht verlassen. Sie
dürfen sich inzwischen nicht waschen,
kein Schaf- und Ziegenfleisch essen. Sie
reiben ihren Körper mit weissem Thon
ein; ihre Haare werden abrasirt und bloss
weisse Streifen von Thon deuten die bei
Frauen übliche Kopffrisur an.

Nr. 11. Nkimba. (Nach Photographie.)

6. Mba.

Nach drei Monaten erhalten die Infoun die ersten Gradabzeichen und
schmücken sich gleich den Frauen, jedoch alles in weissem Thon. Hinter-

schmuck aus weissen Bananenfasern, Lendengürtel aus Stricken gleichen
Materials, Holzperlenschnüre um den Hals, Holzarmbänder, Panspfeife und
zweitönige Mingam.

Der Penis wird mit einer kleinen Kappe versehen, die mit einer
rothen Papageifaser geschmückt ist. Sie ziehen nunmehr in die umliegenden
Dorfschaften, Tänze aufführend, singend und Flöte blasend. Sie erhalten
von jedem ein kleines Geschenk, stehlen mitunter aber Feldfrüchte, Ziegen,
Hühner und Schafe, was aber nicht bestraft wird. Nach weiteren drei Monaten erhalten sie wieder einen Grad mehr. Sie brauchen dann nicht mehr
zu tanzen, kleiden sich mit einem weissen Lendentuche und einem Gürtel
mit Schweif, an dessen Ende rothe Federn befestigt sind, und tragen die
Kriegskappe auf dem Haupte. Der Körper wird bis an den Hals mit Thon
bemalt, während das Gesicht frei bleibt; nur um die Augen werden zwei
Ringe gemalt. Nachdem wieder einige Monate vergangen sind, lassen sie
die Haare wachsen, bemalen aber den Körper immer noch mit Thon, bis
zuletzt nur noch die Beine bis zum Knie diese Bemalung zeigen. Wird
ein Ingiumfest angekündigt, so kommen sie zu dem Feste und werden dann
nach nochmaliger Vorstellung in den Stamm aufgenommen.

Kommt es jedoch schon vorher zu einem Feste und haben die Infoun
jemanden getödtet, so sind sie bereits von dem Tage an ihres Schmuckes
los und ledig und werden als volljährig betrachtet. Die Vorstellung heisst
Mba; bei derselben werden den jungen Männern die weissen Lendentücher
von Frauen abgerissen, während erstere den Frauen wiederum das deren
Blösse bedeckende Pisangblatt wegreissen. Das alles geschieht unter grossen
Geschrei, Geschiesse und Gejohle. Nach dieser Ceremonie ist den Infoun
alles erlaubt; sie können sich mit den Frauen und Mädchen abgeben, Ziegen-,
Schaf- und Wildfleisch essen etc.

Aus dieser Schilderung Zenkers geht hervor, dass die Infoun bei den
Yaounde dieselbe Stelle einnehmen wie die Aba Queta bei den Zulus, eine
ähnliche wie die Nkimba bei den Kongovölkern.

Die Gottheit So kennen wir auch von den Baja.

f. Kamerun und Kalabar.

Abbildungen. Tafel: Fig. 55—88.
Text: Nr. 16.

Litteratur. Max Buchner: „Kamerun" 1887, S. 260 ff. — Thormählen in den: „Mittheilungen der geographischen Gesellschaft in Hamburg" 1881, S. 342 ff. — Pauli in: „Petermanns geographischen Mittheilungen" 1885, S. 24 ff. — Zoeller: „Kamerun" Bd. II. 1885, S. 57 58. — Reichenow in den: „Verhandlungen der Berliner Anthropologischen Gesellschaft" 1873, S. 180 81 — Die Missionare Scholten, Schuler, Autenrieth, Keller etc. im: „Evangelischen Heidenboten" a. v. O. — B. Schwarz: „Kamerun" 1888, S. 210. — H. Christ und Autenrieth: „Ins Innere von Kamerun" S. 20. — Ratzel u. a. O. 2. Aufl. Bd. II. S. 350. — A. Bastian: „Der Fetisch an der Küste Guineas" 1884, S. 9 ff. — H. Goldie: „Dictionary of the Efik-Language" 1862, S. 116, 117, 129, 495. — Hutchinson: „Impressions of West Afrika" 1868, S. 145 146 u. s. a. O. — Briefliche Mittheilungen von Lieutenant Hutter, Dr. Zintgraff u. a. — Bastian: „San Salvador" a. a. O, S. 347.

Man kann fast sagen, die Geheimbünde sprossten im nördlichen Kamerun wie die Pilze nach dem Frühlingsregen. Leider verschwinden sie auch eben so schnell wieder, ohne dass sie der Wissenschaft gerettet worden sind. Es sind ihrer zu viele und in ihrer degenerirten, abgeflachten Form zu wenig scharf ausgeprägte Züge, um genügendes Interesse und intensives Forschen anzuregen. Einer der Baseler Missionare hat über 40 Namen von Geheimbünden kennen gelernt, ein anderer noch mehr. — Es muss das vorausgesandt werden, um die verhältnissmässig geringen Kenntnisse der gerade in Kamerun in so wunderlicher Blüthenpracht prangenden Geheimbünde verständlich zu machen.

Im Süden und am Oberlauf des Wuri sowie im Quellgebiet des Sanaga sind die beiden Bünde Dschengu und Meli heimisch. Ersterer ist auch unter den Namen Jengo und Njengo oder Niengo bekannt. Dschengu soll „Wassernixe" bedeuten. Dieser Bund vereinigt die freien Frauen; Sklavinnen sind ausgeschlossen. Das Niengokostüm ist durch einen weit abstehenden Gürtel von trockenen Palmblättern und eine Frisur, die das Haar in einem einzigen aufrecht stehenden Zopfe zusammenfasst, ausgezeichnet. Diese Tracht soll auch in einem fremden Gebiet vor jeder feindlichen Behandlung schützen und wird deshalb in Kamerun von den aus verschiedenen Gauen zusammenströmenden Ringkämpfern getragen. Die Mitglieder des Dschengu sprechen ebenso wie die des Meli eine Geheimsprache. Bei den

10*

Bakoko findet sich statt des Dschengu der Lesimu, eine ähnliche Nixe, die sich aber auf dem Lande aufhält und die mit genitalen Tänzen verehrt wird.

Der Meli dagegen ist eine Verbindung der freien Männer, die sich offenbar wie die Orden der Ogowe-Völker um eine Einzelfigur, einen Geist gebildet hat. Dies geht aus einem Spottlied hervor, in dem es heisst: Es giebt keine Mengu (Mehrzahl von Dschengu) und Meli ist ein Mann, der im Busch redet. — Die Meli-Sekte scheint sich vielen Mordverpflichtungen zu unterziehen, denn es wird von den Eingeborenen selbst erzählt, dass durch sie oft ganze Völker vernichtet seien. Der Meli der Missionare scheint mir verwandt oder bekannt vielleicht mit dem Male Buchners. Es soll das eine sehr schlimme Sache sein, eine Art Eidschwur zum Bündniss, bei dem ein Mensch lebend verbrannt werden muss. Nach glaubwürdigen Berichten hat im October 1884 als Folge der Deutschen Besitzergreifung noch ein derartiges Fest stattgefunden. Die englisch gesinnten Rebellengruppen verbündeten sich gegen ihren King Bell und uns, indem sie eine alte Sklavin so an eine Stange schnürten, dass sie sich nicht rühren konnte und sie dann über einem Feuer aus Holz und dünnen Bananenblättern langsam zu Asche verbrannten. Schliesslich wurde die Asche als Wahrzeichen des Schwures an alle Verbündete ausgetheilt. Es giebt allerdings auch noch mildere Formen des Male. Man zertheilt zum Beispiel eine lebende Ziege oder ein lebendes Huhn in zwei Hälften, verzehrt erst die Eingeweide gemeinsam und nimmt dann das Uebrige mit nach Hause. Der Bruch eines Male zieht den Tod nach sich. Eine ähnliche Verbrüderung beschreibt der Missionar Schuler. Mitte 1892 begannen die Bakoko-Unruhen. Der Volksstamm wollte die gesprengte Handelssperre wiederherstellen. Es wurde zuerst den Boten der Dualla der Weg verlegt; nachher wurden dieselben ausgeplündert und allerhand Gewaltthaten ausgeführt. Nach dem Vertheilen der geraubten Waaren wurde, als es an das Trinken eines Schnapsfasses ging ein Bündniss getrunken, d. h. eine Verschwörung gemacht. Zum Zeichen dessen wurde einer Landschildkröte der Kopf abgeschnitten und deren Blut mit dem Schnaps vermischt. Jeder zur Verschwörung Gehörige musste trinken. Es bildete sich eine Gesellschaft des Todes aus den angesehensten Häuptern der Stadt, etwa dem Bestande der 35—40 jährigen Männer.

Nachdem der Dschengu- und Meli-Dienst von den Missionaren verdrängt war, stellten sich neue Bundbildungen ein. Vor allem begann der alte Panga-Bund, der Isango-Panga, neue Kraft und weitere Ausdehnung zu gewinnen. Isango heisst Cultus oder Orden. Plur. Losango. Wir werden bei den Nkosie wiederum Losango-Leute treffen. — Autenrieth berichtet, dass der innere Gewalt des Isango-Panga ganz verloren gegangen sei. Allerdings muss man sich unter dem Panga irgendwelche Geistermächte vorstellen, für deren Hauptsitz das Panga-Instrument gilt, und seine Anhänger wissen dem Volke viel von deren Macht zu erzählen. Die Pangafeierlichkeit selbst giebt jedoch durchaus nicht den Anschein, als ob irgend welches religiöse Interesse dabei sei. Alles was bei dieser zu beobachten ist, ist Tanz und wilder Lärm; hierauf folgt Schnapsgenuss im Uebermaass und ein freies Geschlechts-

Nr. 12. Federgewand aus Cabinda.
(Nach Photographie.)

leben. Von Rechtswegen sollen beim Panga-Tanze auch Menschenschädel eine grosse Rolle spielen und so waren bis vor nicht langer Zeit durch Panga-Leute verübte Menschenmorde an der Tagesordnung. Der neuere Panga hat auf diese Sitte verzichtet. Dagegen besteht noch eine andere Ordensregel zu Recht, wonach jeder Panga-Mann das Eigenthum eines Nicht-Panga-Mannes angreifen darf. Auch sonst mag er verüben, was er will; er unterliegt nach der Ordensregel keiner Gerichtsbarkeit.

Eine weitere in neuer Form auftretende Bundbildung ist der Ahuela-Bund. Dieser Geist, der Schnapsgeist Ahuela, ist von den Dualla eingeführt. Der Aufzunehmende muss einige begangene Schändlichkeiten nachweisen. Die Aufnahme-Ceremonie selbst besteht in einem Untertauchen unter das Wasser. — Offenbar haben wir hierin eine Beeinflussung durch die Baptistenmissionare zu sehen, wenn ja allerdings „Taufen" auch in Afrika ebenso alt einheimisch sind (nach Endemann, Bohner, Steiner, Merensky u. a.) wie in Oceanien. Zur Annahme einer europäischen Neuerung führt die Mittheilung, dass das Schnapsglas das Symbol des Bundes ist. Es ist klar, dass diese letztere Anschauung durch die Sitte der Sakramentsertheilung modificirt ist.

Ich betone hier das Wort „modificirt". Schon öfters konnte ich darauf hinweisen, dass die Wildlinge europäische Formen und Anschauungen nur dann in den Kreis ihrer Sitten und als Vorbilder ihrer Erzeugnisse aufnehmen, wenn sie mit ihren eigenen alten Formen, Anschauungen und Gebräuchen irgend welche inneren oder äusseren Beziehungen aufweisen. Es ist diese Erkenntniss besonders deswegen wichtig, weil an deren Hand nur ein eigenes grosses Studiengebiet für die Völkerkunde zugänglich wird, nämlich das Gebiet des Ueberganges von den alten eingeborenen Formen zum europäischen Formschatz. Es wird durch diesen Satz fernerhin einem grossen Theile ethnologischer Sammlungen die verdiente Werthschätzung zu Theil, vor allem alle jene mit Oelfarben übermalten Gegenstände, welche noch immer von vielen Museumsbeamten in den Hintergrund als: Moderne Falsifikate(!) geschoben werden. Endlich ist es wichtig, dass durch die Aufklärung dieser Entwicklungserscheinungen eine grössere Beachtung auch den neueren Stücken aus jenen sich immer zahlreicher herausbildenden Ländern geschenkt wird, in denen für die Sammler Sammlungen hergestellt werden. So lange diese Fabrikanten unverfälschte Eingeborene und nicht Europäer sind, sind die Sachen immer noch beachtenswerth, wenn sie auch kaum in derselben Linie gezählt werden können mit Stücken aus der Zeit der Ländereröffnung.

Es ist mir also eine gewisse Freude auch auf das Urbild und das einheimische Vorbild der Ahuela-Taufe hinweisen zu können. Es springt nämlich gelegentlich der Umzüge des Elung, Mungi und Dschengu ein mit

Blättern um Hals, Hüften und Kopf bekleideter Mann, der in jeder Hand ein Plantain hält, ins Wasser, während andere ihm Laub und Frucht zu entreissen suchen (Pauli). — Das Schnapsglas als Symbol des Bundes darf aber wohl mit Recht auf die früher besprochenen Motive des Gefässkultus zurückgeführt werden.

Ueber einen weiteren Bund, den Elung, weiss Buchner Mehreres zu berichten. Von ihm, sagt der Reisende, nimmt man am häufigsten etwas wahr. Vor der Thür irgend einer Hütte wird aus Palm- und Bananenblättern ein dichter halbkreisförmiger Zaun aufgebaut und der Weg zu beiden Seiten durch einen Strick abgesperrt. Zuweilen hört man dann hinter dem Zaun eine Anzahl Männer, etwa zwanzig oder dreissig, beten, winseln, heulen, singen und trommeln. Diesen mysteriösen Uebungen näher zu treten, ist streng verboten und man wird schon von Weitem durch grobe, heftige Geberden und Scheltworte ermahnt, dem Heiligthume fern zu bleiben, oft ehe man es erblickt hat. In jeder Dorfabtheilung soll der Elung einen Hauptmann haben, dessen Hauptfrau dann auch als Mitglied dazu gehört, während Weiber sonst ausgeschlossen sind. Jeder neu Eintretende hat dem Hauptmann für die Aufnahme und die Einweihung in das Mysterium ein Geschenk im Werthe eines Kru (etwa 13 Mark) und sämmtlichen älteren Mitgliedern ein Essen zu geben. Der Elung ist immer nur des Morgens und beim Mondschein im Gang. Statt des Namens Elung hört man häufig auch das Wort Elomba, doch ist die Bedeutung desselben Buchner unklar geblieben. Bemerkenswerth ist fernerhin das Eigenthumszeichen der Elung-Leute, das Reichenow beschreibt. Man sieht vielfach an Feldern, Häusern und Geräthschaften Bündel von Gras oder Bananenblättern auch wohl Kürbisflaschen aufgehängt. Diese werden „ju-ju" genannt und haben den Zweck, die betreffenden Gegenstände gegen Diebstahl zu sichern. Man glaubt, dass der, so diese gemarkten Gegenstände antastet, vom Elung geholt und eines qualvollen Todes sterben muss. Im Uebrigen fasst dieser Autor den Elung als eine Gottheit auf, zu dessen Ehren und dessen guter Laune zu Liebe in mondstillen Nächten Feste gefeiert werden. Dann soll er mit Geheul durch die Wälder und um die Ortschaften ziehen. Auch werden des Nachts unter grossen Bäumen Umzüge veranstaltet, wobei die Gottheit in Gestalt eines Bildnisses (statt

Götzen) herumgetragen wird. Den Weibern, Kindern und Sklaven ist es bei Todesstrafe verboten zuzuschauen und den Elung zu sehen.

Die Angaben über diese Bünde lassen Züge erkennen, die uns von anderen Orten schon bekannt und als Wesenszüge der afrikanischen Geheimbünde vertraut sind. Zwei weitere, und es ist nicht zu leugnen, die wichtigsten Erscheinungen lernen wir aber jetzt kennen, wo wir über die Feste bei Begräbnissen und die Erziehung im Bunde hören. Alles vorherige sind einzelne Thatsachen, die nicht durch bestimmte Merkmale als abgeschlossene Bilder gekennzeichnet werden. Sie sind ebenso gut Einzeltheile, aus dem Gesammtbilde herausgerissene Stücke, wie andere Nachrichten, dass zum Beispiel die Mitglieder eines Bundes sich an bestimmten Zeichen erkennen und im Kriege einander Schutz verleihen, oder dass die Sklaven aus dem Innern sich zu Landsmannschaften zusammenschliessen.

In die Fundamente der Ordensinstitutionen dringen wir bei den Berichten über den Ekongolo. Hier ist unser Autor wieder Max Buchner. Bei Tänzen und sonstigen Festlichkeiten zu Ehren eines Todten, der dem Ekongolo angehört hat, fahren hie und da Masken mit geschnitzten Antilopenhörnern auf den Köpfen unter die fröhliche Menge. Alles schreit dann: Ekongolo, Ekongolo! und stiebt kreischend auseinander. Diese Masken, deren Körper mit europäischen und afrikanischen Zeugen behangen sind und deren Hörnerschmuck häufig nach vorne zu in eine eiserne Spitze endigt, mit der sie zustechen können, erhalten von den Festgenossen beschwichtende Geschenke. Ab und zu mischen sie sich auch wohl ganz friedlich unter das Publikum und nur anfallsweise beginnen sie zu rumoren und mit weit gleich Flügeln ausgebreiteten Aermeln durch das Dorf zu rennen und die Menschen vor sich herzujagen. Solche Todtenfeste, an denen der Ekongolo sich betheiligt, dauern 9 Tage, dann geht der Ekongolo wieder nach Haus und die betreffende Familie hat ihm zum Abschied noch eine Belohnung zu zahlen. Pauli giebt an, dass diese Masken nur am dritten Tage des Todtenfestes ihre Tänze und Sprünge aufführen. — Als Name der Masken wird mir „Nyate" oder „Nyati" angegeben.

Ueber eine Erziehung wird vom Mukuku und Muemba berichtet. Der Mukuku ist eine Art Noviziat der Jünglinge, wahrscheinlich im Zusammenhang mit der Beschneidung, der sich die Knaben zwischen dem sechsten und zehnten Jahre allgemein unterziehen müssen. Die jungen Leute wanderten — denn der Bund soll aufgegeben sein — auf ein Jahr in den Wald, um dort in Einsamkeit, unter Aufsicht eines Meisters, völlig nackt, nur mit weisser Thonerde eingesalbt, eine ganz andere eigene Sprache zu reden und hie und da nächtlicher Weile Einbrüche in die Dörfer zum Zwecke des Stehlens zu unternehmen. — Etwas ähnliches scheint Muemba zu sein. In Akwatown gab es einmal einen grossen Skandal, wobei es hiess, Muemba-Leute hätten ein Schwein todtgeschossen und fortgetragen und das Schwein sei infolgedessen unersetzbar verloren, denn Muemba-Leute dürfe und könne man nicht belangen (Max Buchner).

Von Kalabar aus hat sich der Egbo nach Kamerun eingeschlichen und hier festen Fuss gefasst. Er führt hier den Namen Mungi, unter welchem Worte allerdings auch andere Institutionen einbegriffen

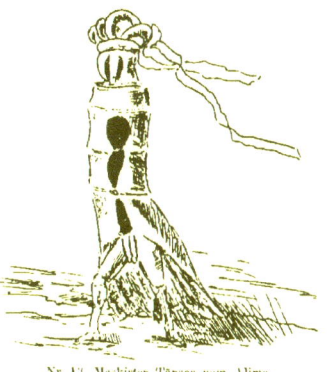

Nr. 13. Maskirter Tänzer vom Alima.

zu sein scheinen. Ehe ich jedoch diese Bünde erörtere, soll das Wenige, was wir über Maskenverwendung und Geheimbünde im Hinterlande Kamerun wissen, dargestellt werden.

Als Schwarz durch das Bakwiri-Land marschirte, betrat er einst mit seinem Zuge eine weite Rasenfläche, die wie ein riesiger Tanzplatz anzusehen war. Da brachen plötzlich zwei wunderliche Gestalten aus den Büschen. Den Kopf zierten hohe Spitzhüte, die Gesichter wurden von dunklen Masken verdeckt, welche an Stelle der Augen citronengelbe Früchte trugen. Der Leib stak in enganliegenden Tricots von dunkelbrauner Farbe mit gelben Streifen. Um die Hüften war ein bunter höchst zierlicher Faserschurz gelegt. Es waren nach Aussehen und Benehmen wahre Harlekins. Jetzt schlugen sie die wunderlichsten Purzelbäume, dann rannten sie wieder wie besessen davon und schenckten mit einer Art Pritsche, die sie in den Händen trugen, Weiber und Kinder, die da und dort aus den Hütten lugten, in diese hinein. Im nächsten Augenblick waren sie wieder bei der Expedition und bettelten auf den Knieen herumrutschend um Tabak. Die Maskencostüme waren von ausserordentlich feiner Flechtarbeit.

Man erzählte Schwarz, dass sich ganz Aehnliches bei den Stämmen weiter im Innern, namentlich bei den Bakundu finde, doch ist nichts weiter bekannt geworden.

Als die erste Basler Missionsexpedition auf ihrem Vormarsche in das Nkosidorf Nsake einrückte, wurde hier gerade eine Todtenfeier abgehalten. Glänzend kostümirt führten die Losango-Leute, d. h. die Eingeweihten eines religiösen Geheimbundes nach dem Takte einer markerschütternden Instrumentalmusik einen kunstvollen, graciösen Trauertanz auf. Geschmiedete eiserne Schnallen an den Gürteln, eiserne Handtrommeln, auf denen eifrig von halbwüchsigen Jungen gerasselt wurde, treffliche Farben der feingewebten Zeuge zeigten eine weit entwickeltere Kunstfertigkeit dieses Waldvolkes an, als man sie an der Küste findet. Saitenspiel und Hörnerklang vervollständigten das Orchester. Die Tänzer hatten das Gesicht mit einem leichten schwarzen Tuch bedeckt, an welchem hellgelbe Früchte in abschreckender Weise die Augen markirten. Ein thurmartiger, mit rothen Papageifedern dicht besetzter Helm liess die ohnehin hochgewachsenen Männer wie Enakskinder erscheinen.

Viele Masken kommen fernerhin bei den Bali vor, von denen Lieutenant Hutter eine mit nach Europa gebracht hat (Fig. 84). Ueber diese, deren Verwendung und die Bali-Masken überhaupt hat der Reisende folgendes mitgetheilt: Die mitgebrachte Maske ist ziemlich roh, es giebt viel sorgfältiger gearbeitete. Ungleich besser als die Menschengesichts-Masken ist die Nachbildung von Schädeln der Büffel und Rinder, wobei sowohl die allgemeine Form als insbesondere die charakteristischen Unterschiede der beiden Köpfe sehr gut beobachtet und auch technisch vorzüglich zum Ausdruck gebracht sind.

Bei den Tänzen und Volksbelustigungen werden diese Dinge dann getragen, die Masken, wie die mitgebrachte, vor das Gesicht gehalten und dienen diese zugleich als Resonanzboden, um das Geschrei und das gesungene Lied oder richtiger gesagt den gleichmässig sich wiederholenden Refrain einer Recitation lauter und schallender ertönen zu lassen. Ausserdem tragen sie diese Masken auch bei Beerdigungen.

Bei den Bali soll eine Art Geheimbund der Häuptlings- und Geheimbundfamilien bestehen. Das Faktum ist ausserdem sicher, dass neben der allgemeinen Umgangssprache eine zweite Sprache besteht, welche nur die Grossen verstehen und gebrauchen, wenn wichtige und geheime Palaver verhandelt werden, aber auch, wenn sie in ihrer gewöhnlichen Conversation nicht von dem nebensitzenden Plebs verstanden werden wollen. Bezüglich der Aufnahme in diesen Geheimbund wurde erzählt, dass ein kleiner Knabe geschlachtet und sein Blut getrunken werde.

Am Mittellaufe des Benue wohnen die Djuku oder Djekum, wie Passarge den Namen richtig gestellt hat. Von dort hat Flegel eine interessante Sammlung mitgebracht. Darunter findet sich ein Netzanzug, wie er von Kischi-Tänzern, Akisch, Losango-Leuten und den Maskirten der Bakwiri getragen wird. Er stammt aus Uschuhu, führt den Namen Adasa und ist als „Fetisch-Anzug" bezeichnet, eine andere Maske aus Wukari als „Fetisch-Maske", als „Fetisch-Kopfputz" endlich noch eine weitere, die Passarge als „Götze" abbildet.

Derselbe Reisende hat aus Ngaundere, dem Lande der Mbum eine Baja-Maske mitgebracht. Ueber einem Rohrgeflecht ist Tuch gespannt und darauf aus Stroh und Wachs das Gesicht ausgearbeitet. Sie führt die Bezeichnung: „Von den Baja-Bettlern getragen".

Fern im Osten erwarb Wilhelm Junker bei den Bongo eine Holzmaske, über deren Verwendung nichts bekannt ist. Auch Schweinfurth weiss darüber nichts mitzutheilen.

Der Egbo ist in Kalabar heimisch und von hier, sei es in alter, sei es in neuer Zeit nach Kamerun gebracht worden, wo er neben dem Namen Egbo den Namen Mungi führt.

11*

Ueber den Mungi schreibt Max Buchner: es müsse dieses eine ganz schlimme Geschichte sein. Zuweilen hört man vom Mungi, er werde in der Nacht durch das Dorf gehen und kein weibliches Wesen dürfe sich auf der Strasse blicken lassen. Für gewöhnlich scheint er aber im Walde zu hausen und dort von seinen Dienern verehrt zu werden, wobei früher auch Menschenopfer eine Rolle gespielt haben mögen. Denn der Mungi kann tödten, wen er will, was vielleicht vermittelst Vergiftung geschah. Auch ist er überall durch einen Hauptmann vertreten. Weiber können ihn aber nicht ansehen, ohne sofort zu sterben. Die Hauptleute gehen in den Wald und verwandeln sich in wilde Thiere. Dann schreien sie heraus: „Der Mungi ist da und sagt so und so." Was er gesagt hat, bleibt ein strenges Gesetz, gegen das kein Widerspruch gilt. „Der Mungi hat's gesagt" ist das kräftigste Argument. — Reichenow erklärt Mungi für den bösen Geist. Er sagt, wenn ansteckende Krankheiten viele Menschen hinrafften, so glaube man, der Mungi hätte sie geholt um eine Mahlzeit zu halten. Im übrigen ist der Mungi eine grosse Verbindung, deren Mitglieder als Erkennungszeichen Kreise auf der Brust tätowirt haben. — Wenn der Mungo Thormählens der Mungi anderer Reisender ist, so ist dieser Forscher der Ansicht, dass der Mungi von den Aqua-Leuten, die sich am Egbo nicht betheiligen dürften, mit Erfolg an dessen Stelle gegründet und gehandhabt sei.

Ueber den Egbo in Kamerun berichtet Thormählen: Eine geheime Sprache sprechen gewisse Familien, wenn sie sich zu einer Versammlung vereinigen, welche sie Egbo nennen, wobei sie sich auch durch eine besondere Tracht auszeichnen, indem sie, wenn der Egbo heraus ist, wie sie es nennen, sich mit getrockneten Palmblättern bekleiden. Der Egbo wird anscheinend von einem möglichst gewandten Manne dargestellt, der mit allem möglichen Tand und Flitter herausgeputzt ist und eine Stellage auf dem Leibe trägt, durch die er seine Gestalt um das Doppelte vergrössern kann, wie er sich denn auch durch Kriechen möglichst klein macht, grad' wie es ihm gefällt. Alle Freien umgeben ihn mit einem wahren Höllenlärm und ziehen so durch die ganze Stadt und ihre nächste Umgebung stets bei vollem Mondschein. Kein Wesen, welches nicht zum Egbo gehört, darf sich blicken lassen, denn es wird sogleich von dem sinnlosen Haufen in den Wald geschleppt und verschwindet dort für immer. Es heisst dann: „The Egbo chopped him!" Der Zweck des Egbo, der mit einem heiligen Nimbus umgeben ist, und der ausser bei Kriegen etc. nur bei Vollmond stattfindet, ist der, auf Frauen und Sklaven, die in so grosser Ueberzahl vorhanden sind, einen Druck ausüben zu können, der sie abschrecken soll, sich über ihren Herrn zu erheben; denn wenn sie dem Egbo in die Hände gerathen, verfallen sie ohne jede Rettung sofort dem angedeuteten Schicksal, welches der Leidenschaftlichkeit des Egbo immer neue Nahrung giebt. Passirte es doch sogar, dass selbst ein englischer Capitän dem Egbo zum Opfer fiel. Weisse werden im Allgemeinen ihrer Hautfarbe wegen als Mitglieder des Egbo sehr geachtet. Hierüber später.

Bastian hat in folgenden Zeilen seine und anderer Erfahrungen über den Egbo vereinigt: Der Egbo-Orden oder Efik (Tiger) ist in elf Grade abgetheilt, von denen die drei obersten Nyampa, Obpoko oder der Messing-Grad und Kakunde für Sklaven nicht käuflich sind; andere Grade bilden oder

Nr. 14. Masken oder Ahnenbilder der Adama.
(Nach Jacques de Brazza.)

bildeten der Abungo, Makaira, Bambun boko etc. Der gewöhnliche Weg ist, dass Eingeweihte sich in die höheren Stufen nacheinander einkaufen; das dadurch erlöste Geld wird unter den Nyampa oder Yampai vertheilt, die den inneren Bund bilden; dem König selbst kommt die Präsidentschaft zu, unter dem Titel Eyamba. Jede der verschiedenen Stufen hat ihren Egbotag, an welchem ihr Idem oder ihre gespenstische Repräsentation eine absolute Herrschaft ausübt, wie sie die Römer dem Dictator in kritischen Zeiten übertrugen, und auch Glieder anderer Stufen des Egbo-Ordens, wenn er ihnen begegnen sollte, nicht verschont. Das Land befindet sich gleichsam in einem permanenten Belagerungszustand, der durch die Ueberzahl der Sklaven und Frauen nöthig wird, indem die traditionellen Gebräuche des alten Herkommens durch die regelmässig einander folgenden Egbo-Tage und die damit verbundene Proklamirung des Kriegsgesetzes beständig ausser Kraft gesetzt und suspendirt werden. Sobald ein Egbotag verkündet ist, fliehen Sklaven, Weiber und Kinder nach allen Richtungen, da der Emissär der Idem mit seiner schweren Peitsche bewaffnet umgeht und durchaus nicht skrupulös in ihrer Anwendung ist. Eine gelbe Flagge auf dem Hause des Königs verkündet den Tag des Brass-Egbo oder des Messing-Grades, an dem selbst von den Freien sich nur sehr wenige ausser dem Hause zeigen dürfen. So oft bei dem Egbo-Orden eine Klage anhängig gemacht ist, und der Missethäter bestraft werden soll, wird durch geheime Ceremonien der im fernen Buschlande wohnende Idem citirt, der dann mit einer phantastischen Kleidung aus Matten und Zweigen von Kopf bis zu Füssen bedeckt, und mit einem schwarzen Visir vor dem Gesicht erscheint. Am Kameroon werden die Glieder des Ordens selbst durch ein in einem künstlichen Knoten geschürztes Laubwerk vereinigt, sodass sie sich als eine zusammenhängende Masse bewegen. Ein jeder Mann, Frau oder Kind hat das Recht, die Hülfe des Egbo gegen seinen Herrn oder seinen Nachbar anzurufen, und dazu bedarf es nur, dass er ein Mitglied des Ordens auf der Brust berührt oder an die grosse Egbo-Trommel schlägt. Der Beanspruchte muss also gleich einen Convent zusammenberufen, wo die Klage untersucht und, wenn gerecht befunden, befriedigt wird. Erweist sie sich dagegen als unbegründet, so wird der Kläger bestraft; hat das Gericht ein Verdammungsurtheil gefällt, so läuft der Beauftragte mit seiner schweren Peitsche in der Hand und von einem lärmenden Gefolge von Egbobrüdern umgeben, direkt nach dem Hause des Verurtheilten, aus dem sich niemand rühren darf, bis die Strafe vollzogen und gewöhnlich das ganze Haus zusammengerissen ist, sodass alle Einwohner mehr oder weniger Schaden nehmen. Während dieser Zeit, sowie überhaupt während der ganzen Dauer einer Egbositzung würde es für jeden nicht dabei Betheiligten der Tod sein, wenn er sich auf der Strasse sehen liesse, und erst wenn die Egbotrommel den Schluss des Gerichts verkündet, können die Geschäfte des gewöhnlichen Lebens wieder begonnen werden. Mitglieder des Ordens sollen, wenn verurtheilt, das Recht haben, im Rausche zu sterben. Leute, die auf Reisen zu gehen gezwungen sind, stellen meistens ihr Eigenthum unter den Schutz des Messing-Egbo und ein gelbes Stück Zeug, das über der Thür angebracht ist, genügt, das Haus gegen jede Beschädigung zu schützen; der in den Messinggrad Einzuweihende wird am ganzen Körper mit einem gelben Pulver eingerieben. Am Kameroon ist ein Bündel grüner Blätter, der an einen Pfahl gebunden wird, das Zeichen, dass das Eigenthum unter dem Schutz des Egbo steht.

Seine Entstehung soll der Orden der freien Egbos auf den Messen genommen haben, die auf einem grossen Oelmarkte des Innern, halbwegs zwischen Kalabar und Kameroon, abgehalten wurden. Da dort vielfache Unordnungen einrissen, der europäische Handel aber zur Aufrechterhaltung des Credits eine genaue Einhaltung der übernommenen Verpflichtungen forderte, so bildete sich dieses Institut als eine Art Hansa unter den angesehendsten Kaufleuten zu gegenseitiger Wahrung ihrer Interessen und gewann später die politische Bedeutung einer Vehme, indem es die ganze Polizei des Kalabar und Kameroon in seinen Bereich zog. Die Könige suchten sich stets die Grossmeisterschaft in diesem Orden zu sichern, da ohne dieselbe ihr Ansehen zu einem Schatten herabsinkt. Europäische Capitäne haben es mehrfach vortheilhaft gefunden, sich in die niederen Grade einreihen zu lassen, um ihre Schulden leichter eintreiben zu können. Ein Mitglied des Egbo hat das Recht, den Sklaven seines Schuldners, wo immer er ihn finde als sein Eigenthum zu beanspruchen, indem er eine gelbe Schleife an das Kleid oder Tuch desselben befestigt. Der Charakter eines Egbo wird selbst im Innern noch geachtet und gefürchtet und verleiht eine gewisse Unverletzlichkeit, wie sie für ausgedehntere Handelsspeculationen in Afrika durchaus nothwendig ist. Als Vorbereitung für ihre Aufnahme unter die freien Egbos werden am Kameroon die aufwachsenden Knaben für längere Zeit zu den Makoko, einem Buschvolk des

Innern geschickt, bei denen sie mackend in den Wäldern leben und nur zeitweise, mit grünen Blättern behangen, hervorstürzen, um ein Bad im Fluss zu nehmen. Keine Frau und vor allem keine Sklaven, darf sich bei schwerer Strafe dem Walde nähern, in dem sie sich aufhalten. Um einen Besuch, vor allem einen europäischen, besonders zu ehren, pflegt man am Kameroon die Egbo-Ziege vorzuführen, deren Anblick dem Volke sonst nur selten gestattet wird.

Holmann (bei Bastian) berichtet, das ganze Land Alt-Kalabar stehe unter der Herrschaft der sogenannten Egbo-Gesetze. Diese werden durch eine geheime Rathsversammlung, die Egbo-Versammlung, erlassen, welche in einem eigens für diesen Zweck errichteten Hause, dem Palaver-Hause, abgehalten wird: als Vorsitzender dieser Versammlung fungirt, kraft seiner Suveränität, der Herzog unter dem Titel Eyamba. Bei den Egbo-Mitgliedern giebt es verschiedene Rangstufen, die als Grade nacheinander erworben werden müssen. Holmann führt Engländer dafür an, dass Europäer in den Egbo, ja sogar in den Yampai sich eingekauft haben, um so ihre Gelder leichter einzutreiben. Als Namen und Preise der Rangstufen des Egbo giebt er folgende an:

1. Abungo   125 Bars
2. Aboko   75   „
3. Makaira   400 Kupferstangen
4. Bakimboko   100 Bars
5. Yampai   850 Kupferstangen,

wozu noch Rum, Kleider, Membo etc. zu erlegen ist. — Die Yampaiklasse ist die einzige, deren Mitglieder Erlaubniss haben, im Rath zu sitzen. — Die für die verschiedenen Titel des Egbo bezahlten Summen werden ausschliesslich unter die Yampai vertheilt, welche übrigens nicht auf einen einzelnen Antheil beschränkt sind, denn jeder Yampai kann seinen Titel so oft vervielfältigen als er Antheile hinzukaufen kann, und diese berechtigen ihn zum Empfang der entsprechenden Quoten aus dem Gewinne der ganzen Institution.

Die Art ihrer Rechtspflege ist folgende: Wenn jemand eine Schuldsumme nicht eintreiben kann oder ihm ein persönliches oder anderes Unrecht zugefügt ist, so wendet er sich an den Herzog wegen der Egbo-Trommel und macht ihn mit der Natur seiner Klage bekannt. Bewilligt der Herzog die Bitte, so tritt die Egbo-Versammlung unverzüglich zusammen, und die Trommeln werden in der Stadt geschlagen. Sobald dieselben zum zweiten Male ertönen, muss sich jede Frau in ihre Wohnung zurückziehen, bei Strafe der Enthauptung für Zuwiderhandeln, und sie darf aus ihrer Einsperrung nicht eher hervorkommen, als die Trommeln zum zweiten Male ertönen als Zeichen, dass der Rath beendet ist. War die Klage gerechtfertigt, so wird der Egbo zu dem Uebelthäter gesendet, um ihn wegen seiner Schuld zu verwarnen und Genugthuung zu verlangen, wonach niemand das von dem Schuldigen bewohnte Haus verlassen darf, bevor die Sache nicht beigelegt ist. Geschieht dies nicht bald, so wird ihnen das Haus über dem Kopf niedergerissen, wobei einige Menschenleben gewöhnlich verloren gehen. Doch tritt der äusserste Fall nur selten ein, denn wenn der Schuldige nicht selbst im Stande ist, die Angelegenheit zu ordnen, so geschieht dies meist von seinen Verwandten und Freunden.

Nr. 15. Tracht einer Ganga der Fan beim Tamtam. (Nach Madame Crampel).

Der Egbo-Mann, d. h. der mit der Vollstreckung Beauftragte, trägt eine vollständige Verkleidung, bestehend in einem schwarzen Netzwerk, welches vom Kopf bis zu den Füssen die Haut bedeckt, einem Hut mit langer Feder, Hörner auf der Stirn, einer langen Peitsche in der rechten Hand, einer am unteren Theil des Rückens befestigten Glocke und verschiedenen kleineren an den Knöcheln. So ausgerüstet verlässt er das Egbo-Haus und läuft mit seinen tönenden Glocken durch die Strassen bis zum Hause des Uebelthäters, hinter ihm her ein halbes Dutzend untergeordneter, phantastisch gekleideter Personen, von denen jeder ein Schwert oder einen Stock trägt.

Nach Wadell (bei Bastian) ist der Egbo ein Geheimbund unter dem

Schutze eines göttlichen Wesens. Eine Person, welche darin den höchsten Rang erhält, zahlt an jedes Mitglied eine Eintrittsgebühr, welche, wenn auch gering im Einzelnen, sich doch nahezu auf 100 £ beläuft, da etwa 1000 Mitglieder existiren. Die Mysterien sind nur den Eingeweihten bekannt und dürfen bei Todesstrafe nicht verrathen werden. Alle Gesetze geniessen dasselbe heilige Ansehen. Der Bund besteht aus zehn an Ansehen und Macht verschiedenen Graden, von denen einige so tief stehen, dass Knaben und Sklaven sie erwerben können, andere wieder so hoch, dass sie nur Freien von alter Familie und hohem Range erreichbar sind.

Die Gesetze des Egbo bezwecken nur das Wohl der eigenen Mitglieder, wogegen die allgemeine Wohlfahrt nicht berücksichtigt wird. Die Gesellschaft besteht in Kalabar aus Edlen und Sklaven. Erstere sind mehr als frei; sie geniessen Privilegien, welche mit der Freiheit der Nicht-Mitglieder des Egbo unverträglich sind. Sind freie Leute, welche zu arm sind, diese Privilegien zu erwerben, in ihren Rechten gekränkt, so müssen sie einen Egbo-Edlen erkaufen, um ihre Sache vor ein Egbo-Gericht zu bringen, das, je nach dem Erfolge, einen grossen Gewinnantheil zu beanspruchen hat. Zuweilen ziehen solche Personen vor, sich selbst irgend einem mächtigen Häuptling zu verkaufen, und seinen Schutz auf Kosten ihrer Freiheit zu gewinnen. Gleich allen exclusiven Gemeinschaften will das Egbo nicht freiwillig die Vorrechte seiner Mitglieder zu Gunsten niedrig Stehender preisgeben. Was sie haben, halten sie fest. Das Egbo scheint namentlich bestimmt, Frauen und Sklaven in Abhängigkeit zu halten. Frauen, wenn sie nicht mächtige Väter oder Brüder haben, müssen sich die entwürdigendste Behandlung Seitens der Ehemänner gefallen lassen. Das einzige Gesetz, welches der Bund jemals zum Schutz der Sklaven erliess, wurde auf Anregung der Fremden gegeben.

Die Könige von Duke Town und Creek Town wurden von den Egbo-Autoritäten als solche nicht anerkannt. Sie besassen im Orden Macht als hohe Würdenträger, da jede Klasse ihr Haupt hat, aber nicht als Könige. Dieser Rang ist nicht erblich, sondern eingesetzt, um den Verkehr des Volkes mit den Fremden zu vermitteln. Thätsächlich sind die Städte in Kalabar eine Anzahl kleiner Republiken, jede mit ihrem eigenen Oberhaupt und Rath, und zusammengehalten lediglich durch die Egbo-Verbrüderung, soweit sie von dieser für gegenseitige Vertheidigung vereinigt sind.

Es giebt noch eine andere Persönlichkeit, welche unter missbräuchlicher Anwendung des Titels „König von Kalabar" genannt wird. Es ist das Ueberbleibsel des grössten Mannes im Lande, annähernd ein Pontifex Maximus. Er hat das Amt eines Ndem Efik oder Gross Calabar Juju. Ihm bezeugten die Häuptlinge des Landes tiefe Ehrerbietung, während er sich vor niemand verbeugte, und vor ihm und seinem Idol wurden die Familien- und Stammesverhältnisse durch Eid erhärtet.

Der Ndem Efik Wadells heisst bei Hutchinson Idem Efik ebenso bei Goldie u. a. Er soll eine Gottheit sein, die sich zu Zeiten als Schlange sehen liesse. Vertreter auf Erden ist ein Priester, der gewöhnlich als König von Kalabar bezeichnet wird. Interessant ist die linguistische Zusammensetzung. Idem heisst nämlich Körper. Wenn die Seele ihn verlassen hat spricht man von ikpök idem oder wie es klingt: ikpöhidem. Ikpo ist ausserdem die Trauer um einen Todten. ikpök die Haut des menschlichen Körpers. Ekpo aber, aus dem wohl das Wort Egbo hervorgangen ist, heisst der Geist. — Damit ist ein klarer Lichtstrahl auf die Entstehung des Bundes gefallen, der nicht, wie so oft fälschlich angenommen ist, auf den Gedanken, den Willen oder die Anregung eines Menschen oder einer Generation ins Leben gerufen ist, sondern älter ist als diese: der Ursprung des Idem Efik und damit des Egbo ist im Manismus zu suchen. Die Bedürfnisse einer merkantilen Epoche haben dem alten Geheimbund die heutige Form gegeben.

Goldie fügt noch hinzu, dass der Idem jeder Klasse des Egbo seine eigenen Abzeichen habe. — Zum ersten Male hörten wir von Egbo 1710. Snelgrave berichtet, dass die Leute Alt-Kalabars ein Kind ihrem Gotte Egbo zum Opfer brachten.

Es ist noch, ehe diese Gegend verlassen wird, auf das Vorkommen maskenähnlicher Trachten auf Fernando-Po hinzuweisen. In einem phantastischen Strohkostüm führen die Bube wilde Tänze auf, deren Zweck eine Anknüpfung mit der Geisterwelt zu sein scheint (Bastian).

g. Joruba-Völker und centraler Sudan.

Abbildungen   Tafel: Fig. 89—100, 128—130.

Litteratur.   A. B. Ellis: „The Yoruba-speaking Peoples of the Slave-Coast of Westafrika"
1894. S. 107 ff. — Richard F. Burton: „Abeokuta and the Cameroons Moun-
tains" 1863. Bd. 1. S. 195 ff. — W. Hoffmann: „Abbeokuta" 1859. S. 69.
137. 169. 171. 172. 294. — Bastian: „Loangoküste" a. a. O. Bd. I. S. 113.
— Derselbe: „Geographische und ethnologische Bilder" 1873. S. 185. —
Samuel Crowther: „A Vocabulary of the Yoruba-Language" 1852. S. 80. 87.
— S. Crowther and John Taylor: „The Gospel on the Banks of the Niger"
1859. S. 215. — Clapperton: „Tagebuch der zweyten Reise des Capitän
Clapperton in das Innere von Afrika" 1830. S. 53 und 91 ff. — Ratzel:
„Völkerkunde". 2. Aufl. Bd. II. S. 350. — Vogel in: „Zeitschrift für all-
gemeine Erdkunde". Berlin. 1. Folge. Bd. VI. 1856. S. 485. — H. Barth:
„Reisen in Afrika". Bd. I. S. 622 — Gerhard Rohlfs: „Quer durch Afrika"
1874. Bd. I. S. 175/6. — Bastian: „Allerlei aus Volks- und Menschen-
kunde" 1888. Bd. II. S. LVI. Catalog des Museums Umlauff in Hamburg.

Der grösste Theil jener in den Museen vielfach vertretenen „Tanzmasken aus Dahomey" stammt aus den Yoruba-Ländern. Das Yoruba-Land
kann und muss als eines der interessantesten vom ethnographischen Standpunkte aus bezeichnet werden. Leider ist die Eigenart seiner Bevölkerung
noch bei Weitem nicht genügend gewürdigt worden und wir wissen noch
nichts Vollständiges über diese eigenartige Cultur, welche die schönsten
Reliquien aus der Malajo-nigritischen Culturepoche birgt.

Die Masken finden in Yoruba eine verschiedene Verwendung; von
einer dreifachen wissen wir, nämlich bei der Darstellung der Verstorbenen,
beim Bund und beim Schauspiel.

Ueber die erstere Verwendung und ihren Sinn berichtet Ellis am
Ausführlichsten. — Egungun heisst Knochen oder Skelet und man nimmt
an, dass der Egungun ein von den Todten auferstandener Mann sei. Es
wird das durch einen mit langem, gewöhnlich aus Gras gefertigten Kleide
und einer Maske versehenen Mann dargestellt. Die Maske ist gewöhnlich
ein sehr hässliches Gesicht mit einer langen spitzen Nase und dünnen Lippen;
manchmal ist es auch ein Thierkopf.

Egungun erscheint in den Strassen zu verschiedenen Nacht- und
Tageszeiten laufend, springend, tanzend und wunderlich stolzirend, wobei
laute Schreie ausgestossen werden. Man glaubt, es sei dies ein aus dem
Lande der Todten Zurückgekehrter, der sich danach umsehe, was im Bereiche der Lebenden vor sich gehe. Seine Aufgabe sagt man, sei die, solche

hinwegzuführen, die ihre Nachbarn durch ärgerliches Betragen störten. Er wird also als eine Art übernatürlichen Inquisitors angesehen, der von Zeit zu Zeit erscheine, um die allgemeine häusliche Aufführung des Volkes, zumal die der Frauen zu untersuchen und stratwürdige Handlungen zu vergelten. Obgleich es allgemein bekannt ist, dass Egungun nur ein auserlesener Mann ist, so wird doch im Volke geglaubt, dass ihn berühren, den Tod herbeiführen heisse. Die Menschenmenge steht daher immer in respektvoller Entfernung und einer der Hauptscherze des Darstellers ist es, mit einem Male gegen die Zuschauer zu springen, die dann in jeder Richtung auseinander-

Nr. 16 a.

Nr. 16 b. Maskirung der Losango-Leute beim Todtenfest der Nkosi. (Nach Photographie).

stürzen, um der todtbringenden Berührung zu entgehen. Die Hand gegen den Egungun zu erheben, wird mit dem Tode bestraft und Frauen ist es bei Todesstrafe verboten, über ihn zu lachen, respektslos über ihn zu sprechen oder gar zu sagen, es sei nicht ein von den Todten Auferstandener.

Egungun ist demnach eine Art Kobold, ein angeblicher Dämon, dessen Hauptaufgabe es ist zänkische Weiber, Ruhestörer und zudringliche Menschen zu erschrecken. Hervorgegangen ist er aber sicher aus einer Darstellung der Todten und somit aus dem Manismus.

Im Juni jeden Jahres wird ein Fest für Egungun abgehalten. Es währt sieben Tage und ist Klagen um die Verstorbenen der letzten Jahre gewidmet. Es ist eine Art Allerseelen-Fest. Ausserdem erscheint Egungun in Verbindung mit Bestattungsceremonien. Ein paar Tage nach der Bestattung erscheint ein Egungun mit einem Gefolge von Maskirten in den Strassen des Stadt, die er unter einem lauten Ausrufen des Namens des Verstorbenen durchschreitet. Ein gläubiger und halberschrockener Haufe folgt. Die Leute lauschen, ob eine Antwort auf die Rufe des Egungun erfolgt. Ein paar Tage später rückt der Egungun abermals mit einigem Gefolge zu dem Hause, in dem der Tod Einzug hielt und bringt den Angehörigen Nachrichten von dem Verstorbenen; gewöhnlich erzählt er, dass dieser im Lande der Todten angekommen sei und sich wohl befinde. Zum Dank für die erfreulichen Nachrichten setzt die Familie Speise, Schnaps und Palmwein in einen Raum des Hauses und ladet den Egungun ein, zuzugreifen. Sie selbst ziehen sich zurück; denn es bringt den Tod, wenn man den Egungun essen sieht.

Wenn Egungun und seine Nachfolger genügend gespeist haben, hört man lautes Stöhnen von dem Raume her und das ist dann das Zeichen, dass er daran ist, sich zu entfernen; die Familie tritt wieder ein und entlässt ihn mit Botschaften an den Verstorbenen.

Die Erfahrungen Burtons über Egungun sind ähnlich. Er traf einen solchen auf dem Marsche. Sein Gesicht war mit einem Geflecht von Netzwerk, sein Haupt mit ähnlichen Fetzen und Lumpen bedeckt, wie sie seine andere Kleidung darstellten. Auf dem Rücken zwischen den Schultern war ein deutscher Pfennigspiegel befestigt; die Füsse bedeckten Mokassins. Von Egungun erzählt man ebenso, wie von den Europäern in alten Zeiten, dass sie keine Füsse hätten. Auch Burton wurde mitgetheilt, dass nach dem Glauben der Eingeborenen eine Berührung, selbst Seitens des Königs, den Tod herbeiführe. Nur die erwachsenen Männer und freigeborenen Knaben wissen, dass Egungun ein Sterblicher ist. Wenn aber ein Weib bei ihm falsch schwört oder sagt, es sei kein von dem Tode Erstandener, so müsste sie das Leben verlieren. — Missionar Hinderer erlebte es, dass eine Frau, die sich vergangen hatte — es war eine Häuptlings-Frau — dem Egungun übergeben wurde. Bald darauf erblickte der Missionar die hundert verlarvten „Egungun oder Aku", das Haus des Häuptlings umtanzend, mit dem Kopfe der Sklavin spielend. Sie waren als Scharfrichter der Weiber aus allen Theilen der Stadt zusammengerufen.

Von den in Sierra Leone abgesetzten, befreiten Sklaven ist der Egungun-Brauch nach dort übertragen worden. Und so erscheint er denn in langem gedrucktem Baumwollkleid und als Maske einem mit zwei Augenlöchern versehenen, den Kopf verhüllenden Lappen. Zwar schrecken die Umherstehenden noch zurück, wenn Egungun auf sie zuspringt, aber die Einwohner antworten auf die Frage nach dem Sinn dieser Darstellung, es sei Spiel. — Den Eg-gu-gu-man traf Bastian unter den Sherbros. Eine Stelle bei Bastian: „Aus dem Geheimbund (der Bondo) geht der Egugu (in Vermummungen um an der Goldküste" — ist mir unverständlich. Masken und Geheimbünde sind trotz guter Kenntnis an der Goldküste noch nicht bekannt geworden.

Der Geheimbund der Ogboni ist Entsender des maskirten Oro. Dieser Letztere ist die öffentliche Polizei, wenn man so sagen darf. Oro wohnt für gewöhnlich in den Wäldern der Nachbarschaft der Städte. Sein Nahen verkündet er durch ein surrendes, starkes Geräusch, welches er durch das Schwirrholz hervorbringt. Sobald der Ton erklingt, müssen die Frauen sich in ihre Gemächer zurückziehen. Es ist ihnen bei Todesstrafe verboten, hinauszuschauen. Auch das Schwirrholz darf kein Weib erblicken. Die Verbreitung des Schwirrholzes ist eine ziemlich ausgedehnte in dieser Gegend und scheint mit der des Oro Hand in Hand zu gehen. In Duffin, einem Orte im nordwestlichen Yoruba, schrieb Clapperton in sein Tagebuch: Diesen Abend ging der „Fetisch" um, Diebe einzufangen. Diese Wächter machen ein Geräusch, dem ähnlich, das die Knaben machen, wenn sie einen gekerbten, an einem Bande befestigten Stock um den Kopf schwingen. Sobald man diesen Ton hört, darf keiner bei Verlust seines Lebens das Haus verlassen. — Auf die Länder der Nigermündung bezieht sich anscheinend folgende Stelle bei Bastian: Weit verbreitet ist die dämonische Gewalt des Oro (Es tönt) als das schwirrend bewegte Holz des Baba-lauo (Vater des Geheimnisses) genannten Priesters, in dessen Ton die Stimmen der abgeschiedenen Geister (Ennui) reden, und zwar dumpf, wenn die der Urgrossväter, leise dagegen, wenn kürzlich Verstorbener, indem bei jenen ein schweres, bei diesen ein leichtes Holz verwandt wird. Im Namen der Gottheit Oro wird auch der Baum zum Hinrichten aufgestellt und von ihr geht alles Urtheil aus.

Der letzte Satz bezieht sich allerdings kaum auf den Oro allein; denn dieser tritt wohl nirgends selbständig auf. Der Oro ist die ausführende Macht der Ogboni. Das ganze Yaruba-Land wird durch diesen Bund oder diese gesellschaftlich organisirte Obrigkeit verwaltet. Zum Tode verurtheilte Verbrecher werden vom Ogboni dem Oro übergeben. Solche Leute werden dann gewöhnlich nicht wiedergesehen. Nur die Kleider kann man in den Zweigen der Bäume hängend erblicken. Der Oro liess sie hier zurück, als er sich in die Lüfte erhob. Man erzählt in solchen Fällen, Oro habe die Leichen verschlungen. Selten findet man die Körper so Verurtheilter im Walde und es ist nicht gestattet, sie zu bestatten. Oro erscheint nur an einem Festtage, oder wie die Leute sagen, am „Oro-Tage". An solchen hört man die Stimme des Oro vom Morgen bis in die Nacht und alle Frauen sind dann in die Hütte gebannt, während Oro in einem langen mit Schalen behängten Gewande und einer weissen Holzmaske mit blutbeschmierten Lippen, von einem zahlreichen Gefolge begleitet, die Stadt durchwandert.

In Ondo wird Oro ein jährliches Fest, Oro Dako genannt, gefeiert. Es währt drei Monde, während welcher Zeit die Frauen jeden neunten Tag in die Hütten vom Tagesanbruch bis zum Mittag gebannt sind. In dieser Zeit durcheilen die Männer die Stadt, das Schwirrholz schwingend, tanzend, singend, trommelnd und jeden verlaufenen Hund und jedes Huhn tödtend, um so eine Speise zu gewinnen. — Auf der Spitze eines Hügels in Abeokuta erhebt sich ein grosser Granitpfeiler. Dieser ist dem Oro heilig und niemand darf ihn besteigen. — Ellis glaubt, dass Oro, der jetzt nur noch als Wächter der öffentlichen Ordnung, wie Egungun der der privaten ist, ursprünglich der die Knaben-Erziehung leitende Geist war.

Die enge Beziehung Oro's zum Ogboni geht vor allem klar aus einem Berichte Bastians hervor. Die Stadt Ogbomascho wird gewöhnlich zweimal jährlich der Gewalt des Oro übergeben. Der Lärm beginnt, nachdem den Frauen die entsprechende Warnung zugekommen ist, in kleinen Hütten, die abseits ausserhalb der Stadtmauer stehen und zu denen kein Zugang ist, als durch die Gebäulichkeiten der Stadtobersten. Während der ganzen Nacht geht dann der Geist der Vorfahren mit einer mächtigen Bambuspeitsche umher in einer Begleitung sonstiger Masken, die mehr oder weniger stereotyp sind oder werden. — Erwähnenswerth ist noch, dass den Ogboni das Recht der Bestattung zukommt.

Nr. 17. Ganga des Königs Takadu von Kpvadu. (Nach Zeichnung von Hauptmann Kling).

Die Ausdehnung der Ogboni-Oro-Institution scheint eine beträchtliche zu sein. Burton fand den Oro in Benin, wo er in Flor stand. Dort hat zumal im vorigen Jahrhundert der Ogboni ein grausames Regiment geführt. In der Nigermündung sind nach Bastian die „Fetische" mit Namen „uru" heimisch.

Der Name Oro wird verschieden gedeutet, von Ellis als Wuth, Grimm, Sturm, Anreizung, Berufung, von Bastian als „Es tönt", von Burton als Marter und Strafe. Bedenkt man dazu, dass oru, olu, uru etc. bei Aku, Egba, Yoruba, Yagba, Eki, Dsumu, Owóro, Dsebu etc. Nacht heisst, nimmt dazu, dass ein Granitpfeiler Oro heilig ist und so weiter, so kommen wir der Annahme Burtons nahe, dass oro von orun „die Sonne" abzuleiten ist. Die neuaufgefundene Anschauung, dass die Seele der Sonne folgt, weist den Weg der Entstehung und unterstützt den Bericht Bastians, dem zufolge Oro der Geist der Vorfahren ist.

Clapperton verdanken wir einen eingehenden Bericht über ein Schauspiel bei den Yoruba, dem wir hier wiedergeben wollen:

So lange die Caboeirs in der Hauptstadt verweilen, werden Schauspiele, Pantomimen oder wie man es nennen will, aufgeführt. Bei folgender Darstellung waren wir Zuschauer. Der Platz, der zu diesem Zeitvertreibe ausgewählt ist, ist der Garten des Königs, vor dem Hauptthore, wo der Gebieter meistentheils zu sitzen pflegt. Ein Tempel steht linker Hand, gegen Süd sind zwei sehr grosse, romantische Granitblöcke; an denselben steht ein alter verwitterter Baum. Gegen Osten sind einige schöne schattige Bäume, gegen Norden liegt des Königs Wohnung, wo er als Zuschauer seinen Platz hat. In der Mitte des Platzes sind zwei Gruppen schöner Bäume; in einer derselben steht eine hohe Fächerpalme, die weit über den Platz, der sieben- bis achthundert Ellen im Quadrat halten mag, hervorragt. Unter diesen Bäumen sassen die Schauspieler, ganz in Säcke gehüllt und die Köpfe mit bunten Streifen und Lappen von Seide und Baumwolle auf's Phantastischste geschmückt. Die Leute des Königs geben Acht, dass kein Zuschauer in jenen Platz hinein kam, und Musikanten lärmten ohne Unterlass mit Trommeln, Hörnern und Pfeifen.

Der erste Act bestand darin, dass die Schauspieler in den Säcken tanzten und sprangen, was sie auf bewundernswürdige Weise thaten, wenn man bedenkt, dass sie nicht sehen und Hände und Füsse nicht frei gebrauchen konnten.

Im zweiten Act ward die Boa constrictor gefangen: Zuerst kam einer von den Sackmännern heran und kniete nieder auf Hände und Füsse, dann erschien eine grosse majestätische Figur, mit einem Kopfputz und einer Maske, die man nicht beschreiben kann: sie war ganz pechschwarz; bisweilen schien es ein Löwe zu sein, der über dem Kamme eines Helmes liegt, dann ein schwarzer Kopf mit einer grossen Perrücke; bei jeder Wendung änderte sich die Gestalt. Die Figur hielt in der rechten Hand ein Schwert, und nach der ausgezeichneten Kleidung und den Bewegungen war sie der Director der Vorstellung. Die Schauspieler sprachen kein Wort. Der Vorsteher, wie ich die grosse Gestalt nennen will, ging zu dem Manne, der in dem Sacke lag; ein anderer Sacktänzer ward in seinem Sacke herbeigebracht und nach einem Wink mit dem Schwerte bei dem Kopf oder den Füssen des anderen niedergelegt. Nachdem er die Enden beider Säcke aufgetrennt hatte, krochen beide Personen in einen. Dann schwang der

Vorsteher sein Schwert gewaltig, ich glaubte, gewiss würde es nun ein Kopfabhauen geben, da alle Mitspielenden und die beiden im Sacke versammelt waren; in wenigen Minuten waren sie aber fort bis auf den Vorsteher, der drei oder vier Hiebe mit dem Schwerte führte, als die Darstellung der Boa constrictor begann. Das Thier steckte seinen Kopf aus dem Korbe, worin es lag, hervor und versuchte, den Vorsteher zu beissen; bei einem Streiche des Schwertes wendete es aber den Kopf nach einer anderen Seite, dem Hieb zu entgehen; dann kroch es allmählich aus dem Korbe und machte alle Bewegungen einer Schlange sehr natürlich nach, besonders das Auf- und Zumachen des Rachens, den der Schauspieler wahrscheinlich durch seine beiden Hände bildete. Die Schlange war gegen vierzehn Fuss lang und die Haut war gut nachgeahmt. Nachdem sie den Vorsteher eine Zeit lang durch den Park verfolgt und ihn zu beissen versucht hatte, was er durch sein Schwert verhinderte, ward allen Schauspielern ein Zeichen gegeben, zu erscheinen und der Vorsteher stellte sich, als ob er mit dem Schwerte der Schlange in den Schwanz hiebe. Diese sperrte den Rachen auf, rollte sich zusammen und schien grosse Schmerzen zu leiden; als sie fast todt war, nahmen die Schauspieler sie auf die Schultern, indem sie noch immer den Rachen aufsperrte und zu beissen versuchte, und trugen sie im grossen Triumph in den Tempel.

Im dritten Act erschien der weisse Teufel. Als die Schauspieler in den Hintergrund der Scene traten, blieb einer zurück, und als sein Sack allmählich abfiel, erschien zuerst ein weisser Kopf, und das ganze Volk schrie laut auf; nach und nach ward der ganze Körper sichtbar und man sah eine weisse Gestalt, entsetzlich mager und vor Kälte schier vergehend. Die Gestalt nahm häufig Schnupftabak und rieb sich die Hände; wenn sie ging, geschah es mit dem linkischsten Anstande; sie trat auf, als wenn der weichlichste weisse Mann zum ersten Male mit blossen Füssen über Eis gehen sollte.

Die Zuschauer fragten uns oft, ob die Darstellung nicht vortrefflich sei und baten, ich möchte ja hinsehen und Acht geben, was nun komme. Ich stellte mich, als ob mir die Carricatur eines Weissen ebensoviel Vergnügen machte als ihnen und gewiss, der Schauspieler spielte diese Rolle gut. Nachdem dies vorbei war, gingen die Schauspier alle in den Tempel.

Zwischen jedem Acte sangen die Frauen des Königs und die versammelte Menge stimmte mit ein.

Angrenzend an die Yaruba wohnen am Niger die Nupe. Diese verehren, soweit sie nicht Mohamedaner sind, die Verstorbenen. Dieselben werden nach Taylor wie in Yaruba von Maskirten dargestellt. Diese Maskentracht — Gumuko ist der Nupe-Name — ist von bedeutender Höhe, von 12—15 Fuss. Sie wird hergestellt mit Hülfe von Bambus-Stäben. Der Maskenträger tanzt von Dorf zu Dorf und nimmt Geschenke von Kauris entgegen. Er übt eine gewisse tyrannische Macht während der Zeit seines Erscheinens aus. Auch Flegel hat eine Maske aus Nupe mitgebracht, gebraucht „zum Maskenfeste für die Erntefestspiele". Sie ist in Kpatatschi erworben.

Damit werden andere Maskentänze im Sudan leicht in Beziehung gebracht. Vogel weiss zu erzählen, dass die noch nicht zum Mohamedanismus bekehrten Stämme stets zur Erntezeit den Dodo darstellen. Ein Mann, von dessen Kopf und Gürtel Durrahblätter (Safuhli) herabhängen, tritt von Trommelschlägen begleitet auf und beginnt zu tanzen, während Begleiter kleine Gaben für ihn einsammeln. — Im Lager II. Barth's zu Taghelel (Damergu) tanzten eines Nachmittags zwei Magossana d. i. Heiden den Teufelstanz Dodo „dem bösen Geist" zu Ehren. Dodo ist nun verschieden aufgefasst, von Barth als böser Geist, von Rohlfs als böses Princip. Es mag heute wohl solche Rolle in der degenerirten und umgeformten Weltanschauung der Sudan-Völker einnehmen; sicherlich ist aber Vogels Auffassung, die bei den Stämmen südlich von Jakoba gewonnen ist, die richtigste: er nennt Dodo das Collectivum der Seelen aller Verstorbenen. Denn Passarge erwähnt einen Pfahl des Dodo, den er auch abbildet, und Vogel die kleinen heiligen Hütten. Das sind zwei Merkmale des Manismus.

Die Neger wallen zwischen Sahara und Süd-Sudan hin und her, nehmen die Culturmerkmale des Nordens in die Heimat mit und tragen ihre Sitten in die Sahara. Da nimmt es wenig Wunder, wenn sogar in dem weit im Norden liegenden Mursuk Maskendarstellungen vereinzelt vorkommen. Sie sind ohne Weiteres als südlichen Ursprungs zu bezeichnen. Eine solche Aufführung erwähnt Rohlfs. In einem Festzuge war der Glanz-

punkt ein aus Stäben und gelben Lappen verfertigtes Kameel, das von zwei
Männern statt der Beine im nachgeahmten Kameelschritt fortbewegt wurde
und in der That komisch genug anzusehen war.

In Kpatatschi hat Flegel noch eine, bei Passarge als Helm aus dem
Sudan bezeichnete Maske erworben (Fig. 90). Im Katalog von Umlauf
befinden sich unter Nr. 3237—3240,
wie ich mich überzeugen konnte, ganz
ähnliche, mit der Provinienz-Angabe:
„Porto Novo" versehene, als „Fetisch-
kappe" bezeichnete Stücke, deren erste
folgendermaassen beschrieben ist: Eine
25 cm hohe, zuckerhutförmige, dick-
gefütterte Kappe ist mit rothem Zeug
überzogen und mit dichten Reihen von
Kaurimuscheln und kleinen in Blech
gefassten Spiegeln benäht. Ueber das
Gesicht hängt eine lederne Maske
herab, in welcher für Augen, Mund
und Nase Oeffnungen geschnitten sind,
während Backen-, Kinn- und Schnurr-
bart durch Fell und angebundene
Borstenbündel dargestellt sind. Den
Kopf bedeckt ein rothes Stück Tuch.
Auf der Spitze der Kappe ragt ein
hoher Federbusch empor; die Vorder-

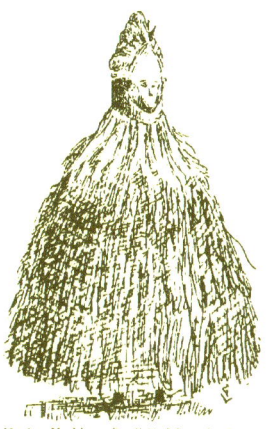

Nr. 18. Maskirtes Sandi-Mädchen der Vey.
(Nach Büttikofer.)

seite des Kopftheiles nimmt ein Geierschädel mit aufgesperrtem Rachen und
kleinen runden Spiegelgläsern an Stelle der Augen ein. — Ebenso sind die
anderen Masken. Nr. 3240 ist statt mit einem Geier- mit einem Kranich-
schädel versehen.

b. Gold- und Sklaven-Küste nebst Inland (Jevhe).

Abbildung.   Text: Nr. 17.

Litteratur.   Briefliche Mittheilungen von Dr. Maclau, Major von François, Missionar Steiner,
              Missionar Ramsayer und anderen. — Monrad: „Gemälde der Küste Guinea."
              S. 37. — Missionar Spieth im „Monatsblatt der norddeutschen Missions-
              gesellschaft." 1893.

Bei den Tschi und Ewe kommen Masken nicht vor. Ob Geheimbund-Institutionen an der Küste existiren, ist unklar aber unwahrscheinlich.
Die vielen Masken mit der Angabe „Dahome" sind von den Yoruba eingeführt. Die Kopfbedeckung eines Ganga, wie ihn Kling gezeichnet hat,
kann als Anfang oder Ausläufer einer Maske gedeutet werden. Eine Um-
frage bei den besten Kennern dieser Gegenden hat aber bis auf eine Mittheilung immer negative Resultate ergeben. Nur nordwestlich der Aschanti
bei den Agni und Pakhalla, so schreibt mir Maclau, werden Masken gebraucht im Culte des Sakarabro. Es sind das holzgeschnitzte Ochsenköpfe
von natürlicher Grösse, die mit langen den ganzen Körper des Trägers
bedeckenden Fransen aus Haaren versehen sind.

Ueber eine ganz eigenartige Institution hören wir aber aus diesen
Gegenden. Zuerst hat Monrad von ihr, dem Abbe-Bunde berichtet. In der
Nähe der Dörfer Adda und Zuita (westlich und östlich der Volta, letzteres
das heutige Quitta) giebt es Frauenzimmer, so erzählt Monrad, verheirathete
sowohl als unverheirathete, die dem sogenannten Abbe-Fetisch d. i. der
wichtigsten Gottheit im Lande geweiht sind. Auf den Fall, dass ein Mann
eines von diesen Weibern heirathet, muss er ihre Oberherrschaft anerkennen.

Wenn eine solche Frau sich von ihrem Manne oder sonst jemand
für beleidigt hält, oder wenn es ihr einfällt, so stellt sie sich, als wenn
sie wahnsinnig wäre. Sie überschmiert den ganzen Leib mit weisser Erde,
Lehm oder Schlamm, wickelt Gras oder Schilfblätter um den Kopf und
andere Theile des Leibes und wandert oder kriecht, wenigstens wenn es
jemand sieht, auf allen Vieren von Dorf zu Dorf. Die Neger sagen von
ihr, dass sie todt sei, und wenn man sie anredet, nickt sie wahnwitzig mit
dem Kopfe, ohne zu antworten. Wenn sie zu einem Dorfe kommt, sucht
sie Schutz in dem finsteren Schlupfwinkel irgend einer Hütte, am liebsten
in der eines Ganga (statt Fetischpriester). Geht sie auf die Strasse hinaus,
so ist sie gemeiniglich mit einem Knüttel in jeder Hand bewaffnet. Die
Neger versammeln sich haufenweise um sie, während sie unter allerlei
närrischen Geberden jauchzt, singt und tanzt. Zuweilen nimmt sie sich
auch die Freiheit, die Umstehenden mit ihren Stöcken auf den Kopf oder
wo sie treffen kann, zu schlagen. Dieses Unwesen treibt sie gemeiniglich
bis der Mann oder derjenige, auf den sie zornig ist, sie durch Opfer für

ihre Gottheit versöhnt. Dergleichen Opfer bestehen in den gewöhnlichsten Geschenken von Branntwein etc., wovon sie und ihre Mitschwestern den grössten Theil nehmen, und die ganze Geschichte wird mit frohen Tänzen, der Gottheit zu Ehren geendet. Diese Weiber versammeln sich oft in den Dörfern der Runde, um, wie sie sagen: „Fetisch zu tanzen", d. h. sich mit Tänzen der Gottheit zu Ehren zu belustigen. Sie überschmieren dann den ganzen Leib mit rother, das Gesicht aber mit weisser Erde und tanzen wenn ich Monrad richtig verstehe — nackt in einem Kreise herum, die andere hinter der anderen, ohne einander bei den Händen zu nehmen.

Ich vermuthe, dass der Abbé Monrads nichts anderes ist als der Jevhe Spieth, der über diesen als Bund einen ausgezeichneten und umfassenden Bericht gegeben hat.

Jevhe bedeutet eine Mehrzahl von Gottheiten, von denen jede ein eigenes Abzeichen und besondere Kraft besitzen soll. Die Namen der Gottheiten sind: 1. So, der Besitzgott. Sein Abzeichen ist eine Axt, mit der er Bäume und Menschen spaltet. Im Blitze schleudert So durchlöcherte oder axtförmige Steine auf die Erde. Jeder davon getroffene lebendige Gegenstand wird gespalten und stirbt; 2. der Voduda mit dem Abzeichen einer giftigen Schlange; 3. Avhleketi mit dem Abzeichen eines Haifisches; 4. Agbui mit dem Abzeichen eines anderen Seethieres, dessen Namen ich nicht erfahren konnte. Sein am Lande errichteter Tempel soll aus den feinsten Kaurimuscheln gemacht sein.

Das Heimathland des Jevhe ist das Dahomeyreich aus dem es nach Klein-Popo gekommen sein soll. Von dort aus machte er einen Vorstoss bis herauf nach Anglo und hat sich hier einen grossen Theil des Hinterlandes erobert. An der äussersten Grenze des Aveno-Gebietes musste er Halt machen. Seine vielen Versuche, sich auch die ackerbautreibende Bevölkerung des Innern dienstbar zu machen, scheiterte bis jetzt noch an dem gesunden Sinne der Ackerbauer, die ihre Freiheit nicht mit einer entehrenden Knechtschaft vertauschen wollten. Wenige Jahre sind erst verflossen, seitdem die Jevhe auch eines ihrer Klöster in Toda errichten wollten, welchem Ansinnen die dortigen Häuptlinge ein kräftiges „Nein" entgegensetzten.

Ein Jevhe-Kloster hat man sich etwa folgendermaassen vorzustellen. In der Mitte eines grossen, mit Zaun oder Erdmauer abgeschlossenen Platzes stehen eine oder mehrere Hütten, jede mit zwei Zugängen. In einer mit weissem Stoff bedeckten Schnapskiste werden in solch einer Hütte die sogenannten Blitz-(So)Steine aufbewahrt und verehrt. Dort steht auch ein mit Blut besprengter und weissen Hühnerfedern geschmückter Erdaltar. Im Dunkel dieses Jevhe-Heiligthums befinden sich ferner die geweihten Geräthe: zwei Trommeln und ein Eisen, Gongo genannt.

Die Hütte ist durch eine Mauer der Länge nach in einen vorderen und einen inneren sehr düsteren Raum getheilt. In der Mitte dieser Scheidewand ist ein zwei Meter hohes und ein Meter weites Rohr aus Erde fest eingemauert, an dessen unterem Theile sich eine Oeffnung befindet, die genau so weit ist, dass ein Mensch in das Rohr hineinkriechen kann. In dem vorderen Hüttenraume steht zuweilen ein aus Stäben errichtetes, tischähnliches Gerüst, worauf eine Menge Knochen, Hölzchen, Kaurimuscheln und Aehnliches, wohl auch Opfergaben gelegt sind. Uneingeweihte dürfen dieses Gehöfte bei hoher Strafe nicht betreten, wenn sie nicht etwa im Sinne haben, sich den Jevhe-Verehrern als Mitglieder anzuschliessen.

Die Jevhe-Gemeinde besteht aus dem eigentlichen Priester, Hunuwo, Hunbuno, Husunu, Husunukpe oder auch Soklohu genannt, und einer grossen Schaar männlicher und weiblicher „Hunde", d. i. Kinder. Diese theilen sich in zwei Klassen, in eine, die der Jevhe-Gemeinschaft ganz angehört und in alle Geheimnisse eingeweiht ist und in eine zweite, die noch ferner steht, vor der man deswegen auch allerlei Angelegenheiten verborgen hält. Fragen wir nun zunächst nach den Beweggründen, welche die Einzelnen veranlassen, sich den Jevhedienern anzuschliessen, so finden wir:

1. solche, die es freiwillig geworden, und zwar aus irgend welchen verwerflichen Gründen;

2. solche, die durch List gewonnen sind;

3. solche, die geraubt wurden und

4. solche, die schon durch Geburt Mitglieder sind.

Das Verführerische dieser Klöster besteht darin, dass ihre Insassen ein ungebundenes, zügelloses Leben führen können, hauptsächlich aber, dass mit dem Betreten des geweihten Bodens alle Rechte der Aussenwelt an den Betreffenden sofort erlöschen. Der Gläubiger darf keine Schuld, der Mann keine Frau, die Eltern kein Kind mehr zurückfordern. Während sie alle

Rechte an den Mitgliedern der Jevhe-Gemeinde verlieren, erwachsen ihnen hingegen eine Menge der weitgehendsten Pflichten, die sie nicht allein den im Kloster weilenden Familiengliedern gegenüber, sondern auch gegen die übrigen Jevhe-Angehörigen zu erfüllen haben.

Dies bedarf noch weiterer Beleuchtung. Es ist bekannt, dass in Anglo sehr verschuldete Menschen von ihren Angehörigen nach der Hauptstadt gebracht und im Auftrage des Stammeshäuptlings lebendig begraben oder im günstigsten Falle todt geschlagen werden. Solche verschuldete Menschen fliehen mit Vorliebe in das Jevhe-Heiligthum. Der Priester lässt dann öffentlich bekannt machen: N. N. ist vom Jevhe weggenommen worden. Wagt es der Gläubiger dennoch, seine Schuld bei dem Manne einzufordern, so kommt er schlecht fort. Derselbe beginnt wild zu tanzen, giebt seinen Genossen ein Zeichen, und das Ende vom Liede ist, dass der Gläubiger statt Geld zu erhalten, gerade so viel als die Schuld, die er fordert, als Strafe an die Jevhe-Leute zu zahlen hat.

Freiwillig treten ferner Männer ein, die dadurch eine Frau zu bekommen hoffen. Mit vier Flaschen Branntwein geht ein solcher in Begleitung eines Hundes zum Hunuwo und trägt diesem sein Anliegen vor. Dieser giesst ein Gläschen des erhaltenen Branntweins als Opfergabe auf das Abzeichen der Gottheit und betet: „Hier ist der Stein, wenn Du ihn von mir annimmst, dann führe noch heute jemand in das Gehöft, der Fleisch, Wein und Mehl bringt". Nach diesem Gebet

Nr. 19. Penda-Penda der Bagos. (Nach Coffinières de Nordeck).

verbindet er dem Neuling die Augen und spricht: „Dein Angesicht hat man verbunden und Jevhe hat den Wein getrunken; man mag nun frei reden, dass es alle hören; sagst Du es aber einem Uneingeweihten, dann musst Du sterben". Gleichzeitig reicht er dem Manne eine Kalabasse geweihten Wassers, Hune genannt, zum Trinken, durch das Jevhe selbst in seinen Körper eingeht. Der Neuling bringt nun ein weisses Huhn als Opfer, das der Priester tödtet. Das rohe Fleisch wird in Stücke geschnitten, mit dem frischen Opferblut und etwas Mehl zu einem Brei geknetet und vom Priester, dem Neuling und einem älteren Hunde zusammen gegessen. Eine solche Speise heisst: „veve" d. i. Beissendes. Mit diesem Akte ist er ganz in die Gemeinschaft aufgenommen und es giebt fortan kein Geheimniss mehr vor ihm. Zu enthalten hat er sich nur des Fisches Adepe. Eine weitere Verpflichtung für den Neuaufgenommenen besteht darin, dass er drei Monate lang, so oft die Hundewo zum Spiel zusammen kommen, immer eine Flasche Branntwein beschaffen muss.

Will ein Mädchen oder eine Frau Jevhe-Mitglied werden, so eilt sie nach dem Jevhe-Gehöft und wirft sich dort vor dem Priester nieder, worauf sie als Jevhe-Zögling angenommen wird. Vater, Mutter oder ihr Mann müssen ihr nun während der sechs Monate, die sie Kloster-Insasse ist, täglich kochen und die Speise durch einen älteren Hunde ins Gehöfte tragen lassen. Will der Mann bei seiner Frau sein, so wird ihm das nur unter der Bedingung gestattet, dass er eine Kiste Schnaps giebt und sich selbst als Mitglied aufnehmen lässt.

Zu erwähnen sind ferner diejenigen, die durch List in das Kloster gelockt werden, was immer durch die älteren Hundewo geschieht, sei es, dass diese mit den Ausersehenen Freundschaft schliessen, ihnen von dem schönen Leben hinter den Jevhe-Mauern sagen, oder aber, dass sie dieselben gegen den Mann oder gegen die Eltern aufhetzen, so dass sie eines Tages zu Hause einfach verschwunden sind. Die Nachfrage seitens der Angehörigen ergiebt endlich, Jevhe habe sie weggenommen. In den ersten Tagen, so lange die Frau von dem trauernden Manne gesucht wird, hält sie der Priester versteckt in dem oben beschriebenen Erdrohre, wo er sie nährt und pflegt. Will eine solche ihren Mann für immer los sein, so giebt sie dem Priester den Auftrag, ihn nicht in das Gehöft einzulassen, auch wenn er die übliche Gabe, den Branntwein, mitbringt.

Eine dritte Klasse dieser Klosterzöglinge besteht aus solchen, die am Abend, während des Spieles, von den männlichen Hundewo plötzlich weggeschleppt werden.

Eine vierte Klasse endlich setzt sich aus den Kindern der Jevhe-Frauen zusammen, die schon durch Geburt Hundewos sind. Sobald das

Kind etwas gewachsen ist, wird es von der Mutter in das Jevhe-Gehöft begleitet, wo es alles sieht und hört und wo es seine Nahrung zu sich nimmt. Von früher Kindheit an wird dem Kinde Schweigen zu strengster Pflicht gemacht.

Hat ein Mann die Absicht, Jevhe-Priester oder Hunuwo zu werden, so sammelt er sich eine Anzahl So- oder Blitzsteine, was nicht immer ganz leicht ist, legt diese in einen Topf und giesst Wasser hinein. Der Topf wird nun sorgfältig verschlossen und draussen im Felde in den Boden eingegraben. Ist eine geraume Wartezeit verflossen, so legt der angehende Priester an diesem Platze seinen Anker an. Bei der Feldarbeit stösst er plötzlich, wie von unsichtbarer Hand geleitet, auf den eingegrabenen Topf, den er freudig überrascht öffnet. Noch unter dem ersten Eindruck seiner Ueberraschung eilt er zu einem älteren Jevhe-Priester und erzählt diesem: „Ich habe einen kleinen Topf gefunden! Komm schnell und sieh' ihn für mich!" Mit ernster Miene, die den Sachkundigen verräth, erklärt der Gerufene dem Manne: „Du hast ja den Jevhe gefunden; heute hast Du Dich mir geoffenbart".

Der Fund wird nun so lange geheim gehalten, bis der angehende Priester das nöthige Geld zur Einweihung des gefundenen Jevhe besitzt. Hierzu bedarf es eines Schafbocks, eines weissen Hahnes und 24 Flaschen Branntwein. Ist seine Vorbereitung in aller Stille vollendet, dann baut er eine kleine Hütte in seinem Hofe, in der er seiner Gottheit Bildniss, den Topf aufstellt. Am folgenden Morgen giesst er eine Kalebasse mit Mehlwasser auf den Weg, der zur Hütte führt und betet: „Jevhe, Du, den ich gefunden, gieb, dass mein Fleisch stark bleibe, damit ich Dir diene".

Vor der eigentlichen Einweihung handelt es sich noch darum, eine Gemeinde zu gewinnen. Dies geschieht auf folgende Weise. Er macht sich einen starken Mann zum Freunde. In seiner Begleitung geht er zu irgend einem Nachbardorfe, um dort an den abendlichen Spielen Theil zu nehmen. Während die jungen Mädchen nun tanzen, springt sein Freund auf eine derselben, stopft ihr, um sie am Schreien zu verhindern, ein Tuch in den Mund und trägt sie von dannen. Zu Hause steckt er sie in die früher beschriebene Erdröhre und ernährt sie dort so lange, bis sie von ihren klagenden Eltern gesucht und gefordert wird. Zu dem Jevhe-Gehöft

14*

bekommen die Eltern keinen Zutritt. Der Priester bedeutet ihnen aber, dass sie ihr Kind nach Bezahlung von zwei Mark Kauries und einigen Flaschen Branntwein sehen können, was sie gewöhnlich gerne thun. Auf einen bestimmten Tag verpflichtet er die Eltern noch, dass sie ihrer Tochter täglich kochen und die Speise in die Wohnung des Priesters bringen müssen. Jetzt erst führt er das Mädchen heraus, und die nächsten Familienmitglieder dürfen sie von einer ziemlichen Entfernung aus sehen.

Ist ihm das alles nach Wunsch gelungen, so feiert er mit seinen geladenen Jevhe-Gästen ein Fest. Während des Gelages, das sieben Tage dauert, werden bei Gesang und Tanz Schaf, Hahn und Branntwein aufgezehrt. Die Federn des Hahnes taucht man in das Opferblut und drückt sie unter Gebet an die Aussenseite des Toptes, der den Jevhe birgt. In diesen sieben Tagen werden noch mehr Mädchen eingefangen und in der beschriebenen Weise behandelt.

Sehen wir uns nun den Aufenthalt solchen Mädchens im Kloster des Näheren an. Ihre Weihe besteht darin, dass sie am ganzen Körper rasirt werden. Dann folgt ein kaltes Bad, worauf sie sich mit Oel salbt. Alle ihre früheren Kleiderstücke muss sie ablegen und dafür ein vom Priester erhaltenes Stück weissen Baumwollenzeuges verwenden. Letzteres wird häufig auch nur durch ein Bananenblatt ersetzt. Das Auffallendste ist, dass sie auch einen neuen Namen empfängt, der aus der Geheimsprache genommen ist. Es steht schwere Strafe darauf, wenn der alte Name von ihr selbst oder ihren Angehörigen oder auch von irgend einem Fremden in den Mund genommen wird. Als äusseres Abzeichen wird ihr noch ein weisser Baumwollfaden um den Hals gebunden.

Die Erziehung dieser Mädchen besteht einmal in dem Erlernen der ihnen bis dahin ganz fremden Jevhe-Sprache, in der sie sich mit den Klostergenossen ausschliesslich unterhalten müssen. Die Sprache heisst Agbuigbe-Sprache. Sie soll, wie es heisst, heute noch in Avhleketi, einer Stadt nahe bei Dahome gesprochen werden, aus der auch der ganze Jevhe-Dienst stammen soll. Sodann haben sie förmliche, langandauernde Gesangsübungen unter Anleitung älterer Frauenzimmer. Ein grosser Werth wird ferner auf das genaue Erlernen gewisser Ehrenbezeugungen und Grussformeln gelegt. Bevor sie grüssen, fallen sie auf die Knie, schlagen die

Hände taktmässig aneinander und singen den Gruss ab. Diese Uebungen werden täglich im Beisein des Priesters gemacht. Während ihrer sechsmonatlichen Lehrzeit müssen sie sich ferner eine Kenntniss der wirksamsten Gifte aneignen. An Arbeit wird ihnen weiter nichts zugemuthet, als Matten und Körbe flechten und spinnen.

Erst wenn der Priester genügende Beweise hat, dass alle menschlich natürlichen Gefühle, wie Liebe und Anhänglichkeit zu der Familie, zu Freunden und Bekannten erstorben sind, dann erst darf sie das Gehöft verlassen, um Wasser und Feuerholz zu holen. Trifft sie auf diesen Gängen eines ihrer Familienglieder, so hat sie die strengste Weisung, sich ganz fremd gegen dieselben zu stellen, kein Wort mit ihnen zu sprechen und ihnen keinerlei Hülfe zu leisten. Durch Androhung harter Strafen wird dieses Ziel auch vollständig erreicht.

Nr. 20. Beschneidungstracht eines Fürstenknaben aus Kaarta. (Nach Gray).

Nach Ablauf ihrer Ausbildung darf sie das Kloster wieder verlassen und zu den ihrigen zurückkehren. Ihr Austritt aus dem Kloster heisst: „dede le Jewe me", d. h. Herausnahme aus Jevhe, auch: „dede ami me" d. h. Herausnahme aus dem Fett (Oel), und wird sieben Tage hindurch festlich gefeiert. Der Mann des Mädchens muss dazu dem Priester 12 Mk. in Kauries und eine Kiste (24 Flaschen) guten Branntwein schenken. Ihr Vater giebt eine Ziege oder ein Schaf und sieben Hühner. Die Mutter bringt eine grosse Kalabasse Bohnen, einen halben Topf Palmöl, einen Sack Maismehl und einen Topf Maisbier. Nach Empfangnahme dieser Geschenke bestimmt der Priester einen Tag, an dem sie kommen und ihre Tochter „aus dem Fett" nehmen dürfen. Dieser Tag wird auch der ganzen Stadtbevölkerung bekannt gegeben. Zur bestimmten Zeit stellen die Eltern des Mädchens zwei Säcke mit Kauries auf den Festplatz. Die älteren Jevhe-Frauen setzen sich nun im Kreise herum, jede eine leere Kalebasse vor sich haltend. Die Eltern und Verwandten des Mädchens nehmen jeder eine Handvoll Kauries aus dem Sacke, tanzen an Priester und Priesterinnen vorbei und legen die Kauries in die vorgehaltenen Kalebassen. Dieser Tanz dauert die ganze Nacht hindurch. Am Morgen, wenn die Geldsäcke geleert sind und die Kalabassen gefüllt, entfernen sich die Eltern, ohne jedoch ihre Tochter gesehen zu haben.

Der Priester begiebt sich nun in das Jevhe-Heiligthum zurück und taucht dort seinen Finger in das Blut eines als Opfer dargebrachten Huhnes, streicht es dem Mädchen auf den Scheitel und fährt ihr damit über den Kopf von einem Ohr zum andern. Ihr Haupt schmückt er mit einer mehrfarbigen Baumwollschnur und rothen Papageifedern, ihren Leib dagegen mit den von ihren Eltern gespendeten Kleidern. So führt er sie vor das auf der Strasse versammelte Volk, wo sie unter Jauchzen begrüsst wird. Während sie vor allen tanzt, werfen ihr ihre Angehörigen Kleider und Kopftücher als Geschenke zu.

Am siebenten Tage giebt der Priester seinen Leuten, den Hundewo, den Auftrag, die Gefeierte jetzt heim zu ihren Eltern zu bringen. Dort darf sie vier Monate lang kein Evhe sprechen. Acht Tage nach ihrer Ankunft im Elternhaus macht sie in Begleitung zweier Personen Besuche bei den Familiengliedern, eine mit Wasser gefüllte Kalabasse in der Hand tragend. In jedem Hause macht sie vorschriftsmässig ihren Kniefall, worauf sie in der Geheimsprache grüsst. Der Gegrüsste bietet ihr dann 3—4 Streng (8 Pfg.) in Kaurimuscheln an, die sie den Klosterregeln gemäss dreimal abweisen und zum vierten Male annehmen darf. Sie legt dieselben in die Kalabasse und dankt knieend. Der Verwandte taucht nun seine Hand in das von ihr mitgebrachte Wasser, besprengt ihr Haupt damit und sagt: „Du bist meine leibliche Schwester, Du wurdest Dienerin des Jevhe. Wenn ich Dich einmal mit Deinen alten Namen rufen sollte, so möge Jevhe es mit einem todten Ohre hören." In dieser Weise macht sie bei allen Familiengliedern die Runde.

Ist die Zurückgekehrte eine verheirathete Frau, so kann sie jetzt wieder zu ihrem Manne unter der Voraussetzung zurückkehren, dass dieser ihr zwei gekochte Hühner und zwei Töpfe Landesbier im Beisein ihrer versammelten Verwandten zum Geschenke macht. Jetzt gehört sie wieder der Familie und dem Manne. Wie unsicher aber diese Grundlage der neuen Familienzugehörigkeit ist, darüber noch einige kurze Bemerkungen. Ihre Beziehungen zum Jevhe-Priester und ihren Jevhe-Collegen, den Hundewo, sind weit inniger und lebhafter als diejenigen, die sie noch an Mann und Familie ketten. Häufig muss sie in's Jevhe-Haus gehen und die Arbeiten in demselben, wie Kehren, Wasser und Holz holen, besorgen. Das führt selbstverständlich zu allerlei Missverständnissen und Streit mit dem Manne. Ist dies aber einmal soweit gekommen, so ist das schlimmer für den armen Mann. Das erzürnte Weib läuft nämlich zum Priester oder zu irgend einem ihrer sogenannten Brüder in einer Nachbarstadt, um bei diesem die nächsten zwei Monate zu bleiben. Die Verwandten und nächsten Angehörigen des Weibes gerathen infolgedessen in grosse Angst. Sie gehen zu dem Beleidiger und stellen ihm vor, er sei die Ursache, dass ihre Schwester verloren gegangen sei. Es solle ja alles thun, damit man die Verlorene doch wieder finde. Mit zwei Flaschen Branntwein und etwas Maismehl in der Hand eilt er zum Priester und bittet diesen, ihm doch für die Rückkehr seiner Frau behülflich zu sein. Innerlich darüber erfreut ruft dieser seine Collegen aus den Nachbarstädten zusammen, die feierlichst in ihren Jevhe-Gewändern erscheinen. Unter gewaltigem Trommeln, Singen und Tanzen versammeln sich dieselben im Schatten eines Baumes auf offener Dorfstrasse und nehmen den Mann der beleidigten Frau in ein ernstes Verhör. Gewöhnlich lautet der Urtheilsspruch auf 100 Mk. Strafe, die er sofort bezahlen muss. Wollte er nicht gleich bezahlen, so würde dies die Summe nur verdoppeln und verdreifachen. So giebt er sich alle Mühe, das Geld augenblicklich zusammen zu bringen. Nach Empfang dieses Geldes rennt der ganze Priesterschwarm in wilder Hast in den Busch hinaus, angeblich um die verlorene Frau zu suchen. Um sich ein schreckliches Ansehen zu geben, hat die Frau ihren Körper mit rother Erde beschmiert und Gras in ihre losen Haare gestopft. Aus dem Busch wird sie so in's Jevhe-Haus gebracht, um sich dort zu waschen und anzukleiden. Vom Jevhe-Haus kommend, wird sie dann unter dem Jubel der zuschauenden Menge begrüsst. Durch ein grosses Trinkgelage wird der Freude über ihre Rückkehr Ausdruck verliehen. Die Priester übergeben sie darauf ihrem Manne und der ganzen Familie. Zu Hause muss sie in den nächsten vier Monaten wieder ausschliesslich Jevhe reden.

Häufig kommt es auch vor, dass die Priester behaupten, die Frau wäre in's Meer gesprungen und wohne auf dem Meeresgrunde. Als sicherer Beweis dafür scheint dem geprellten Manne zu gelten, dass man angeblich ihre Kleider und Schmucksachen am Meeresstrande liegend gefunden habe, während sie ganz gemüthlich unter dem Dache eines Hunde oder Humuwo sitzt. Hat der Beschuldigte sich zu jedem Opfer bereit erklärt, so geht der Humuwo scheinbar ganz absichtslos zum Fischen, wobei er die Verlorene in seinem Fischnetze gefangen und an's Land gezogen haben will. Wenn ihr Mann Lust zeigt, sie wieder zum Weibe zu nehmen, so muss er sie von dem Priester zurückkaufen.

Der Tod eines Jevhe-Gliedes belastet die Angehörigen wieder mit schweren Pflichten. Einem Aehe (an die Luft Gesetzten, Uneingeweihten) ist es strengstens untersagt, den Todten anzurühren. Dieses Vorrecht steht den Hundewo allein zu: nur sie dürfen ihn auch beerdigen. Bevor sie aber von diesem Vorrecht Gebrauch machen, müssen die Angehörigen des Verstorbenen den Priester erst mit 12 Mk. und den Jevhe-Gott mit 1 Mk. 20 Pfg. in der Hand unterthänigst um die Gunst bitten, dass sie ihren Verstorbenen begraben dürfen. Ausser dem Gelde verlangt der Priester alle Kleider des Verstorbenen, die ihm auch bereitwillig eingehändigt werden. Für den üblichen Leichenschmaus müssen die Angehörigen Landesbier, einige Schafe und Maismehl beschaffen. Nach Verzehrung dieser Sachen, der natürlich das eigentliche Begräbniss vorausgeht, wälzen sich Priester und Priesterfrauen im Koth, welchem Ausdruck der Trauer ein längeres Spielgelage folgt. Den Abschluss der Leichenfeier bildet ein Gang nach dem Meere, in dessen Wogen sie sich baden. Von dort bringt jeder einen Topf Seewasser mit in's Jevhe-Haus zurück, das der Priester unter Gebet an die Wände sprengt. Dem Geist soll dadurch die Rückkehr zu ihm unmöglich werden. Von der gewöhnlichen Todesart unterscheiden die Jevhe-Leute noch eine zweite, die als Ausdruck göttlicher Rache aufgefasst und

behandelt wird. Hierzu gehört jede plötzlich eingetretene Todesart, z. B.
durch Blitzschlag oder Gift. Wer vom Blitz getroffen wurde, den hat der
Zorn des Jevhe getödtet. Wurde von irgend einem Hunde bekannt, dass
er Geheimnisse ausplaudere, so wird er mittelst Gift, das innerhalb 6—7
Tagen den Tod bringt, aus dem Wege geschafft. Einen solchen hat eben-
falls der Zorn des Jevhe getödtet wegen Uebertretung der Gesetze. Solche
Sünder werden nicht bei den anderen, sondern draussen im Busche unter
Bäumen beerdigt, in die der Blitz geschlagen hat.

Im Evhe-Lande herrscht überall die Sitte, dass die Angehörigen
unmittelbar oder 7 Tage nach dem
Tode eines Familiengliedes zum
Todtenbeschwörer gehen. Dieser
muss den Geist des Verstorbenen in
das Dunkel einer Hütte zitiren und
ihn fragen, warum er diese Welt
verlassen habe. Die Jevhe-Kinder
theilen diesen Glauben und Brauch
mit den Achewo. Dem Priester,
Hunuwo, liegt viel daran, dass er
sich gleich nach dem Verscheiden
eines Hunde mit dem Todten-Be-
schwörer in's Einvernehmen setzt.
Die Angehörigen des Verstorbenen
kommen nämlich zuerst zum Priester.
Im Namen seiner Gottheit theilt er
ihnen mit, warum ihr Bruder oder
ihre Schwester gestorben sei. Um

Nr. 21. Maskirter aus Senegambien.
(Nach Raffenel).

zu erfahren, ob diese priesterliche Auskunft die Richtige ist, gehen sie vom
Priester zum Todtenbeschwörer. Dieser muss den Geist des Todten selbst
befragen. Stimmen nun seine Aussagen mit den von dem Hunuwo gemachten überein, so wird dadurch das Ansehen des Hunuwo erhöht und
die Angehörigen leisten seinen ferneren Anordnungen gern Gehorsam.

Trotzdem der Todtenbeschwörer gewöhnlich zu den verachteten

Achewo gehört, so liegt es also doch sehr im Interesse des gesammten Jevhe-Wesens, sich mit dieser Art Leute zu befreunden. Womöglich werden sie sogar in den Kreis der ferner stehenden, also halb eingeweihten Hundewo hereingezogen. Wie mit den Geisterbeschwörern, so pflegen sie auch mit der weltlichen Obrigkeit die besten Beziehungen. Zumal die Häuptlinge suchen sie gewöhnlich nicht ohne Erfolg in ihre „Lichtsgemeinschaft" hereinzuziehen, oder jedenfalls in eine von ihnen abhängige und damit untergeordnete Stellung zu bringen. In ganz Anglo und Aveno werden auch wenig Häuptlinge zu finden sein, die mit dem Jevhe nicht unter einer Decke spielen.

Eine solche Politik ist durchaus nöthig für dieses Geheim-Wesen. Es wird dies aus der Schilderung des Gerichtswesens, soweit der Jevhe eingreift, erhellen. — Es giebt keine Stadt und kein noch so kleines Dorf an der Küste, wo nicht eine grössere Anzahl von Hundewo, Jevhekindern, leben. Neben anderen Aufgaben liegt ihnen auch die der Spionage ob. Infolgedessen sind sie auch mit allen Dorf- und Familienangelegenheiten aufs Beste vertraut. Bei ihren Zusammenkünften theilen sie sich ihre neuesten Erfahrungen eingehend mit, so dass alle Glieder mit allen Vorgängen auf dem Laufenden bleiben. Von Streitigkeiten, bei denen Jevhe irgendwie im Spiele steht und die nicht selten von ihm angerichtet sind, erstatten die Hundewo dem Hunuwo Bericht. Dieser begiebt sich dann im Laufe der Nacht zum Dorfhäuptling. Ihm wird der Fall erzählt und sein guter Rath erbeten, den ihn der Häuptling auch gerne zu geben pflegt. Mit dem Urtheil des Häuptlings in der Tasche kann der Priester nun ruhig die anberaumte gerichtliche Untersuchung vornehmen. Nachdem er über den Schuldigen das Urtheil gesprochen und die Strafsumme von ihm erhalten hat, bringt er einen Theil dieser Einnahmen seinem politischen Rathgeber in der Stadt. Es stehen sich dabei beide Theile gut, Hunuwo und Häuptling. Letztere lässt sich seine guten Beziehungen entsprechend bezahlen, die Priester aber können von den Häuptlingen unbehelligt ihre eigenen Wege gehen.

Ihre Haupteinnahmequelle besteht in dem Eidschwur auf Jevhe. Wurde jemand, ein Ache, durch einen zweiten beleidigt, so sinnt der Beleidigte darauf, wie er dem Beleidiger sein Unrecht auf die empfindlichste

Weise zum Bewusstsein bringen könne. Unter den vielen und mancherlei
Mitteln, die ihm hierbei zur Verfügung stehen, ist der Eidschwur auf Jevhe
eines der wirksamsten. Dieser soll darin bestehen, dass der Eidschwörende
aus den frischgewachsenen Blättern der Oelpalme und des Anyabaumes
(auch Blitzbaum genannt) einen Ring bildet. Diesen wirft er bei Gelegenheit dem Beleidiger wie eine Schlinge über den Kopf. Den Sinn wohl
begreifend, bekommt dieser Angst und meldet sich selbst beim Jevhe.

Mit Trommelschlag, Tanz und Gesang wird die priesterliche Gerichtssitzung eingeleitet. Das Ergebniss der langen Sitzung ist immer die Ver-
urtheilung desjenigen, auf den der Eid geschworen worden war. Das Straf-
maass wird nicht durch die Bedeutung des Eides — denn dadurch wird nur
der Priester gezwungen, die Sache zu der seinigen zu machen — sondern
durch die Höhe der Klagesumme bedingt. Verlangt der Kläger z. B. 100 M.
Sühnegeld, so wird der Verurtheilte um 300 Mk. bestraft. Die sofortige
Ausführung des Zahlungsbefehles wird durch grausame Folter erpresst. Auf
dem Gerichtsplatze liegt ein Haufen zerstossener Palmnussschalen. Ihre
Bruchflächen haben scharfe Kanten und Spitzen. Auf diesen Schalen muss
der Verurtheilte von Morgen bis Nachmittags knieen. Der grausame
Schmerz nöthigt ihm endlich die Bitte um Ermässigung der Schuld ab.
Seine nächsten Familienglieder werden dadurch bewogen, Schafe, Ziegen
und anderes rasch zu verkaufen, um das Geld sofort beschaffen und ihren
gepeinigten Bruder von seinen Schmerzen erlösen zu können.

Kann ein Gläubiger trotz wiederholter Mahnungen sein Guthaben
nicht bekommen, so nimmt er seine Zuflucht zum Jevhe. Mit einem Ge-
schenk, bestehend aus vier Flaschen Branntwein, geht er zu irgend einem
Hunde, erzählt diesem den Sachverhalt und bittet ihn, er möge die Schuld
für ihn eintreiben. Der Hunde bespricht sich hierauf mit seinen Kameraden.
Der Schluss der Besprechung ist, dass sie von dem Manne zuerst eine Kiste
Branntwein fordern. Erhalten sie das Gewünschte, so geben sie allen
Hundewo den Auftrag, sich auf die Lauer zu stellen, um einen Bruder des
Schuldners, nicht diesen selbst, festzunehmen. Gelingt diese List, so wird
dem Schuldner die Pflicht auferlegt, seinen gefangenen Bruder wieder frei zu
kaufen. Die Freikaufssumme fasst in sich 1) den Betrag der Schuld,
2) die Kosten des Branntweins und 3) die Belohnung der Lauer. Die

Gefangennahme geschieht immer mit Lebensgefahr der Hunde und lässt er
sich deswegen mit 24 Mk. und einem Schafbock bezahlen. Wird er dabei
getödtet, so darf sein Leben von niemand gerächt werden.

Nicht so liegt die Sache, wenn der Gläubiger die Schuld schon erhalten hatte und sie zum zweiten Male eintreiben will, sich also durch
diese Maassregeln unrechtmässige Erpressungen erlaubt. Fällt der Hunde
solch einem Erpressungsversuche zum Opfer, so wird sein Leben durch
seine Familienglieder von dem Auftraggeber gefordert.

Aus alle dem ist klar zu ersehen, dass die Jevhe-Priester grosses
Interesse daran haben, die Vertreter der weltlichen Obrigkeit in ihren Verband hereinzuziehen.

————

In welchem Verhältniss zum Jevhe die von v. François erwähnte
„Fetischgemeinde" steht, ist schwer feststellbar, da eingehendere Notizen
fehlen.

i. Liberia (Belli etc.)

Abbildungen. Tafel: Fig. 111. — Fig. 116, Fig. 131.

Text: No. 13.

Litteratur. J. Büttikofer: „Reisebilder aus Liberia", 1890. Bd. I. S. 264 ff. Bd. II S. 302 ff.
„Allg. Hist. d. R." Bd. III S. 627. 630—632. 682. 689 und a. a. O. Dapper
a. a. O. S. 397. 413—418. — Bastian: „Allerlei" a. a. O. Bd. I. S. 275'6.

Schon zu Zeiten Barbot's und Dapper's sind über diese Gegenden
eingehende Berichte bekannt geworden. Es ist sehr wichtig, dass das, was
damals (1665--1668) beobachtet und niedergeschrieben wurde, von dem
neuen Monographen dieser Gegend, dem vortrefflichen Büttikofer, vollkommen bestätigt worden ist. Die Aenderungen, die in Anschauung und
Sitte vor sich gegangen sind, spielen gar keine Rolle gegenüber der vollkommen gleich gebliebenen Basis. Vielleicht ist der ganze Unterschied auf
ein verblasstes Verständniss zu reduciren, auf ein mit dem Vordringen der
nordischen Cultur verbundenes Erschlaffen des Interesses an den eigenen
Besitzthümern.

Bei den Vey und Gola wird die eigenartige Institution des Greegree-
bush und Medicine-bush angetroffen, die in enger Verbindung mit dem
Belli-Bunde steht. Ich folge der Darstellung Büttikofers zunächst und

füge die ergänzenden Angaben der älteren Texte an. Vorhersenden will ich noch, dass wir uns jetzt in das Gebiet der Mandingo-Völker begeben, zu denen die Vey schon gehören, jener Völker-Massen, die diesen Gegenden ihre Cultur und damit auch Liberia und dem gesammten Westsudan das Maskenwesen, die Geheimbünde etc. gegeben haben.

Es giebt für Knaben und Mädchen je einen besonderen Greegreebusch oder Grigriwald (statt Zauberwald). Beinahe jede grössere Stadt oder Ortschaft besitzt je einen solchen, doch sind beide Institute weit von einander gelegen und stehen in keiner Beziehung zu einander. Diese Grigri-Wälder hat Büttikofer bei Vey, Kosso, Golah, Pessy, Queah und den westlichen Bassa angetroffen. Ob sie sich auch bei den östlichen Stämmen finden ist noch unbekannt.

Der Grigri-Wald, in dem die Knaben ihre Erziehung erhalten, heisst in der Vey-Sprache bery oder belly resp. belli. Die Knaben, sowohl Freie als Sklaven

Nr. 22. Kongeorong in Kayaye am Gambia.
(Nach Gray).

werden etwa im 10. Altersjahre hingebracht und etwa ein Jahr dort behalten. Der Ort ihres Aufenthaltes ist ein dafür angewiesener Platz im Walde in der Nähe eines Dorfes, wo zu diesem Zwecke Hütten errichtet sind. Keinem Uneingeweihten und ganz besonders keiner weiblichen Person ist der Eintritt in diesen Bezirk erlaubt und es wird allgemein behauptet, dass Zuwiderhandelnde durch die Bewohner oder deren Waldgeister gefangen und getödtet werden. Dem Reisenden wurde ein Fall bekannt, in dem die Frau des Häuptlings Dschuku von Caba, welche auf diese Weise in Gefangenschaft gerieth, durch Letzteren für eine bedeutende Summe losgekauft wurde. Ebenso ist für die Männer das Betreten des weiblichen Grigri-Waldes auf das strengste verboten. Dies Verbot gilt auch für jeden Fremden.

Der Zugang zu diesen Wäldern ist oft durch einen Zaun von Mattengeflecht, oft aber nur durch einen auf dem dorthin führenden Fusspfad liegenden Gegenstand (Grigri oder Vey buli) bezeichnet. Im Belli stehen die Zöglinge unter Aufsicht von alten Männern und werden von diesen im Gesang und Tanz, in der Handhabung der Waffen, namentlich von Speer und Schwert, überhaupt in den Künsten der Jagd und Kriegsführung unterrichtet. Es ist im ganzen eine echt spartanische Erziehung, welche die Knaben dort geniessen. Die Zöglinge werden systematisch gelehrt, Hunger, Durst und grosse Schmerzen ohne Klagen zu ertragen, im Gefecht und beim Erstürmen von Barrikaden grossen persönlichen Muth an den Tag zu legen und in allen Fällen als muthige Beschützer der Unterdrückten und Bekämpfer des Unrechtes aufzutreten. Dieser Pflege des Rechtsgefühls scheint viel Sorgfalt gewidmet zu werden. Ueberhaupt lehrt man diesen jungen Leuten, sich in gerichtlichen und politischen Fragen rasch ein richtiges Urtheil zu bilden, sowie die von früheren Geschlechtern ererbten, politischen, religiösen und Rechtstraditionen genau zu kennen, um sich später an allen hierauf bezüglichen Palavern betheiligen zu können. Allein diese Gezeichneten (Tätowirten) dürfen an einem Palaver thätigen Antheil nehmen und über Landesangelegenheiten und andere Fragen ihre Meinung äussern. Diebstahl scheint, wenigstens für die Zöglinge des Grigri-Waldes als solche nicht als Vergehen betrachtet zu werden, denn es werden unter der Leitung ihrer Lehrer nächtliche Ueberfälle benachbarter Dörfer organisirt, wobei die Zöglinge unter Anwendung von List und Gewalt alles Brauchbare wie Reis, Bananen, Hühner und andere Lebensmittel stehlen und nach ihren Wohnstätten im Walde schleppen. Uebrigens haben sie auch ihre eigenen Pflanzungen, welche ihnen die nöthigen Lebensmittel liefern.

Während ihres Aufenthaltes in dieser eigenthümlichen Pension, der von einigen Monaten bis mehrere Jahre dauern kann, gehen die Zöglinge völlig nackt. Alle sind beschnitten. Die Circumcision wird bei den Knaben gewöhnlich sehr früh, oft schon im ersten Lebensjahre mittelst einer Glasscheibe ausgeführt und zwar in diesem Falle von alten Frauen. Knaben,

bei denen das bisher nicht der Fall war, haben sich der Operation beim
Eintritt in den Belli zu unterziehen. Sofort nach ihrem Eintritt erhalten
die Zöglinge andere Namen, die sie auch bei ihrem Austritt behalten. Es
wird ihnen der Glaube beigebracht, dass sie durch den Waldgeist beim Eintritt in den Wald getödtet und darauf zu neuem Leben erweckt werden.
Es darf daher nicht befremden, dass sich die Kinder sehr vor dem Grigri-
Wald fürchten und oft nicht anders als mit Gewalt oder List hineingebracht
werden können, zumal mit dem Eintritt auch die Tätowirung verbunden
ist. Es geschieht oft, dass der Knabe, der nicht gutwillig in den Belli
geht, durch einen sogenannten Teufel (in der Vey-Sprache Soh-bah) aufgegriffen und nach dem Grigri-Wald gebracht wird, ohne dass jemand etwas
davon weiss, obschon man es allgemein vermuthet. Fragt man die Mutter
eines verschwundenen Knaben wo derselbe geblieben sei, so erhält man
gewöhnlich die Antwort: „n'jana a ta ala", „der Geist hat ihn weggeführt",
oder „n'jana a bih", „der Geist hat ihn genommen". Ob der Zögling (Vey:
duanaba) durch ihre soh-bah, die Erzieher beim Eintritt in das Institut auf
irgend eine Weise hypnotisirt wird, und nachher wirklich an eine Tödtung
und Wiedererweckung glaubt, oder aber einem strengen Gelübde, das er
abgelegt hat, zufolge, nur thut, als ob er wirklich getödtet und wieder erweckt wäre, muss dahingestellt bleiben, da keiner, der selbst diese Schule
mitgemacht hat, die nöthige Aufklärung geben wird, selbst dann nicht, wenn
er geschlagen oder sogar mit dem Tode bedroht werden würde. Sicher ist
aber, dass Knaben und auch Mädchen nach der sogenannten Wiedergeburt
thun, als ob sie alle Erinnerung an ihr Leben verloren hätten, ihre früheren
Bekannten nicht mehr kannten, und alles, was ihnen früher gut bekannt
war, ganz aufs neue wieder lernen müssten.

Alle Jahre einmal, gegen Ende der Regenzeit, wenn der Reis ein-
geerntet und Ueberfluss an Lebensmitteln vorhanden ist, findet das Austrittsfest statt, das bis 14 Tage dauert und zu welchem die Leute von nah und
fern zusammenströmen wie bei uns an einem ländlichen Kirchweihfeste.

Die Knaben, die nun aus dem Wald wieder in das Leben hinaus-
treten, werden mit Zeugen von Bastgeflecht gekleidet und mit Federn und
allerlei Zierrath an Armen und Beinen geschmückt. Sie dürfen an diesem
Tage nichts tragen, was von Baumwolle verfertigt ist. Es werden an

diesem Tage die erlernten Tänze aufgeführt und die — nicht sehr de-
centen — Grigri-Wald-Lieder (Belli-dong) gesungen, zum grossen Vergnügen
der zahlreichen Menge. Die Soh-bah, die nicht erkannt sein wollen, obschon jedermann sie kennt, aber ihren Namen nicht zu nennen wagt, machen
sich durch einen bis auf den Boden hängenden Blättermantel und eine über
den Kopf gestülpte, hölzerne Maske unkenntlich und zeigen sich so dem
Publikum, vor dem sie auch allerlei Tänze aufführen. Man hat überhaupt
vor den Soh-bah sehr viel Respect, da man überzeugt ist, dass sie mit den
Geistern der Verstorbenen in Verbindung stehen und einem allerhand
Schaden verursachen könnten, wenn man sie nicht zum Freunde hielte. Am
Schluss der Tänze werden die Kinder den Eltern vorgestellt, wobei die
ersteren so thun, als ob sie dieselben wieder neu kennen lernen müssten.
Ein solches Fest wird von den Liberianern devil-dances genannt.

Wie gesagt, besteht ein ähnlicher Grigri-Wald auch für die Mädchen.
Derselbe wird bei den Vey Sandy oder Sandi genannt; auch dies ist eine
Art Pensionat, das auf einem dazu angewiesenen Platze im Walde, nahe
bei der Stadt errichtet. Die Erzieherinnen, bei den Liberianern grigri-women
oder devil-women genannt, sind alte Frauen, deren Oberhaupt gewöhnlich
die älteste Frau des Häuptlings ist. Diese Frauen erkennt man an einem
kleinem tätowirten Kränzchen auf jeder Wade.

In den Sandi treten die Mädchen im 10. Jahre, manchmal schon
früher und bleiben dort bis zu ihrer Heirathsfähigkeit, oft auch noch länger.
Wie an die Soh-bah für die Knaben, so bezahlen die Eltern für die Mädchen
eine gewisse Leistung an Naturalien an die Frauen, um es ihren Kindern
an nichts fehlen zu lassen. Auch die Mädchen gehen im Walde nackt und
haben beim Eintritt wie die Knaben die Verbands-Tätowirung anzunehmen
und sich einer Beschneidung zu unterziehen, die in der Entfernung der
Spitzen der Clitoris besteht. Diese letztere wird dann in ein Läppchen gebunden, getrocknet und dem Mädchen als Zeichen der Jungfräulichkeit um
den Hals gehängt. Das Betreten dieses Waldes für Frauen ist den Männern
und uneingeweihten Frauen streng untersagt. Wie den Belli so ist auch der
Sandi unter die Obhut von N'janas oder Geistern der Verstorbenen gestellt
und wer es wagt, denselben zu betreten wird, wie man glaubt, durch gewisse wachsame N'janas sofort aufgegriffen und getödtet.

Aeltere Frauen dürfen, wenn sie das Abzeichen des Grigri-Wables tragen, ungehindert ihre Angehörigen besuchen. Doch sind sie verpflichtet, beim Eintritt ihre Kleider abzulegen und zurückzulassen. Auch dürfen die Mädchen gelegentlich ihre Verwandten zu Hause besuchen, doch beschmieren sie sich vor dem Austritt mit weissem Thon, so dass sie wie Clowns in

Nr. 23. Umzug der Don. (Nach Bürgers.)

einem Cirkus aussehen, auch dürfen sie, ebensowenig wie die Knaben baumwollene Zeuge tragen. Sie kleiden sich beim Ausgehen mit einem Schürzchen aus Bastfasern oder Blattfasern der Weinpalme.

In diesem Walde lernen die Mädchen Gesang, Spiel und Tanz, sowie zahlreiche Gedichte, von denen einige, wie schon bemerkt, und wie schon Dapper sich ausdrückt, manches enthalten, das nicht mit Ehren gesungen werden darf, obschon sie in ihren täglichen Gesprächen züchtig, keusch und schamhaft sind. Zudem lernen die Mädchen kochen, allerlei häusliche Arbeiten verrichten. Netze stricken und dem Fischfang obliegen. Die in dieser Erziehungsstation sich befindlichen Mädchen werden von den Liberianern Gri-gri-bush-girls, bei den Vey sandy-ding, meist aber bony, im Sinne von virgo genannt.

Auch der Sandy hat sein besonderes jährliches Austrittsfest. Dabei werden die austretenden Mädchen, nachdem der ganze Körper reichlich eingeölt, von ihren Angehörigen mit oft sehr kostbarem Schmuck, wie silberne Halsketten. Armbänder, Beinringen und Schellen behangen, welche letztere um die Füsse gehangen werden, um beim Tanzen möglichst viel Lärm zu machen. An diesem Feste tragen die Soh und Soh-bah hölzerne Masken, die sogenannten devil-heads, Geisterköpfe (nicht Teufelsköpfe; bei Westafrikanern ist devil gleich Geist, das scheinen fast alle Uebersetzer noch zu übersehen). Diese sind mehr oder weniger kunstreich aus einem Stück Wollbaumholz geschnitzte Masken, von unten genügend ausgehöhlt, um den ganzen Kopf hineinzustecken. Eine solche Maske wird der Person für die sie bestimmt ist, auf Maass gemacht und so tief ausgehöhlt, dass dieselbe, wenn sie sie über den Kopf stülpt, durch die vorn an der Stelle der Augen angebrachten Oeffnungen bequem sehen kann. Die Masken der Soh-bah stellen Mannesgesichter, die der Soh Frauengesichter vor, bei welchen die eigenthümlichen Haarfrisuren sorgfältig nachgeahmt sind. Die schwarz gebeizten Masken sind meist einfarbig, manchmal aber auch auf eine phantastische Weise mit grellen Farben, besonders mit Weiss und Roth bemalt. Der untere Rand der Maske hat eine starke Einkerbung, um welche die oben beschriebene Blättermantel befestigt werden kann. Von dem in Niederguinea sehr beliebten Federschmuck findet sich an demselben keine Spur.

Die Masken werden ausserdem an den Festtagen des Gedächtnisses an die Verstorbenen getragen.

Die weiblichen Maskirten pflegen unter ihrem Blättermantel oft europäische Mannesbekleidung, Strümpfe, Schuhe oder Pantoffel zu tragen. Sie werden, sobald sie sich in der Oeffentlichkeit zeigen, von einigen Frauen begleitet, welche Matten bei sich tragen, um bei einem etwaigen Toilettenunglück die Soh vor den neugierigen Blicken zu schützen.

Um ihren Einfluss besser geltend zu machen, halten die Häuptlinge sehr darauf, dass die Jugend, besonders die männliche, eine gewisse Zeit im Gri-gri-Busch zubringt. Es gelingt ihnen das gewöhnlich leicht und zwar selbst in Fällen, wo junge Leute bei christlichen Liberianern oder auf Missionarstationen erzogen werden, sich durch Lernbegierde auszeichnen, und in jeder Hinsicht zu den schönsten Hoffnungen berechtigen.

Sobald sie ein gewisses Alter erreicht haben, werden sie unter einem Vorwand, z. B. um die kranke Mutter zu besuchen oder der Beerdigung eines nahen Verwandten beizuwohnen, durch ihre Angehörigen auf einige Tage von den Pflegeeltern weggeholt. In Wirklichkeit aber bringt man sie in das betreffende Institut, um ihnen die althergebrachte Erziehung angedeihen zu lassen. Oft kehrt das Kind gar nicht mehr zu seinen Pflegeeltern zurück, oder es lässt sich, wenn dies nach einigen Monaten doch geschieht, ohne Mühe durch gelegentliche Fragen der wirkliche Zweck des Wegbleibens herausfinden. Uebrigens zeigt sich bald eine auffällige Veränderung im Charakter des Zöglings, ein Hinneigen zu den Sitten der Eingeborenen, und die Lust, in die von den älteren Kameraden gesungenen Liebeslieder einzustimmen und sich an den wilden Tänzen der Erwachsenen zu betheiligen, sowie oft eine gewisse Abneigung gegen die Lehre des Christenthums. Wenn trotzdem viele Häuptlinge ihre Söhne und die Knaben des Stammes noch in den Missionsunterricht schicken, so geschieht dies hauptsächlich, um denselben Gelegenheit zu bieten, sich dort mit der englischen Sprache vertraut zu machen und etwas lesen, schreiben und rechnen zu lernen, oder nach der Ausdrucksweise der Eingeborenen „den Verstand der Liberianer mit dem eigenen zu vereinigen". Die dort erworbenen Kenntnisse sind später im Verkehr mit den Faktoreien und zumal den liberianischen Zwischenhändlern von ausserordentlichem Werthe und werden nicht nur angewendet, um sich vor Betrug zu schützen, sondern auch, um weniger entwickelten Leuten im Handel überlegen zu sein. Allzu grosse Lernbegierde und Hinneigung zum Christenthum ist nicht immer erwünscht, und wird manchmal, wenn sie sich bei jungen aus den Missionsschulen zurückgekehrten Leuten zeigt, von Seiten der Väter zu unterdrücken gesucht. Als Beleg für diese Behauptung möge Folgendes dienen. Büttikofer wurde bei der Durchreise durch eine Stadt am oberen Fischerman-Lake von Sohne

16*

des Häuptlings empfangen, der im Jahre vorher aus der Schule bei Roberts-
port entlassen war. Als der junge Prinz dem Reisenden die Hütte über-
wies, es war seine eigene, zeigte er ihm alle seine Schulsachen und bewies
durch Lesen und Sprechen, dass er etwas ordentliches in der Mission gelernt
habe. Er war gern in der Mission gewesen, aber sein Vater habe ihn
zurückgenommen, damit er nicht zu viel lerne und mit der Bemerkung, dass
es für den Eingeborenen nicht gut sei, wenn er zuviel Bücherweisheit besitze. Jedenfalls ist der Belli eine gute Barrikade gegenüber dem „Zu-
vielwissen" und es ist für uns natürlich besonders interessant, ein neues
Thätigkeitsgebiet der Geheimbünde hier zu entdecken.

Diese Nachrichten Büttikofers werden durch die Berichte aus dem
17. Jahrhundert in ausgezeichneter Weise ergänzt. Dieselben beziehen sich
1. auf allgemeine Bedeutung; 2. auf die Erziehung; 3. die Gerichtsbarkeit.
Besonders die letzten Angaben sind wichtig, da sie bei Büttikofer fehlen,
was auf eine im Laufe zweier Jahrhunderte vor sich gegangene Um-
wälzung schliessen lässt. Die Aenderungen auf diesem Felde setzen nicht
in Erstaunen. Wir sind gewöhnt, die verschiedenen Funktionen der Geheimbünde nicht auf den diesen Zwecken dienenden Schöpfungswillen, sondern
ein den socialen Verhältnissen sich anpassendes Einschalten zurückzuführen.
Die Belli-Institution wird in den alten Nachrichten als den Negern
von Hondo, Manoro, Folgias, Gebbe, Sestro, Bahn, Sihn und Sierra Leona
eigen dargestellt.

Vom Belli selbst heisst es, dass es ein Ding sei, das von dem Belli-
Mo oder dem obersten Priester auf Befehl des Häuptlings aus einer Materie
gemacht wird, die man knetet und wie Teig bearbeitet. Bisweilen hat es
diese, bisweilen jene Gestalt, so wie die Umstände es erfordern. Der Belli-
Mo bläckt es nachgehends und zwar wird es, wie Barbot meint, nachher
gegessen. Es ist erstaunlich, was für einen Eindruck dies beim Volke
macht, die es für heilig halten und glauben, es könne mit des Häuptlings
Einwilligung, denn ohne diese vermag es nichts, schreckliche Strafen anthun.
— Diese Stelle ist unklar, scheint sich aber auf eine dem Ordale dienende
Strafe zu beziehen.

Die Aeltesten der Belli-Secte werden Sogones genannt, die Geister der Ahnen Jannanin, statt wie bei Büttikofer n'jana. Belli kehrt als Bälli und Pilli wieder und wird als Gott bezeichnet. Geistern und Belli wird geopfert. An Stelle der Soh-bah erzählt Dapper von Sovah und zwar auch das wichtigste Folgende:

Das Wort Sovah oder Sovach oder Snah bedeutet eine böse Einbildung oder Schwermüthigkeit oder böse Einfalt; ja alles Böse oder den Teufel selbst. Diese Schwermüthigkeit plaget, wie sie sagen, und fechtet die entzückten u. halb wahnsinnigen Menschen dermaassen an, dass sie vielmals im Busche mit Klagen herumlaufen und ihr Gemüth in ihrem gegenwärtigem Glücke nicht befriedigen können, sondern sie werden zur Rache und ihrem Nächsten zu Schaden durch den Neid gereizt. In diesen Gedanken erscheint ihnen Sovah in Gestalt eines Thieres, Baumes oder Krautes, welches sie anredet und das Beschädigen der Menschen lehret. Hierauf wird derselbe derartig verblendet, dass er

Nr. 24. Mokho Missi Kon. (Nach Binger.)

die menschliche Vernunft ganz verliert und zuweilen die Menschen für Meerkatzen und Affen ansieht, ja keinen Unterschied zwischen Freunden und Feinden macht, dergestalt, dass er ebenso leicht seinen nächsten Blutsfreund als einen Fremden tödtet. Auf diese That werden ihm dann die Augen geöffnet, also dass er alle Beschwerden überdenket. Auch lernt einer vom andern die Kunst, Kräuter, Zeichen und andere Dinge zum Tödten oder Beschädigen eines andern zu gebrauchen.

Offenbar haben wir hier einen jener Fälle, die in Süd-Guinea häufiger als in Nord-Guinea sind, vor uns, die als Besessenheit zu deuten sind. Das Zustandekommen dieser Zustände ist noch immer schleierhaft. Derartige Menschen sollen über ganz ausserordentliche Kräfte verfügen, z. B. Bäume ausreissen können etc. Oft scheint derselbe durch Hypnotisiren, oft auch durch den Genuss bestimmter Pflanzen erreicht zu werden. Ein Geist, die Seele eines Verwandten oder Vorfahren, bewohne und lenke solche Menschen, berichten die Eingeborenen. Von den Soh-bah solches zu hören, ist wichtig. Wir ersehen daraus, dass diese Priester auch durch den Vergeistigungsprocess ihr Amt erwerben und ihre Bedeutung erhalten, dürfen also wieder auf engen Zusammenhang von Geheimbund und Manismus hinweisen. — Soyah-Belli werden Kräuter genannt, die diesen Besessenheitszustand hervorbringen. — Im Namen des Belli scheint auch die Todtenbestattung vor sich zu gehen.

Einen zweiten wichtigen Theil bilden Dapper's Mittheilungen über die Bundeserziehung, die mit folgenden Worten beginnt: Neben der Beschneidung haben sie noch eine andere Gewohnheit, welche sie Belli Paaro nennen, von der sie sagen, es sei ein Tod, eine Wiedergeburt und Einverleibung in die Versammlung der Geister oder Seelen, mit denen der Gemeine im Busche erscheint und das Opfer, welches man für die Geister zubereitet, essen hilft. Das Zeichen Belli Paaro empfangen sie sehr selten, nämlich alle zwanzig oder fünfundzwanzig Jahre nur einmal. Und hiervon erzählen sie wunderliche Dinge, nämlich dass sie getödtet, gebraten und ganz verändert werden, dem alten Leben und Wesen absterben und einen neuen Verstand und Wissenschaft bekommen. Das gemalte Zeichen Belli-Paaro sind etliche Reihen Schnitte, welche vom Halse über beide Schulterblätter hingehen und eben also aussehen, als wenn sie mit Nägeln darauf gedrückt wären. Die also Tätowirten haben alle Rechte des freien Mannes, wogegen die Nichtgezeichneten, die Quolga heissen als Unreine, Unwissende, Unheilige und Unverständige, in keiner Versammlung zugegen sein oder mitreden dürfen. — Im Busche lernen die Knaben das Spiel Killing. Man schläget es sehr geschwinde und tanzet danach gebückt und mit bebenden Gliedern, dergestalt, dass sich alles bewegt, was am Körper ist. Dazu lernen sie den Belli-dong, den Belli-Lobgesang und ausserdem alle Künste des Lehrers. Angeblich fasten die Knaben im Busche.

Die Masken werden von Dapper ebenfalls beschrieben: Im Anfange sind sie — nach dem Austritt aus dem Grigri-Wald — ganz mit Vogelfedern oder Buschgewächsen bekleidet und haben Mützen von Bast gemacht auf dem Kopfe, welche so lang sind, dass sie vor das Angesicht hängen. Wenn sie etliche Tage in den Häusern — kleinen Hütten — gewesen sind, werden ihnen erst Kleider gegeben. — Eine tiefe Kappe, welche sie fast verblendet, und bunten Federputz am Leibe erwähnt auch Barbot.

Wie die Männer das Zeichen Belli haben, so haben fast eben auf dieselbe Weise die Frauen ein Zeichen des Bundes, welches sie Nessage nennen. Dieses hat seinen Ursprung in Gale genommen und ist jetzt auch in Folgia und Quoja gebräuchlich. Man bringt die 10 oder 12 und mehrjährigen Töchter und Frauen in einen abgelegenen Wald, nicht weit vom Dorfe, in dem die Männer erst Wohnhütten gemacht, wonach aus Gola eine Frau mit dem Titel Soghwilly, weil sie die Oberste dieses Werkes im Tödten der Garnur oder Vala Sandyla, wie sie es nennen, ist, kommt. Die Soghwilly, welche eine Priesterin ist giebt der Versammlung Hühner zu essen, welche Hühner des Bundes, Sandy Latee, genannt werden, weil sie dadurch verbunden werden allda zu bleiben. — Hier werden sie dann beschnitten, lernen ihre Lieder und Tänze etc. (Hierüber das schon oben Vermerkte.)

Zum dritten werden wir eingehend über die juristische Bedeutung und Thätigkeit des Belli unterrichtet.

Eine Frau, die wegen Ehebruches angeklagt ist, muss auf den Belli Paaro schwören, dass der Geist sie hinrichten möge, wenn sie schuldig sei. Wird sie nachgehends eines falschen Schwures überzeugt, so führt sie ihr Ehemann Abends auf den Markt, wo der Rath sitzt. Die Leute des Gerichts rufen zunächst die N'jana (statt jananin), bedecken darauf ihre Augen, dass sie die Geister nicht sehen soll, die sie wegführen werden und ertheilen ihr einen strengen Verweis wegen ihres Lebens und schwere Drohung für die Zukunft. Dann wird sie von den N'jana wieder losgelassen und man höret ein verwirrendes Getöse von Stimmen; wenn ihr Vergehen auch sehr harte Strafe verdient habe, so solle es, da es das erste sei, doch noch ein-

mal verziehen sein; nur müsse sie ein Fasten beobachten; man erwarte von
ihr, sie würde so keusch leben, dass sie nicht einmal junge Knaben in die
Arme nehme noch Mannskleider berühre.

Verfällt die Frau danach dennoch wieder in das vorige Verbrechen,
so kommen, nachdem sie davon überzeugt ist, der Belli-Mo oder einige von
den Soggonos, in Begleitung verschiedener Leute, die ein Getön mit einer
Art von Fidel machen, des Morgens in ihr Haus und bringen sie auf den
öffentlichen Platz. Daselbst nöthigen sie dieselbe dreimal ringsherum zu
gehen und machen beständig ein grosses Getöse, damit alle diejenigen, die
von der Brüderschaft des Belli sind, sehen können, was vorgehe, und sich
nach der Anzeigung richten. Diejenigen, die nicht dazu gehören, wagen
es nicht, den Kopf zum Fenster hinauszustrecken, aus Furcht, die Njana
würden sie wegführen. Darauf bringen sie die Verbrecherin nach dem
heiligen Walde des Belli und von der Zeit hört man nichts mehr von ihr.
Die Eingebornen sagen, die Waldgeister führten solche Frauen fort, vermuthlich aber werden sie, um den Zorn des Belli zu besänftigen, hingerichtet.

Wird einem Manne Diebstahl, Mord oder falscher Eid nachgesagt,
und ist nur ein Verdacht wider ihn, oder er ist nicht genugsam überwiesen,
so nimmt er die Reinigung des Belli. Diese macht der Belli-Mo mit der
Rinde eines Baumes und Kräutern, die auf der angeklagten Person Hand
gelegt werden. Ist er schuldig, so wird ihm hierdurch die Hand weg-
gehauen, im anderen Falle aber bleibt sie unbeschädigt. — Bisweilen dagegen lässt der Belli-Mo einen starken Trank von einem Getränk herstellen,
das aus Rinden von dem Nelle- und Quouibaume gemacht wird und dick-
flüssig ist. Man hält es für ein vollkommenes Gift. Ist er unschuldig, so
bricht er es sogleich von sich, im anderen Falle aber schäumet es um
seinen Mund herum und entdecket sein Verbrechen, welches alsdann mit
dem Tode bestraft wird. Er wird hingerichtet, zerschnitten und sein Fleisch
auf die Kehrichthaufen geworfen. Die Freunde des Verbrechers aber kochen
den Kopf und trinken die Brühe aus; die Kinnbacken nageln sie an ihren
Tempel.

Es ist hier manches in der Sprache der alten Berichterstatter wiedergegeben. Diese scheint in ihrer Unklarheit nicht übel zu solchen Beschreibungen zu passen; denn wir meinen, die Neger drücken sich auch nicht

Nr. 25. Zur Karnevalszeit maskirter Neger in Biskra.
(Nach Originalphotographien.)

klarer aus und zumal das, was Dapper von Belli Paaro, dem Tod, der Wiederauferstehung und Einverleibung in die Versammlung der Geister sage, sei eine direkte Uebersetzung eines Negerberichtes.

k. Völker zwischen Senegambien und Liberia (Simo etc.).

Abbildungen: Text; Nr. 19.

Litteratur: Dapper a. a. O. 381,2. Allg. Hist. d. R. Bd. III. S. 267/8. Georg Gürich in: „Mittheilungen der afrikanischen Gesellschaft in Deutschland" 1886. Bd. V. S. 45—47. — a. a. O. S. 64. — Th. Winterbottom: „Nachrichten von der Siera-Leona-Küste und ihren Bewohnern" 1805. S. 306/7. 183—185. — Caflinières de Nordeck in: Le Tour du Monde, 1886. Bd. 1. S. 283/4. — Caillié: „Journal d'un Voyage à Temboctou et à Jenné" 1830. Bd. I. S. 111 ff., 121. — Briefl. Mittheilung von Paul Staudinger.

Die Elfenbein-Küste ist anscheinend eine grosse Lücke in der Masken-Verbreitung, nach Nordwesten zu mehren sich die Vorkommnisse zusehends. Den Masken der Kru, über deren Verwendung wir nichts wissen, reihen sich die der Vey an. Bei den Bullom, Temne, Susu, Bagos etc. sind wieder viele und tief eingreifende Masken- und Bund-Institutionen, kurz, wir stehen in einer weitern der kolonienartig an der Westküste auftretenden Gebiet mit reicheren Merkmalen der alten malajonigritischen Cultur Afrikas. Von den Bünden, die in diesen Theilen der Küste heimisch sind, werden zwei, der Purra und der hier auch wohl sich zeigende Mumbo-Jumbo später erörtert. Dieser Abschnitt ist den vereinzelten Vorkommnissen und dem bei Susu und Bagos heimischen Simo gewidmet.

Bei den Kapez und Kumpass treten in den Gerichtsverhandlungen gewisse Sachwalter auf. Diese führen den Namen Troeu und haben eine eigenartige Kleidung. Sie tragen eine Maske vor dem Gesicht, Castagnetten in der Hand und kleine Schellen an den Füssen. Ihr Kleid besteht in einem mit allerhand Federn gezierten Kittel, welcher ihnen mehr das Aussehen von Possenreissern und Lustigmachern, als gesetzverständigen Leuten giebt. Dapper fügt hinzu, in der Hand führten sie lange Pfeile, darauf sie sich während der Gerichtssitzung lehnten.

Unter den Temne sollen verschiedene Bünde und geheime Gesellschaften bestehen. Genaueres scheint nicht bekannt. Eine gewisse Bundbildung hat die Bundu-Kassa-Sitte gezeitigt. Doch ist neben den Ceremonien der Verabreichung des Gifttrankes nichts uns sonderlich Interressirendes zu bemerken. Wichtiger ist die Attouga-Gesellschaft bei den Bullom.

Die Mitglieder dieser aus Frauenspersonen bestehenden Gesellschaft
haben es sich zur Pflicht gemacht, den Steinen, welche zum Andenken an
die Verstorbenen aufbewahrt werden, von Zeit zu Zeit Reis zu opfern. In
jenen Ortschaften nämlich, bei welchen sich öffentliche Begräbnissplätze
befinden, steht neben dem Palaverhause noch ein anderes Haus, welches
ebenso gebaut aber viel kleiner ist. Wenn nun jemand in einem solchen
Orte stirbt, so wird dem Könige ein Stein gebracht, welchen er in dem
verwahrlichen Hause niederlegt. Stirbt der König, so wird er in diesem
Hause begraben, und man setzt ihm daselbst ebenfalls einen Leichenstein,
der aber viel grösser ist als die anderen.

Die Attonga-Frauen opfern diesen Steinen also von Zeit zu Zeit.
Sie werfen sich vor den Steinen nieder, stemmen die Ellbogen auf die Erde
und schlagen die Ellbogen auf den Nacken zusammen. Sie haben ihre
eigene Vorsteherin, die ein Haus bewohnt, das in den Städten wo ein öffent-
licher Begräbnissplatz ist, ausdrücklich für sie erbaut ist. Wenn Jemand,
der zu der Gesellschaft gehört, stirbt, so versammeln sich alle Attonga-
Weiber dieses und aller benachbarten Orte in dem Hause der Vorsteherin
und halten sich ein ganzes Vierteljahr bei ihr auf. Während dieser Zeit
tragen sie zum Zeichen der Trauer schwarze Mützen und Halsbänder, die
theils aus Kauries theils aus den schwarzen Samenkörnern der Pokkolo
bestehen. Den Tutungi legen sie nicht an; auch tragen sie überhaupt keine
Kleidungsstücke, durch die sie sich vor den andern auszeichnen. Nach dem
Tode werden sie zwar auf dem allgemeinen Begräbnissplatz beerdigt, aber
ihre Gedächtnisssteine dürfen nicht unter jene gebracht werden, bei welchen
sich der des Königs befindet, sondern es ist ein besonderes Haus zur Aufnahme derselben bestimmt, welches ganz nahe bei dem der Vorsteherin
steht. Wenn sich der Fall ereignet, dass eine Mannesperson, es sei aus
Unvorsichtigkeit oder Muthwillen, in das Attongahaus geht, so wird er,
wenngleich wider seinen Willen, in die Gesellschaft aufgenommen und nach
seinem Absterben darf der für ihn bestimmte Stein nicht unter die der
anderen Mannspersonen gesetzt werden. Die Mütter nehmen zwar zuweilen
ihre Jungen mit in das Attongahaus, wenn sie aber grösser werden, treten
sie gemeiniglich aus dieser Gesellschaft, um wegen dieses heimlichen Ver-
kehrs mit Weibern sich bei anderen Mannspersonen nicht lächerlich zu

machen. Ungeachtet dieses Zurücktrittes muss aber ihr Leichenstein dennoch im Attongahaus beigesetzt werden.

Die Attongafrauen legen für niemand die Trauer an, als nur für Personen weiblichen Geschlechts, die zu ihrer Verbindung gehören. Sie gehen auch nicht mit der Trommel vor den Thüren herum, sondern bedienen sich statt dessen der Schale einer Landschildkröte. Wenn ihre Vorsteherin stirbt, so kommt allemal diejenige an ihre Stelle, die am längsten in der Gesellschaft ist, ohne dass hierbei das Alter in Anschlag gebracht wird. Sie halten jährlich und zwar nach der Reiserute eine allgemeine Zusammenkunft ab, wobei sie sich von allen Orten und Enden zusammenfinden, um Reis zu opfern und der Vorsteherin ihre Achtung zu bezeugen. Wenn sie im Beisein anderer Leute mit einander sprechen, wissen sie die Landessprache dergestalt zu verdrehen und die Worte so zu versetzen, dass sie niemand versteht.

Von der Aufnahme in diesen merkwürdigen Bund ist leider gar nichts bekannt.

Auf der Tumbo-Insel machte die Flegel-Expedition die Bekanntschaft einer andern Institution des weiblichen Geschlechts. Wenn die Mannbarkeit eintritt, werden die Mädchen der Circumcision unterworfen. Das giebt Veranlassung zu lärmenden Festen zur Vollmondszeit. Die Festjungfrauen sind dann in ein enges Gewand gekleidet, das bis zu den Knöcheln herabreicht. Vorn auf der Brust haben sie eine Art Latz, der durch bunte, aufgestickte Perlen in verschiedene Dreiecke getheilt ist. Hinten tragen sie eine Art Tournure, die mit Perlen und Kauries verziert und mit kleinen Schellen behängt ist. Ihr Kopfputz besteht aus einem Chignonähnlichen Aufbau. In der linken Hand haben sie einen Stecken, in der rechten ein Tuch. So führen sie einen Rundtanz auf. Allenthalben und zu allen Zeiten selbst in der ärgsten Mittagshitze trifft man die „Schellen-Damen" tanzend an. Die Tänze des Tages und die der Nacht sind verschieden. Es werden Abends Solotänze aufgeführt von Mädchen sowohl wie von älteren Frauen.

Scheint einmal eine Pause einzutreten, so zeigt sich ein in ein zottiges Fell gehüllter Kerl mit einer abenteuerlichen Riesenmaske auf dem Kopfe, um die Tänzerinnen zur Fortsetzung des Tanzes aufzufordern, tanzt auch wohl selbst nicht ohne Geschick. — Die Gewänder dieses Festes sind

ausserordentlich schwer zu erreichen. Einem jungen Stationsvorsteher auf
der Tumbo-Insel gelang es erst nach Jahren und da auch nur, weil er mit
einer der Schönen ein Verhältniss hatte.

Wir wenden uns jetzt dem Norden zu.

Es besteht bei den Stämmen am Ufer des Rio Nunez eine geheime
Gesellschaft. Sie hat einen Chef, den man Simo nennt. Er schreibt die
Gesetze vor; sie werden auf seinen Befehl vollzogen. Dieser Mensch hält
sich im Walde auf, er bleibt denen, die seinen Mysterien fremd sind, immer
unbekannt. Er hat als Spiessgesellen junge Leute, die nur zum Theil in
seine Geheimnisse eingeweiht sind.

Diese Person nimmt verschiedene Verkleidungen an; bald zeigt er
das Gesicht eines Pelikans, bald ist er in Thierhäute eingehüllt, was ihm
unförmlich erscheinen lässt. — Zu verschiedenen Zeiten im Jahre nimmt
man Neulinge, Neu-Eingeweihte auf. Familien von verschiedenen Dörfern,
die wünschen, ihre Kinder gehörten dieser Gesellschaft an, versammeln die
Knaben von 12—14 Jahren und benachrichtigen den Simo. Dieser begiebt
sich immer verkleidet zur bezeichneten Stelle um die Knaben zu beschneiden.
Die Kandidaten allein können bei dieser Ceremonie, die immer von einem
grossen Feste gefolgt ist, anwesend sein. Die Kosten des Festes werden
von den Eltern je nach ihren Mitteln bestritten.

Dieses Fest dauert manchmal 2—3 Tage. Nach der Ceremonie
zieht sich der Simo in die Wälder zurück, indem er alle Neubeschnittenen
mit sich führt. Von diesem Augenblicke an haben sie keine Gemeinschaft
mehr mit ihren Familien. Das müssige Leben, das sie führen, ist sehr an-
genehm; man liefert ihnen zur Genüge die nöthigen Lebensmittel; sie
wohnen in kleinen Hütten, die aus Aesten verfertigt sind. Als einzige Bekleidung haben sie einige gut angebrachte Palmblätter, die sie von den
Hütten bis auf die Mitte der Schenkel bedecken; Kopf und Rest des
Körpers sind völlig nackt. Sie lassen sich nicht gern sehen.

Wenn die Eingeweihten oder der Simo jemanden im Walde begegnen,
fordern sie das Losungswort. Wenn der Fremdling recht antwortet, wird

er aufgenommen, wo nicht, fangen der Simo und die jungen Leute, die stets
mit Geisseln und Ruthen bewaffnet sind, an, ihn zu verfolgen, und lassen,
nachdem er bis aufs Aeusserste verprügelt ist, ihn auch noch ein Lösegeld
zahlen. Wenn ein unbeschnittenes Kind ihnen in die Hände fällt, vollziehen
sie die Operation an ihm und behalten es da, um es einzuweihen. Sie sind
unerbittlich den Frauen gegenüber, die sie mit Geisselhieben traktiren; man
hat sogar versichert, sie trieben die Barbarei so weit, sie zu tödten.

Die jungen Eingeweihten führen dieses Vagabundenleben während
7—8 Jahren. Diese Zeit sei, erzählt man, nöthig für ihre Unterweisung.
Wenn ihre Eltern sie aus dem Walde zurückzunehmen wünschen, verschaffen
sie sich alles, was sie an Häuten erhalten können: sie machen einen schönen
Gürtel daraus, den sie mit Kupferschellen schmücken. Diesen schicken sie
ihren Kindern mit einem Geschenk an Tabak und Rum für ihr Oberhaupt.
Nur dann erlaubt der Simo jedermann ihn zu sehen.

Der Vorabend des Festes wird in den Wäldern gefeiert, wo er erscheinen muss; er lässt durch Geheul wissen, dass er für jedermann sichtbar sein werde. Ohne diese Benachrichtigung würde ausser den Eingeweihten niemand wagen, ihn zu betrachten, denn sie glauben, dass dieser
Anblick ihnen Unglück bringe. Wenn sie im Augenblick darauf sich un-
wohl fühlen würden, würden sie das dem Anblick zuschreiben.

Am Festtage zeigt der Simo immer seine Ankunft durch schreckliches Geschrei an, das von seinen Zöglingen mittelst Büffelhörnern nachgeahmt wird. Sie sind alle mit Peitschen bewaffnet, dem Zeichen ihrer
Ueberlegenheit. Die älteren Eingeweihten der benachbarten Dörfer versammeln sich, um an den Vergnügungen theilzunehmen. Sie ziehen an
diesem Tage die schönsten Kleider an und marschiren hinter der Musik
des Landes im Festzug einher.

Nachdem sie den Simo begrüsst haben, machen sie ihm ein kleines
Geschenk, dann geleiten sie ihn unter Triumph beim Klange des Tantams
zum Dorfe. Die Anwesenden lassen dazu ihre monotonen Gesänge erschallen und schiessen häufig ihre Flinten ab. Die Frauen eilen sogar
singend herbei, jede mit einer Kalabasse voll Reis, den sie dem Simo gewissermaassen als Opfer unter Freudengeschrei und Tanzen zuwerfen.

Diese Feste sind gewöhnlich sehr lustig. Man trinkt viel Palmwein und Rum, schlachtet Ochsen und Schafe und bereitet grosse Gelage, die mehrere Tage währen. Endlich, nachdem diese Genüsse vorüber, kehren die Kinder, deren Eltern nicht die Mittel haben dem Simo Geschenke zu machen, mit ihm in die Wälder zurück, um dort dasselbe Leben 7–8 Jahre weiter zu führen. Wenn sie jedoch das Alter haben, um sich nützlich machen zu können, gehen sie beim Nahen der Regenzeit, ihren Eltern bei der Feldarbeit zu helfen; danach kehren sie in die Wälder zurück, wo der Simo sie zur Bebauung seiner Ländereien verwendet.

Wenn die Eingeweihten zurückgekehrt sind, pflanzen sie vor ihrer Thür einen Baum oder auch nur einen Pfahl auf, an dessen Ende sie ein kleines Stück Stoff anhängen, gewöhnlich von weisser Farbe. Dieser Baum oder dieses Holz ist ein Geschenk des Simo, der es ihnen als Gegengabe für die reiche Auslösungssumme der Eltern überreicht. Sie geben auch dem Baum oder der Stange den Namen Simo. Dieses Holz wird ihr Schutzgott; sie verehren es mit grosser Ehrfurcht, gemischt mit Furcht; um zu verhindern, dass jemand einen Ort betritt, genügt es, diesen „Simo" dorthin zu pflanzen. Auch schwören sie bei ihm; sie glauben, dass der, der einen Meineid schwört, die Rache des geheimnissvollen Dämons auf sich lade.

Wenn ihnen etwas geschuldet wird, oder etwas gestohlen ist, so wenden sie sich mit frommen Bitten an das Stück Holz, werfen als Opfer Reis, Honig oder Palmwein hin und feuern einen Flintenschuss zu seinen Füssen ab. Es ist das eine Art Klage, die sie dem Simo vorbringen, um sich Gerechtigkeit zu verschaffen. Wenn von diesem Augenblicke an ein Glied der Schuldnerfamilie krank wird, schiebt man dies der Rache des Simo zu und aus Furcht zahlen die Verwandten schnell die Schulden oder ersetzen die gestohlenen Gegenstände.

Diejenigen, von denen man vermuthet, sie hätten etwas angestellt, werden sofort vor den Simo gestellt, der die oberste Gerichtsbehörde ist. Wenn sie bei der Untersuchung geständig sind, verurtheilt er sie zu einer Strafe. Halten sie aber aufrecht, dass sie unschuldig sind, so müssen sie sich einer Probe unterziehen, nämlich einen Trank zu sich nehmen, der aus einer Baumrinde hergestellt ist, die dem Wasser eine schöne rothe Farbe verleiht. Angeklagter und Kläger sind gezwungen, diese Medicin zu trinken. Es ist ein Gift. Beide müssen nüchtern sein und ganz nackt. Nur dem

Angeklagten giebt man einen weissen Schurz um die Lenden. Man schüttet die Flüssigkeit in eine Kalebasse, lässt Kläger und Angeklagte gleich viel trinken und lässt nicht nach bis sie nicht mehr können, es ausspeien oder sterben. Erbricht sich der Angeklagte, so ist er unschuldig; dann hat er das Anrecht auf eine Entschädigung. Geht es unten heraus, so ist er nicht ganz unschuldig; giebt er nicht alles sofort von sich, so ist er schuldig. Wegen der ausserordentlich grossen Dosis dieses Giftes kommen die Leute selten mit dem Leben davon. Wenn jedoch die Verwandten des Angeklagten gutwillig eine Busse erlegen, so erlässt man dem Manne die Fortsetzung, bringt ihn in ein warmes Bad und setzt ihm beide Füsse auf den Bauch, sodass er das verschluckte Gift ausspeit. Dieses grausame Verfahren wird bei allen Arten von Verbrechen angewendet. Manche ziehen es vor, sich falscher Weise für schuldig zu erklären, nur um sich nicht der Gefahr auszusetzen.

In der Nähe des Wohnortes des Simo darf man sich weder zanken noch schlagen. Wenn die Umstände einen Krieg erfordern, benachrichtigt man ihn und er zieht sich mit seinem Gefolge zurück. Zuwiderhandelnde Störenfriede müssen ihm sofort ein Geschenk bringen. Dabei müssen sie ihm die Rücken zuwenden und die Hände vor das Gesicht legen. Der Simo empfängt die Busse, murmelt ein längeres Gebet und bewirft sie zum Zeichen der Absolution mit ein wenig Erde. Danach kehren die Ruhestörer zufrieden zurück.

Auch Coffinière de Nordeck sah im Lande der Bagos einmal den Simo oder vielmehr den Penda-Penda, die Frau desselben, den man auch als Simo guinée bezeichnete (guinée = Frau). Ein colossaler, an schwarzem Stoff befestigter Kopf, erhob sich über dem Bau aus Schilfgras, in dessen Innerem eine Person sich befand, die durch zwei Löcher in dem Schilfdach das Vermögen zu sehen erhielt. Tanzend, gefolgt von der Jugend, bewegte Penda-Penda sich durch die Strassen.

Die Susu kennen den Simo ebenfalls. Da man aber alle bei dieser Institution gebräuchlichen Ceremonien äusserst geheim hält, so lässt sich nicht allzuviel darüber berichten. Man sagt aber, die alten Männer gingen zu den Novizen in die Wälder, ritzten ihnen an verschiedenen Theilen des Körpers, besonders aber am Unterleibe allerhand Figuren in die Haut,

unterrichteten sie in einer Sprache, die ausser den Mitgliedern des Simo
niemand versteht, und liessen sie schwere Eidschwüre ablegen, wodurch sie
sich anheischig machten von den Geheimnissen, die man ihnen anvertrauen
werde, nie das Geringste zu entdecken.

Alsdann müssen sich die jungen Leute ein ganzes Jahr in den
Wäldern aufhalten, und man glaubt, es sei ihnen gestattet, einen jeden
zu tödten, der dem Walde naht und nicht in der Sprache des Simo
unterrichtet ist. Wer aber diese geheiligte Sprache versteht, darf ohne Bedenken an dergleichen abgeschiedene Orte gehen und sich mit den jungen
Leuten unterhalten. Das liebe Interesse mag wohl mitunter verursachen,
dass man mit denen, die sich in den Wald wagen, nicht immer nach der
Strenge des Gesetzes verfährt.

Wenn die Zeit ihrer Einkerkerung zu Ende ist, gehen sie von einem
Orte zum andern, tanzen und betteln, bald darauf verheirathen sie sich und
finden um so eher Gelegenheit, eine vortheilhafte Partie zu treffen, da sie
durch ihre Einweihung sich gewissermaassen in Credit gesetzt haben. Man
will versichern, wenn eine Frauensperson das Unglück habe, den Simo in
seinen geheimnissvollen Gebräuchen zu stören, so bringe man sie nicht nur
ums Leben, sondern es würden ihr sogar die Brüste abgeschnitten und
anderen zum warnenden Beispiele an beiden Seiten der Landstrasse zur
Schau aufgehangen. Letzteres verdient um so weniger Glauben, da die
Susu von dieser Institution gar zu gerne allerlei abenteuerliche und gräss-
liche Dinge erzählen. So behaupten sie unter anderem, man schneide den
Einzuweihenden die Kehle ab und lasse sie eine Zeit lang für todt liegen;
nachher würden sie wieder von Neuem belebt und in die Geheimnisse des
Institutes eingeweiht, und nun wären sie viel munterer und lustiger als zuvor.

Es giebt noch eine Art von Simo, in welchen aber nur Mädchen
aufgenommen werden und das mitunter Humbe genannt wird. Vor ihrer
Einweihung wird zuweilen ein Colnagee oder grosser Tanz aufgeführt. Ihr
Noviciat dauert nicht gar lange. Ein Mann, der in den Mysterien des Institutes unterrichtet ist, und ein paar Weiber werden mit den Mädchen in
ein Haus eingesperrt, und dies sind die einzigen Personen, die man zu ihnen
lässt. Man unterrichtet sie hier in gewissen Dingen, welche das weibliche
Geschlecht zunächst angehen. Man bestimmt ihnen eine Zeit, in deren Ver-

lauf sie mit keiner Mannsperson umgehen dürfen, und zwar nach Gutdünken der Matronen, von welchen sie ihren Unterricht erhielten.

1. Der Purrah.

Abbildungen. Tafel: Fig. 117.

Litteratur. Silb. Meinr. Xav. Golberry: „Reise durch das westliche Afrika". 1804. S. 41 bis 47. — Winterbottom a. a. O. S. 180—183. — J. de Crozals: „Les Peulhs" 1883. S. 243—245. — Samuel Walker: „Missions in Western Africa among the Soosoos, Bulloms etc." 1845. S. 23/24. — J. Matthews: „A voyage to the River Sierra Leona or the coast of Afrika". 1788. S. 82—85. — C. F. Schlenker: „A Collection of Temme Traditions, Fables and Proverbes". 1861. S. XIII. — A. Bastian in: „Ethnologisches Notizblatt". Heft 1. 1894. S. 37/38. — Derselbe in der „Anthrop. Gesellschaft in Berlin" 15. Juli 1893. Derselbe in: „Loangoküste" a. a. O. Bd. 26/27.

Zwischen dem Sierra-Leona-Fluss und dem Cap Monte leben fünf Völkerschaften von Fullas-Susus, die miteinander eine verbündete Republik ausmachen. Jede Völkerschaft hat ihre eigne Obrigkeit und ihre besondere Regierung. Alle aber stehen unter einer Einrichtung, die Purrah genannt wird. Dies ist eine Gesellschaft, eine Verbindung mit Kriegern.

Jede dieser fünf Völkerschaften hat ihren eigenen Purrah, welcher seine Oberhäupter und sein Tribunal hat, und dieses ist eigentlich der Purrah; aus den fünf Bezirkspurrahs aber bildet sich der grosse, der allgemeine Purrah, der oberste Purrah, der über die fünf Völkerschaften gebietet. Um in den Bund eines Bezirkspurrahs aufgenommen zu werden, muss man dreissig Jahre zählen; um Mitglied des grossen Purrahs zu werden, muss man fünfzig Jahre zählen. Die Aeltesten jedes Bezirkspurrahs sind Mitglieder des Hauptpurrah.

Ein Candidat wird nur unter der Verantwortlichkeit aller seiner schon mitverbündeten Anverwandten zur Probe in den Bezirkspurrah zugelassen. Diese schwören ihm den Tod, wenn er nicht in der Probe besteht oder wenn er nach seiner Aufnahme die Mysterien und Geheimnisse des Bundes verräth. In jedem Bezirk, der zu einem Purrah gehört, giebt es einen geheiligten Wald, wo man den Candidaten hinführt; dieser muss sich an einer Stelle, die man ihm anweist, aufhalten; mehrere Monate muss er in einer Hütte, wohin ihm maskirte Personen seine Nahrung bringen, ganz allein leben; er darf weder sprechen noch sich aus der Umgebung, die ihm angewiesen ist, entfernen; wagt er in dem Walde, der ihm untgieht, weiter zu gehen, so ist er des Todes.

Nach einigen Monaten von Zubereitungen wird der Candidat zu den Proben zugelassen. Diese sind angeblich schrecklich. Man macht von allen Elementen Gebrauch, um sich von seiner Entschlossenheit und von seinem Muthe zu überzeugen. Man versichert sogar, dass man sich bei diesen Mysterien gefesselter Löwen und Leoparden bediene; dass während der Zeit der Proben und Einweihung die geheiligten Wälder von schrecklichem Geheule wiederhallen; dass man daselbst während der Nacht grosse Feuer erblicke; dass ehemals das Feuer diese geheimnissvollen Wälder in allen Richtungen durchlaufen habe; dass jeder Uneingeweihte, der sich aus Neugier hineinzugehen verleiten lasse, ohne Schonung aufgeopfert werde, dass Unbesonnene, die dahin eindringen gewollt haben, verschwunden seien, ohne dass man jemals von ihnen etwas wieder gehört habe.

Hat der Candidat alle Proben überstanden, so wird er zur Einweihung zugelassen. Vorher aber muss er schwören, dass er alle Geheimnisse bei sich bewahren und ohne Verzug die Urtheile des Purrah seiner Völkerschaft und alle Beschlüsse des grossen Oberpurrah vollziehen wolle. Wenn ein Mitglied des Bundes diesen verräth oder aufrührerisch gegen ihn ist, so ist er dem Tode geweiht und dieser trifft ihn manchmal selbst im Schoosse seiner Familie. Wenn es der Strafbare am wenigsten erwartet, erscheint ein verkleideter, maskirter und bewaffneter Krieger und sagt zu ihm: „Der grosse Purrah schickt dir den Tod!" Bei diesen Worten weicht alles zurück, niemand wagt den geringsten Widerstand zu leisten, und das Opfer wird ermordet.

Das Purrahtribunal jeder Völkerschaft besteht aus fünfundzwanzig Mitgliedern; und aus jedem dieser besonderen Tribunale wählt man fünf Personen aus, die den grossen Purrah oder das Obertribunal des allgemeinen Bundes ausmachen. Dieses besteht also auch aus fünfundzwanzig Personen, die aus ihrer Mitte das Oberhaupt ernennen.

Der besondere Purrah jeder Völkerschaft untersucht die Verbrechen, die in seinem Bezirke begangen werden, richtet sie und lässt seine Aussprüche vollziehen. Er stiftet zwischen den mächtigen Familien Frieden und legt ihre Streitigkeiten bei.

Der grosse Purrah versammelt sich nur bei ausserordentlichen Gelegenheiten und spricht das Urtheil über diejenigen aus, die die Mysterien und die Geheimnisse des Ordens verrathen oder die sich gegen seine Aussprüche ungehorsam erweisen. Gewöhnlich macht er aber auch den Kriegen ein Ende, die manchmal zwischen zweien, zu diesen Bünden gehörigen Völkerschaften entstehen. Wenn diese mit einander Krieg führen, so wünscht meist der eine oder andere Theil nach einigen Monaten von wechselseitigen Feindseligkeiten, wenn sie sich schon viel Schaden zugefügt haben, den Frieden. Die Völkerschaft nimmt heimlich zum grossen Purrah ihre Zuflucht und fordert ihn auf, die Mittelperson zu sein und die Streitigkeiten beizulegen.

Der grosse Purrah versammelt sich in einem neutralen Bezirke und sobald er beisammen ist, lässt er den kriegführenden Bezirken melden, dass er nicht zugeben könne, dass Menschen, die mit einander als Brüder, Freunde und gute Nachbaren leben sollten, einander bekriegen, sich einander die Ländereien verwüsten, plündern und verbrennen, dass es Zeit sei, diesen Ausschweifungen ein Ende zu machen, dass der grosse Purrah die Ursache des Krieges untersuchen wolle; dass er verlange, dass diese aufhören und dass er befehle, alle Feindseligkeiten augenblicklich einzustellen.

Es ist ein Hauptpunkt dieser Einrichtung, dass, sobald der grosse Purrah beisammen ist, um dem Kriege ein Ende zu machen, und bis dahin, wo er seinen Ausspruch gethan hat, es jedem Krieger der beiden im Streite begriffenen Bezirke verboten ist, einen Tropfen Blutes zu vergiessen; dies wird jedesmal mit dem Tode geahndet. Man hütet sich also sorgfältig, dies Gebot zu verletzen und enthält sich aller Feindseligkeiten.

Das Obertribunal bleibt einen Monat versammelt und zieht alle nöthigen Erkundigungen ein, um zu erfahren, welche Völkerschaft den Angriff und die Herausforderung veranlasst hat. Während dieser Zeit ruft es auch soviele Bundeskrieger zusammen, als zur Vollziehung des Urtheils, das es fällt, nothwendig sind. Wenn es endlich die gehörigen Nachrichten eingezogen und alles genau erwogen hat, so thut es den Ausspruch und verurtheilt die schuldige Völkerschaft zu einer viertägigen Plünderung.

Die Krieger, die diesen Ausspruch vollziehen sollen, wählt man alle aus den neutralen Bezirken; sie brechen des Nachts von dem Orte auf, wo

der grosse Purrah versammelt ist. Alle sind verkleidet, ihr Gesicht ist mit
einer hässlichen Maske bedeckt; sie sind mit brennenden Fackeln und mit
Dolchen bewaffnet; sie theilen sich in Banden von vierzig, fünfzig, sechzig
und treffen alle unerwartet und vor Tagesanbruch auf dem Gebiete ein,
das sie plündern sollen und rufen mit furchtbarem Geschrei den Beschluss
des Obertribunals aus. Bei ihrer Annäherung ergreift alles, Männer und
Weiber, Kinder und Greise die Flucht; alle retten sich in ihre Häuser und
wenn irgend jemand auf dem Felde, auf irgend einem Platze, auf den
Strassen angetroffen wird, so wird er entweder getödtet oder mit fort-
geschleppt; und man hört nie wieder etwas von ihm.

Den Ertrag solcher Plünderungen theilt man in zwei Theile; den
einen giebt man dem beleidigten Bezirke, den anderen aber dem grossen
Purrah, der ihn mit den Kriegern theilt, die seinen Anspruch vollzogen
haben. Dies ist der Lohn für ihren Eifer, ihren Gehorsam und ihre
Treue.

Wenn irgend eine Familie der Völkerschaften, die dem Purrah unterworfen sind, allzu mächtig und allzu furchtbar wird, so versammelt sich
deshalb der grosse Purrah und verurtheilt sie beinahe allemal zu einer un-
vermutheten Ausplünderung, welche des Nachts und zwar von maskirten
und verkleideten Kriegern vollzogen wird. Wenn die Oberhäupter einer
solchen gefährlichen Familie Widerstand leisten, so werden sie getödtet oder
weggeschleppt und tief in einen der geheiligten und einsamen Wälder gebracht, wo sie der Purrah wegen ihrer Widersetzlichkeit richtet; fast stets
verschwinden sie auf immer.

So ist zum Theil diese ausserordentliche Einrichtung beschaffen. Man
kennt ihr Dasein; man fühlt die Wirkungen ihrer Gewalt; man fürchtet
sie; der Schleier aber, der ihre Absichten, Berathschlagungen und Beschlüsse
bedeckt, ist undurchdringlich und erst im Augenblicke, da ein Geächteter
den Todesstreich empfängt, weiss er, dass er verurtheilt ist. Der Ruf und
die Macht des Purrah ist eine ganz gewaltige und zwar nicht nur in der
Heimath, sondern auch in den umliegenden Ländern. Man spricht davon,
der Purrah stehe mit den Geistern (statt dem Teufel) in Verbindung.

Nach allgemeinem Glauben beläuft sich die Anzahl der eingeweihten
und zum Purrah gehörigen Krieger auf über sechstausend. Indessen werden

die Gesetze, die Geheimnisse und die Mysterien dieses Bundes von seinen zahlreichen verbündeten Mitgliedern, die sich einander durch Worte und Zeichen verstehen und erkennen, streng befolgt und beobachtet.

Soweit der Bericht Golberry's, den die meisten Autoren ihren Berichten mehr oder weniger zu Grunde gelegt haben.

Ueber die Ausbreitung des Purrah und seine Heimath gehen die Nachrichten sehr auseinander. Schlenker beobachtete den „Porro" bei den Temne. Er heisst dort am-poro, ein Mitglied a-ko-poro plur. a-ko-póró. Matthew hat ihn zumal am Sherbros angetroffen. Folgendermaassen aber berichtet Winterbottom von dem Purrah des Südens.

Unter den Bullom am Sherbro existirt eine ganz eigene Art von geheimer Verbindung, Purrah (W. schreibt Pucra) genannt, deren Einrichtung zum Theil religiös, grösstentheils aber politisch ist. Sie hat einige Aehnlichkeit mit der Freimaurerei, denn es werden keine Frauenspersonen darin aufgenommen und die Mitglieder müssen sich vermittelst eines Eides, der wohl schwerlich jemals verletzt werden dürfte, verbindlich machen, Niemandem die Geheimnisse zu entdecken und ihren Obern und Vorgesetzten ebenso schleunigen als unbedingten Gehorsam zu leisten.

Man nimmt Knaben von 7 bis 8 Jahren auf; vielleicht müssen diese solange im Noviciat bleiben, bis sie das gehörige Alter erreicht haben. Mit Gewissheit lässt sich hierüber nichts sagen, da es nicht nur ausserordentlich schwer ist, genaue Erkundigungen einzuziehen, sondern sogar zu befürchten steht, dass man sich durch allzu vieles Nachfragen einiger Gefahr aussetzt. Jeder, der in die Gesellschaft eintritt, legt seinen alten Namen ab und nimmt einen neuen an: wer ihn bei seinem gewöhnlichen Namen nennen würde, würde Händel mit ihm bekommen.

Sie haben ihren eigenen Chef, welcher der oberste Purrah-Mann genannt wird und an der Spitze des Oberdirectoriums steht, dessen Befehle alle untergeordneten Stellen und einzelnen Mitglieder des Institutes unbedingt annehmen und befolgen müssen. Sie halten ihre Zusammenkünfte an entlegenen Orten ab, mitten in der Nacht und ohne dass jemand das geringste davon erfährt. Wenn sich der Purrah in eine Stadt oder in ein Dorf begiebt, was stets des Nachts geschieht, so verkündet er den Einwohnern seine Ankunft durch ein ganz entsetzliches Heulen und Schreien und den fürchterlichsten Lärm, den man sich vorstellen kann. Alle die, welche nicht zu dieser Verbindung gehören, flüchten dann eiligst in ihre Wohnungen; denn jeder, der sich auf der Strasse sehen liesse oder nur Miene machte zu sehen was vor sich geht, würde auf der Stelle um's Leben kommen. Um der weiblichen Neugier Einhalt zu thun, müssen die Frauenspersonen so lange in ihren Wohnungen bleiben und in die Hände klatschen, als sich der Purrah im Orte befindet.

Diese Gesellschaft macht es sich, wie das Vehmgericht seiner Zeit in Deutschland, zum angelegentlichsten Geschäft, Verbrechen zu bestrafen, zumal Zauberei und Diebstahl, mehr noch aber die Widerspenstigkeit und den Ungehorsam der eigenen Mitglieder. Der Verbrecher wird so schnell und ganz heimlich in der Stille bestraft, dass man nie erfährt, wer es gethan hat, ja, die Furcht vor der Institution geht so weit, dass man sich nicht einmal danach zu fragen getraut.

Wenn zwei benachbarte Völkerschaften mit einander in Krieg verwickelt sind und man denselben zu beendigen wünscht, so droht man ihnen mit der Rache des Purrah, wofern sie die Feindseligkeiten nicht einstellen würden. Das Nämliche geschieht, wenn zwei Familien mit einander in offener Fehde begriffen sind.

Es wird niemand in dies Institut aufgenommen, für den sich nicht einige seiner Freunde, die bereits demselben angehören, sich durch einen Eid verbindlich gemacht haben, ihn auf der Stelle zu tödten, wenn er die ihm anvertrauten Geheimnisse verrathen oder während der Aufnahme zurücktreten werde. In jedem Dickicht, wo die Gesellschaft sich aufhält, hat sie ihren eigenen Wald, wo diejenigen, welche derselben beitreten wollen, hingebracht werden, und so lange sich aufhalten müssen, bis man sie wirklich initiirt. Wenn Jemand, es sei aus Unwissenheit oder Neugierde, in einen solchen Wald ginge, so würde man nicht das geringste Bedenken tragen, ihn zu tödten, und kein Mensch würde wissen, wo er hingekommen wäre.

Der Purrah beschränkt sich meist nur auf die Gegenden am Sherbro; wenigstens erstreckt er sich gen Norden nicht bis Sierra Leona, und nicht einmal bis an den Fluss dieses Namens. Die dortigen Einwohner haben eine Abscheu vor dieser Gesellschaft, und wenn nur davon gesprochen wird, so sieht man es ihnen schon an, dass ihnen Angst und Bange davor ist.

Sie glauben nämlich, die Mitglieder der Purrah ständen sammt und sonders mit den bösen Geistern im Bündniss, die ihren Befehlen gehorchen müssten. Der verstorbene Cleveland ist der Stifter des Purrah auf den Bananeninseln. Eine Beziehung zu dem Berichte Golberry's ist wohl auch hier nachweisbar. Desto interessanter sind die Abweichungen, die sich besonders in der Feststellung der geographischen Verbreitung äussert. Bekanntlich wohnen die Susu im Norden der Bullom und Sierra-Leonas. — Uebrigens ist Winterbottom ein sehr zuverlässiger Autor, auf dessen Berichte man sich unbedingt verlassen kann. Ich nehme an, dass ihm nicht Golberry's sondern Matthew's Bericht bekannt war. Golberry fusst auf Matthew, den er ergänzt.

An Nennenswerthem über den Purrah ist nur noch weniges bekannt. — Die Mitglieder des Purrah sind durch eine Tätowirung ausgezeichnet, die in zwei parallelen um den Leib laufenden vorn in die Höhe sich wendenden und in dem Munde sich treffenden Linien besteht.

Bei Versammlungen des Purrah sind an verschiedenen Orten Zeichen angebracht, die alle verstehen. — An einigen Orten soll der Purrah willkürlich in die Dörfer einfallen und plündern. — Nach einigen Autoren können Knaben, nach anderen nur dreissigjährige Männer Mitglieder des Bundes werden. — Am Purrah kann man sich nicht rächen; Purrah-Männer mögen rauben, was sie wollen.

Nach einigen steht der Purrah mit Geistern, nach anderen mit dem „Teufel" in Beziehung. Recht haben diejenigen, die behaupten, die Purrah-Männer seien vom Teufel besessen.

m. Westlicher Sudan; Mandingo (Mumbo-Jumbo etc.).

Abbildungen.　Tafel; Fig. 118—122.
　　　　　　Text; Nr. 20 - 25.
Litteratur.　Binger: „Du Niger au Golfe de Guinée par le Pays de Kong et le Mossi."
　　　　　1892, Bd. I. S. 106/7. S. 378/9. S. 401. — R. Caillié a a. O. Bd. I. S. 271.
　　　　　S. 274. S. 287. — Briefliche Mittheilung von Dr. Maclau. — William Gray and
　　　　　Dochard: „Travels in Western Afrika in the years 1818. 19. 20 and 21."
　　　　　1825. S. 383. S. 55/6. S. 383. S. 82/3. — R. Andree: „Die Masken in der
　　　　　Völkerkunde." S. 23. — Mungo Park: „Reisen in Westafrika." S. 47. —
　　　　　Wilson: „Westafrika." S. 52/3. — Golberry a. a. O. S. 151 ff. „Allg. Hist. d.
　　　　　R." Bd. III. S. 222. S. 243/4. S. 168. S. 239/405. — Waitz: „Anthropologie
　　　　　der Naturvölker." Bd. I. S. 467.

Die Gebiete, die wir jetzt betreten, stehen schon zum grössten Theil unter dem regen nordischen Einfluss der mohammedanischen Völker. Die Geheimbund-Masken sind hier in den Dienst der verschiedensten Einrichtungen getreten, so dass eine Uebersicht der einzelnen Funktionen wünschenswerth ist.

Zunächst treten die Vergeistigungssitten naturgemäss in regere Beziehung zur Beschneidung. Fernerhin ist eine grosse Gruppe von Gebräuchen bemerkenswerth, die dem Schutze der Gattenrechte gewidmet ist, in diesen verkehrsreichen Gegenden sicherlich eine erforderliche Institution. Am bekanntesten ist der Mumbo-Jumbo geworden. Drittens endlich treten Maskirte als Wächter der öffentlichen Ordnung auf. Als Spassmacher geriren sich wohl die meisten afrikanischen Maskirten nebenbei.

Welchem Volke hier die Verbreitung der Masken zugeschrieben werden muss, ist schwer zu sagen. Sicherlich hat nicht nur ein Volk dieses verursacht. Zersplitterte Trümmer alter Wanderepochen und Staaten wohnen hier überdeckt von den Fluthen der neueren Mandingo- und der neuesten Fulbe-Wanderung. Heute sind die Mandingo wohl die wichtigsten Träger der Geheimbund- und Maskensitte. Aber auch bei Bobo und Jolof finden sie sich. Es ist jedoch immer daran zu denken, dass im Norden sowohl wie im Süden Mandingostämme, nämlich Bambara, Susu, Vey etc. die wichtigsten Stifter der Geheimbünde sind.

Unter den Berichten über die Beschneidungsceremonien im westlichen Sudan muss derjenige Jobsons über den Horey trotz seiner oder vielmehr gerade wegen seiner phantastischen Klangfarbe als der beste bezeichnet werden.

Jobson war zugegen als ein 16—17jähriger Jüngling beschnitten wurde. Darauf ward ihm ein weisses Kleid übergeworfen; zwei Männer führten ihn zu einem umzäunten Orte, wo er mit anderen jungen Leuten, die mit ihm in gleichen Umständen waren, eingesperrt wurde. Den Engländern, auch dem Wundarzte, ward der Zutritt untersagt. — Man erlaubt den jungen Männern „zur Linderung ihrer Schmerzen" um diese Zeit ein Hühnerhaus zu plündern oder einem armen Fulbe-Hirten ein Rind zu stehlen, um sich lustig zu machen. Die Gesetze würden in einem anderen Falle diese That streng ahnden.

Bei diesen Versammlungen ist allezeit eine gewisse Sache, die niemals fehlt: das ist der brüllende Horey oder Hore. Sein Geräusch gleicht der tiefsten Bassstimme. Man hört ihn allezeit in einer gewissen Weise brüllen und er dienet, die Knaben in Furcht zu erhalten. Wohl setzt man dem Horey unter einem Baume Speise hin, aber das genügt ihm nicht. Er schluckt die Knaben weg und behält sie solange in seinen Magen, bis sie durch anderes Futter daraus erlöset werden. Einige sollen 10 oder 12 Tage darinnen gewesen sein. Noch mehr! Das Opfer muss soviel Tage, als es in des Horey Wanste gewesen, stumm bleiben. Jobson sah in einer Fulbestadt einen Knaben, der erst die vergangene Nacht aus des Horey Bauche gekommen; er konnte ihn auf keinerlei Weise bewegen, den Mund zu öffnen, worauf er seinen Finger hielt. Sie reden insgesammt von diesem Horey als einem sehr fürchterlichen Geiste, und es ist seltsam, mit was für Gewissheit sie behaupten, dass sie von ihm weggeführt und verschlungen werden. — Eine merkwürdige Angabe ist es, dass die Musikanten mit dem Horey in sehr intimen Verkehr stehen und dass sie deshalb nicht wie andere bestattet, sondern ihr Leichnam aufrecht in einen hohlen Baum gestellt wird.

Am Gambia tragen die Neubeschnittenen zuweilen eine besondere Tracht, eine Mütze von wunderlicher Form mit ein Paar Ochsenhörnern daran. So bekleidet begehen diejenigen, die tiefer im Lande wohnen, grosse Unordnungen, erpressen Geld und nehmen sich die ausschweifendsten Freiheiten. Die am Senegal sind weniger wild und begnügen sich mit dem, was ihnen gegeben wird. Jannequin sagt, die Knaben Senegambiens hätten einen Monat lang nach der Beschneidung die Freiheit zu plündern und alle Arten von Gewaltthätigkeiten an den Jungfern zu begehen, nur nicht zu morden oder ihre Person zu rauben. Bei den Fulbe wohnen die Neubeschnittenen vierzig Tage in einem Hause zusammen und erhalten eine Art Unterricht. Danach steht ihnen eine ungewöhnliche Freiheit zur Verfügung; sie dürfen stehlen und essen was ihnen gefällt. — Von den geflochtenen mit Ochsenhörnern versehenen Masken der Beschnittenen sind mehrere in europäische Museen gelangt. — Bei den Bambara treffen wir diese Art der „Geistesfreiheit" wieder. Im Betteln endet sie; solches berichtet Caillié aus Timmé.

In Kaarta lernte Gray eine eigenthümliche durch einen jungen Fürsten dargestellte Ceremonie kennen. Dieser war jüngst beschnitten. In auf der Abbildung zu betrachtender Weise war er bekleidet; gefolgt ward er von einer Musikbande und einem Haufen junger Leute. So besuchte er verschiedene Dörfer, in denen er Contributionen an Nahrung und Geld entweder durch Stehlen — wofür er nicht gestraft werden konnte, da er in dieser Zeit nicht den Gesetzen unterworfen war — oder durch öffentliche Vorstellungen eintrieb. Er entriss nämlich den Zuschauern die Habe, indem er sie festhielt und sie mit Stössen seiner am Kopfe befestigten Hörner bedrohte, bis er Gaben empfing, die ihm nie vorenthalten wurden. Seine Gefolgschaft wedelte ihm mit Baumzweigen zu und suchte ihn zu beruhigen. Sie führten ihn zu einem Platze, wo er sich niederliess. So blieb er einige Minuten sitzen, um sich zu erholen, dann aber, gleichsam von einem neuen Anfall voll Wuth ergriffen, wieder das Spiel zu beginnen. Er setzte es mehrere Stunden fort, was infolge des Gewichtes der Maske und der heftigen Bewegungen sehr anstrengend ist. In dieser Weise wird die Scene einen Monat lang fortgesetzt.

Das Beschneidungsfest ist bei den Einwohnern von Bambuk das grösste und feierlichste; man kündigt es zwei Monate vorher an; die jungen Knaben und Mädchen werden darauf durch Absonderung und Diät vorbereitet und streng bewacht. Das entspricht den Enthaltungsgeboten. Am bestimmten Festtage ist das ganze Dorf mit Laubwerk und Blumen geschmückt, und die Luft ertönt von Freudengesängen. Auf einer Erhöhung befindet sich das Oberhaupt des Dorfes mit den Alten. Alle beschnittenen Männer können der Feierlichkeit beiwohnen, die Weiber aber sind davon ausgeschlossen. Die jungen Leute, die beschnitten werden sollen, sind mit Blumen bekränzt und werden in Procession zwei und zwei, die Knaben zuerst, die Mädchen nachher, vorgeführt. Alles geschieht mit der grössten Feierlichkeit; die Ceremonie fängt mit den Knaben an; hierauf kommt die Reihe an die Mädchen.

Die Gesänge der Bänkelsänger und Sängerinnen und der Lärm der Musikanten übertönen die Klagen und das Geschrei, das die jungen Opfer manchmal ausstossen. Da die Erhöhung, worauf das Oberhaupt und die

Alten sich befinden, sehr hoch ist, so können sie und zwar sie allein die Operation sehen.

Wichtig sind die Rechte der Beschnittenen. Vor allen Dingen dürfen die jungen Leute erst nach der Beschneidung heirathen. Es ist in Bambuk ein grosses Verbrechen die Freuden der Liebe zu geniessen, ohne noch beschnitten zu sein. Diese Operation scheint aber die Freiheit, den Gebrauch der natürlichen Rechte und die Erlaubniss zu ertheilen, sich willkürlich ohne Gewissensbisse, ohne Scheu und ohne Scham, ja selbst ohne öffentliches Aergerniss und ohne Schande der Liebe zu überlassen.

Ein von alten Zeiten überkommener Gebrauch giebt den Neubeschnittenen das Recht, sich 40 Tage lang der Aufsicht der Eltern zu entziehen. Vom Sonnenaufgange an bis zum Sonnenuntergange darf der Knabe oder das Mädchen nach der Beschneidung die elterliche Hütte verlassen; so lange die Sonne über dem Horizonte steht, gehen die jungen neubeschnittenen Leute, wohin sie nur wollen und laufen auf den um ihre Dörfer liegenden Feldern umher.

Sie können Speise und Trank verlangen, wo es ihnen gefällt; allein sie dürfen in keine Hütte gehen, es sei denn, sie werden dazu eingeladen. Sie müssen an der Thüre stehen bleiben und wenn man sie nicht zum Eintritt nöthigen will, so fordert doch der Gebrauch, ihnen mehrere Speisen zu reichen, die allemal sorgfältig zugerichtet sind. Zwischen den Mahlzeiten können sie aus den Dörfern herausgehen und auf den herumliegenden Feldern und in den Wäldern sich umhertummeln.

Es ist aber den neubeschnittenen Knaben und Mädchen jede Art von Umgang mit einander oder irgend jemand in dem Dorfe ausser mit ihren Eltern aufs Strengste verboten. Um solche Vereinigungen zu verhindern, reiben sich einige Neger — die man für Zauberer und Diener des Mumbo Jumbo (statt Mahamma Jamboh) hält, einer Institution der Mandingo — den Körper mit Thon, bedecken die Lenden mit Blättern oder Stroh, verhüllen das Angesicht mit schrecklichen Masken, bewaffnen sich mit einer dicken Peitsche und durchlaufen die Felder und das Dorf, um die Neubeschnittenen beider Geschlechter auszuspüren und zu beobachten.

Diese Diener einer nothwendigen Polizeiaufsicht machen ein schreckliches Geheul und wenn sie irgendwo solche junge Mädchen und Knaben beisammen oder bei irgend einem anderen verdächtigen Gegenstande antreffen, so geisseln sie dieselbe so stark, dass das Blut hervorquillt; die Furcht vor diesen Helfershelfern der Mumbo-Jumbo hält die Knaben von den Mädchen entfernt und verhindert Unordnungen, die nachtheilige Folgen haben könnten.

Diese vierzig Tage von Zügellosigkeit hindurch erhalten diejenigen, welche sich derart der Aufrechterhaltung der öffentlichen Ordnung widmen, welches sie übrigens bloss auf Befehl der Oberhäupter und mit Einwilligung der Eltern der Neubeschnittenen thun, Geschenke, und werden besonders gut und herrlich beköstigt. Dieser Zeitraum endigt mit einem allgemeinen Feste, an welchem das ganze Dorf theilnimmt. Man schlachtet mehrere Ochsen, die die Gäste aufzehren, theilt in Menge mehrere Arten von Speisen und berauschenden Getränken aus, und die Feierlichkeit wird mit einem Tanze beschlossen.

Wir hätten somit das Thätigkeitsfeld des Mumbo-Jumbo, einer der bekanntesten Figuren der afrikanischen Maskeraden betreten, und haben den Berichten über ihn zu folgen.

Moore ist der erste, der von ihm Kunde gegegeben hat und zwar in folgender Weise. Der Mumbo-Jumbo soll eine geheimnissvolle Gottheit der Neger sein, eine Erfindung derselben zum Zwecke des Fürchtenmachens der Weiber. Diese halten ihn für eine Art wilden Mann. In der That wird niemand, als wer darum weiss, wegen seines schrecklichen Lärmens ihn für einen Menschen halten. Er ist in einen langen, aus Baumrinde gefertigten Rock gekleidet; oben ist ein Büschel Stroh daran; in allem ist er 8–9 Fuss lang. Es wissen wenige von den Eingeborenen mit dem Lärmen, das er macht, künstlich umzugehen. Er lässt sich niemals hören, als in der Nacht. Wenn ein Mann sich mit seiner Frau zankt, so wird der Mumbo-Jumbo geholt, um den Streit auszumachen; gemeiniglich fällt das Urtheil dem ersteren zum Besten aus.

Die Person, die sich in diesem Rock versteckt, kann alles befehlen, was sie will. Niemand darf mit bedecktem Haupte in seiner Gegenwart sein. Wenn die Weiber ihn kommen hören, laufen sie davon und verstecken sich. Wenn man aber mit dem Manne, der den Rock anhat, bekannt ist, so schicket er ihnen nach, dass sie herkommen, sich niedersetzen und singen und tanzen müssen, wie er es haben will. Wenn sie sich aber weigern, so schicket er ihnen Leute nach und lässt sie peitschen.

Es giebt am Gambia wenig Städte, die nicht einen solchen Rock hätten. Wenn jemand in diese Gesellschaft eintritt, so thut er den feierlichsten Eid, dass er keiner Frau oder anderen Person, die noch nicht eingeweiht ist, etwas verrathen will; die Jünglinge unter 16 Jahren werden nicht zugelassen. Das Volk schwört beim Mumbo-Jumbo und hält solches für einen heiligen Eid. — Moore erzählt als Beispiel der Strenge, dass ein Häuptling, der mit seiner Frau offenherzig über den Mumbo-Jumbo gesprochen hatte, von diesem öffentlich mitsammt der Gemahlin hingerichtet wurde. — Die Mandingo haben auch eine geheime Sprache, die aber nie Frauen und nur Mitglieder dieser Institution verstehen.

Als Mungo Park in die Stadt Eadoe kam, fand er beim Eingange derselben auf einem Baume ein Maskeradenkleid hängen, das von Baumrinde gemacht war, und das, wie er erfuhr, dem Mumbo-Jumbo gehörte. Dies, fährt er fort, ist ein sonderbares Schreckensbild, welches allen Mandingostädten eigen ist und von den Einwohnern als ein Mittel gebraucht wird, ihre Weiber in Ordnung zu halten, zumal wenn unter ihnen Zank und Streit ausgebrochen ist. Mit einem Stocke und maskirt läuft er erst brüllend in den Wäldern umher und kommt bei hereinbrechender Dunkelheit in das Dorf. Aus dem Kreise der lustig Tanzenden und Singenden greift der Mumbo-Jumbo die schuldige Frau heraus, um sie unter allgemeinem Jubel zu züchtigen.

Folgendermaassen berichtet Wilson: Kommt eine verheirathete Frau in den Verdacht ehelicher Untreue, so wird der Beistand des Mumbo-Jumbo in Wirksamkeit versetzt. Diese geheimnissvolle, von dem ganzen Geschlecht afrikanischer Matronen so gefürchtete Persönlichkeit ist ein grosser starker, in trockene Pisangblätter genummter Mann mit einer Ruthe in der Hand, die er bei geeigneten Gelegenheiten mit der schonungslosesten Strenge handhabt.

Er erscheint, wenn er von einem in seinen Rechten gekränkten Mann angerufen wird, zur Dämmerung in dem Dorfe und beginnt alle Arten von Pantomimen. Nach der Abendmahlzeit geht er in das Rathhaus der Gemeinde, wo er allerlei Possen vornimmt und alle erwachsenen und weiblichen Personen müssen hierbei anwesend sein, wenn sie nicht in den Verdacht kommen wollen, dass ein schuldiges Gewissen sie zurückhalte. Die Mummerei wird bis Mitternacht fortgesetzt, wo Mumbo plötzlich mit der Behendigkeit eines Tigers auf die Schuldige zuspringt und sie unter dem Gelächter der Anwesenden aufs kräftigste auspeitscht. Die Frauen pflegen in das Gelächter lebhafter einzustimmen als alle anderen, wahrscheinlich in der Absicht, den Verdacht ehelicher Untreue von sich abzuwenden.

Der Maskirte ist oft der Gatte selbst, oft ein von ihm Angestellter.

Eine ähnliche Figur wie der Mumbo Jumbo ist der Kongeorong, den Gray und Dochard in Kayaye am Gambia trafen und über den sie Folgendes mittheilen: Sie sahen einen Mann, der war von Kopf bis Fuss mit kleinen Baumzweigen bedeckt. Er erschien am Nachmittage und gab Frauen und Mädchen kund, er werde ihnen nach Sonnenaufgang eine Aufwartung machen. Zur angekündigten Zeit erschien er im Dorfe. Trommler folgten ihm, die die Versammlung beriefen; alles war beisammen, ihn mit Musik und Gesang zu empfangen. Er begann, indem er sagte: er sei gekommen, die Frauen zu warnen, dass sie ja vorsichtig in ihrem Betragen gegen die Männer der Expedition der Weissen sein sollten. Darauf erzählte er einige Umstände, mit denen er angeblich bekannt war, die wenig für sie sprechen. Aber, fährt er fort, da es die erste Zeit sei, wollte er keine Namen nennen, auch nicht die gewöhnliche Strafe, nämlich Stäuben, verhängen. Wehe ihnen aber, wenn sie durch eine unbedachte Handlung sein Wiedererscheinen heraufbeschwören sollten. — Darauf machte jede, die etwas zu fürchten hatte, dem Kongeorong ein Geschenk.

Die dritte Gruppe der Maskirten beschäftigt sich zur Hauptsache mit polizeilicher Aufsicht. Es ist zunächst der Dou oder wie Caillie ihn nennt, der Lou zu erwähnen.

Binger sah die Dou einst in den Dörfern der Bobo. Dort trieben sie sich allerorts herum, um die Hütten, unter den Bäumen auf den Feldern; sie tanzten, schlugen Rad, gingen auf den Händen und liefen von Zeit zu Zeit gegen die Zuschauer an. — Die Don, so beschreibt sie der Reisende, sind lächerlich gekleidete Individuen, über deren Kleidung Dafou, das ist der einheimische Hanf, Blattrippen und Palmblätter genäht sind. Als Kopfschmuck tragen sie eine in gleicher Weise mit Hanf bekleidete Mütze, die von einer Keule aus rothgefärbtem Holze gekrönt, zuweilen auch mit einem aus Holz geschnitzten Vogelschnabel geschmückt ist. Zwei Löcher sind für die Augen in der Kappe angebracht.

Diese Dou werden von der sie begleitenden Bevölkerung mit Dolo tractirt. Tag und Nacht laufen sie in der Stadt und auf dem Felde umher und verprügeln die Buben und, wenn solche naiv genug sind, vor ihnen Furcht zu verspüren, auch die Erwachsenen. Ihre Kleidung erhitzt und der in Massen genossene Dolo berauscht die Dou zuweilen derart, dass sie in einer Art Trinkerwahnsinnes Leute mit Knüppelschlägen tödten. Es ist das eine Sitte des Bobo. Bei sinkender Nacht und beginnendem Tagesgrauen folgt die Menge den Dou, aus voller Kehle ein ernstes nicht unmelodisches Lied singend, das leider durch die vielen Schreie dieser Halbwilden unterbrochen wird. Dieses Umgehen der Dou hat nur selten statt. Die Mandingo, welche nach Binger die Sitte nicht pflegen, konnten ihm keine Auskunft ertheilen; der Autor meint aber, dass diese Ceremonien immer am Anfang der Regenzeit abgehalten werden. Für die Bobo mögen diese Processionen den Zweck verfolgen, übelmeinende Geister von den Feldern zu jagen oder den Regen heraufzubeschwören.

Bei Bambara und Malinké am oberen Senegal finden sich die Dou ebenfalls, sind aber nicht von offensiver Natur. Gelegentlich eines abendlichen Tamtams in Komantara (Médine) bei Demba Sambala sah Binger zwei derartige Wesen, welche aber lediglich gekommen waren, um zu tanzen. Die Kassonké nennen sie Dou Mama, das sind „Vorfahren".

In einer Bambara-Stadt ward Caillié eines Abends aufgefordert, sich ruhig in seiner Hütte zu verhalten, da diesen Abend die Dou oder, wie Caillié sie nennt, die Lou die Ortschaft durchziehen würden. Im ganzen Bambara-Land soll es solche Dou geben. Tagsüber halten sie sich in kleinen aus Baumzweigen verfertigten Hütten im Walde auf. Hier unterrichten sie die kleinen Knaben in den Mysterien dieser Ceremonien. Alle Nächte verlassen sie die Gehöfte um, gefolgt von den eingeweihten Knaben, in die Dörfer zu ziehen und tausend Thorheiten, Verdrehungen zu treiben. Bei ihrer Annäherung verschliesst sich jeder in seiner Hütte, um ihnen zu entgehen. Nur die Eingeweihten fürchten sich nicht vor dem nächtlichen Zuge. Mit Geschenken versehen ziehen sie wieder in ihre Wälder. Auch hier bedenkt man sie reichlich mit Getränken (Bier), weshalb sie oft betrunken sind.

Am Abend also liess sich das Geheul im Umkreise des Ortes vernehmen. Caillié schloss sich in seine Wohnung ein, nahm aber wohl Bedacht, einen Ausblick auf die Vorgänge zu gewinnen. Alsbald sah er einen Mann, dessen Kopf mit einem Lappen bedeckt und dessen Körper mit Schellen und kleinen Eisenstücken behangen war, sodass er ein höllisches Getöse verursachte. Er stiess greuliche Töne hervor, lief, ehe er ihn betrat, um den ganzen Ort und scandalirte gehörig. Ihm folgten eine Menge Kinder, die in der gleichen Weise wie der Mann gekleidet waren. Caillié bemerkte drei oder vier vor den Hütten sitzende Greise, die dem Don zuschrieen, hier sässen Leute. Darauf nahm der Zug eine andere Richtung. Einen Theil der Nacht hindurch konnte Caillié wegen des Lärms nicht schlafen.

Nach Maclau feiern die Mohamedaner in Kong und den Mandingostaaten ein nächtliches Fest, dessen Hauptfiguren Don genannt werden. Das bedeutet Polizei-Wächter. Sie veranlassen die Nachts auf den Strassen noch Umherirrenden, in die Hütten zu gehen. Die Don haben Masken von rothem oder schwarzem Stoff, an denen Hörner befestigt sind. Sie durcheilen die Strassen und vertheilen Stockschläge.

Nehmen wir die Mittheilungen der Reisenden zusammen, so ist der Don bei: Malinké, Soniké, Baubara, Mandingo. Kong und Bobo heimisch. Er wird also wohl ziemlich im gesammten westlichen Sudan anzutreffen sein.

Als Cailliés Karawane in Sienso einzog, bemerkte der Reisende unter einem grossen Boabab einen wunderlich gekleideten Mann. Man sah nichts als Hände und Füsse, die nackt waren. Seine Tracht war ganz schwarz, Hose, Jacke, Kopfputz, der gleichzeitig das Gesicht bedeckte, alles in allem ein Stück. Die Mütze war viereckig und mit weissen Straussenfedern geschmückt; die Stellen des Mundes, der Nase und der Augen waren in Scharlach garnirt. Diese maskirte Person war Zollbeamter und Obrigkeit. Sie trug in der Hand eine Peitsche. Sie hat bei den Eingeborenen den Namen Naferi. Der Naferi empfängt den Strassenzoll. Alle Fremden der Umgegend zahlen ebenso wie die den Ort durchziehenden Karawanen diesen Tribut in Kauries. Männer und Frauen halten vor ihm an. Wenn jemand die verlangte Summe verweigern würde, nähme der Naferi seine Zuflucht zur Peitsche. — Hinter dem Naferi stand eine von einem Nichtmaskirten bewachte Tasche mit Kauries, anscheinend die schöne Einkunft des betreffenden Tages.

Die Naferi sind gleichzeitig Polizei: sie bedenken die Kinder auf der Strasse, die ungebührlich lärmen, mit Stockschlägen; jedoch nur wenn sie in „Uniform" sind steht ihnen diese Machtvollkommenheit zu. Caillié erblickte später mehrere derartig Maskirte auf den Strassen von Sienso.

Endlich kommen wir zur letzten der uns bekannten Maskenfiguren dieser Gegenden, dem Mokho-missi-kou. Binger sah ihn in Birayma. Er nennt ihn einen Spassmacher, einen Polichinello. Es ist dabei aber zu bemerken, dass die meisten Maskirten in bestimmten Zeiten den Narren spielen, wenn ihre wichtigste Eigenschaft auch die ernste Diensterfüllung im alltäglichen Leben ist. Also braucht der Mokho-missi-kou kein beständiger Narr zu sein, wenn er auch in Bingers Gegenwart sich so benahm. — Er war von oben bis unten in Leinewand aus Baumwolle gehüllt. Die Kappe war borstig, was durch Befestigung von Kuhschwanzhaaren erreicht war. Vor das Gesicht fiel ein Zeugstreifen, der mit drei Oeffnungen — solche waren mit Kaurimuscheln eingefasst — für Augen und Mund versehen war. In einer an einem Bande getragenen Tasche trug er Schellen und Eisenstücke. Klingeln waren auch unten an den Beinen und den Händen angebracht. In den Händen schwang er Kuhschwänze.

Wie weit sich der Brauch des Maskirens von der Westküste aus verbreitet hat, ist aus dem Berichte Ibn Batutas (nach Andree) im Jahre 1352 zu ersehen. Vor dem Könige von Melli sangen vermummte Barden, auf deren Masken Köpfe von Vögeln befestigt waren. Der alte Reisende giebt an, dass diese Sitte schon vor der Einführung des Mohamedanismus sehr alt gewesen sei.

Weit im Norden treffen wir noch in einzelnen Vorkommnissen Ausläufer. Die Maske in Mursuk ward schon erwähnt. Einen Maskirten aus Biskra und der Carnevabzeit stellt die Illustration Nr. 25 S. 129 dar. Doch das sind versprengte Vorkommen, die durch regen Verkehr und innige Beziehungen erklärt werden.

II. Theil.

Ethnologische Darstellung.

Einleitendes.

War es schon schwierig, die litterarischen Mittheilungen in einen Guss zu bringen, die Grenzen, und zwar sachlichen und geographischen, zwischen dem Innerhalb und Ausserhalb unseres Studiengebietes zu ziehen, so beginnt die eigentliche Schwierigkeit jetzt erst, wo es heisst, in klarer Weise das Werden der Sitten und Formen, deren Sprache und die Anschauungsfundamente darzulegen.

Zwei verschiedene Arten, die Fülle der Masken in Gruppen zu bringen und so eine Uebersicht zu ermöglichen, sind bekannt. Die eine richtet sich nach dem Sinne, die andere nach den Formen. Andree hat in folgender Weise die erstere Eintheilungsweise vorgenommen:

1. Masken im Cultus.
2. Kriegsmasken.
3. Leichenmasken.
4. Schauspiel- und Tanzmasken.

Diese Eintheilung hat den Nachtheil, dass sie die entwicklungsgeschichtliche Betrachtung nicht zulässt. Die Formen kommen gar nicht zur Geltung und die Sitten sind kulissenartig aufgebaut ohne Rücksicht auf die sie leitenden Anschauungsfundamente. Eine Gruppirung nach diesem System kommt weniger den Masken als den Sitten zu Gute, wenn die Beziehungen zwischen den einzelnen Gruppen aufgesucht werden. Eine ansprechendere weil anspruchslosere Classifikation hat Ratzel in Folgendem gegeben:

A. Einfache Nachbildungen des menschlichen Antlitzes;

1. rohe Werke,
2. sorgfältige, naturtreue Nachbildungen,
3. geometrisch stilisirt, theilweise in Anlehnung an die Tätowirung;

B. Verzerrte Nachbildungen, Karrikaturen, Schreckbilder;

4. Fratzengesichter, die Heiterkeit oder Schrecken erregen sollen,
Tanz- oder Kriegsmasken;

C. Thiermasken.

D. Kopfaufsätze.

Wie aus der Aufstellung zu ersehen ist, dient sie lediglich der Eintheilung der Formen, aus deren Wesen nur hie und da auf ihren Sinn geschlossen wird. Es ist das eine ethnographische Uebersicht, die überall am Platze sein dürfte, wo der geographische Gesichtspunkt schon durchgeführt ist und nun nur noch die Formen eines Ortes, eines Bezirkes, einer Provinz zusammengefasst werden sollen. So wie z. B. Haddon sie gelegentlich der Besprechung der Masken Süd-Ost-Neu-Guinea aufstellt, sind solche Formtabellen im Sinne Ratzels nur wünschenswerth.

Für innere Aufgaben nun können diese Systeme überhaupt nicht zur Geltung kommen. Höchstens wäre es in einer Weise denkbar, die schon Dall angewandt hat und die nicht übel wäre, wenn man sich seiner Prämisse, nämlich dass die Maske aus Schutzwaffen entstanden sei, anschliessen könnte. Dall giebt folgende Uebersicht:

Type 1 — Masks[1]).

A. For defense against physical violance, human or otherwise. Relations individual.

a) Passive — Characterized by the purpose of offering a mechanical resistance to the opposing force, with ar without aesthetic modification Transitional series from the simplest to the metallic helmet.

b) Active — Characterized by the purpose of offering of exerting a moral influence on the agent of the opposing force by exerting terror, either by direct hideousness or by symbolizing superhuman

---

[1]) Folgendermaassen definirt Dall Maske, Maskette und Maskoid.
1. The Mask — An opaque okject intended to be worn over the face, and to conceal or defend it. normally with breathing and peep holes.
2. The Maskette — An object resembling a mask, but intended to be worn above or below the face. Normally without perforations.
3. The Maskoid — An object resembling a mask or face, but not intended to be worn at all. Normally, and allmost invariably, imperforate.

agencies supposed to be friendly to the wearer. Transitional series from the ordinary war mask aesthetically modified, to that of the shaman or of the priest.

B. Symbolical of social agencies, associations, orders, professions, supernaturalism. Relations ordinal or tribal.

    a) Illustrative of the connection of the wearer with a particular association, order or profession, having a common relation to the rest of the community.

    b) Illustrative of special rites, irrespective of the individual acting in ritual.

Type 2 — Maskettes.

A. Symbolical of social agencies, as in subdivision B, sections a and b Type 1.

Type 3 — Maskoids.

A Symbolical of relations with the supernatural.

    a) Of the individual.

    b) Of the community.

In jeder Zeile spricht hier der praktische Amerikaner. Charakteristisch ist zumal der Anfang. Die Annahme des Hervorwachsens der Masken aus einem Schutzmittel ist aber nicht annehmbar, zumal nicht hinsichtlich der nordwest-amerikanischen, deren Ursprung anders zu erklären ist. Uebrigens ist das, was unter 1. B. und 2. 3. gesagt ist, weniger geistreich, markant und klar, was man von den ersten Ausführungen sagen muss, auch wenn man deren Ideen nicht theilt. Immerhin hat Dall gezeigt, dass die Beziehungen der Formen und des Sinnes verschiedenartig aber eng sind.

Jeder Kundige muss aus dem ethnographischen Theile ersehen haben, dass die afrikanische Maske kein einfaches Gebilde ist, dass Sitte und Anschauung ihre Form immer von neuem beeinflusst, sie umgestaltet und entwickelt. Sie ist an bestimmte Ceremonien gebunden. Immer wieder tritt sie bei den Todtenfesten hervor. Da, wo die Geheimbünde sich auflösen, gewinnt sie an Mannigfaltigkeit (Camerun, Loango, Yoruba). Klar treten die zwei Theile Kopf- und Körpermaske hervor. Hier verschmelzen beide,

dort erscheinen sie getrennt; wir sehen allerhand Ausläufer, so die buschigen
Beschneidungstrachten: Kurz die afrikanische Maske gewinnt bei derartiger
Ueberlegung immer mehr das Ansehen eines zusammengesetzten Gegenstandes, eines complicirten Entwicklungserzeugnisses, dessen einzelne Theile
aus verschiedenen Quellen fliessen.

Dazu gilt es auch hier unsern alten Satz zu berücksichtigen: Die
Form entspricht dem Gehalt. Plastische Ausdrucksweise und Sitte sind die
Formen, die dem Gehalte, der Anschauung ihr Dasein verdanken. Wenn
diese Anschauungen nun von ihren Wurzeln aus im Entstehen und Auf-
wachsen beobachtet werden, so muss sich ganz zwanglos auch das Verständniss für die Einzelheiten unseres Studiengebietes herausstellen.

Die Motive, die sich nachweisen lassen, deuten mehr oder weniger
auf religiösen Ursprung hin, so dass hier an ältere Arbeiten, zumal die Vorstudien im „Kameruner Schiffsschnabel", angeknüpft werden kann. Während
nun aber die Wurzeln der Formen der Masken alle auf den Feldern der
Weltanschauung gefunden werden, sind die Sitten mehr den Lebensverhält-
nissen, dem socialen Leben entsprechend oder vielmehr unter deren Einfluss
und Wirkung umgestaltet. Demnach beschäftigt sich der erste Theil mit
dem Werden der Formen, der zweite mit dem Werden der Sitte.

3. Capitel. Das Werden der Formen.

Die Formen der Masken können nur als verständlich geworden angesehen werden, wenn es gelungen ist, ihr Emporwachsen aus den schöpferischen Anschauungen und Sitten zu beobachten. Die Einzelzweige der Weltanschauung, die den Masken und Maskengebräuchen das Leben schenken, müssen sich für uns vom Gesammtbilde abheben. Daher vergegenwärtigen wir uns dieses und dessen Grundzüge in aller Kürze.

a. Allgemeines über die afrikanische Weltanschauung.

Die afrikanische Weltanschauung ist eine ausgezeichnet manistische. Das ist folgendermaassen zu verstehen:

Die Fragen, die die Neger besonders interessiren, gipfeln alle in dem Forschen nach dem Einfluss und dem Wirken der Verstorbenen, deren Eingreifen in das alltägliche Leben sie in allen vom Gewohnten abweichenden Ereignissen und auffallenden Absonderlichkeiten erblicken. Da der Cultus nur eine Folgeerscheinung dieser Thatsache ist, muss, um die ganze Bedeutung einer derartigen Weltanschauung erfassen zu können, die alte nur die Wirkung berücksichtigende Bezeichnung Ahnencultus oder Ahnenverehrung durch ein neues den Sinn und Kern treffendes Wort ersetzt werden, welches ich in dem „Manismus" gefunden zu haben glaube. Dieses hat den Vortheil, das Adjektiv „manistisch" zuzulassen.

Wo man die Meinungen der Afrikaner näher prüft, erkennt man die manistischen Züge. — So der fruchtbare Regen ausbleibt, wird den Todten geopfert; wenn einer erkrankt, ist ein unzufriedener Geist die Ursache; eine Pest, die das Vieh wegrafft, brachten missgünstige Verstorbene. Wenn Unklarheit herrscht, die Zukunft dunkel und gefahrbringend erscheint, ein

Verbrechen aufgedeckt werden soll, wenden die Neger sich an ihre höchste Instanz: die Verstorbenen. Sie werden herabgerufen in die Ganga, die Leichen der Umgekommenen, in hölzerne Bildnisse und werden befragt. Aus allen möglichen Formen von Orakeln klingen ihre Stimmen.

Doch noch mehr! Um geistergleich zu werden, nimmt der Neger den Geist eines Todten in sich auf. Er sucht ihn, den Mächtigeren, sich auf jede Weise dienstbar zu machen. In ein Bildniss, das auf seinem Grabe oder in einer Ecke der Hütte steht, wird der Ahn citirt. Bildnisse an Thoren, auf Feldern, in den Jagdgründen bewohnen die Verstorbenen, um Stadt, Land und Wald zu schützen. Ein Zahn, ein Haarbüschel, ein Nagel oder ein Knochen genügen, um den Todten an sich zu bannen. Solche Gegenstände wandern mit dem Träger durch die weiten Länder, sie bieten ihm Schutz und Erleichterung.

Ein derart intimer Verkehr hat die naturgemässe Folge, dass die Idee eines Jenseits sich nie herausklärt. Die Geister weilen ja stets in der Nähe des Menschen, verlangen und speisen die Opfergaben, spielen allerhand Streiche, wenn nicht sorgfältig bedacht, thun hier gute Dienste und entfalten eine so vielseitige Thätigkeit auf Erden, dass an ein langes Weilen in einer bessern oder auch einer schlechtern Welt nicht zu denken ist.

An der Vielseitigkeit des Einen und deren Vielfältigkeit erleidet aber auch der Begriff des Individuums Schiffbruch. „Die Geister" ist ein allgemeiner Begriff, dem die Bedeutung der Ahnen, Verstorbenen sehr oft abhanden gekommen ist. Ferner summirt sich die Zahl der Todten, die mit einem Orte in Beziehung stehen, in so hohem Grade, dass der Ort die allgemeine Bedeutung der Heiligkeit, Unheimlichkeit, der Geisterwohnstadt annimmt, das Bewusstsein der Entstehung solchen Rufes aber verloren geht. So wird das religiöse Gemüth der Afrikaner nicht durch ein klares Bewusstsein erzogen, sondern durch die übermässige Vertiefung in unklares Suchen verwirrt. Auf diesem Gebiete ist der afrikanische Neger mit einem Kranken wohl zu vergleichen, der statt die Ursache des einen Uebels zu erkunden, alle Aeusserungen der Krankheit ängstlich beobachtet, der so bald überall Leiden entdeckt und erdrückt von der Masse der Entdeckungen zu Grunde geht.

So fluthen die manistischen Vorstellungen und Grübeleien verworren durcheinander und bedecken das All mit einem dichten Nebel, der einen freien Ausblick und ein unbefangenes Ausschauen unmöglich macht. Wenn wir dennoch ein bestimmtes System in dieser Weltanschauung und eine Uebersicht über deren einzelne Zweige erblicken zu können vermeinen, so ist das eben der Verschmelzung der Vorstellungen mit bestimmten Oertlichkeiten und einem dementsprechenden Cultus zu verdanken. Ohne Schwierigkeit können Wasser-, Baum-, Stein-, Schädel- etc. Cultus erkannt und aus ihren verschiedenen Formen Schlüsse auf die Entwicklung bestimmter Gruppen und Arten von Anschauungen geschlossen werden.

Dies unreine Gebräu des afrikanischen Manismus lässt nun aber noch zweierlei bemerken: Reste aus älteren Zeiten und Zuflüsse einer jüngeren Epoche. Die Haupteigenschaft dieser Weltanschauung ist neben diesem sich selbst abflachenden Grundzuge die assorbirende. Was auch hineingeschleudert wird in diese Masse, es wird assorbirt und verliert seinen selbständigen Charakter. Die im 16. und 17. Jahrhundert in Angola eingebürgerten Heiligen der katholischen Kirche fristen als „Santos" heute ein manistisches Dasein.

Reste aus älteren Zeiten sind in den animalistischen Zügen zum Theil zu erblicken, in Totemismus, Thiermythe, Thierfabel etc. In jüngerer Zeit ward die solare und kosmogonische Mythologie hineingetragen. Ueber beide werden wir weiter unten einiges anzuführen haben. Eingehendes ist in anderen Schriften zu finden. („Die afrikanische Weltanschauung" in der „Afrika." 1896. „Die Weltanschauung der Afrikaner." „Kulturwerk." I. Bd. Cap. 12.)

Versuchen wir nunmehr zu erkennen, welchen Strömungen dieser Weltanschauung die Maske angehört.

b. Baumverehrung und Waldursprung.

In den Wäldern machen die Novizen des Simo, Belli, Nessoge (Sandi), Purra ihre Lehrzeit durch; im Walde werden die Sindungo vom Knyakuta Kanga Asabi zusammenberufen; in den Büschen treiben sich die Nkimba umher; die Akisch werden als „Waldteufel" bezeichnet; aus den Wäldern schreien die Mungi-Häuptlinge in Gestalt wilder Thiere ihre Befehle. Demnach dürfte in diesem Bereiche die ethnologische Untersuchung am ersten Erfolge erzielen.

Die Baumverehrung ist durch ganz Afrika verbreitet. Im Allgemeinen wird angegeben, dass in ihnen Geister wohnten. So berichten Bosmann, Labarthe, Kling, Ramsayer, Jobson, Ellis, Barth, Baumann, Stuhlmann, Livingstone von heiligen Bäumen und Hainen in Senegambien, Ober-Guinea, Dahomey, Aschanti, bei Bismarcksburg, Yoruba, Marghi, von der Tanga-küste, den Wabondei, Wanjamwesi, Wasegua, Südafrikanern. Das Verständ-niss derartiger Verehrung bietet die Thatsache, dass an vielen Orten, so in Oberguinea, auf Fernando Po, an der Loangoküste, bei den Völkern des südlichen Kongobeckens die Verstorbenen in den Wäldern beigesetzt werden. Die Wabuma nahe der Kassaimündung bestatten ihre Fürstinnen auf einer Insel im Schatten eines aus mächtigen Bäumen bestehenden Haines. Nur Waldgethier besucht den erhabenen Ort und nur ein alter Mann ist Hüter dieses Stammesheiligthumes, dessen Ehrfurcht gebietende Stille Wolf, Wiss-mann und Stanley geschildert haben. — Es liegt also nicht fern, mit diesen Sitten und Anschauungen das Hervorkommen der Maskirten aus den Wäl-dern in Zusammenhang zu bringen, zumal wenn, wie wir dies vom Ogowe wissen, (Nda) der Bundgeist aus dem Walde zur Bestattung und Todtenfeste kommt. (Vergleiche auch Ngoï).

So leben die n'jama (Liberia) und Don od Lou (Mandingo), die beide als Ahnengeister bezeichnet sind, in den Wäldern. Wie die Novizen an-derer Bünde ziehen die Zöglinge des Egbo und Mukuku in die Wälder, um Kraft von der Stammesahnen-Gewalt zu gewinnen. Die Frauen-Bünde des Ogowe und Gabun und die Ganga der Okanda ziehen in die Wälder, um „Medicin" zu brauen, Rath, Orakel und Zaubergewalt zu erlangen.

Zwei Attribute der Maskirten sind Begleiter und Reste des Wald-ursprunges. Das eine ist das Schwirrholz, das andere der Zweig, die Stange, der Pfahl, der Stab etc., sagen wir kurz: „Der Geisterpfahl."

Das Rauschen der Blätter, „das Geflüster im Walde", stellt vielleicht(?) das Schwirrholz dar. Wir trafen es beim Ors. Aus seinem Tone, so sagt Bastian, reden die Stimmen der Abgeschiedenen und zwar dumpf, wenn die der Urgrossväter, leise dagegen, wenn kürzlich Verstorbener. Bei ersteren wird ein schweres, bei diesen ein leichtes angewandt. Clapperton lernte das Schwirrholz im nördlichen Yoruba, Zintgraff bei den Bali kennen. Zur Zeit der Ernte laufen die Vertrauensmänner des Bali-Häuptlings, also wahr-scheinlich die Mitglieder des von Hutter erwähnten Bundes, an langer Schnur ein Stück Holz, das Schwirrholz, durch die Luft sausen lassend, von Gehöft zu Gehöft, von Pflanzung zu Pflanzung, um bösen Geistern den Eintritt zu verwehren. Diese Männer dürfen von keinem Weibe gesehen werden. Im Uebrigen ist das Schwirrholz nur noch aus Südafrika bekannt geworden. Ob der Muana der Wakamba ein solches ist, erscheint zweifelhaft. (Vergl. „Kulturwerk" I. S. 259 ff.)

Das Hervorwachsen des Geisterpfahles aus dem Waldcultus und seinen Anschauungen ist höchst interessant. Anstatt den Todten im Walde beizusetzen, wird ein Baum auf seinem Grabe gepflanzt. So steht der heilige Baum auf den Gräbern der Angoy-Fürsten. Aehnlich ist es bei den Latuka. Ein Bäumchen stützt die über den Gräbern der Usagarahäuptlinge errichtete Hütte.

Es ist interessant, hier ein Seitengebiet der Entwicklung heranziehen zu können. Am Ogowe und unteren Kongo wird bei Neubegründung eines Ortes ein Baum gepflanzt. Grünt und sprosst er, so sieht das Dorf einer fröhlichen Zukunft entgegen. Im Gegentheile aber, das heisst wenn er eingeht, dann entsteht Zagen und Bangen. Eilig wird die Stelle verlassen, um dem drohenden Unheile zu entgehen. An anderer Stelle wird das Glück von neuem versucht. In gleicher Weise ist das Leben des Dualla mit seinem Baume verknüpft.

Der manistische Grundton derartiger Anschauungen und Sitten ist in anderen Gebräuchen noch deutlicher. Wenn zum Beispiel den Besessenen ein Geist ausgetrieben werden soll, hält man den Baumast für ganz besonders geeignet als Bannort. Ist es dem Ganga gelungen, den Geist in einen Zweig zu bringen, dann brechen starke Männer denselben vom Baume ab, und stellen ihn neben der Hütte auf. — Also der Ast als Theil nimmt die Bedeutung des ganzen Baumes an. Das mag durch ein weiteres Beispiel noch erläutert werden. Wenn in alten Zeiten in einem Dorfe der Goldküste der Handel abzunehmen begann, weil die Schiffe der als Geister erachteten Europäer ausblieben, so wendete sich der hierdurch besonders geschädigte Häuptling sich mit Opfern an seinen heiligen Baum. Der herbeigerufene Ganga wendete sich an den Baumgeist mit der Frage, wann die nächsten Schiffe anlangen würden. Mit seinen Weibern ging er zu dem Baume, errichtete einen zugespizten Aschenhaufen und steckte einen abgerissenen

Zweig von dem Banme hinein. Nach mancherlei seltsamen Ceremonien bestrichen sich alle die Gesichter mit der durch den Zweig geheiligten Asche, worauf die Frage laut wiederholt und durch eine Stimme die Antwort gegeben wurde.

So ist es denn verständlich, wenn an Stelle des Baumes der Ast die Gräber schmückt. Trockene Büsche sind auf die Gräber der Verstorbenen in Angola gesteckt. Das Grab des Mandingo befindet sich unter dem Lieblingsbaume des Todten oder im Flur des Hauses und im letzteren Falle bezeichnet eine mit einem Lappen versehene Stange die Stelle etc.

Der Geisterpfahl hat wie alle derartigen zum Amulet herabsinkenden Einzeltheile des Cultus eine doppelte Bedeutung, die des Angriffs und die der Vertheidigung. Bei den Lendu, Bali, Bakundu, Dualla, in Angola, an der Sierra Leonaküste stehen die Pfähle als Schutzmittel gegen Diebe auf den Feldern. Sie treten als Krankheitsschutz und als Abwehr gegen Hexen auf. Wir haben auf sie, besonders ihre Form, später noch zurückzukommen. Hier sollen nur kurz die Geisterpfähle der Maskirten und Bünde erwähnt werden.

Wenn die Eingeweihten des Simo-Bundes in die Heimath zurückkehren, empfangen sie vom Simo einen Zweig oder ein Bündelein. Dies hängen sie an einen Ast, der vor der Thür in die Erde gesteckt wird. Das Zeichen trägt den Namen des Bundes; das Holz wird ihr Schutzgeist. Man bringt ihm Ehrerbietung gemischt mit Furcht entgegen. Es genügt daher, an irgend einer Stelle einen Pfahl zu pflanzen, um jedes Eindringen zu verhüten. Opfer und Flintenschuss an der Stange rufen Hülfe und Gerichtsbarkeit des Simo. — In Kamerun stellt der Egbo-Mann durch Errichten einer Stange, an deren oberen Ende ein Bündel grüner Blätter befestigt ist, sein Eigenthum unter den Schutz des Bundes. Diese in Kamerun und Kalabar „juju" genannten Schutzmittel erwähnt Zintgraff ebenfalls, unterlässt aber jeden Hinweis auf die Beziehung zum Geheimbund der Bali. An der Küste herrscht allgemein der Glauben, dass derjenige, der derartig geschützte Sachen antastet, vom Elung geholt werde und eines qualvollen Todes sterbe.

Konoengele, das sonderbare Zaubermittel der Nkimba ist oben eingehend geschildert; es ist jener kurze Holzstab, der z. B. nächtlicher Weile den in die Hütte sich Einschleichenden mit magischer Gewalt bannt. — „Lappenbäume" nennt Lenz die Geisterpfähle. Er fand sie oft zur Zeit der

Beschneidungsfeste bei den Aduma. Sie standen auf den Tanzplätzen und an den Hütten der Ganga. Wir werden diese Lappenbäume und ihre specielle Bedeutung noch erwähnen. Am Tage der Weihe empfangen die aus der Wildniss heimkehrenden Aba Kweta einen neuen, stark mit Fett eingeriebenen Stock, der Wunderkraft besitzen soll und oft erst mit dem Greis in das Grab wandert.

Das mächtige Blätter-Gewand des Mumbo-Jumbo hängt Tags über am Pfosten vor dem Thore der Stadt. Abends steigt der Geist des Bundes aus dem Geisterpfad und naht im Geistergewande dem Marktplatze, um über Treue oder Untreue der Frauen zu richten. Am Morgen hängt das Gewand wieder an seiner Stelle.

An sonstigen Vorkommnissen dieser Art nenne ich zunächst den Messingstab der Aboni oder Ogboni, jenes Bundes der Yoruba, der im vorigen Jahrhundert auch in Benin eine grosse Rolle spielte, der seine Glieder durch Trinken von Menschenblut weihte, sie mit furchtbaren Eiden

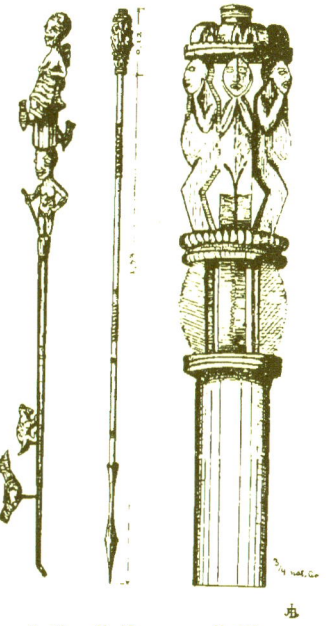

Nr. 26. Nr. 27a. Nr. 27b.
Nr. 26 Messingstab des Ogboni-Bundes in Benin (nach Ratzel). Nr. 27a u. b. Der Stab Njongoro aus Kamerun ca. ¹/₁₆ u. ²/₄ nat. Grösse. (Missionsmuseum in Basel).

band, bei Todesstrafe jedes Eindringen Fremder verbot und durch Todesstrafe, die seine Glieder stumm ausführten, eine wahre Schreckensherrschaft übte (Nr. 26).

Aus Bombe in Kamerun hat M. Lauffer den in Nr. 27a und b abgebildeten Stab Njongoro (Ausspr.: Ndyongoro) mit einer längeren Erklärung übersandt. Aus derselben scheint mit Sicherheit entnommen werden zu dürfen, dass er das wichtige Besitzthum eines Geheimbundes war. Folgende Punkte der Erklärung sind bemerkenswerth:

1. Einem nicht Eingeweihten ist es nicht gestattet einen solchen Stab mit sich zu führen oder auf Reisen zu nehmen. Wird jemand, der nicht zu diesem „Stab-Geheimbund" gehört, dabei ertappt, so wird ihm der Process gemacht. Die Strafe für das Vergehen besteht in Waaren im Werthe von ca. 20 Mk.

2. Wird eine Streitsache erörtert, so darf der Nichteingeweihte nicht stehend seine Sache vorbringen, sondern muss sitzen bleiben, wenn er spricht. Redet er dennoch stehend, so verfällt er einer Strafe von 10—20 Mark in Waaren.

3. Hat ein „Geheimbündler" geheirathet und ein anderer verführt sein Weib, so straft die geheime Gesellschaft das Vergehen mit bis zu 80 Mark.

4. Ist der Besitzer eines solchen Stabes gestorben und hinterlässt einen Sohn, so muss dieser, wenn er erwachsen ist, den Stab einlösen. Er hat dem Geheimbund dafür zu zahlen: 2 Ziegen, 20 Hühner und Tuch im Werthe bis 40 Mark.

5. Der Fremde und nicht Eingeweihte darf bei Strafe bis zu 12 Mk. zur Nachtzeit nicht laut und öffentlich jemanden mit Namen rufen.

6. Ist jemand gestorben, so macht der Inhaber eines solchen Stabes, gewöhnlich ein Häuptling, bekannt, dass keiner der geheime Medicin habe, in das Haus gehen dürfe, in dem der Todte liege.

Die Leute des geheimen Bundes haben sich keiner Strafe zu versehen. Sie schalten und walten nach Belieben. — Ueber die eigenartige Form der beiden Stäbe wird weiter unten berichtet.

c. Geisterhütte und Hüttenmaske.

Die „Tempel" der Afrikaner sind wenig charakterisirt durch besondere Eigenschaften, aus denen auf ihre Entstehungsweise geschlossen werden kann. Immerhin erhalten wir einige Andeutungen, auf welchem Wege wir zu forschen haben, wenn wir die Grabanlage betrachten.

Die erste Art der Tempel findet in der verbreitetsten Form der Bestattung, auf deren inneren Werth anderen Ortes eingegangen ist, ihre Erklärung. Es ist die Bestattung in unterirdischen künstlichen Höhlen. Eine tiefe Grube wird ausgehoben, von der eine seitliche Gasse für die Aufbewahrung des Leichnams in das Innere führt. Hierin hockt er in der Stellung, die der Lage des Kindes im Mutterleibe entspricht. Durch vorgeschlagene Bohlenwände wird das Einfallen der Erde beim Zuschütten des Grabes verhindert. Keine Erdbestandtheile sollen auf dem Todten lasten. Auf dem Grabe wird ein Hügel aus Feldsteinen errichtet. Die beiden Merkmale dieser primitiven Bauwerke sind die der typischen Pyramide: ein Gang unter der Erde und ein Steinhügel. Diese hohlen Hügel sind anderen Ortes besprochen ("Weltanschauung der Natur", Capitel 16—17); besonders bemerkenswerth ist der Hügel Odentes: Auf einer Abbildung des Grabes eines Mujansi (siehe Baumann) ist er wieder zu erkennen.

Die zweite Art der Tempel entspringt ebenfalls der Bestattung. Wenn jemand an der Loangoküste stirbt, wird eine kleine Hütte über seinem Sarge errichtet, unter welche beständig Speisen gesetzt werden. An der Nordguinea-Küste wird über dem Grabe eine kleine Hütte gebaut, die alles enthält, was der Lebende braucht. Auf der Goldküste fiel sie vielen auf. In Süd-Guinea, im Ogowe-Gabun-Gebiet verwahrt man sämmtliche Gebeine eines Vaters, einer Mutter oder Freundes, nachdem sie getrocknet sind, in einer hölzernen Lade und in einem besonders dazu errichteten kleinen Hause. Vogel fand auf den Gräbern der Tagale kleine Denkmale von Strohbündeln. Ein "Häuschen" deckt das Grab des Gola und des Susu: Hütten erheben sich auf den Gräbern der Sande und der Waganda-Fürsten. Wird der Häuptling der A-Lur nicht in der eigenen Hütte bestattet, so setzt man eine Hütte über seine Ruhestatt. Das Grab des Usagara-Häuptlings befindet sich unter einer Hütte, die durch einen kleinen Baum, meistens ist es eine Cactus-Art, gestützt ist.

Den Weg der weitern Entwicklung hat Ratzel erkannt: Wenn Livingstone in den Dörfern der Mangaja kleine etwa zwei Fuss hohe Hütten fand, welche sorgfältig gedacht, verputzt und oft in grosser Zahl vorhanden waren,

Hütten, die man beim Tode eines Kindes oder sonstigen Anverwandten errichtete und in welchen man Theile von besseren Speisen oder Getränken niederlegte, um die Seele des Entschlafenen zu erfreuen, so erinnert das zu auffallend an die Fetischhütten der Westafrikaner, als dass sie einer anderen Gruppe von Thatsachen zugewiesen werden könnten.

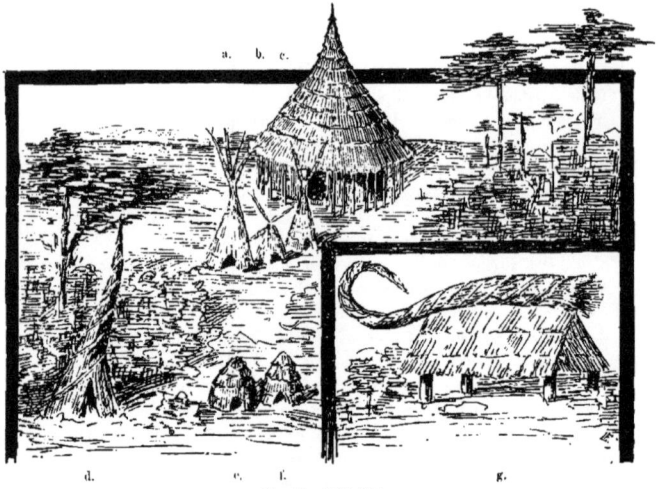

Nr. 28.   Geisterhütten.
a., b., c. der Wanjamwese in Urambo (nach Oskar Baumann), d. der Wasindja (nach Stuhlmann), e., f. der Wahha (nach Baumann), g. der Kalunda (nach Max Buchner).

In der That ist das Uebergangsgebiet der Formen zwischen Grabhütte und Zauberhütte ein bedeutendes. Viele Züge derselben weisen rück- und vorwärts. Nicht nur über dem Grabe, sondern auch zum Andenken an fernere Orte sind die Hütten errichtet. Die Wanjamwesi bauen den Geistern der Verstorbenen, die den Lebenden im Traume erscheinen, kleine

Hütten, in denen Opfer niedergelegt werden. Um einen Schutzgeist in der Nähe zu haben, fertigen die Loango spannhohe Hüttlein an; neben seiner eigenen Hütte hat der Pongwe eine Wohnstätte eines Geistes, ein „Tempelchen". Ausgetriebenen Geistern werden derartige Unterkunftsstätten bereitet.

Die Mezimo sind nach Burton Geisterhütten und Anfänge von Tempeln. Muzimo sind bekanntlich die Ahnengeister. Mackay berichtet, jeder Muganda fast besitze eine oder mehrere Miniaturhütten, in denen die Lubari wohnen. Dieselben stehen an den Wegen. Ein Feldhäuschen der Kolla bildet Passarge ab. Walker traf stets in der Nähe der Temne-Ortschaften, nur 3—400 Ellen von ihnen entfernt, kleine Häuschen, die Muschelschalen, Bildnisse und ähnliche Heiligthümer enthielten. Es war der Standort der Grigri, der die Wohnstätte des Menschen schützenden Geister.

Die kleinen Zauberhütten der Wadoe, Wasagara, Wasegua, Wadigo, Wanjamvesi, Wasindja, Waganda, A-Lur, Kalunda, Bullem, Temne, Bube, der Völker von Oberguinea, Benin, Südguinea etc. dürften wohl alle mit Recht als Abkömmlinge der Grabhütte bezeichnet werden. Ihre Form (vgl. Nr. 28) ist eine sehr verschiedene. Nun ist es allerdings Thatsache, dass sie sehr oft die dem Gebiet eigene Gestalt der Hütte in verkleinertem Maassstabe darstellen, allein neben diesen kommen Gebilde vor, die eine eigene Gestalt besitzen, die mit der der Wohnhütten wenig oder gar nichts gemein haben (z. B. Nr. 28a b c d g). Der Form nach bestehen sie in Kegel- oder Hörner-artigen, senkrecht stehenden oder wagerecht liegenden, aus Blättern oder Stroh geschichteten oder gedrehten Gestalten. Sie werden im Gebiete der südafrikanischen Rundhütten, der westafrikanischen Mattenhäuser, der ostafrikanischen Tembebauten etc. angetroffen, sind also in keiner Weise von der Form der jetzigen Wohnhütten abhängig.

Ich werde später auf die ornamentale und plastische Ausschmückung der Grabhütten, Zauberhäuschen und Tempel, hier aber nur auf die Beziehung zwischen diesen Stätten und Objekten des manistischen Cultes und der Maskensitten und Formen eingehen.

Unter dem 20. Mai 1888 ist in Kling's Tagebuch (Manuskript) eine interessante Adeli betreffende Notiz verzeichnet: Der Geist (statt Fetisch) soll im Walde leben, nach welchem zwei Hütten Front machen, die je von einem Manne und einer Frau bewohnt werden. Diese verkehren mit dem

22*

Geiste und haben auch die Vergünstigung, die diesem gemachten Geschenke in Empfang zu nehmen. — Aus anderen Mittheilungen kann geschlossen werden, dass der Geist die in diesen Hütten wohnenden Menschen auch inspirire, von ihnen Besitz ergreife. Es ist demnach die enge Beziehung von Geist, Wald, Hütte und Vergeistigung geboten. Nun wissen wir nach Aussagen, dass die Maskirten Geister darstellen, aus dem Walde kommen und die Vergeistigung durchgemacht haben. Es fehlt das vierte Element: die Hütte. Aber auch die Geisterhütte findet in den Berichten über Bünde und Masken so oft Erwähnung, dass wir das Verhältniss zu ihr als tieferer Natur ansehen dürfen.

So wohnen die Schüler des Simo in kleinen Hütten aus Baumästen im Walde. Die Ndembo werden in abgelegenen Hütten des Waldes erzogen. Das Haus des Mwetji ist von eigenthümlicher, abweichender Gestalt und ist mit trockenen Pisangblättern gedeckt. Darin wohnt der Geist und ertheilt seine Orakelsprüche. Das Heiligthum und die Wohnstätte des Mangongo ist eine Hütte von ungewöhnlicher Kleinheit. Ehe der Jevhe-Priester sein Amt antritt, baut er eine kleine Hütte inmitten seines Hofes.

Am wichtigsten aber ist die den Oro in Ogbomascho betreffende Bemerkung Bastians. Der Oro, der Geist der Vorfahren, wohnt für gewöhnlich in einer kleinen Hütte, die ausserhalb der Stadtmauer steht und zu der kein Zutritt führt, ausser durch die Gebäude der Stadtobersten, die als Ogboni den Oro aussenden. Die Hütte entspricht ihrer Lage nach also vollständig der Geisterhütte der Temne und dem Tags über am Stabe aufgehängten Gewandmaske des Mumbo Jumbo. Wenn also die Formbetrachtung die Annahme bestätigt, darf es gewagt werden auszusprechen, dass die Masken nichts weiter sind, als eine Umgestaltung der Geisterhütten. Vergleichen wir dieses.

Wir dürfen in diesem Falle zunächst nicht die in unseren Museen angesammelten Masken heranziehen, sondern die ganzen Körpermasken, von denen die Litteratur einige Beschreibungen und Abbildungen bietet. Zu dem grössten Theil der hölzernen Gesichtsmasken gehören nämlich noch die sehr selten nach Europa gekommenen aus pflanzlichen Stoffen bestehenden Körpermasken. So ist z. B. die nach Büttikofer gezeichnete Maske aus Liberia (Fig. 115) nur ein Theil der Maske. Erst die Abbildung des Tänzers (Nr. 18) lehrte uns die ganze erkennen. Hier nun fällt sogleich die ausserordentliche Aehnlichkeit mit den Geisterhütten auf. Doch erörtern wir erst die Litteraturnotizen.

Die Tracht des Mumbo-Jumbo wird verschieden beschrieben. Während Wilson sagt, dass es ein in trockene Pisangblätter gehüllter Mann sei, berichtet Moore eingehender: Er ist in einen langen Rock, der aus Baumrinde gemacht ist, gekleidet. Oben ist ein Büschel Stroh und alles in allem ist er 8—9 Fuss lang. Das Strohbüschel wird später noch herangezogen werden. Der Simo, der in verschiedenen Trachten erscheint, ist manchmal auch von Kopf bis zu Füssen mit Baumblättern bedeckt, was ihm ein unförmiges Aussehen verleiht. Der Egbo trägt eine Stellage an dem Leib, durch die er seine Gestalt um das Doppelte vergrössern kann. Die den Idem auf seinen Wanderungen begleitenden Männer sind mit getrockneten Palmblättern bekleidet. Nach Bastian erscheint der Geist dieses Bundes bedeckt mit einer Kleidung aus Matten und Zweigen vom Kopf bis zu den Füssen. Vom Nda sagt Wilson: Er ist in Palmblätter gehüllt, so dass niemand in ihm so leicht ein menschliches Wesen erkennen kann.

Charakteristisch ist die Beschreibung der Simbungo-Masken. Bastian nennt die tanzenden Simbungo sonderbar gestaltete Ungethüme, unerkennbar an Händen und Füssen, eine dicke formlose Masse dürrer Palmblätter, die treppich übereinander herabhingen und vorstanden. Der Autor spricht von Palmblattkragungen.

Diese Berichte werden in trefflichster Weise durch unsere Text-Abbildungen ergänzt. Da sind die wirren Trachten des Kongcorong (Nr. 22) und des Dou (Nr. 23), die allerdings eine gewisse Anpassung der Blätter und Blattrippen (Bast) an die Körperformen zeigen. Simo oder Penda Penda (Nr. 19) zeigt, sobald der Kopf abgenommen ist, das Vorbild oder Motiv der Hüttenmaske fast ebenso deutlich, wie die Sandi-Maske aus Liberia (Nr. 18). Die sonderbare Maske vom Mima (Nr. 13) ist auch leicht verständlich als abgewandelte Hüttenmaske. Die Federkleidung aus Kabinda wird ebenfalls keinem anderen Motive ihre Entstehung verdanken (Nr. 12).

Können wir somit trotz mangelhafter Nachrichten und Belegstücke aus Sinn, Material und Form der Körpermasken einen Schluss auf ihre

Entstehung und ihr Ursprungsmotiv wagen, so erlaubt uns eine weitere Betrachtung der Formen, bestimmte Entwicklungsreihen aufzustellen. Diese primitiven und ursprünglichen Gestalten sind mit die unbequemste Tracht, die man sich für einen Tänzer vorstellen kann. Bei Kongcorong und Dou ist schon eine gewisse Anpassung an die Gestalt des Körpers bemerkbar. Diese lässt aber ebensowenig Bewegungsfreiheit zu, wie etwa die Maske des Sova Movanda (Nr. 3). Dieser ist auch in einem Rahmenwerk von Weidengeflecht eingeengt. Die Entwicklung der Kabindaund Loango-Masken, deren älteste Formen durch Bastians Beschreibung bekannt geworden sind, deren weitere Entwicklung Nr. 12 und Degrandprés Darstellung lehrt, zielt auf ähnliche Formen. Ich verweise hier auf die Maske Fig. 42a und b (Leiden). Die wichtigste Umgestaltung, die wirklich erhöhte Bequemlichkeit erreicht, liegt in der Theilung der Maske.

Das beste Objekt für die Betrachtung des Theilungsprocesses ist die von Flegel in Kpatatschi (Nupe) erworbene Maske für die Erntefestspiele (Fig. 89a k). Dieselbe besteht theils aus Flechtwerk theils aus Strohbehang. Der Kopf ist in einen geflochtenen Trichter gehüllt, von dem zu den Seiten und hinten ein langer, vorn ein kurzer Strohbehang herabfällt. Den Oberleib bedeckt eine mit Strohgehänge versehene geflochtene Jacke. Ein Rahat-ähnliches Strohwerk umgiebt die Lenden. Die Unterschenkel sind mit geflochtenen Schienen, die Arme mit vier Strohbüscheln bedeckt. Die Auflösung der Hüttenmaske können wir bei den Akisch aber ebensogut beobachten. Den Kopf ziert die mächtige Spitze der Hüttenmaske (Nr. 10). Ein chrinolinenartiges (Nr. 5) oder epaulettenähnliches (Nr. 9) Gestell umgiebt den Unterkörper. Den Hals ziert ein abstehender Kragen (Nr. 5). Bei Aba Queta ist das gleiche Gewand bemerkbar: die mächtige Strohmaske auf dem Kopfe und der chrinolinenartige Rock um den Leib (Fig. 1 und 2, Nr. 1 und 2). Den Grasrock beschreiben alle Autoren der Nkimba-Sekte, die Krone aus Weidengeflecht auf dem Haupte der Zöglinge nur Johnston (Nr. 11). Die Todtentänze der Nkosi (Nr. 16) haben Kopftracht und Kragen bewahrt. Das Niengo-Kostüm aus Stroh weist in das gleiche Abstammungsgebiet. Ebenso die geflochtenen Masken aus Senegambien (Fig. 118, 119, 120, 121 und 122). Die Maske der Egungun wird durch eine Grasgewandung ergänzt. Die Bube tanzen im phantastischen Strohcostüm

bekränzt mit Laub und erhalten so ein bachantisches Aussehen (Bastian und
Baumann).

Zwei eigene Gebiete der Maskenformen, deren einer Ursprung von
den Hüttenmasken allerdings zweifelhaft ist, verdienen nähere Erörterung.
Das eine wird durch die „Bärte" gebildet, als welche die Faserbehänge von
verschiedenen Masken öfter bezeichnet worden sind, trotzdem sie meist auf
dem Rücken länger sind als vorne, wenn sie hier nicht ganz fehlen. Ich
erinnere an die Faserbehänge der Masken vom Senegal, der Purra-Maske
(Fig. 117), der Wukari-Maske (Fig. 85), der Bakuba-Maske (Fig. 15), der
Lonnanis-Maske (Fig. 14). Ob die Netztricots der Kischi-Tänzer, Akisch,
Bakwiri, Losango, Djekum, Ekho, das ähnliche Gewand des Mokho Missi
Kou als von der Hüttenmaske abstammend bezeichnet werden dürfen, ist
durch entsprechende Zwischenglieder nicht genügend erwiesen (No. 4, 5, 6,
7, 8, 9, 10, 16, 24, Fig. 4).

Verwandtschaftliche Beziehungen zur Hüttenmaske sind ferner in den
Beschneidungstrachten zu erkennen. Von einer direkten Abstammung wird
aber absichtlich nicht gesprochen. Die Tracht der Aba-Kweta- und
Betschuanen-Mädchen ward erwähnt. An einem Orte der Basuto sah Endemann, dass die Mädchen in der Reifezeit Flechten von Gras, ähnlich den
Strohseilen, wie Shawls um Hals und Brust gewunden trugen und zwar
über der Brust gekreuzt und auf dem Rücken zusammengebunden. Mächtige
Büschel von frischem Laub umgeben die Jünglinge der Bauschaka am Beschneidungsfest. Während den Okande-Knaben als Zeichen der Aufnahme
in den Kreis der freien Männer „Laubwerk" um die Hüften gebunden wird,
reissen die Yaunde-Frauen den Infonn-Leuten die Laubtracht am Aufnahme-
tage von den Hüften.

Aber auch in mancherlei anderer Tracht erblicken wir Einflüsse der
Hüttenmaske. Bei den Bullom und Temne giebt es reisende Tanzmeister.
Diese sind auf merkwürdige Art gekleidet. Auf dem Kopfe tragen sie ein
Machwerk von Bambusrohr, das einem Waschkorbe nicht unähnlich sieht
und mit Federn geschmückt ist. Um den Leib sind sie mit einem Rocke
aus Gras gekleidet. Die Waganga von Urundi haben nach Burton folgende
Kopftracht. Eine Mütze oder ein Kegel von langem weissem Stroh, das
nur das Gesicht frei lässt, auf dem Nacken und über die Schultern aber

lang herunterhängt, ziert das Haupt. Das erinnert auffallend an die Ganga-Tracht am Ogowe (No. 15). Bei den manistischen Austreibungsceremonien der Wasuaheli trägt alles die hohen, spitzen Feldstrohhüte, die mit farbigem Zeug ausgenäht sind, sodass sie wie Clownsmützen aussehen. Nach Mackay tragen die Scharfrichter Ugandas den ganzen Kopf mit einer Art gewobener Kappe verdeckt; über das Gesicht fallen lange Fransen, was einen doppelt schreckhaften Eindruck macht. In Dahome sind es nach Abbildungen Skerchleys die Opfer, Kriegsgefangene und leichte Verbrecher, die auf dem Haupte die spitze, kegelförmige Mütze haben. Endlich erwähne ich noch die Kopftracht der beschnittenen Mandingo-Mädchen, die in einer ungeheuren spitzen Kappe bestehen, deren Ende nur durch ein bewegliches Holz im Innern in die Höhe gehalten wird und die den Trägerinnen das Aussehen von Riesinnen verleiht.

Wenn wir in allen diesen Vorkommnissen Beziehungen zur Hüttenmaske sehen, so berechtigt uns hierzu einmal, dass die Formen stets mit einem an die Maskenmotive und Maskengebräuche erinnernden Sinne verbunden sind, dass zum zweiten die Formen stets maskenähnlich sind. Aus diesem Grunde rechnen wir auch die von Bullom und Tenne (Winterbottom und Matthew) und Herero (Josaphat Hahn) als Trauerzeichen getragenen Zipfelmützen, die zum Theil vorn über die Augen reichen, in die Gruppe der Verwandtschaft der Hüttenmaske.

Auf die Beziehung der hölzernen „Topfmasken" zur Hüttenmaske werde ich später eingehen.

d. Schädelverehrung und Schädelmaske.

In einer ausgezeichneten Arbeit hat H. Schurtz (vergl. „Deutsche geographische Blätter" Bd. XIX, Heft 3) die verschiedenen Motive und Aeusserungsformen des Schädelcultus erörtert. Wir haben hier nur einen Ideenkreis zu berühren, und überlassen einer anderen Gelegenheit die Darstellung des gesammten afrikanischen Schädeldienstes.

Wie alle Völker der Erde üben die Afrikaner eine Art Reliquiendienst, der sich zumal auf Haare, Nägel, Zähne, Knochen und unter diesen zumal den Schädel erstreckt. Man nimmt an, der Verstorbene äussere sich durch diese Trümmer seines Leibes. Der wichtigste Unterschied einer

solchen primitiven und zum Beispiel der entwickelten katholischen Anschauung besteht darin, dass was dort als natürlich und selbstverständlich
erscheint, hier als übernatürlich und als Wunder bezeichnet wird. Ausserdem
ist die Vorstellung der Naturvölker intensiver.

War der Todte ein grosser Jäger, so genügt es, ihm einen Zahn
auszuziehen und ihn bei sich zu führen, um die Gewandtheit des Verstorbenen
zu ererben. Zumal der Schädel aber ist die Reliquie, die jede Art der
Communikation mit den Geistern gewährt, in der des Verstorbene noch
haust und aus der er zur Besitzergreifung des Menschen gelegentlich in den
Menschen selbst einkehrt. Es braucht nur einer geringen Anzahl von Beispielen, um diese Bemerkungen noch vollständiger zu verstehen.

In Süd-Guinea werden die Schädel ausgezeichneter Menschen mit
grosser Sorgfalt aufbewahrt. Es ist vorgekommen, dass man einem erst
kürzlich verstorbenen, angesehenen Manne den Kopf abschnitt und denselben
auf eine zu diesem Zwecke untergelegte Quantität Kreide austropfen liess.
Man hält das Hirn für den Sitz der Weisheit und die Kreide saugt dieses
angeblich ein, wenn man sie während des Zersetzungsprocesses unter den
Kopf legt. Wer dann mit solcher Kreide seine Stirn bestreicht, in dessen
Kopf dringt die Weisheit dessen ein, dessen Hirn die Kreide eingesogen
hat. — In gleicher Weise ist das Verständniss für eine alte Sitte der Goldküste ermöglicht. Wer dem Urtheil des Fürsten verfiel, wurde hingerichtet.
Freunde und Anverwandte versammelten sich darauf, ihn zu betrauern.
Diese Männer — also die Angehörigen — thaten das Haupt in einen Topf
und kochten es, bis das Fleisch ausfiel, worauf sie dasselbe mit der Brühe
verzehrten und die Hirnschale als Heiligthum aufhingen.

Im Allgemeinen gehören alle derartigen Sitten und Anschauungen
den Völkern des westafrikanischen Culturkreises an. Einzelne Vorkommnisse sind aber auch ausserhalb desselben zu verzeichnen. So wird nach
dem Tode eines Wadöe-Häuptlings von der jungen Mannschaft irgend ein
Fremder mit tiefschwarzer Haut getödtet und in den Wald geschleppt, woselbst ein eigens dafür bestimmter Mann, dessen Amt vom Vater auf den
Sohn übergeht, die Leiche weiter behandelt. Er schneidet ihr die Hände
ab und muss deren Fleisch, ungesehen von anderen, heimlich im Walde verzehren. Den Kopf bringt er mit ins Dorf, wo nach Reinigung des Schädels

aus der Hirnschale ein Gefäss zum Biertrinken für das neue Stammesober-
haupt hergestellt wird. Ein alter Bericht Krapfs bestätigt die neuere Nachricht von Stuhlmann.

Ueber die Schädelverehrung im Togo-Gebiet hat Herold Verschiedenes
in Erfahrung gebracht. Die Sitte, erschlagenen Feinden mit Haumessern
den Kopf abzuschneiden, ist im Hinterlande Togos allgemein üblich. Auf
Kriegszügen ist diese Thätigkeit der allgemeine Vorzug und das traditionelle
Recht der Aeltesten der einzelnen Familien. In einem Orte des Otschi-
Sprachgebietes wird dem Hauptgotte Sia geopfert. Demselben muss jedes
Jahr eine neue aus einem Menschenschädel angefertigte Trinkschale geopfert
werden, weil er aus einer gewöhnlichen Kürbisschale nicht zu trinken pflegt.
Naturgemäss wird nun jeder, der eine solche Trinkschale bringt, als ein
besonders tapferer Mann angesehen. Vielfach werden nur die zu den Tänzen
zugelassen, die sich in solchen Dingen hervorgethan haben.

Die Verwendung der Hirnschalen als Trinkgefässe ist weit verbreitet.
Die gefangenen Missionare beobachteten im Lager des Aschanti-Heeres, „wie
ein Mann sich aus einem ganz frischen Schädel ein Trinkgefäss bereitete“.
Der König Anga Anga am unteren Kongo trank Palmwein aus den aus-
gegrabenen Schädeln seiner verstorbenen Feinde. Bei Cap. Corse verwendeten
(zu Arthus Zeit) die Neger die Schädel der erschlagenen Holländer in der
gleichen Weise.

Das folgende Beispiel mag nun zeigen, in welcher Weise der Kreis
dieser Sitten und Anschauungen auch für die Masken- und Geheimbund-
Sitten von Bedeutung ist. Die Ceremonien bei Einsetzung des Gross-Juga
endeten mit einem Festmahle der grausigsten Art. Ein Mensch war ermordet worden, sein Fleisch gekocht. Jedem Fürsten des Volkes und
Reiches, jedem Edlen und Kriegsrecken schob der neue Fürst selbst einen
Bissen dieses Fleisches in den Mund. Das gemeinsame Mahl, der Geist,
der unter ihnen allen rege war, vereinigte die Kriegerschaar mit ihrem
Oberhaupte.

Diese Ideenverbindung findet sich auch unter den Geheimbünden.
Da ist der Male oder Meli; eine Art Eidschwur verbindet die Mitglieder.
Ein Mensch wird lebend verbrannt: der Genuss der Asche kettet die Mit-
glieder aneinander. Weiterhin wurden durch Trinken von Menschenblut

die Mitglieder der Ogboni in Benin geweiht. Im Süden bei den Bakoko wird statt des Menschen eine Schildkröte verwendet; bei anderen Stämmen tritt ein Hahn ein. Interessant ist eine Notiz H. H. Johnstons über einen Eunuchenverband zwischen Isangila und Manjanga, über dessen Zusammenhang mit den Nkimba er allerdings nur eine schwache Andeutung macht. Dieser Verband ist einem unbestimmten Phalluscultus anscheinend ergeben, mit welchem eine Anbetung des Mondes auf das engste verbunden ist. Sobald

Nr. 29. Schädeltänzer der Aschanti. (Nach Zeichnung von Fr. Ramseyer).

Neumond eintritt führen die Eunuchen Tänze auf und opfern ihm zu Ehren einen weissen Vogel und zwar stets einen Hahn. Der Vogel wird dabei in die Luft geworfen und in Stücke zerrissen, sobald er zur Erde fällt. Man sagt, dass in früheren Zeiten ein Menschenopfer bei solchen Gelegenheiten dargebracht sei, was in letzter Zeit jedoch durch einen weissen Hahn ersetzt wurde.

23*

Nun haben wir gesehen, dass den Sitten stets bestimmte Theile und Formen der Maskentracht entsprechen, dem Waldursprunge der Stab in den Händen, den Geisterhütten die Hüttenmaske. Es haben auch die verschiedenen Züge des Reliquien- und Schädeldienstes in den Maskensitten ihre Aeusserungen und demnach dürften wir auch hier eine Beziehung in den Formen aufsuchen. Dieselbe ist nicht schwer im Schädeltanze zu erkennen (vergl. Textabbildung No. 29). Ramsayer schrieb s. Zt. in sein Tagebuch: Von den zu Ehren des Yamsfestes ermordeten Freien nimmt der eine sich einen Finger, der andere einen Arm oder Fuss. Wer den Kopf erhalten hat, tanzt in wilder Freude, bemalt dessen Stirn roth und weiss, und küsst ihn auf den Mund, lachend und mit spöttischen Mitleidsworten, um ihn endlich sich um den Hals zu hängen oder mit den Zähnen zu fassen. — Kühne berichtet von einem Tanze der Brafo, die blutroth bemalt, ihre Kränze von Kinnbaden und Gürtel von Menschenschädeln schüttelnd, mit ihren Messern nach allen Seiten hin fuchtelten und die Pantomine des Massakrirens und Kopfabschneidens ausführten. Manche hatten auch einen Schädel im Mund. Aehnliches ist auch anderen Ortes und von anderen berichtet worden. So schreibt Zimmermann von den Moraves: Haut sammt Haare werden vom Kopfe des todten Feindes gezogen und dienen dem Sieger als eine Art Perrücke, die er hernach bei den Tänzen aufsetzt.

In den Bünden und Bundsitten kommen verwandte Erscheinungen vor. Beim Panga dient ein Schädel als wichtiges Attribut der Tänze. Missionar Hinderer war Zeuge, wie in Ibadan die Egungun mit dem Schädel einer ihnen übergebenen Frau beim Tanze spielten. Vor allen Dingen aber lassen sich unverkennbare Anzeichen des Schädels in den Masken selbst erkennen. Die Anschauungen des Schädeldienstes (dass aus der Reliquie der Geist in den Träger übergeht), die Sitten (dass die Tänzer den Schädel im Munde tragen) und die Maskenformen berechtigen uns zu der Annahme, dass die afrikanische Gesichtsmaske ähnlich wie neubrittanische und altperuanische aus der Schädelmaske hervorgegangen ist.

Betrachten wir mit Zugrundelegung dieser Ideen die Maskenformen. Unter den Masken kommen vor: vor das Gesicht zu Haltende oder zu Bindende, über den Kopf zu Stülpende (also Topfmasken), auf den Kopf zu Legende (Kamerun und Akisch) und auf den Kopf zu Steckende (vergl.

Penda Penda, dann die Aufsteckmaske in Hannover (Fig. 123). Von diesen
kommen als eventuelle Schädelmasken besonders die ersten Formen in
Betracht.

Das erste Merkmal der Schädelmasken bietet die Provinz Calabar.
Unter den verschiedenen von hier stammenden Typen fallen jene zumal auf,
die durch einen klappbaren Unterkiefer ausgezeichnet sind. Solche befinden
sich in Leiden (Fig. 72 Taf. VI), Hamburg (Fig. 80 Taf. VIII) und seit
neuester Zeit auch in Berlin. An diesen Masken sind die Unterkiefer als
eigene Bestandtheile unten befestigt. Die Art und Weise wie dieses vorgenommen ist, erinnert uns daran, dass die afrikanischen Neger in vielen
Sitten und Anschauungen bewiesen haben, wie sorgfältig sie es zu verhüten
suchen, den Schädel lieber Angehöriger ohne Unterkiefer zu erhalten. Man
erzählt, der Todte könne ohne Unterkiefer nicht speisen, oder er würde
ewig unglücklich sein, oder aus dem Unterkiefer entständen neue Menschen,
oder unterkieferbare Menschen würden nicht in der Todtenstadt aufgenommen. Vielfach ist es Sitte ein Jahr oder mehrere Monde nach der Bestattung den Leichnam wieder zu exhumiren und den Schädel sorgfältig
aufzubewahren. Wird er nicht gefunden, so wird er durch den einer
Ziege ersetzt.

Demnach haben wir dem klappbaren Unterkiefer der Masken aus
Neu-Calabar einen tieferen Sinn beizulegen. Hierzu sind wir um so mehr
berechtigt, als die Erscheinung durchaus nicht vereinzelt ist oder gewesen
ist, dass derartige Darstellungsweise vielmehr im gesammten Westafrika
einst heimisch und gebräuchlich gewesen sein muss. Dies lässt sich aus
einer anscheinend ornamentalen Linie, der Form des Mundes und des Kinnes
leicht beweisen.

Die Herstellungsweise der beiden fraglichen Masken ist leicht erkennbar. Unter der Stirn ist ein tiefer Einschnitt in den Kopf gemacht
und in weiter Bogenfläche das Holz ausgekehlt. Die Fläche setzt bei den
Augen ein und geht bis zur Oberlippe. Als langer Streifen oder kurzer
Stummel ist nur die Nase geblieben. Die zwei Kalabar-Masken (Fig. 74
Leiden und Fig. 82 Hamburg) sind ganz gerade so gemacht, nur ist nicht
der Unterkiefer daran befestigt. So läuft denn die Bogenfläche nicht in
der Oberlippe aus, sondern als Kinn. Der Mund ist dann in Form einer

Linie auf die eigentlich als Oberlippe zu verstehende Spitze gesetzt. Um mich verständlicher zu machen, habe ich die Verfolgung und Entwicklung der Erscheinung in Textabtheilung Nr. 30 A—K in einigen Linien angedeutet. A zeigt die Gestalt der Kalabar-Masken mit klappbarem Unterkiefer. Im Profil gesehen ergiebt sich die Seitenansicht oder der Querschnitt B; C zeigt die zweite Form der Kalabar-Masken, bei denen der Unterkiefer nicht berücksichtigt ist.

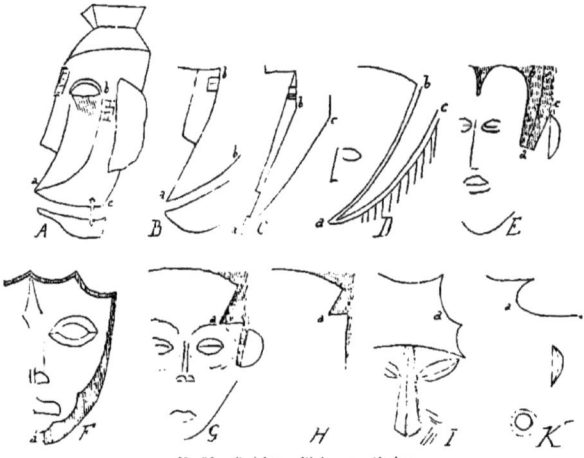

Nr. 30. Gesichtsrandlinien von Masken.

Die Berliner Maske der Djikum (Fig. 85) weist den Weg der weiteren Entwicklung. Zwei erhabene Linien, die im Winkel zu einander liegend sich am Munde schneiden, laufen vom Schläfenbeine etwa aus nach dem unteren Theile des Gesichtes über die Backen. Unter denselben laufen von oben nach unten gerichtete Kerben etwa bis zum Ohr. So wird denn eine Linie gebildet (vgl. Nr. 30 D), die aus dem Stirnrand und den beiden

Leisten besteht und in dieser Gestalt dem „Gesichtsrande" der kieferlosen Kalabar-Maske entspricht. Die vertikalen Kerben würden als Reste der Zähne aufzufassen sein.

Diese Gesichtsrandlinien sind auf Ogowe- (Fig. 52 a), Loango- (Fig. 36 und Fig. 40), Bakuba- (Fig. 15), Wakussu- (Fig. 14) und Baluba- (Fig. 16) Masken erkennbar. Ich habe diese Linien in Nr. 30 E.—K abgezeichnet und zwar in der genannten Reihenfolge, sodass es nicht schwer ist, die Entwicklung zu verfolgen. Der Entwicklungsgang ist einmal wichtig, weil er die einschneidende Bedeutung anzeigt und zweitens werthvoll, weil er die geographische Ausdehnung beweist. (Die letztgenannten Linien stellen vielleicht auch nur den Haarrand dar?)

Der zweite Beweis für die Richtigkeit meiner Annahme der Entstehung aus Formen mit klappbaren resp. beweglichen Unterkiefern liegt in der Entwicklung des Kinnes. Die scharfe Spitze des aus der Oberlippe entstandenen Kinnes der beiden Kalabar-Masken (Fig. 72 und Fig. 80) zeigt schon die eigenthümliche Mundbildung der Kalabar-Masken Fig. 74 und 82. Das Kinn der Bremer Loango-Maske (Fig. 31), der Rotterdamer Loango-Maske (Fig. 27 b), der Berliner Loango- (Fig. 28) und Bomma-Masken (Fig. 32), der Berliner Wandundu-Maske (Fig. 22) und der Antwerpener Baluba-Maske (Fig. 18) sind ebenfalls auf das Hervorgehen aus derartiger Darstellungsweise des Oberlippenendes zurückzuführen. (Siehe darüber auch Abschnitt f.)

Den dritten Beweis für dieselbe Annahme wie auch den vierten liefern die Mundformen. Dadurch, dass die ganze untere Kopfpartie fortfiel, nämlich der Unterkiefer, und dergestalt das Oberlippenende zum Kinn ward, ging der Mund verloren und es musste demgemäss ein neues Glied eingefügt werden. Dieses Problem hat die Kunst der Afrikaner verschieden gelöst, oft derart, dass aus der Schwerfälligkeit oder Sonderbarkeit der Ausführung die Entstehung noch zu erkennen ist. So ist der spitze Mund der Antwerpener Baluba- und der Kischi-Maske (Fig. 18 und Fig. 3) sehr charakteristisch. Man möchte meinen, diese kegelförmigen Münde und manche der kastenförmigen seien aufgeklebt. Sehr primitiv sind auch die Munddarstellungen auf den spitzen Enden unserer Ausgangs-Objecte, der beiden Kalabar-Masken Fig. 74 und Fig. 82.

Auch den vierten Beweis liefern die Gestaltungen des Mundes. Während bei den bis jetzt besprochenen Masken der angeheftete Unterkiefer fortgelassen wurde, verschmolz er bei anderen mit dem Gesichte, aber die klaffende Lücke des Mundwerkes, das schon mehr als Maul bezeichnet werden muss, lässt noch die einstige Kiefertrennung errathen. Das beste Beispiel dieser Art ist die Amsterdamer Loango-Maske (Fig. 41). Dieser schliesst sich die Berliner Loango-Maske (Fig. 34) an. Bei anderen wird die Mundöffnung immer menschlicher und naturentsprechender, bis sie endlich einer natürlichen Form an Umfang entspricht.

Das Anzeichen des lockeren Unterkiefers ist aber bei weitem nicht das einzige die einstige Schädelmaske beweisende Merkmal. Für derartige Abstammung spricht vielmehr noch eine ganze Reihe von Thatsachen. Ich erwähne z. B. die eingesetzten Zähne, die die Bongo-Maske, die Maske in Hannover, die Wakonde-Maske etc. in Leipzig (Fig. 87, 123, 6) besitzen, dann viele Bildungen der Nase, die mehr einem Nasenbeine als einer Nase zumal einer Negernase ähnlich sind.

Besonders wichtig ist mir aber die Augenbildung der Berliner Baluba-Maske (Fig. 17) und der Bakuba-Maske (Fig. 15). Diese letztere und die des Wissmann'schen Mukisch (Nr. 5) sind offenbar aus einer der ersteren gleichenden Form entstandene Variationen. Diese erstere Baluba-Maske der Wissmann'schen Sammlung (Fig. 17) ist aber deswegen ein so bemerkenswerthes Stück, weil an ihr alle Theile, die beim Todtenschädel besonders als Lücken im Schädel im Gegensatz zum Gesichte auffallen, erhaben gearbeitet sind. Da sind die Augenhöhlen, in die die Augen eingesetzt erscheinen. Statt der klaffenden Lücke zwischen den Kiefern verläuft über die ganze Maske eine verbindende Leiste. Dazu kommt der kleine Nasenstumpf und die weite Fläche zwischen Nase und Mund.

Endlich mit das Beste der Beweisstücke: die Nupe-Maske der Flegel'schen Sammlung (Fig. 89). Bei diesen ist wenig Erörterung nöthig. Der Todtenschädel grinst aus dieser Maske heraus, um die Frage nach dem Vorbilde des Flechtwerkes aufkommen zu lassen. Zwischen den runden Augenlöchern sitzt das durch ein sehr kleines Strohbüschel dargestellte Nasenbein. Durch mehrere von einer Seite zur anderen gelegte Büschelreihen ist der Mund oder vielmehr die Kiefertrennung und die Zähne angedeutet.

Die infolge der Verschiedenheit des Materials noch bestehende Lücke in der Entwicklungsgeschichte kann aber auch ausgefüllt werden. Von den Schädelbeinen respective der geflochtenen Darstellung zu der aus Holz geschnitzten Maske leiten die „modellirten" über. Die Masken der Kischi-Tänzer sind aus Thon und Kuhdünger hergestellt (Fig. 3 und Fig. 4). Folgendermaassen ist aber die Berliner Baja-Maske (Fig. 88) verfertigt. Auf ein mit Tuch übersponnenes Rohrgestell ist Wachs geklebt. Eine an die Form des Nasenbeins lebhaft erinnernde Nase erscheint viel zu klein zu sein, um thatsächlich die Nachbildung dieses Gesichtsgliedes sein zu können. Der Mund ist mit Holzsplittern (— es kann auch anderes Material sein; die Erinnerung lässt mich in Stich —) als Ersatz für die Zähne umgeben. Die Augenlöcher starren dem Beschauer als leere Höhlen entgegen. (Ueber aufgeklebte Wachsmassen Abschnitt h.)

Nunmehr ist es nicht schwer die Bindeglieder in ihrem entwicklungsgeschichtlichen Zusammenhange zu verstehen. Zuerst tanzte der Neger mit dem Schädel oder Kopfe des Verstorbenen im Munde, von ihm Begeisterung erwartend. Mit Zugrundelegung des Knochengerüstes des vorderen Schädeltheiles, auf dem mit Wachs oder Kalk die das Gesicht ergänzenden Formen gebracht wurden, entstand die ursprüngliche Schädelmaske, die der Tänzer umband oder mit den Zähnen erfasste. Später ward an Stelle des Schädelbein-Gerüstes ein solches aus Flechtwerk hergestellt, auf das in gleicher Weise die Gesichtsform aufmodellirt wurde. Endlich ward die Maske nicht mehr geklebt, sondern aus Holz geschnitzt. Aber auch aus den hölzernen Masken sprechen noch die Erinnerungen an die Schädel-Maske.

e. Geister- und Schädel-Pfahl: Ahnenfigur und Stammbaum.

Den Geisterpfahl im Dienste der Maskensitten lernten wir schon erkennen. Jetzt gilt es noch seinen Einfluss auf die Maskenformen zu prüfen.

Anderen Ortes habe ich die Entwicklung der afrikanischen Ahnenbilder schon besprochen. („D. bildende Kunst d. Afrikaner". Wien 1897. „Ursprung der Cultur" I Cap. 12.) Infolgedessen kann ich mich hier kurz fassen. Die innere Verwandtschaft der heiligen Pfähle der Afrikaner ist durch die gemeinsame Grundidee, dass der Geist eines Vorfahren oder irgend ein

Geist sie belebe, geboten. Da sind zunächst die Zweige und Pfähle auf den Gräbern. Sie sind ein Theil der einst auf den Grabstätten stehenden Bäume. Die Entstehung der Ansicht, dass der Geist des Verstorbenen sie belebe, ist nicht schwer zu finden. Was aus diesen Stätten hervorkommt, sei es eine Eidechse, ein Käfer oder ein Pflänzlein, bringt immer der Vermuthung nahe, dass dieses junge Leben die neue Form des alten, der Seele des Todten sei.

Der einfache Geisterpfahl ist bedeutend seltener wie heilige Pfähle, an denen andere Anschauungszweige, die Ideen von Nebengebieten sich äussern. Da sind zum Beispiel die bastumwundenen Stecken, die „Lappenbäume" und deren Verwandte. Diesen Cyclus erörtern wir später. Ferner fallen die Kerbbäume auf. Auf den Feldern der Lendu- und Kongo-Völker stehen sie als Schutz gegen Geister und Diebe. In den kleinen Hütten neben den Häusern der Somrai steht der vier Fuss lange aus dem Holze der heiligen Habila geschnittene Pfahl, dessen Rinde in regelmässigen Abständen ringförmig entfernt ist. Die Pfosten auf den Gräbern der Loangoküste sind mit Aufsätzen versehen. Die Herero versehen die Gräber mit Pfosten, an denen übereinander Rinderschädel befestigt sind.

Die Bedeutung derartiger Ausschmückung bietet die Mittheilung Heuglin's und Schweinfurth's über den Sinn ebensolcher Grabpfähle der Bongo. Diese sind in gleicher Weise mit vielen Kerben und Einschnitten verziert. Jede dieser Kerben nun bezeichnet einen vom Verstorbenen im Kriege Erschlagenen. Es liegt also eine Art historischer Notirung ihnen zu Grunde. Das entspricht Notizen Ratzel's, denen zufolge in Afrika Gläubiger und Schuldner sich die Anzahl der geliehenen Wertheinheiten durch Einschnitte in einen Stock zu notiren pflegen und ebenso Kaufleute und Träger auf der Reise die Anzahl der Nachtlager auf dem Wanderstabe markiren.

Schädel und Geisterpfahl werden in gleicher Weise als Wohnstätte des Geistes angesehen. So verstehen wir ihre Verbindung. An der Goldküste wurden früher Verwandte und Befreundete eines Häuptlings bei dessen Tode umgebracht. Ihre Körper sanken mit in das Grab. Die Köpfe aber wurden auf Stangen über dem Grabhügel aufgerichtet „als eine Zierde, die dem Todten zur Ehre gereicht." So ragen in allen Theilen Afrikas auf den Gräbern der Fürsten und Vornehmen die auf Stangen befestigten Schädel

derer empor, die den Edlen in's Jenseits begleiteten. Die weitere Entwicklung der Menschenfigur ist leicht zu verfolgen. Der Schädel wird am
Geisterpfahle erst mit einigen Kerben, dann vollkommener und endlich
mühsam und sorgfältig angedeutet und angeschnitzt. Weiterhin erscheinen
dann Anzeichen von Gliedmaassen. Merkmale dieser Entstehungsart giebt
es mannigfache. Das wichtigste ist der Hals, aus dessen Länge und Verzierung mit Ringen noch die alte Gestalt des Kerbpfahles spricht.

Ein gewisses Summiren, Zahlenmerken, Sammeln verräth aber nicht
nur die Kerbbuchung, sondern auch das Aufhäufen von Schädeln der Verstorbenen (siehe Schurtz), dann Ahnenbildern, der am Opfer- oder Todtenfeste geschlachteten Viehschädel etc. Während aber einmal die Ahnenfiguren zusammengebunden werden, stellt man sie ein anderes Mal unter
anderen Verhältnissen übereinander. So sind zum Beispiel die Grabpfeiler
der Loango-Fürsten mit übereinanderstehenden Menschenfiguren geschmückt,
sodass ohne weiteres angenommen werden kann, dass zwischen jenen Kerb-
stöcken der Bongo und diesen Grabpfeilern der Loango Beziehungen bestehen, die dahin gedeutet werden können, dass die Grabpfähle ursprünglich
wohl eine Buchung der Verwandtschaft, Abstammung oder Ahnen enthielten.
Aus diesem Grunde werden wir stets in solchen Fällen von Stammbaum-
Bildungen sprechen dürfen.

Diese Verhältnisse müssen wir kennen und berücksichtigen, um die
entsprechenden Vorkommnisse unter den Formen und Ornamenten der Masken zu verstehen. Sie sind durchaus nicht selten. Soweit sich aber Spuren
dieser Art an den afrikanischen Masken nachweisen lassen, deutet die Zusammensetzung auf eine Abstammung von der Hüttenmaske hin. Bei dem
Vorbilde derselben, der Geisterhütte, hätten wir uns demnach nach Parallel-
erscheinungen umzusehen.

Wir sahen den heiligen Kerbpfahl neben der Wohnung in einem
Hüttlein stehen. Die Grabhütte der Wagogo-Häuptlinge wird von einem
Bäumchen gestützt. Die Geisterhütten der Wanjamwesi in Urambo (Nr. 28 a b c)
zeigen eine Verzweigung der Spitze, die eine innige, durch diese eben genannten Thatsachen noch schärfer gekennzeichnete Beziehung der Geisterhütte zum Geisterpfahle auch in der Form beweisen. Aus einer Reihe von
Tempelformen sind ähnliche Verhältnisse herauszulesen. Einen Kameruner

24*

Tempel bildet Zöller ab. Menschenfiguren tragen das Dach, das der Geisterpfahl ziert. Die Krönung eines Häuptlingshauses der Tupende findet sich
bei Wissmann. Auf den Köpfen mehrerer kniender Figuren steht eine
grössere. Aehnliche Schnitzerei auf einem Tempel der nördlichen Baluba
resp. Baschilange erwähnt Wolf. Die Königsgräber in Dahome, die Skereldey
abbildet, zeigen auf den Dachspitzen (bei Rundhütten) oder Dachfirsten (bei
den Hütten mit abgewalmtem Satteldach) etagenweise übereinandergesetzte
Menschenpaare und Thiergestalten.

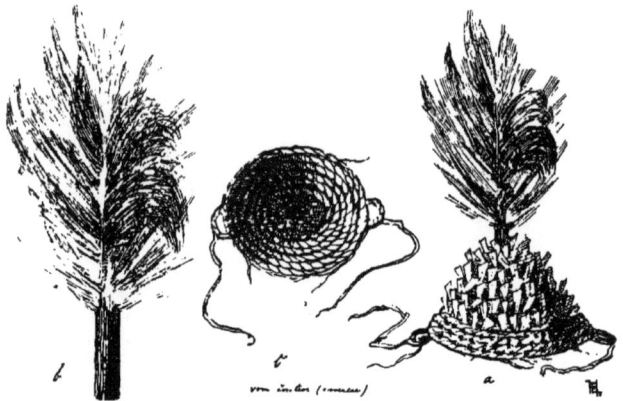

Nr. 31. Zwei Hüte der Losango-Leute in Nkosi. b—e auseinander genommen. Basel, Missionsmuseum.

　　　Die Tempelpfosten, die Dachstützen liefern eine zweite verwandte
Gruppe. Gräberhütten vom oberen Kongo, aus der Nähe der Stanley-Fälle
und der Bajansi, weiterhin die Hütten vornehmer Haussa in Bida etc. zeigen
ausgeprägte Kerbbäume als Stützen. Der Kameruner Tempel (Zölleri) wird
von Menschenfiguren getragen. Eine Hütte in Bonma — es kann sowohl
ein Versammlungshaus als eine Grabhütte sein — hat eine Dachstütze, die
mit fünf übereinanderhockenden Figuren geziert ist.

Diese zwei Entwicklungsreihen in den Geisterhütten und Tempeln haben ihre Analogien an den Masken. Ueber den Masken der Aba-Queta ragen, wenn sie ganz erhalten sind, stets einige Strohbüschel hoch hinauf (Nr. 1 und 2). Nach der Beschreibung Moore's ziert die Spitze der Mumbo-Jumbo-Maske ein Strohbüschel. Die Textabbildung Nr. 15 zeigt einen maskirten Fan-Ganga. Statt die Gesichtsmaske zu tragen, ist er weiss bemalt. Sonst ist er in die Hüttenmaske gehüllt. Dieselbe läuft oben in ein Knäuel von Blättern aus. In gleicher Weise werden die Kpatatschi-Maske (Fig. 90) und die des maskirten Negers in Biskra (Nr. 25) von Aufsätzen gekrönt. Ueber eine andere Beziehung dieser beiden letzten Formen wird im letzten Capitel gesprochen werden.

Zwei der eigenartigen Hüte, welchen die Losangoleute beim Todtentanze in Nkosi tragen (vergl. Nr. 16), befinden sich im Basler Missionsmuseum. Wie aus Abbildung Nr. 31, auf der der eine zusammengelassen, der andere (b e) auseinandergenommen ist, zu ersehen ist, bestehen dieselben aus zwei Theilen, nämlich der geflochtenen Kappe, die als Rest der Hüttenmaske anzusehen ist, und dem eingefügten, an der Spitze geschmückten Stabe, dem Reste des Geisterpfahles.

Die Masken der Dou (nach Büger Nr. 23) und die Erndtefestmaske aus Nupe (Fig. 89a) zeigen die Stäbe noch viel deutlicher. Während aber die ersteren nur ein Tellerchen auf der Spitze haben, ist der Stab der Nupe-Maske mit mehreren Ringen umgeben, so dass in auffallender Weise an die Kerbpfähle erinnert wird.

Des weiteren nehmen die sechs Masken der Ondumbo (Fig. 44—49) unser Interesse in Anspruch. Die Abbildung Nr. 14 nach Jacques de Brazza nöthigt zum Vergleiche. Ich halte diese eigenthümlichen Gebilde für Masken, obgleich es auch durch Maskenformen beeinflusste Ahnenbilder sein können. Jedenfalls ist der Fasernbehang auf die Hütten-Maske, der lange Hals aber auf den heiligen Stab zurückzuführen. Nicht nur die Länge spricht gegen eine Halsdarstellung, sondern auch die Ringe der 6 Ondumbomasken, die als Kerben aufzufassen sind. Noch klarer ausgebildet ist allerdings der Kerbpfahl an der Maske von St. André in Douai (Fig. 112a und b). Dies ist ein prächtiges Belegstück für Stammbaum-Masken in Afrika.

Vermittelst dieser Stücke verstehen wir die Entwicklung der Aufsetz-

masken leicht. Aus der Geisterhütte-Hüttenmaske ragt oben der heilige
Stab. Auf ihm ist, wie es an den Tempeln auch öfters erwähnt wird, oben
der Schädel aufgesetzt. Einen hübschen Beleg für diese Annahme bieten
die Ahnenfiguren der Bagos und unsere Abbildung der auch bei diesen
heimischen Penda Penda (No. 19). Es muss jedem auffallen, dass der überaus dünne, bei Ahnenbildern oft sehr lange Hals nicht regelrecht unter der
Mitte des Kopfes sitzt, indem dass der Kopf am hintersten Theile sich vom
Halse ablehnt. Das kann kaum anders gedeutet werden, als dass der Schädel
ursprünglich mit dem Hinterhauptsloche auf den Stab aufgesetzt sei.

Weiterhin sind die Masken — es sind wieder Aufsetzmasken, —
von Kalabar bemerkenswerth. Die Verbindung zweier Gesichter (Fig. 73, 131)
entspricht dem Zusammenbinden von Ahnenbildern und Schädel, das Ueber-
einandersitzen (Fig. 78 und Fig. 71) der Gesichtspaare der uns nun schon
vertrauten Stammbannabildungen. — Auch die Loango-Maske Fig. 42 a und 6
zeigt eine gleiche Verbindung zweier Gesichter. Vergl. auch Fig. 131.

Die beachtenswerthesten Stücke dieser Art sind aber die Masken
des Yoruba-Gebietes. Auf der Douai-Maske (Fig. 102 a und b) ragt der
Stab in die Höhe. Das Leidener Exemplar (Fig. 106) ist mit 4 oder 5, —
es ist aus der Abbildung nicht ganz klar zu ersehen und ich habe mir
keine entsprechende Notiz gemacht, — durch einen Horizontalstreifen verbundenen Kerbstäben gekrönt. Diesen Kerbstäben entsprechen drei knieende
Figuren auf der Berliner Maske (Fig. 93). Neuerdings hat das Berliner
Museum für Völkerkunde ausserdem weitere hier zu erwähnende Masken
dieser Gegend erhalten. Fig. 128 und 129. Die eine ist mit 7 Reitern
besetzt, von denen der eine, der mittelste, auf den Beschauer zu reitet, je
drei aber in einer Linie nach aussen, nach rechts und links sehen.

Die zweite Gruppe dieser Art Masken aus Yoruba wird durch die
Lagos-Maske Fig. 104 repräsentirt. Gleich den Trägern der Tempeldächer
stützt hier das Dach der Maske ein Menschenpaar.

f. Animalistische Züge.

Die animalistischen Züge wurden oben als zum Theil einer älteren
Epoche der Cultur und Weltanschauung angehörig bezeichnet. Das ist
ziemlich leicht erklärlich. Heute noch bildet der Kampf mit der Thierwelt

um Nahrung und Raum für die primitivsten Völker eine wichtige Existenz-
frage. Derselbe wirkt nicht nur fördernd auf den materiellen Cultur-Besitz
sondern beansprucht und erfordert auch eine intensive Anspannung der
geistigen Kräfte, die es ermöglichen sollen, den Feind zu durchschauen.
Es ist eine wichtige und hierhergehörige Notiz, wenn berichtet wird, ein
Buschmann könne einen Büffel insofern nicht vom Menschen trennen, als
er ihm seine eigenen Kräfte beilege und es ihm wohl zutraut, dass er mit
Pfeil und Bogen schösse, wenn er solche besitze.

Die Uebung in solchem geistigen Kampfe und Sichmessen hat denn
auch zur Folge, dass die Weisheit in animalistischem Gewande zu Tage
tritt. So klingt noch aus den Fabeln hoch entwickelter Völker das Echo
der primitivsten Weltanschauungsepoche, deren krause Mythen und Dich-
tungen mehr vom Thiere zu erzählen wissen, als vom Menschen, der Erde
oder irgend einem anderen Gegenstande oder Theile der Welt, in der noch
alles gesetzloser Beweglichkeit fähig erscheint. Da verkörpert der Mond
sich im Thiere, der Baum im Steine, der Mensch im Kothe, das Thier im
Menschen und jedes kann jede Gestalt wieder annehmen. Der Mensch
kennt nicht seine Fähigkeiten, geschweige denn die anderer Lebewesen und
Erscheinungen. Das ist die Mythologie nicht nur, sondern der Grundzug
aller primitivsten Weltanschauungen zumal auch der der Buschmänner.

Wenn nun auch eine weitere Culturepoche den Existenzkampf zwischen
Mensch und Thier entscheidet, an Stelle des unstäten Lebens-Lebens-
wandel tritt, die Ergebnisse der Jagd durch die des Ackerbaues oder der
Viehzucht ersetzt werden, so werden doch die tief in das Geisterleben ein-
gepflanzten animalistischen Züge immer von neuem gespeist; denn noch
huscht Schlange und Eidechse durch Gebüsch und über Dächer, noch steigt
der Vogel auf zur Sonne, noch schallt in nächtlicher Stunde das Klage-
geheul der Hyäne und immer wieder schnappt ein gieriges Krokodil ein
Kind beim Baden weg. Wenn aber eine Umbildung vor sich geht in der
animalistischen Anschauung, mag die eigenthümliche Anhänglichkeit des
Menschen an die Erinnerung ferner schwerer, überwundener Tage die bedeutende Wirkung ausüben. Die Anschauung wird nicht mehr durch grausige
Nähe und tödtliche Schrecken, sondern durch märchenhafte Erinnerung an

die Erzählungen der Alten und Vorfahren und ein wolliges Gefühl einer gewissen Sicherheit und Entfernung genährt.

Des Ferneren wäre es falsch alle animalistischen Züge als in den einfachsten Formen menschlicher Weltanschauung entstanden, sich vorzustellen. Vielmehr tritt ein erhöhtes Bewusstsein erst in späteren Epochen ein, klarere Bilder und Beziehungen sind erkennbar und die reichere Erfahrung, ein weiterer Blick und ruhigere Ueberlegung lassen Vieles Neue hinzutreten. Man wird aber niemals das in jüngeren Epochen Erworbene von den Errungenschaften älterer Zeiten sondern können, am wenigsten inmitten einer Weltanschauung und Mythologie wie der der Afrikaner, die alles Alte in den Sumpf eines abgeflachten Manismus zieht, aus dem auch alles Junge daneben emporsprosst.

Thierische Elemente scheinen in den Maskenformen Afrikas auf den ersten Blick Seltenheiten zu sein. Aber selbst da, wo sie noch vorhanden sind, d. h. in alter Klarheit zum Vorschein kommen, sind sie nicht in fröhlicher Entwicklung begriffen. Wir werden Anzeichen des Aussterbens kennen lernen. Unklarheit in der Verwendung der thierischen Motive entspricht dem. Den animalistischen Weltanschauungen fehlt die Klarheit des Bewusstseins überhaupt. Nur seltene Mischungen, wie z. B. sie in Nordwestamerika vor sich gegangen sind bewirken eine systematische Auskrystallisirung.

Daher ist nicht zu erwarten, dass Maskenformen und Maskensitten allein Verständniss gewähren. Es müssen Vorstudien herangezogen werden, wie sie in dem Kameruner Schiffsschnabel niedergelegt sind. Totemismus einerseits und eine Fülle verschiedener, nicht zusammengehöriger Mythen andererseits sind für Afrika nachgewiesen. Totemismus und Stammeseintheilung auf Grund animalistischer Weltanschauung. Das Totem-Thier ist Incorporations- oder Incarnationsform der Ahnen. Daher ist der Fleischgenuss und in gewisser Hinsicht auch Tödtung der Angehörigen verboten. Menschen gleichen Totems, wenn auch verschiedenen Stammes dürfen nicht heirathen. Das würde gleichbedeutend mit Blutschande sein. Am Ausgeprägtesten ist der Totemismus bei den Betschuanen und den Völkern der Goldküste erhalten. Aber an der ganzen Westküste liessen sich Spuren (Speiseverbote, Heiratsgesetze etc.) nachweisen. Im Loangogebiet ist weit-

gehende Zergliederung und Zersetzung von Sitte und Anschauung zu ver-
merken.

An einzelnen und vereinzelten Mythen ist besonders des Kreises der
Vögel zu gedenken. „Der Vogel führt die Seele im Tode der Sonne nach
ins Jenseits." Das ist das Hauptmotiv. Jedoch ist dem Vogel auch jede
Art der Belebungskraft zugesprochen. Wie er den Geist ins Jenseits führt,
so auch wieder herab zur Erde in das Ahnenbild, den Vergeistigten etc.
Er ist der Befruchtende. In dem allgemeinen gültigen Begriff „Totenvogel"
schneiden sich die Linien der Bedeutung. Er ist ebensowohl Bote der
Naturwelt, als Beschützer des Todten und kann sogar den Todten repräsen-
sentiren. Zuletzt ist es einfach das Orakelthier.

Eidechse und Schlange sind oft verwechselt. Es besteht eine scharfe
Trennung wohl überhaupt in der Anschauung nicht. Mehr im Cultus.
Beide Thiere sind Erscheinungsformen der Todten, werden Brüder und
Grosseltern genannt. Bei der Eidechse mag Zutraulichkeit und Aehnlich-
keit mit dem Krokodil anregend, bei der Schlange die Fähigkeit sich zu
häuten — daher die Mythe vom ewigen Bestehen. — maassgebend ge-
wesen. Vielfach finden sich Beziehungen zur Fananymythe, der Sage vom
Seelenwurm.

Nun wären noch einige Einzelheiten zu erwähnen. Die Menschen-
ähnlichkeit anthropomorpher Affen hat zu verschiedenen Meinungen Veranlassung gegeben. Es sind verstossene Seelen, Ahnen etc. Der räuberische
Leopard ist überall die Verkörperung von Zauberei. Krokodile wurden allgemein verehrt. Die Spinnenmythen, die hier nicht in Betracht kommen,
stehen mit den solaren Anschauungen in Zusammenhang. — Die Fische
sind an der nördlichen Guineaküste in den Kreis der totemistischen Anschauungen und Verbote gezogen.

Totemistische Gestalten unter den Masken sind nicht unbedingt
nachweisbar. Allerdings tanzt der Muchuana sein heiliges Thier. Von
einer Maske aber wissen wir nichts. Vielleicht aber steht die Thierhaut an
der Kischi Maske damit in Zusammenhang. In Urua tragen die Häuptlinge
nämlich die Haut ihres Stammesthieres als Abzeichen. Die „Maske aus
Zebrahaut", die Cameron in Kingari sah, mag in den Kreis der totemistischen
Thatsachen zu nehmen sein. Es erinnert das an Verwandtes bei den Kaffern

(siehe Ratzel: „Völkerkunde" 2. Bd. II Tafel: „Südostafrikanische Waffen und Geräthe" No. 15). Die Hauptleute des Mungi ziehen sich in den Wald zurück und reden als wilde Thiere. In Yoruba wäre noch am ersten genaueres zu erfahren. Die Egungun-Masken, also die der Todtendarsteller sind manchmal Thierköpfe. Zwei unserer Masken (Fig. 91 und Fig. 92) sind von Schlange und Affe gekrönt. Eine Lagos-Maske des Berliner Museums stellt einen Eberkopf dar, unsere Fig. 97 ein Thier. Welches, ist aber unklar. Also hier häufen sich die verschiedenen Thiere neben einander. Das deutet auf Totemismus, vielleicht allerdings auch nur auf Ausläufer eines solchen. Noch wichtiger sind Mittheilungen über den Jevhe. Deren zweite, dritte und vierte Gottheiten sind Schlange, Haifische und ein drittes Seethier. Dazu ist den Mitgliedern des Bundes der Genuss des Fisches Adepe untersagt. Das an einer Küste, die das Heimathland des auf Fischgeschlechtern aufgebauten Totemismus ist.

Formen des Todtenvogels sind häufiger. Auch spricht hier der Sinn der Sitte. Beim Todtenfeste an der Loangoküste erscheint ein Verlarvter, dessen Maske der Kopf einer Löffelgans ist. Kleider von Federn sind in dieser Gegend häufig. (Textabbild. No. 12 und Fig. 42a und b.) Die Maskenbeschreibung hat Federkleider mehrmals erwähnt. In Kamerun und Kalabar sind Vogelfiguren nicht selten. „Bei Todtenfesten von Sklaven zu tragen" trägt eine Maske als Vermerk, deren Spitze mit zwei eifrig begattenden Vögeln geschnitzt ist (Fig. 75). Dass die merkwürdige Gestalt am Kopf von Fig. 76 als stilisirter Vogel anzusehen ist, wurde im „Schiffschnabel" nachgewiesen. Auch an anderen Aufsatzmasken fehlen Vögel nicht. An der Maske (Fig. 90) von Kpatatschi ist ein Vogelkopf befestigt, in gleicher Weise an Masken des Museums Umlauf mit der Marke „Porto Novo". In der Maske des Pelikan erscheint zu Zeiten der Simo. Die Sänger in Melli traten vor dem Fürsten in der Vogelmaske auf.

Die wichtigsten Maskenformen haben aber die gehörnten Thiere geliefert. Die Kameruner Masken brauche ich nicht einzeln aufzuführen. Es sind die Nyati-Masken. Hutter erwähnt die Ochsen- und Büffel-Masken der Bali, Maclean ebensolche der Pakhalla und Agni. Textabbildung No. 20 zeigt eine Maske, deren Hörner auf einen Ochsen, deren Zähne auf einen Eber schliessen lassen.

Gehörnte Masken sind häufig. Der Kreis dieser Erscheinungen ist interessant und leicht verständlich. Die Maske im Besitze Autenrieths Taf. VIII Fig. 58 ist das Uebergangsglied von Ochsen- und Menschenkopf. Das Ausschlaggebende ist die Nasenform, die mehr menschlich als thierisch genannt werden kann. Ein zweites Bindeglied ist im Berliner Museum. Der Kopf ist so lang gestreckt wie der eines Thieres, die Nase lang. Der Mund ist ganz unten, man kann sagen auf dem Kinn gelegen. Dieser nördliche Einfluss erklärt die übermässige Ausdehnung der Bremer Loango-Maske (Fig. 31) nach unten und deren Hörner. Das spitze Kinn ward oben gedeutet. Aber noch südlicher sind gehörnte Masken heimisch bei Bakuba (Fig. 15) und Kioke (Fig. 14). Nach Norden weist wieder die Maske aus Kalabar (Fig. 83). Hollmann erwähnt die Hörner an der Maske der Egbo. Auch an die heilige Egbo-Ziege ist zu denken. Elfenbeinküste (Fig. 114) Senegambien (der geflochtenen Masken Fig. 119, 120, 121, 122, 118) bieten ähnlichen Formen. Theils sind die Hörner aus Holz, theils sind es solche von Antilopen, teils von Ochsen.

Die Ochsenköpfe der Dualla weisen auch die meisten Eidechsenfiguren auf. Ausgangsstück ist die Münchner Maske (Taf. IX Fig. 66). Kopf und Schnauze haben sich in mehreren stilisierten Formen erhalten. Wie diese Völker einen Kopf stilisiren, ist aus Fig. 76 zu ersehen. Der Hals des Vogels dieser Maske läuft in ein Rund aus, das durch Radien in 4 Felder getheilt ist. Kopf und Schnauze der Eidechse, und zwar der Kopf in dieser Weise gezeichnet findet sich auf Fig. 56 (Hamburg) wieder, der Kreis allein auf Fig. 59 (eingesetzt) und Fig. 67 (erhaben). Auch Fig. 57 (Hamburg) zeigt den kreisförmigen Kopf mit der stabförmigen Schnauze. Diese Eidechsenschnauze hat augenscheinlich Veranlassung zu der verkürzten, oben erwähnten Nase und damit dem Einlenken in menschenähnliche Formen gegeben (Fig. 31).

Ueber die Entstehung einiger dieser thierischen Masken klärt die Textabbildung No. 17 (Ganga in Kpandu) und Tafelfig. 125 auf. Das eine ist ein aufgesetzter Thierkopf, das andere eine überzustülpende Thierhaut. Anders die Entstehung des Eidechsenbildes, das als Ornament schon gestickt auf südafrikanischen Stirnbinden erscheint, am Kongo an. Kopfkörbchen in natürlicher Gestalt. Wahrscheinlich ist es ein Erbtheil der Hüttenmaske. Der geschnitzte Vogel schwebt über der Maske.

Das Material an thierischen Elementen in den Masken ist nicht reich. Die Formen klingen ebenso aus wie die Anschauungen des Animalismus.

g. Solare Züge.

Die solaren Elemente in der afrikanischen Weltanschauung würden oben als junge Beimischungen bezeichnet. Jung ist immerhin noch praehistorisch im vorliegenden Falle. Es ist hier weder unsre Aufgabe zu prüfen, wie gross der Umfang der solaren Motive sei noch von wo sie stammen. Dieses ist im mythologischen Hauptwerk erledigt („Weltanschauung").

Dass die solaren Züge erst in jüngster Zeit entdeckt wurden, beweist, wie wenig sie im Vordergrund stehen. Einst müssen sie aber in Süd- und West-Afrika lebenskräftiger gewesen sein. Das geht aus dem Weiterbestehen ihrer Bruchstücke in alter Form, wenn auch neuen Sinnes, hervor. Wie weit zur Zeit seiner Blüthe der Sonnendienst ausgebildet war, wird schwerer festzustellen sein als das „wo". Alle Merkmale deuten nach Südosten. Die Basuto besitzen noch heute Sonnenmythen. Die Hottentotten besassen sie als sie noch an der Ostküste wohnten. Hier im Osten sind auch Trümmer von Steintempeln gefunden, deren Anlage auf Sonnendienst schliessen lässt.

Die solare Mythologie der Afrikaner birgt wenig unverkennbare Sonnenhelden. Am besten erhalten sind noch Hubeane bei den Basuto und Schango in Joruba. Die Basuto erzählen, einst sei die Erde stark bevölkert gewesen. Bis auf ein Weib, das sich versteckt hatte, wurden alle verschlungen von einem gewaltigen Ungeheuer. In der Verborgenheit wurde das Weib Mutter. Ihr Kind, ein Knäblein, hatte schon bei der Geburt ein köstliches Geschmeide um den Hals. Daher der Name Chobane oder Hubeane. Kaum geboren war der Knabe schon zum starken Manne herangewachsen. Er zog aus, das Ungeheuer zu töten. Aber dieses verschluckte den Helden. Er jedoch durchschnitt den Magen des Thieres, worauf alle Verschluckten wieder an das Tageslicht kamen. — Es ist dies das Bild der Sonne die von der Nacht verschlungen wird. Mit goldenem Strahlenglanze erhebt sie sich aus der Dunkelheit.

Die Schango-Mythen sind noch klarer. Von ihm erzählen die Yoruba: er sei ein König gewesen, ein reicher Herrscher, der einen aus Messing erbauten Pallast bewohnt habe. Er starb nicht, sondern stieg in die Tiefe, wo er noch heute im Reiche der Toten gebietet. Viele jener Abenteuer, die mit seinem Namen verbunden sind, sind Schilderungen der Sonnenbahn. So auch folgende. Eines Tages stahl ihm sein Weib in der Unterwelt von seiner Medicin. Sie floh damit. Er folgte ihr, stieg auf der Sonne empor und lief hinter ihr her den ganzen Tag. Am Abend kam er zur Lagune. Hier hatte das Weib einem Fischer von der Medicin gegeben, so dass er zum Orischa (Gott) wurde. Beim Sonnenuntergange kam Schango mit Brausen zornig und wüthend da an, wo der Fischer Huisi zum Kampfe bereit harrt. Die beiden kämpfen erst mit Boot und Baum als Keule; dann ringen sie. Der rasende Schango merkt, dass er überlistet ist und seine Kräfte nachlassen. Beide sinken in die Tiefe. — Die Bilder sind leicht zu verstehen. Der grausame Fürst im strahlenden Messingpalast und die glühende Mittagssonne der Tropen. Das Emporsteigen Schangos und das Aufgehen der Sonne. Die Wanderung des Herrschers über den Himmel von Sonnenaufgang bis Sonnenuntergang und die Bahn der Sonne. Der Kampf des zornsprühenden Schango und seine Fahrt in die Tiefe einerseits und das Versinken der Sonne, die den Himmel weithin in feurigem Roth erglühen lässt, andererseits: das sind so vollkommene Analogien, dass sie nicht erörterungsbedürftig sind.

Was diese Erscheinungen der Mythologie doppelt interessant macht, das ist die nahe Beziehung zum manistischen Grundstock. Die wichtigste Mythe unter den solaren der Afrikaner ist: die Seelen der Sterbenden folgen im Tode der Sonne in die Unterwelt. Reisende der Westküste haben in alter und neuer Zeit sie vorgefunden. Cada Mosto war wohl der erste, dem sie auffiel (vergl. die französische Ausgabe von Leo Afrikanus). Bastian der letzte, der auf sie hinwies. Aber die ursprüngliche einfache Fassung ist weniger wichtig, wie das immense Einflussgebiet der Anschauung. Man kann sagen der afrikanische Manismus sei vom Netz der solaren Fäden ebenso durch- und überzogen, wie der oceanische.

Hier haben wir diesen Beziehungen so weit nachzugehen, als sie Maskenformen und -Sitten erklären.

Die grosse Wucht der unscheinbaren Mythe von der Seelen-Sonnen-Folge beruht darin, dass die Sonne einerseits antropomorphisirt wird und andererseits den Verstorbenen nun alle Eigenschaften der Sonne sowie deren Schicksale zugeschrieben werden. Die wiedergegebenen Mythen von Schango und Hubeane zeigen Spuren dieser gegenseitigen Beeinflussung. Einmal ist Schango die Sonne, Herrscher der Todten in der Unterwelt, zum andern ist das Schicksal der Menschen gleich dem der Sonne; sie werden verschlungen.

Was in diesen Mythen als einmaliges Ereigniss geschildert ist, ist also das Schicksal aller Sterbenden und Todten. Wie Hubeane und die Menschen damals, wie die Sonne jeden Abend, so wird auch die Seele jedes Verschiedenen am Eingange in die Unterwelt, da wo die Sonne versinkt, von irgend einem Zauberer verschlungen. Somit verstehen wir es, wenn die Novizen vom Horrey verschlungen werden, eine Zeit lang in seinem Bauche bleiben und dann wieder an's Licht kommen. Es ist diese Art der Vergeistigung die solare Form des Themas: Tod und Wiedergeburt, das in allen Melodien der Geheimbund-Institutionen wiederkehrt.

Die eigenartigste Folgeform der Mythe ist die von der Himmelsleiter. Man nimmt an, dass die Sonne auf einer Bahn wandele. Als Baum, Brücke und Strick steigt der Sonnenheld empor, geht er am Himmel entlang und lässt er sich hinab. Daher kommt es, dass Schango, als er die Erde verliess und zu den Todten hinabstieg, er in die Tiefe eine Kette herabliess. Ein Theil, das Ende, ragt noch heute empor. Die Todten gelangen an Stricken in die neue Heimath. Will man einen Geist citiren, so bindet man in die Spitze des Tempels einen Strick, der dem unten Knieenden auf den Rücken fällt. An diesem Strick steigt der Verstorbene in den Ganga hinab. Auch der Trauerstrick gehört hierher. Allerdings scheint seine ursprüngliche Bedeutung vergessen. Von der Sierra Leona-Küste wird aber noch berichtet, die Angehörigen eines Todten trügen die Perlketten, damit der Geist des Verstorbenen noch mit ihnen verkehren könne. Weiterhin ist die grosse Menge der Strickamulette durch dieses Motiv zu erklären.

Hierunter zu rechnen ist das Masamputila genannte Amulett der Nkimba. Es besteht aus einem Bündel Palmblätter. Sie sind in der Weise zusammengefügt, dass sie an einem Ende eine Art Besen bilden, während das andere in nur zwei Stiele ausläuft, die wie ein Halsband um den Hals geschlungen werden. Das erinnert lebhaft an den „bandartig um den Hals getragenen Strohwisch" der Kischi-Tänzer, der auf Taf. II Fig. 4 zu erkennen ist. Die Todtenleiter erkenne ich aber auch in dem Strick, der am Ogowe die tanzenden Männer und Frauen trennt. Ein Ueberschreiten desselben bringt den Tod. Ferner ist an die Mangongo-Hütte zu erinnern. Diese ist klein. Vor dem Eingange ist eine hohe Stange errichtet. Eine Liane verbindet die Spitzen des Pfahles und der Hütte. Diese Verbindung ist deutlich. Auf der Schnur gelangt der Geist aus dem Geisterpfad in die Geisterhütte. Wir werden später eine interessante Analogie kennen lernen (vgl. Capitel 5 d). Die Jeyhe-Mädchen erhalten bei den Einweihungsceremonien Fäden um Hals und Kopf. Also Wiederkehr südlicher Vorkommnisse. Wichtig ist der Eidschwur des Jeyhe. Das Schlingenfangen als Variation des Strickfesselns ist auch sonst in Afrika nachgewiesen. Eine aus den Blättern der Oelpalme und des Bützbaumes gefertigte Schlinge, die dem Beleidiger über den Kopf geworfen wird, überliefert ihn der Gewalt des Jeyhe.

Untergangsorte der Sonne. Eingänge in die Unterwelt spielen in allen solaren Mythologien eine hervorragende Rolle. Für Inselvölker liegt das Seelenland im Meere oder Jenseits desselben, für Continentalvölker im Innern der Erde. Beim Versinken kehrt die Sonne in einer Höhle ein. Das ist die Sonnenhöhle, in der auch die Todten leben. Die Verstorbenen werden daher in seitlichen Höhlen beigesetzt; nicht in Gruben, sondern in Gängen. Diese Gräber sind daher Bauwerke, die oft mit einem Hügel, einem Steinhaufen bedeckt sind. Die gleichen pyramidenähnlichen Bauten sind Heiligthümer der Sonnengötter. So des O-Dente, in dessen Dienst sie am bekanntesten wurden. Das hohle Innere des O-Dente-Hügels birgt ein stehendes Menschenopfer. Das ist gleichsam eine Miniaturausgabe der solaren Unterwelt. Beim Jeyhe finden wir Verwandtes. Einmal nämlich in dem mit Blut besprengten und weissen Hühnerfedern geschmückten Erdaltar, dann in dem zwei Meter hohen und ein Meter breiten erdgemauerten Rohre, in dem die Jeyhe-Zöglinge Aufnahme finden.

Der mit Blut besprengte und weissen Hühnerfedern geschmückte Erdaltar gemahnt an die heiligen Farben der solaren Anschauung. Weiss und Roth sind die Farben Schangos; es ist das Weiss der Mittags-, das Roth der Morgen- und vor allem der Abendsonne. Weil der Sonne folgend, im Gefolge der Sonne lebend sind die Geister gleichwie alle Sonnenhelden weiss. Und daher sind die die Vergeistigung Durchmachenden weiss, so die Infun-Leute, die Sandi-Mädchen, die Nkimba und Ndembo (Nr. 11). Weiss sind daher auch viele Masken. Das weisse Gesicht der Fan-Ganga (Nr. 15) ist die einfachste Maskirung. Weiss ist die Grundfarbe z. B. folgender Masken Marutse: Taf. II Fig. 3 und 4. Loango: Taf. I Fig. 26, Taf. II Fig. 27, 30, 31. Ogowe: Taf. II Fig. 43, Taf. VI Fig. 50—53. Kamerun: Taf. IX Fig. 61. Kalabar: Taf. VI Fig. 68, 71—73. Taf. VIII Fig. 78, 80. Incerta: Taf. XII Fig. 123, 124, 126, 127. Eine stattliche Reihe. Mit Weiss wurden die Europäer vielfach als Geister Verstorbener begrüsst und auch Gegenstand der Maskendarstellung (z. B. Yoruba: Taf. IX Fig. 98). Aber auch Roth kehrt nicht selten wieder (z. B. Loango: Taf. II Fig. 29 und 31. Ogowe: Taf. II Fig. 49).

Aber es scheinen noch andere Eigenthümlichkeiten der Masken auf solare Züge zu deuten. Im Innern der Loangoküste ist als Bildniss der verehrten Sonne ein mit Pfeilen umsetztes Gesicht in einer Capelle aufgestellt. Ehe der Jäger auszieht, steckt er einen seiner Pfeile in den Strahlen-Nimbus, um ihn nach Tödtung eines Thieres wieder auszuziehen. Aehnlich war das Bild des Angoya in Weida mit Pfeilen bekränzt. Angoya war offenbar ein Verwandter Akotias, der von einem Sonnenhelden abstammt oder in besseren Zeiten selber ein solcher war. Auf derartige Pfeil- und Federkränze ist eine ganze Reihe von Formen zurückzuführen. Unter den Masken möchte ich besonders die der Grebo Taf. XI Fig. 111 und 114 mit den solaren Strahlenkränzen in Verbindung bringen. Fig. 113 wird einen gleichen Federnimbus gehabt haben. Heute ist nur noch das Holz-skelett erhalten. Auch Formen des Südens sind hier zu erwähnen. So der Stirnkranz der Kischi-Maske Taf. II Fig. 3, der an der Akisch-Maske Nr. 6 wiederkehrt. Auch an Federkränze wie Nr. 8, 9 und Taf. III Fig. 9 ist zu denken. Bei letzterer Maske fällt noch die Nimbusbildung auf, die der an den Grebo-Masken fast vollkommen gleicht. Die Ogowe-Masken Taf. III Fig. 44—49 zeigen getheilte Formen. Der Nimbus ist in Stirnkrönung und Ohren aufgelöst. Gleiche Riesenohren haben die Masken Taf. VI Fig. 72

und Taf. VIII Fig. 80 aus Calabar. Ob die Haarbildungen an Ogowe-Masken wie Taf. IV Fig. 39 und Taf. VI Fig. 52 und 53 auf das gleiche Motiv zurückzuführen sind, erscheint zweifelhaft. Es dürften phantastische Haarschmucke und Frisuren sein. Immerhin wird man bei der Behandlung der oftmals halbsymbolischen Haartrachten die solaren Beziehungen ebenso-wenig aus dem Auge verlieren, wie bei einem durch reichere Materialien erleichtertem Studium der Maskenformen.

Der durch die solar-manistische Verwandtschaft leicht erklärliche, weitgehende Einfluss der solaren Anschauungen auf die Masken und Masken-sitten findet aber seinen wichtigsten Ausdruck im Namen und Sinn der Bundesgötter. Oro, den Geist der Ogboni, besprach ich schon. Ihm ist ein Granitpfeiler heilig, ein Merkmal, das fast stets auf solare Beziehung hinweist. Sein Name ist mit Burton auf orun die Sonne zurückzuführen. Wir haben die zürnende, rächende, strafende Gewalt der Sonne oder des Sonnengefolges vor uns. Andere Bundesgötter haben sicher einst gleichen Sinn gehabt. Man darf nicht übersehen, dass die meisten Sonnengötter Nordguineas heute Gewittergötter sind. Der typische Schango ist der Gott des Donners. Der Hauptgott des Jevhe ist So, der Blitzgott. Sein Ab-zeichen ist eine Axt, mit der er Bäume und Menschen spaltet. Im Blitz schleudert So durchlöcherte oder axtförmige Steine auf die Erde. Priester des Jevhe kann nur der werden, der Blitzsteine findet und die in einem Topfe ausgräbt. Der Topf ist das Symbol mehrerer Sonnengötter, so auch in dieser Gegend das des Lissa. (Lissa ist der Sonnengott der Dahome. Dahome das Heimathland der Jevhe. — So ist ferner die „Medizin" und der mystische Medicinschmaus der Infonu.

Alles in allem wird es sehr schwer halten, den ganzen Umfang des solaren Einflusses zu erkennen, um so schwerer, als wir es nur mit unbe-wusst bis in die Gegenwart herübergebrachten Resten aus alten Zeiten zu thun haben.

b. Kunstkritischer Vergleich der Formen.

Die Motive, die Quellen kennen wir. Die Maskenformen haben jetzt den Eindruck der Einförmigkeit verloren. Fast ein jeder Zug, jede Einzel-heit lässt auf lange Entwicklung schliessen, verräth Beziehungen und spricht von einem mannigfaltigen Geistesleben. Mit der Analyse ist der erste Theil der Formbesprechung erledigt. Der zweite nimmt die Erörterung des Zusammentretens der Einflüsse, den Vergleich der sich entwickelnden Formen in Anspruch. Der ethnologischen muss die kunstkritische Betrachtung folgen.

Auszugehen hat diese Studie von der Erkenntniss, dass die afrikanische Maske nicht einem Bestreben, das Menschengesicht nachzubilden, entstanden ist. Sie ist ein Produkt der steigenden Culturkunst (vgl. „Bildende Kunst der Afrikaner" S. 16). Unwillkürlich wird die natürliche Form gewonnen. Die Kunst geht aber aus von Gebilden, die durch das Bewusstsein der geistigen Motive zu etwas anderem werden, als sie sind. So wird die wandelnde Geisterhütte zum wandelnden Geiste nur durch den Sinn, der in sie hineingelegt wird. Es muss daher zunächst kurz wiederholt werden, inwieweit jenen ersten Stücken Vorlagen dienten, inwieweit die Entwicklung von den schöpfenden Vorstellungszweigen im Banne des Stilisirens gehalten wurde, welches also die Hindernisse waren, die genommen werden mussten, ehe eine naturalisirende Kunstrichtung in der Beobachtung des Menschengesichtes und der Darstellung desselben sein Ziel sah. In den ersten Gebilden wurden Gedanken zum Ausdruck gebracht, in den letzten, entwickeltsten natürliche Formen. Das sind die Grenzen zwischen denen die Formen und unsere Untersuchungen sich bewegen.

Die Anfänge der Bildung von Masken treten gesondert auf. Die weisse Bemalung ist die einfachste Form der Maskirung. Im Hinterlande Angolas wenden sich die, die ein Unglück getroffen hat, an den Ganga. Dieser beschmiert sich zum Zeichen, dass ein Geist aus ihm spreche, weiss. Bei den Ganga-Ceremonien der Ogowe-Völker spielt die weisse Farbe eine ähnliche Rolle. Wenn die Ganga an der Goldküste sich mit den in den Bäumen hausenden Geistern verständigen wollen, so bemalen sie sich mit weisser Asche. Die Entwicklung dieser Sitten endet in dieser Richtung in der Weissbemalung der Masken.

Die Hüttenmaske ist das zweite wichtigere Element der afrikanischen Maske. Die primitivste Form in Gestalt gebundener Strohmasken findet sich bei den Aba Queta der Ama Xosa (Taf. III Fig. 1 und 2). Zweierlei ist an diesen Masken besonders bemerkbar; einmal der Uebergang der gebundenen zur geflochtenen Form; dann die Auflösung des Gebäudes in ein-

zelne Theile. Die Masken der Akisch (Nr. 5—10) sind die besten Beispiele.
Ferner ist an die weitverbreiteten Netzanzüge zu denken, die wohl eben-
falls auf die Hüttenmaske zurückzuführen sind. Auch die Federkleider der
Loangoküste (vgl. Nr. 12) die Nase) sind auf Netzwerk aufgearbeitet.

Das dritte wichtigste Element, weil Ausgang der Formen, ist die
Schädelmaske, deren naturalistisch-drastische Gestalt in Afrika nicht wie in
Oceanien erhalten zu sein scheint. Heute dient statt der Schädelbeine ein
Geflecht- oder Stabgerüst der Wachs- oder Kalkmasse als Unterlage (vgl.
Taf. II Fig. 3, 4. Taf. VII Fig. 88). Diese geklebten Masken haben zuerst
die menschlichen Gesichtsformen dargestellt, aber wohl zu beachten, nicht
die des Lebenden, sondern die des Todten.

Nicht übersehen werden darf das vierte, thierische Element, welches
ebenfalls nicht nur die Menschenmaske beeinflusst hat, sondern auch in sie
ausgelaufen ist. Zuerst werden Thierköpfe aufgesetzt und Häute über-
gezogen (vgl. Nr. 17 und Taf. XII Fig. 125). Später werden sie aus Holz
geschnitzt und vor das Gesicht gehalten. Auch geflochtene scheint es zu
geben. Hutter lobt die Büffel- und Ochsenköpfe der Bali. Geschnitzte
Vögel und andere Thiere krönen die Masken von Kalabar.

Sehen wir nunmehr die geflochtenen Masken an. Da ist die Frage
zu erörtern, ob diese alle Menschengesichter darstellen. Taf. VII Fig. 89
lässt keinen Zweifel aufkommen, wohl aber die Senegal-Masken Taf. IX
Fig. 118, Taf. XI Fig. 119—122. Man kann sagen, dass dem Norden zu
im Verhältniss zum Vorkommen der menschlichen die thierischen Masken
bedeutend überwiegen. Dazu gemahnen die Hörner dieser Senegal-Masken
an Ochsenköpfe als Kopfmasken, die auch in diesen Gegenden nicht selten
sind. Die aufgenähten Streifen deuten in keiner Weise ein Menschengesicht
an. Interessant ist die röhrenförmige Gestaltung, die das grössere Alter
der Strohmasken andeutet; denn an hölzernen kehrt sie zwar zunächst auch
als Augendarstellung wieder (Taf. XI Fig. 111—115), weiter südlich aber,
in Kalabar (Taf. VI Fig. 72) als unverstandener Stirnschmuck über den
Augen.

Im Gegensatz zu diesen ist an der Nupe-Maske (Taf. VII Fig. 89)
das Menschengesicht unverkennbar. Aber es erinnert mehr an den Schädel,
als an das Antlitz des Lebenden. Die einfache Weise, in der hier eine

26*

unverkennbare Wirkung erzielt, ist merkwürdig. Vergleichen wir damit
Nr. 10. Hier ist alles gewaltsam zusammengefügt: Hut, Augen, Nase, Mund.
Der Unterschied ist so zu erklären, dass die Nupe-Maske ein vollendetes
Werk der Flechtindustrie, die Kioke-Maske aber das unbeholfene Produkt
einer Uebergangszeit ist.

Weiterhin wichtig als dritter Beweis höheren Alters ist es, dass an
Stelle des Schädelgerüstes Flechtwerk getreten ist. Dadurch ist eine gewisse Gleichaltrigkeit von Schädelmaske und Hüttenmaske angezeigt. Erst
später ist eine Verbindung beider eingetreten, die vor allem die Bildung
der hölzernen Helmmasken zur Folge hatte. Geschnitzte Helmmasken finden wir bei den südlichen Congo-Völkern (Taf. I Fig. 18, Taf. II Fig. 14),
den Wandumbo (Taf. III Fig. 22), Djen (Taf. VII Fig. 85) und in Liberia
(Taf. VIII Fig. 115, 116 und 131). Hierzu kommen die Yoruba-Masken. Eine
andere Verbindung von Hüttenmaske und Gesichtsmaske führte zur Bildung
der Aufsatzmasken, die zumal in Kalabar heimisch sind (Taf. VI Fig. 68,
71, 73, Taf. VIII Fig. 75—78), aber auch im Süden (Taf. XII Fig. 123)
und im Norden (Nr. 19). — Im Allgemeinen bedeuten diese Helm- oder
Topfmasken keinen sonderlichen Fortschritt. Ausgenommen sind die Yoruba-
Masken, auf die später zurückzukommen sein wird. Auch die Aufsatzmasken haben keine besonders glückliche Entwicklung genommen. Am
freiesten sind die Vorleg-Masken.

Thatsächlich ist die anfängliche Verbindung mit der Hütten-Körper-
Maske von der tiefsten Bedeutung für die Entwicklung der Gesichtsmaske
gewesen. Dieser Zusammenhang ist derart gewesen, dass das Gesicht in
den primitiven Formen nur als ein wenig markirter Theil der Körpermaske
behandelt wurde. Mit einer leichten wenn auch geschickten Charakterisirung
der Gesichtszüge, wie an der erwähnten Nupe-Maske, beginnt die Befreiungs-
entwicklung. Sie hat geendet mit der freien Gestaltung des Gesichtes und
der Verdrängung der Körpermaske. Während Anfangs also das Gesicht
ein wenig betonter Theil — in den primitivsten Formen Taf. III Fig. 1 u.
2 fehlt er noch ganz — der Körpermaske war, ist dieser am Ende der
Entwicklung der herrschende. Die Körpermaske ist nur noch als Faserbehang oder als Andeutung von Flechtwerk (vergl. den Rand der Baluba-
Maske Taf. II Fig. 12b) an der hölzernen Gesichtsmaske vorhanden.

Die hölzerne Gesichtsmaske ist in ihrem Werden zu beobachten. Ihre Entwicklung hatte grosse Schwierigkeiten zu überwinden und zwar zumal folgende:

1. den Einfluss der Hütten-Körpermaske,
2. den Einfluss der Schädelmaske,
3. technische Schwierigkeiten,
4. den Einfluss thierischer, verwandter Formen.

Oft treffen fremde Einflüsse zusammen, noch öfter mögen sie sich dem Auge des Forschers entziehen. Jedenfalls ist die Hauptaufgabe des kunstkritischen Betrachtens darin zu suchen, die Ueberwindung und Eigenartigkeit der Schwierigkeiten zu erkennen. Ich möchte hier bemerken, dass es ein Irrthum ist, wenn man den afrikanischen Maskenschnitzern das Bestreben schreckhafte oder fratzenhafte Gesichter zu bilden, zuschreibt. Es mag dies hier und da mitwirken, hat aber auf keinen Fall einen durchgreifenden Einfluss auf die Gesichtsbildung ausgeübt. Die Maskenkunst ist viel zu ernst und zu schwerfällig, um solchen Launen Raum zu geben. Vielmehr wird man mit der Zeit den Ursprung und die Abhängigkeit jedes Gesichtszuges erkennen lernen. Vorliegende Zeilen mögen in diesem Sinne anregen.

Der Einfluss der Schädelmaske hat auch technische Schwierigkeiten hervorgerufen. Es scheint fast, als habe es eine Maskenform gegeben, die nur noch in ihren Ausläufern zu erkennen sei, als habe es einstmals auch geklebte Masken mit einer Holzunterlage gegeben. Die der Baja und Marutse sind durch Flechtwerk und Stabwerk zusammengehalten. Meine Ansicht wird durch gewisse Spuren unterstützt. Die Makonde-Maske Taf. I Fig. 5 hat am Auge und auf der Stirn Reste aufgeklebten Wachses oder einer ähnlichen Maise, die mit Haaren durchsetzt ist. Taf. I Fig. 6 zeigt das Gleiche am rechten Auge und am Mund. Spuren derselben Art besitzt die Bongo-Maske Taf. VII Fig. 87. Aber noch anderes deutet auf eine derartige Entwicklung. So die vertieften Augenbrauen der Sangha-Maske (Taf. IV Fig. 23) und der Ogowe-Maske (Taf. VI Fig. 53), die erklärlich werden, wenn man annimmt, dass sie oder ihre Vorbilder einst durch eine derartige Masse ausgefüllt gewesen seien. Vielleicht deutet die Bildung der

206   L. Frobenius,

Augenbrauen von Taf. IV Fig. 41 etwas ähnliches an. Hier sind Streifen aufgestiftet.

Die Einwirkung der zusammengesetzten Formen auf die späteren vollendeten, ganzen zeigt sich auch in der Zahnbildung. Masken der Baja (Taf. VII Fig. 88) Bongo (Taf. VII Fig. 87) der Wakonde (Taf. I Fig. 6) des nördlichen Kongo (Taf. I Fig. 19—21) und eine der Incerta (Taf. XII Fig. 123) haben eingesetzte Zähne, solche der Ogowe- Kassai- und Loango-Völker dagegen angeschnitzte.

Ist unsere oben erwähnte Annahme richtig, dass ein Theil der Holzmasken nämlich aus der Holzunterlage hervorgegangen sei, so hätten wir eine doppelte Entwicklungsrichtung der Holzmasken anzunehmen. Da ausserdem einige Holzmasken offenkundig aus den geflochtenen hervorgegangen sind, so reiht sich diesen beiden Formen eine dritte an. Diese dritte wird durch die Grebo-Masken vertreten, die den Senegalmasken entstammen. Dies zeigt nicht nur die röhrenförmige Bildung der Augen (Taf. XI Fig. 110 bis 114) indem auch die Linie auf Stirn- und Strahlenkranz (Fig. 111, 112, 114), vor allem auch die Hörner auf Fig. 114.

Reste der zuerst erwähnten Entwicklungsrichtung sind unter den flachen, solche der Zweiten unter den gewölbten Masken zu suchen. Die merkwürdigste unter den flachen Masken ist die vom Sangha (Taf. IV Fig. 23).

Die Herstellungsweise ging also von verschiedenen Gestalten des Materialstückes aus. Man kann einen grossen Theil der einfacheren Formen nach diesen Gestalten des Materials in Gruppen bringen. Die einfachsten gehen vom Brette aus. Der hauptsächliche Zug des alten Herstellungs-verfahrens, möglichst viele Punkte der Oberfläche in eine Fläche zu bringen, ist an ihnen am ausgeprägtesten. Die Leidener Maske Taf. XI Fig. 110 und auch andere von der Elfenbeinküste zeigen nur zwei Oberflächen auf deren vorderen Mundspitze, Nasenspitze, Augen und Stirnhöhe liegen. Alles andere ist bis zur zweiten Fläche ausgekerbt.

Ein zweites Verfahren geht von Kalabar aus. Stirn und Mundspitze liegen ebenfalls auf einer Fläche. Vom unteren Stirnrand ist ein wage-rechter Schnitt in den Klotz gesenkt. Von der Mundspitze ist der Zwischen-raum bis zum Ende des Schnittes im versenkten Bogen ausgekerbt. Nur Nase und Augen bleiben stehen (vgl. z. B. Taf. VI Fig. 68, 71—73;

Taf. VIII Fig. 77—80, 82a.) Diese Technik ist bis weithin gen Süden zu
verfolgen. Die Loango-Maske Taf. I Fig. 26 entspringt dem gleichen Verfahren, für welches das Auslaufen der Bogenrandlinie im Mund charakteristisch ist. So auch Taf. I Fig. 17 die Baluba-Maske. Auch die Herstellungsweise der Ondumbo- (Taf. III Fig. 44—49) und Wandumbo- (Taf. III
Fig. 22) Masken, d. h. das Auskerben vom Gesichtsrande aus nach innen,
ist auf diese Methode zurückzuführen. Bei den sechs ersteren liegen Gesichtsrand, Augen, Nase, Mund auf der gleichen Fläche.

Eine dritte Gruppe von Maskenformen entstammt dem halbeiförmigen
Klotze. Fig. 21 (Taf. I) zeigt, wie dem Klotzstücke diese Form gegeben
wurde, aber so roh, dass noch die Kanten an der vollendeten Maske erkennbar sind. Von der Nasenspitze bis zum Kinn ward dann ein Stück
abgeschnitten. Daher liegen Mund und Nasenspitze auf einer Fläche. Eine
rohe Auskerbung durch wagerechten Einschnitt unter der Stirn und senk-
rechten vom Mund aus, wobei die Nase stehen blieb, vollendete das Werk,
dem nur noch das Durchbohren der Augen und des Mundes ermangelte. In
gleicher Weise ist Taf. I Fig. 20 entstanden. Eine Abrundung gab der
Maske eine gefälligere Form. Die Baluba-Masken Taf. II Fig. 12, 13;
Taf. I Fig. 16 und die Mongalla-Maske Taf. I Fig. 19 entspringen ebenfalls der halbeiförmigen Materialgestalt. Aber hier ist von oben nach innen
und zwar von allen Seiten aus gearbeitet. Die letztgenannte Maske ist noch
die roheste. Eine Kerbe für den Mund und eine für den Nasen-Oberlippen-
schnitt, ferner eine flache Auskerbung der Augenparthie. Der Einschnitt
unter der Nase ist auch auf Fig. 16 erkennbar; aber die Nase hebt sich
hier schon empor durch eine seitliche Auskerbung, die noch weitergeführt
zu Formen wie Taf. II Fig. 12 führt. Den Augen ist rege Sorgfalt gewidmet. Alle Gesichtstheile entsprechen der besseren Technik zufolge den
natürlichen Verhältnissen.

Jedenfalls geht aus alle dem die ausserordentliche Beeinflussung durch
die Technik hervor. Während an einigen Masken die Schwerfälligkeit des
Schnitzereiverfahrens und die unbeholfene Form auffällt (z. B. Taf. I Fig. 5
bis 7) zeigen andere eine gewisse Geschmeidigkeit der Gestaltung (z. B.
Taf. IV Fig. 40 und 39) und nur wunderliche Linien und Ornamente legen
noch Zeugniss davon ab, mit wieviel mannigfaltigen Schwierigkeiten und Ein-

Hüssen die Entwicklung zu kämpfen hatte. Zwei dieser merkwürdigen Resterscheinungen mögen wenigstens betont werden. Ogowe-Maske Taf. VI Fig. 52b gehört zu den ausgezeichnetsten Arbeiten. Ein Blick auf die Profilgestaltung Fig. 52a zeigt aber, dass die Zweiflächentechnik immer noch in gewisser Härte durchleuchtet. Auf der äusseren Fläche liegen Mund-, Nasenspitze, Stirnhöhe. Auf der versenkten dagegen Nasenwurzel, der Raum zwischen Nase und Mund und endlich das Kinn. Die Yoruba-Masken auf Tafel X und XIII zeigen theilweise gute Mundbildungen. Bei eingehender Untersuchung erkennt man jedoch, dass in ihnen zum Theil noch die kastenförmige Mundbildung der Grebo-Masken nachklingt, die am besten noch in den zwei Stücken Fig. 91 und 92 (Taf. VIII) erhalten ist (vgl. hiermit Taf. XI Fig. 110, 113, 114).

Wie weit bei dieser Methode technischen Stilisirens die Kunst sich von der wissenschaftlichen Naturbeobachtung fern hielt, geht aus vielen Zügen und Einzelheiten hervor. So aus der Augenbildung. So hat Taf. XI Fig. 111

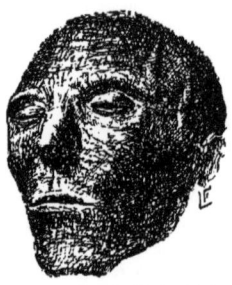

neben den Röhren-Augen solche zum Durchschauen, Fig. 113 zwei Paar Röhren-Augen, von denen eins zum Durchschauen bestimmt zu sein scheint. Bei der Stockholmer Kamerun-Maske Taf. VI Fig. 55 ist das Ungeheuerliche geschehen, dass statt unter der Stirnwölbung die Augen unter der Nase stehen.

Nr. 32 Kopf der Mumie Setis I.

Die gewaltigsten Hindernisse, die Fesseln, die überwunden und durchbrochen werden mussten, wenn es der plastischen Darstellungsweise gelingen sollte, ein naturgetreues Bildniss des Menschengesichtes zu schaffen, sind jetzt zum grössten Theil bekannt. Es handelt sich nunmehr darum, eingehend Art und Einwirkung des Modelles kennen zu lernen. Das Modell wurde schon besprochen. Es ist nicht der Kopf des lebenden, sondern der des todten Menschen.

Hier wird absichtlich nicht von der „Schädelmaske" ausgegangen.

Auch der Neubritannier verwendet nicht lediglich die Schädelbeine als Maske. Vielmehr füllt er die durch Verwesung des Fleisches entstandenen Lücken mit einer Masse aus. Er ergänzt die Knochen ebenso zum Gesicht, wie Baja und Marutse das Flecht- und Stabgerüst, andere die Holzunterlage.

Es tragen allerdings weniger entwickelte Formen unter den Masken noch Spuren der „Schädelmasken", die nachgehends zu besprechen sind. Aber das Ziel der plastischen Kunst der Afrikaner ist ebenfalls die Wiedergabe des Menschengesichtes. Demnach folgt zunächst eine Stufe, die als Studienstufe bezeichnet werden kann. Sie lehrt den Aufbau der Formen, führt aber durchaus nicht direkt zur Vollendung. Vielmehr hat sie eine Verlangsamung zur Folge. Erst nachdem der Neger die Epoche und damit die Erkenntniss des Schädelgerüstes und der Verhältnisse der Gesichtstheile überwunden hat, konnte er ganz naturgetreue Menschengesichter und Menschen-Masken herstellen.

Formtheile, die zunächst vom geraden Wege der Entwicklung ablenkten, sind in Kiefergestaltung, Mund, Nase, Augen zu erblicken. Wie oben erwähnt, wurden anfangs vielfach klappbare Unterkiefer gebildet (Taf. VI Fig. 72; Taf. VIII Fig. 82). Beim Wegfall des Unterkiefers ward zunächst der Mund auf die weit nach vorn ragende Oberlippe gesetzt (Taf. VI Fig. 74; Taf. VIII Fig. 87a, 77, 79 etc.). Infolge dessen zieht sich an der Wukari-Maske Taf. VII Fig. 85b vom Munde bis zum Ohr noch eine Zahnreihe. Andererseits wird das Gesichtsende weit nach vorn geschoben (z. B. Taf. I Fig. 18b; Taf. II Fig. 27b; Taf. XI Fig. 112b). Drittens entspringt diesem Verfahren die merkwürdige oben besprochene Gesichtsrandlinie.

Die Nase des Schädels ist unbedeutend klein. Vor allen Dingen fällt das Fehlen der Flügel auf. Daher die kleinen Nasenstumpen (Taf. VII Fig. 85; Taf. I Fig. 17; Taf. IV Fig. 50, 51, 53), die sehr wenig mit einer Negernase gemeinsam haben. Merkwürdig aufgestülpte Nasen wie auf Taf. II Fig. 34 werden dem flügellosen Septum ihren Ursprung verdanken. Dann aber, als die Nasenflügel „neu entdeckt" wurden, fand die Plastik einen Gefallen daran, gewaltige Riechorgane zu produciren. Wenn die Negerkunst eine neue Entdeckung gemacht hat, hat sie immer, was früher gar nicht oder falsch dargestellt wurde, übermässig gebildet. Jetzt entstehen auf den

Seiten der Masken dicke Knoten (vgl. Taf. II Fig. 27; Taf. VI Fig. 69 und 70; Taf. VIII Fig. 93 die verschiedenen Yoruba-Masken auf Taf. X etc. Die Augen der Schädelmaske sind einfache Löcher. Solche sind lange beibehalten worden (vgl. Taf. I Fig. 5—8, 20, 21, 24; Taf. II Fig. 31, 32, 34; Taf. III Fig. 36; Taf. IV Fig. 23, 41; Taf. VI Fig. 55, 72). Wenn nicht Kieferntrennung ist auch der Riesenrachen als ein Ausfluss der Schädelmaske zu bezeichnen (vgl. Taf. I Fig. 24; Taf. VI Fig. 55). Auch die viereckige Mundgestaltung führe ich auf das gleiche Vorbild zurück (vgl. Taf. I Fig. 6, 25; Taf. II Fig. 14; Taf. VIII Fig. 87 etc.

Das sind Nachwirkungen der Studienepoche, Spuren des Ankämpfens gegen die drastische Gewalt des Schädelgerüstes. Dagegen drängen sich die Merkmale des eigentlichen Vorbildes des Kopfes des Todten mit mehr Aussicht auf glückliche Bahnen hervor. Um für das Studium dieser ein geeignetes Vorbild zu gewinnen, ist der Kopf einer Mumie im Text (Nr. 32) wiedergegeben. Das charakteristische dieses Kopfes ist zugleich der Unterschied des Lebenden und Todten.

Zumal die Augen fallen auf. Tief versenkt ruhen die stark gewölbten Lider in einer Schale. Genau die gleiche Gestalt kehrt auf Tafel I Fig. 17, der Kassai-Maske wieder, aber nicht nur hier. Die Bakuba-Maske Tafel II Fig. 15 zeigt die gleiche Form, die aus zwei halb oder ganz geschlossenen, stark gewölbten Lidern bestehenden Augen, die ich als Zeichen des Todten deute, finden sich an ausserordentlich vielen Masken. Diese Augenform herrscht im Süden und verschwindet in Kamerun (vgl. Taf. I Fig. 16—18, 25; Taf. II Fig. 12 — 16, 29, 35, 49, Taf. IV Fig. 39, 40; Taf. VI Fig. 50, 52—54; Taf. IX Fig. 64; Taf. XII Fig. 124). Viele Uebergänge leiten zu anderen Formen über.

Der Mund des Mumienkopfes ist leicht geöffnet, mit schmalen Lippen versehen und breit. Auf Taf. III Fig. 37 finde ich ihn wieder. Diese Loango-Maske fordert ausserdem zum Vergleich des unteren Randes mit dem Unterschied des eingefallenen Unterkiefers des Mumienkopfes heraus. Beide stimmen auch hierin, wie in der Backengestaltung so überein, dass man fast geneigt sein könnte solchen Kopf als Vorbild solcher Masken anzusehen. Die Nasen sind nicht vergleichbar, denn die der Mumie ist angesetzt.

An dieser Stelle ist auch eine bedeutungsvolle Ausnahme zu erwähnen. Die Yoruba-Masken (vgl. Taf. VIII Fig. 91–94; Taf. IX Fig. 95 bis 98; Taf. X Fig. 100–109) und auch die zwei merkwürdigen Masken unbekannter Herkunft (Taf. XII Fig. 126 und 127) haben die weitgeöffneten, durch Färbung noch mehr charakterisirten Augen der Lebenden, letztere ausserdem noch die naturalistischen, wulstigen Negerlippen. Ferner sind es dieselben Yoruba-Masken, die mit Ohren versehen sind, die den menschlichen möglichst ähnlich gestaltet sind. Im Allgemeinen wiegen einfache Schalen oder rohe Andeutungen über.

Es ist nur noch auf wichtige Beziehungen zu thierischen Elementen unter den Maskenformen hinzuweisen. Die Eidechse ist besonders erwähnenswerth. Die Kameruner Maske Taf. IX Fig. 66 zeigt, wie schon betont, dies Thier auf dem Kopfe der Ochsenmaske. An anderen Kameruner Masken ist das Thier oder vielmehr sein Kopf auf einen Stirnknoten und einen Nasenstreifen zusammengeschrumpft (vgl. Taf. VI Fig. 56; Taf. VIII Fig. 57). Taf. IX Fig. 67 zeigt nur noch den Knoten, Taf. VIII Fig. 59 nur noch ein eingeritztes Kreisornament. An anderen Masken ist die Schnauze der Eidechse vollkommen zur Nase des Ochsen geworden. So an Fig. 58 (Taf. VIII). Weit im Süden — die Zwischenglieder sind wohl vorhanden, aber waren für die Publikation nicht erhältlich, — finden wir die Ausläufer dieser Erscheinung. Die letztgenannte Maske ist schon der Uebergang von der thierischen zur menschlichen Maske. Die Loango-Maske Taf. II Fig. 31 zeigt ein Endglied der Entwicklungsreihe. Schon ist es ein unverkennbares Menschengesicht geworden. Aber die Maske trägt auch noch ebenso laut sprechende Zeichen ihrer Abkunft in den Hörnern, dem langen Unterende, dem augenscheinlich hülflos darauf gesetzten Mund, der langen Nase. Die gleichen Merkmale finde ich auf Kassai-Masken vertheilt, die Hörner an der Bakuba-Maske Taf. II Fig. 15, die Nase an der Lomami-Maske Taf. II Fig. 14, die Bildung des Unterendes an der Bakuba-Maske Taf. I Fig. 18 b. — Was für uns von besonderem Werthe ist, ist eine Erklärung für die oft merkwürdige Kinnbildung — eine andere ward oben erkannt, — und die Deutung der manchmal auffallend langen Nasen.

27*

Ferner treffen wir das Kreuz nicht allzuselten an Masken. So als weisse Bemalung auf Taf. VI Fig. 50, als Ornamentik des Mittelblattes und Ausdehnung bis auf den getheilten Nimbus an den Ondumbo-Masken Taf. III Fig. 44—49. Da auf der Stirne sonst nur die Eidechse vorkommt und das Kreuz als ein Entwicklungsprodukt des Eidechsen-Ornamentes erkannt worden ist, so ist dieses Kreuz der Ogowe-Masken nicht schwer verständlich.

Die letzte Entwicklungserscheinung gewinnt für die Erklärung der Loango-Masken Werth: diese sind oftmals bunt bemalt. Streifen- und Kreuzform liegt der Farbenvertheilung fast stets zu Grunde (vgl. z. B. Taf. II Fig. 29, 35; Taf. V Fig. 42). — Ganz anders die polychrome Kunst der Yoruba, die in den meisten Fällen europäische Oelfarben herangezogen hat. Jedoch kommen auch Erdfarben vor.

Da uns oftmals diesen Yoruba-Masken Werthlosigkeit gerade wegen dieser Bemalung zugeschrieben worden ist, mögen sie kurz betrachtet werden. In ihrer Reihe können ohne Schwierigkeit solche älterer, feinerer Arbeit und Masken flüchtiger, geschmackloser Arbeit erkannt werden. Man vergleiche die Kinn- und Nasenbildung der Tafel X zusammengestellten Stücke und wird die Unterschiede schnell erkennen. Die einen sind vielleicht für den Verkauf gearbeitet, vielleicht auch bei nachlassendem Interesse für den althergebrachten Kultus lässiger, jedenfalls sind es die mangelhaften Stücke. Andere, und an ihrer Spitze ist Taf. X Fig. 105 zu nennen (dann auch Taf. X Fig. 100), sind auch ganz hervorragende Leistungen der Negerkunst.

Das bringt uns darauf, von einem allgemeinen Gesichtspunkte aus die Masken auf ihre Entwicklungshöhe hin zu prüfen. Ohne viel Besinnen kann da gesagt werden, dass dem Süden zu — die Culturinsel Yoruba sei ausgenommen — die Kunstfertigkeit sich steigert, dass der Norden, also die Elfenbeinküste und Senegambien, dann Kalabar und Kamerun wenig erfreuliches bieten. Dagegen treten im Ogwegebiet schon fein abgewogene Formen auf (man vergleiche das Gesichtsoval von Taf. VI Fig. 53, den Ausdruck von Taf. VI Fig. 50). Wohl bietet die Loangoküste die besten Stücke (z. B. Taf. III Fig. 37), aber im Kassaibecken hat die Kunst am meisten ihren strengen, ernsten Stil und Typus bewahrt.

Im Grossen und Ganzen kann aber festgestellt werden, dass die Schwierigkeiten zwar gewaltige sind, die die Kunst zu überwinden hatte, dass aber auch die Leistungen Zeugniss ablegen von einer schätzenswerthen Eigenschaft des Negergeistes, Zähigkeit und Ueberwindungskraft. Als Kunsterzeugnisse primitiver Völker sind die afrikanischen Masken sehr hochstehend; vielleicht und wahrscheinlich sind es Zeichen eines wenn auch schwerfälligeren, so doch künstlerischeren Volkes als die Oceanier es sind, die über Ornamentik und Stilisirung die Hauptsache meist vergessen, die den Afrikanern nicht mehr fremd ist, nämlich — Naturwahrheit.

4. Capitel. Das Werden der Sitte.

Im dritten Capitel sahen wir die Geisterwälder als Wohnstätten der Maskirten und der Bund-Novizen, das Hervorwachsen der Körpermaske aus der Geisterhütte, der Schädelmaske und Gesichtsmaske aus dem Schädel der Ahnen, sahen die engen Beziehungen zwischen Maske einerseits, Geisterpfahl, Ahnenfigur, Stammbaum andererseits, sahen die Bedeutung animalistischer Züge für die Masken, kurz erkannten, dass alle Quellen der Formen im Bereiche des Manismus, der Ahnenverehrung und dessen Nebengebieten lagen. In diesem Gebiete muss also auch die Darstellung des Werdens der Sitte fussen. Was von Einschlägigem früher besprochen wurde, wird hier nur kurz wiederholt.

a. Manistische Grundzüge; Vergeistigung und Geistergewalt.

Mehrmals wird uns direct gesagt, dass die Maskirten die Ahnengeister oder vielmehr von solchen besessen seien. Das hat aber wenig Interesse, wenn es nicht gelingt, die vollkommen manistische Grundlage festzustellen. Dass die Maskirten bei den Todtenfesten erscheinen, wie wir das vom Ogowe, aus Loango, Kamerun und Liberia wissen, ist sehr bedeutungsvoll. Der Ndá erscheint beim Tode eines Bundesmitgliedes; die Ngoï übernehmen die schauerlichen Bestattungs-Ceremonieen; die Attonga-Weiber haben die Bewahrung der Leichensteine als einzige Pflicht; das Recht der Ogboni ist das Beisetzen der Verstorbenen. Beim Todtenfeste äussert sich auch die Geistergewalt. Der Ndá raubt beim Todtenfeste alles, was ihm erreichbar ist, dem maskirten Ganga steht nach dem Absterben der Fürsten an der Loangoküste das gleiche Recht zu. Wenn die mit den Nyati Verhüllten in Kamerun sich beschenken lassen und hierzu durch An-

stürmen und scheinbaren Zorn zwingen, ist das gleichfalls eine wenn auch
degenerirte Form der Geistergewalt.

Ueber die Geistergewalt verfügen nur die Vergeistigten. Der Vergeistigungszustand wird durch Enthaltungsgebote erreicht. Diese Enthaltungsgebote stellen die Einleitung in jenem Process vor, den Dapper treffend
als: Tod, Wiederauferstehung und Einverleibung in die Versammlung der
Geister bezeichnet. Die Ahnen wurden im Walde bestattet. Daher ziehen
auch die Novizen dorthin, in das Gebiet der Schatten. Wie dem Geiste
der materielle Genuss von Speise, Weib und sonstigem Umgang nicht zu-
steht, so müssen auch die Jünglinge sich dieser Dinge enthalten; einsam,
spärlich beköstigt, ohne Obdach und Schutz leben sie das Leben der Geister
in den Einöden, aus denen sie auch in deren Gestalt, weiss, mit Vogelfedern und der Hüttenmaske resp. deren Endgestalten, hervorgehen.

Von den Nkimba und Ndembo wird uns berichtet, wie sie getödtet
und wieder belebt werden. Von dort und den Jüngern des Belli ist es am
Besten beschrieben. Die Aba Queta müssen Hunger leiden. Enthaltungsgeboten unterziehen sich die Jevhe-Mitglieder und die des Mwetyi. Den
Simo-Schülern soll die Kehle abgeschnitten werden. Das bedeutet das
Gleiche. Wenn vom Horey gesagt wird, er verschlucke die Jugend, so ist
das nur die solare Auffassung des gleichen Gedankens.

Da sie hier gestorben sind, empfangen nachher die Novizen einen
anderen Namen, so die Ndembo-, Nkimba- resp. Quimbo-) und Jevhe-Zög-
linge. Es ist verpönt, den alten Namen wieder zu nennen. Die Geister
rächen das. Auch wird eine andere Sprache erlernt. Wir hören das aus
Berichten über die Bali- und Ogowe-Bünde, von den Schülern des Dschengu,
Meli, Jevhe, wissen es von den Egbo und Mitgliedern des Mumbo-Jumbo.
Diese Geheimsprachen sind noch nicht genügend erforscht, scheinen auch
verschiedenartig zu sein. Sie sind aus Afrika auch sonst bekannt. Baumann erwähnt eine Geheimsprache bei den Bube, François im Hinterlande
des Ewe. Der Geist Quingures ward in alter Sprache, die nicht mehr,
nicht einmal mehr den Ganga der Jaga bekannt und verständlich war, citirt.

Da sie gestorben sind, gehen die Jünglinge nach der Zeit im Walde
stumm einher (Nkimba, Ndembo, Horey). Sie müssen von Neuem essen,

arbeiten, gehen lernen. Die Belli-Schüler erfahren diesen Unterricht allein, die Ndembo-Zöglinge beim Ganga und mittelst des Stockes.

Die Geistergleichen, Vergeistigten verfügen aber vor allen Dingen über die Geistergewalt. Die Aba Queta fallen heisshungrig über den elterlichen Kraal her und rauben Vieh, misshandeln die Weiber und thuen sich am Mahle gütlich. Die umherstreifenden Nkimba machen die Dörfer unzugänglich. Der Kuwukuta-kanga-Asabi wird durch die von ihm selbst zusammenberufenen Sindungo, wenn sie erst maskirt sind, mit Schlägen heimgetrieben. Die Geistergewalt der am Todtenfeste Auftretenden ward schon erwähnt.

In Kamerun darf jeder Panga-Mann das Eigenthum eines Nicht-Panga stehlen. Was Muemba-Leute gestohlen haben, ist unersetzlich. Die Novizen des Mukuku fallen in nächtlicher Stunde in die Dörfer ein. Die Infonu-Leute geberden sich manchmal rein toll.

Zumal in den heimathlichen Dörfern im Walde herrscht die Geistergewalt. Wehe dem, der die Wälder des Belli, Sandi, Purrah, Simo betritt. Wenn Egbo, Oro, Dou durch die Strassen ziehen, dann flüchtet alles, zumal Frauen und Kinder. Mit Stockschlägen nicht nur, nein, angeblich sogar mit dem Tode wird das Erscheinen vergolten.

Wenn die Beschnittenen der Mandingo-Länder dahinziehen über die Felder, durch die Weiler und die Büsche, dann rauben sie nach Herzenslust. Hier aber können wir auch am besten die Abwandlung der Sitte verfolgen. Mancherorts gehört es zum guten Ton, sie zu beschenken. So wird die Sitte vielerorts gedämpft, sie verliert ihre rauhe Aussenseite, damit aber auch ihren Sinn, wenn die Beschnittenen von Räubern zu Bettlern werden. Bettelnd ziehen die Beschnittenen Timne's einher, bettelnd troddelt der Mukisch in den Gehöften der Kioke, Minungo und Maschinsche dahin. Die Bajabettler bei Ngaumdere trugen eine Maske.

Während so die Sitte und deren Sinn nach einer Seite im Lande verläuft, treibt sie gewaltige Sprossen andererseits: Geheimbund und staatliche Obrigkeit entwachsen anderen Ortes den Enthaltungsgeboten, der Vergeistigung und der Geistergewalt.

Wenn also die Basis aller dieser Maskenbräuche sich auf derartigen Manismus erhebt, dann interessirt es hochgradig, wenn die Maskirten des

Sudan. Gunuko und Dodo, die der Belli und der Dou als Vorfahren. Ahnengeister oder Seelen Verstorbener angesehen werden.

b. Vergeistigung in der Reife.

Die Frage, wieso sich die Zeit des Noviziates in einer gewissen Weise nach der Geschlechtsreife richtet, verdient entschieden eine eingehende Betrachtung, um so mehr, als wir auf diesem Wege am leichtesten die Pforte des Familienlebens, soweit es vom Geheimbund berührt wird, erreichen.

Ueber den Grund und die Entstehung der Beschneidungs-Sitte ist viel gestritten worden. Dapper berichtet, die Jolof danach befragt, hätten geantwortet, „dass sie anders keine Kinder zeugen könnten." Gleiches geben andere Völker an. Es fällt das mit der Annahme von Ploss zusammen, dass in der Sitte ein naiver Versuch zu erblicken sei, die Befruchtung zu erleichtern.

Diese Ansicht scheint mir der Wahrheit am nächsten zu kommen. Da dieselbe dem ganzen Anschauungskreise einen verständlichen Boden verleiht, soll sie noch weiter begründet werden. Ellis machte die Beobachtung, dass bei den Völkern der Elfenbein- und Sklavenküste die Verbreitung des Phalluscultus mit der Circumcision Hand in Hand gehe, dass die Beschneidung in enger Beziehung zum Dienste Legbas, des geschlechtssegnenden Gottes stehe. Es ist sehr bemerkenswerth, dass die Tschi weder Beschneidung noch Phalluscultus üben; bei den Ga wird nur theilweise die Circumcision vorgenommen und particller Phalluscultus beobachtet. Die Ewe aber sind alle beschnitten und huldigen durchgehends dem Geschlechtssegnenden. Dazu kommt die Bedeutung einiger Speiseverbote. Mit der Beschneidung hört bei den Baele die Erlaubniss, Hühner und anderes Geflügel, Fische und Eier zu essen, auf. Auch in benachbarten Ländern des Sudan gelten diese Nahrungsmittel auch für Männer unziemlich (Nachtigal). Wenn besonders Vögel und Eier in derartigen Bestimmungen genannt werden, ist an die befruchtende Eigenschaft, die dem Gesetze der Umkehrung zufolge in entgegengesetzte Gestalt übergeht, zu denken. Nach Livingstone dürfen wohl die Manjema-Männer, nicht aber deren Frauen das den Ahnen geopferte Ziegenfleisch geniessen; ausserdem steht nur ganz alten Leuten der Genuss vom Fleische der Papageien zu. Man nimmt an, dass die Kinder junger sich nicht an die Regel kehrender Männer den wackelnden Gang dieser Thiere erhalten. Bakwiri-Weibern sind Hühner und Eier untersagt. Von der Goldküste erwähnt Villault: Sie enthalten sich einer gewissen Art Speise oder Getränkes. Gemeiniglich thun sie dieses Versprechen bei dem Antritt ihrer Ehe.

Es treten also die Enthaltungsgebote in ganz bestimmten Zusammenhang mit dem Geschlecht. Die durch sie in dieser Beziehung gewonnene Vergeistigung wäre demnach dahin zu denten, dass eine gewisse Kraft gewonnen werden muss, um dem Kinde Leben zu schenken. Diese Kraft muss daher vor der Hochzeit gewonnen werden. Man nimmt also einmal die Beschneidung vor, zum anderen Enthaltungsgebote auf sich, um mit übersinnlichen und sinnlichen Kräften ausgestattet, die Fähigkeit zu erlangen, Leben und Geist erwecken zu können. Prüfen wir diese Ansicht.

Sobald an der Tanga-Küste ein Jüngling das Alter erreicht hat, welches ihn befähigt, in den Kreis der erwachsenen Leute zu treten, hat er die Ceremonie des Galo durchzumachen, deren wesentlicher Bestandtheil in der Anbringung der Stammesmarke besteht. Der Ganga, der die betreffende Operation vollzieht, verbindet dem jungen Manne die Augen und sagt ihm, dass die Vögel kämen, ihn zu ritzen. Sobald dies geschehen ist, begeben die Knaben sich mit dem Ganga in die Wildniss, errichten kleine Hütten und bringen in diesem Galo eine gewisse Zeit von einigen Tagen bis einem Monat zu. Tanzen und Singen scheint hier ihre wichtigste Beschäftigung. Es darf kein Küstenzeug getragen werden, sondern nur einheimischer Rindenstoff. Der Körper wird mit Kalk oder Asche weiss beschmiert. Die nothwendigste Nahrung wird von den Angehörigen am Wege nach ihrem Aufenthaltsorte aufgestellt. Diese Sitte muss jeder durchmachen, der in die Reihe der Männer treten will. Anderen Falls werden seine etwa geborenen Kinder als unrechtmässig betrachtet und getödtet. In dieser Schlussbemerkung Baumann's ist der oben angedeutete Zweck dieser Sitte und der ihnen zu Grunde liegende Gedankengang mit einem gewissen Bewusstsein ausgesprochen. — Die Jünglinge der Baluba, Kioke und Wambuba müssen im Alter des Ueberganges vom Knaben zum Manne ebenfalls in den Wäldern eine Zeit der Abgeschlossenheit, die mit der Beschneidung verbunden ist, verbringen. Kein Weib darf in ihr Revier dringen; das ist auch hier strenges Gebot. — Auf einer Insel des ausgedehnten Sees Eliva Jonanga befindet sich das Heiligthum eines mächtigen Geistes. Ganga bewachen es und liegen dessen Dienste ob. Ausser diesem Tempel befinden sich auf der Insel nur noch wenige Hütten. Hier halten sich die zum Manne heranreifenden Jünglinge auf.

In Südafrika begegnen wir ähnlichen Sitten bei Ama-Xosa und Betschuana. Die Nkimba, Belli-, Purrah-, Simo-, Sandi-, Humbe-Zöglinge geniessen eine gleiche Erziehung. Die Beschneidung und Fernhaltung der Frauen spielt eine hervorragende Rolle nach den meisten Mittheilungen.

Nun Madagaskar! In den Segenswünschen, die der Hova-Fürst den zu Beschneidenden zuruft, findet sich der Satz: „Mögest Du empfangen?" Bei den Tanala muss die Mutter des Kindes kurz vor der Beschneidungszeit sich gewisser Speisen und anderer Dinge enthalten. Nach Cauche hat die Beschneidung den Hauptzweck der Austreibung eines bösen Geistes aus den jungen Leuten, welche nach achttägigem Fasten vorgenommen wird. Es ist letztere eine jener wichtigen und interessanten Erscheinung, die durch das Gesetz von der Umkehrung erklärt werden. Anstatt einen Geist zu empfangen, wird ein solcher ausgetrieben (vgl. „Weltanschauung" Cap. 21).

Es ward schon früher auf die Bedeutung der weissen Farbe für die Masken und Geheimbünde hingewiesen. Das Tünchen des Körpers ist das äussere Zeichen der Vergeistigung. So wird diese Sitte auch wieder ein Beweis für die Bedeutung der Ceremonieen vor der Hochzeit. Mit Kalk und Asche bestreichen sich die Jünglinge des Galo; weiss malen sich die beschnittenen Bauschaka an; weiss sind die Mädchen des Sandi, die Aba Queta, Infonu-Leute und Nkimba. Vor allen Dingen aber hören wir auch, dass es den Jünglingen und Mädchen der Mandingo streng verboten ist, vor der Beschneidung in engeren Verkehr zu treten, obschon nach dieser Zeit ein Vergehen hierin nicht gesehen wird.

Es ist stets im Zustande der Errection, dass der Mensch mit dem Göttlichen zu communiciren glaubt, sagt Bastian. Der Komfo der Odschi tanzt sich in die Besessenheit durch Begeisterung; das heisst also den Vergeistigungszustand durch Tanz erreichen.

Hören wir hierüber Cruikshank:

Eine der vornehmsten Eigenschaften, die einem Novizen nöthig sind, ist eine grosse Ausdauer im Tanzen, welches einen hervorragenden Theil des Dienstes der Ganga bildet. Denn von einem ungefügen Tanze zum Schall der Trommeln erwartet er Begeisterung. Durch diese heftige Bewegung regen sie sich bis zum Wahnsinn auf, bis dass der Geist (statt Fetisch) sich ihrer bemächtigt, wobei sie dann alle Zurechnungsfähigkeit verlieren, sich wild umherwerfen, am ganzen Leibe zittern und gleich Betrunkenen taumeln. In furchtbaren Krämpfen mit rollenden Augen, schäumendem Munde und allen Zeichen gänzlicher Unbewusstheit dessen, was um sie vorgeht, bestätigen sie vollkommen den Glauben der sie Anstaunenden, dass sie nämlich ihrer selbst nicht mehr mächtig seien, sondern unter dem Einflusse eines Geistes ständen, der sie treibt, wohin er will, bis endlich die Natur diese Ueberspannung ihrer Kräfte nicht länger auszuhalten vermag und sie in einem Zustande vollständiger Erschöpfung zu Boden sinken. Je grösser die Körperkraft eines solchen Menschen ist, um so länger ist er im Stande, seine Anstrengungen auszuhalten und je natürlicher und ungezwungener er sie erscheinen zu lassen vermag, desto besser ist er zum Ganga geeignet.

Bei Gelegenheit eines grossen Festes in Aschuka im Okande-Gebiet lernte Lenz ähnliches in noch ausgedehnterem Umfange kennen. Der Klang des Tam-Tam, so schreibt er, hat für den Neger etwas Aufregendes. Schon bei der Aufführung des Kriegstanzes während des Festspieles waren einige junge Leute durch den Ton dieses Instrumentes krank geworden; sie stürzten plötzlich aus den Reihen heraus, liefen auf allen vieren wie Thiere auf der Wiese umher und fingen an zu rasen. Sie konnten nur mit Mühe bewältigt und bei Seite geschafft werden. Im Dorfe bei den schrecklichen Tänzen der Ganga wollten diese Anfälle gar kein Ende nehmen; wohin man blickte wälzte sich einer der Unglückseligen auf der Erde und die älteren Männer und Frauen hatten vollauf zu thun, dieselben in den Hütten unterzubringen.

Also kann die Besessenheit auch durch Tanz und Musik erreicht werden. Besessene sind auch die Maskenträger, die Leute des Maramba und die Sobah. In die Besessenheit tanzen sich aber auch die Maskirten auf den Inseln der Zaire-Mündung.

Diese Vorbemerkungen machen wir hier, weil die Tänze der Maskirten und Novizen ganz verschiedene Bedeutung haben. Nachdem die Besessenheitstänze herausgeschält und abgetrennt sind, kann ich mich der hier wichtigeren Gruppe der Geschlechtstänze zuwenden. Ueberall, wo Novizen als Männer und Mitglieder des Obrigkeitskörpers in den Waldungen verschlossen wohnen und beschnitten werden, wird getanzt, tanzen gelernt. Und wenn dann der Weihetag der Aufnahme stattfindet, wenn die Cacibo-Dauer überwunden ist, dann zeigen die Zöglinge, was sie gelernt haben. Wir hören vom Belli-Tanze, vom Quimboara, vom Uku Tschila, vom Kischi. Die Akisch lernen und lehren, wenn nicht ein besonderer Tanzmeister da ist, einen Tanz. Sangula ist der Tanz der Inquimbe an der Loangoküste oder in Bomma.

Wie werden solche Tänze aussehen und welchen Werthmesser haben wir an sie zu legen? Von einigen Tänzen wissen wir es, von anderen wird es angedeutet, von dritten können wir es aus Begleitumständen ersehen, dass hier das Motiv der geschlechtlichen Verbindung herrscht. Die Kischi tanzen mit einem Phallus und ebenso die Maskirten an der Bahre des verstorbenen Loango-Prinzen. So kommen hier noch Züge zum Durchbruch, deren Entstehung wir im Thierreiche beobachten können.

Wenn nun vom Ndembo noch gesagt wird, dass er nur der Erregung der Sinnlichkeit diene, vom Gesange der sonst züchtigen und keuschen Sandi-Mädchen, dass manches darin enthalten sei, dass sich für ein ehrbares Frauenzimmer nicht passe, so können wir diese Erscheinungen in einer Gruppe als Beitrag zur Bestätigung unserer Ansicht fügen, dass ein grosser Theil dieser Erziehungs-Institutionen dazu diene, gemeinsam mit Beschneidung und sexualen Enthaltungsgeboten die Basis für ein geeignetes Geschlechtsleben zu bilden.

Wenn wir nun zunächst nach dem Einflussgebiet und der Entwicklung dieser Wesenszüge und Erziehung im afrikanischen Familienleben fragen, so gilt es vor allen Dingen eine Beurtheilung desselben zu ermöglichen.

Seit dem Schöpfer der Matriarchatsidee, Bachofen, ist es vor allem Post, der der „Geschlechtsgenossenschaft" seine Arbeit gewidmet hat. In den Werken dieser Gelehrten ist die Begründung des Mutterrechtes durchgeführt. Wenn in der Behauptung der Weibergemeinschaft auch manches liegt, dem widersprochen werden könnte, so ist doch für die Vergangenheit eine Perspective gewonnen. Schlimmer steht es mit der Schätzung der gegenwärtigen Zustände. Es sind Versuche gemacht worden, die gynokratischen Institutionen sowie manche anderen Erscheinungen als Ausläufer des Matriarchates überall zu bezeichnen, womit das Charakteristische der Verhältnisse übersehen wird.

Die Ansichten über das jetzige Familienleben schwanken ebenso hin und her wie dessen Variationen. Während ein warmherziger Beobachter wie Barth sagt: man wisse in der That in Europa wenig davon, wie freundschaftlich in diesen Ländern Mann und Weib mit einander lebten, verdammen andere die laxen Eheauffassungen von Grund aus.

Seien wir gerecht! Ein Familienglück kann nur im sesshaften und friedlichen Zustande gefunden werden. Der Wanderkrieg ist aber das nothwendige Uebel der inner- und ostafrikanischen Kultur. Was das Weib sich im Frieden erobert, und man darf das auf keinen Fall unterschätzen, das verliert es im Kriege. Weder die Jaga-Horden noch die Regimenter Chakas konnten Kinder im Heereslager gebrauchen. Und doch zogen Weiber mit von Land zu Land. Dagegen jene Bassonge-Staaten, in denen der Mann die Arbeit verrichtet und die Frau nur der Familiensorge lebt. Oder man wende sich gen Norden. Welche schöne Stellung geniesst die Mangbattu-Frau! Welch' liebliche Bilder zeichnet Junker! Auf seinem Schoosse wiegte er die kleinen Kinder, händeklatschend und freudig-stolz stand die Mutter daneben und schmunzelnd betrachteten die Männer die Gruppe.

Und wenn man noch einen Beweis für das Verständlichwerden des Familiengedankens erbracht haben will, so erinnere ich an die Institution jener Weiber, die nie das heilige Feuer der Vesta geschürt haben. Wo die, wie im Innern Afrikas und dessen Westen, vorhanden ist, da ist auch ein Verständniss und ein feineres Gefühl für die Heiligkeit der Ehe und das Problem der Familie aufgegangen.

Ausser dem Kriege wirkt aber noch eines schädigend auf die ruhige Entwicklung der Ehe, das ist der Handel. Dieser tritt in Afrika nämlich stets in die rohe Form der gemeinen Erwerbslust, wenn der Europäer mit seinen Waaren eingreift. Ich erinnere hier an die Barrieren des Zwischenhandels, jene Zonen, die zu durchbrechen hoffentlich bald überall gelungen ist. Wie oft wird uns des Ferneren nicht berichtet, dass der Negeragent mit einem Vorschuss im Innern des Erdtheils erschienen sei, um nicht eher wieder zu erscheinen, bis der Gläubiger todt ist. Die Atmosphäre macht sich auch im Familienleben bemerkbar. Ekelhafte Zustände stellen sich ein. Der Mann schickt seine Frau in das Lager der Fremdlinge, dass sie ihnen die Hand reiche, während er hinter der Thüre steht, um nachgehends auf Ehebruch und Schadenersatz zu klagen. Und noch Gemeineres kommt in diesen Regionen zum Vorschein.

Zu diesen schwankenden Verhältnissen tritt aber noch ein Faktor, die Ueberproduktion an Frauen. In der Polygamie ist ein Uebelstand eigener Art gegeben; mag auch in den meisten Ländern eine Frau die Oberherrschaft über die anderen haben. Auch werden die Frauen möglichst in eigenen Hütten untergebracht. Wie des Marchais und andere berichten, widmet sich der Mann den Frauen abwechselnd, „um Frieden unter den Weibern zu erhalten". In diesem Schlusssatze ist denn auch das schwierigste Problem des westafrikanischen Familienlebens geboten.

Aus diesen wenigen Andeutungen lässt sich schon ein gewisser Ueberblick über das gewinnen, was berücksichtigt werden muss. Nicht alle jene gynokratischen Erscheinungen sind direkte Abkömmlinge aus der Zeit des Matriarchates, sondern die schwankenden und unter vielerlei Einfluss sich beständig ändernden Zustände liessen hie und da wieder eine Frauenherrschaft zur Reife kommen. Die Afrikaner, so können wir den Schlusssatz aussprechen, neigen im Westen, wo die friedlichen Elemente vorherrschen, zur Degeneration der Männergewalt und dem Aufkeimen der Weiberherrschaft; im Osten und Süden aber, wo das kriegerische Handwerk blüht, herrscht die rauhe Macht des Mannes, und die Frauen dienen.

Das sind die Zustände, die berücksichtigt werden müssen, um die Entwicklung der Geheimbünde und Geistergewalt zu verstehen, soweit sie die Entwicklung der Familie und ihre Form beeinflussen.

Das Problem, das hier zu erörtern ist, wurde schon folgendermaassen ausgelegt: die Bünde sind in der Hauptsache den Frauen gegenüber gebildet und daher stehen den männlichen Geheimorden die weiblichen gegenüber. — Dieser Satz zeigt an, dass nach der Ansicht des Autors die Bünde geschaffen und wissentlich organisirt seien mit dem Zwecke, die schwierige Familienfrage zu lösen. Es ist nun aber eine alte Erfahrung so ausgeprägt, dass die Entwicklung der Formen und Anschauungen in bestimmte Bahnen zielt, dass es allerdings oft so erscheinen mag, als sei dieses Ziel der Zweck der Entwicklung, wogegen es sich doch nur um eine Anpassung handelt. Ich erinnere an die Entwicklung des Menschenbildnisses, des Bartes an den Masken etc. So gilt es denn auch hier die Mündung des Quellstromes zu erkennen, d. h. aufzufinden, von wo die Strömung herkommt, die vielerorts als Geschlechtsbünde sich in den Familieninstitutionen äussern.

Wie den Männern, so wird auch den Mädchen vor der Ehe ein Lehrkursus zu Theil. Naturgemäss bezieht sich dieser Unterricht auf die Dinge des Geschlechtslebens. Die Hauptzüge sind die gleichen, die wir schon bei Besprechung der Jünglings-Noviziate kennen lernten. Es ist also schon vor dem Auftreten der Geheimbünde eine Trennung und Scheidung der Geschlechter durchgeführt. Dieselbe wird dadurch charakterisirt, dass Jünglinge, und vice versa Mädchen nicht mit dem anderen Geschlechte verkehren können.

Nun müssen wir die Entstehung der Bünde überhaupt im Auge behalten. Dieselben sind nichts anderes als eine Folgeform der Erziehung. Dadurch, dass gewisse Gruppen sich bestimmten Verfügungen zur Zeit der Vergeistigung, also den Enthaltungsgeboten unterwerfen, werden sie zusammengeführt und verbunden, so dass gesagt werden könne, das Bindende der Bünde liege zunächst in den Enthaltungsgeboten, die alle Mitglieder gleichartig machen. Es entsteht ein Innen und Aussen.

Dieses Innen und Aussen, dieses Zusammenhalten durch die gemeinsamen Erziehungsmotive muss in jeder Richtung als Fundament der Entwicklungslinie angesehen werden. Demnach haben wir die Urformen der Geschlechterbünde in der Trennung zur Zeit des Noviciates zu suchen. Während die Enthaltungsgebote der grauen Vorzeit einer geringeren Bevölkerung und niedrigeren Culturstufe angehören mögen, bilden die Bünde mit dem Princip der geschlechtlichen Ordenskriege sich erst in den Zeiten der Ueberzahl der Weiber und der daraus entstehenden Zwiespalte.

Die stillen Kriege, die dem Schwanken zwischen andokratischer und gynokratischer oder patriarchalischer und matriarchalischer Uebermacht entsprechen, äussern sich naturgemäss auch ausserhalb der Bünde, zumal in Form von Enthaltungsgeboten. Weit verbreitete Sitte ist es, dass die Frauen den Männern beim Essen nicht zusehen dürfen. Die Frauen dürfen die Ahnenbilder und die in heiliger Hütte aufgestellten Geisterpfähle nicht erblicken, sie dürfen innerhalb der Dorfumzäunung keinen Reis stampfen u. s. w. Und umgekehrt haben auch sie ihre Einrichtungen. Wissmann hatte einst eine höchst aufgeregte Scene im Lager, als die Träger die Frauen heimlich bei der Oelbereitung beobachtet hatten, was diese nicht zulassen wollten. Wir haben gesehen wie bei den Tänzern der Akelle der Geisterstrick Frauen und Männer trennt, sicher ein interessantes Beweisstück dafür, dass hier ein Zusammenhang mit der Vergeistigung besteht.

Der wichtigste unter den gegen die Frauen gerichteten Bünden ist der Mumbo Jumbo. Der Bericht Goldberrys gewährt einen trefflichen Ausblick in seine Vergangenheit. Wir sahen dass die Funktionen des Mumbo Jumbo mit der Familienjustiz nicht abgeschlossen sind. Gerade hier hören wir, dass die Vermummten in der Zeit des Noviciates darauf zu achten haben, dass Knaben und Mädchen nicht ehelich verkehren. – Vom Congcorong ist anzunehmen, dass er mit dem Mumbo Jumbo identisch sei. – Von dei Akisch sagten Capello und Ivens, sie dienten auch dem Nachspüren ehelicher Untreue. Anderweitig haben wir gehört, dass die Maskirten bei der Beschneidung und in der Zeit der Enthaltungsgebote eine obrigkeitliche Aufsicht führten. Wir sehen also, dass hier unverkennbare Spuren zu den Quellen dieser Sitten führen, die nirgends anders fliessen als in den Gebieten der Enthaltungsgebote in der Zeit des Noviciates, welches würdig für die Ehe vorbereiten soll.

Eine wichtige Bedeutung für das Familienleben haben fernerhin die Bünde des Ogowe angenommen. Vom Nda sagt Wilson: Die Einsetzung hat den Zweck, Frauen, Kinder und Sklaven in Unterwürfigkeit zu erhalten. Ich hörte einst von einem zum Orden gehörigen Manne das Bekenntniss aussprechen, dass es einen derartigen Mann nicht gäbe – „aber, fügte derselbe hinzu, wie sollten wir unsere Frauen und Sklaven im Zaume halten, wenn wir bei ihnen den Glauben an das Dasein eines solchen Wesens vergehen lassen wollten? — Aehnliches wird vom Mwetyi, Kunkwi, Mangongo, Ngoi ausgesagt. Aber ein Erwägen des sonst von diesen Institutionen Ausgesagten lehrt auch hier Entstehungsweise und heutigen Endzweck unterscheiden. Das Auftreten beim Todtenfest giebt schon der Ansicht Raum, dass wir es mit manistischen Anschauungen und Sitten entsprossenen Institutionen zu thun haben. Wir hören ferner von Einweihungsceremonien, die mit strengen Enthaltungsgeboten verbunden sind, von einem Eingreifen in staatliche Organisationen u. s. w., so dass die Geschlechtertrennende Bedeutung der Ogowe - Bünde ebenfalls in der Entwicklung als nebensächlicher und sekundär erkannt und bezeichnet werden kann.

Und wie hier so verrathen auch unverkennbare Züge des Belli, Purra, Oro, Egbo, Simo etc., von denen allen gesagt wird, dass die Frauen die Maskirten nicht oder nur bedingungsweise schauen durften, den primären Sinn und den sekundären Zweck. Es ist das die Ausdehnung und Verschärfung der Geistergewalt nach einer bestimmten Seite, nicht aber eine neugeschaffene Sitte.

Als gleichwerthige und gleichartige Gegenströmung müssen auch die Frauenbünde bezeichnet werden. Was vom Dschengu, Nessoge oder Sandi, Attonga, Humbo erzählt wird, entspricht den analogen Zügen durchaus. Es ist naturgemäss, dass im Ogowe - Becken, dem Hauptgebiete der Geschlechter-Orden, auch im Frauenbunde, dem Njembe das kriegerische, abschliessende, trennende Element vorwiegt.

Zum Schluss ist noch des Jevhe zu gedenken. Derselbe kann nur verständlich werden, wenn die degenerirten Verhältnisse dieser Gegenden verständlich geworden sind. Diese sollen noch weiter unten erörtert werden. Hier verweise ich nur auf die Merkmale, welche unbedingt als Reste älterer, besserer Zustände und Merksteine auf dem Wege der Entwicklung zu betrachten sind; dies sind die Erziehung der Mädchen, die Aufbewahrung in Röhren, die der Vergeistigung entspricht, das Dominiren der weiblichen Gewalt und die Enthaltungsgebote.

c. Die socialen Fragen des Stammes.

Nicht nur um taugliche Ehemänner, sondern auch um gute Staatsbürger zu werden, besuchen die Jünglinge die Waldeinsamkeit. Die Gruppe derart gemeinsam Erzogener nimmt dann leicht den Charakter und die Bedeutung staatlich organisirter Körperschaften an. Das ist der Lauf der Sitte, der in diesem Abschnitt erörtert werden soll.

Von den Jünglingen im Grigri-Wald des Belli sagt Dapper: In den Häuselein werden sie unterwiesen; nämlich in Sachen, welche die Rechte, den Krieg und die Herrschaft des Dorfes betreffen, ja in allen Dingen, welche ein Mann, der das Amt eines Rathsherrn bedienen soll, wissen muss. — Und weiter sagt der Autor von den Gezeichneten des Belli: Dieselben halten sich selbsten für verständig, und mögen, wenn sie alte Leute sind, in allen Versammlungen und Berathschlagungen über des Landes Sachen, auch wenn jemand zum Tode verurtheilt wird, erscheinen und ihre Meinung darüber sagen. Dagegen haben die Ungezeichneten, welche sie Quolga nennen, d. i. Unreine, Unheilige, Nichtwissende, Unverständige, in keinen Versammlungen etwas zu sagen und müssen sich schämen, einigen Rathschlägen beizuwohnen. — Gleiches berichtet Bastian von den Ndembo. Wer die Procedur der Wiedergeburt in Ambamba noch nicht durchgemacht hat, ist allgemein verachtet und wird bei den Tänzen nicht zugelassen.

Es sind nicht nur Belehrungen sondern auch Erziehung im Ertragen schwerer Schmerzen und starker Schrecken, die den Geweihten zu Theil wird und die sie für das spätere Leben zu bevorzugten Mitgliedern des Stammes erheben. Die Verbindung der Vergeistigung mit derartiger Belehrung ist sowohl bei den Bünden Nordwestafrikas (Simo, Purra, Belli, als auch in den Erziehungsinstituten Südafrikas (Ama Xosa und Bechuana) Sitte. Die Entstehung dieser Verschmelzung ist leicht begreiflich. Der ledige Geist, der in der Vergeistigung erworben wird und in jeder Hinsicht der im Menschen gefesselten Seele überlegen ist, weiss auch mehr, ist gescheuter. Wenn also der Mann einmal den Körperballast abschüttelt, dann wachsen auch seine Gaben, und die wichtigen Kenntnisse in der Staatswissenschaft werden bedeutender.

Naturgemäss sind zumal die Fürsten einer Erziehung auf Grund dieses Gedankenganges unterworfen. Der Muata Jamvo musste acht Tage

in der Einsamkeit bei der Leiche seiner Vorgänger verweilen, ehe er die
Regierung antreten konnte. Der Grossjaga wurde ein Jahr lang in der
Wildniss von den grausamen Ganga erzogen, auf das alles menschliche
Rühren in seiner Brust erstürbe. Die Herrscher von Bornu und Wadai
müssen sich vor ihrem Regierungsantritt sieben Tage in ein heiliges Haus
zurückziehen. Diese Hütten sollen von Geistern bewohnt sein und sind
streng tabuirt. Vogel ist von dem Herrscher Wadais ermordet worden,
weil er sich an das Verbot, die Hütte zu betreten, nicht kehrte.   Damit
ist es vielleicht auch zu erklären, wenn viele Fürsten schon zu Lebzeiten
als Halbgötter geehrt werden, wie der Mani Kongo, der Attah von Egarra,
der Muata Jamvo, die Fürsten von Loanga, Angola etc.

In sehr vielen Gegenden und Sitten hat dies Motiv, dass nämlich
vor allem die Herrscher möglichst geistergleich sein müssen, die eigenartigsten
Enthaltungsgebote gezeitigt. In Wantsé, einem Dorfe Togos, wird der
Häuptling in Hauptmann Klings Tagebuch „Fetischmann" genannt. Dies
ist ein Beweis dafür, in welch hohem Grade der Mann im Geruch der
Heiligkeit steht und dass seine Macht nicht nur das profane Leben beherrscht. Dafür darf er aber auch aus seiner Hütte nicht herausgehen, um
den Himmel zu schauen und alle Welt muss seine Hütte gebückt und
rückwärts gehend betreten mit alleiniger Ausnahme eines alten Weibes, das
stets freien Eintritt hat und aufrecht hineinschreiten darf. Einige Fürsten
des südlichen Kongo dürfen nicht das Meer sehen, andere nur einheimische
Stoffe tragen. Dem Könige Loangos ist es auferlegt, weder das Wasser
eines Flusses, noch das des Meeres zu schauen; sie dürfen nur Landes-
erzeugnisse geniessen, nur in einer Strohhütte wohnen und nur barfuss gehen.
Die Fürsten Angoy's dürfen, um nur eine ihrer Verpflichtungen zu nennen,
keinen Weissen sehen. Eine schwere Last ist den Königen Baghirmi's auferlegt und die Erde zu berühren ist den Fürsten Saumes verboten. Der
Häuptling der Bube darf keinen Weissen und nicht das Meer sehen und
während mit der Würde der einzelnen Dorfchefs nur das Verbot, Bananen
und Koko zu essen, verbunden ist, berichtet man von diesem Oberhäuptlinge,
dass er mit gefesselten Beinen sein Leben in einer dämmerigen Hütte ver-
bringe. Und doch sind das alles nur Spielereien im Verhältniss zu
den geradezu unglaublichen Verpflichtungen, denen der sich unterziehen

muss, der den unvernünftigen Wunsch hat, Herrscher von Angoy zu werden.
Ein halbes Menschenleben voll Mühsal und Entbehrungen gehört dazu
und zuletzt kann eine Fliege, die sich nach dieser Zeit auf die Haut solches
Mannes setzt, die Aussicht vereiteln. Unter solchen Umständen ist es kein
Wunder, wenn die Fürsten Bomma's gezwungen werden müssen, die
„Krone" zu übernehmen.

Die Richtung derartiger Entwicklung der Quixille oder Enthaltungsgebote) ist eine ungesunde; denn sie legt die Macht in die Hände des Theiles
der Bevölkerung, der doch nicht selbstlos, frei und organisatorisch herrschen
kann, das sind die Ganga   , während sie den an sich schon schwächlichen
Fürsten (es handelt sich um Westafrika) die Möglichkeit einer zielbewussten
energischen Regierung raubt. Diese ausserordentliche Wucherung der Quixille ist allerdings nur den nördlichen Provinzen des einstigen Kongo-Reiches,
in Angoy, Loango, Kakongo, Songo, Bomma eigen und hier erscheint sie als
Reflexbewegung. Aber die Richtung der Entwicklung ist an der ganzen Westküste die gleiche. Wenn sie nicht noch vielerorts sondern höchstens an der
Goldküste diese Höhe erreicht, so liegt das an den starken Völkerzuflüssen aus
dem Innern, das den Bemühungen der Ganga entgegenwirkt: ein freundschaft-
liches Verhältniss erörtert Winterbottom z. B. mit folgenden Worten: Die
meisten Häuptlinge sind ebenso gläubig (statt: abergläubig) wie die, welche
unter ihrer Botsmässigkeit stehen. Die Ganga (statt: Aerzte oder Zauberer)
machen sich die grosse Leichtgläubigkeit des grossen Haufens zu Nutzen,
um den Chefs immer mehr Macht und Ansehen zu verschaffen und werden
dafür ansehnlich von ihnen belohnt.

Mit der Entwicklung dieser Zustände ist auch schon angezeigt, in
welcher Weise zunächst die politische Bedeutung der Bünde sich gestalten wird.
Wenn die rohen Gewalten der Geisterfreiheit statt in die Luft hinaus zu ver-
puffen, von den entscheidenden Faktoren in Dienst genommen werden, so wird
die jeweilige Uebermacht entscheiden, nach welcher Seite diese oft ausschlaggebende Wucht sich entwickelt. So sehen wir einerseits oftmals die Bünde unter
dem Einfluss der Ganga. Das wird überall da hervortreten, wo ein Maskirter
auftritt. Ich erinnere hier an die Bünde des Ogowe, aber auch an Sinu,
Ndembo, Nkimba. Andererseits aber ist der Herrscher des Dorfes oder
Landes der Leiter der Bundesgewalt und hier ist es, wo wir das eigentliche

Eingreifen als Justizgewalt klarer erkennen. Die Fürsten Angoys berufen den Sindungo; als Oberhaupt des Belli wird der König genannt.

Am wichtigsten ist aber der dritte Fall: Neben der alten Herrscherfamilie und neben dem Gangathmne wächst der Geheimbund auf als dritte, selbständigste und vor allen Dingen aussichtsvollste Gewalt. Ich sage „aussichtsvollste", denn wir müssen wohl bedenken, dass in dem kriegerischen Nord-, Ost und Südafrika eine energische Herrscherhand ein Segen ist, dass im friedlichen Westafrika aber eine solche sich in blutiger, dem eigenen Volke Unheil bringender Weise äussert, dass der Priester nirgends ein guter Volksleiter ist, zumal nicht in Afrika, an der Grenze einer Weltanschauung, deren Siegesmarsch ihn bei der ersten Berührung zu Betrug, Schurkerei und Gemeinheit zwingt. So ist es denn nur mit Freude zu begrüssen, wenn das Volk genug Anpassungsvermögen und Elasticität besitzt, um den neuen Verhältnissen der europäischen Nachbarschaft Rechnung tragend aus dem eigenen Schoosse eine Institution hervorzubringen, die allen Anforderungen Rechnung zu tragen fähig ist.

Vergleichen wir von diesen Gesichtspunkten aus die Masken- und Bund-Gebräuche.

Zunächst irren die Maskirten, Novizen, Vergeistigten auf den Strassen umher und züchtigen die, welche sich auf den Wegen blicken lassen. Wir haben die Form dieser rohesten, ungeregelten Geistergewalt bei Dou oder Lou, Simo guiné, Egungun, Oro, Ekongolo, vor allem bei Nkimba, Ndembo und Aba Queta kennen gelernt. Dann aber hörten wir auch wie die maskirten Troen als Sachwalter vor dem Könige in Masken auftraten und freimüthig in der Gerichtsitzung sprachen. Vor allem erstreckt sich die geregelte Anwendung der Geistergewalt auf eine Bewachung der Moral und des Schuldwesens.

Mumbo Jumbo, Congcorong, Akisch beaufsichtigen die Sittsamkeit der Frauen. Aber auch die Egungun bewachen die eheliche Treue, wie Missionar Hinderer es in Ibadan mit Schaudern beobachten musste. In gleichem Sinne ist auch das Belli-Gericht thätig.

Unter dem Einflusse des Handels mit Europa hat sich in Kalabar und Kamerun eine Reorganisation der Staatsgewalt auf Grund und Boden der neuen Verhältnisse eingestellt. Nicht nur, dass die Häuptlingsgewalt hierbei vollständig ruinirt ist — denn diese haben nur noch Gewalt, wenn sie in den Yampaï des Egbo aufgenommen sind —, sondern auch die hierarchische Gewalt des Bundes ist zusammengebrochen. Ferner haben wir hier das interessante Schauspiel vor uns, dass auch der geistige Leiter, der Idem Efik, früher eine gewaltige und einflussreiche Person im Staate, zum Schatten geworden ist, gegenüber dem Tribunal der Geldherrschaft. So sehen wir hier in einem Institut die Spuren dreier Epochen der Monarchie, der Hierarchie und der Plutokratie. — Nicht nur der Egbo ist hier zu nennen; auch der Sindungo nimmt sich der Gläubigen an. Das Verhältniss ist aber ein ganz anderes. Der Fürst beruft zwar die Maskirten. Bei ihrem Auftreten ist aber seine Macht vorbei und der Bund herrscht in dieser Zeit der Ausnahmegesetze. Der Nafiri ist hier insofern zu erwähnen, als er für eine prompte Erlegung der Strassenzölle sorgt.

Das gewaltige Ansehen der Bünde und Noviziate ist vollkommen genügend, um eine Ausdehnung der Macht nach allen Seiten zu ermöglichen. Schon der beleidigte Nkimba flieht hinaus in den Wald, steigt auf einen Baum und wirft sich also dem Geiste seines Bundes in die Arme. Ebenso der Jünger des Simo, der das Gericht des Geistes durch den Schuss am Fusse des Geisterpfahles heraufbeschwört. Uebergangsformen, die die Vielseitigkeit eines Bundes verrathen, sind nicht selten. Vom Mumbo Jumbo wissen wir, dass er dem Eheschutz und der Moral der Novizen gewidmet ist. Eine Erzählung Moore's aber lehrt uns, dass er mit energischer Hand auch den Fürsten niederbeugt und ihn mordet, wenn er die Gesetze des Bundes nicht achtet. Daher nimmt es nicht Wunder, wenn die Häuptlinge selbst ihre Zuflucht zu diesem Institut nehmen. Es ist vollkommen verständlich, wenn die Kameruner Häuptlinge in den Wald gehen, sich in Thiere verwandeln und ihren Willen als Gesetz des Mungi in die Welt hinausrufen. Der Ogboni sendet den Oro, der Egbo den Idem.

So wirken denn die Bünde direkt und indirekt bald auf diesem bald auf jenem Gebiete. Seine grösste Bedeutung in politischer Hinsicht gewinnt der Bund jedoch erst dann, wenn er „international" wird. Dann vermag er nicht nur die zersplitternden Wirren der Kleinstaaterei, sondern in freierem Aufschwunge auch die naheliegenden egoistischen Bestrebungen eines einzelnen Standes zu überwinden. Hier ist einer Function der Mwetyi und

vor allem des Purra zu gedenken. Wenn zwischen zwei Stämmen des
unteren Ogowe ein Bündniss abgeschlossen werden soll, so wird Mwetyi
als Zeuge berufen und die Vereinbarung unter seine Obhut gestellt. Man
sagt, diese Inschutznahme genüge stets. Im Falle des Uebertretens über-
nimmt der Geist des Bundes die Rache.

Das Ideal einer Regierung für die afrikanischen Verhältnisse ist aber
der Purra. Für uns ist er um so wichtiger, als in ihm, trotzdem er die
edelste Blüthe afrikanischer Staatsverwaltung und Bundbildung ist, in
prächtiger Klarheit alle Merkmale seiner Entwicklung erhalten sind, die
Erziehung, Vergeistigung, Geistergewalt, Maskirung etc.

Noch mancherlei anderes ist aus den Bundinstitutionen herauszulesen.
Der Eidschwur auf Jevie deutet auf die kümmerliche Entwicklung eines
kräftigen Volksorganismus in den Ländern seiner Heimath.   Den Bund
der „Vornehmen" der Bali treffen wir an der Grenze friedlicher Küsten-
und kriegerischer Inland-Stämme. — Um dem allzuschnellen Umsichgreifen
der europäischen Cultur vorzubeugen, senden die Häuptlinge Liberias ihre
Sprösslinge in den Wald des Belli, in dem sie wieder den Sinn und die
Sitte der Ahnen erwerben mögen, die ihnen im Dienste der Europäer allzu-
arg beschnitten wurden.

So klingen aus den einzelnen Melodien der afrikanischen Geheimbünde alle Motive des socialen Lebens. Im Egbo ward Despotismus und
Hierarchie vom Kaufmanne verdrängt. Der Purrah wandte sich gegen die
Kleinstaaterei. Kokette Frauen treibt der Mumbo Jumbo vor sich her. Der
Belli erzieht gute Ehemänner, Bürger und Soldaten. Die Ganga gehen als
Maskirte in den Loango-Reichen einher. Im Jevie ist ein Denkmal der
hässlichen Uebergangsform gegeben, die sich da äussert, wo die christliche
und europäische Weltanschauung den Wildling zum Betruge zwingt, weil
er seiner Väter Sitte und Anschauung nicht lassen und doch seine eigene
Art nicht mehr würdigen kann. Von keiner dieser Strömungen kann man
sagen, dass sie einem Geheimbunde das Leben gegeben hätten. Nur beeinflusst wurde die Richtung der in voller, kräftiger Entwicklung begriffener
Orden durch sie. Jene rohe, urwüchsige Kraft, die Geistergewalt ward
gezügelt und erzogen, bis sie als treibendes Moment der Staatsmaschine ein
wirkungsreiches und weitverzweigtes Thätigkeitsfeld erhielt.

Man kann sagen, die Entwicklung der afrikanischen Bünde lege den besten Beweis für die Entwicklungsfähigkeit des Negers auch unter neuen Verhältnissen, und solche zwingt ihm Europa auf, ab.

d. Das Schauspiel.

Es ist doch eine eigene Sache, dass die Maske so verschiedenen Herren bei verhältnissmässig beengter Grundbedeutung dient. Hier tritt der Maskirte im Cultus, wie Buchner sagt: bei ernster Zauberarbeit auf, dort bei Tanz und Spiel. Die Masken der Schergen des Bundes erscheinen beim Todtenfest. Im Schauspiel treffen wir sie wieder.

Der Umfang dieser Verwendung und Bedeutung wird durch den Begriff und die Eigenart der Weltanschauung der Naturvölker erklärt. Dieselbe wird nicht durch religiöse Züge charakterisirt, wie wir sie hegen neben der durch naturwissenschaftliche Erkenntnisse geklärten Weltanschauung oder als ideale Veredlung einer solchen, sondern das ganze Wissen und Meinen ist eine einheitliche Weltanschauung, in der die religiösen und profanen Gebiete durch die gemeinsamen Zuflüsse aus einer Quelle genährt werden. Da diese Völker, die Westafrikaner, nun durch den Besitz einer ausgeprägt manistischen Weltanschauung ausgezeichnet sind, so kann es nicht in Erstaunen setzen, dass die vollkommen manistische Maske überall auftritt, wo diese Grundlage der Anschauung den Boden für ein ferneres Gedeihen bietet.

Wenn damit nun aber auch ein Verständniss für ein Auftreten der Maske im Bund, im Cultus etc. geboten wird, so ist doch damit das Erscheinen im Schauspiel nicht erklärt. Vielmehr ist das Problem der Schauspielmaske ein ganz anderes. Hier handelt es sich darum, wo der Glaube aufhört, wo an Stelle der Ueberzeugung der Betrug tritt. Das Spiel der Akisch, wie es Schütt schildert, giebt zu dieser Frage besonders Anstoss. Die Bedeutung des Problemes wird noch klarer werden, wenn der treffliche Bericht Max Buchners über eine Todtenfeier bei den Bangala (dem Lunda-Stamme) herangezogen wird.

Es war das ein sehr grosses Fest, denn der Todte war der Sohn des Häuptlings. Unter anderem wurde die anderweitig näher besprochene Todtenbefragung vorgenommen. Die Leiche ward auf einen Tragbaum gebunden und so zwei jungen Männern auf die Schultern gelegt. Der Verstorbene sollte selbst Kunde geben, was die Ursache seines Todes gewesen sei. Feststehen der Träger bedeutete: nein, Vorwärtsschwanken: ja. Nun wollte aber im vorliegenden Falle die Sache gar nicht recht klappen; die Antworten waren ungenügend und widersprechend. Die zwei Träger wurden ohnmächtig und zwei andere Jünglinge traten heran. Diesen hatten vorher eifrig und erregt einige Alte geheime Weisung ertheilt und zwar öffentlich und vor aller Augen. Ja selbst als sie bereits den Tragbaum auf ihren Schultern hatten und nach der Mitte des Platzes traten, sprang ein Mann vor, um ihnen noch einiges in das Ohr zu flüstern. Allein auch jetzt wollte der Todte nicht sogleich antworten. Die Versammlung wurde nun unwillig und begann über den eigensinnigen Todten zu schelten. Die folgenden Ausrufe bezeichnet Buchner als wörtlich: „So rede doch und halte uns nicht länger auf. Willst Du denn, dass wir hier noch einen Tag sitzen bleiben? Bereits zieht ein Gewitter herauf, Regen kommt und wir werden alle nass werden. Du selber stinkst auch schon so fürchterlich (!!! die Leiche war mehrere Tage alt und roch sehr stark —), dass wir es kaum mehr ertragen können. Also mach' nicht lange Umstände und rede!" Die Träger geriethen in einige Schwankungen und standen wieder still. Da sprang ungeduldig ein hässlicher Greis vor, ergriff das vordere Ende des Tragbaumes mit der Hand und stiess und zog ihn hin und her und hielt ihn fest, je nachdem auf die Fragen geantwortet werden sollte und die beiden Träger thaten willig, was ihnen dermaassen angedeutet wurde. Bemerkt muss werden, dass die Menge hierin nichts Unordentliches sah, vielmehr vollkommen einverstanden war, trotzdem diese Apellation an den Todten eine Anklage auf Zauberei und den Giftbecher, also den Tod eines Menschen herbeiführen musste.

Aus dieser Erzählung ist der grosse Vortheil eines guten Berichtes sogleich zu erkennen. Die Bezeichnung „Betrug" will uns nicht auf die Zunge. Hier müssen andere Worte gefunden werden, um die Wesenszüge eines religiösen Lebens und einer Anschauung, wie sie der Reisende schildert, zu charakterisiren. Diese Gemüthlichkeit, mit der sich der Neger mit einem Todten unterhält, dieses thatkräftige Eingreifen bei augenscheinlicher Nachlässigkeit Seitens des Verstorbenen, das naive Handeln und das naive

Zuschauen lehren uns, dass hier eine wunderliche Ueberzeugungskraft alles beherrscht, die lediglich durch eine traditionelle Erziehung, ein merkwürdiges Verwachsensein mit der Vergangenheit erklärt werden kann. Das ist das Bild von einer echten primitiven Weltanschauung, die noch keinen Unterschied von Mythe und Wahrheit, Religion und Wissenschaft, Glauben und Wissen kennt. Sicherlich ist es hier am Platze, wieder einmal das Stichwort Suggestion heranzuziehen.

Und doch kennen wir auch Fälle augenscheinlichen Betruges. Wir treffen solchen da an, wo eine Klasse von Menschen in egoistischer Weise nach der Herrschaft über das Volk ringt. Das Mittel ist die geistige Unterdrückung der Masse, zu der auch die Obrigkeit zählt. Bilder derartiger Priesterherrschaft und, so kann hinzugefügt werden, des Verfalles hat Bohner in seinem ausgezeichneten Büchlein: „Im Lande des Fetisch" gezeichnet. Auch der Jevhe giebt Zeugniss corrumpirender Anschauungen und Verhältnisse. Herrschsucht, Habgier und Verfall sind die Stichworte auf dieser Seite.

Ist es demnach leicht für die beiden Extreme Beispiele und Bezeichnendes zu finden, so ist es doch ungemein schwer ein richtiges Urtheil über die Stufenleiter der unzähligen dazwischen liegenden Erscheinungen zu gewinnen. Die grobe und plumpe Beschreibung der Berichterstatter, denen leider meistens der feine Takt eines Max Buchner und Wilh. Junker abgeht, erschwert die Kritik dieser so wichtigen Fälle obendrein noch ausserordentlich. Immerhin wird man sich schwer entschliessen müssen, oft von gemeiner Betrügerei zu sprechen, und alle Verhältnisse, die Nähe und Form des christlichen Einflussgebietes, Jugend und Alter des Volkes u. s. w. berücksichtigen müssen.

Wir haben mit dieser Ueberlegung wenigstens einen Anhaltepunkt gewonnen für die Beantwortung aller der wichtigen Fragen, die am Ende eines Capitels über das Werden der Maskensitten übrig sind oder sich gemeinsam hervordrängen. Es handelt sich um das von anderer Seite aufgestellte Problem: Glauben die Neger in den Maskirten Geister zu sehen oder von Geistern Besessene? Und ferner: Halten sich die Maskirten selbst für Geister resp. Besessene oder betrügen sie das Volk?

Wenn derartige Probleme bis jetzt gar nicht oder falsch gelöst sind, so liegt das an der falschen Fragestellung. Ich kann hier auf die Ausführungen in der „Bildenden Kunst der Afrikaner" verweisen. Für den Culturforscher und Ethnologen ist die wichtigste Erscheinung des geistigen Lebens der Völker die verschiedene Schärfe und Begrenztheit des Denkens und der Gedanken. Die Stufenleiter von unserem überkritischen Denken abwärts führt uns von der logischen bis zu einer Denkweise hinab, die nicht anders als die instinctive bezeichnet werden kann, womit die ihr eigene Unklarheit, Kürze der Verbindungen und Ketten und das Fehlen der Absicht zu Denken angedeutet sein soll.

In solch' primitivem Denken die Fragen unserer Grübeleien aufzusuchen, ist natürlich verfehlt.

Wenn also einerseits die Frage nach Glauben oder Wissen, andererseits nach dem klar ausgeprägten Vorstellungsleben in Wegfall kommt, so sinken auch die erwähnten Probleme und es ist nunmehr nicht schwer, auf Grund dieser Erkenntniss einen lohnenderen Weg der Betrachtung einzuschlagen. Gerade die vorliegende Abhandlung mag zeigen, dass, wie verschieden die Motive, Formen, Sitten, Anschauungen sich auch äussern mögen, sie dennoch einen innigen Verwandtschaftszug tragen. Die Extreme der Erscheinungswelt der Völkerkunde haben gemeinsame Ursprungsquellen. Was eine Sitte oder eine Form nicht lehrt, kann aus einer Gruppe erkannt werden. Kurz und gut, die Uebergangsformen werden als Entwicklungsreihe immer zum Verständniss führen. Also aus den Gruppen der Erscheinungen erhoffen und erzielen wir Erkenntniss. Nun, für das Wesen dieser Entwicklungen kommt es auf die Frage nach dem Betrage eines Individuums weniger an als auf sein Einflussgebiet. Und dieses Einflussgebiet verbindet stets beide Seiten des Lebens. Es ist dieselbe Lust, die im Ernstfalle, wenn die gespenstige Maskenfigur drohend vor ihm steht, im Neger erweckt wird und die, welche eine Maskenvorstellung im Dämmerlicht, eine Mummerei, Spielerei in ihm hervorruft.

Weshalb uns das so ganz nicht verständlich ist? Nun, bei uns kommt sogleich der grübelnde Sinn mit der Frage heran: Ist das Gruseln berechtigt? Jenen wird die Frage nicht vorkommen und darin liegt der Unterschied. Und dasselbe natürliche, naturfrische und nie analysirte Gruseln ist es, das der ernsten, tragischen Sitte ebenso das Leben giebt wie dem Schauspiel.

5. Capitel. Culturelle Beziehungen.

Die lückenhafte fast auf eine Seite des Erdtheiles beschränkte
Verbreitung der Maske, die Schwankungen im Vorkommen einzelner Merk-
male, die Häufigkeit hier und die Seltenheit dort, die Unterschiede in der
Feinheit etc. verlangen eine Erklärung. Die Frage nach dem Werden und
Sinn der geographischen Verbreitung ist die dritte, grosse des ethnologischen
Theiles, der wir uns nunmehr widmen wollen.

a. Die Begriffe der Verwandtschaft.

Jedem, der ohne Voreingenommenheit das erste Mal ein Museum für
Völkerkunde durchwandert, fällt eine grosse Einförmigkeit als Hauptmerkmal
auf. Der reisende Philologe verweist in seinen Berichten immer wieder auf
augenscheinliche Analogien zwischen den alten Griechen und Römern einerseits und z. B. einem Indianervolke andererseits. Jeder Missionar hat noch
mit Verwunderung die charakteristischsten Züge israelitischer Tradition und
christlicher Religion bei den Negern entdeckt. Und in der That ist die
Gleichförmigkeit des menschlichen Culturbesitzes eine so weitgehende, all-
seitige und fundamentale, dass sie der ganzen Wissenschaft, der Völkerkunde
den Weg weist, der von der Einheit auszugehen und auf sie stets zurückzuführen hat.

Wenn demnach von der Idee einer allgemeinen Verwandtschaft
auszugehen ist, so liegen alle Probleme dieser Seite der Wissenschaft in
der Art und dem Grade der Verwandtschaft und eine erfreulichere und
hoffnungsvollere Behandlung als bisher wird erst zu erwarten sein, wenn
die Begriffe klarer gestellt sind. Diesen müssen demnach einige Zeilen
gewidmet werden.

I. Descendentale Verwandtschaft. — Der erste Fehler bei der Beurtheilung derartiger Fragen wird begangen, wenn die zwei Zweige der Völkerkunde verwechselt werden: die Anthropologie und die Ethnologie. Erstere erkundet lediglich die Verwandtschaft der Menschen, der Rassen etc., letztere die der Cultur. Verwandtschaft der Menschen nenne ich descendentale oder Bluts-Verwandtschaft. Sie geht die Ethnologie nur insofern etwas an, als sie die Resultate der Anthropologie auf diesem Boden berücksichtigen muss, indem also diese ihr manchen wichtigen Fingerzeig bieten.

II. Verwandtschaften der Cultur. — Gleichheit oder Ungleichheit der Culturmerkmale deuten auf eine doppelte Verwandtschaft hin. Es ist aber auch ein doppelter Gesichtspunkt zu berücksichtigen, zumal sobald Mythologie und Cultus in Betracht kommen; dies sind a) ideelle Verwandtschaft — infolge Gleichheit des Sinnes oder Gehaltes der Motive. b) formale Verwandtschaft — infolge Gleichheit der Formen und Ausdrucksweise. Formale und ideelle Verwandtschaft gehen nicht immer Hand in Hand. Derselbe Sinn kann mehrere Sitten ins Leben rufen und dieselben Sitten können verschiedenen Sinn haben. Wenn auf diesem Boden die Einzelheiten geprüft sind, kommen folgende Fälle in Betracht.

1. Genetische oder ursprüngliche Verwandtschaft. — Der gleiche Boden der Cultur. z. B. Jagd und Fischerei, Ackerbau, Viehzucht, Industrie oder Insel-, Festland-, Hochland-, Wüsten-, Gebirgs-, Lagunen-, Wald-Leben etc. werden gleichen Sitten, Institutionen, Geräthen. Waffen, Anschauungen etc. das Leben geben. Insofern sprechen wir dann von genetischer und ursprünglicher Verwandtschaft. Mit klarem Auge hat zum Beispiel Stuhlmann eine Gruppe von Völkern im Innern Afrikas unter „Waldvölker" zusammengefasst. Der grosse Forscher in diesen Dingen ist aber Fr. Ratzel, der in seiner Anthropogeographie die genetische Verwandtschaft, wie wir sie nennen, nach allen Seiten geprüft hat.

2. Die culturelle oder stoffliche Verwandtschaft. — Die Beziehungen zweier Völker ergeben eine gegenseitige Beeinflussung der Cultur, der Sitten, Anschauungen, Gebräuche, Waffen etc., die sich in der Uebernahme bestimmter Formen oder in der Umwandlung,

Anpassung etc. des eigenen Besitzthumes äussert. Es muss erwähnt werden, dass die Cultur ein, wenn auch sehr begrenztes, selbständiges Wandervermögen besitzt, sie „sickert", ohne dass die Völker sich bewegen.

3. Die linguistische oder sprachliche Verwandtschaft. — Da die Sprache als ein Theil des Culturbesitzes betrachtet werden muss, so haben wir es eigentlich in der linguistischen Verwandtschaft, die Völker mit gleicher Sprache verbindet, mit einer Unterabtheilung der culturellen Verwandtschaft zu thun. Da aber die Sprachforschung einen der ältesten und selbständigen Zweige der Ethnologie bildet und es wünschenswerth erscheint, sich solange von ihr fern zu halten, bis die andern Zweige genügend gefestigt sind, um unbefangen den Werth und die Wichtigkeit der linguistischen Erkenntnisse beurtheilen zu können, so mag die linguistische Verwandtschaft selbständig aufgeführt werden, wodurch das Gewünschte ermöglicht wird. Dass die Ethnologie hierzu vollkommen berechtigt ist, dafür bietet Afrika eine Reihe der trefflichsten Beispiele. Hier sind Völker vernichtet, verdrängt und aufgesogen worden, ihre ganze Cultur ward vernichtet, aber ihre Sprache bestand weiter. Dementsprechend haben wir auch Beispiele dafür, wie siegreiche Stämme die Sprache von ihnen vernichtete Völker übernommen haben (z. B. das Sesuto).

Aus dieser oberflächlichen Zusammenstellung und Ausführung ist schon zu ersehen, dass das so einfach erscheinende Problem der Aehnlichkeit alles menschlichen Cultur-Besitzes im Grunde genommen recht complicirt ist, und dass ein feiner Takt dazu gehört, die einzelnen Fälle richtig zu beurtheilen, vergl. Einleitung und Programm im „Ursprung der Kultur" I.

b. Die Culturkreise Afrikas.

Die Erkenntnisse der Verwandtschaften einzelner Formen berechtigen selten ohne Weiteres zur Annahme einer culturellen Verwandtschaft. Es müssen mehrere Uebereinstimmungen zusammen können. Da sich nun aber die Gesammtheit einer Culturform fortbewegt, wobei Einzelheiten nur die alte Form behalten, Einzelheiten verschwinden und Einzelheiten umgestaltet werden, da fernerhin auf ein Gebiet immer mehrere Ströme der Cultur münden und ihm so Elemente oft von den entgegengesetzten Seiten zufliessen, so bietet die Erde das Bild der buntesten Mischung und jede Culturform Merkmale der verschiedensten Zeiten und Einflüsse. Wenn es nun aber auch die Wissenschaft aufgegeben hat, oder vielmehr hat aufgeben müssen, ihr Ziel in einer Eintheilung der Rassen zu erblicken, so wird doch der Wunsch seine Berechtigung behalten, sich nicht nur mit der Erkenntniss der einzelnen Beziehungen zu begnügen, sondern grosse Gruppen aufzustellen, die eine gewisse Uebersicht und eine historische Perspective ermöglichen.

Dies zu erreichen, hat Schurtz den ausgezeichneten Vorschlag gebracht, die Zonen der Verbreitung festzustellen. Mit Leichtigkeit klären sich so die Beziehungen heraus. Zum Beispiel finden wir bei den Nordwestamerikanern zwei Arten von Trommeln. Die eine ist die der Schamanen, die Gong-artige der Ostasiaten. Die zweite ist ganz aus Holz, kistenartig; es ist die trogartige Trommel der Mexikaner (das Teponatztli, das noch heute in einer abgelegenen Gegend Mexikos in Gebrauch ist) und die der östlichen Melanesier. So erkennen wir mit einem Fingerzeige die Richtungen, aus denen die Elemente dieser eigenthümlichen Cultur flossen.

Nun lagern die Zonen der Verbreitung, die wir auf den Karten zeichnen aber nicht nur schlechtweg aufeinander. Je mehr ein Gebiet durch seine Lage zur Abgeschlossenheit und Verarbeitung geeignet ist, desto mehr verschmelzen, accomodiren und ergänzen sich die Elemente, so dass die Cultur desselben als ein Entwicklungsprodukt zwar, aber auch als ein im Innern homogenes, in der Ausdrucksweise selbständiges Ganzes erscheint. Ein solches Gebiet ist als Provinz oder als Culturkreis zu bezeichnen.

Ein Culturkreis ist nicht an ein Volk gebunden. Von aussen mögen Völker hineinströmen, sie mögen neue Einzelheiten mitbringen, die wieder mit dem alten Besitz verschmelzen, aber im Laufe der Zeit verlieren sie ihre Eigenart und die Provinz bietet wieder ein, wenn auch vielleicht bereichertes neues aber selbständiges Bild. Es ist also die Aufgabe der Ethnologie in dieser Hinsicht im Gegensatze zur alten Anthropologie (die alle Zweige der Wissenschaft umfasste) nicht die Rassen, sondern die Culturkreise, ihre Elemente und die Gesetze, denen sie ihr Werden verdankt, und die stets wieder wirken werden, zu erkennen.

Eine vollkommene und eingehende Erörterung der ideellen, formalen, genetischen und culturellen Verwandtschaft der afrikanischen Maske setzt daher die Kenntniss der Culturkreise Afrikas voraus und die Aufgabe dieses Capitels ist es demnach, ihre Beziehung zu diesen aufzusuchen.

Im Folgenden fasse ich die Ergebnisse einer Reihe von Studien über die Bogen, Trachten, Hütten, Schilde, Trommeln, Saiteninstrumente der Afrikaner (vgl.: „Der westafrikanische Cultur-Kreis" in „Petermanns geographischen Mittheilungen" 1897/98) kurz zusammen. Die Zonen der Verbreitung dieser Gegenstände haben alle das gleiche Resultat gezeigt, wodurch ein verhältnissmässig sicherer Boden und eine klare Aussicht gewonnen worden ist.

Die Hauptelemente der afrikanischen Cultur sind:

1. Die nigritische Cultur. Diese ist eine Jäger-Cultur der primitivsten Form, die ihren wichtigsten Vertreter in Australien hat. Durch ein unstätes Wanderleben, Holz- und Steinindustrie, eine vorwiegend animalistische Weltanschauung, Hordenleben und schwache Familiengestaltung ist sie charakterisirt.

2. Die ältere westasiatische Cultur. Ackerbau, Viehzucht und Eisenarbeit sind ihre vorzüglichsten Merkmale. Aber auch die Verwendung von Thierschnen, Därmen etc. ist ihr wie manches andere zuzuschreiben. Sie ist noch nicht genügend erforscht.

3. Die malajonigritische Cultur. Dieselbe bevorzugt in der Industrie die Pflanzenstoffe, neigt zu künstlerischer Ausschmückung der Geräthe, (Ornamentik, Menschen- und Thiergestalten.) Die Weltanschauung ist eine manistische mit Betonung der solaren Züge.

4. Die jüngere westasiatische Cultur. Die wichtigsten Pioniere derselben sind Mohamedaner, die Träger zeichnen sich durch Abwendung von der afrikanischen Weltanschauung und einem Hinneigen zur niederen Mythologie aus. Bevorzugung der Lederindustrie und energische Staatenbildung sind wichtige Merkmale.

Die Wirkungskraft dieser vier Culturformen, ihre noch lebenden Merkmale und deren Verbreitung sind nun ganz verschiedener Art. Die nigritische Cultur ist von einigen versprengten kleinen Völkchen getragen. Die asiatische ältere Cultur hat dem gesammten Völkerleben den unvertilgbaren Charakter verliehen. Die malajonigritische Cultur ist auf einen schmalen Streifen und eine Inlandregion zurückgedrängt und selbst hier arg modificirt und die jüngere westasiatische Cultur zieht siegreich über Afrika hin.

Wenn jede dieser Culturformen nun auch ihren eigenen Charakter, ihr eigenes Gebiet und ihre eigene Geschichte hat, so sind diese dennoch durch die geographische Lage bedingt. Vergegenwärtigen wir uns diese!

Drei Momente sind bei jeder Beurtheilung des Nordens der afrikanischen Culturkreise zu berücksichtigen: 1. Afrika ist ein Continent, wie es keinen zweiten mit allen Eigenarten und Merkmalen eines solchen ausgestatteten giebt. Er ist mit keiner Gebirgsbarrière versehen. Der Flächencharakter ist vorwiegend. Diese Gestaltung der Oberfläche hat den Völkern jenen absorbirenden Charakterzug verliehen, der alles im Laufe der Zeit in der Einförmigkeit untergehen lässt. 2. Afrika ist zweiaxig, ist mit zwei gewaltigen Völkerstrassen versehen. Die eine verbindet den Nil mit Senegambien, die andere den Nil mit der Südspitze. Daher wohnen die jungen, kriegerischen, staatenbildenden Völker in dieser Nordregion und in dieser Ostregion. Die alten Völker aber werden an die Westküste und in das Kongo-Becken gedrängt. 3. Afrika bietet den grossen von Nordosten und Osten herandrängenden Völkermassen Asiens seine Breitseite, ist im Westen Rand der Oekumene (naturgemäss immer ohne Rücksicht auf die grosse europäische Culturepoche) und ist auch im Norden nur schwach (durch die Sahara) gegen die den Nordrand entlang strömenden Culturwellen Asiens begrenzt.

Nunmehr fällt es nicht schwer, die Culturkreise zu erkennen. Im Norden wohnen die Völker des semitonigritischen Culturkreises, nördlich des Sudan und östlich des Nils und Rudolf-Sees. Sie bewohnen das ganze Osthorn. Die Träger des nigritischen Culturkreises leben als versprengte Horden in Süd- und Innerafrika. Im Westen und im Kongo-Becken sind noch die reinsten und reichsten Merkmale der malajonigritischen Cultur erhalten (der westafrikanische Culturkreis). Ost- und Südafrika bewohnen die Neger der echt afrikanischen Cultur, d. h. alle fremden und alten Bestandtheile sind in diesem ostafrikanischen Culturkreise vollkommen absorbirt. Sudan-, Nil- und Völker des nördlichen Seeenbeckens (z. B. Wahuma, Massai) sind Träger des innerafrikanischen Culturkreises, welcher vom ostafrikanischen nur infolge stärkeren, wenigen vollkommen absorbirten semitonigritischen Einflusses abweicht. (Kartographisch ist dies Bild bei Petermann und im Kulturwerk wiedergegeben.)

Die Frage, welchem Culturkreise nun die Masken und Geheimbünde angehören, ist dahin zu beantworten, dass sie der geographischen Verbreitung und dem starken Hervortreten der manistischen Grundzüge zufolge entschieden zumal im westafrikanischen Culturkreise heimisch, also als Reste der älteren malajonigritischen Cultur Afrikas zu betrachten sind.

Um aber ausschlaggebende Antwort geben zu können, muss noch einmal der Formenreichthum daraufhin untersucht werden, ob die Entwicklung im Continente irgend eine Andeutung auf Wanderung und Beziehung giebt und zweitens inwiefern ideelle und formale Verwandtschaft die afrikanischen Bünde und Masken mit denen der Malajonigritier Oceaniens verbindet.

c. Die Inneren Beziehungen der afrikanischen Masken und Bünde.

Die Unterschiede der Culturen liegen weniger in den sie leitenden Anschauungen und Triebkräften, als in deren Ausdrucksweise. Daher werden bei der Frage nach culturellen Beziehungen immer die Formen der Geräthe, Sitten und Institutionen beweiskräftiger erscheinen und sein als Mythen, Sagen, Anschauungen. Wenn wir uns jetzt also den culturellen Beziehungen zuwenden, werden wir weniger die Motive, als die Formen zu berücksichtigen haben. Es muss auf die Entwicklung der Formen zurückgegriffen werden, weniger aber auf deren Wesen als die Wanderung, soweit sie der Formentwicklung entspricht.

Die Strohmasken bieten in ihrer verschiedenen Gestaltung schon einen guten Anhaltepunkt für Gruppirung. Die des Südens (Taf. III Fig. 1 und 2) sind gebunden, die des Nordens (Taf. IX Fig. 118. Taf. XI Fig. 119 122 und Taf. VII Fig. 89) sind vorwiegend gebunden. Also ergiebt sich eine Süd- und eine Nord-Gruppe. Geflochten sind nun allerdings auch südliche Gebilde, so wahrscheinlich die Wahollo-hollo Elephantenmaske und auch die kioke Maske Nr. 10. Aber das Bemerkenswerthe ist, dass die südlichen Masken weniger Einfluss auf die Gestaltung der Holzmasken haben, wie die nördlichen. So kehren in der nördlichen Gruppe die röhrenförmigen Augen der Senegal-Masken an Masken der Elfenbeinküste als Augen (Taf. X Fig. 110—114) an Calabar-Masken als Auge (z. B. Taf. VIII

31*

Fig. 79) und als Stirnschmuck (z. B. Taf. VI, Fig. 72 und Taf. VIII, Fig. 79) nieder. Vielleicht wirkt diese Strömung noch im Congo-Becken nach. Mundformen an Baluba- (Taf. I, Fig. 18) und Marutse- (Taf. II, Fig. 3) Masken scheinen dafür zu sprechen.

Demnach stellen die nördlichen geflochtenen Masken das Echo der südlichen Strohmasken dar, dessen Schall zurückzuklingen scheint bis in das südliche Congo-Becken. Diese Entwicklung erklärt zur Genüge die merkwürdige Erscheinung, dass nämlich diese primitivsten Formen an den beiden Enden des Verbreitungsgebietes liegen.

Die Verbreitung der zusammengesetzten Masken, d. h. die Reste der Schädelmaske liegen soweit sie bekannt sind, an der Ostgrenze des Verbreitungsgebietes der Holzmasken. Baja- (Taf. VII, Fig. 88) und Marutse- (Taf. II, Fig. 3, 4) Masken sind aus Dünger, Kalk und Wachs über Stab- und Flechtwerk gearbeitet. Die Holzplatten-Masken der Bongo (Taf. VII, Fig 87) und Makonde (Taf. I, Fig. 5 und 6) zeigen noch Spuren einer früheren Wachsbekleidung. Lage an der Grenze ist an ihnen das wichtigste.

Nun die Holzmasken. Auch sie bieten hochcharakteristische trennende Merkmale. Vorherrschen der thierischen Motive geht gemeinsam mit primitiven, einfachen, unbeholfenen Darstellungen des Menschengesichtes. Solches vereinigt die Masken der Nordgruppe, die bis an die Südgrenze Kameruns reicht. Ein breiter Grenzstreifen roher Werke leitet von Norden nach Süden in das Gebiet der besseren Holzmasken der südlichen Gruppe über. Charakteristische rohe Masken der Uebergangszone sind (vom Westen nach Osten): die der Ondumbo (Taf. III, Fig. 44—49), die vom Sangha Taf IV, Fig. 23), die vom Mougalla (Taf. II, Fig. 19), die vom Aruwimi (Taf. I, Fig. 20 und 21), die der Wandumbo (Taf. III, Fig. 22). Ogowe-, Loango-, Kuillu-, Bakuba-, Wakussu-, Baluba-, Kioke-, Makonde- (Taf. I, Fig. 8 z. B.) Masken zeigen Merkmale höchster Ausbildung. Ich glaube, dass aber auch zwischen den nördlichen Uebergangsstufen und diesem südlichen Hauptgebiete Masken vorkommen, was durch Punktirung auf der Karte angedeutet ist.

Die Lage der versprengt vorkommenden zusammengesetzten Masken zum Südgebiete der Holzmasken ist beachtenswerth. Sie umgeben es. Sie stellen die Schwemmgrenze mit den archaistischen Formen dar. Von diesem

Gesichtspunkte aus betrachtet, gehören aber auch die ältesten Calabar-Formen in den Schwemmgürtel. Es sind die den zusammengesetzten gleichwertigen Masken mit beweglichem Unterkiefer gemeint. Einmal bis zu dieser Erkenntniss vorgedrungen, ist es nicht schwer, das Verhältniss der nördlichen Gruppe der Holzmasken zur südlichen zu verstehen. Es ist die selbstständig gewordene Ausdehnung des Schwemmgürtels nach Westen.

Eine Umschau im Innern der beiden Gruppen führt schnell an das Ziel vollkommener Aufklärung.

Im Norden ist eine doppelte Strömung bemerkbar. Die südlich vorkommenden, naturalistisch gebildeten Ochsen- und Büffelköpfe, deren Naturwahrheit bei den Bali Hutter lobt, finden ihr Echo in den geflochtenen Hörner-Masken der Senegalstämme. An diesen findet sich auf dem Gesichtstheil, da, wo etwa die Nase zu vermuthen wäre, ein Streifen aus Schilf. Es kehrt auf den Grebomasken (Taf. XI, Fig. 111, 112, 114) als erhabene Leiste, an der Purrah-Maske (Taf. IX, Fig. 117) als Blechstreifen, an der Kamerun-Maske (Taf. IX, Fig. 61) als schwarzer Strich wieder. Taettowirungslinie ist es bei diesen Völkern nicht. Ein zweites Merkmal der Rückströmung ist die eben erwähnte Erscheinung der Röhren-Augen. Die Verwandtschaft der Vey- und Grebo-Masken geht aus der Augenbildung hervor (vergl. Taf. XI, Fig. 112 und Taf. VIII, Fig. 116). Dieser Gruppe gehört auch die Purrah-Maske an, was schon durch die Blechverwendung charakterisirt ist. Wir haben also hier im äussersten Westen eine enge Verwandtschaft. Die Formen sind alle sehr roh und unbeholfen. Im Gegensatz dazu bietet der Westen in den Yoruba-Masken die höchste Vollendung der Nordgruppe. Und doch sind diese Masken Abkömmlinge der westlichen Plumpheit. Der Haarputz kommt schon an der Liberia-Maske Taf. VIII, Fig. 115 vor. Der Hauptbeweis liegt aber im Munde. Die Masken der Elfenbeinküste (Taf. XI, Fig. 110, 111, 113, 114) sind ausserordentlich plump in ihrer viereckigen Gestalt. Die Lippen sind viereckige Brettchen. Dass aus gleicher Gestaltung die theilweise garnicht übeln Lippen der Yoruba-Masken hervorgegangen sind, beweist z. B. Taf. X, Fig. 104, 107, Taf. XIII, Fig. 91 und 93. An der Leidener Maske (Taf. X, Fig. 106) ist sogar das Kinn noch als drittes, vorspringendes Brett gebildet.

Demnach haben wir folgende Bewegungen festzuhalten.

246   L. Frobenius.

1. Vorströmung. [Merkmale: 1. Hörner-Masken. a) Kamerun, b) Senegambien. 2. Bildung des Gesichtsendes. a) Calabar (z. B. Taf. VIII, Fig. 79), b) Grebo (z. B. Taf. XI, Fig. 112b), 3. Stammbaumbildung. a) Calabar (z. B. Taf. VI. Fig. 71. Taf. VII, Fig. 78), b) Grebo (z. B. (Taf. XI, Fig. 112)].

2. Rückströmung. [Merkmale: 1. Röhrenaugen. a) Senegambien und Grebo (z. B. Taf. XI, Fig. 119a und Fig. 111), b) Calabar (z. B. Taf. VI, Fig. 72). 2. Kastenmund, a) Grebo (z. B. Taf. XI, Fig. 110). b) Yoruba (z. B. Fig. 91 und 93), 3. Haartur, a) Vey (z. B. Taf. VIII, Fig. 15), b) Yoruba, 4. Stammbaumbildung a) Grebo (z. B. Tafel XI, Fig. 112), b) Yoruba (z. B. Taf. X, Fig. 102)].

Im Uebrigen dürfen nördliche Einflüsse hier nicht übersehen werden. Die Kpatatschi-Maske Taf. IV, Fig. 90 erinnert in ihrer ganzen Gestalt ausserordentlich an die Sudanhelme (vgl. Junker. Bd. II, S. 38. Ratzel: „Völkerkunde" 2. Aufl., Bd. II. S. 409, 511). In gleicher Weise fast die des Negers im Biskra (No. 25).

Die Südgruppe mit dem grossen Uebergangsstreifen im Norden und dem ebenda gelegenen Schwemmgürtel macht es wünschenswerth in den einzelnen Gebieten erst Umschau zu halten, da das Verhältniss zur Aussenregion schon besser bekannt ist.

Vor allem stelle ich die nahe Verwandtschaft der südlichen Gruppen fest. 1. Kischi- und Akischmaske haben den gleichen Strahlenkranz (vergl. No. 6 und Taf. II. Fig. 3) 2. Bakuba- und Akisch-Maske die gleiche Radialstreifung der Augenschale (Taf. II. Fig. 15 und No. 5) dazu noch die schalenförmige Lagerung der versenkten, gewölbten Augen (vergl. auch Taf. I, Fig. 17). 3. Kischi-Maske und Baluba-Maske haben den gleichen spitzen Mund (vergl. Taf. II, Fig. 3, Taf. I, Fig. 18b). 4. Bakuba-, Balubaund Wakussu-Masken haben die gleiche gewölbte Augenbildung (vergl. z. B. Taf. II. Fig. 13, 14, 15).

Zum zweiten ist die Verwandtschaft der Ogowe-Quillu-Loango-Typen bemerkenswerth. Sie ist auf den ersten prüfenden Blick klar. Die Maske Taf. IV, Fig. 39 könnte eine Ogowe-Maske sein: Augen, Haarbildung, Mund, Taettowirung, vor allem der Gesichtsschnitt beweisen das. Man vergleiche sie mit Taf. VI, Fig. 53. Die nahe Beziehung von Ogowe- und Loango-

Typen geht unter anderem aus Gesichtsschnitt (vergl. Taf. II, Fig. 35 mit Taf. VI, Fig. 52), Ohrenbildung (vergl. Taf. II, Fig. 35 mit Taf. VI, Fig. 52), Mund (vergl. Taf. II, Fig. 28 mit Fig. 43) etc. hervor. Aber beide Gebiete, das der Ogowe-Kongo-Mündung und das der Kassai-Kongo-Quellen zeigen sehr grosse Uebereinstimmungen in den Maskenformen. Ich verweise auf die Ohren (vergl. Taf. II, Fig. 15, Fig. 35, Taf. IV, Fig. 39 etc.). Nase (vergl. Taf. II, Fig. 12—14, Taf. VI, Fig. 52). Augen (vergl. die gleichen und Taf. IV, Fig. 39, 40, Taf. VI, Fig. 53, 45).

Also ausserordentlich nahe Beziehungen im Innern. Der Aussenwelt zu dagegen Abhängigkeit. Ich will das, soweit dies nach Calabar zieht nur durch Erinnerung an zwei Merkmale oder vielmehr Entwicklungslinien vergegenwärtigen. 1. Die Schnitzweise der Calabar-Masken ergab die Lage des Mundes auf dem Gesichtsrand (vergl. Taf. VIII, Fig. 79). Die gleiche Erscheinung wirkt an der Loango-Maske Taf. I, Fig. 26 und der Baluba-Maske Taf. I, Fig. 17 nach. 2. Die Eidechsenschwanze auf der Ochsenmaske (Taf. IX, Fig. 66) ergab in Kamerun merkwürdige Gebilde thierischen Ursprungs und menschlichen Ausdrucks. Auffallend an ihnen ist das lange Gesicht, die schmale Nase und das Hörnerpaar (vergl. Taf. VIII, Fig. 58). Uebergangsglied zur Bremer Loango-Maske (Taf. II, Fig. 31) ist eine nicht abgebildete Ogowe-Maske. Hörner, Nase und Gesichtsende und in einer Weise auch der unbeholfene aufgesetzte Mund beweisen den Ursprung. Im Süden kehren die Merkmale wieder: die Hörner an der Bakuba-Maske (Taf. II, Fig. 15) die wunderliche Nase an der Lonami-Maske (Taf. II, Fig. 14), der Gesichtsend-Vorsprung an der Baluba-Maske (Taf. I, Fig. 18b). Ausserdem haben Calabar-, Quillu- und Ogowe-Masken die gleiche Stirn- und Schläfen-Tättowirung (vgl. Taf. VIII, Fig. 80, Taf. VI, Fig. 53, Taf. IV, Fig. 39 und Taf. XII, Fig. 123 und 124). — Endlich möge erwähnt werden, dass das vertiefte Auskerben der Calabar-Schnitzer bei Ondumbo und Wandumbo (Taf. III, Fig. 44—49, Fig. 22), also im nördlichen Uebergangsgebiet der südlichen Holzmasken, ein eigenes Stilisiren hervorgerufen hat. Vielleicht sind nicht nur dem Namen und der Schnitzerei-Methode nach diese Völker verwandt. Uebrigens kehrt die Art und Weise des Auskerbens an einer mir bekannten Holzfigur der Mangbattu wieder. Ebenso ist sie auch der Sangha-Maske eigen, so dass das ganze Uebergangsgebiet durch sie charakterisirt ist.

(Auf Taf. IV, Fig. 23 liegen Gesichtsrand, Augenbraunen und Nase anscheinend auf der gleichen Aussenfläche.)

Vereinigen wir diese kleineren Züge zu einem Gesammtbilde. Vom Süden, wo noch Kischi-Maske und Aba-Queta-Tracht heimisch sind, geht die Entwicklung und Verhütung aus. Der Schwemmgürtel geht vom Calabar- Kamerun-Baja-Gebiet zu dem Bongo. Von Calabar aber geht die Rückströmung aus, die im Kongo-Becken verklingt. Also wie im Süden.

1. Vorströmung (Südafrika — Niger-Nil-Becken)
2. Rückströmung (Calabar — Congo-Becken).

Vereinigen wir nun beide Gebiete, so erhalten wir folgende Entwicklungsgeschichte. (Man vergleiche die kleine Nebenkarte auf der Hauptkarte). Die Ausgangspunkte liegen im südlichen Afrika. Die erste Ausdehnung erstreckte sich von hier, wo Kischi- und Aba-Queta-Masken noch Reste der ältesten Formen sind, bis in das Niger-Nil-Becken. Reste sind in Calabar, im Nigergebiet (Baja-Masken) und bei den Bongo erhalten. Von Calabar aus ging die Verbreitung bis Senegambien vor sich. Das sind die ältesten Perioden. In jüngerer Zeit ging die Strömung rückwärts. War die Maske in der älteren Epoche noch ein Fremdling, so war sie jetzt einheimisch. Daher sind die Blüthen der Entwicklung an den Grenzen dieser Rückströmung heimisch, in Yoruba und im Süden und Westen des Congo-Beckens.

Daher ferner an den beiden Grenzen immer die primitivsten Formen neben den besten. Westlich vom Calabar Gebiet liegt Yoruba, nördlich von den Kalk-Dünger-Masken der Marutse sind die feinen Baluba-Masken heimisch. Dagegen an den entgegengesetzten Enden Uebergänge. Den Masken Senegambiens (geflochten) folgen auf der Rückströmungsbahn die der Liberiaküste und der Grebo. Auf den breiten, nördlichen Schwemmgürtel der Südgruppe folgt das breite Uebergangsgebiet des nördlichen Congo-Beckens. Hier zeigt noch ein kleines Beispiel das Verschwinden der drastischen Darstellungsweise im Schwemmgürtel dem Süden zu. Während nämlich im Norden und Osten (also im Schwemmgürtel) es üblich ist, den Masken Zähne einzusetzen (vergl. Ostafrika Taf. II, Fig. 6

Bongo Taf. VII Fig. 87, Baja Taf. VII Fig. 88, ebenso im Uebergangsgebiet (Taf. I Fig. 19—21) sind, so weit ich es erkennen kann, alle Masken der Loango-Baluba-Kassai-Stämme mit angeschnitzten Zähnen versehen. Das beweist, dass die Stücke echt afrikanisch sind. Denn „der Neger ist mehr für das aus einem Holz schnitzen als für das Zusammensetzen".

Es ist übrigens nicht schwer noch mehrere Beweise für diese doppelte Entwicklungsrichtung zu erbringen. Die Unterscheidung der älteren Vorströmungen und der jüngeren Rückströmungen ist leicht. Das Wesen und der Sinn der Formen beweist überall Ursprungsmotiv und Ursprungsrichtung gleichzeitig. Die Jugend der Rückströmungen geht aber stets aus der Lebenskraft der Kümmerformen, der unverstandenen Ausläufer hervor. In Afrika, wo sich alles Originelle so schnell abschleift, verschwinden solche verlaufenden, an sich unberechtigten Eigenschaften, wie sie sie z. B. der Wegfall des Unterkiefers, oder die Umgestaltung der Eidechsenschnauze, oder die Röhrenform der den geflochtenen entstammenden Holz-Augen verhältnissmässig schnell. Solche Resterscheinungen beweisen ungemein viel und sicher.

Werfen wir nun noch einen prüfenden Blick auf die Bünde und die Entwicklung der Sitte vom anthropogeographischen Standpunkt. — Der Geheimbund erwies sich als ein ausserordentlich complicirtes Gebilde, dessen verschiedene Formen den localen Verhältnissen entsprechen. Ausserdem wird, wenn sie überhaupt erfreuliche Früchte zeitigen kann, die Forschung durch die mangelhafte positive Kenntniss gehemmt. Immerhin dürfte doch ein Charakterzug auffallend und sogar maassgebend genannt werden. Nämlich die staatlich wirkungskräftigen, in die Staatsmaschinerie eingreifenden Geheimbünde kommen wohl vereinzelt (so Simbungo) im Süden vor, gewinnen aber an grosser Bedeutung durch einen gut organisirten Zustand doch erst im Calabar-Gebiet. Hier im Norden treffen wir Egbo, Ogboni (in älterer Zeit wahrscheinlich ein Bund), Purrah, Simo, Mumbo-Jumbo, Belli etc. Mit einem Wort, im Süden wiegt der Familiendienst, im Norden der Staatsdienst über. Aber den Grund dieser Erscheinung dürfen wir nicht falsch deuten. Im Süden sind grosse Staaten mit guter Organisation (z. B. Baluba-Staaten, Reich des Muata Jamvo). Ferner wohnen hier junge Eroberer (z. B. die Fan-Stämme). Wir sehen aber auch hier auf dem Boden zusammengebrochener Staaten Bünde sprossen. So durcheilen die Nkimba- und Ndembo-Horden das alte Kongo-Land. Dem entspricht die Küstenregion des Nordens im staatlichen Zustande. Wo die Volksinstitutionen zusammengebrochen sind, die Staatsgewalt im Sinken begriffen ist, gewinnt der Bund an Macht. Es ist charakteristisch, dass in den eigentlichen Aschanti- und Dahome-Staaten Bünde fehlen, dass bei den Höfen der Fürsten die Sachwalter mit Masken auftreten (die Troen!). Das erklärt das Fehlen der Masken und Bünde im Norden, Osten und auch im Süden. Für ausgedehntere Cultur haben die kriegerischen Völker keine Zeit; daher keine Masken. Die Bünde aber sind nicht von Nöthen. Die harte Erziehung der jungen Krieger ersetzt die Bunderziehung.

Die eigentliche Bundinstitution wird überhaupt die Lösung der inner- oder ausserafrikanischen Entstehung unserer Sitten nicht herbeiführen können ohne ein Sondiren der Vergeistigungsanschauung. Die Parallelen zu dieser wären also aufzusuchen. Zunächst wenden wir uns daher in die andere Hauptprovinz der Malajonigritier, nach Melanesien.

d. Die malajonigritischen Parallelen in Oceanien.

Es ist naturgemäss meine erste Aufgabe in diesem Abschnitt, ein Bild der oceanischen Masken und Bünde zu entwerfen. Dann erst können eingehendere Vergleiche gezogen werden. Da grössere Arbeiten über diese Dinge in Vorbereitung liegen, deren Vorstudien das internationale Archiv in Form von Mittheilungen bringt, so kann ich mich verhältnissmässig kurz halten.

1. Grundzüge der oceanischen Bünde. Wie seiner Zeit für Afrika ist auch für Oceanien es bisher nicht gelungen, die Mittheilungen über die Bünde in Einklang zu bringen. Man hat sich aus dem Studium einzelner Erscheinungen Lösung der Entwicklungsprobleme versprochen. Und doch kann nur die Uebersicht über ganze Reihen solche bieten. Erst im Laufe der letzten zwei Decennien ist eine eingehende Kenntniss der Geheimbünde Melanesiens erworben worden. Und gerade Melanesien bietet die Schlüssel der oceanischen Erscheinungswelten.

Die Bünde Oceaniens äussern sich in der That so ausserordentlich verschieden, dass ihre Verwandtschaft auf den ersten Blick sehr fraglich erscheint. Der Duk-Duk auf Neubritannien wird durch Feste gekennzeichnet.

Die Areoi Tahitis leben einem alle Familienbande verspottenden Geschlechtsgenuss. Das Tödten der Kinder drängte sich allen alten Reisenden als
merkwürdigste Thatsache auf, obgleich dieser Zug ganz nebensächlich ist.
Die beiden Bünde der Molukken, Uli-Lima (auf Gross-Seram Pata-Lima)
und Uli-Siwa (auf Seram-Pata-Siwa oder Kakeau) scheinen nur zwei
feindliche Parteien zu repräsentiren. Die „Geheimorden" der Samoaner
endlich sind rein totemistischer Natur. Auf Ponape wird durch die Häuptlinge und deren Auserwählte der Geheimbund der Dziamorou gebildet.

Um nun in aller Kürze einen Ueberblick über die Vorkommnisse
zu gewinnen, wollen wir versuchen, deren Entwicklung an der Hand der
für Afrika gültigen Entwicklungsgeschichte zu verfolgen.

Schon im Namen der Bünde und Masken liegt eine Andeutung
des Sinnes. Auf den Banks ist der Name der Gesellschaften „Geister".
„Duka" ist auf Sta. Crux ein Geist, paluduka auf Florida, die Methode
Geister zu befragen. Das erklärt den Sinn des Duk-Duk zur Genüge.
Auf den Fischerinseln ist der Name gewisser Masken Lavmi. Vui sind
auf den Banks Geister, vermuthlich zunächst die Verstorbenen, später die
der Halbgötter. Damach wären also die Maskirten Geister und liegt die
Frage nahe, ob wir den afrikanischen Sitten und Anschauungen entsprechende
Vergeistigungsgebräuche nachweisen können. D. h., ob das Fundament der
Bünde das Gleiche sei.

Allerdings können wir die durch Enthaltungsgebote bedingte,
die Geistergewalt verleihende Vergeistigung aus vielen Sitten herausschälen.
Auf den Fidji werden die manubaren Knaben nach Fasten und Kasteiungen
beim Niembe-Fest durch die Beschneidung in den Kreis der Männer aufgenommen. Williams berichtet über die Zeit ihrer Zurückgezogenheit eingehend. Am Strande wird für die Jugend eine rohe Gittereinfriedigung
und eine Miniaturhütte errichtet. Die Götter lassen sich hier zu ihnen
hinab. Auch im östlichen Melanesien hat jeder, um die Zulassung zu irgend
einer der Gesellschaften zu erlangen, eine Fastenzeit durchzumachen. Auf
Creparapara muss der Novize 100 Tage fasten und dann 100 Tage den
Ofen bewachen. Während der ersten 100 Tage darf er sich nicht waschen.
Um auf den Neuhebriden Mitglied des Qatu zu werden, verweilen die Novizen
in einer Umzäunung, sind dreissig Tage ungewaschen und schlecht genährt

32*

und haben eine Folterung zu ertragen. Ferner hören wir, dass ein Qatu-Zögling das Getränk aus einer Erdgrube schlürfen muss. Im Süden von Aurora, wo derselbe Bund den Namen Qeta führt, bleibt den Eingeweihten das Verbot Fisch zu speisen.

Dass durch diese Erziehung die Vergeistigung erzielt wird, geht schon aus der weitverbreiteten Sitte des gleichzeitigen Namenswechsels hervor. Dieses erfolgt auf den südlichen und nördlichen Neuhebriden und Neubritanien. Auf Grossseram kehrt der Novize aus der Zurückgezogenheit gänzlich „hülflos" in die Heimath zurück, was ausserordentlich an die afrikanischen Formen der Vergeistigung erinnert.

Von der durch die Vergeistigung erzielten Geistergewalt wäre viel zu erzählen. Im östlichen Melanesien wird das Eigenthum der Uneingeweihten gepfändet, dieselben werden geschlagen und bedrückt, wenn die Mysterien in Gang sind. Jede Ordnung und Thätigkeit ist über den Haufen geworfen. Wenn die Feste des Tamate beginnen, ist das Land sozusagen geschlossen. Keiner wagt die Pfade entlang zu gehen. Er läuft Gefahr vom Tamate geschlagen zu werden. Die Tamate-Leute maassen sich die grösste Gewalt an, indem sie alles, was sie wünschen, an sich nehmen, indem sie Gärten berauben und Obstbäume plündern. Die Beute dient dem Feste. Zumal Gegner des Bundes haben arg zu leiden. Die Geister in ihrer Verkleidung stürzen sich in die Dörfer, jagen die erschreckten Weiber und Kinder fort und schlagen, wen sie erwischen. Auch dem Duk-Duk steht jede Gewalt zu: er kann nach Weisser jeden tödten, sich jeden Unfug und jede Willkür erlauben, ohne dafür anders als gefürchtet zu werden. Die Vergeistigung erklärt diese Geistergewalt. Wenn William erzählt, die Areoi könnten ohne Bedenken nehmen, was ihnen gefällt, indem sie die Hand auf die Brust schlagen und ausrufen: Harre! gieb!, sie arbeiteten niemals und nähren sich bloss vom Plündern, so darf man andererseits nicht vergessen, was Ellis mittheilt, dass nämlich nur langes Noviziat, Entbehrungen, Prüfungen der Tauglichkeit und endlich Vergeistigung — bei der heiligen Salbung lassen die Götter sich in den Novizen herab, — zu solchem Vermögen verhelfen.

Die Novizen lernen in ihrer Zurückgezogenheit eigentlich nur Tänze und Gesänge. So lernen die Neueingetretenen des Qatu einen schwierigen Tanz, der viel Uebung erfordert, nicht der complicirten Figur, sondern der Schnelligkeit und der Exactität der Schritte halber. Jeder Geheimbund des östlichen Melanesiens hat seinen eigenen Tanz. Man sagt daher z. B.: den Qatu tanzen. — Aus den Gesängen und Tänzen wie denen Melanesiens, die, wie unscheinbar Text, Melodie und Tanz auch ist, dennoch den Eingeborenen Melanesiens hochbedeutungsvoll und wichtig erscheinen, müssen wir uns die dramatischen Vorstellungen, die Gesellschaften des östlichen Polynesiens aufführen, hervorgegangen denken.

Am beachtenswerthesten unter diesen Tänzen ist aber der Geschlechtertanz. Codrington nennt manche der Tänze und Gesänge Ost-Melanesiens nichtswürdig. Maskenfeste der Neuirländer hat Parkinson beschrieben. Zunächst treiben sich zwei Masken recognoscirend auf dem Platze umher. Wie zufällig kommt aus dem benachbarten Gebüsche eine einzelne Maske hervor. Aus den Sprüngen und dem Gestikuliren der ersten zwei ist bald zu ersehen, dass die dritte Maske ein Weib darstellt, das die ersten nun jeder für sich zu gewinnen sucht. Die Pantomime endet in unheliegender drastischer Weise. Haddon schildert, wie bei den Todtentänzen auf den Inseln der Torresstrasse drei Maskirte auftreten, zwei Merkai und ein Ipikamerkai. Ersteres sind Männer, letzteres ein Weib. (Ebenso Tubuwan und Duk-Duk.)

Damit werden auch die Geschlechterbünde verständlich. Bei den Festen und in den Noviziaten sind Weiber ausgeschlossen. Das bringt nicht nur das in Oceanien überall weiberfeindliche Tabu mit sich, sondern auch die Pubertätsweihe. Frauen sind auch vom Suqe ausgeschlossen. Sie haben aber ihren eigenen Suqe. Mitglieder desselben zeichnen sich durch sociale höhere Stellung aus, haben auch pecuniäre Vortheile. Das Problem der Frauen- und Männerbünde ist hier ebenso zu lösen wie in Afrika.

Bedeutungsvoll ist nun die durch Vergeistigung und Bundesmitgliedschaft erworbene sociale Stellung. So ist auch aus diesem Grunde ein junger Mann da, wo diese Gesellschaften blühen, nämlich im östlichen Melanesien, der nicht Mitglied einer solchen ist, auch nicht verheirathet, nicht wie versichert wird, obgleich vielleicht mit Unrecht, allein weil die Einverleibung Vorstufe zur Hochzeit, sondern weil seine Stellung es ihm nicht erlaubt. Ein Mann von guter socialer Stellung würde es für seine

Pflicht halten, dieselbe Stellung für seinen Sohn zu sichern, indem er ihn in den gleichen Club eintreten lässt, dem er selbst angehört.

Die sociale Stellung wird am besten durch die Gradabstufungen der Bünde charakterisirt. Man denke an die sieben Grade des Areoi. Tättowirung, Kleidung, Beschäftigung und vor allen Dingen die stufenweis zunehmende Heiligkeit unterscheidet die Mitglieder derselben. Die des ersten geniessen göttliche Verehrung, sie gelten als überirdische Wesen. Die Gradeintheilung des Suqe auf den Banks entspricht dem vollständig. Mit grossen Schwierigkeiten und Kosten ist das Erringen einer höheren Stufe verbunden.

Die juristische Bedeutung der Bünde entspricht deren grosser Macht. Mörenhout und andere haben von Vorstellungen der Areoi Bericht erstattet, die sie nur angesichts dieser exclusiven Stellung wagen dürfen. Zu den Befugnissen nicht nur, sondern auch den Pflichten des Duk-Duk gehört die Bestrafung von Uebelthätern. Er ist die Regierung der einzelnen Districte. Was in den Augen der öffentlichen Meinung als Unrecht verdammt wird, das nimmt der maskirte Duk-Duk in die Hand. Auf geheimem Wege geht dem Frevler eine Mahnung zu und wenn der Duk-Duk sich mit seinem Gefolge naht, dann wird ihm gewöhnlich schon lange vor Erreichung des Bestimmungsortes die verlangte Sühne in Gestalt von Muschelgeld dargebracht. In einzelnen Fällen verhängt auch der Duk-Duk Todesstrafe. (Parkinson.) Daher auch die innige Beziehung von Duk-Duk und Tambu, die Hübner zweideutet. Nach Weisser legt der Duk-Duk zwar das Tambu auf, dieser aber wird vom Häuptling zur Tributerhebung und Bestrafung ausgesandt. Das der Tamate in gleich energischer Weise das Regiment auf den Banksinseln führt, dafür liegen Belege vor.

Im Uebrigen ist Machtstellung, Ausdehnung, Organisation und Bedeutung der Bünde eine ebenso mannigfaltige, wie in Afrika. Einigen Ortes scheinen sie gar nicht vorhanden, so bescheiden ist ihr Dasein, anderen Ortes giebt es mehrere, wie im östlichen Melanesien, neben einander. Aber allen liegt das hier kurz skizzirte Gerüst zu Grunde.

II. Die Grundzüge der oceanischen Masken. Aus dem eben ausgeführten geht schon soviel hervor, dass der Manismus auch diesen Institutionen und Anschauungen das Leben gegeben hat. Die Masken und

Geistergewandung. Name und Sinn entspricht dem. Die Form werden wir jetzt prüfen. Die Verbreitung beweist das Gleiche — Wir wissen, dass im Osten, im eigentlichen Polynesien, die solaren Züge überwiegen, in Melanesien dagegen die manistischen. Mit der Zone der vorwiegend manistischen Weltanschauung deckt sich die der ausgedehnteren Maskenverwendung. In Melanesien sind ausserdem die ältesten Formen der Masken heimisch. Spüren wir diesen nach.

Die Geisterhütten spielen in Oceanien eine hervorragende Rolle. Chalmers, Gill und Finsch beschreiben und bilden kleine Miniatur-Häuschen auf Gräbern ab. Auf den Fidji-Inseln bauen die, die einen Zauber von sich abwenden wollen, kleine Häuschen. Eine kleine Hütte steht inmitten der Umfriedigung, die den Knaben als Aufenthalt zur Zeit der Zurückgezogenheit vor der Pubertätsweihe dient. Auf Neu-Irland werden die kleinen Mädchen im Alter von 6 oder 8 Jahren bis zur Geschlechtsreife in einer grossen Hütte, die vollständig tabu ist und unter der Aufsicht eines alten Weibes steht, eingeschlossen. Im Innern derselben befindet sich eine Art konischer Bauten. Diese sind 7 bis 8 Fuss hoch und nahe dem Ende von 6 bis 12 Fuss Umfang. In Anbetracht ihrer spitzen Form haben sie das Aussehen riesiger Lichtlöscher. Sie sind aus Pandanusblättern, die dicht aufeinanderliegen und dem Lichte keinen Zutritt in das Innere gestatten, construirt. Eine Thür aus den Blättern der Cocospalme schliesst den Eingang. In je einer dieser Bauten wird ein junges Mädchen so lange eingesperrt, bis deren Brüste sich gut entwickelt haben. (Hübner).

Für die Bedeutung derartiger Miniaturhütten ist der Gebrauch des Pepe ausserordentlich wichtig. Dieser wird geübt, wenn es sich darum handelt von den Geistern zu erfahren, welche Anordnungen beim Duk-Duk-Feste erforderlich sind etc. Die Aingiet präpariren die Pepe-Sühtanz. Diese Bündelchen werden alsdann unter solche Bäume gelegt, die den Geistern als Wohnsitz dienen. Die Theilnehmer bauen gleichzeitig kleine Hütten unter den verschiedenen Bäumen. Kauen alsdann die Männer die Bündelchen des Pepe und sie verschlucken, verfallen sie in einen tiefen Schlaf. Unter dem Geisterbaume offenbart sich dann der Geist dem Manne. Auch sonst werden diese Pepe- oder Popo-Häuschen errichtet. Es sind zierliche mannshohe Hüttchen von Bambusstäben, die mit Farrnkräutern und buntgefärbten Rattanbändern umwunden sind. Auf ihnen ruht das kegelförmige Grasdach. Die Spitze desselben bildet ein langes, schwankes, mit bunten Federn geschmücktes Bambusrohr, von dem eine bemalte Holzfigur, eine Menschen- oder Vogelgestalt, herabhängt. Die Decke im Innern besteht aus straffgespanntem weissen Rindenzeug, und ist mit grotesken Menschenfiguren in Roth und Schwarz bemalt. Ein verzierter Stab reicht von ihrer Mitte bis auf den Fussboden. (Parkinson).

Der Stab ist mit vielen oceanischen Vorkommnissen zu vergleichen. Es ist ein Ahnenstab. Ebenso hängt weisser Stoff von solchen Hütten auf den Fidji bis zum Boden. Der Geist lässt sich an ihnen hinab. Also Vergeistigungsstätten und Geisterwohnstatt.

Diesen Geisterhütten entsprechen die Hüttenmasken. Die bekanntesten unter diesen sind die Duk-Duk-Hüte, deren Beschreibung ich hier nach Kleinschmidt gebe. Die Duk-Duk-Maske besteht gewöhnlich aus zwei Theilen, dem konischen Hut oder Thurm und dem wulstigen Hüftenbehang aus Blättern. Zu dem unteren Blätterüberwurfe oder Rock werden Blätter einer palmenähnlichen stachligen Rohrart verwendet, die sich im Forste bis hoch in die Baumkronen hinaufrankt. In dicke Packen zusammengeschnürt, werden diese Blätter oft von weit hergebracht, da sie nicht überall wachsen. Hierauf werden sie auf den Stengel einer Liane oder ein Rohr nebeneinander festgebunden und nun in Ringen übereinander befestigt. Am oberen Ende des derartig gebildeten Blätterrockes sind zwei Bügel aus demselben Rohr für das Durchstecken der Arme angebracht, an denen dann der Rock von den Schultern über den Leib herabhängt. Einige solcher Blätterringe sind auch am unteren Rande der thurmartigen Masken befestigt um die Arme zu verdecken. Sollten auch diese noch nicht genügen, so werden zuvor noch einige lose Blätterringe auf dem Oberrand des Rockes herumgelegt, damit Thurm und Blätterrock gut auf einander schliessen und die Arme des Trägers genügend verdeckt werden. Das Gestell oder Gerüst des Thurmes, des Kopfes der Duk-Duk wird aus den abgeschabten Blattrippen der Angeleb-Palme verfertigt, deren dünne Enden nach oben hin zu einer langen Spitze verbunden werden und als Verzierung derselben einen rothen, bunten Dracaena-Blätter- oder Feder-Busch tragen. Der untere, fischkorbähnliche Theil wird mit langen, weissen Stammfasern der Asi-Palme in geschickter Weise durchwoben und nun folgt nur noch nach Geschmack eine Bemalung oder Ausschmückung der Spitze. Oftmals sind solche Duk-Duk-Tänzer abgebildet und der Anblick solcher Gestalten beweist die Abkunft dieser Hüttenmasken besser als lange Beschreibungen.

Diese merkwürdigen Masken sind sehr weit verbreitet. Die Lano- und Quat-Hütte sind nichts anderes. Holrung fand solche thurmartigen Masken in Finschhafen; Merkai und Ipikamerkai auf den Inseln der Torresstrasse sind fast ebenso gekleidet. Ein Schilfhut verdeckt Kopf und Gesicht, gekreuzte Geflechte den Körper, ebensolche Gehänge die Lenden und Oberschenkel. Zu den phantastisch geschnitzten Masken aus Neu-Irland gehören reifrockartige Unterkleider aus Blättern. Hut und Körperrock kehren auf den Neuhebriden wieder. Die Holzmasken Neukaledoniens sind zuweilen mit einem bis auf den Boden reichenden Faserbehang versehen.

Der zweite Quell oceanischer Masken entspringt dem Schädeldienst: die Schädelmaske. Bezeichnend ist der Zusammenhang mit der Geisterhütte. John erzählt, dass auf Borneo, bei den Dajak die Schädelhäuschen rund und mit komischem Dach versehen seien. In einer Mythe von den Inseln der Torresstrasse fand Upi ein Häuschen mit zwei Merkai-Leichen Verstorbener. Er ergriff deren Schädel. Diese liessen ihm Rath und Kraft zu Theil werden, so dass ihm Macht des Geistes und Rettung ward. Ueber Kinakinau berichtet Parkinson. Dies sind über Theilen von Menschenschädeln gebildete Gesichter. Diebsamulette der Neubritannier. Bastian giebt an, in Neubritannien würden mit Lehm aufgekleisterte Theile der menschlichen Kinnbacken an einem Gehänge im Munde von denjenigen getragen, die von dem Häuptlinge das Recht erhalten hatte, ungestraft zu stehlen. Damit sind wir bei den merkwürdigen Schädelmasken des Neubritannier angelangt. Ueber sie schreibt Finsch: Sie sind aus der vorderen Hälfte eines menschlichen Schädels verfertigt, an welcher die Fleischtheile durch eine aufgeklebte Masse ersetzt sind. Das auf diese Weise hergestellte Gesicht wird in der üblichen Weise des Festschmuckes bemalt und häufig mit natürlichem Kopf- und Barthaar versehen. An der Rückseite ist ein Querholz angebracht, mit welchem der Tanzende die Maske zwischen den Zähnen vor dem Gesicht hält. Diese Art Masken wurden früher aus dem Schädel Angehöriger angefertigt und dienten der Todtenverehrung.

Merkwürdiger Weise ist in jüngster Zeit diese Bedeutung von Reisenden geleugnet worden. Bloss weil die Eingeborenen sie nicht kannten. Als ob das Vergessen der Beweggründe nicht überall zu beobachten wäre. Und doch ist der Brauch der Schädelmasken so ausserordentlich drastisch und selbstredend. Spricht doch ausserdem aus gar vielen Sitten die gleiche Anschauung. Wenn auf Mabiac zum Beispiel nach einigen Monaten des Todten Knochen wieder ausgegraben werden, tritt der Häuptling mit dessen Schädel in den Kreis der Männer. Nun ist ihm alles, selbst Todtschlag erlaubt. Er hat die Gewalt der Verstorbenen. Das ist der gleiche Sinn.

Auch die Verbreitung der Schädelmasken hat man übersehen und nicht erkannt, dass sie einst sehr viel weiter sich erstreckt haben muss, denn damals, als die ersten Ansiedler ihr Verschwinden auf Neubritannien gerade noch beobachten konnten. Auf Canoe-Island am Fly-River fand D'Albertis eine Halbmaske die durch Aufkleben von Wachs auf einem Menschenschädel gebildet war. Und in Ambrym ward auf einem geheimen Platze eine richtige Schädelmaske, nämlich eine auf Schädel geformte mit einem Haarbüschel und Eberzähnen verzierte Maske gefunden worden.

An die Stelle der Schädelmasken traten die zusammengesetzten Masken. Zumal in Neubritannien sind sie nicht selten. Wir hören von grotesken Masken, die aus Baumrinde bestanden und mit Harz und Kittmasse zu Gesichtern umgebildet waren, die durch schiefe Mäuler, Nasen in allen Formen, Warzen und Auswüchsen von der abenteuerlichsten Gestalt und Bemalung in verschiedenen Farben ein wunderliches Aussehen erhielten. Auch der Kopftheil der berühmten Helmmasken Neuirlands ist aus Rohr, Kalk etc. zusammengesetzt. An das Auffinden einer Schädelmaske auf Ambrym erinnern die zusammengesetzten, geklebten, mit Eberzähnen geschmückten Masken der Neuhebriden.

Endlich ist der Thiermasken zu gedenken (vergl. die Mittheilungen im Internationalen Archiv für Ethnographie 1897 und 1898). Im Bismarckarchipel lagern die wichtigsten Verbreitungsgebiete fast aller Urformen der oceanischen Masken, im Süden (auf Neubritannien) das der Schädelmasken, in der Mitte (auf Neubritannien und Neuirland) das der Hüttenmasken des Duk-Duk, im Norden (auf dem nördlichen Theile Neuirlands) das der Thiermasken. Hinsichtlich letzterer sind wir fast ganz auf die Untersuchungen der Formen angewiesen, denn fast alle Mittheilungen sind nichtssagend, nur wenige sind bedeutungsvoll und diese sind dann wieder zu kurz. Es ist wohl sicher, dass die Eingeborenen selbst nichts rechtes mehr wissen. Die Formuntersuchung hat interessante Ergebnisse gezeigt. Da ist zunächst jene grosse Gruppe von Menschengesichtsmasken mit Hakennasen, die auf Vögelköpfe zurückzuführen sind. Daher die der Nase entwachsenden Schlangen. Ich möchte diese Formen mit der Vogelmythe – der Vogel trägt die Schlange, die Seele ins Jenseits (vgl. Weltanschauung, Cap. 1) — in Einklang bringen. Allerdings sind heute die Vögel auf diesen Inseln zu totemistischen Thieren geworden. Totemistischen Ursprunges sind dagegen wohl die aus Fischen entstandenen Ohren. Unter den animalistischen Masken steht auf Neu-Guinea die der Eidechse, auf östlichen Inseln die des Haies anscheinend im Vordergrund. — Im Uebrigen finden wir auf Neuirland noch die aus übereindergesetzten Menschenköpfen gebildeten Stammbaummasken, auf Tahiti die mit mächtigem Strahlenkranze versehenen solaren Masken.

e. Der malajonigritische Ursprung der afrikanischen Masken.

Aus der Darstellung des letzten Abschnittes geht die Gleichheit der Masken und Bünde Oceaniens und Westafrikas hervor. Thatsächlich ist die Uebereinstimmung vielerorts und in allen Dingen erstaunlich. In aller Kürze soll noch auf einige Einzelheiten hingewiesen werden.

Die Maskirten der Bünde tragen hüben und drüben Geisternamen. Ihr manistischer Ursprung ist aus Form, Bedeutung und Brauch ersichtlich. In das sprachliche Gebiet fällt die Uebereinstimmung des Wortes Doki (Westafrika) und Duka (Sta. Crux) für Geist. Im Uebrigen werden linguistische Uebereinstimmung der malaischen und afrikanischen Sprachen anderen Ortes besprochen. Oro ist der rächende Geist der Ogboni, Oro der polynesische Gott und Fürst der Todten. Herr und Gründer des Areoi.

Die Enthaltungsgebote führen zur Vergeistigung. Die solare Form derselben als das „Verschlungenwerden" bietet in Afrika der Horrey. In Oceanien auf Grosseram lernte Rosenberg eine vollkommen analoge Vergeistigungsform kennen. Der Novize des Kakeanbundes wird nämlich zur Nachtzeit in das Kakeanhaus geschoben durch eine Oeffnung in Gestalt eines aufgesperrten Krokodilsrachens oder Kasuarschnabels. Es heisst dann von ihm der Setau-besaar, der Teufel habe ihn verschlungen.

Der Vergeistigung entspricht die Geistergewalt. Einerseits artet diese in roher Gewalt aus, andererseits mündet sie in eine segenbringende Gerichtsbarkeit. Wir sehen sie zumal in der Hand der Bundnovizen. Weibern und Fremdlingen gegenüber wird sie in gleicher Weise ausgeübt. Die Tänze und Gesänge deuten auf das Geschlechtsleben hin. Das gesammte Melanesien bietet hierfür Beispiele. Dem entspricht der Kischi-Tanz und der Sang der Sandimädchen. Im Jevhe und im Arcoi feiert der freie Geschlechtsgenuss seine Triumpfe. Aber auch sonst steht den Bund-novizen hierin weitgehende Freiheit zu.

Interessant ist die Stellung einiger Frauen zum Bunde. Mitglied des Elung ist die Frau des Häuptlings, sonst sind Weiber ausgeschlossen. Die maskirte Penda-Penda war die Frau des Simo. Etwas ähnliches berichtet Weisser vom Duk-Duk. Während Frauenzimmer bei Todesstrafe keine Duk-Duk-Tempel betreten dürfen, ebenso beim Passiren mit abgewandtem Gesicht niederkauern müssen und sozusagen von allen damit verbundenen Sachen ausgeschlossen sind, giebt es doch einen Fall, in dem bei einer Duk-Duk-Ceremonie eine Frau im Tempel zugegen sein darf. Dieser Fall tritt ein, wenn ein Knabe in der Familie etwa das achte Lebensjahr erreicht und behufs der Namengebung ein Familienfest beim Duk-Duk veranstaltet wird. Bei dieser Ceremonie wird ein Knabe gleichsam den Menschen zugesprochen und unter allerlei Ceremonien wird auch eine breite Windel über ihm ausgeschüttet, zum Zeichen, dass die erste Zeit der Kindheit vorüber ist. Dieses Amt verrichtet eine alte Frau, gewöhnlich die Grossmutter der Familie oder der nahen Verwandtschaft. — Alle diese Sitten sind wohl als Reste des Mutterrechtes aufzufassen.

Die Gradstufen des Tamate und Arcoi entsprechen denen des Egbo. — Nun die Masken.

Wir haben gesehen, dass die beiden Hauptmotive der Masken Geisterhütte und Menschenschädel sind. Die Geisterhütten und die Hüttenmasken entsprechen im Osten und Westen einander. Wir haben in Oceanien zwei Formen, die geflochtene des Duk-Duk und die gebundene der Merkai. Die Merkai-Masken sind Analogien zu denen der Aba Queta. Auch die Theilung ist die gleiche. Die Duk-Duk-Maske erkennen wir beim Mukisch (Nr. 10) und der Erndtefestmaske aus Nupe wieder. Uebrigens begegnet uns in Oceanien auch ein Ausläufer der Hüttenmaske, nämlich die Trauermaske. Für Afrika ward sie oben besprochen.

Für die Schädelmasken ist es mir besonders wichtig: ihr Zurückweichen und Verschwinden auch in Oceanien festgestellt zu sehen. Schädelmasken sind in Afrika nicht nachgewiesen. Wohl aber an deren Brauch erinnernde Sitten und Anschauungen. Auch in Oceanien gehen sie in zusammengesetzte Masken über. Diese nun gleichen den afrikanischen Vorkommnissen ganz ausserordentlich. Die Construction ist die gleiche.

Thiermasken stehen in Oceanien theilweise im Vordergrund. Hierin finden sich mancherlei gleiche Züge. Da ist vor allen Dingen die Eidechse auf Masken Neuguineas, deren Schwanz zur Nase des Menschengesichtes wird. In Afrika (Taf. IX Fig. 66) spielt die Eidechse eine gleiche Rolle. Hier ward die Schnauze zur Nase.

Der zur Menschennase umgestaltete Vogelschnabel von Neuirland hat in Afrika ebenfalls seine Analogie. Ich brauche das hier nicht nachzuweisen, da die Masken keine derartigen Bildungen zeigen. Vögel treten auf den Masken Calabars häufig auf. Der Vogelschnabel befindet sich auch auf der Kpatatschi-Maske (Taf. VII Fig. 90).

Endlich kehren die Eberkopf-Masken Neuirlands in Yoruba wieder (Fig. 139). Vielsagend ist hier die Identität der die Schweineseelen betreffenden Anschauungen in Oceanien und Afrika. Nach tahitischem Glauben entstanden die Schweine aus den sich im Manneskörper bei der Verwesung bildenden Würmer. Die Malaien auf Borneo und die Altüren nehmen an, dass die Seelen der Menschen in Schweine übergehen. Aus dem Herzen der Schweine und dessen Bewegungen lesen Hawaier, Alfuren und Dajak das Opfer. Wenn dem Novizen des Duk-Duk der Ritterschlag ertheilt wird, der ihn zum Bundglied macht, wird Boro! d. i. Schwein, ausgerufen. Auf Vate wird den lebendig begrabenen Alten ein Schwein an den Arm gebunden, das beim Todtenfeste verzehrt wird. Den Duk-Duk-Männern ist der Genuss des Schweinefleisches untersagt. Oestliche Melanesier erzählen, dass, wer kein Schwein getödtet hat, auch nicht zu den Vätern kommt. Die auf den Markesas den Schweinen beim Mahle des Todtenfestes abgeschnittenen

Köpfe fallen den Göttern anheim: „damit sie den Todten eine sichere und ruhige Fahrt in die Unterwelt gestatten mögen." So werden die Unterkiefer der Schweine auch zu Amuletten und Zaubermitteln.

Mit einem Worte: das Opferthier ward zum Seelenträger. Ebenso in Afrika. In Congo wird die Ceremonie des Mutamba von den Verwandten angestellt, um den umherflatternden Seelen Ruhe zu verschaffen. Bei Unterlassung fällt die Seele dem in der Unterwelt herrschenden Kadiampembe anheim. Gewöhnlich wird ein Schwein geschlachtet, dessen Kopf man in den Fluss wirft, um von demselben fortgeschwemmt zu werden. Die Walesse berichten, dass die Zwerge nach ihrem Tode Schweine würden. Die Igbo

in Abo besitzen durchweg Amulette von Schweineunterkiefern. Theilweise Nachbildungen in Holz. Ihr Name ist Ofuru, was vielleicht mit Boro verwandt ist. — Zu diesen Uebereinstimmungen gesellen sich die Eberkopfmasken.

Dazu kommen nun die Stammbaummasken. Wie in Afrika kommen in Melanesien die Geister aus heiligen Wäldern, den Wohnstätten der Geister. Der Tabupfahl, der Schädel- und der Kerbpfahl kehren in gleicher Bedeutung und in gleicher Anwendung wieder.

Nr. 33　Maske als Amulet vom Mongalla. (Ethnographisches Reichsmuseum in Leiden. S. 958 Nr. 46.)

Stammbaumbildungen schmücken nicht nur Tempel und Gräber, sondern auch die Masken. Formen, wie die der Grebo und Yoruba (Taf. XI Fig. 112, Taf. X Fig. 110, XIII 128, 129) deuten auf oceanische Ideen und Ausdrucksweise.

Das interessante Vorkommen von Miniaturmasken, die zumal in Neuguinea heimisch sind, wiederholt sich in Afrika, wie die kleine Maske (Text Nr. 33) vom Mongalla beweist. — Die Grebo-Maske (Taf. XI Fig. 113) ist mit Perlmuttereinlage verziert, was zumal an eine auf den Salomonen blühende Technik erinnert. Eine ausgestreckte Zunge zeigen viele Masken Neuirlands und so auch der Loangoküste (Taf. I Fig. 25, Taf. II Fig. 34, Taf. III Fig. 36) und Kamerun-Calabars (Taf. IX Fig. 60. 61. 63. 64, Taf. VIII Fig. 57. 77). — Die Strahlen der afrikanischen Masken (z. B.

Taf. XI Fig. 111/114, Taf. V Fig. 42. Taf. III Fig. 9) lassen sich auch an
oceanischen Masken, zumal denen Tahitis, nachweisen.

Unter den merkwürdigen Gebräuchen der Bünde möchte ich nur
noch auf die verschiedenen Gestalten der Geisterstricke und Schlingen hinweisen. Die Ausgangsmythe, dass die Seelen an den Stricken zur Sonne
empor und zur Erde hinabgelangen, ist in den Fragmenten eingehend behandelt. — Auf Nias nun wird im Falle schwerer Krankheit vor dem Hause
eine mit Palmblättern verzierte Stange aufgerichtet, von deren Spitze eine
Kette mit gleichem Schmucke nach einem von dem Priester auf dem Dache
des Hauses befestigten Troge läuft. Der Ere nimmt nun ein Schwein,
bringt dasselbe auf das Dach und bietet es dem Geiste als Sühnopfer an.
Er tödtet es und lässt es von dem Dache herunterfallen. Der nach dem
Schwein begierige Geist lässt sich an der Kette herunter und der betreffende
gute Geist sorgt dafür, dass er nicht wieder heraufkommt. Das ist die
gleiche Idee wie die des Mangongo. Vor der Hütte steht der Pfahl. Pfahl-
spitze und Hüttenspitze sind durch die Schnur verbunden, an der der Bundes-
geist aus dem Pfahl in die Hütte gelangt. – In Polynesien werden die
Geister in Schlingen gefangen. Tangaroa, der in diesem Falle an Manis
Stelle getreten ist, hält die Falle in der Hand. Die Priester Puka-Puka's
stellen die Schlingen in Bäumen. Auf Aitutaki ward eine solche Schlinge
den Missionaren übergeben. Daher die Kranzschlinge des Jevhe-Eides.
Melanesische Bünde haben ähnliche Sitten. Wenn jemand unbefugter Weise
die Blume des Tamate trägt, kündigt ihm ein Büschel Blumen und Laub
auf dem öffentlichen Platze, wie dem Jevhe-Beleidiger der Blätterkranz, die
Rache des Bundes an.

Also die Entwicklung in Afrika, die Bedeutung und die Formen der
afrikanischen Masken und Bünde deuten in gleicher Weise auf oceanische
Quellen hin. Das scheint uns den Beweis zu erbringen, dass wir es in
ihnen mit Merkmalen und Theilen der malajonigritischen Cultur zu thun haben.
Alles Weitere wolle man aus dem Culturwerke Bd. I: „Ursprung der afrikanischen Culturen" ersehen.

Schluss.

Es soll nicht behauptet werden, dass mit dem vorliegenden Werke das Thema erschöpft wäre. Immerhin ist bisher eine so weitgehende Behandlung den Masken keines Naturvolkes zu Theil geworden. Aus dem Grunde kann die Arbeit eine gewisse Nachsicht beanspruchen. Wer auf ungebahnten Pfaden wandelt wie wir es hier mussten, dem ist oft durch die schwere Pionierarbeit die Hand zu rauh geworden für feinere Arbeit. Daher steht noch manche Frage offen und daher mag mancher Fehler begangen worden sein.

Im allgemeinen dürfte aber ein Fortschritt zu verzeichnen sein, der für die afrikanische Völkerkunde nicht belanglos ist. Ich meine nicht die Erkenntniss der malajonigritischen Verwandtschaft, denn für den Beweis derselben haben wir hier nur einen Baustein beigebracht. Völker- oder Cultur-Verwandtschaften beweist man aber nicht mit so geringen Mitteln, wie sie Masken- und Geheimbünde bieten. Die eigentlichen Beweise dieser Verwandtschaft haben anderweitig Platz gefunden.

Also das ist nicht gemeint. Es handelt sich vielmehr um die Frage der Beziehungen einzelner Formen und Sitten. Es wird nicht einmal unter den Geräthen einen Gegenstand geben, der überall die gleiche Verwendung findet, der nicht in wechselseitiger Beeinflussung auf andere Dinge umgestaltend eingewirkt hat oder von anderen modificirt worden ist. Am allerwenigsten wird man aber Gegenstände des Cultus mit Zugrundelegung einer Form des Objectes analysiren können, weder auf Form noch auf Sinn. Die ungeheure Beweglichkeit ethnologischer Beweisstücke macht das unmöglich. Auf diese Beweglichkeit wollte ich noch hingewiesen haben;

es scheint das um so berechtigter als sie sehr oft missverstanden worden ist. Auch ganz besonders in der afrikanischen Völkerkunde.

Man kann ihretwegen, deren Einfluss ebensowohl auf die Cultur als die Rassen sich erstreckt, weder Grenzlinien der Verbreitung eines Gegenstandes, noch eines Kulturkreises, noch eines Volkes ziehen. Thut man es dennoch, — und man ist oft dazu gezwungen, dann soll man sich über seine wahre Natur im Klaren bleiben.

Man darf derselben Beweglichkeit wegen nicht die Angaben der Reisenden mit denen des Ethnologen verwechseln. Denn der eine spricht von einem oder einigen Facten, der Ethnologe aber von dem gemeinsamen Entwicklungszuge der Dinge. Das Vergessen der Beweggründe und das Aussterben einzelner Merkmale sind so häufige Erscheinungen, dass man nicht systematisch eintheilen kann ohne befürchten zu müssen, mit rauher Hand die feinen oft wichtigsten Beziehungen zu durchreissen.

Ausserdem wiederhole ich hier meinen schon oft geäusserten Wunsch, jene leidigen Bezeichnungen von der Tagesordnung der Wissenschaft zu streichen, die ein Vorwärtskommen so sehr erschweren. Worte wie Zauberer, Fetische, sind thatsächlich überflüssig. Ihr Bestehen giebt den Forschern ganz naturgemäss ein falsches Bild der Wissenschaft. Sie glauben ihrer Pflicht dadurch genügt zu haben, dass sie das Fetischtum eines Gegenstandes bestätigt haben. Ich kann hier eine Erfahrung erwähnen. Ich klärte hier einige Missionare darüber auf, dass mit dem Worte Fetisch absolut nichts wünschenswerthes gesagt sei. Die Herren forschten darauf nach der Bedeutung der vielen an der Westküste als Fetisch bezeichneten Amulette. Und siehe da: Seitenlange Beschreibungen und Erklärungen über Sinn und Verwendung trafen ein. Es war damit der Beweis erbracht, dass mein Begehren ein berechtigtes sei. Das wird an dieser Stelle erwähnt, weil die Bezeichnung Fetischmaske eine sehr häufige ist, die den Wissenden schmerzlich berührt, da hier wieder das leidige Wort die Schuld mangelnden Forschens nach Sinn und Verwendung trägt. Ich erinnere daran, dass von der grossen Menge „Dahome- (obgleich anscheinend durchweg aus Yoruba stammend) Masken" nicht eine mit einem Vermerk versehen ist, der Aufschluss über Sinn und Verwendung giebt. Höchstens heisst sie „Tanzmaske" und das bedeutet auch so viel wie nichts.

Es scheint so, als seien die Probleme der afrikanischen Weltanschauung oder meinetwegen Religion so durchgearbeitet, dass sie erschöpft und langweilig geworden wären. Und doch haben die vielen dicken Bücher über Fetischismus und die Religion der Afrikaner nicht viel mehr als feinsinnige aber wenig ethnologische Ansichten gezeitigt. Erst jetzt fängt es an, Licht zu werden und das Licht zeigt sehr merkwürdige und unerwartete Erscheinungen. Zur Klarheit können wir aber nur vordringen, wenn auch in Afrika auf den neuen Wegen geforscht wird.

Es ist ein Zweck dieser Arbeit hierzu anzuregen. Es soll und kann mich nur freuen, wenn Forscher und Ethnologen die Arbeit zerzausen und Fehler und Irrthümer entdecken: Nur zu! Der ethnologische Theil wird auch dann berechtigt, wenn er nur zu eifriger Mitarbeiterschaft und energischem Vorwärtsstreben Veranlassung bot.

Verzeichniss
der Beziehungen auf die Tafelfiguren im Text.

Die erste Seitenzahl giebt stets Hinweis auf die Angaben über Herkunft, Sammlung, Abbildungsmaterial, Grösse etc. im ersten, beschreibenden Capitel.

Fig. 1 (Taf. III) Seite 13; 31 ff.: 174, 202, 204, 243.
- 2 (- III) 13; 31 ff.: 174, 202, 204.
- 3 (- II) - 13; 31 ff.: 183, 185, 200, 203, 244, 246.
4 (- II) 13; 31 ff.: 175, 185, 200, 203, 244.
- 5 (- I) - 13; 31 ff.: 184, 205, 207, 210, 244.
- 6 (- I) 13; 31 ff.: 184, 190, 205, 206, 207, 210, 241, 248.
7 (- I) 13; 31 ff.: 207, 210.
8 (- I) 13; 35 ff.: 210, 244.
9 (- III) - 13; 35 ff.: 200, 263.
- 10 (- III) - 13; 35 ff.
- 11 (- III) - 13; 35 ff.: 195.
- 12 (- II) - 14; 35 ff.: 204, 207, 247.
- 13 (- II) - 14; 35 ff.: 207, 246, 247.
14 (- II) - 14; 35 ff.: 175, 183, 204, 210, 211, 246, 247.
15 (- II) - 14; 35 ff.: 175, 183, 184, 195, 200, 210, 211, 246, 247.
- 16 (- I) 14; 35 ff.: 207, 210.
17 (- I) - 15; 35 ff.: 184, 207, 209, 210, 246, 247.
- 18 (- I) - 15; 35 ff.: 183, 204, 209, 210, 211, 244, 246, 247.
- 19 (- I) - 15; 35 ff.: 206, 207, 244, 249.
- 20 (- I) - 15; 35 ff.: 206, 207, 210, 244, 249.
21 (- I) - 15; 35 ff.: 206, 207, 210, 244, 249.
- 22 (- III) 15; 35 ff.: 183, 207, 244, 247.

Fig. 23　(Taf. IV)　Seite 15; 35 ff.; 205, 206, 210, 244, 248.
„ 24　(　　I)　„　16; 54 ff.; 210.
„ 25　(　„　I)　　16; 54 ff.; 210, 262.
26　(　„　I)　16; 54 ff.; 200, 207, 247.
„ 27　(　„　II)　„　16; 54 ff.; 183, 200, 209, 210.
„ 28　(　II)　16; 54 ff.; 183, 247.
„ 29　(　„　II)　16; 54 ff.; 200, 210, 212.
„ 30　(　„　II)　16; 54 ff.; 200.
31　(　„　II)　16; 54 ff.; 183, 195, 200, 210, 211, 247.
„ 32　(　II)　17; 54 ff.; 183, 210.
„ 33　(　„　II)　17; 54 ff.;
„ 34　(　„　II)　17; 54 ff.; 184, 209, 210, 262.
35　(　„　II)　17; 54 ff.; 210, 212, 247.
„ 36　(　„　III)　„　17; 54 ff.; 183, 210, 262.
„ 37　(　„　III)　17; 54 ff.; 210, 212.
„ 38　(　„　III)　„　17; 54 ff.;
„ 39　(　„　IV)　17; 54 ff.; 201, 207, 210, 246, 247.
„ 40　(　„　IV)　17; 54 ff.; 183, 207, 210.
„ 41　(　　IV)　17; 54 ff.; 184, 206. 210.
„ 42　(　„　V)　18; 54 ff.; 190, 194, 212, 263.
„ 43　(　„　II)　18; 59 ff.; 200, 247.
„ 44　(　„　III)　„　18; 59 ff.; 189, 200, 207, 212, 244, 247.
„ 45　(　„　III)　„　18; 59 ff.; 189, 200, 207, 212, 244, 247.
46　(　„　III)　„　18; 59 ff.; 189, 200, 207, 212, 244, 247.
47　(　„　III)　18; 59 ff.; 189, 200, 207, 212, 244, 247.
48　(　„　III)　18; 59 ff.; 189, 200, 207, 212, 244, 247.
49　(　„　III)　18; 59 ff.; 189, 200, 207, 210, 212, 244, 247.
„ 50　(　„　VI)　18; 59 ff.; 200, 209, 210, 212.
„ 51　(　„　VI)　„　18; 59 ff.; 200, 209.
„ 52　(　„　VI)　18; 59 ff.; 183, 200, 201, 208, 210, 247.
„ 53　(　„　VI)　„　19; 59 ff.; 200, 201, 205, 207, 210, 212, 246, 247.
„ 54　(　„　VI)　19; 59 ff.; 210.
„ 55　(　„　VI)　19; 75 ff.; 208, 210.
56　(　„　VI)　19; 75 ff.; 195, 211.

Fig. 91   (Taf. VIII) Seite 23 24; 92 ff.; 194, 208, 210, 211, 245, 246.
  „   92   („ VIII)   „   24; 92 ff.; 194, 208, 210, 211.
  „   93   („ VIII)   „   24; 92 ff.; 190, 208, 210, 211, 245, 246.
  „   94   („ VIII)   24; 92 ff.; 208, 210, 211.
  „   95   („ IX)   24; 92 ff.; 208, 210, 211.
  „   96   („ IX)   24; 92 ff.; 208, 210, 211.
  „   97   („ IX)   24; 92 ff.; 194, 208, 210, 211.
      98   („ IX)   24; 92 ff.; 200, 208, 210, 211.
  „   99   („ IX)   24; 92 ff.; 208, 210, 211.
  „ 100   („ X)   25; 92 ff.; 208, 210, 211, 212.
  „ 101   („ X)   25; 92 ff.; 208, 210, 211.
  „ 102   („ X)   25; 92 ff.; 190, 208, 210, 211.
  „ 103   („ X)   25; 92 ff.; 208, 210, 211.
  „ 104   („ X)   25; 92 ff.; 190, 208, 210, 211, 245.
  „ 105   („ X)   25; 92 ff.; 208, 210, 211, 212.
  „ 106   („ X)   „   25; 92 ff.; 190, 208, 210, 211, 245.
  „ 107   („ X)   25; 92 ff.; 208, 210, 211, 245.
  „ 108   („ X)   „   25; 92 ff.; 208, 210, 211:
  „ 109   („ X)   25; 92 ff.; 208, 210, 211.
  „ 110   („ XI)   25; 130, 206, 208, 243, 245, 246, 262.
  „ 111   („ XI)   25; 130, 200, 203, 206, 208, 243, 245, 246, 263.
  „ 112   („ XI)   25 26; 130, 189, 203, 206, 243, 245, 246, 262, 263.
  „ 113   („ XI)   26; 130, 200, 203, 206, 208, 243, 245, 262, 263.
  „ 114   („ XI)   26; 130, 195, 200, 203, 206, 208, 243, 245, 263.
  „ 115   („ VIII)   26; 116 ff.; 172, 203, 204, 245.
  „ 116   („ VIII)   „   26; 116 ff.; 204, 245.
  „ 117   („ IX)   „   26; 138 ff.; 175, 245.
  „ 118   („ IX)   26; 144 ff.; 174, 195, 203, 243.
  „ 119   („ XI)   „   26; 144 ff.; 174, 195, 203, 243, 246.
  „ 120   („ XI)   26; 144 ff.; 174, 195, 203, 243.
  „ 121   („ XI)   26; 144 ff.; 174, 195, 203, 243.
  „ 122   („ XI)   „   26; 144 ff.; 174, 195, 203, 243.
  „ 123   („ XII)   27; 181, 184, 200, 204, 206, 247.
  „ 124   („ XII)   27; 200, 247.

Sach-Verzeichniss.

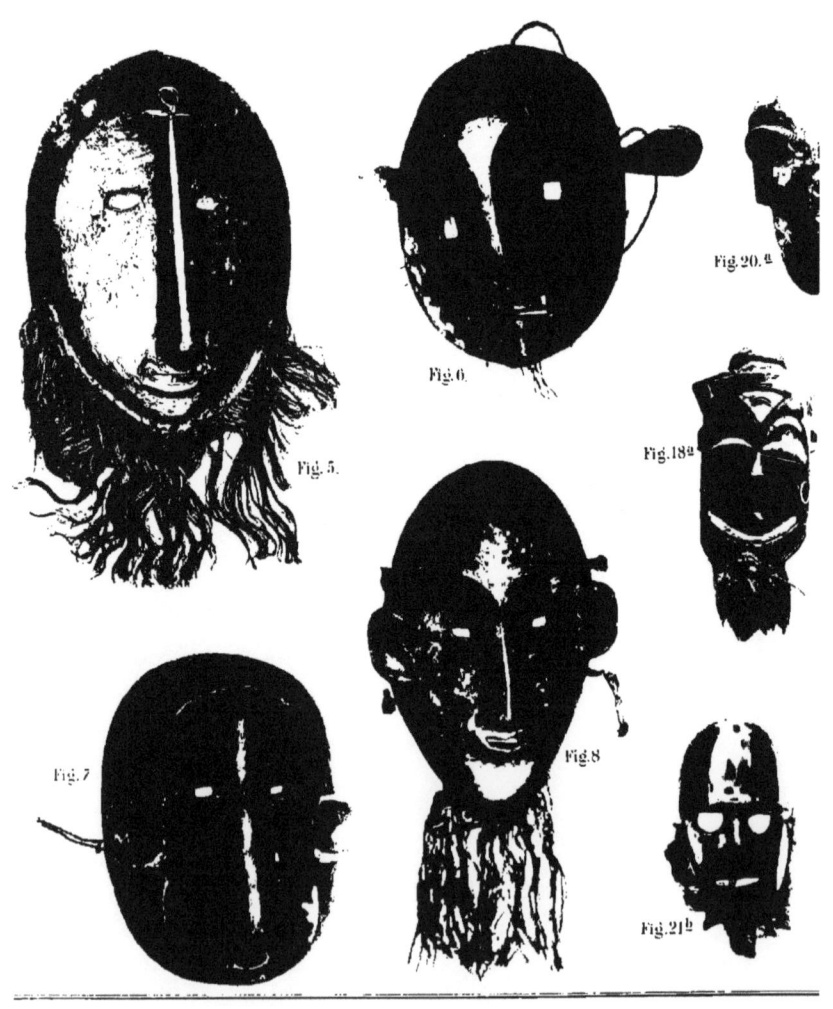

Fig. 5.

Fig. 6.

Fig. 20. ͣ

Fig. 18ͣ

Fig. 7.

Fig. 8.

Fig. 21ᵇ

Tab. I.

Fig. 26.

Fig. 21ª

Fig. 16

Fig. 18ᵇ

Fig. 20ᵇ

Fig. 24.

Fig. 19.

Fig. 25.

Fig. 17.

Frobenius, Die Masken und Geheimbünde Afrikas. Taf. I

Masken, Gabelebene Fig. 1-8. Kamerunküste Fig. 9-15. Loango 16-26.

Fig. 3

Fig. 12ᵃ

Fig. 15

Fig. 4

Fig. 13

Fig. 14

Fig. 27ᵃ

Fig. 27ᵇ

Fig. 28

Fig. 29

Fig. 12ᵇ

Fig. 30

Fig. 31

Fig. 32

Fig. 13

Fig. 33

Fig. 34ᵃ

Fig. 34ᵇ

Fig. 35

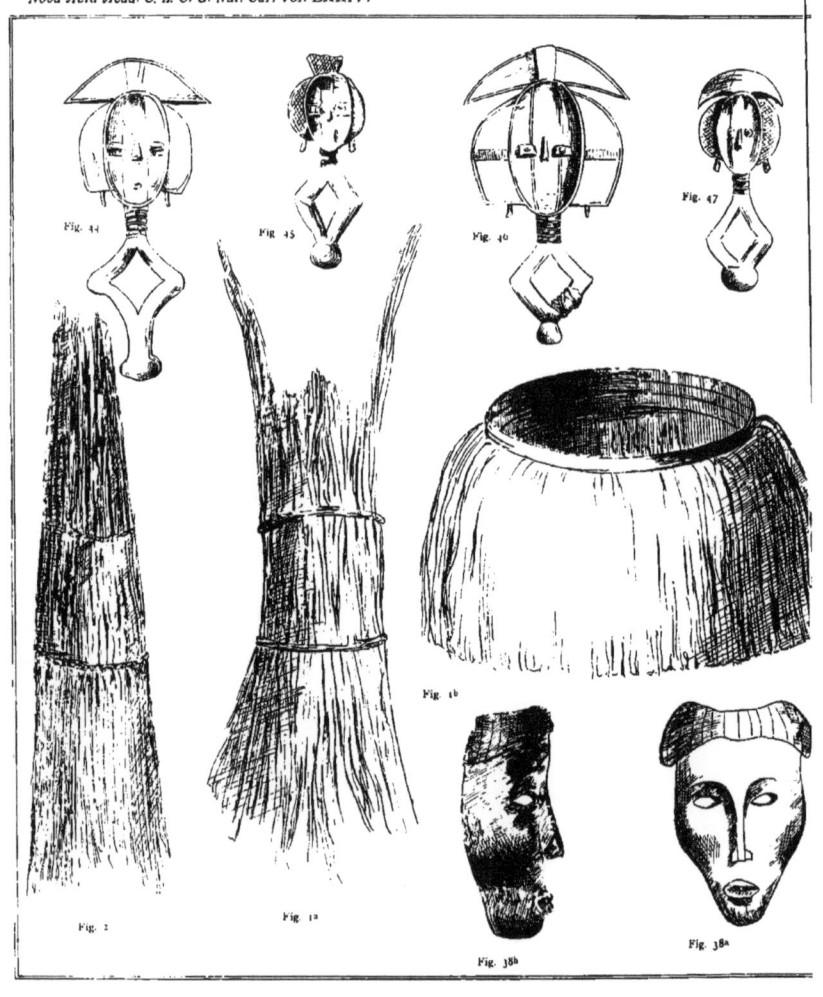

Fig. 44

Fig. 45

Fig. 46

Fig. 47

Fig. 1b

Fig. 2

Fig. 1a

Fig. 38b

Fig. 38a

Tab. III.

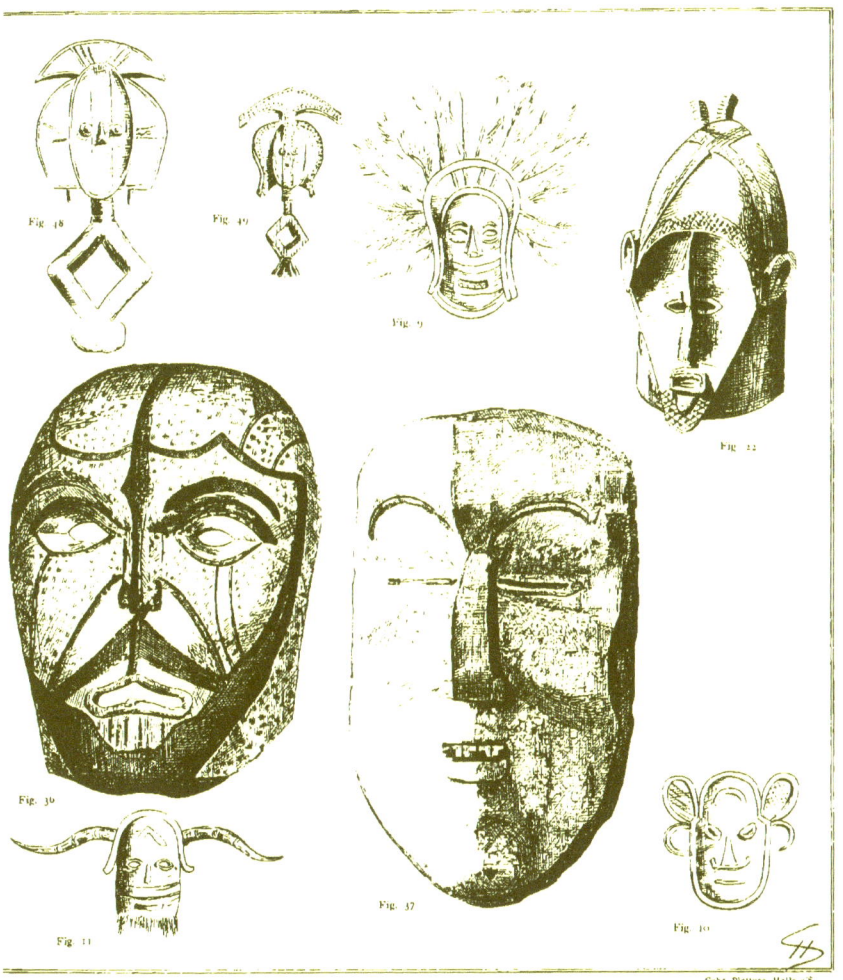

Fig. 48
Fig. 49
Fig. 9
Fig. 22
Fig. 36
Fig. 37
Fig. 11
Fig. 10

Geheimbünde Afrikas. Taf. 3.

22) *Loango* (Fig. 36–Fig. 38.) *Ogowegebiet* (Fig. 44–Fig. 49.)

Tab. III.

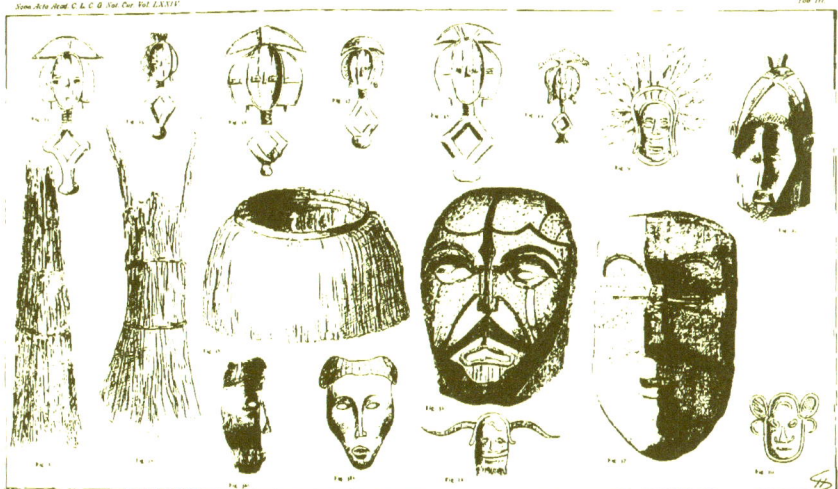

Frobenius. Die Masken und Geheimbünde Afrikas. Taf. 3.

Südafrika ( ); Kongogebiet ( ); Loangoi ( ); Ogowegebiet ( ).

Fig. 40

Fig. 41

Fig. 21

Fig. 39

Fig. 40

Fig. 41

Fig. 23

Fig. 39

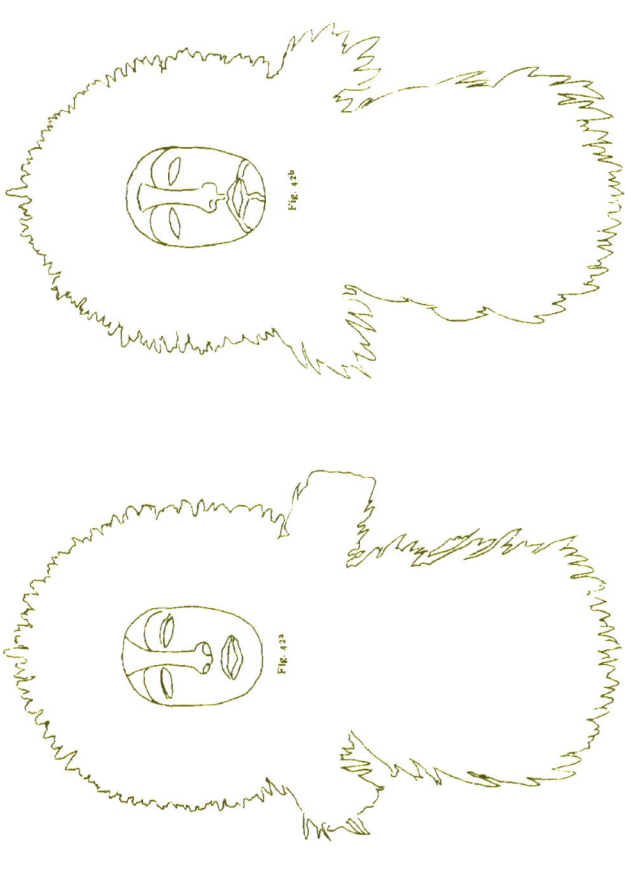

Fig. 428

Fig. 423

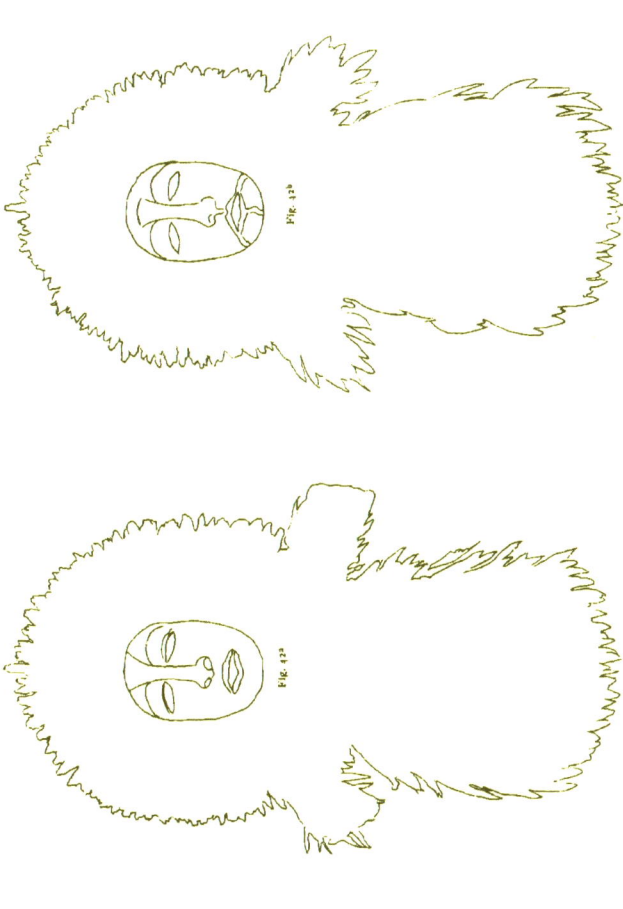

Fig. 438

Fig. 439

Tab. V.

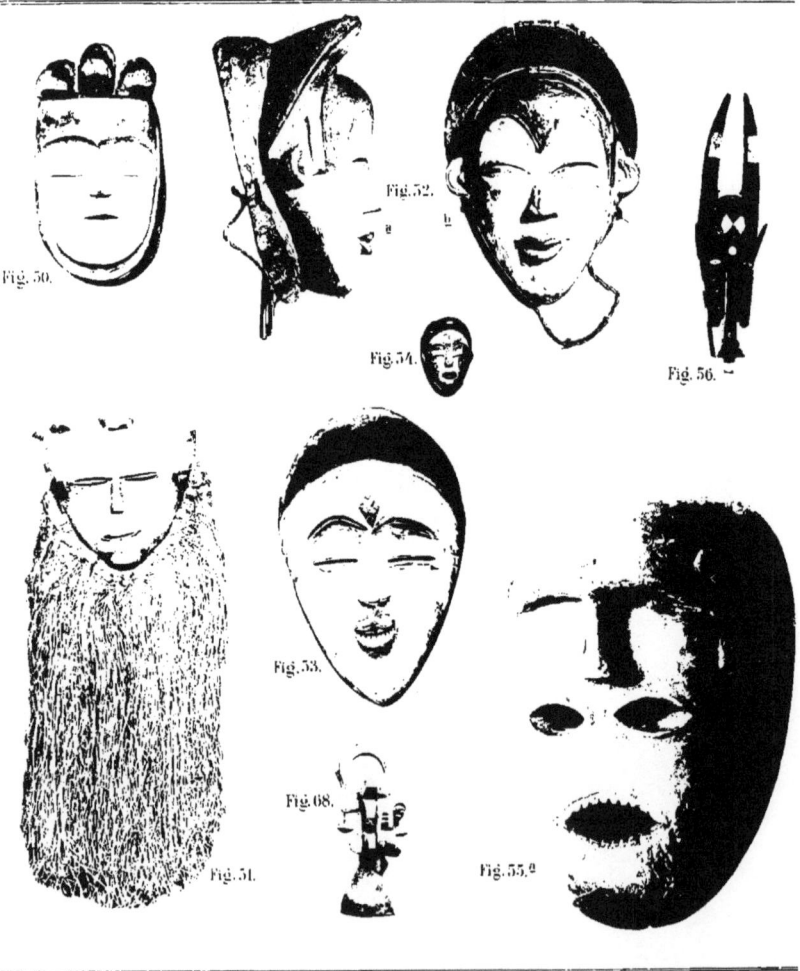

Fig. 50.

Fig. 52.
a
b

Fig. 54.

Fig. 56.

Fig. 53.

Fig. 68.

Fig. 51.

Fig. 55.ᵃ

Tab. VI.

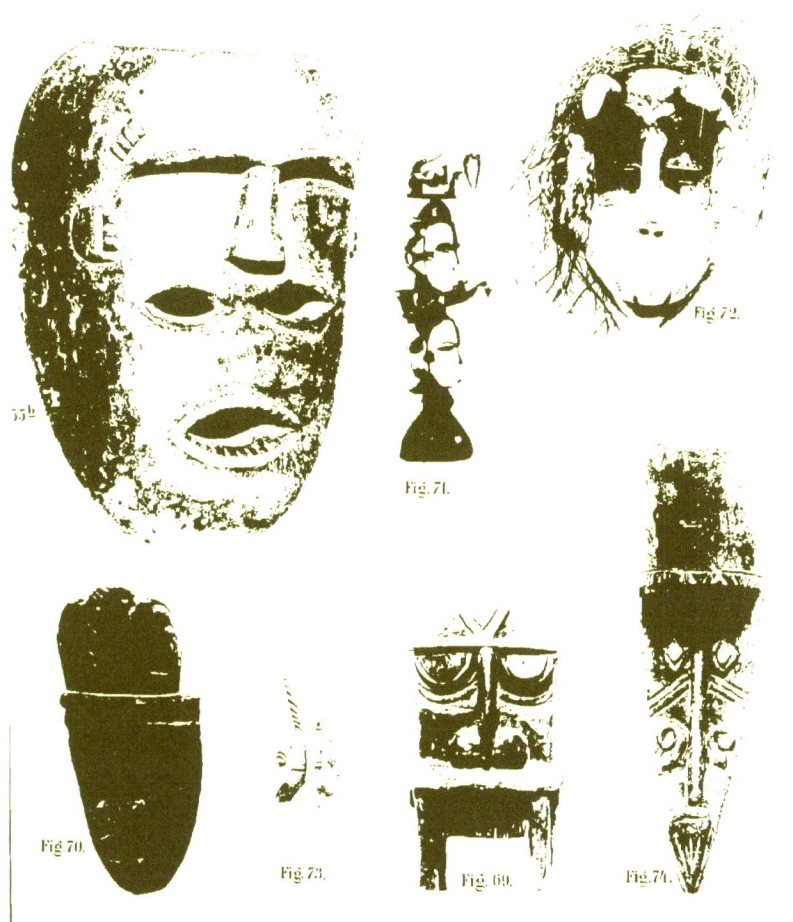

55ᵇ

Fig. 71.

Fig 72.

Fig 70.

Fig 73.

Fig. 69.

Fig. 74.

Tab. VI

Frobenius: Die Masken und Geheimbünde Afrikas, Taf. 6

Masken, Oguveypfort Fig. 50-56. Kamerun Fig 57-59. Kubehm Fig 60-75.

Fig. 85ᵇ

Fig. 85ᵃ

Fig. 9⁰

Fig. 8

Fig. 84

Fig. 87ᵇ

Fig. 87ᵃ

Fig. 86ᵃ

Fig.

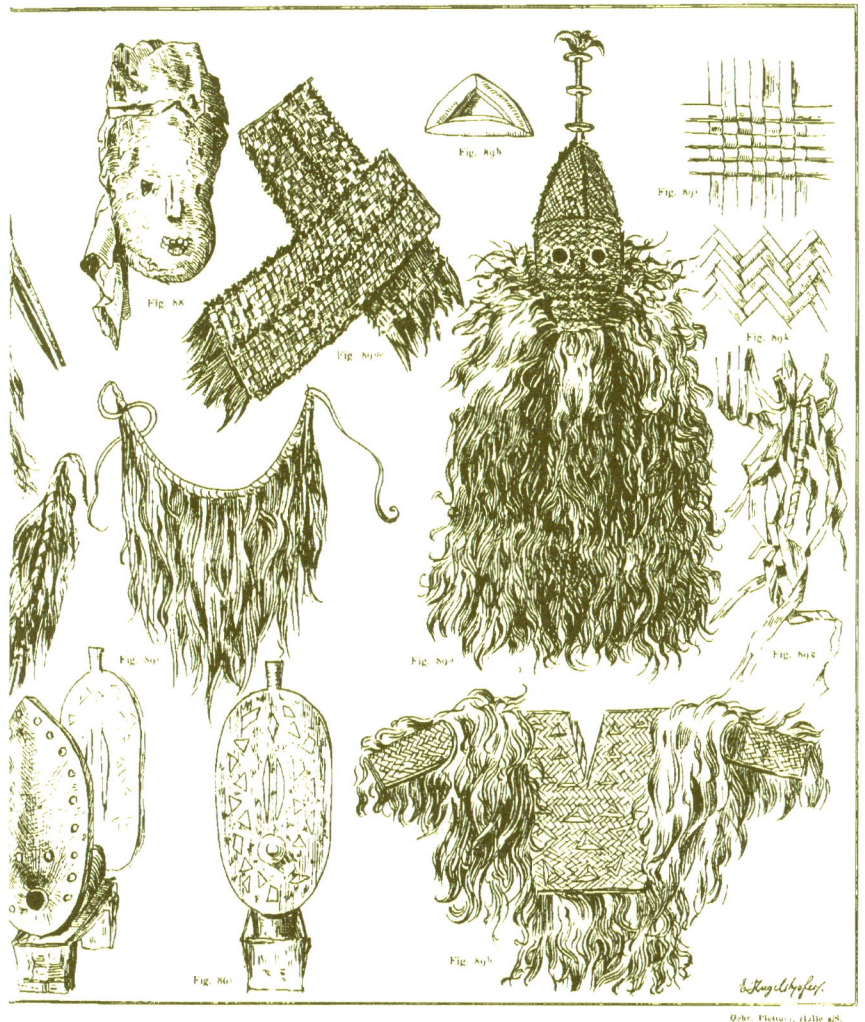

Tab. VII.

Fig. 88

Fig. 89 b

Fig. 89 h

Fig. 89 j

Fig. 89 c

Fig. 89 d

Fig. 89 e

Fig. 89 f

Fig. 89 g

Fig. 89 a

Fig. 86

Fig. 89 k

E. Kugelmeyer.

Gebr. Pietzcker, Halle a/S.

Geheimbünde Afrikas. Taf. 7.

ebiet. (Fig. 84—Fig. 90.)

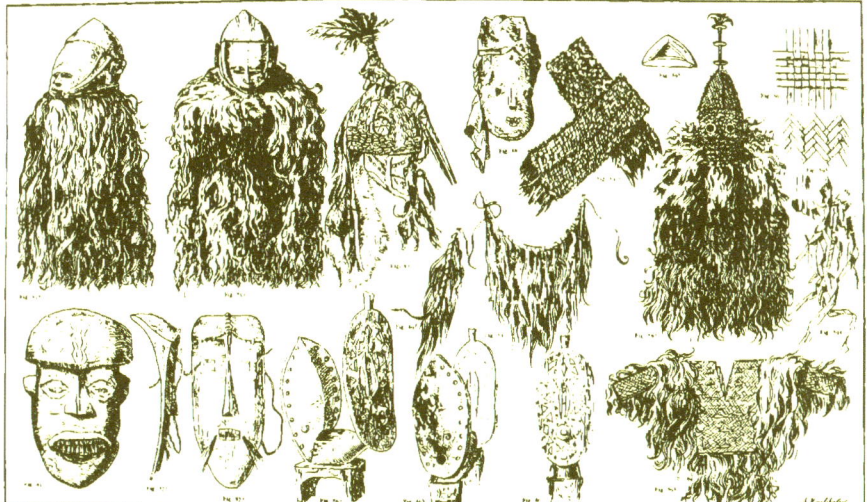

Frobenius. Die Masken und Geheimbünde Afrikas   Taf. 7.

Benue-Nigergebiet.(Fig. 61.—Fig. 80.)

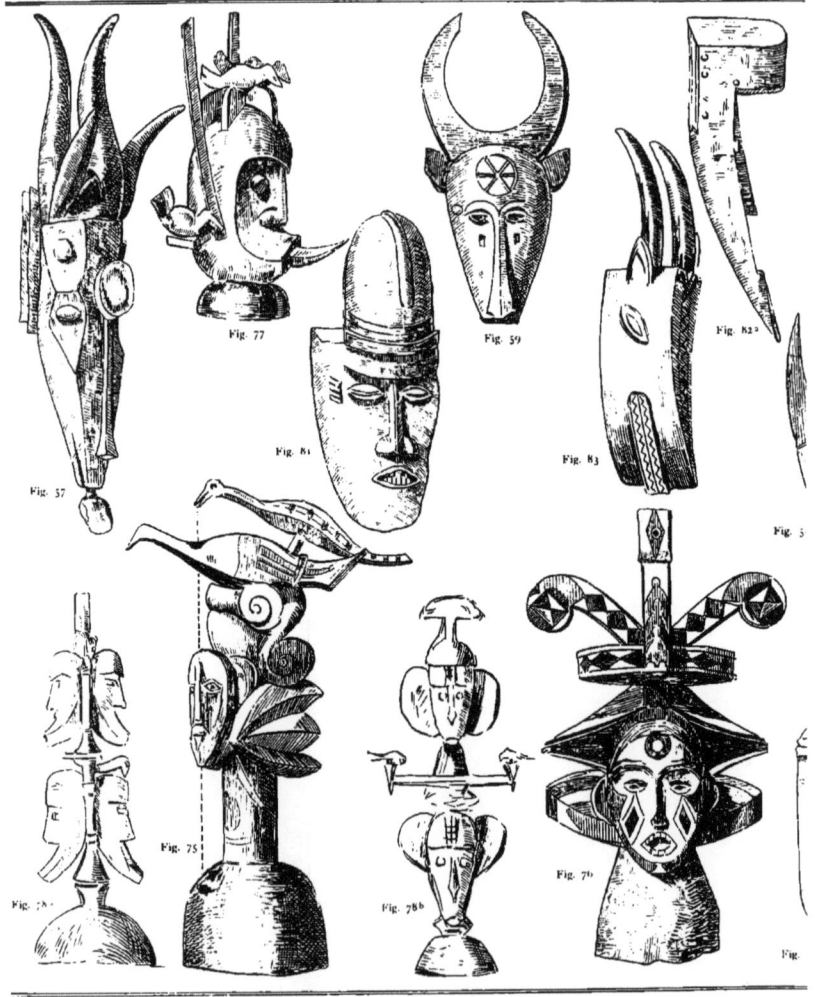

Fig. 77

Fig. 59

Fig. 82ᵃ

Fig. 81

Fig. 83

Fig. 37

Fig. 5

Fig. 75

Fig. 76

Fig. 78ᵇ

Fig. 76

Tab. VIII.

Fig. 80a

Fig. 80b

Fig. 116

Fig. 93

Fig. 91

Fig. 115

Fig. 92

Fig. 91

Gebr. Pfetiner, Halle a.S.

Geheimbünde Afrikas. Taf. 8.

83) *Yoruba* (Fig. 91—Fig. 94.) *Liberia* (Fig. 115—Fig. 116.)

Tab. VIII.

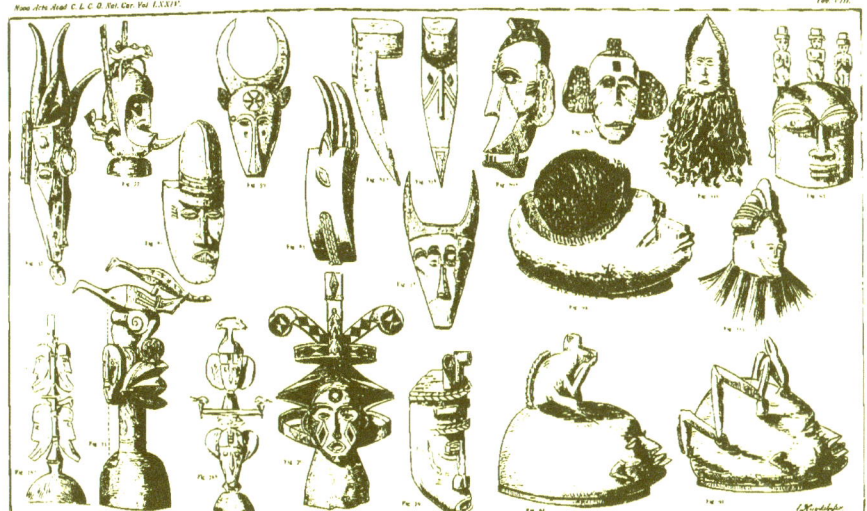

Frobenius: Die Masken und Geheimbünde Afrikas. Taf. 8.

Kamerun(Fig. 37—Fig. 44) Kalabar(Fig. 71—Fig. 73) Yoruba(Fig. 1—Fig. 6) Liberia(Fig. 11—Fig. 16)

Fig. 99

Fig. 118

Fig. 117

Fig. 98a

Fig. 96

Fig. 95

Fig. 97

Fig. 98b

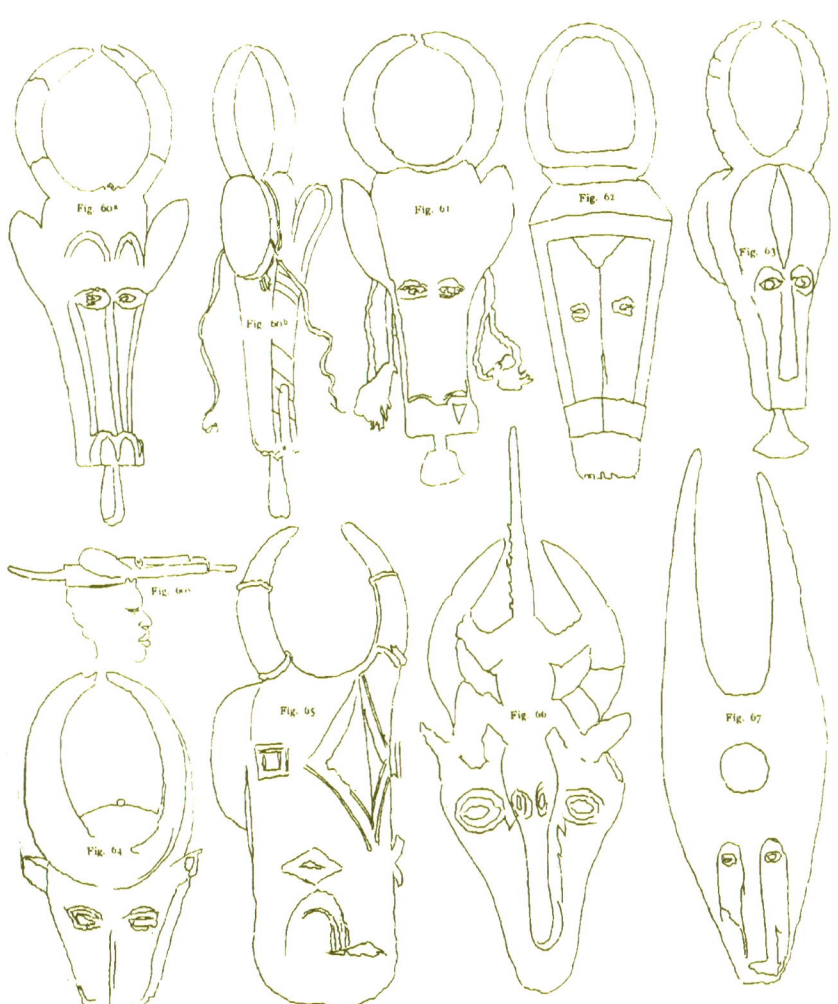

Fig. 60a

Fig. 60b

Fig. 61

Fig. 62

Fig. 63

Fig. 60c

Fig. 64

Fig. 65

Fig. 66

Fig. 67

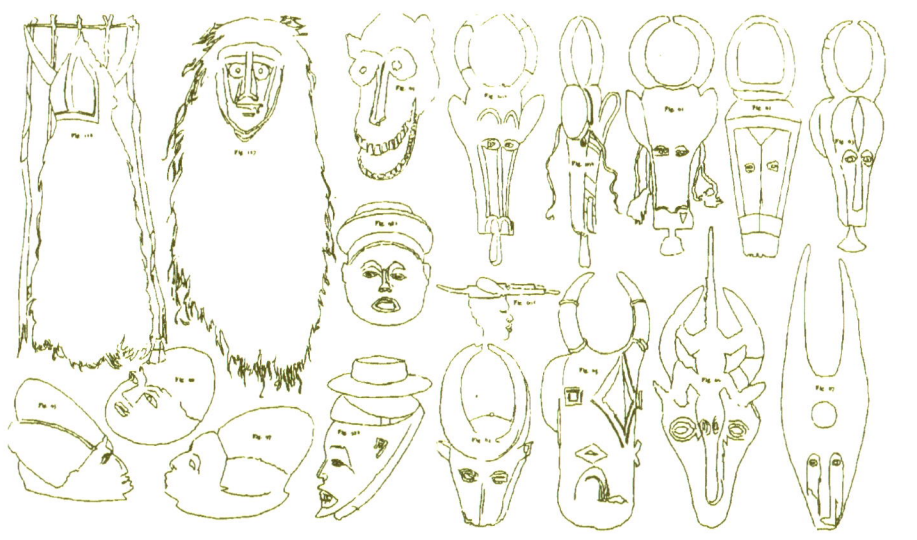

Kügelsheber E.

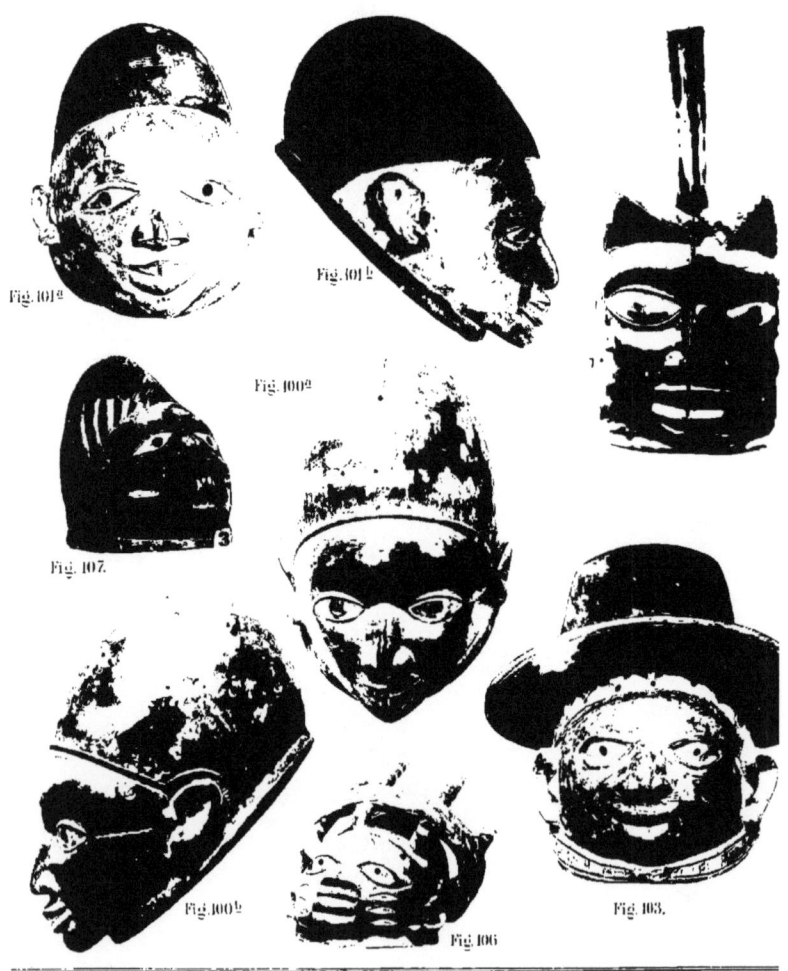

Fig. 101ª

Fig. 101ᵇ

Fig. 100ª

Fig. 107.

Fig. 100ᵇ

Fig. 106

Fig. 103.

Fig. 102.

Fig. 104.

Fig. 105.

Fig. 108.

Fig. 109.

Frobenius. Die Masken und Geheimbünde Afrikas. Taf. IX.
Masken Yoruba.

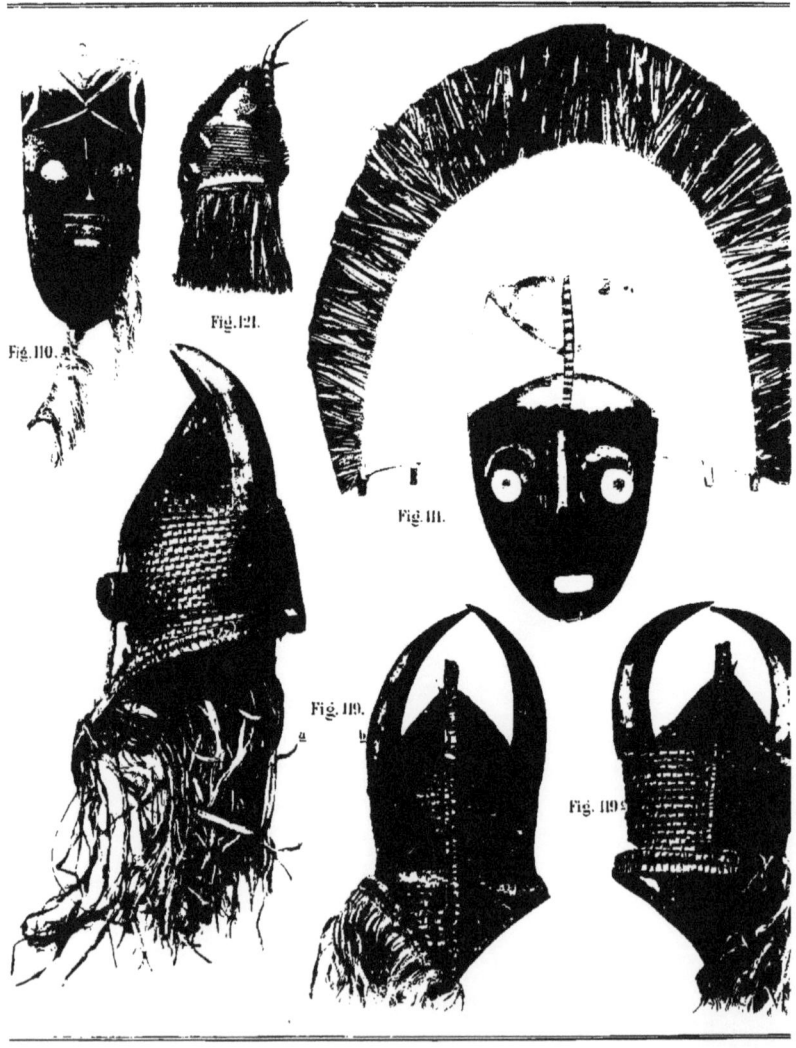

Fig.110.

Fig.121.

Fig.111.

Fig. 119.

a   b

Fig. 119

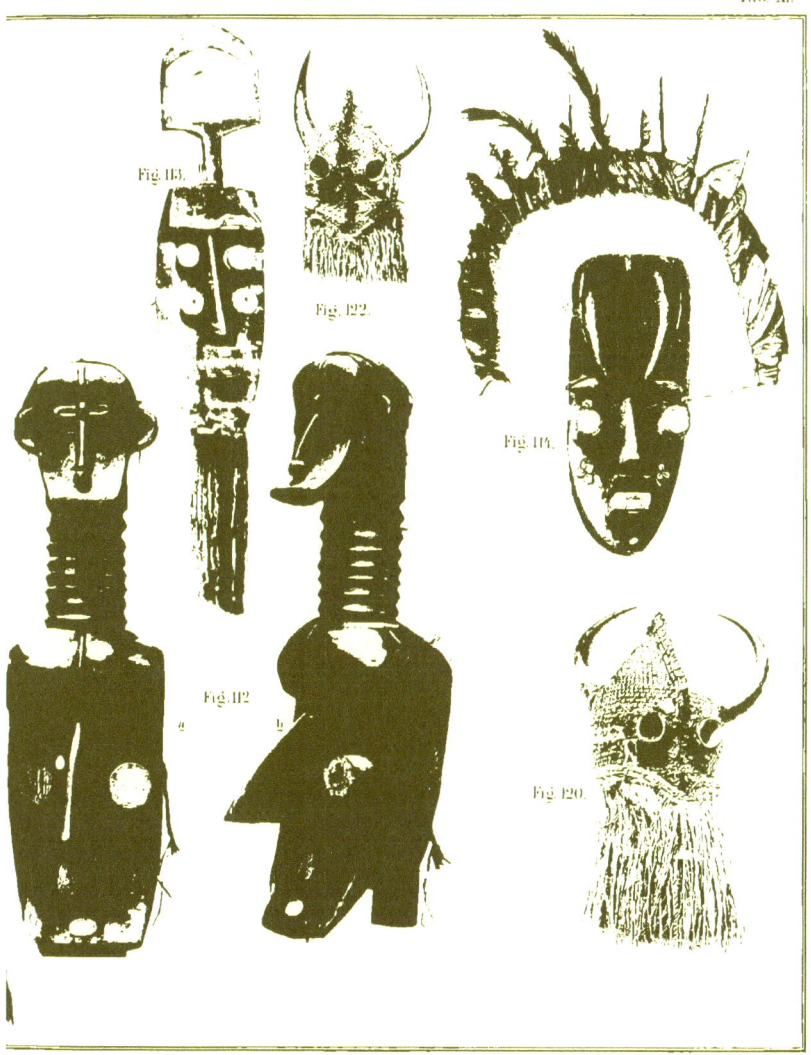

Tab. XI.

Frobenius: Die Masken und Geheimbünde Afrikas. Taf 44.

Masken. Elfenbeinküste Fig 118–119. Nevquambue Fig 121 122.

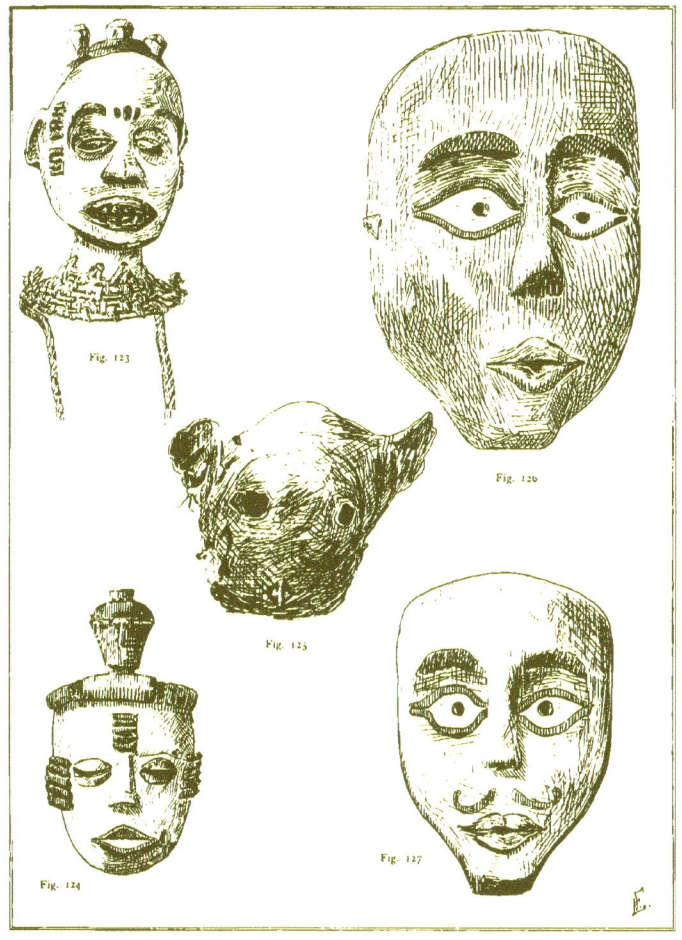

Fig. 123

Fig. 126

Fig. 125

Fig. 124

Fig. 127

Frobenius: Die Masken und Geheimbünde Afrikas. Taf. 12.

Incerta [Fig. 123 - Fig. 127].

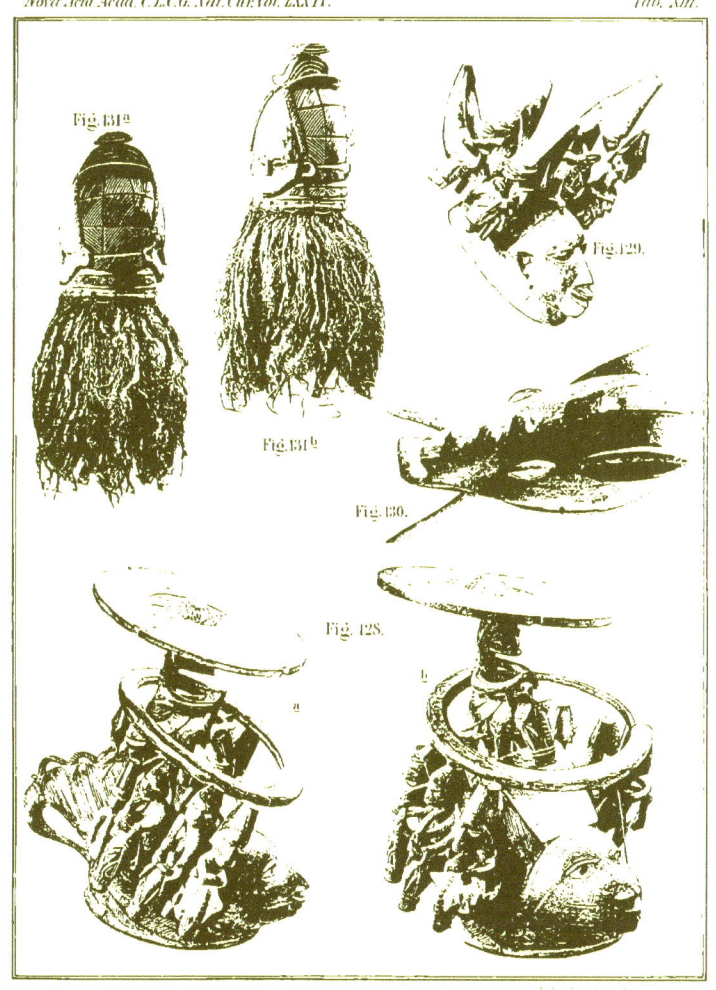

Fig. 131ª

Fig. 131ᵇ

Fig. 129.

Fig. 130.

Fig. 128.

Frobenius: Die Masken und Geheimbünde Afrikas. Taf. 13.

Masken. Yoruba Fig. 128—130. Liberia Fig. 131.

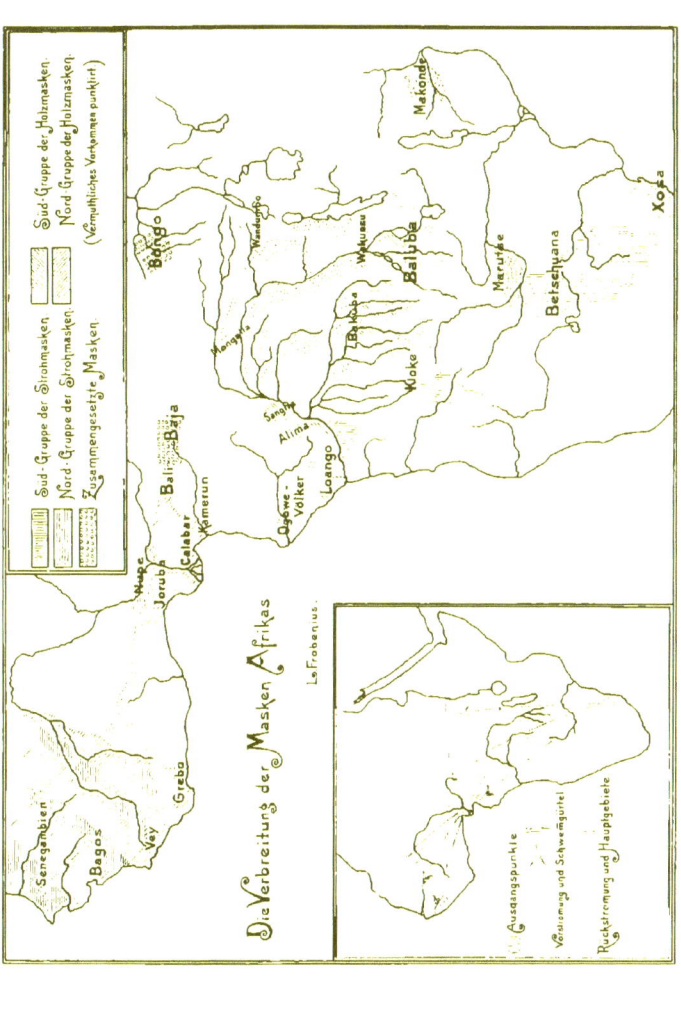

Die Verbreitung der Masken Afrikas.

L. Frobenius.

NOVA ACTA.

Abh. der Kaiserl. Leop.-Carol. Deutschen Akademie der Naturforscher

Band LXXIV. Nr. 2.

Zur

Funktionen- und Invarianten-Theorie

der binomischen Gebilde.

Von

J. Wellstein
Strassburg i. E.

Eingegangen bei der Akademie am 2. Juli 1898.

HALLE.
1899.
Druck von Ehrhardt Karras, Halle a. S.

Für die Akademie in Commission bei Wilh. Engelmann in Leipzig.

Die Theorie der binomischen Funktionen ist in ihrem algebraischen Theile so weit entwickelt,[1]) dass man es wagen darf, nun auch den transscendenten in Angriff zu nehmen. Zu Transscendenten, welche mit den algebraischen Gebilden organisch verbunden sind, scheint die Invariantentheorie zu führen, und so stellt sich denn die folgende Arbeit die Aufgabe, die Invariantentheorie der binomischen Kurven allseitig auszubilden. Da die projektiven Eigenschaften dieser Kurven weniger auffällig sind als speciell die affinen, so beschäftigen wir uns nur mit der Invariantentheorie der affinen Transformationen, oder, indem wir die binomischen Kurven in die Normalform

$$f(z_1 \mid z_2) = 1$$

bringen, wo f eine binäre Form von z_1, z_2 ist, mit der binären Invariantentheorie. Dann lassen sich die Integrale erster und zweiter Gattung darstellen in der Form

$$\int q(z_1 \mid z_2) \, d\omega,$$

wo die q ganze rationale Binärformen sind und $\omega = -f(adb)$ ein ausgezeichnetes Integral erster Gattung bedeutet, welches, wenn man z_1, z_2 als Abscisse und Ordinate aufträgt, die anschauliche Bedeutung eines Kurvensektors hat. Die Invarianteneigenschaft von ω bei affinen Transformationen ergiebt sich daraus unmittelbar.

Die Vermittlung zwischen Formen- und Funktionentheorie bildet nun der Satz, dass die Derivirte nach ω einer Form $q = q_z^k$ auf $f = 1$ bis auf einen Zahlenfaktor gleich der ersten Ueberschiebung von q über f ist.

[1]) Vergl. Pick und Ungar, Sitzungsber. d. Wien. Akad. 1880. — Otto Biermann, ebd. 1883. — W. F. Osgood, Dissertation, Erlangen 1890. — Appell et Goursat, Théorie des fonctions algébriques, 1895, chap. V.

Fortgesetzte Ueberschiebung ergiebt daher höhere Derivirten nach ω, Invarianten und Kovarianten setzen sich in Differentialausdrücke, Invarianten- und Kovariantenbeziehungen also in Differentialgleichungen um. Wir erhalten deren unbegrenzte Schaaren. Unter diesen sind besonders bemerkenswerth die Differentialgleichungen der Wurzeln und Koeffizienten der durch eine Tschirnhausen-Transformation in die „typische" Normalform

$$\sum \binom{n}{r} u_r \xi_0^{n-r} \xi_1^{r} = 1 \quad , \quad n_0 = 1, \ u_1 = 0$$

gebrachten Grundform. Aus diesen Gleichungen entspringen dann viele andere, die, wie in einer späteren Arbeit gezeigt werden soll, als brauchbare Ansätze zur Definition passender Transscendenten der binomischen Funktionenklassen dienen können. Insbesondere gelingt es, die Weierstrass'sche $\wp$-Funktion zu verallgemeinern.

Aber auch vom rein formentheoretischen Standpunkte dürften die folgenden Ausführungen von Interesse sein, da sich die verschiedensten Zweige der Invariantentheorie auf dem Gebilde $f = 1$ in innigen Zusammenhang bringen lassen. Nach Vorausschickung einiger Definitionen der Grundbegriffe und einer Erklärung der Clebsch-Aronhold'schen Symbolik könnte die folgende Arbeit geradezu als eine Neudarstellung der binären Formentheorie gelten.

In dem Endziele berührt sich unsere Arbeit mit den merkwürdigen Untersuchungen Pick's,[1]) während Methode und Hilfsmittel ganz andere sind. Was die Ansätze Pick's im Bereiche der binomischen Funktionen betrifft, so bewegen sich dieselben in ganz anderer Richtung als die unsrigen; doch ist es nicht schwer, von den folgenden Untersuchungen aus an die Pick-schen (Math. Ann. 1898 pg. 392, § 8) Anschluss zu gewinnen.

---

[1]) Georg Pick „Ueber invariante Processe auf binären Gebieten höheren Geschlechts", Göttinger Nachrichten 1894 und „zur Theorie der zu einem algebraischen Gebilde gehörigen Formen," Math. Ann. 1898.

§ 1.
Die Normalgleichung der binomischen Funktionen.

Als „binomisch" kann man allgemein diejenigen algebraischen Funktionen definiren, welche verzweigt sind wie die m^{te} Wurzel s einer rationalen Funktion von x:

$$s = \sqrt[m]{\text{funct. rat}(x)}, \quad m \text{ pos. ganze Zahl.}$$

Stellt man diese rationale Funktion als Quotient zweier ganzen Funktionen dar, so wird:

$$s = \sqrt[m]{\frac{g(x)}{h(x)}} = \sqrt[m]{\frac{g(x)h(x)^{m-1}}{h(x)}},$$

und da der aus dem Wurzelzeichen geschiedene Ausdruck unverzweigt ist, so kann man als Verzweigungsfunktion einfacher wählen:

$$s = \sqrt[m]{g(x)h(x)^{m-1}} = \sqrt[m]{f_n(x)},$$

wo $f_n(x)$ eine ganze Funktion ist; n sei ihre Ordnung. Setzen wir noch voraus, dass alle Verzweigungspunkte von s im Endlichen liegen, was nöthigenfalls durch eine vorausgegangene Substitution erster Ordnung der Variabeln erreicht werden konnte, so ist n ein Vielfaches von m; wenn umgekehrt letztere Bedingung erfüllt ist, so hat s nur im Endlichen gelegene Verzweigungspunkte und möge dann eine „normale" Verzweigungsfunktion heissen. Ist n eine Primzahl, so gehört zu $f_n(x)$ nur die eine normale Irrationalität $s = \sqrt[n]{f_n(x)}$; lässt sich n hingegen als Produkt von Primzahlen ausdrücken: $n = n_1^{\nu_1} n_2^{\nu_2} \ldots n_q^{\nu_q}$, den Faktor 1 ausgeschlossen, so gehören zu f_n folgende normalen Verzweigungsfunktionen:

$$s_{\lambda_1\lambda_2\ldots\lambda_q} = \sqrt[r]{f_n(x)}, \text{ wo } r = n_1^{\nu_1-\lambda_1} n_2^{\nu_2-\lambda_2} \ldots n_q^{\nu_q-\lambda_q}$$

und $\lambda_1, \lambda_2, \ldots, \lambda_q$ beliebige ganze positive Zahlen mit der Einschränkung $r > 1$. Es ist aber:

$$s_{\lambda_1\lambda_2\ldots\lambda_q} = f_n(x)^{\frac{1}{r}} = \left(f_n(x)^{\frac{1}{n}}\right)^{\frac{n}{r}}, \text{ und } \frac{n}{r} = n_1^{\lambda_1} n_2^{\lambda_2} \ldots n_q^{\lambda_q},$$

also ist $s_{\lambda_1\lambda_2\ldots\lambda_q}$ eine positive ganze Potenz von

$$s = \sqrt[n]{f_n(x)}.$$

So folgt:

Auf der wie $s = \sqrt[n]{f_n(x)}$ verzweigten Riemann'schen Fläche sind sämmt-
liche zu $f_n(x)$ gehörige normale binomische Funktionen eindeutig.

Man könnte sich daher, wenn es sich um die Untersuchung aller
zu einer ganzen Funktion $f_n(x)$ gehörigen binomischen Klassen mit normal
verzweigter[1]) Fläche T handelt, unbeschadet der Allgemeinheit auf den Fall

$$s \quad \sqrt[n]{f_n(x)}$$

beschränken. Ist n eine Primzahl, so ist s überhaupt die einzige in Betracht kommende Irrationalität; ist n zusammengesetzt, so würde man z. B.
die elliptische Klasse

$$s \quad \sqrt[4]{f_4(x)} \text{ zu untersuchen haben auf } s_1 = \sqrt[2]{f_4(x)}$$

was, falls nur eine Theorie der elliptischen Funktionen beabsichtigt
würde, nicht eben zweckentsprechend wäre, bei gleichzeitiger Untersuchung
der elliptischen und der zu s_1 $\sqrt[2]{f_4(x)}$ gehörenden Klasse dagegen das
allein Richtige ist. Wir beschränken uns nun im Folgenden thatsächlich
auf den Fall s $\sqrt[n]{f_n(x)}$, wo also die Riemann'sche Fläche gerade so viel
Blätter als Verzweigungspunkte hat. Implicite aber erledigen wir auch noch
den Fall σ $\sqrt[r]{f_n(x)}$, wenn n $2r$ ist, indem die für s $\sqrt[n]{f_n(x)}$ abgeleiteten
Formeln durch die Substitution $s - \sqrt[2]{\sigma}$ alsdann in rationale Formeln von
x und σ übergehen, wenige spezielle Formeln ausgenommen.[2])

Sei nun

(1.) $$f(x) \quad \sum_{r=0}^{r=n} \binom{n}{r} a_r x^{n-r}, \quad \text{und } s = \sqrt[n]{f(x)},$$

so führen wir die Funktionen

(2.) $$x_1 = \frac{x}{s}, \quad x_2 = \frac{1}{s}$$

als neue homogene Variabeln ein; dadurch gewinnt die Formen- und Funktionentheorie auf dem Gebilde $s^n - f(x) = 0$ ganz erheblich an Einfachheit

[1]) d. h. mit normaler Verzweigungsfunction.
[2]) Da Formen gerader Ordnung nur gerade Kovarianten haben, so werden, wie sich
zeigt, nur gerade Potenzen von s $\sqrt{\sigma}$ vorkommen, also die Wurzeln fortfallen.

und Schönheit. Die Gleichung $f(x) = s^n$ geht dann über in:

$$(3.) \qquad f(z_1 : z_2) = 1, \text{ wo } f(z_1 : z_2) = \sum_{r=0}^{r=n} \binom{n}{r} a_r z_1^{n-r} z_2^r,$$

und man kann die Sachlage nun auch so auffassen, dass vermöge (3.) die Grösse z_1 als Funktion von z_2 definirt wird; für die Zwecke der Funktionentheorie ist es dabei aber vortheilhaft, auf $s = \sqrt[n]{f(x : 1)}$ zurückzugehen, da die Verzweigungsstellen von s als Nullpunkte von $f(x : 1)$ bereits bekannt sind.

Die Integrale erster Gattung lassen sich linear zusammensetzen aus Fundamentalintegralen von der Form

$$w_{\mu\nu} = \int q_{\mu\nu}(x) \frac{dx}{s^{\mu+2}} = \int q_{\mu\nu}(z_1 : z_2) \frac{dx}{s^{\mu}},$$

wo man für $q_{\mu\nu}(z_1 : z_2)$ der Reihe nach $\mu+1$ linear unabhängige Binärformen μ^{ter} Ordnung $q_{\mu 0}, q_{\mu 1}, \ldots, q_{\mu\mu}, \mu = 0, 1, 2, \ldots, n-3, (q_{\mu\mu} = 1)$ zu benutzen hat; die Nullpunkte von $f(x:1)$ sind dabei allerdings als von einander getrennt liegend vorausgesetzt; sind Nullpunkte höherer Ordnung vorhanden, so hat das nur zur Folge, dass die $q_{\mu\nu}$ nicht mehr beliebige, sondern passend bestimmte Binärformen sein müssen.

Nun ist:

$$(zdx) = (z_1 dz_2 - z_2 dz_1) = s^2 d\frac{1}{s} - \frac{1}{s}\left(\frac{dz}{s} + z d\frac{1}{s}\right) = -\frac{dz}{s^2},$$

und somit nimmt das Integral erster Gattung $\int \frac{dz}{s^2}$ folgende einfache Form an:

$$(4.) \qquad w = w_0 = \int \frac{dz}{s^2} = -\int (zdz) \, .$$

und es wird

$$(5.) \qquad w_{\mu\nu} = -\int q_{\mu\nu}(z_1 : z_2)(zdz) = \int q_{\mu\nu}(z_1 : z_2) dw,$$

wo also die ursprünglichen Variabeln x, s völlig herausgegangen sind. Es folgt:

Wenn die Nullpunkte der Funktion $f(x:1)$ sämmtlich von einander verschieden sind, so kann man auf dem algebraischen Gebilde

$$f(z_1 : z_2) = 1$$

die Fundamentalintegrale erster Gattung darstellen wie folgt:

$$w_{\mu\nu} = -\int q_{\mu\nu}\,(x_1 \mid x_2)\,(xdx) - \int \psi_{\mu\nu}\,(x_1 \mid x_2)\,d\omega_x,$$

wo man für $q_{\mu\nu}$ der Reihe nach $\mu + 1$ linear unabhängige, aber sonst beliebige Binärformen μ^{ter} Ordnung einzusetzen hat:

$$q_{\mu 0},\, q_{\mu 1},\, \ldots,\, q_{\mu\mu};\ \mu = 0,\,1,\,2,\,\ldots,\,n-3;\ q_{\infty} = 1.$$

Das sind also

(6.) $$p = 1 + 2 + 3 + \ldots + n - 2 = \frac{1}{2}\,(n-1)\,(n-2)$$

Integrale erster Gattung; da die binomische Fläche unter der gemachten Voraussetzung n je $n-1$ mal zählende Verzweigungspunkte hat, so ist ihr Geschlecht in der That gleich $p - \frac{1}{2}\{n\,(n-1) - 2\,(n-1)\}$. Diese Voraussetzung hinsichtlich der Verzweigungspunkte werden wir jedoch für die Folge fallen lassen. Das Integral ω_x verliert übrigens, wie die Ausdrucksform $\omega_x = \int \frac{dx}{s^2}$ erkennen lässt, seinen Charakter als allenthalben stetiges Integral erst, wenn $f(x \mid 1) = 0$ einen r-fachen Nullpunkt mit $2r > n$ besitzt.

Stellt man x_1, x_2 als Cartesius'sche rechtwinkelige Koordinaten dar, so erhält das Integral erster Gattung $\omega_x = -\int (xdx)$ eine anschauliche geometrische Bedeutung. Sind nämlich x und y zwei Punkte der Kurve $f(x_1\,x_2) = 1$ und x_1, x_2 bezw. y_1, y_2 ihre Koordinaten, so ist der Flächeninhalt des Kurvensektors xOy gleich dem Integral:

$$S = -\frac{1}{2}\int_x^y (zdz) = \frac{1}{2}\{\omega_y - \omega_x\}.$$

Das Abel'sche Theorem giebt dann interessante Sätze über diese Sektoren, worauf jedoch nicht näher eingegangen werden soll.[1])

Nicht minder elegant lässt sich das Integral dritter Gattung darstellen; wir benutzen die gelegentlich schon von Weierstrass, allgemein aber von Christoffel[2]) eingeführte Modifikation desselben. Das Christoffel-

---

1) Vergl. Appell et Goursat, Théorie des Fonctions algébr. chap. XII, art. 235.

2) Annali di Matematica, IIa, Band IX.

sche Integral $R(o\ z)$ wird in z logarithmisch unstetig mit dem Gewichte 1 und in den $\varkappa$ unendlich fernen Punkten der Fläche T je logarithmisch unendlich mit dem Gewichte $-\frac{1}{n}$. Diese letzteren Unstetigkeiten verlegen wir, um eine covariante Normirung des Integrals zu erzielen, ins Endliche. Dann erhalten wir:

$$(7.) \quad R_i(x\mid y) = \int^1 \frac{1}{n}\left\{ 1 + \frac{(zi)}{(zy)} + \frac{(zi)^2}{(zy)^2} + \ldots + \frac{(zi)^{n-1}}{(zy)^{n-1}} \middle| \frac{(zy)}{(zi)(vy)}\right\} do_x,$$

und wenn man die Identität

$$(zy)\,(xdx) + (yx)\,(zdx) + (xz)\,(ydx) = o$$

berücksichtigt:

$$(8.) \quad R_i(x\mid y) = \int^1 \frac{1}{n} \frac{1 - \dfrac{(zi)^n}{(zy)^n}}{1 - \dfrac{(zi)}{(zy)}} \cdot \left| \frac{(ydx)}{(yx)} - \frac{(zdx)}{(zx)}\right|,$$

woraus man ersieht, dass $R_i(x\mid y)$ nur folgende Unstetigkeiten hat:

1. für $x_i = y_i$: $R_i(x\mid y) = ln(yx)$ + funct. cont.,

2. für $x_i = z_i\Theta^k$: $R_i(x\mid y) = -\frac{1}{n}\,ln(zx)$ + funct. cont.,

wo $i = 1, 2,\ \Theta = e^{\frac{2\pi i}{n}},\ \varkappa = 1, 2, \ldots, n$ zu setzen ist. Schliesslich ist:

$$(9.) \quad H_{y,\,y'}(x) = R_x(x\mid y) - R_x(x\mid y')$$

das gewöhnliche Integral 1. Gattung mit den Unstetigkeitspunkten (y) und (y').

§ 2.

Schwesterformen.

Die Variabeln x_1, x_2 haben uns u. A. den grossen Vortheil gebracht, dass die Derivierten der Fundamentalintegrale der 1., 3. und auch 2. Gattung nach ω sich als binäre Formen von x_1, x_2 darstellen, und dass überhaupt alle Formen von x_1, x_2 zugleich auch Funktionen der Klasse sind, während umgekehrt alle algebraischen Funktionen der Klasse rationale, aber nicht nothwendig homogene Funktionen von x_1, x_2 sind. Dafür müssen wir freilich auch unendlich grosse Werthe dieser Variabeln zulassen, nämlich in den Verzweigungspunkten von $s = \sqrt{f(x\mid 1)}$, d. h. den Nullpunkten von $f(x\mid 1)$.

Es versteht sich nun von selbst, dass man zur weiteren Untersuchung dieser Formen die Mittel der Invariantentheorie flüssig machen wird. Für unsere Absichten erweisen sich die Schwesterformen oder associirten Formen als besonders nützlich, und wir wollen, wegen der im vorliegenden Falle eintretenden Besonderheiten, das Wichtigste über diese Theorie hier zusammenstellen:[1])

Seien

$$(1.) \begin{cases} \varphi\,(x_1 \mid x_2) = \sum_{r\,o}^{h} \binom{h}{r}\, q_r\, x_1^{h\,-\,r}\, x_1^{r} = \varphi_x^{h} \quad \text{(symbolisch)} \\[2mm] \psi\,(x_1 \mid x_2) = \sum_{r\,o}^{k} \binom{k}{r}\, \psi_r\, x_1^{k\,-\,r}\, x_2^{r} = \psi_x^{k} \end{cases}$$

irgend welche Binärformen, etwa Integranden erster Gattung, welche auf

$$(2.) \qquad f(x_1 \mid x_2) = \sum_{r\,o}^{n} \binom{n}{r}\, a_r\, x_1^{n\,-\,r}\, x_2^{r} = a_x^{n} = 1$$

in Betracht gezogen werden sollen. Wir führen dann „typische" Veränderliche ξ_1, ξ_2 ein durch die Substitution:

$$(3.) \qquad x_1 = t_1\,\xi_1 + \tau_2\,\xi_2 \quad | \quad x_2 = t_2\,\xi_1 - \tau_1\,\xi_2, \text{ wo}$$

$$(4.) \qquad a_t^{n} = 1 \text{ und } \tau_1 = a_t^{n\,-1}\, a_1,\ \tau_2 = a_t^{n\,-1}\, a_2,\ \text{also}$$

$$\tau_t = 1 \text{ ist.}[2])$$

Die Determinante ist

$$(5.) \qquad \begin{matrix} t_1 & \tau_2 \\ t_2 & -\tau_1 \end{matrix} = -\tau_t = -1,$$

und die Inversion:

$$(6.) \qquad \xi_1 = \tau_x \qquad\qquad \xi_2 = (xt).$$

Nach (3.) ist für jedes c_1, c_2:

$$(7.) \qquad c_x = c_t\,\xi_1 + (c\tau)\,\xi_2.$$

---

[1]) Vergl. Clebsch, binäre Formen, § 81 ff. — Faà di Bruno-Walter, binäre Formen, § 21 ff.

[2]) Die Gleichung $\tau_x = 1$ stellt offenbar die Tangente der Kurve $a_t^n = 1$ in t_1, t_1 dar; τ_1, τ_2 sind also inhomogene Linienkoordinaten.

Indem man nun c_x als symbolischen Linearfaktor von f, bezw. q oder φ deutet und dementsprechend zur n^{ten}, bezw. h^{ten} oder k^{ten} Potenz erhebt, erhält man die bekannte

typische Darstellung von f, φ, ψ, ...:

(8.) $1 = f(x_1 \mid x_2) = a_x^n = \sum\limits_{r\,0}^{n} \binom{n}{r} u_r \, \bar{z}_1^{\,n-r} \, \bar{z}_2^{\,r}$, wo $u_r = (a\tau)^r \, a_t^{n-r}$,

$u_0 = 1,\ u_1\quad 0.$

(9.)
$$
\begin{cases}
\varphi(x_1 \mid x_2) \cdot\quad q_x^h = \sum\limits_{r\,0}^{h} \binom{h}{r} r_r \, \bar{z}_1^{\,h-r} \, \bar{z}_2^{\,r}, & \text{wo } v_r = (q\tau)^r \, q_t^{h-r}, \\[2mm]
\psi(x_1 \mid x_2) = \varphi_x^k = \sum\limits_{r\,0}^{k} \binom{k}{r} w_r \, \bar{z}_1^{\,k-r} \, \bar{z}_2^{\,r}, & \text{wo } w_r\quad (\varphi\tau)^r \, \varphi_t^{k-r},
\end{cases}
$$

Zwischen einer Covariante[1] $H(u_r, q_r, \varphi_r, \ldots\ x_1, x_2)$ der Formen (1.),(2.) und der Transformirten $H(u_r, v_r, w_r, \ldots\ \bar{z}_1, \bar{z}_2)$ besteht wegen (5.) die Beziehung:

(10.) $H(u_r, v_r, w_r, \ldots\ '\bar{z}_1, \bar{z}_2)\quad (-1)^g\, H(u_r, q_r, \varphi_r, \ldots\ x_1, x_2)$

wo g das Gewicht von H; d. h.:

> *Um eine Covariante der Formen (1.), (2.) typisch darzustellen, ersetze man $u_r, q_r, \varphi_r, \ldots\ x_1, x_2$ durch $u_r, v_r, w_r, \ldots\ \bar{z}_1, \bar{z}_2$ und gebe dem entstandenen Ausdruck positives oder negatives Zeichen, je nachdem die Covariante gerade oder schief ist.*

Lässt man x_1, x_2 mit t_1, t_2 zusammenfallen, so wird $\bar{z}_1 = 1,\ \bar{z}_2\quad 0$, also

(11.) $H(u_r, v_r, w_r, \ldots\ 1, 0) = (-1)^g\, H(u_r, q_r, \varphi_r, \ldots\ t_1, t_2).$ d. h.:

> *Eine in den Variabeln t_1, t_2 geschriebene Covariante der Formen (1.), (2.) erhält man aus ihrem Leitgliede bis aufs Vorzeichen, indem man darin die Coefficienten $u_r, q_r, \varphi_r, \ldots$ durch die Schwesterformen $u_r, v_r, w_r, \ldots$ ersetzt, $r = 0, 1, 2 \ldots$; das Vorzeichen aber ist positiv oder negativ, je nachdem die Covariante gerade oder schief ist.*

Das Leitglied einer Invariante ist natürlich die Invariante selbst.

---

[1] Invarianten werden hier und in der Folge stets als Covarianten der Ordnung null aufgefasst.

Durch den letzten Satz gewinnt das symbolische Rechnen mit Leitgliedern, wie es von M. Roberts[1]) in die Invariantentheorie eingeführt ist, auf unserem algebraischen Gebilde reale Bedeutung, wofern man nur die Leitglieder mit den Coeffizienten der typisch dargestellten Urformen, also mit den Schwesterformen $a_r, c_r, w_r, \ldots$ bildet.

§ 3.
Differentialgleichungen der typischen Variabeln ξ_1, ξ_2 und der Schwesterformen.

Nach Formel (4.) des § 2 ist

(1.) $r_i = 1$, wo $r_i = a_t^{n-1} a_i$, $i = 1, 2$.

Es ist also: $a_t^n = 1$, und die Derivirte hiervon nach $\omega_t = -\int(t dt)$ demnach:

$a_t^{n-1} a_t' = 0$, wo $t'_i = \dfrac{dt_i}{d\omega_t}$, $i = 1, 2$; aber $d\omega_t = -(t dt)$, also $1 = -(t t')$, so-dass man mithin zur Bestimmung von t'_1, t'_2 die Gleichungen hat:

(2.) $a_t^{n-1} a_t' = 0$ und $(t t') = -1$ oder:

$r_1 t'_1 + r_2 t'_2 = 0$ | $t_2 t'_1 - t_1 t'_2 = 1$.

Daraus folgt:

(3.) $t'_1 = \dfrac{dt_1}{d\omega_t} = r_2$ | $t'_2 = \dfrac{dt_2}{d\omega_t} = -r_1$.

Bedeutet also $q = q_t^m$ symbolisch irgend eine Binärform m^{ter} Ordnung, so ist:

$\dfrac{dq}{d\omega_t} = m q_t^{m-1} q_{t'} = m(q r) q_t^{m-1} = m(q a) a_t^{n-1} q_t^{m-1}$,

und es ergiebt sich der wichtige Satz:

Auf $a_t^n = 1$ kommt das Differenziren von Formen nach $\omega_t = -\int(t dt)$ einer einmaligen Ueberschiebung über a_t^n gleich; ist symbolisch $q = q_t^m$, so hat man

(4.) $\dfrac{dq}{d\omega_t} = m(q a) q_t^{m-1} a_t^{n-1} = m(q r) q_t^{m-1}$.

Hier beginnt nun das Integral ω seine ausgezeichneten Eigenschaften zu

[1]) Quart. J. IV (1861), S. 168—178, 324—328. Zwischen den Leitgliedern bestehen bekanntlich dieselben Beziehungen wie zwischen den Kovarianten, welche sie symbolisch repräsentiren.

offenbaren. Für eine Linearform $\lambda = \lambda_t$ ist nach (4.):

$$\frac{d\lambda}{d\omega_t} = (\lambda\alpha)\,a_t^{n-1}, \text{ also, wenn } a_t^n = a_t'^n = 1,:$$

$$\frac{d^2\lambda}{d\omega_t^2} = (\lambda\alpha)(n-1)\,a_t^{n-2}\,(a\alpha')\,a_t'^{n-1}$$

$$= \frac{n-1}{2}\,(a\alpha')\,a_t^{n-2}\,a_t'^{n-2}\{(\lambda\alpha)\,a_t' - (\lambda\alpha')\,a_t\}$$

$$= -\frac{n-1}{2}\,(a\alpha')^2\,a_t^{n-2}\,a_t'^{n-2} \cdot \lambda_t .$$

Hier tritt ein zweites, im Folgenden sehr wichtiges Gebilde auf, die Hesse-
sche Covariante von $f(t_1 \mid t_2) = a_t^n$, welche wir aus erst später zu recht-
fertigenden Gründen folgendermaassen bezeichnen:

(5.) $$\frac{n-1}{2}\,(a\alpha')^2\,a_t^{n-2}\,a_t'^{n-2} = \tau .$$

Es gilt dann der Satz:

Jede Linearform $\lambda = \lambda_t$ *auf* $a_t^n = 1$ *genügt der Differentialgleichung*[1])

(6.) $$\frac{d^2\lambda}{d\omega_t^2} + \tau\lambda = 0.$$

Nach § 2, (6.) ist $\xi_1 = (\alpha t)$, also ist nach (3.):

$$\frac{d\xi_1}{d\omega_t} = (\alpha t') = -\tau_x = -\xi_1; \text{ ferner folgt aus (6.) für } \lambda_1 = -x_2,\ \lambda_2 = x_1:$$

$$\frac{d^2\xi_1}{d\omega_t^2} + \tau\xi_1 = 0, \text{ d. h.:}$$

Die typischen Variabeln ξ_1, ξ_2 *genügen den Differentialgleichungen*

(7.) $$\frac{d\xi_1}{d\omega_t} = -\xi_1 \quad \Big| \quad \frac{d^2\xi_1}{d\omega_t^2} + \tau\xi_1 = 0 \quad \Big| \quad \frac{d\xi_1}{d\omega_t} = \tau\xi_1 .$$

Es ist demnach:

$$\frac{d(xt)}{d\omega_t} = -\tau_x = -a_t^{n-1}\,a_x, \text{ oder anders geschrieben:}$$

$$\frac{d(xy)}{d\omega_y} = -a_y^{n-1}\,a_x, \text{ falls } a_x^n = 1 \text{ und } a_y^n = 1; \text{ also:}$$

$$\frac{d(yx)}{d\omega_x} = -a_x^{n-1}\,a_y, \text{ oder } \frac{d(xy)}{d\omega_x} = a_x^{n-1}\,a_y; \text{ folglich:}$$

$$\frac{d^2(xy)}{d\omega_y\,d\omega_x} = (a\alpha')\,a_x^{n-1}\,a_y^{n-1} = \frac{d^2(xy)}{d\omega_x\,d\omega_y} .$$

[1]) Die Kenntniss derselben verdanke ich Herrn Prof. Christoffel.

Nun ist aber:

$$(aa')\, a_x^{n-1}\, a'^{n-1}_y\, (xy) = (a_x\, a'_y - a_y\, a'_x)\, a_x^{n-1}\, a'^{n-1}_y$$

$$= a_x^n \cdot a'^n_y - a_x^{n-1}\, a_y \cdot a'^{n-1}_y\, a'_x = 1 \,.\, 1 + \frac{d(xy)}{d\omega_x} \cdot \frac{d(xy)}{d\omega_y}, \text{ also:}$$

$$\frac{d^2(xy)}{d\omega_x\, d\omega_y} \cdot (xy) = 1 + \frac{d\,(xy)}{d\omega_x} \cdot \frac{d\,(xy)}{d\omega_y}; \text{ es folgt:}$$

Die partielle Differentialgleichung

$$\text{(8.)} \qquad V \cdot \frac{\partial^2 V}{\partial \xi\, \partial \eta} - \frac{\partial V}{\partial \xi} \cdot \frac{\partial V}{\partial \eta} = 1$$

wird integrirt durch $V = (xy) = (x_1\, y_2 - x_2\, y_1)$, *wo*

$$\text{(9.)} \qquad \left|\begin{array}{l} \xi = -\int (xdx), \ \textit{wenn}\ a_x^n = 1 \\ \eta = -\int (ydy), \ \ \text{„}\ \ a_y^n = 1 \end{array}\right| \begin{array}{l} \textit{und die Binärform } a_x^n \\ \textit{sonst willkürlich bleibt.} \end{array}$$

Solcher partiellen Differentialgleichungen könnte man leicht noch mehrere aufstellen; wir gehen jedoch nunmehr über zur Herleitung von Differentialgleichungen für die Schwesterformen.

Es war nach § 2, (8.) und (9.):

$$\text{(10.)} \qquad \left\{\begin{array}{l} u_\nu = (a\tau)^\nu\, a_t^{n-\nu}\,; \ u_0 = 1,\ u_1 = 0, \\ v_\nu = (\varphi\tau)^\nu\, \varphi_t^{h-\nu}\,; \ v_0 = \varphi \\ w_\nu = (\psi\tau)^\nu\, \psi_t^{k-\nu}\,; \ w_0 = \psi \end{array}\right. ,$$

Nach § 3, (3.) ist aber $\tau_1 = -t'_2,\ \tau_2 = t'_1$, also folgt aus (10.):

$$\text{(11.)} \qquad u_\nu = a_{t'}^\nu\, a_t^{n-\nu} \;\Big|\; v_\nu = \varphi_{t'}^\nu\, \varphi_t^{h-\nu} \;\Big|\; w_\nu = \psi_{t'}^\nu\, \psi_t^{k-\nu} \;\Big|\; \ldots$$

Differenzirt man diese Formeln nach ω_t, so ergiebt sich, da nach (6.) für beliebige Linearformen $\lambda_{t'} = -\tau\lambda_t$ ist:

$$\left|\begin{array}{l} u'_\nu = -\nu\, a_{t'}^{\nu-1}\, a_t^{n-\nu+1}\, \tau + (n-\nu)\, a_{t'}^{\nu+1}\, a_t^{n-\nu-1} = (n-\nu)\, u_{\nu+1} - \nu\tau\, u_{\nu-1}, \\ v'_\nu = -\nu\, \varphi_{t'}^{\nu-1}\, \varphi_t^{h-\nu+1}\, \tau + (h-\nu)\, \varphi_{t'}^{\nu+1}\, \varphi_t^{h-\nu-1} = (h-\nu)\, v_{\nu+1} - \nu\tau\, v_{\nu-1}, \\ \ldots\ldots\ldots\ldots\ldots\ldots\ldots\ldots \end{array}\right.$$

(*giltig auch für* $\nu = n$, *bezw.* $\nu = h$, *indem* $(n-\nu)\, u_{\nu+1}$ *bezw.* $(h-\nu)\, v_{\nu+1}$ *fortfällt.*)

Das sind

die recurrenten Differentialgleichungen der Schwesterformen.

$$(12.) \begin{cases} (m-r)\,u_{r+1} = u'_r + r\tau\,u_{r-1}; \; u_0 = 1, \; u_1 = 0; \; u'_r = \dfrac{du_r}{d\omega_1}, \\[2mm] (h-r)\,v_{r+1} = v'_r + r\tau\,v_{r-1}; \; v_0 = -q \qquad ; \; v'_r = \dfrac{dv_r}{d\omega_1}, \\[2mm] (k-r)\,w_{r+1} = w'_r + r\tau\,w_{r-1}; \; w_0 = q \qquad ; \; w'_r = \dfrac{dw_r}{d\omega_1}. \end{cases}$$

welche für die Funktionen- und Invariantentheorie auf unserem algebraischen Gebilde von ganz hervorragender Bedeutung sind. Besonders wichtig sind die Gleichungen für die u, denn sie ergeben: $(u-1)\,u_2 = \tau$ und $u''_u + u\tau u_{u-1} = 0$, woraus wir eine fundamentale Differentialgleichung für τ ableiten werden. Die Gleichungen (12.) für die u sind Analogien zu den Rekursionsformeln, welche Clebsch,[1] dessen Untersuchungen über die typische Darstellung von Covarianten dem vorangegangenen Abschnitte zum Vorbilde dienten, für seine „assoziirten" Formen abgeleitet hat. Dividirt man die von Clebsch angegebenen Rekursionsgleichungen[1] durch solche Potenzen von $s = \sqrt[k]{f(x_1|x_2)}$, dass sie in x_1, x_2 zur Ordnung null homogen werden, so gehen sie nach einer leichten Umformung in die Gleichungen (12.): $(u-r)\,u_{r+1} = u'_r + r\tau u_{r-1}$ über, nur dass unseren Variabeln x_1, x_2 bei Clebsch $\dfrac{x_1}{s}$, $\dfrac{x_2}{s}$ entspricht. Auf diesem Wege wurde die Formel $(u-r)\,u_{r+1} = u'_r + r\tau u_{r-1}$ zuerst von Herrn Christoffel erhalten, welcher dieselbe auch in einer Vorlesung mitgetheilt hat. Der oben eingeschlagene Weg führt jedoch kürzer zum Ziel und zwar auch bei den v und w, für welche bisher keine Rekursionsformeln vorhanden waren. Zur Erleichterung der folgenden Rechnungen empfiehlt es sich, statt der Grössen u_r, v_r, w_r, ... einzuführen:

$$(13.) \quad U_r = \frac{u!}{(u-r)!}\,u_r, \quad V_r = \frac{h!}{(h-r)!}\,v_r, \quad W_r = \frac{k!}{(k-r)!}\,w_r, \; \ldots$$

wo $U_0 = u_0 = 1, \; U_1 = 0, \; U_2 = u\,(u-1)\,u_2 = u\tau; \; V_0 = v_0 = -q, \; \ldots$

---

[1] Algebra der binären Formen, § 83 am Ende.

Es wird dann nämlich:

$$(14.) \begin{cases} U_{r+1} = U'_r + r(u - r + 1)\tau U_{r-1}, \quad \tau = \frac{U_1}{u}, \ U_0 = 1, \ U_1 = 0, \\ V_{r+1} = V'_r + r(h - r + 1)\tau V_{r-1}, \quad V_0 = q = q_t^h, \\ W_{r+1} = W'_r + r(k - r + 1)\tau W_{r-1}, \quad W_0 = \psi = \psi_t^k, \\ \end{cases}$$

sodass also jetzt nur noch ein Glied mit einem Zahlenfaktor behaftet ist. Theilt man die erste Formel der Gruppe (14.) durch u, so ergiebt sich durch wiederholte Anwendung dieser Formel, da $\tau = \frac{U_1}{u}$ ist, folgende Tabelle:

$$(15.) \begin{cases} \frac{1}{u} U_3(\tau) = \tau' \\ \frac{1}{u} U_4(\tau) = \tau'' + 3(u - 2)\tau^2 \\ \frac{1}{u} U_5(\tau) = \tau''' + 2(5u - 12)\tau' \\ \frac{1}{u} U_6(\tau) = \tau^{IV} + (15u - 44)\tau\tau'' + (10u - 24)\tau'^2 + 15(u-2)(u-4)\tau^3 \\ \frac{1}{u} U_7(\tau) = \tau^V + (21u - 74)\tau\tau''' + (35u - 92)\tau'\tau'' + 3(15(\tau - 2)(u-4) + 4(u-5)(5u-12))\tau^2\tau' \\ \end{cases}$$

wo durch römische Ziffern das Differenziren nach $\omega_t = -\int(t dt)$ angedeutet ist. Die Buchstaben U_r sollen in dieser Tabelle Symbole für die auf den rechten Seiten stehenden auf τ erstreckten Operationen bedeuten; daher das beigeschriebene Argument. Schreibt man ebenso $V_r(q)$ für V_r, so ergiebt sich ganz analog aus (14.) für $q' = \frac{dq}{d\omega_t}$, $\varphi = q_t^h$:

$$(16.) \begin{cases} V_1(q) = q' \\ V_2(q) = q'' + h\tau\varphi \\ V_3(q) = q''' + (3h-2)\tau q' + h\tau'\varphi \\ V_4(q) = q'''' + (6h-8)\tau q'' + (4h-2)\tau'q' + h(\tau'' + 3(h-2)\tau^2)q \\ \end{cases}$$

Die rekurrenten Formeln (14.) definiren an sich unbegrenzte Reihen von Formen $U_0, U_1, U_2, \ldots$ bezw. $V_0, V_1, V_2, \ldots$ Da aber die erste Formel (12.) für $r = u$ ergiebt $0 = -u'_r + u\tau u_{u-1}$, so ist die Grösse U_{u+1}, die durch (13.) nicht definirt wird, identisch Null; ebenso $V_{h+1} = 0$. Versteht man unter

U_{n+1}, V_{k+1}, ... die Differentialausdrücke, die man durch wiederholte Anwendung von (14.) erhält, so folgt:

Die Formen $\tau = \dfrac{n-1}{2} (aa')^2 a_t^{n-2} a_l^{n-2}$ *und* $q = q_t^k$, $\psi = \psi_t^k$ *genügen*

auf $a_x^n = 1$ *den Differentialgleichungen*[1]:

(17.) $U_{n+1}(\tau) = 0$. $V_{k+1}(q) = 0$, ...,

wo die linken Seiten nach (14.) *oder* (15.) *und* (16.) *zu berechnen sind.*

Diese Differentialgleichungen sind für die Funktionentheorie auf $a_x^n = 1$ von grosser Bedeutung und stehen mit fast allen invariantentheoretisch wichtigen Differentialgleichungen in inniger Beziehung.

§ 4.
Ueber einwerthige Lösungen der Differentialgleichungen
$$U_{n+1}(\tau) = 0,\ V_{k+1}(q) = 0.$$

Es giebt eine ganze Reihe von Fällen, in denen die Differentialgleichung $U_{n+1}(\tau) = 0$ die Grösse τ als einwerthige Funktion von a_t definirt.

1. Fall. $n = 3$. *Die zu* $a_x^3 = 1$ *gehörige Differentialgleichung* $U_4(\tau) = 0$.

Nach § 3, (15.) ist in diesem Falle:

(1.) $\tau'' + 3\tau^2 = 0$.

Offenbar ist τ' ein integrirender Faktor dieser Gleichung und

(2.) $\tau'^2 + 2\tau^3 = \text{const.}$

Diese Constante muss mit der einzigen Invariante von a_t^3, nämlich der Diskriminante

$R = (a_0 a_2 - a_1 a_3)^2 - 4(a_0 a_2 - a_1^2)(a_1 a_3 - a_2^2) = a_x^2 + 4 a_t^3$

[cfr. § 2, (10.)] bis auf einen Zahlenfaktor identisch sein; nun ist

$a_3 = \dfrac{1}{6} U_3,\ a_2 = \dfrac{1}{6} U_2,$ also:

$R = \dfrac{1}{6^2} U_3^2 + \dfrac{4}{6^3} U_2^3 = \dfrac{1}{4}(\tau'^2 + 2\tau^3)$, in Uebereinstimmung mit (2.) daher

---

[1] Für $k = 1$ und 2 hat die Gleichungen $V_2(q) = 0$ bezw. $V_3(q)$ zuerst Herr Christoffel gefunden, jedoch auf ganz anderem Wege.

(3.)
$$\tau'^2 + 2\tau^3 = 4R,$$

oder mittels der Substitution

(4.)
$$z = -\tfrac{1}{2}\tau = -\tfrac{1}{2}(aa')^2 \, a_t \, a'_t \ , \quad \omega = -\int (t dt):$$

(5.)
$$\left(\frac{dz}{d\omega}\right)^2 = 4z^3 + R \ , \quad \text{d. h.}$$

In diesem Falle ist die Weierstrass'sche $\wp$-Funktion mit den speciellen Invarianten $g_2 = 0$, $g_3 = -R$ Lösung von $U_4(\tau) = 0$, nämlich:

(6.)
$$z = \wp(\omega) \ , \quad \tau = -2\wp(\omega).$$

Ist R von null verschieden, so ist das Geschlecht der vorliegenden Funktionenklasse nach § 1, (6.) gleich 1, und die Substitution (4.) vermittelt dann den Uebergang zu den elliptischen Funktionen.

II. Fall. $n = 4$. Die Gleichung $U_{n+1}(\tau) = 0$ für $a_t^4 = 1$.

Diese Klasse umfasst auch die elliptischen Funktionen, insbesondere ist $\omega_x = -\int (a dx) = \int \frac{dc}{s^2}$ das elliptische Integral erster Gattung, wo $s = \sqrt[4]{(a_x^4)}$, $x_1 = x$, $x_2 = 1$. Die Gleichung $U_{n+1}(\tau) = 0$ giebt hier:

(7.)
$$\tfrac{1}{4} U_5(\tau) = \tau''' + 16\tau\tau' = 0 \ , \quad \text{also}$$

(8.)
$$\tau'' + 8\tau^2 = \text{const} = a.$$

Hiervon ist τ' ein integrirender Faktor:

$$\tau'\tau'' + 8\tau^2\tau' = a\tau' \ , \quad \tfrac{1}{2}\tau'^2 + \tfrac{8}{3}\tau^3 = a\tau + b,$$

wo b eine Constante. Setzt man $\tau = -\tfrac{3}{4}z$, so folgt:

(9.)
$$\left(\frac{dz}{d\omega_t}\right)^2 = 4z^3 - Az - B,$$

wo A, B constant sind. Dann ist

(10.)
$$z = -\tfrac{4}{3}\tau = \wp(\omega).$$

Das war vorauszusehen, denn

(11.)
$$\tau = -\tfrac{3}{4}z = -\tfrac{3}{2}(aa')^2 \, a_x^2 \, a'^2_x$$

ist nichts anderes als die Hermite'sche[1]) Substitution zur Ueberführung eines Differentials erster Gattung in die Normalform von Weierstrass; man hat nur zu beachten, dass unsere Variabeln x_1, x_2 dort ersetzt sind durch $\frac{x_1}{s}$, $\frac{x_2}{s}$, $s = \sqrt[4]{f(x_1 \mid x_2)}$, sodass also in den Hermite'schen Variabeln

$$\tau = \frac{3}{2} \frac{(aa')^2 a_{x}^2 a'_{x}{}^2}{f(x_1 \mid x_2)}$$

ist. Von einer Berechnung der Constanten A, B dürfen wir daher absehen und begnügen uns damit, hervorzuheben,

dass auch in diesem Falle die Weierstrass'sche $\wp$-Function die Lösung der Differentialgleichung $U_{n+1} = 0$ ist.

III. Fall. Binärformen, welche durch das Verschwinden gewisser Invarianten oder Covarianten als specielle Formen charakterisirt sind.

Zur Behandlung derartiger Formen benutzte man bisher den Satz von *Faà di Bruno*[2]),

dass eine Covariante C einer Form $f(x_1 \mid x_2) = \sum_{r=0}^{n} \binom{n}{r} a_r \, x_1^{n-r} \, x_2^r$

bis aufs Vorzeichen aus ihrem Leitgliede C_x^i hervorgeht, wenn man darin die Coefficienten $a_0, a_1, a_2, \ldots, a_n$ *ersetzt durch die nicht homogenen Derivirten* $f_0, f_1, f_2, \ldots, f_n$ *von* $f(x \mid 1)$, *wo:* $f_1 = \frac{1}{n} f'(x \mid 1)$, $f_2 = \frac{1}{n-1} f_1, \ldots f_n = \frac{1}{1} f'_{n-1}$.[3])

[1]) Crelles Journal, Bd. 52.

[2]) Comptes rend. Bd. 90, S. 1203ff.; Crelles Journ. Bd. 90, S. 186; Am. J. III, S. 154, Math. Ann. (1881) S. 280—288.

[3]) Nach dem Meyer'schen Berichte „über den gegenwärtigen Stand der Invariantentheorie" zu urtheilen [Jahresbericht der deutschen Mathematiker-Vereinigung Bd. I, S. 211], scheint man bis jetzt noch nicht beachtet zu haben, dass dieser Satz nur ein Specialfall des allgemeinen, für associirte Formen giltigen Satzes ist. Wendet man nämlich auf die Variabeln y_1, y_2 der Form

$$f(y_1 \mid y_2) = a_y^n = \sum \binom{n}{r} a_r \, y_1^{n-r} \, y_2^r$$

die ganz specielle Transformation

$$y_1 = x_1 \, \xi_1 + \frac{z_1}{(zx)} \, \xi_2, \; y_2 = x_2 \, \xi_1 + \frac{z_2}{(zx)} \, \xi_2$$

mit der Determinante -1 und der Umkehrung $\xi_1 = \frac{(zy)}{(zx)}$, $\xi_2 = (yx)$ an, so wird $a_y = a_x \, \xi_1 + \frac{a_z}{(zx)} \, \xi_1$, also

Stellt man nämlich die für f charakteristische Invarianten- oder Covariantenrelation nach diesem Satze mittelst der f_ν dar, so giebt das unmittelbar eine Differentialgleichung für f, denn

$$f_\nu = \frac{(n-\nu)!}{n!}\,\frac{d^\nu f}{dx^\nu}\,,\ f = f(x\mid 1).$$

Dieses Verfahren hat besonders Hilbert[1]) in Anwendung gebracht
und weiter ausgebildet. Ganz dieselben Dienste kann nun offenbar unser
System von Schwesterformen § 3, (15.) und (16.) leisten. Denn ist das
algebraische Gebilde $a_t{}^n = 1$ durch eine Covarianten- oder Invariantenrelation
$\sigma = 0$ charakterisirt, so drücke man a nach § 2, (11.) aus durch die Schwesterformen $u_0, u_1, \dots u_n$ und letztere nach § 3, (13.) und (15.) durch die Derivirten
von $\tau: \frac{n-1}{2}(aa')^2\,a_t{}^{n-2}\,a'_t{}^{n-2}$ nach $\varrho = -f'(td t)$. Dann erhält man eine
Differentialgleichung $\sigma = 0$ für τ, wozu noch die Gleichung $U_{n+1}(\tau) = 0$
tritt (§ 3. (17.), sodass sich aus $\sigma = 0$ alle höheren Derivirten als $\tau^{(n-2)}$ eliminiren lassen — denn $U_{n+1}(\tau) = 0$ ergiebt einen Ausdruck für $\tau^{(n-1)}$ durch
$\tau, \tau^{(1)}, \tau^{(2)}, \dots \tau^{(n-2)}$. Dieses Verfahren hat gegenüber dem Bruno-Hilbert'-
schen ersichtlich den Vorzug, dass es mit homogenen Grössen zu arbeiten
gestattet und ohne Weiteres auf den funktionentheoretischen Kern des
Problems führt.

IV. Fall. Die Polyëderformen.[2])

Diese Formen sind charakterisirt als Binärformen, deren vierte Ueberschiebung über sich selbst identisch verschwindet.

$$f(y_1\mid y_2) = a_y^n = \sum_\nu \binom{n}{\nu}\,a'_\nu\,\xi_1^{\,n-r}\,\xi_2^{\,r},\ \text{worin}\ a'_\nu = \frac{a_x^{\,n-r}\,a_z^{\,r}}{(zx)^r}.$$

Für jede Covariante $H(a_0, a_1, \dots, a_n\mid y.\,y_2)$ von f mit dem Gewichte γ gilt also die Relation:

$$H(a_0, a_1, \dots, a_n\mid y_1, y_2) = (-1)^\gamma\,H(a'_0, a'_1, \dots, a'_n\mid \xi_1, \xi_2),$$

und wenn man y_1, y_2 mit x_1, x_2 zusammenfallen lässt:

$$H(a_0, a_1, \dots, a_n\mid x_1, x_2) = (-1)^\gamma\,H(a'_0, a'_1, \dots, a'_n\mid 1, 0).$$

Für $z_2 = 0$ ist das der Satz von Bruno. Seine Ausdehnung auf mehrere Stammformen geschieht nach demselben Verfahren.

[1]) Diss. Königsberg (1885); Math. Ann. 30, S. 15—29 (1887).
[2]) Vergl. etwa Klein, Vorl. ü. d. Ikosaeder.

Ist $a_x^n = \sum \binom{n}{\nu} a_\nu \, x_1^{n-\nu} x_2^\nu$ eine solche Form, also $(aa')^4 \, a_x^{n-1} a_x'^{n-4} = 0$, so gehen wir zu der entsprechenden normalen binomischen Gleichung $a_t^n = 1$ über, und es ist auf diesem Gebilde:

(12.) $(aa')^4 \, a_t^{n-1} a_t'^{n-4} = 0.$

Zur Darstellung dieser verschwindenden Covariante mittels Schwester-formen u_r würde man von dem Satze § 2, (11.) Gebrauch machen können; vortheilhafter ist es jedoch in diesem und ähnlichen Fällen, die Identität

(13.) $a_t \, a'_{t'} - a_{t'} \, a'_t = (aa') \, (tt') = -(a a')$ [§ 3, (2.)]

zu benutzen, worin $t'_r = \dfrac{dt_r}{dt_1}$, $r = 1, 2$, bedeutet.

Dann ist

$(aa')^4 = a_t^4 \cdot a_{t'}'^4 - 4 a_t^3 a_{t'} \cdot a_{t'}'^3 a'_t + 6 a_t^2 a_{t'}^2 \cdot a_{t'}'^2 a'_t^2 - 4 a_t a_{t'}^3 \cdot a_{t'}' a'_t^3 + a_{t'}^4 \cdot a_t'^4,$

und da nach § 3, (11.) hierin $a_{t'}^\nu \, a_t^{n-\nu} = u_\nu$ ist, so hat man:

$(aa')^4 \, a_t^{n-1} a_t'^{n-4} = u_0 \, u_4 - 4 \, u_1 \, u_3 + 6 \, u_2 \, u_2 - 4 \, u_3 \, u_1 + u_4 \, u_0,$ also:

(14.) $u_1 + 3 \, u_2^2 = 0.$

Aber $u_1 = \dfrac{(n-4)!}{n!} \, t_1 = \dfrac{(n-4)!}{(n-1)!} \left[r'' + 3(n-2) \, r^2 \right]$, $u_2 = \dfrac{r}{n-1}$, vergl.

§ 3, (13.) und (15.); daher

$$u_1 + 3 \, u_2^2 = \frac{(n-4)!}{(n-1)!} \left\{ r'' + 3(n-2) \, r^2 + 3 \, \frac{r^2}{(n-1)!} \, \frac{(n-1)!}{(n-4)!} \right\}$$
$$= \frac{(n-4)!}{(n-1)!} \left\{ r'' + 6 \, \frac{(n-2)^2}{n-1} \, r^2 \right\},$$

und so ergiebt sich die definirende Gleichung der Formen der regulären Körper:

(15.) $r'' + 6 \varkappa \, r^2 = 0$, $\varkappa = \dfrac{(n-2)^2}{n-1}.$

Als integrirenden Faktor dieser Gleichung erkennt man r'. Daher:

(16.) $r'^2 + 4 \varkappa \, r^3 = \text{const} = a,$

vorausgesetzt, dass nicht $r' = 0$ war; in letzterem Falle würde aber $r = \text{const} = c$ folgen, wo entweder $c = 0$ oder $c \neq 0$ ist. Da r als Hesse'sche Covariante eine Form $2(n-2)^{\text{ter}}$ Ordnung in t_1, t_2 ist, so muss auch c sich als Form dieser Ordnung darstellen lassen, und zwar als geeignete Potenz von $a_t^u - 1$, sagen wir $\tau = c \cdot l^\lambda$, sodass $u\lambda = 2(u-2)$, also $u = \frac{4}{2-\lambda}$ ist. Das giebt $\lambda = 0$, $u = 2$, wo thatsächlich die Hesse'sche Form eine Invariante ist, und $\lambda = 1$, $u = 4$; dann ist, wie wir später sehen werden, a_t^4 Potenz einer linearen oder quadratischen Form. Ist hingegen $\tau' \neq 0$, so gilt die Gleichung (16.). Auch sie muss sich auf beiden Seiten in t_1, t_2 homogen machen lassen, indem man zu u eine Potenz $(a_t^u)^\lambda = l^\lambda - 1$ als Faktor fügt[1]; die linke Seite ist aber von der Ordnung $6(u-2)$, daher $u\lambda = 6(u-2)$ und $u = \frac{12}{6-\lambda}$. Diese Diophantische Gleichung hat die Lösungen:

$$(17.) \qquad \begin{array}{llllll} \lambda = & 0 & 2 & 3 & 4 & 5. \\ u = & 2 & 3 & 4 & 6 & 12. \end{array}$$

Lassen wir die Fälle $u = 2$ und $u = 3$ bei Seite, in denen eine vierte Ueberschiebung überhaupt nicht möglich ist, so enthält die Tabelle (17.) die einzigen Ordnungen, bei denen $[f, f]_4 = 0$ sein kann.

Für $\tau = -\frac{z}{\varkappa}$ folgt aus (16.):

$$(18.) \quad \begin{cases} \left(\frac{dz}{d\omega_l}\right)^2 = 4z^3 - A, \text{ wo } A \text{ eine Constante} \\ \text{und } z = -\varkappa\tau \quad, \quad \varkappa = \frac{(u-2)^2}{u-1}. \end{cases}$$

Wiederum ist die Weierstrass'sche $\wp$-Function die Lösung von $U_{h+1}(\tau) = 0.$

Die wirkliche Darstellung der drei in Betracht kommenden Formen von den Ordnungen 4, 6 und 12 können wir übergehen.[2] Es sind bekanntlich die Formen des Tetraeders, Oktaeders und Ikosaeders.

Gegen die Fälle I und II dieses § liegt hier insofern etwas Neues vor, als das Geschlecht

der Tetraederklasse $p = 3$,

der Oktaederklasse $p = 10$,

der Ikosaederklasse $p = 55$

---

[1] Vorausgesetzt, dass a_t^u nicht selber als Potenz einer Form von niedrigerer Ordnung darstellbar ist.

[2] Vergl. etwa *Klein, Ikosaeder.*

ist (§ 1, (6.)). Gleichwohl lässt sich das Integral ω, wie wir sahen, eindeutig umkehren.[1]

Von besonderem Interesse ist in den Polyederklassen die Differentialgleichung der Linearformen § 3, (6.):

$$\lambda'' + \tau\lambda = 0,$$

der nach § 3, (7.) insbesondere auch die typische Variabele ξ_2 genügt. Nach (18.) ist $\tau = -\frac{1}{\varkappa}\, z = -\frac{1}{\varkappa}\,\wp(\omega)$, also:

(19.) $$\frac{d^2\lambda}{d\omega^2} = \frac{1}{\varkappa}\,z\lambda = \frac{1}{\varkappa}\,\lambda\wp(\omega),\ \text{wo}\ \lambda = \lambda_i.$$

Zur Integration dieser Lamé'schen Differentialgleichung setzen wir:

$$\lambda' = \frac{d\lambda}{d\omega} = \frac{d\lambda}{dz}\frac{dz}{d\omega} = \frac{d\lambda}{dz}\,z',\quad \lambda'' = \frac{d^2\lambda}{d\omega^2} = \frac{d^2\lambda}{dz^2}\,z'^2 + \frac{d\lambda}{dz}\,z'',$$

also nach (19.):

$$\frac{d^2\lambda}{dz^2}\,z'^2 + \frac{d\lambda}{dz}\,z'' = \frac{1}{\varkappa}\,z\lambda.$$

Aber nach (18.): $z'^2 = 4z^3 - A$, also $z'' = 6z^2$ und

(20.) $$(4z^3 - A)\frac{d^2\lambda}{dz^2} + 6z^2\frac{d\lambda}{dz} = \frac{1}{\varkappa}\,z\lambda.$$

Diese Gleichung lässt sich leicht in die hypergeometrische überführen, denn setzt man:

(21.) $$4z^3 = Ax,\ \text{also}\ \frac{dx}{dz} = \frac{12}{A}\,z^2 = 3\,\frac{x}{z},\ \text{so wird}$$

$$\frac{d\lambda}{dz} = \frac{d\lambda}{dx}\cdot 3\,\frac{x}{z},\quad \frac{d^2\lambda}{dz^2} = \frac{d^2\lambda}{dx^2}\,9\,\frac{x^2}{z^2} + \frac{d\lambda}{dx}\frac{24}{A}\,z = \frac{36}{A}\,z\,\frac{d^2\lambda}{dx^2} + \frac{24}{A}\,z\,\frac{d\lambda}{dx},$$

also nach (20.):

$$A(x-1)\frac{36}{A}\,z\frac{d^2\lambda}{dx^2} + A(x-1)\frac{24}{A}\,z\frac{d\lambda}{dx} + 6z^2\frac{d\lambda}{dx}\,3\,\frac{x}{z} = \frac{z\lambda}{\varkappa},$$

und hier fällt z durch Division heraus; daher:

$$36\,x(x-1)\frac{d^2\lambda}{dx^2} + \frac{d\lambda}{dx}\left(24x - 24 + 18x\right) = \frac{\lambda}{\varkappa},\ \text{also:}$$

---

[1] Im Falle II mit der Grundgleichung $a_1' = 1$ ist zwar $\mu = 3$, aber ω_x in der Form $\omega_x = \int \frac{dx}{y^2}$ geschrieben (§ 1, (4.)) offenbar ein elliptisches Integral 1. Gattung. Die beiden anderen Integranden 1. Gattung genügen der Lamé'schen Differentialgleichung $u'' = \frac{3}{4}\,u\,\wp(\omega)$. Vergl. oben den folgenden Text.

(22.) $x(x-1) \cdot \dfrac{d^2\lambda}{dx^2} + \dfrac{7x-4}{6} \cdot \dfrac{d\lambda}{dx} - \dfrac{1}{36x}\lambda = 0.$

Durch Vergleichung mit der Differentialgleichung der hypergeometrischen Reihe

(23.) $\begin{cases} x(x-1)\dfrac{d^2y}{dx^2} + \left[(1+a+b)x-c\right]\dfrac{dy}{dx} + aby = 0 \\ y_1 = F(a,b\,|\,c\,|\,x) = F(b,a\,|\,c\,|\,x), \\ y_2 = F(a+1-c,\,b+1-c\,|\,2-c\,|\,x)\cdot x^{1-c} \end{cases} y = c_1 y_1 + c_2 y_2$

folgt: $1+a+b = \dfrac{7}{6} \;\Big|\; c = \dfrac{2}{3} \quad ab = -\dfrac{1}{36x},$ also:

$a+b = \dfrac{1}{6}, \quad ab = -\dfrac{1}{36x}, \quad$ wo $\;x = \dfrac{(n-2)^2}{n-1}.$

Das giebt zwei Lösungen $a = d_1,\; b = d_2$ oder $a = d_2,\; b = d_1,$ wo

(24.) $d_1 = \dfrac{1}{6} + \dfrac{1}{6}\dfrac{1}{u-2} \;\Big|\; d_2 = -\dfrac{1}{6}\dfrac{1}{u-2},$

denen aber wegen der Vertauschbarkeit der beiden ersten Argumente von F nur eine Lösung der Differentialgleichung entspricht. Man findet:

(25.) $\begin{cases} \lambda = c_1\,F\!\left(\dfrac{1}{6}+r,\,-r-\dfrac{2}{3}\,\Big|\,x\right) + c_2\cdot x^{\frac13}\,F\!\left(\dfrac{1}{2}+r,\,\dfrac{1}{3}-r-\dfrac{2}{3}\,\Big|\,x\right) \\ r = \dfrac{1}{6(u-2)}, \quad x = \dfrac{4}{A}\,z^2 = -\dfrac{4x^3}{A}\quad r^3 = \dfrac{4}{A}\,\wp(\omega_t). \\ x = \dfrac{(n-2)^2}{u-1};\; c_1,\,c_2 \text{ constant nach } x. \end{cases}$

Die Bestimmung der c mittels Specialwerthen macht dann weiter keine Schwierigkeiten. Auch $\tilde{z}_2$ ist nach § 2, (7.) in der Form (25.) darstellbar, und man findet dann $\tilde{z}_2 = -\dfrac{d\tilde{z}_2}{d\omega_t} = -\dfrac{d\tilde{z}_2}{dx} \cdot \dfrac{dx}{d\omega_t} = -\dfrac{4}{A}\dfrac{d\tilde{z}_2}{dx} \cdot \wp'(\omega_t).$ Eine einfache Rechnung giebt schliesslich noch $A = \dfrac{1}{6}\,(n-2)^6 \cdot j,$ wo

(26.) $j = (aa')^2\,(a'\,a'')^2\,(a''\,a)^2\,a_t^{n-4}\,a_t'^{\,n-4}a_t''^{\,n-4},\quad A = \dfrac{(n-2)^6}{6}\cdot j.$

V. Fall. Die vierte Ueberschiebung einer Grundform f über sich selbst stimme mit der Form f selber bis auf einen constanten Factor c überein.

Auf dem binomischen Gebilde $f = a_t^n = 1$ ist dann $(aa')^4\,a_t^{n-4}\,a_t'^{\,n-4} = c,$

sodass dieser Fall gleich hinter den der Polyederformen einzuordnen ist, denen $\iota = 0$ entspricht. Nach (15.) ist also:

(27.) $\tau'' + 6x\tau^2 \quad C$, wo C eine Constante.

Ist a_l'' nicht Potenz einer Form niedrigerer Ordnung, so folgt, wenn man C mit $(a_l'')^\lambda = 1^\lambda \quad 1$ multiplicirt und so (27.) auf beiden Seiten homogen macht: $2 \cdot 2(n \; -2) \quad \lambda n \cdot u \quad {}_{1 \; \cdot \; \lambda}^{\;\;\kappa}$. Die Lösungen dieser Diophantischen Gleichung sind

λ	0	2	3
u	2	4	8

Nur die letzte bietet Neues und ist mit anderen Hilfsmitteln zuerst von Brioschi[1]) untersucht worden, führt aber nach Hilbert[2]) auf eine Hexaederform. — Aus (27.) folgt:

$\tau'^2 + 4x\tau^3 \quad 2C\tau \quad D$, also für $x\tau \quad -z^2$

(28.) $z'^2 \quad 4z^3 - j_2 z \quad j_3$, wo j_2, j_3 Constante,

und wiederum wird die Differentialgleichung durch die $\wp$-Function integrirt.

(29.) $z \quad - x\tau \quad \wp(\omega)$.

Diese Beispiele dürften die Vorzüge unserer Methode hinreichend dargethan haben. Auch an die Schwarz'schen Untersuchungen über die algebraischen Integrale der hypergeometrischen Differentialgleichung[3]) lässt sich mit den Hilfsmitteln dieses Paragraphen leicht anknüpfen.

§ 5.
Neue Systeme associirter Formen. Potenzinvarianten.

Aus § 3. (15.) und (16.) folgt mit Rücksicht auf § 2, (10.) und (11.):

(I.) *Alle Invarianten und Covarianten auf a_l'' \quad 1 lassen sich darstellen, als rationale ganze Functionen von $\tau, \tau', \tau'', \ldots, \tau^{(n-2)}$ sowie von $q, q', q'', \ldots, q^{(h)}, \psi, \psi', \ldots, \psi^{(k)}, \ldots$, falls $q \; = q_l^h, \psi \quad a_l^k, \ldots$ die Grund-*

---

[1]) Chelini, Coll. math. etc., Seite 213—219, und Comptes rend. (1883) S. 1680—92.
[2]) Math. Ann. 28, 445.
[3]) Crelles J., 75, 292—335.

formen sind. Die $(n-2)$ *ersten Derivirten von* τ, *die* h *ersten von* φ, *u. s. w. bilden also ein System associirter Formen.*

Ein Vorzug desselben ist sein einheitlicher Aufbau aus Derivirten von τ und den Grundformen, d. h. aus fortgesetzten Ueberschiebungen über $a_t^n = 1$. Das identische Verschwinden einer dieser Formen, etwa von $\tau^{(s)}$ oder $q^{(s)}$, zieht stets tiefgreifende Folgen für $a_t^n = 1$ nach sich; man hat z. B. in den erwähnten Fällen:

$$\tau = c_1 \omega^{r-1} + c_2 \omega^{r-2} + \ldots + c_r \ , \ q = a_1 \omega^{r-1} + a_2 \omega^{r-2} + \ldots + a_r$$

mit constanten c und a; dann kann aber ω kein Integral 1. Gattung mehr sein, und $a_x^n = 0$ muss folglich nach der Bemerkung gegen Ende des § 1 einen ϱ-fachen Nullpunkt mit $2\varrho > n$ haben. Umgekehrt folgt daraus:

(2.) *Wenn* ω_t *ein Integral erster Gattung ist, so verschwindet keine Derivirte von* τ, q, φ, ... *identisch.*

Natürlich auch keine der höheren Derivirten, welche nicht als associirte Formen Verwendung finden. Die Grössen τ, q, φ ... und ihre Derivirten aller Ordnungen bilden also eine unbeschränkte, nie abbrechende Reihe von Covarianten auf $a_t^n = 1$; sie mögen die Elementarcovarianten heissen. Dieselben zeigen ein merkwürdiges Verhalten, wenn die Grundgleichung $f = a_t^n = 1$ selber Potenz einer anderen $F = a_t^r = 1$ ist, etwa $f = F^\mu$, also $n = \mu r$, oder wenn $f = 1$ ersetzt wird durch eine positive ganze Potenz $f^\lambda = 1$, die wir wieder F nennen wollen, also $F = f^\lambda = 1$. Sei nun, um beide Fälle zu umfassen entweder f eine Potenz von F, oder umgekehrt, und symbolisch: $f = a_t^n = 1$, $F = a_t^x = 1$, seien ferner $\tau(f)$ und $\tau(F)$ die zugehörigen Hesse'schen Covarianten, wo also $\tau(f)$ nur ausführlicher geschrieben das frühere τ bedeutet. Benutzt man nur die ∞ vielen Werthsysteme t_1, t_2, die den beiden Gleichungen $f = 1$, $F = 1$ zugleich genügen, so gehört zu beiden Gleichungen auch dasselbe $\omega_t = f'(tdt)$. Ist aber $\lambda = \lambda_t$ eine beliebige Linearform, so ist nach § 3, (6.)

$$\tau(f) = -\frac{1}{\lambda}\frac{d^2\lambda}{d\omega_t{}^2} \text{ und } \tau(F) = -\frac{1}{\lambda}\frac{d^2\lambda}{d\omega_t{}^2},$$

und so ergiebt sich die bemerkenswerthe Gleichung:

(3.) $\tau(f) = \tau(F)$, also auch $\tau^{(r)}(f) = \tau^{(r)}(F)$, d. h.

(4.) *Ist eine der Gleichungen* $f = 1$, $F = 1$ *eine volle Potenz der andern, so gehört zu beiden Gleichungen dieselbe Reihe von Elementarcovarianten* τ, τ', τ'', ...

Wir wollen das auf anderem Wege verificiren. Ist $F = f^\mu$ und $F = a_t{}^\varkappa$, also $\varkappa = n\mu$, so besagt (3.), dass:

$$\frac{n-1}{2} \, (aa')^2 \, a_t{}^{n-2} \, a'_t{}^{n-2} = \frac{\varkappa-1}{2} \, (aa')^2 \, a_t{}^{\varkappa-2} \, a'_t{}^{\varkappa-2} \text{ ist.}$$

Dafür kann man schreiben:

$$\frac{n-1}{2} \, (aa')^2 \, a_t{}^{n-2} \, a'_t{}^{n-2} \cdot f^{2(\mu-1)} = \frac{\varkappa-1}{2} \, (aa')^2 \, a_t{}^{\varkappa-2} \, a'_t{}^{\varkappa-2},$$

wo jetzt beide Seiten in t_1, t_2 homogen sind, sodass also diese Formel auch für willkürliche, an keine Gleichung gebundene t_1, t_2 gelten muss.

Aus $a_t{}^\varkappa = [a_t{}^n]^\mu$ folgt aber: $a_t{}^{\varkappa-1} a_y = [a_t{}^n]^{\mu-1} a_t{}^{n-1} a_y$,

$(\varkappa-1) \, a_t{}^{\varkappa-2} \, a_y{}^2 = [a_t{}^n]^{\mu-1} (n-1) \, a_t{}^{n-2} \, a_y{}^2 + (\mu-1) \, [a_t{}^n]^{\mu-2} u \cdot a_t{}^{n-1} \, a_y \cdot a'_t{}^{n-1} \, a'_y$

$= \frac{1}{2} \, [a_t{}^n]^{\mu-2} \, a_t{}^{n-2} \, a'_t{}^{n-2} \{ (n-1) \, a_y{}^2 \, a'_t{}^2 + (n-1) \, a'_y{}^2 \, a_t{}^2 + 2n(\mu-1) \, a_t \, a_y \, a'_t \, a'_y \}$

oder, da $2 a_t a_y \cdot a'_t a'_y = a_t{}^2 a'_y{}^2 + a_y{}^2 a'^2_t - (aa')^2 (ty)^2$ ist, $2(\varkappa-1) \, a_t{}^{\varkappa-2} \, a_y{}^2$

$= [a_t{}^n]^{\mu-2} \, a_t{}^{n-2} \, a'_t{}^{n-2} \{ [n-1 + n(\mu-1)] (a_y{}^2 \, a'^2_t + a'_y{}^2 \, a_t{}^2) - n(\mu-1) \, (aa')^2 \, (ty)^2 \}$

$= [a_t{}^n]^{\mu-2} \cdot \{ 2(n\mu-1) \, a_t{}^{n-2} \, a_y{}^2 \cdot [a_t{}^n] - n \, (\mu-1) \, (aa')^2 \, a_t{}^{n-2} \, a'_t{}^{n-2} \, (ty)^2 \}.$

Wir setzen $y_1 = a'_2$, $y_2 = -a'_1$, wo $a'_t{}^2 = a_t{}^{\varkappa}$, und multipliciren mit $a'_t{}^{\varkappa-2}$; das giebt: $2(\varkappa-1) \cdot (aa')^2 \, a_t{}^{\varkappa-2} \, a'_t{}^{\varkappa-2}$

$= [a_t{}^n]^{\mu-2} \{ 2(n\mu-1) \, a_t{}^n \cdot (aa')^2 \, a_t{}^{n-2} \, a'_t{}^{\varkappa-2} - n(\mu-1) \, (aa')^2 \, a_t{}^{n-2} \, a'_t{}^{n-2} \cdot a'_t{}^\varkappa \}$

Andererseits folgt aus der vorigen Formel für $y_1 = a'_1$, $y_2 = -a'_1$ nach Multiplication mit $a'_t{}^{n-2}$ die Gleichung: $2(\varkappa-1) \, (aa')^2 \, a_t{}^{\varkappa-2} \, a_t{}^{n-2}$

$= [a_t{}^n]^{\mu-2} \cdot \{ 2(n\mu-1) \, a_t{}^n \cdot (aa')^2 \, a_t{}^{n-2} \, a'_t{}^{n-2} - n(\mu-1) \, (aa')^2 \, a_t{}^{n-2} \, a'_t{}^{n-2} \cdot a_t{}^n \}$

$[n\mu-2+n] \, [a_t{}^n]^{\mu-1} \cdot (aa')^2 \, a_t{}^{n-2} \, a'_t{}^{n-2}$

also, da $\varkappa = n\mu$ ist, $2(\varkappa-1) \, (aa')^2 \, a_t{}^{\varkappa-2} \, a'_t{}^{\varkappa-2}$

$= [a_t{}^n]^{\mu-2} \{ (\varkappa-2+n) (a_t{}^n)^n \cdot (aa')^2 \, a_t{}^{n-2} \, a'_t{}^{n-2} - (\varkappa-n) (aa')^2 \, a_t{}^{n-2} \, a'_t{}^{n-2} \cdot a_t{}^\varkappa \}$

$= [a_t{}^n]^{\mu-2} \cdot a_t{}^\varkappa \cdot \{ \varkappa-2+n - \varkappa+n \} (aa')^2 \, a_t{}^{n-2} \, a'_t{}^{n-2}$

$= [a_t{}^n]^{2(\mu-1)} \cdot 2(n-1) \cdot (aa')^2 \, a_t{}^{n-2} \, a'_t{}^{n-2}$, also

$$x - \frac{1}{2} (aa')^2 \, a_t^{t-2} \, a'_t{}^{t-2} - \frac{n-1}{2} \, [a_t{}^n]^{2(n-1)} \cdot (aa')^2 \, a_t{}^{n-2} \, a'_t{}^{n-2},$$

was zu beweisen war, daher in der That

(5.) $\tau(\beta'') = \tau(f)$, $\mu - 1, 2, 3 \ldots$

Wir haben es hier also mit einer neuen Art von Invarianz zu thun, aber nicht mit Invarianz gegenüber linearen Transformationen der Variabeln, sondern mit Invarianz gegenüber dem Zerfallen der Grundform f in eine ganze Potenz einer Form niedrigerer Ordnung oder gegenüber der Substitution irgend einer ganzen, positiven Potenz von f an Stelle von f. Funktionentheoretisch gesprochen handelt es sich also um Formen auf $f = 1$, die von der Reducibilität oder Irreducibilität der Gleichung $f = 1$ nicht getroffen werden.

Solche von einem beliebigen Argumente x abhängige Ausdrücke $\Omega(x)$, die ihren Werth nicht ändern, wenn man x durch irgend eine positive ganze Potenz von x ersetzt,

(6.) $\Omega(x)$ $\Omega(x^2)$ $\Omega(x^3)$ $\ldots$,

nennen wir Potenzinvarianten von x.

Wir wollen hier nur einige Angaben ohne Beweise machen, um zu zeigen, in welcher Richtung sich der Gegenstand weiter verfolgen lässt. Analytische Functionen des Argumentes wird man unter den Potenzinvarianten natürlich nicht suchen. Es handelt sich vielmehr um Differentialoperationen Ω, die an dem Argumente auszuüben sind, und man kann die Ω dann eintheilen nach der Anzahl der Veränderlichen, nach denen differenzirt wird. Die potenzinvarianten Differentialoperationen Ω, welche nur die Derivirten nach einer Veränderlichen enthalten — sie möge x heissen, das man nicht mit dem Argumente in (6.) verwechseln wolle — lassen sich ableiten aus:

(7.) $\Omega(y)$ $\dfrac{y''}{y'} - \dfrac{y'}{y}$, wo $y' = \dfrac{dy}{dx}$, $y'' = \dfrac{d^2y}{dx^2}$.

Sämmtliche Derivirten von $\Omega(y)$ nach x sind dann Potenzinvarianten, welche, wie das Ω der Nummer (7.) selbst, die Gleichung

$$\Omega(y^\lambda) - \Omega(y)$$

für jedes beliebige von Null verschiedene λ erfüllen. Dasselbe gilt von der Potenzinvariante

$$(8.) \qquad \Omega(y) \qquad \frac{y'''}{y'} \quad \frac{3}{2}\left(\frac{y''}{y'}\right)^2 + \frac{1}{2}\left(\frac{y'}{y}\right)^2,$$

deren beiden ersten Glieder die Schwarz'sche[1]) Reciprokante darstellen.

Derivirten nach zwei Veränderlichen enthält die Operation Ω, durch welche die Hesse'sche Form τ erhalten wird; bezeichnet nämlich δ die Operation

$$\delta \qquad t_1 \cdot \frac{\partial}{\partial t_1} + t_2 \cdot \frac{\partial}{\partial t_2};$$

so ist:

$$(10). \quad \begin{cases} \tau \quad \Omega(f), \text{ wo: } \Omega(f) \quad \dfrac{\dfrac{\partial^2 f}{\partial t_1^2}\,\dfrac{\partial^2 f}{\partial t_2^2} - \left[\dfrac{\partial^2 f}{\partial t_1\,\partial t_2}\right]^2}{(\delta f)^2 \cdot (\delta f - 1)} \\ \text{wo } f \quad u_f''. \end{cases}$$

Da

$$\frac{d}{du_f} \qquad \frac{dt_1}{du_f}\frac{\partial}{\partial t_1} + \frac{dt_2}{du_f}\frac{\partial}{\partial t_2} \qquad \frac{1}{u}\frac{\partial f}{\partial t_2}\frac{\partial}{\partial t_1} - \frac{1}{u}\frac{\partial f}{\partial t_1}\frac{\partial}{\partial t_2}, \quad \S\,3,\ (3.),$$

so ist für beliebiges z:

$$(11). \qquad \frac{dz}{du_f} \qquad \frac{\dfrac{\partial f}{\partial t_1}\dfrac{\partial z}{\partial t_2} - \dfrac{\partial f}{\partial t_2}\dfrac{\partial z}{\partial t_1}}{\delta f},$$

und da wir $f - 1$ voraussetzen, so sieht man leicht, dass für beliebiges von Null verschiedenes λ:

$$(12.) \qquad \frac{\dfrac{\partial f^\lambda}{\partial t_1}\dfrac{\partial z}{\partial t_2} - \dfrac{\partial f^\lambda}{\partial t_2}\dfrac{\partial z}{\partial t_1}}{\delta f^\lambda} \qquad \frac{\dfrac{\partial f}{\partial t_1}\dfrac{\partial z}{\partial t_2} - \dfrac{\partial f}{\partial t_2}\dfrac{\partial z}{\partial t_1}}{\delta f},$$

ist, wodurch nun auch der formale Beweis erbracht ist, dass auf $f - 1$ die Derivirten von Potenzinvarianten nach u_f wiederum Potenzinvarianten sind, insbesondere also die unbegrenzte Reihe $\tau, \tau', \tau'', \tau''', \ldots$ Ganz anders verhalten sich die Schwesterformen $U_0, U_1, \ldots, U_{\mu}$, die sich zwar durch $\tau, \tau', \tau'', \ldots$ darstellen lassen (§ 3, 15.), aber selbst keine Potenzinvarianten sind. Denn ist $F \quad f'' - 1$, und $\mu = \mu\mu$; sind ferner, in ausführlicher Bezeichnung,[2])

$$(13.) \qquad U_r^{(m)} \text{ die zu } f-1, \qquad U_r^{(m)} \text{ die zu } F - 1,\ r\quad 0,1,2\ldots$$

¹) Crelle's J. 75, 300.
²) Eine Verwechslung der Klammerexponenten mit Derivirtenindices ist nicht zu befürchten.

gehörigen Schwesterformen, wo also $U_\nu^{(n)}$ das frühere U_ν ist, so gelten mit Rücksicht auf (5.), (11.) und (12.) nach § 3, (14.) die Differentialgleichungen:

$$(14.) \begin{cases} U_{\nu+1}^{(n)}, \quad \dfrac{dU_\nu^{(n)}}{d\omega_t} + \nu(n-\nu+1)\,\tau\,U_{\nu-1}^{(n)}, \quad U_0^{(n)} \quad 1, \quad U_1^{(n)} = 0, \\[2mm] U_{\nu+1}^{(m)}\,\tau - \dfrac{dU_\nu^{(m)}}{d\omega_t} + \nu(m-\nu+1)\,\tau\,U_{\nu-1}^{(m)}, \quad U_0^{(m)} = 1, \quad U_1^{n} \quad 0. \end{cases}$$

Mithin ist $U_\nu^{(n)}$ von $U_\nu^{(m)}$ verschieden. Ist umgekehrt $f \cdot F^\mu = 1$ und $n = m\mu$, und sind wiederum $U_\nu^{(m)}, \nu = 0, 1, \ldots$ die zu F gehörigen Schwesterformen, so genügen diese wiederum den Gleichungen (14.). Wir bilden nun diese in (14.) definirten Formen $U_\nu^{(m)}$ auf alle Fälle, auch wenn $f = 1$ irreducibel ist, und zwar für alle positive ganzzahlige m. Da die Gleichungen für $U_\nu^{(n)}$ und $U_\nu^{(m)}$ sich nur durch die Buchstaben n und m unterscheiden, so folgt sofort aus § 3, (15.)

$$(15.) \begin{cases} \dfrac{1}{m}\,U_3^{(m)} \quad \tau' \\[2mm] \dfrac{1}{m}\,U_4^{(m)} \quad \tau'' + 3(m-2)\,\tau^2 \\[2mm] \dfrac{1}{m}\,U_5^{(m)} \quad \tau''' + 2(5m-12)\,\tau\tau' \\[2mm] \dfrac{1}{m}\,U_6^{(m)} \quad \tau'''' + (15m-44)\,\tau\tau'' + (10m-24)\,\tau'^2 + 15(m-2)(m-4)\,\tau^3 \\[2mm] \dfrac{1}{m}\,U_7^{(m)} = \tau^V + (21m-74)\,\tau\tau''' + (35m-92)\,\tau'\tau'' + 3\,[15(m-2)(m-4) \\[2mm] \qquad\qquad + 4(m-5)(5m-12)]\,\tau^2\,\tau' \end{cases}$$

Wir bekommen so eine unbegrenzte Reihe von Formen, und zwar sind es, wie wir sehen werden, lauter Covarianten. Ihre Bedeutung erhellt aus folgender Untersuchung. Nach § 2, (8.) ist:

$$1 \quad \sum_{\nu=0}^n \binom{n}{\nu}\, u_\nu\, \xi_1^{n-\nu}\, \xi_2^\nu = \sum_{\nu=0}^n \frac{n!}{\nu!\,(n-\nu)!}\, u_\nu \left(\frac{\xi_2}{\xi_1}\right)^\nu \cdot \xi_1^n = \xi_1^n \cdot \sum_{\nu=0}^n \frac{U_\nu^{(n)}}{\nu!}\left(\frac{\xi_2}{\xi_1}\right)^\nu$$

also:

$$(16.) \qquad \frac{1}{\xi_1^n} \quad \sum_{\nu=0}^n \frac{U_\nu^{(n)}}{\nu!}\, \xi^{-\nu}, \quad \text{wo } \xi \quad \frac{\xi_1}{\xi_2}$$

Nun ist $\bar{s}^{-1} = \dot{s}_1 : \dot{s}_1 = (xt) : a_t^{n-1} a_x$ als Function von x_1, x_2 auf $f = 1$ in der Umgebung von t_1, t_2 stetig, $\bar{s}_1^{-1} = 1 : a_t^{n-1} a_x$ ebenfalls; folglich lässt sich $\bar{s}_1^{-1}$ und jede ganze Potenz davon in eine nach ganzen Potenzen von $\sigma = \bar{s}^{-1}$ aufsteigende Potenzreihe entwickeln, die wir, an (16.) anlehnend, in der Form ansetzen:

(17.) $\quad \dfrac{1}{\bar{s}_1^m} = \displaystyle\sum_{\nu=0}^{\infty} \dfrac{I_\nu^{(m)}}{\nu!} \sigma^\nu$, wo die I von x_1, x_2 unabhängig. Durch Differentiation nach ω erhalten wir dann, aus § 3 die Formeln (7.)

$$\frac{d\bar{s}_1}{d\omega_t} = \tau\dot{s}_1, \quad \frac{d\bar{s}_2}{d\omega_t} = -\dot{s}_1, \text{ also } \frac{d\sigma}{d\omega_t} = -\frac{\dot{s}_1}{\dot{s}_1} - \tau\frac{\dot{s}_1^2}{\dot{s}_1^2} = -1 - \tau\sigma^2$$

benutzend:

$$-m\,\frac{\tau\dot{s}_1}{\dot{s}_1^{m+1}} = \sum_{\nu=0}^{\infty} \frac{1}{\nu!}\frac{dI_\nu^{(m)}}{d\omega_t}\cdot\sigma^\nu + \sum_{\nu=0}^{\infty}\frac{\nu}{\nu!}I_\nu^{(m)}\sigma^{\nu-1}(-1-\tau\sigma^2)$$

$$-m\,\frac{1}{\dot{s}_1^m}\cdot\tau\sigma = \sum_{\nu=0}^{\infty}\frac{1}{\nu!}\frac{dI_\nu^{(m)}}{d\omega_t}\cdot\sigma^\nu - \sum_{\nu=0}^{\infty}\frac{\nu}{\nu!}I_\nu^{(m)}\sigma^{\nu-1}(1+\tau\sigma^2)$$

oder, nach Einführung neuer Summationsindices in der zweiten Summe:

$$-m\,\frac{1}{\dot{s}_1^m}\cdot\tau\sigma = \sum_{\nu=0}^{\infty}\left\{\frac{1}{\nu!}\frac{dI_\nu^{(m)}}{d\omega_t}\cdot\sigma^\nu - \frac{\nu+1}{(\nu+1)!}I_{\nu+1}^{(m)}\sigma^\nu\right\} - \tau\sum_{\nu=2}^{\infty}\frac{\nu-1}{(\nu-1)!}I_{\nu-1}^{(m)}\sigma^\nu,$$

und indem wir links die Reihenentwicklung einsetzen:

$$-m\tau\sum_{\nu=0}^{\infty}\frac{I_\nu^{(m)}}{\nu!}\sigma^{\nu+1} = \frac{dI_0^{(m)}}{d\omega_t} - I_1^{(m)} + \left[\frac{dI_1^{(m)}}{d\omega_t} - I_2^{(m)}\right]\sigma$$

$$+ \sum_{\nu=2}^{\infty}\left\{\frac{1}{\nu!}\frac{dI_\nu^{(m)}}{d\omega_t} - \frac{\nu+1}{(\nu+1)!}I_{\nu+1}^{(m)} - \tau\frac{\nu-1}{(\nu-1)!}I_{\nu-1}^{(m)}\right\}\sigma^\nu$$

Durch Vergleichung gleich hoher Potenzen von σ entnimmt man daraus:

$$\frac{dI_0^{(m)}}{d\omega_t} - I_1^{(m)} = 1, \quad -m\tau I_0^{(m)} = \frac{dI_1^{(m)}}{d\omega_t} - I_2^{(m)}, \text{ und für } \nu = 2, 3 \ldots:$$

$$-m\tau\frac{I_{\nu-1}^{(m)}}{(\nu-1)!} = \frac{1}{\nu!}\frac{dI_\nu^{(m)}}{d\omega_t} - \frac{\nu+1}{(\nu+1)!}I_{\nu+1}^{(m)} - \tau\frac{\nu-1}{(\nu-1)!}I_{\nu-1}^{(m)}.$$

Mithin genügen die I den rekurrenten Differentialgleichungen

$$(18.) \quad \begin{cases} I_{r+1}^{(m)} = \dfrac{dI_r^{(m)}}{d\omega_t} + r\,(m-r+1)\,\tau\, I_{r-1}^{(m)}, & I_1^{(m)} = \dfrac{dI_0^{(m)}}{d\omega_t} \\[2mm] r = 2, 3, \dots & , \quad I_2^{(m)} = \dfrac{dI_1^{(m)}}{d\omega_t} + m\tau\, I_0^{(m)} \end{cases}$$

Lässt man x_1, x_2 mit t_1, t_2 zusammenfallen, so wird $\bar{s}_1 = 0$, $\bar{s}_1 = 1$, $\sigma = 0$, also nach (17.): 1 $I_0^{(m)}$, und wegen (18.): $I_1^{(m)} = 0$. Die Differentialgleichungen der $I_r^{(m)}$ stimmen demnach mit denen der $t_r^{(m)}$ der Nummer (14.) in der Form und den Anfangsbedingungen überein, folglich ist $I_r^{(m)} = t_r^{(m)}$. Beachtet man noch, dass m nur als ganze Zahl vorausgesetzt war, natürlich als reelle, so ergiebt sich der Satz:

Für positives und negatives ganzzahliges m gilt für $\bar{s}_1{}^{-m}$ als Function von x_1, x_2 in der Umgebung von t_1, t_2 die Reihenentwicklung

$$(19). \quad \text{in } t_1, t_2: \quad \bar{s}_1{}^{-m} = \sum_{r=0}^{\infty} \frac{t_r^{(m)}}{r!}\, \bar{s}^{-r}, \quad \bar{s} = \frac{\bar{s}_1}{\bar{s}_1}, \quad m = 0, +1, +2, \dots$$

deren Entwicklungscoefficienten durch die Differentialgleichungen (14.) oder die Tabelle (15.) definirt sind.

Die aus der typischen Darstellung von a_x^m abgeleitete Formel (16.) ist dann nur ein besonderer Fall dieser allgemeinen Entwicklung. Diese merkwürdige Reihenentwicklung wird uns in einer später folgenden Untersuchung ein ausgezeichnetes System von Integranden erster Gattung liefern.

Die $t_r^{(m)}$ waren ursprünglich definirt als die zur Form m^{ter} Ordnung F gehörigen Schwesterformen, wenn F entweder eine positive ganze Potenz von f, oder f eine solche von F ist.

Im ersteren Falle ist aber nach § 3 (17.) stets $t_{m+1}^{(m)} = 0$; da alsdann $F = f$ oder f^2 oder f^3 oder ..., so folgt:

Ist $f = 1$ irreducibel, so ist:

$$(20.) \quad t_{n+1}^{(n)} = 0, \quad t_{2n+1}^{(2n)} = 0, \quad t_{3n+1}^{(3n)} = 0, \dots \text{ u. s. w.}$$

Im zweiten Falle dagegen, wo n ein Vielfaches von m ist, hat man nach § 3, (17.) ebenfalls $t_{m+1}^{(m)} = 0$, aber nach (14.) dieses § nun auch $t_{m+2}^{(m)} = 0$, $t_{m+3}^{(m)} = 0$, ..., sodass also:

$$\xi_1^{-m} \sum_{r=0}^{m} \frac{U_r^{(m)}}{r!} \xi^{-r}, \quad 1 = \sum_{r=0}^{m} \frac{U_r^{(m)}}{r!} \xi_1^{m-r} \xi_2^r$$

wird. Ist umgekehrt letzte Gleichung erfüllt, so ist auch $U_{m+1}^{(m)} = 0$; d. h.

Das identische Verschwinden von $U_{m+1}^{(m)}$ ist für $m < n$ die hinreichende und nothwendige Bedingung dafür, dass unsere Grundgleichung $a_x^n = 1$ eine Potenz einer Form niedrigerer Ordnung m ist, deren typische Darstellung

(21.) $$1 = \sum_{r=0}^{m} \frac{U_r^{(m)}}{r!} \xi_1^{m-r} \xi_2^r$$

ist; m ein Theiler von n.

Für die Formen $U_{m+1}^{(m)}$ der beiden wichtigen Sätze (20.) und (21.) entnehmen wir aus (15.) folgende Tabelle, die wir mit hierhergehörigen Untersuchungen von Hilbert[1]) vergleichen wollen:

(22.)

$$
\begin{aligned}
&\tfrac{1}{1}\, U_2^{(1)} && r \\
&\tfrac{1}{2}\, U_3^{(2)} && r' \\
&\tfrac{1}{3}\, U_4^{(3)} && r'' + 3r^2 \\
&\tfrac{1}{4}\, U_5^{(4)} && r''' + 16rr' \\
&\tfrac{1}{5}\, U_6^{(5)} && r'''' + 31rr'' + 26r'^2 + 75r^4 \\
&\tfrac{1}{6}\, U_7^{(6)} && r^V + 52rr''' + 118r'r'' + 576r^2r'
\end{aligned}
$$

Die Bedingungen für die Darstellbarkeit der Grundform f als Potenz einer linearen oder einer quadratischen Form lauten bei Hilbert l. c.:

(23.) $H \equiv [f, f]_2 = 0$ bezw. $T \equiv [H, f]_1 = 0$.

übereinstimmend mit (22.). Damit f Potenz einer kubischen Form sei, muss nach Hilbert die Covariante

(24.) $$\begin{cases} G = 3(2n-3)H^2 - (n-2)\,Af^2, \text{ wo } H = (a_0\,a_2 - a_1{}^2)\,x_1^{2n-4} + \dots \\ A = (a_0\,a_3 - 4a_1\,a_3 + 3a_2{}^2)\,x_1^{2n-6} + \dots \end{cases}$$

---

[1]) Math. Ann. 27, 158—161.

verschwinden. Nach einem früheren Satze (§ 2, am Ende) ist auf $f = 1$:

$$C_1 = 3(2n-3)\,[u_0\,u_2 - u_1{}^2]^2 - (n-2)\,[u_0\,u_4 - 4u_1\,u_3 + 3u_2{}^2]$$

$$= 3(2n-3)\,u_2{}^2 - (n-2)\,(u_1 + 3u_2{}^2) = 3(n-1)\,u_2{}^2 - (n-2)\,u_4$$

$$3(n-1)\,\frac{\tau^2}{(n-1)^2} - (n-2)\,\frac{(n-4)!}{n!}\;U_1 = \frac{3\tau^2}{n-1} - \frac{n\tau'' + 3n(n-2)\tau^2}{n.(n-1)(n-3)}$$

$$= \frac{-3\tau^2 - \tau''}{(n-1)(n-3)} = -\frac{U_1^{(3)}}{3(n-1)(n-3)},$$

also: (25.) $\qquad C_3 = -\dfrac{U_1^{(3)}}{3(n-1)(n-3)}.$

Ebenso findet sich bei Hilbert statt $U_3^{(4)}$ die Form

(26.) $\begin{cases} C_4 = 4(3n-4)\,HT - (n-3)\,Bf^2, \text{ wo } T = (a_0{}^2\,a_2 - 3a_0\,a_1\,a_2 + 2a_1{}^3)\,x_1{}^{3(n-2)} + \ldots, \\ B = (a_0{}^2\,a_5 - 5a_0\,a_1\,a_4 + 2\,a_0\,a_2\,a_3 + 8a_1{}^2\,a_3 - 6a_1\,a_2{}^2)\,x_1{}^{3n-10} + \ldots \end{cases}$

Auf $f = 1$ ist einfacher:

$$C_1 = -4(3n-4)\,u_2\,u_3 + (n-3)\,(u_5 + 2u_2\,u_3) = (n-3)\,u_5 - 10\,(n-1)\,u_4\,u_3$$

$$= (n-3)\,U_5\,\frac{(n-5)!}{n!} - 10(n-1)\,U_2\,U_3\,\frac{(n-2)!}{n!}\,\frac{(n-3)!}{n!}, \text{ also:}$$

$$(n-1)\,(n-2)\,(n-4)\,C_1 = \frac{1}{n}\,U_5 - 10\,(n-4)\,\frac{1}{n}\,U_3\,\frac{1}{n}\,U_2 = \tau''' + 2(5n-12)\tau\tau' - 10(n-4)\tau\tau',$$

$$(n-1)\,(n-2)\,(n-4)\,C_1 = \tau''' + 16\tau\tau' = \frac{1}{4}\,U_5^{(6)}, \text{ daher:}$$

(27.) $\qquad 4(n-1)\,(n-2)\,(n-4)\,C_1 = U_5^{(6)},$

und so finden sich diese nach ganz verschiedenen Methoden[1]) abgeleiteten Formeln in schönster Uebereinstimmung. Weiter als bis C_4, dem unser $U_3^{(4)}$ entspricht, reicht die Hilbert'sche Tabelle nicht.

Zur Anwendung der $U_{\nu+1}^{(\nu)}$ und der Potenzinvarianten wollen wir den bei der Ableitung der regulären Körper übergangenen Fall besprechen, wo die Gleichung $f = 1$ Potenz einer anderen ist, etwa von $F = 1$, wo F von der Ordnung m, und $n = \mu.m$ ist. Da τ als Potenzinvariante sowohl Hesse'sche Form von f als auch von F ist, so ergibt sich aus der Definitionsgleichung der regulären Körper [§ 4, (15.)]

$$\tau'' + 6\,x\tau^2 = 0, \; x = \frac{(n-2)^2}{n-1}$$

---

[1]) Man kann übrigens das Hilbert'sche Verfahren auf $f = 1$ mit der Modifikation anwenden, dass nach ω statt x differenzirt wird.

analog wie bei Ableitung von § 4, (16.) für m die Einschränkung

$$m - [2, 3], 4, 6, 12.$$

Die illusorischen Fälle $m = 2, 3$ übergehend wenden wir uns zu $m = 4$, wo $n = 4\mu$ und f eine Potenz einer biquadratischen Form ist; daher ist $U_3^{(4)} = 0$, sodass also τ den beiden Gleichungen genügt:

(28.) $\tau'' + 6\varkappa\tau^2 = 0$ und $\tau''' + 16\tau\tau' = 0$.

Aus der ersten folgt $\tau''' + 12\varkappa\tau\tau' = 0$, und durch Vergleich mit der zweiten $\varkappa = \frac{4}{3}$. Diese Gleichung hat aber nur die eine ganzzahlige Lösung $n = 4$, sodass wir es also mit dem Tetraeder zu thun haben. Aehnlich in den übrigen Fällen $m = 6$ und $m = 12$.

Es erübrigt nun noch, die Schwesterformen $V_0, V_1, V_2, \ldots, V_h$ einer Form φ_l^n auf $f = 1$ von dem Gesichtspunkte dieses § aus zu untersuchen. Die Differentialgleichungen der V zeigen sofort, dass die sämmtlichen V Potenzinvarianten von f sind, was sich übrigens fast von selbst versteht. Wichtiger ist folgende Diskussion der Gleichung $V_{k+1}(\varphi) = 0$ des § 3, (17.), welcher φ genügt.

Wenn q den Faktor $f = a_l^n$ abzuspalten gestattet, etwa λ mal, so ist q wegen $f = 1$ in Wirklichkeit eine Form ψ von der Ordnung $k - h - \lambda n$ und genügt folglich der Differentialgleichung $V_{k+1}(\psi) = 0$ der Formen k^{ter} Ordnung; und wenn umgekehrt irgend eine einwerthige analytische Funktion ψ von t_1, t_2 der Gleichung $V_{k+1}(\psi) = 0$ der Formen k^{ter} Ordnung genügt, so ist ψ eine ganze Form k^{ter} Ordnung. Denn ist $\varphi_\varkappa^k$ stetig in t_1, t_2, so kann man $\dfrac{\psi_\varkappa^k}{\dot z_l^k}$, das dort ebenfalls stetig ist, folgendermaassen entwickeln:

(29.) $\dfrac{\psi_s^k}{\dot z_l^k} = \sum_{r=0}^{\infty} \dfrac{C_r}{r!} \sigma^r, \sigma = \dfrac{\dot z_l}{\dot z_2}, C$ nach x_1, x_2 constant.

Wir differenziren nach $\omega_l = f(dt)$:

$$- k \dfrac{\psi_s^k}{\dot z_l^k} \tau\sigma = \sum \left\{ \dfrac{C_r}{r!} \sigma^r - r \dfrac{C_r}{r!} \sigma^{r-1}(1 + \tau\sigma^2) \right\}$$

und bekommen, ganz ebenso wie oben mit den V verfahren:

(30.) $C_{r+1} = (k - r + 1) r\tau C_{r-1} + C'_r, C_0 = \psi, C_1 = C'_0.$

Dann ist aber C_{k+1} identisch mit $V_{k+1}(\psi)$, und einzeln $C_r = V_r(\psi)$, also, da

10*

$V_{k+1}(\varphi) = 0$ ist, nach (30.) auch $C_{k+2} = 0$, $C_{k+3} = 0$, ...; die Entwicklung (29.) bricht dann im Endlichen ab und ψ erweist sich in der That als ganze Funktion k^{ter} Ordnung. So folgt:

(31.) *Jede ganze Form k^{ter} Ordnung φ genügt auf $f = 1$ der Differential-gleichung $V_{k+1}(\varphi) = 0$ des § 3, (17.), und wenn umgekehrt von einer ein-werthigen analytischen Funktion auf $f = 1$ bekannt ist, dass sie der Gleichung $V_{k+1}(\varphi)$ genügt, so ist φ eine ganze Form k^{ter} Ordnung.*

(32.) *Damit eine Form h^{ter} Ordnung φ den Factor f abzuspalten ge-stattet, etwa λ mal, sodass $k \equiv h - \lambda n > 0$, muss φ der Differential-gleichung $V_{k+1}(\varphi) = 0$ der Formen k^{ter} Ordnung genügen, und diese Bedingung reicht auch aus.*

(33.) *Ist $f - a_t^n = 1$ und $f = \varphi \cdot \psi$ irgend eine Zerfällung von f, $\varphi = \psi_t^h$, $\psi = \psi_t^k$, so ist:*

$$V_{k+1}\binom{1}{\varphi} = 0 \text{ und } V_{h+1}\binom{1}{\psi} = 0.$$

Ist m eine ganze Zahl, so hätte man statt (29.) ersichtlich ansetzen können:

$$\frac{\psi_x^k}{\xi_1^m} = \sum_{r=0}^{\alpha} \frac{C_\nu^{(m)}}{\nu!} \varrho^\nu$$

und würde dann erhalten haben:

$$C_{\nu+1}^{(m)} = C_\nu^{(m)} + \nu(m - \nu + 1)\tau\, C_{\nu-1}^{(m)}, \quad C_0^{(m)} = \psi_t^k, \text{ d. h.}$$

In der Umgebung von t_1, t_2 gilt die Entwicklung:

(34.) $$\psi(x_1 \mid x_2) \cdot \xi_1^{-m} = \sum_{r=0}^{\infty} \frac{V_\nu^{(m)}}{\nu!} \xi^{-r}, \quad \xi = \frac{\hat{\xi}_1}{\xi_1}, \quad \varphi(x_1 \mid x_2) = \psi_x^k,$$

wo

(35.) $$V_{\nu+1}^{(m)} = \frac{dV_\nu^{(m)}}{d\omega_t} + \nu(m - \nu + 1)\tau\, V_{\nu-1}^{(m)}, \quad V_\nu^{(k)} = V_\nu(\varphi)$$

des § 3, (16.), und da ψ_t^k, $\psi_t^k \cdot f$, $\psi_t^k \cdot f^2$, ... $(f = a_t^n = 1)$ ganze Formen von der Ordnung k, $k + n$, $k + 2n$, ... sind, so ist:

(36.) $$V_{k+1}^{(k)} = 0, \quad V_{k+n+1}^{(k+n)} = 0, \quad V_{k+2n+1}^{(k+2n)} = 0, \ldots.$$

Man überzeugt sich leicht, dass zur Ableitung der Formeln (34.) und (35.) nur die Eigenschaft von $\varphi(x_1|x_2)$ benutzt wurde, in t_1, t_2 eindeutig und stetig zu sein, und so folgt allgemein der wichtige Satz:

Ist $\Phi(x_1|x_2)$ eine beliebige analytische Funktion ihrer Argumente,[1]) welche in t_1, t_2 auf dem binomischen Gebilde $a_x^n = 1$ eindeutig und stetig ist, so gilt in der Umgebung von t_1, t_2 die convergente Reihenentwicklung:

$$(37.)\quad \begin{cases} \Phi(x_1|x_2) = \xi_1^m \cdot \displaystyle\sum_{r=0}^{\infty} \frac{C_r^{(m)}}{r!}\, \xi^{-r}, \xi = \dfrac{\xi_1}{\xi_2}, \ wo: \\[2mm] C_{r+1}^{(m)} = \dfrac{dC_r^{(m)}}{d\sigma_1} + r(m-r+1)\tau\, C_{r-1}^{(m)}, \ C_0^{(m)} = \Phi(t_1\,|\,t_2) \\[2mm] m = 0, +1, +2, +3, \ldots\ etc., \end{cases}$$

vorausgesetzt, dass $\Phi(x_1|x_2)$ nicht auch von t_1, t_2 abhängt.

Da Φ insbesondere auch gleich eins sein kann, so schliesst diese Entwicklung alle vorangegangenen in sich, und man kann umgekehrt die vorangegangenen Sätze leicht aus dieser einen Entwicklung ableiten, wie dies in einem Auszuge dieser Arbeit in den Mathematischen Annalen geschehen ist.

§ 6.

Die Differentialgleichungen der Schwesterformen im Zusammenhange mit den Cayley-Aronhold'schen Differentialgleichungen.

Wir haben in den vorangegangenen Abschnitten unbegrenzte Reihen von Formen gebildet, über deren Invarianten- oder Covariantencharakter wir uns noch Gewissheit verschaffen müssen. Nach § 3, (14.) ist

$$(1.)\quad \begin{cases} a_\nu = (a\tau)^\nu\, a_t^{n-\nu}, c_\nu = (\varphi\tau)^\nu\, \varphi_t^{h-\nu}, a^{\iota} = (\varphi\tau)^\iota\, \varphi_t^{k-\nu}, \ldots \\[2mm] wo\ a_t^{n} = 1,\ a_t^{n-1}\, a_1 = \tau_1,\ a_t^{n-2}\, a_2 = \tau_2\ \text{und} \\[2mm] \varphi = \varphi_t^h,\ \psi = \varphi_t^k;\ (n-1)\, u_2 = \tau,\ a_1 = 0,\ a_0 = 1. \end{cases}$$

[1]) Φ braucht also nicht in x_1, x_2 homogen zu sein.

Demnach ist

v_r *vom Gewichte* r,

(2.)　　　*von der Ordnung* δ　$r(n-1)+h-r=r(n-2)+h$,

in f *vom Grade* r, *in* φ *vom Grade* 1.

Die Ordnung von u_r wäre dann ebenso $\delta = r(n-2)+n$, die von u_2 also $\delta = 2(n-2)+n$; da aber $(n-1)\,u_1 = \tau$, also von der Ordnung $2(n-2)$ ist, so gestattet u_2 die Abspaltung des Faktors $a_1{}^n = 1$. Dasselbe gilt dann aber auch von $u_3, u_1, \ldots$; denn setzt man $u_r = f \cdot \bar{u}_r$, wo $f = a_1{}^n = 1$, so ist $\dfrac{du_r}{d\omega_t} = f \dfrac{d\bar{u}_r}{d\omega_t}$, also nach § 3, (12.):

$$(n-r)\,\bar{u}_{r+1} \cdot f = \bar{u}'_r \, f + r\tau \, \bar{u}_{r-1}\, f,$$

und da die Abspaltung bei u_2 möglich ist, so ist sie es wegen obiger Formel allgemein. Wir dürfen daher unter $u_2, u_3, u_1, \ldots$ immer die vom Faktor $f = 1$ befreiten Schwesterformen $u_2, \bar{u}_3, \bar{u}_1, \ldots$ verstehen. Dann folgt:

(3.)　　u_r *ist vom Gewichte* r, *von der Ordnung* $r(n-2)$ *und in* f *vom Grade* r.

Bildet man nun aus den u_r, r_r, w_r mittels numerischer Faktoren $a_1, a_2 \ldots$ eine isobare Form, die sowohl in den u_r als auch den r_r und w_r homogen ist, also etwa

$H_0\,(u_r, r_r, w_r, \ldots)$ mit dem Gewichte λ (Summe der unteren Indices)

Grad in $u_0, u_1, u_2, u_3, \ldots : g_u$

" " $r_0, r_1, r_2, r_3, \ldots : g_r$, etc.

$$H_0\,(u_r, r_r, w_r, \ldots) = a_1 \underbrace{u_\alpha\,u_\beta\,u_\gamma\ldots}_{g_u}\,\underbrace{r_\varkappa\,r_\mu\,r_\nu\ldots}_{g_r}\,\underbrace{w_\varrho\,w_\sigma\ldots}_{g_w} + a_2\ldots$$ Faktoren,

so ist nach (2.) und (3.) die Ordnung gleich:

$$\varOmega = \alpha(n-2)+\beta(n-2)+\gamma(n-2)+\ldots+\varkappa(n-2)+\mu(n-2)+\ldots+\varrho(n-2)+\sigma(n-2)+\ldots$$
$$+\ g_r h \qquad\qquad + g_w\cdot k$$
$$= (\alpha+\beta+\ldots)\,(n-2)+g_r h + g_w k + \ldots = \lambda(n-2)+g_r h + g_w k + \ldots$$

Dann ist H_0 nach (2.) und (3.)

in den Coefficienten von φ ebenfalls vom Grade g_r

" " " " ψ " " " g_w

aber in den Coefficienten von f vom Grade

$$(a + \beta + \ldots + \varrho + \sigma + \ldots) = \lambda,$$

also $g_f = \lambda, \; g_\varphi = -g_c, \; g_\psi = -g_w$ und

$$\Omega - \lambda(n-2) + g_c h + g_w k + \ldots,$$

$$\Omega = -g_f n - 2\lambda + g_\varphi h + g_\psi k + \ldots, \quad \Omega + 2\lambda = -g_f n + g_\varphi h + g_\psi k + \ldots$$

Es folgt:

Eine ganze isobare Funktion $\Pi_0 (u_c, c_v, w_v \ldots)$ der $u, c, w, \ldots$ mit numerischen Coefficienten, welche in den u sowohl als auch in den c und w homogen ist, ist auch in t_1, t_2 homogen; ist sie in den u vom Grade g_u, in den c vom Grade $g_c, \ldots, u. s. w.$, und ist λ das Gewicht, so ist die Ordnung gleich

(4.) $$\Omega - \lambda(n-2) + g_c h + g_w k + \ldots$$

und es ist $g_f = \lambda, \; g_\varphi = -g_c, \; g_\psi = -g_w, \; daher auch$

(5.) $$\Omega + 2\lambda = g_f \cdot n + g_\varphi \cdot h + g_\psi \cdot k + \ldots [1])$$

Unterwirft man die Grundformen $f, \varphi, w, \ldots$ nebst ihren Covarianten $u_v, c_v, w_v, \ldots$ einer linearen Transformation, so unterscheiden sich die Schwesterformen der transformirten Grundformen von $u_v, c_v, w_v, \ldots$ nur durch den Faktor Δ^ϱ, wo Δ die Substitutionsdeterminante, daher ist die Transformirte von Π_0 gleich $\Delta^\varrho \cdot \Pi_0$, d. h.

Die Form Π_0 des vorigen Satzes ist eine Covariante und λ ihr Gewicht.

Ist umgekehrt irgend eine Covariante von $f - a_t^\mu = 1, \varphi_t^h, \psi_t^k, \ldots$ gegeben, so lässt sie sich stets nach § 2, (11.) mittels der u, c, w als Funktion Π_0 darstellen, die die Eigenschaften der letzten beiden Sätze hat. Es folgt:

(6.)   *Jede Covariante von*

$$f - a_t^\mu = 1, \; q = \varphi_t^h, \; \psi = \psi_t^k, \ldots$$

ist eine ganze homogene und isobare Funktion von $u_0, u_1, u_2, \ldots u_n, c_0, c_1, \ldots c_h, w_0, w_1, \ldots, w_k, \ldots$ mit numerischen Coefficienten, und umgekehrt ist jede

---

[1]) In Uebereinstimmung mit bekannten Formeln, Faà di Bruno-Walter, binäre Formen, § 14, 3.

Funktion mit letzteren Eigenschaften eine Covariante. Eine Invariante genügt ausserdem noch der Gleichung $\frac{d}{d\omega_l} = 0$.

Sei jetzt $H(a_r, \varphi_r, \psi_r \ldots \mid x_1, x_2)$ eine in den Variabeln x_1, x_2 geschriebene Covariante unserer Stammformen, so ist nach § 2, (10.), wenn g das Gewicht bezeichnet,

$$H(a_r, \varphi_r, \psi_r, \ldots \mid x_1, x_2) = (-1)^g H(u_r, v_r, w_r, \ldots \mid \xi_1, \xi_2).$$

Obwohl also die einzelnen Glieder des rechts stehenden Ausdruckes die Veränderlichen t_1, t_2 enthalten, so ist derselbe dennoch von t_1, t_2, oder was dasselbe ist, von $\omega_l - f(td)$ unabhängig. Sei jetzt umgekehrt $H(u_r, v_r, w_r \ldots \mid \xi_1, \xi_2)$ eine beliebige von ω_l unabhängige Funktion der $u, v, w, \ldots, \xi_1, \xi_2$. Wir lassen t_1, t_2 mit x_1, x_2 zusammenfallen und bezeichnen die Formen, welche alsdann aus $u_r, v_r, w_r, \ldots$ entstehen, mit $u_r(x), v_r(x), w_r(x), \ldots$, erstere ebenso mit $u_r(t), v_r(t), w_r(t)$. Dann wird $\xi_1 = 1, \xi_2 = 0$ und $H(u_r, v_r, w_r, \ldots \mid \xi_1, \xi_2) = H(u_r(x), v_r(x), w_r(x), \ldots \mid 1, 0)$, giltig wenn $a_t{}^n = 1, a_x{}^n = 1$. Damit also H eine Covariante sei, muss es in seiner rechts stehenden Darstellungsform einfach den Bedingungen des Satzes (6.) genügen, nur, dass die $u_r(t), v_r(t) \ldots$ von (6.) mit $u_r(x), v_r(x), \ldots$ vertauscht sind, d. h.

(7.) *Jede ganze Form H mit den Coefficienten $u_r, v_r, w_r \ldots$ und den Variabeln ξ_1, ξ_2, deren Leitglied in den $u_r, v_r, w_r, \ldots$ isobar und homogen (bei numerischen Coefficienten) ist, ist stets und nur dann eine Covariante wenn sie von $\omega_l - f(td)$ unabhängig, also $\frac{dH}{d\omega_l} = 0$ ist.*

Diese merkwürdig einfachen Bedingungen sind äquivalent mit den Cayley-Aronhold'schen Differentialgleichungen. Ist nämlich allgemein

$$H = H(u_r, v_r, w_r, \ldots \mid \xi_1, \xi_2)$$

irgend eine Funktion der $u, v, \ldots, \xi_1, \xi_2$, und nur durch diese von t_1, t_2 abhängig ist, so ist[1]:

$$\frac{dH}{d\omega_l} = \sum_{r=2}^{n} \frac{\partial H}{\partial u_r} u'_r + \sum_{r=0}^{h} \frac{\partial H}{\partial v_r} v'_r + \ldots + \frac{\partial H}{\partial \xi_1} \xi_1' + \frac{\partial H}{\partial \xi_2} \xi_2',$$

also nach § 3, (7.) und (12.):

$$\frac{dH}{d\omega_l} = \sum_{r=2}^{n} \frac{\partial H}{\partial u_r} (n-r) u_{r+1} - r \sum_{r=2}^{n} \frac{\partial H}{\partial u_r} r u_{r-1} + \ldots + \frac{\partial H}{\partial \xi_1} \tau \xi_2 - \frac{\partial H}{\partial \xi_2} \xi_1.$$

---

[1] Mit Rücksicht auf $u_0 = 1, v_1 = 0$.

Wir bezeichnen mit Hilbert[1])

$$(8.) \quad \begin{vmatrix} D_u & \sum_{r=0}^{n} r u_{r-1} \dfrac{\partial}{\partial u_r}, & D_v & \sum_{r=0}^{h} r v_{r-1} \dfrac{\partial}{\partial v_r}, \dots \\[2mm] A_u = \sum_{r=0}^{n} (n-r) u_{r+1} \dfrac{\partial}{\partial u_r}, & A_v = \sum_{r=0}^{h} (h-r) v_{r+1} \dfrac{\partial}{\partial v_r}, \dots; \end{vmatrix}$$

ferner, da in unserem Falle $u_0 = 1$, $u_1 = 0$ ist und diese Grössen demnach in H formell nicht ersichtlich zu sein brauchen,

$$(9.) \quad D'_u = \sum_{r=2}^{n} r u_{r-1} \dfrac{\partial}{\partial u_r}, \quad A'_u = \sum_{r=2}^{n} (n-r) u_{r+1} \dfrac{\partial}{\partial u_r}.$$

Dann ist:

$$\frac{dH}{d\omega_t} = A'_u H - \tau D'_u H + A_v H - \tau D_v H + \dots + \frac{\partial H}{\partial \xi_1} \tau \xi_2 - \frac{\partial H}{\partial \xi_2} \xi_1,$$

daher der Hülfssatz:

Ist $H = H(u_r, v_r, w_r, \dots \mid \xi_1, \xi_2)$ irgend eine Funktion der $u_r, v_r, w_r, \dots$ ξ_1, ξ_2, und nur durch diese von t_0, t_1 abhängig, so ist

$$(10.) \quad \begin{vmatrix} \dfrac{dH}{d\omega_t} = \left(A'_u + A_v + A_w + \dots - \xi_1 \dfrac{\partial}{\partial \xi_2} \right) H \\[3mm] \qquad - \tau \left(D'_u + D_v + D_w + \dots - \xi_2 \dfrac{\partial}{\partial \xi_1} \right) H. \end{vmatrix}$$

Wenn nun, wie wir oben voraussetzten, $\dfrac{dH}{d\omega_t} = 0$ ist, so hat man nach (10.):

$$(11.) \quad \left(A'_u + A_v + \dots - \xi_1 \dfrac{\partial}{\partial \xi_2} \right) H \quad \tau \left(D'_u + D_v + \dots - \xi_2 \dfrac{\partial}{\partial \xi_1} \right) H$$

Durch Vergleichung gleich hoher Potenzen von ξ_1, ξ_2 links und rechts folgen daraus Relationen von der Form

$$\Phi_r(u, v, w, \dots) \quad \tau . \Psi_r(u, v, w, \dots) : \quad r \quad 0, 1, 2, 3, \dots$$

Setzen wir nun noch voraus, dass die u in H nicht vorkommen, so sind sie auch in den Φ und Ψ nicht enthalten,

$$\Phi_r(v, w, \dots) \quad \tau . \Psi_r(v, w, \dots) \quad (n-1) u_2 \, \Psi_r(v, w, \dots),$$

letzteres nach § 3, (13.). Wäre dann nicht Ψ_r und Φ_r für sich identisch null, so könnte auch nicht, wie obige Relationen doch verlangen, die Gleichung

[1]) Math. Ann. XXX, 15—29.

$$\Phi_\nu(v, w, \ldots) - (n-1)\, a_2\, \Psi_\nu(v, w, \ldots) = 0$$

identisch erfüllt sein, weil a_2 nach Voraussetzung in Φ_ν und Ψ_ν nicht enthalten ist. Da aber die Operationen D und $\bar{s}_2 \frac{\partial}{\partial \bar{s}_1}$ das Gewicht ohne Störung der Homogenität um eins vermindern, $\varDelta$ und $\bar{s}_1 \frac{\partial}{\partial \bar{s}_2}$ es um eins vermehren [nach (8.) und (9.)], so ist auch (11.) beiderseitig isobar und homogen, falls H es war, folglich auch $\Phi_\nu - (n-1)\, a_2\, \Psi_\nu$. Dann wäre aber $\Phi_\nu - (n-1)\, a_2\, \Psi_\nu = 0$ nach (6.) eine Covariantenrelation zwischen den $v, w, \ldots$ und a_2. Da dies aber nur bei specieller Wahl der f, φ, ψ vorkommt und sonst nicht, so müssen, um einen Widerspruch zu vermeiden, die Φ_ν, Ψ_ν identisch null sein; folglich auch

$$(12.) \quad \begin{cases} \left(\varDelta_v + \varDelta_w + \ldots - \bar{s}_1 \frac{\partial}{\partial \bar{s}_2} \right) H(v, w, \ldots \mid \bar{s}_1\, \bar{s}_2) = 0, \\ \left(D_v + D_w + \ldots - \bar{s}_2 \frac{\partial}{\partial \bar{s}_1} \right) H(v, w, \ldots \mid \bar{s}_1\, \bar{s}_2) = 0. \end{cases}$$

Das sind aber die bekannten Cayley-Aronhold'schen Differentialgleichungen der Covarianten; man schreibt sie gewöhnlich:

$$(13.) \quad (\varDelta_v + \varDelta_w + \ldots) H = \bar{s}_1 \frac{\partial H}{\partial \bar{s}_2} \ \Big| \ (D_v + D_w + \ldots) H = \bar{s}_2 \frac{\partial H}{\partial \bar{s}_1}.$$

Da diese Gleichungen in den Coefficienten identisch erfüllt sein müssen, so gelten sie auch ohne die Einschränkung $f = 1$.

(14.) *Somit sind die Cayley-Aronhold'schen Differentialgleichungen in der That eine Folge des Satzes (7.) und der Gleichungen § 3 (12.).*

Da $\tau = \frac{n-1}{2} (aa')^2\, a_t^{n-2}\, a_{t'}^{n-2}$ das Gewicht 2 hat und das Differenziren nach ω_t vermöge (10.) das Gewicht um 1 erhöht, so ist τ' vom Gewichte 3, τ'' vom Gewichte 4, u. s. w. In diesem Sinne sind dann die Ausdrücke $U_\nu^{(m)}, V_\nu^{(m)}$ der früheren §§ isobar.

Aus (3.) und § 3, (15.) folgt dann:

(15.) *Die Derivirte $\tau^{(\nu-2)}$ ist vom Gewichte ν, in f vom Grade ν und in t_1, t_2 von der Ordnung $\nu\,(n-2)$.*

Ein in $\tau, \tau', \tau'', \ldots$ isobarer Ausdruck ist daher in den Coefficienten von f homogen und in t_1, t_2 ebenfalls.

Nach § 3, (4.) kommt aber das Differenziren nach ω_l einer Ueberschiebung über f gleich. Folglich ist $\tau^{(r-2)}$ eine Covariante und r ihr Gewicht. Daraus schliessen wir:

(16.) *Jeder in $\tau, \tau', \tau'', \ldots$ isobare Ausdruck, der nur mittels der $\tau, \tau', \tau'', \ldots$ von t_1, t_2 abhängt, ist eine Covariante von f $a_l^n = 1$; Gewicht von $\tau^{(r)}$ gleich $r+2$ gesetzt.*

Denn covariant in jenem weiteren Sinne, bei Transformationen sich nur um einen Faktor zu ändern, ist der Ausdruck schon wegen der Isobarie, da $\tau^{(r)}$ den Faktor t^{r+2} ausscheidet, wenn $\varDelta$ die Determinante der Transformation ist; und homogen in t_1, t_2 und den Coefficienten von f ist der Ausdruck vermöge der obigen Bemerkungen über Grad und Ordnung von $\tau^{(r-2)}$.

(17.) *Jede mittelst $\tau, \tau', \tau'', \tau''', \ldots$ dargestellte Invariante von f genügt der Differentialgleichung*

$$\sum \tau^{(r+1)} \frac{\partial}{\partial \tau^{(r)}} = 0.$$

Denn sie genügt auch der Gleichung $\frac{d}{d\omega_l} = 0$.

Ganz analoge Ueberlegungen führen zu dem Satze:

(18.) *Jeder in $\tau, \tau', \tau'', \ldots; q, q', q'', \ldots; \psi, \psi', \psi'', \ldots$ isobare und in den $q, \psi, \ldots$, homogene Ausdruck, dessen Coefficienten von t_1, t_2 unabhängig sind, ist eine Covariante; das Gewicht von $q^{(r)}$ wird dabei nach § 3, (16.) gleich r angesetzt.*

Ordnung und Grade dieser Covarianten wären leicht auszurechnen.

§ 7.

Invarianten und Covarianten als integrirende Faktoren von $U_{n+1} = 0$, $V_{h+1} = 0$.
Die Sylvester'schen „Keime" (germs).

Die Hesse'sche Covariante τ sowie jede beliebige Binärform $q = q_l^h$ der h^{ten} Ordnung auf $f = 1$ genügen, wie wir nun wiederholt gesehen haben, den Differentialgleichungen

$$U_{n+1}(\tau) = 0, \quad V_{h+1}(q) = 0$$

41*

des § 3, (17.), deren Bedeutung für die Invariantentheorie wir weiter untersuchen wollen. Man übersieht ohne Weiteres:

(1.) *Jede Invariante von $a_t{}^n$ liefert, durch $\tau, \tau', \tau'', \ldots, \tau^{(n-2)}$ dargestellt* [§ 5, (1.)], *eine Integralgleichung von $U_{n+1}(\tau) = 0$.*

(2.) *Jede Syzygie der Invarianten und Covarianten von f ist eine Integralgleichung von $U_{n+1}(\tau) = 0$, wenn man die darin vorkommenden Covarianten durch $\tau, \tau', \tau'', \ldots, \tau^{(n-2)}$, die Invarianten aber durch die Coefficienten von f ausdrückt.*

Würde man auch die Invarianten der Syzygie durch $\tau, \tau', \tau'', \ldots, \tau^{(n-2)}$ darstellen, so müssten sich alle Glieder identisch fortheben, da unter Voraussetzung allgemeiner Coefficienten von f zwischen den $\tau, \tau', \tau'', \ldots, \tau^{(n-2)}$ keine isobare, d. h. [nach § 6, (16.)] invariante Beziehung bestehen kann. Für die Differentialgleichung $V_{h+1}(q) = 0$ gelten ganz ähnlich lautende Sätze.

Sind die Coefficienten von f nicht speciell gewählt, so hat f stets $(n-2)$ Invarianten, zwischen denen keine rationale Beziehung besteht. Stellt man nun diese Invarianten $J_1, J_2, \ldots, J_{n-2}$ mittelst $\tau, \tau', \ldots, \tau^{(n-2)}$ dar [§ 5, (1.)], so kann man aus diesen $n-2$ Gleichungen $\tau'', \tau''', \ldots, \tau^{(n-2)}$ eliminiren und erhält dann eine Gleichung zwischen τ, τ' und $J_1, J_2, \ldots, J_{n-2}$, d. h.

(3.) *Die Gleichung $U_{n+1}(\tau)$ kann mit Hilfe der Invariantentheorie so oft integrirt werden, dass die resultirende Integralgleichung*

$$F(\tau, \tau' \mid J_1, J_2, \ldots, J_{n-2}) = 0$$

nur noch von der ersten Ordnung ist.

Sie wird aber i. A. nicht linear sein. Diese Gleichung $F = 0$ kann in gewissem Sinne als eine Normalform der Grundgleichung $a_t{}^n$ gelten, indem sie nur von den Invarianten von f abhängt und als Definitionsgleichung der Klasse $f = 1$ dienen kann. Man hat dann

(4.) $$\omega_t = \int s^{-1}\, d\tau,$$

wo $F(\tau, s \mid J_1, J_2, \ldots, J_{n-2}) = 0$, also $s = \dfrac{d\tau}{d\omega_t}$.

Die Differentialgleichung $U_{n+1} = 0$ ist also mit algebraischen Hilfsmitteln nach der willkürlichen Veränderlichen ω_t auflösbar.

Diese Normalform des algebraischen Gebildes $f = 1$ ist aufs engste verwandt mit derjenigen, welche Christoffel für die allgemeinen algebraischen Klassen angegeben hat,[1]) ohne jedoch damit identisch zu sein. Indessen könnte man eine Reihe von Resultaten der Christoffel'schen Arbeit auf die Gleichung $F = 0$ übertragen. So übersieht man z. B., dass die Gleichung $F = 0$, nach Potenzen von s entwickelt, die erste Potenz von s nicht enthalten wird.[2])   Die allgemeine Lösung von $U_{n+1}(\tau) = 0$ ergiebt sich aus der besonderen (4.) offenbar, wenn man in der Gleichung $F = 0$ die Grössen $J_0, J_2, \ldots J_{n-2}$ unbestimmt lässt und berücksichtigt, dass ω noch eine willkürliche Integrationskonstante enthält.

Eine eigenartige Definition der Invarianten von f erhält man vermöge § 6, (6.) und (16.) durch Umkehrung des Satzes § 6, (17):

(5.) *Jeder in $\tau, \tau', \tau'', \ldots, \tau^{(n-2)}$ isobare ganzrationale Ausdruck, welcher*

der Gleichung $\displaystyle\sum_{r=0}^{n-2} \tau^{(r+1)} \frac{\partial}{\partial \tau^{(r)}} = 0$ *genügt, ist eine Invariante.*

Ebenso lässt sich § 6 (18.) umkehren. So erhalten wir demnach die Invarianten von f bald als Integrationskonstanten der Differentialgleichung $U_{n+1}(\tau) = 0$, bald als isobare Lösungen der Gleichung (5.) $\displaystyle\sum_{r=0}^{n-2} \tau^{(r+1)} \frac{\partial}{\partial \tau^{(r)}} = 0$; schliesslich auch, wie wir nun zeigen wollen, als integrirende Faktoren von $U_{n+1}(\tau) = 0$.

Ist nämlich φ irgend eine in den Variabeln t_0, t_2 geschriebene oder mittels $U_2, U_3, \ldots, U_n$ dargestellte Covariante von f, so ist:

$$\frac{d\varphi}{d\omega_t} = \sum_{r=2}^{n} \frac{\partial\varphi}{\partial U_r} U_r = \sum_{r=2}^{n} \frac{\partial\varphi}{\partial U_r} U_{r+1} - \tau \sum_{r=2}^{n} \frac{\partial\varphi}{\partial U_r} r(n-r+1) U_{r-1}$$

$$\frac{\partial\varphi}{\partial U_n} \cdot U_{n+1} + \Omega(U_2, U_3, \ldots, U_n),$$

wo Ω das Glied U_{n+1} nicht enthält. Da $U_{n+1} = 0$, so ist $\dfrac{d\varphi}{d\omega_t} = \Omega$. Wenn man also eine beliebige Covariante φ differenzirt, so bleibt schliesslich $\dfrac{\partial\varphi}{\partial U_n} \cdot U_{n+1} = 0$ übrig; dann ist $\dfrac{\partial\varphi}{\partial U_n}$ ein integrirender Faktor von $U_{n+1} = 0$, und $\varphi = \varphi(U_2, U_3, \ldots, U_n)$ das Integral unter der Voraussetzung, dass

[1]) E. B. Christoffel, Ueber die kanonische Form der Riemann'schen Integrale 1. Gattung. Annali di Mat., Ser. 2, t. IX. 240—301.

[2]) cfr. Raffy, Annales de l'Ecole Normale, Sér. 2, t. 12, (1883).

$\frac{d\Phi}{d\omega}$ 0, also auch Ω 0 ist; denn aus $\frac{\partial\Phi}{\partial U_n}U_{n+1}=0$ folgt jetzt, indem man noch das identisch verschwindende Ω zufügt: $\frac{\partial\Phi}{\partial U_n}U_{n+1}+\Omega=0$; das ist aber nach dem Vorangegangenen die Derivirte von Φ, und $\Phi(U_0\ldots, U_n)=$ const. das Integral. Die Voraussetzung $\frac{d\Phi}{d\omega}=0$ hat nach § 6, (6.) die Bedeutung, dass Φ speciell eine Invariante ist; $\frac{\partial\Phi}{\partial U_n}$ ist nach demselben Satze eine Covariante, und zwar die Evektante von Φ. Denn, mit Variabeln ξ_1, ξ_1 geschrieben, würde die Evektante $E(\Phi)$ von Φ lauten:[1])

$$E_{\xi}(\Phi) \quad \sum_{\nu\,0}^{n}\frac{\partial\Phi}{\partial u_\nu}(-1)^\nu \xi_1{}^\nu \xi_2{}^{n-\nu},$$

ihr Leitglied ist demnach $(-1)^n\frac{\partial\Phi}{\partial u_n} \cdot (-1)^n n! \frac{\partial\Phi}{\partial U_n}$, und in Variabeln t_1, t_2 lautet die Evektante:

$$E_t(\Phi) = \frac{\partial\Phi}{\partial U_n},$$

indem wir vom Zahlenfaktor absehen. Es ist auch:

$$\frac{\partial\Phi}{\partial\tau^{(n-2)}} \quad \frac{\partial\Phi}{\partial U_n}\cdot\frac{\partial U_n}{\partial\tau^{(n-2)}} + \frac{\partial\Phi}{\partial U_{n-1}}\cdot\frac{\partial U_{n-1}}{\partial\tau^{(n-2)}} + \cdots \quad \frac{\partial\Phi}{\partial U_n},$$

indem $\tau^{(n-2)}$ in U_{n-1}, U_{n-2}, ... nach § 3, (15.) nicht vorkommt und $\frac{\partial U_n}{\partial\tau^{(n-2)}}=1$ ist. So folgt:

(6.) *Die erste Evektante jeder beliebigen Invariante von f ist ein integrirender Factor der Differentialgleichung* $U_{n+1}=0$.

(7.) *Stellt man eine Invariante J mittelst der U_ν, oder der u_ν, oder der $\tau^{(\nu)}$ dar, so erhält man ihre Evektante, indem man die entstandenen Ausdrücke bezw. nach U_n, u_n oder $\tau^{(n-2)}$ differenzirt:*

$$E(J) = \frac{\partial J}{\partial U_n} \quad \frac{\partial J}{\partial\tau^{(n-2)}} \quad \frac{1}{n!}\frac{\partial J}{\partial u_\nu}.$$

Man findet ebenso:

(8.) *Die erste Evektante jeder Invariante J von φ ist ein integrirender Faktor von $V_{h+1}(\eta)=0$ und wird erhalten durch die Operationen:*

---

[1]) Faa di Bruno-Walter, Einl. i. d. Theorie d. bin. Formen, § 15, 7.

$$E(J) = \frac{\partial J}{\partial V_k} - \frac{\partial J}{\partial q^{(k)}} = \frac{1}{k!} \frac{\partial J}{\partial c_k}.$$

Es giebt noch andere Systeme integrirender Faktoren, doch würde die Herleitung zu weitschweifig sein. — Der Process der Evektantenbildung ist übrigens nicht nur auf Invarianten anwendbar, man beweist vielmehr leicht:

(9.) *Die Evektante einer Covariante von q ist die Derivirte der Covariante nach c_k.*

Durch wiederholte Anwendung dieses Verfahrens erhält man so zu jeder Invariante oder Covariante eine schliesslich einmal abbrechende Reihe von Evectanten; die letzte ist der Faktor der höchsten Potenz von c_k.

Das ist aber der Sylvester'sche[1] „germ" der Covariante C, und somit steht die Integration von $V_{k+1} = 0$ im engsten Zusammenhang mit der Lehre Sylvester's von den germs oder „Keimen" der Covarianten, d. h. den kleinsten, einfachsten Elementen, aus denen man die Covariante noch eindeutig reproduciren kann. Sylvester operirt allerdings nicht mit Schwesterformen, sondern mit Seminvarianten der Coefficienten der Urform. Doch sind die mittels der Schwesterformen dargestellten Covarianten in dieser Darstellungform ja auch Seminvarianten. Die Sylvester'sche Theorie wird demnach auf $f = 1$ sehr klar und anschaulich. Schliesslich noch ein Beispiel. Im Falle $q = q_1$, $h = 2$ bilden wir die Invariante $D = (qq')^2$. Nach § 3, (2.) ist $(ll') = -1$, also:

$$D = (qq')^2 (ll')^2 = (q_1 q'_{1'} - q_{1'} q'_1)^2 = 2\left(q - q_1 l^2 - \frac{1}{2}\frac{dq}{d\omega_1} \cdot \frac{1}{2}\frac{dq}{d\omega_1}\right)$$

$$= qq'' - \frac{1}{2}q'^2 + 2\tau q^2, \quad 2D = 2qq'' - q'^2 + 4\tau q^2.$$

Daraus durch Differentiation:

(10.) $$2q\,(q''' + 2\tau' q + 4\tau q') = 0,$$

in Uebereinstimmung mit $V_4 = 0$ für $h = 2$, § 3, (16.).

Nun ist aber $D = 2(c_0 c_2 - c_1^2)$, und die Evectante hiervon $\frac{\partial D}{\partial c_2} = 2c_0 = 2q$, wie es nach (10.) sein muss.[2]

---

[1] Die Litteratur darüber (s. b. Fr. Meyer, Bericht etc. Jahresbericht d. D. Math.-Vereinigung, Bd. I, Seite 246—247) war mir nicht zugänglich.

[2] Wie zu § 3, (17.) bereits angemerkt, rührt die Differentialgleichung $q''' + 2\tau' q + 4\tau q' = 0$ von Herrn Christoffel her, dem ich auch die Kenntniss ihres integrirenden Faktors verdanke. In ganz anderem Zusammenhange tritt diese Gleichung übrigens zuerst bei Lie, bezw. Engel auf, Math. Ann. 27, Seite 26.

§ 8.
Beziehungen zu den Reziprokanten und Differentialinvarianten.

Unter den Funktionen auf $a_x^n = 1$ sind diejenigen von ganz besonderem Interesse, welche in x_1, x_2 homogen zur Dimension null sind und folglich von der Einschränkung der x_1, x_2 durch $a_n^x = 1$ nicht berührt werden; es sind also rationale Funktionen der ursprünglichen Veränderlichen $x = \dfrac{x_1}{x_2}$ des § 1, (2.). Wir wollen hier die Differentialgleichungen aufsuchen, denen diese Formen als Funktionen von $\omega_x = -\int (x dx)$ genügen.

$$\text{I. } \textit{Die Form } \zeta = \frac{\alpha}{\beta} \frac{u_x}{\beta_x}; \; \alpha, \beta \textit{ linear.}$$

Nach § 3, (6.) ist, wenn wir die Derivirten nach ω mit Accenten andeuten:

(1.) $\qquad \alpha'' + \alpha z = 0 \mid \beta'' + \beta z = 0$, wenn

(2.) $\qquad z = \dfrac{n-1}{2} (\alpha \alpha')^2 \, a_x^{n-2} \, a_x^{m-2},$

und die simultane Invariante von α, β ist:

(3.) $\qquad D = (\alpha \beta) = -(\alpha \beta)(\alpha x) = -\alpha_x \beta_{x'} + \alpha_{x'} \beta_x = -\beta' \alpha + \alpha' \beta.$

Um eine Differentialgleichung von ζ zu bekommen, hat man offenbar eine hinreichende Reihe von Derivirten von ζ zu bilden und α, β daraus zu eliminiren. Es ist:

a) $\qquad \zeta' = \dfrac{\beta \alpha' - \alpha \beta'}{\beta^2} = \dfrac{D}{\beta^2},$

b) $\qquad \zeta'' = -2\zeta' \cdot \dfrac{\beta'}{\beta} \mid \zeta''' = -2\zeta'' \dfrac{\beta'}{\beta} - 2\zeta' \dfrac{\beta''}{\beta} + 2\zeta' \left(\dfrac{\beta'}{\beta}\right)^2$

oder nach (1.) und b):

c) $\qquad \zeta''' + 2\zeta' \cdot \dfrac{1}{2}\dfrac{\zeta''}{\zeta'} z + 2\zeta' z + 2\zeta' \cdot \dfrac{1}{4}\dfrac{\zeta''^2}{\zeta'^2} = \dfrac{3}{2}\dfrac{\zeta''^2}{\zeta'} + 2\zeta' z$

also:

(4.) $\qquad 2z = \dfrac{\zeta'''}{\zeta'} - \dfrac{3}{2}\left(\dfrac{\zeta''}{\zeta'}\right)^2 = [\zeta]_\omega,$

wo allgemein

(5.) $\qquad [y]_x = \dfrac{d^3y}{dx^3} - \dfrac{3}{2}\left|\dfrac{\dfrac{d^2y}{dx^2}}{\dfrac{dy}{dx}}\right|^2$

die Schwarz'sche Differentialinvariante[1]) bedeutet, die den Ausgangspunkt der Sylvester'schen Reciprokantentheorie[2]) bildet. Bekanntlich ist:

$$(6.) \qquad [x]_y = -\left[\frac{dx}{dy}\right]^2 [y]_x, \text{ also}$$

$$(7.) \qquad 2z = [z]_\omega = -\left[\frac{dz}{d\omega}\right]^2 [\omega]_z = -\frac{[\omega]_z}{\left(\frac{d\omega}{dz}\right)^2},$$

Die bekannte Beziehung

$$(8.) \qquad [y]_x = \begin{bmatrix} p_1\,y + q_1 \\ p_2\,y + q_2 \end{bmatrix}_x, \text{ wenn } (pq) \neq 0,$$

lässt sich auf folgende einfache Weise ableiten: Die Grösse $z = \dfrac{u}{v}$ hängt mit jeder analog gebildeten $\vartheta = \dfrac{u}{v} = \dfrac{u_x}{v_x}$, für welche $(uv) \neq 0$, durch eine Substitution 1. Ordnung $\vartheta = \dfrac{p_1\,z + q_1}{p_2\,z + q_2}$, $(pq) \neq 0$ zusammen, denn es ist:

$$(uq)\,u_x = (u_2)\,a_x - (p a)\,b_x + (u_3)\,r_x = (r_3)\,a_x - (r a)\,b_x,$$

woraus folgt:

$$\vartheta = \frac{p_x}{r_x} = \frac{(u_3)\,z - (p a)}{(u_3)\,z - (r a)}.$$

Umgekehrt liefert die Substitution $\vartheta = (p_1\,z + q_1) : (p_2\,z + q_2)$, wenn man $z = \dfrac{u}{v}$ einsetzt, für ϑ den Quotienten zweier Linearformen, und dabei ist $(pq) = -(u_3)\,(r a) + (p a)\,(r_3) = (p r)\,(u_3) \neq 0.$

Da nun $2z = [\vartheta]_\omega$, so ist:

$$(9.) \qquad 2z = [z]_\omega = \begin{bmatrix} p_1\,z + q_1 \\ p_2\,z + q_2 \end{bmatrix}_\omega, \text{ wenn } (pq) \neq 0,$$

womit auch (8.) bewiesen ist.

Durch die Formel (9.) gewinnen wir Anschluss an die Gruppentheorie, insbesondere an die Untersuchung von Lie über die „*Klassifikation und Integration von gewöhnlichen Differentialgleichungen, die eine Gruppe von Transformationen gestatten*, Math. Ann. 32, Seite 213—281, worauf wir hier nur verweisen wollen. Durch (7.) ist z als Reciprokant definirt; die Formenreihe $z, z', z'', \ldots$ ist also auf das Innigste verknüpft mit den Untersuchungen

---

[1]) Journ. f. Math. 75, 300. Das Symbol $[y]_x$ stammt übrigens von Klein.
[2]) Comptes rendus: (CI, p. 1042—1045, 1110—1111, 1225—1229, 1460—1464.

Sylvester's und Halphen's über Reciprokanten und Differentialinvarianten.[1] Es würde zu weit führen, darauf näher einzugehen.

Da die Formen $z, z', z'', \ldots, z^{(n-2)}$ nach § 5, (1.) ein associirtes System bilden, so schliessen wir aus (7.):

(10.) *Die Derivirten*

$$\begin{cases} \omega', \omega'', \omega''', \ldots, \omega^{(n+1)} \ von \ \omega \ nach \ \zeta \\ z, \zeta'', \zeta''', \ldots, \zeta^{(n+1)} \ - \ \zeta \ - \ \omega \end{cases}$$

bilden ein System associirter Formen von $f(x) = a_x^n = 1$, *und zwar lässt sich jede Covariante und Invariante von* f, *mit einer passenden Potenz von* $\begin{cases} \omega' \\ \zeta' \end{cases}$ *multiplicirt, als rationale ganze Funktion von* $\begin{cases} \omega', \omega'' \cdots \\ \zeta', \zeta'' \cdots \end{cases}$ *darstellen;*

$$\omega = -\int (x dx) \mid \zeta = \frac{a_x}{a_x}, \ (a \beta) \div 0 \mid a_x^n = 1.$$

II. *Die Form* $y = \frac{\varphi}{\psi} = \frac{\varphi_x^2}{\psi_x^2}$; φ, ψ *quadratisch.*

Sind φ, ψ zwei quadratische Formen mit den Invarianten

(11.) $D_{\varphi\varphi} = [\varphi, \varphi]_2, \ D_{\varphi\psi} = [\varphi, \psi]_2, \ D_{\psi\psi} = [\psi, \psi]_2,$

so ist das Quadrat der Funktionaldeterminante bekanntlich:

(12.) $[\varphi, \psi]_1^2 = -\frac{1}{2} \left\{ D_{\varphi\varphi} \cdot \psi^2 - 2D_{\varphi\psi} \ \varphi\psi + D_{\psi\psi} \cdot \varphi^2 \right\}.$

Aber da $(xx') = -1$ ist [§ 2, (2)]:

$[\varphi, \psi]_1 = (\varphi\psi) \varphi_x \psi_x = -(\varphi\psi)(xx') \varphi_x \psi_x = -[\varphi_x \psi_{x'} - \psi_x \varphi_{x'}] \varphi_x \psi_x =$

$\psi \cdot \varphi_x \varphi_{x'} - \varphi \cdot \psi_x \psi_{x'} = \frac{1}{2} (\psi\varphi' - \varphi\psi'),$ wo $\varphi' = \frac{d\varphi}{d\omega}, \ \psi' = \frac{d\psi}{d\omega}.$

Nun ist $y = \frac{\varphi}{\psi}, \ y' = \frac{\psi\varphi' - \varphi\psi'}{\psi^2} = 2\frac{[\varphi, \psi]_1}{\psi^2},$ also nach (12.):

(13.) $[\varphi, \psi]_1^2 = \frac{1}{4} \psi^4 y'^2 = -\frac{1}{2} \psi^2 \{ D_{\varphi\varphi} - 2D_{\varphi\psi} \cdot y + D_{\psi\psi} \cdot y^2 \}$ oder

(14.) $\psi^2 y'^2 = -2 \{ D_{\varphi\varphi} - 2D_{\varphi\psi} y + D_{\psi\psi} y^2 \},$

eine Gleichung, die nebenbei die Auswerthung des Integrals $\int \frac{d\omega}{\psi}$ ermöglicht, denn:

(15.) $Q \equiv \int \frac{d\omega}{\psi} = \int \frac{dy}{\sqrt{-2 \{ D_{\varphi\varphi} - 2D_{\varphi\psi} y + D_{\psi\psi} y^2 \}}}.$

[1] Fr. Meyer, l. c.

Nach (14.) lässt sich ψ durch y und y' ausdrücken; daraus erhält man dann auch ψ' und ψ'', dargestellt durch y und seine Derivirten. Setzt man diese Ausdrücke ein in[1])

(16.) $2\,D_{\psi\psi}\quad 2\,\psi\psi'' - \psi'^2 + 4\,\psi^2\,z,$

so resultirt nach etwas umständlicher Rechnung:

(17.) $\begin{cases} 3R_{q\psi}\left(\dfrac{dy}{d\omega}\right)^2 = 2\,\{D_{qq} - 2D_{q\psi}\,y + D_{\psi\psi}\,y^2\}^2 \cdot \{[y]_\omega - 2z\} \\ wo\ R_{q\psi} = D_{qq}\,D_{\psi\psi} - D_{q\psi}^2\ die\ Resultante\ von\ q\ und\ \psi. \end{cases}$

Gemäss dieser merkwürdigen Differentialgleichung kann man das Integral:

(18.) $\int \sqrt[3]{2\,\{[y]_\omega - 2z\}}\,d\omega = \sqrt[3]{3R_{q\psi}}\displaystyle\int \dfrac{dy}{D_{qq} - 2D_{q\psi}\,y + D_{\psi\psi}\,y^2}$

durch Logarithmen auswerthen.

Durch Vergleichung von (14.) und (17.) kommt:

(19.) $6R_{q\psi} = \psi^4\,y'^2\,\{[y]_\omega - 2z\}.$

Substituirt man in (16.): $\psi = \dfrac{1}{\theta}$, so folgt:

(20.) $\theta^2\,D_{\psi\psi} + \dfrac{\theta''}{\theta} - \dfrac{3}{2}\left(\dfrac{\theta'}{\theta}\right)^2 = 2z.$

Nach (15.) ist aber: $Q' = \dfrac{dQ}{d\omega} = \dfrac{1}{\psi} = \theta$, daher nach (20.)

(21.) $Q'^2 \cdot D_{\psi\psi} + [Q]_\omega = 2z,\quad Q = \displaystyle\int \dfrac{d\omega}{\psi},$

oder nach (6.)

(22.) $D_{\psi\psi} - [\omega]_Q = 2z\left(\dfrac{d\omega}{dQ}\right)^2.$

Man würde nun in ähnlicher Weise den Quotienten zweier kubischen Formen in Angriff zu nehmen haben, dann biquadratische Quotienten u. s. w. Die Rechnungen werden aber immer verwickelter, und es lässt sich auch der tiefere Grund dieser Thatsache einsehen. Wenn nämlich die beiden quadratischen Formen q, ψ einen Linearfaktor gemeinsam haben, so ist $y = \dfrac{q}{\psi}$ in Wirklichkeit vom Charakter des linearen Quotienten $\xi = \dfrac{u_c}{l_c}$, und es muss $[y]_\omega - 2z = 0$ werden, wie in (4.) $[\xi]_\omega - 2z = 0$ war. Das ist aber, da $R_{q\psi}$ als Resultante nunmehr verschwindet, nach (17.) thatsächlich der

[1]) Vergl. § 7 am Ende.

42*

Fall. Diese Schlussweise gilt offenbar auch für den Quotienten $y_\nu = \dfrac{b_x^\nu}{k_x^\nu}$ zweier Formen ν^{ter} Ordnung. Wenn die Resultante von h und k verschwindet, muss die Differentialgleichung für y übergehen in die eines Quotienten $y_{\nu-1}$ zweier Formen $\nu-1^{\text{ter}}$ Ordnung. Mithin muss die Differentialgleichung für y_ν die Resultante von h und k enthalten, und die Ermittelung dieser Gleichung ist wesentlich von gleicher Schwierigkeit wie das Problem der Resultantenbildung von h, k in invarianter Gestalt.

III. *Ausarbeitung der Gleichung* $2z = |\zeta|_\omega$ *aus* (9).

Diese Differentialgleichung leidet noch an dem Mangel, dass sie die Hesse'sche Covariante

$$2z = (n-1)\,(aa')^2\,a_x^{n-2}\,a_x'^{n-2}, \quad |a_x^n = a_x'^n = 1]$$

als Funktion von a_1, a_2, nicht von ζ enthält. Um diese Form als Funktion von ζ darzustellen, geht man am einfachsten aus von der Identität

$$(a,\beta)\,a_x + (\beta a)\,a_x + (aa)\,\beta_x = 0, \text{ woraus für } (a\beta) = D \text{ folgt:}$$

$$D a_x = (a,\beta)a - (aa)\,\beta = \beta\,[(a,\beta)\,\zeta - (aa)]$$

in der Bezeichnungsweise des Abschnittes 1 dieses Paragraphen. Daher

(23.) $$D^n = D^n\,a_x^n = \sum_{\nu=0}^{\nu=n} (-1)^\nu \binom{n}{\nu}\,A_\nu\,\zeta^{n-\nu}\cdot\beta^n, \text{ wo } A_\nu = (aa)^\nu\,(a\beta)^{n-\nu}.$$

Schreibt man

(24.) $$\sum_{\nu=0}^{\nu=n} (-1)^\nu \binom{n}{\nu}\,A_\nu\,\zeta^{n-\nu} = F(\zeta), \text{ wo } A_\nu = (aa)^\nu\,(a\beta)^{n-\nu},$$

so ist: $D^n = F(\zeta)\cdot\beta^n$, also durch Differenziren nach ω:

$$0 = F(\zeta)\,\zeta'\,\beta^n + F(\zeta)\,n\beta^{n-1}\,\beta', \quad 0 = F(\zeta)\,\zeta' + n\,\frac{\beta'}{\beta}\,F(\zeta);$$

nach (3)b ist $\dfrac{\beta'}{\beta} = -\dfrac{1}{2}\cdot\dfrac{\zeta''}{\zeta'}$, also: $0 = F(\zeta)\,\zeta' - \dfrac{n}{2}\,\dfrac{\zeta''}{\zeta'}\,F(\zeta)$ oder

$$n\frac{\zeta''}{\zeta'} = 2\cdot\zeta'^2\,\frac{F'}{F}, \text{ folglich } n\frac{\zeta'''}{\zeta'} = 4\zeta'\,\zeta''\,\frac{F'}{F} + 2\zeta'^3\,\frac{F''}{F} - 2\zeta'^3\left(\frac{F'}{F}\right)^2$$

$$= 4\zeta'\,\frac{2}{n}\,\zeta'^2\left(\frac{F'}{F}\right)^2 + 2\zeta'^3\,\frac{F''}{F} - 2\zeta'^3\left(\frac{F'}{F}\right)^2, \text{ demnach}$$

$$n^2\,|\zeta|_\omega = n^2\left\{\frac{\zeta'''}{\zeta'} - \frac{3}{2}\left(\frac{\zeta''}{\zeta'}\right)^2\right\} = (8-2n)\,\zeta'^2\left(\frac{F'}{F}\right)^2 + 2n\,\zeta'^2\,\frac{F''}{F} - \frac{3}{2}\cdot 4\zeta'^2\left(\frac{F'}{F}\right)^2$$

$$= 2\zeta'^2\left\{n\,\frac{F''}{F} - (n-1)\,\frac{F'^2}{F^2}\right\}.$$

Setzt man noch $F'(\zeta) = u F_1(\zeta)$, $F''(\zeta) = u(u-1) F_2(\zeta)$, so wird:

$$u^2 [\zeta]_\omega = 2u^2 (u-1) \zeta^2 \cdot \frac{F F_2 - F_1^2}{F^2}.$$

Das giebt: $2z = [\zeta]_\omega = 2(u-1) \zeta^2 \cdot \frac{F F_2 - F_1^2}{F^2}$ als Gleichung für ζ. Dazu nehmen wir noch aus der vorstehenden Ableitung: $u \zeta'' = 2 \zeta'^2 \cdot \frac{F'}{F}$. So folgt:

Die Grösse $\zeta = \frac{a_1}{a_x}$ *genügt als Function von* $\omega = -f(\omega z)$ *auf* $a_j^m = 1$ *den Differentialgleichungen*

$$(25.) \qquad \frac{d^2 \zeta}{d\omega^2} \cdot F(\zeta) - 2 \left(\frac{d\zeta}{d\omega}\right)^2 F_1(\zeta) = 0$$

und

$$(26.) \qquad [\zeta]_\omega = 2(u-1) \left(\frac{d\zeta}{d\omega}\right)^2 \cdot \frac{F(\zeta) F_2(\zeta) - (F_1(\zeta))^2}{(F(\zeta))^2}$$

während umgekehrt ω *als Function von* ζ *nach* (7.) *die Differentialgleichung*

$$(27.) \qquad [\omega]_\zeta + 2(u-1) \frac{F(\zeta) F_2(\zeta) - (F_1(\zeta))^2}{F^2(\zeta)}$$

erfüllt. Dabei ist

$$(28.) \qquad [\zeta]_\omega = 2z \quad \text{und} \quad u F_1(\zeta) = F'(\zeta), \quad u(u-1) F_2(\zeta) = F''(\zeta).$$

Der Zähler des zweiten Gliedes in (27.) ist die Hesse'sche Covariante von F. Diese Gleichung spielt bekanntlich in der Theorie der automorphen Funktionen eine hervorragende Rolle[1] und lässt, wie von Klein gezeigt wurde[2], eine interessante Umformung zu. Zu dem Zwecke hat man zu setzen:

$$(29.) \qquad \omega = \frac{\Omega_1}{\Omega_2}, \quad \text{wo} \quad \Omega_1 = \omega \sqrt{\frac{d\zeta}{d\omega}}, \quad \Omega_2 = \sqrt{\frac{d\zeta}{d\omega}}.$$

Dann genügen Ω_1 und Ω_2, wie eine leichte Rechnung zeigt, der Gleichung $\frac{d^2\Omega}{d\zeta^2} + \frac{1}{2} \Omega [\omega]_\zeta = 0$. Nach (3.) a) ist $\frac{d\zeta}{d\omega} = \frac{D}{\mu}$, also $\Omega_1 = \frac{\omega}{\mu} \sqrt{D}$. $\Omega_2 = \frac{\sqrt{D}}{\mu}$. Setzt man in der Gleichung $\frac{d^2\Omega}{d\zeta^2} + \frac{1}{2} \Omega [\omega]_\zeta = 0$ für $[\omega]_\zeta$ den Werth aus (27.) ein, so folgt, da man die Lösungen Ω_1, Ω_2 superponiren darf:

---

[1] Cfr. die Arbeiten von Klein und Ritter, Math. Ann. 21 und 41.

[2] Vergl. insbesondere die autographirten Vorlesungen.

Die Functionen $\Omega_1 = \frac{\omega}{\vartheta_x}\sqrt{D}$ *und* $\Omega_2 = \frac{\sqrt{D}}{\vartheta_x}$ *sind Zweige einer „binären Functionenschaar"*

$$\Omega = c_1\,\Omega_1 + c_2\,\Omega_2 \ [c_1, c_2 \ const. \ nach \ \zeta],$$

welche der linearen Differentialgleichung

(30.) $$\frac{d^2\Omega}{d\zeta^2} = (n-1)\,\Omega\cdot\frac{F(\zeta)\,F_1(\zeta) - F_1{}^2(\zeta)}{F^2(\zeta)}$$

mit rationalen Coefficienten genügt.[1]

IV. Inhomogene Variabeln.

Unter den Funktionen der Klasse, welche durch $\zeta = \frac{a_x}{\vartheta_x}$ dargestellt werden, befindet sich auch $x = \frac{x_2}{x_1}$, also die nicht homogene Veränderliche, von der wir in § 1 ausgegangen sind. Daher gelten die für ζ aufgestellten Differentialgleichungen auch für x, wobei $F(\zeta)$ übergeht in unser ursprüngliches $f(x) = \sum \binom{n}{r} a_r\,x^{n-r}$ des § 1, (1.); für $\zeta = x$, also $a_1 = 1$, $a_2 = 0$, $\beta_1 = 0$, $\vartheta_2 = 1$ ist ferner $D = (a\beta) = 1$. Mit der ursprünglichen Veränderlichen x kommt natürlich auch wieder $s = \sqrt[n]{f(x)} = \frac{1}{x_1}$ in die Formeln. Wir nehmen daher Veranlassung, das allgemeinere

(31.) $$\sigma = \frac{1}{\vartheta_x}$$

heranzuziehen. Dann ist nach (1.)

(32.) $$z = \frac{\frac{d^2\zeta}{d\omega^2}}{\zeta} = \frac{\frac{d^2\sigma}{d\omega^2}}{\sigma} - 2\left(\frac{d\sigma}{d\omega}\right)^2 = \frac{\frac{d^2s}{d\omega^2}}{s} - 2\left(\frac{ds}{d\omega}\right)^2.$$

Da $z, z', \ldots, z^{(n-2)}$, oder in anderen Variabeln geschrieben, $\tau, \tau', \ldots, \tau^{(n-2)}$ ein System associirter Formen bilden, so folgt aus (32.):

Auf $a_x^n = 1$ *lassen sich alle Covarianten und Invarianten der Grundform* a_x^n, *mit einer passenden Potenz* σ *bezw.* s *multiplicirt als ganze Functionen von*

$$\sigma, \frac{d\sigma}{d\omega}, \frac{d^2\sigma}{d\omega^2}, \ldots, \frac{d^n\sigma}{d\omega^n} \ \text{bezw. von} \ s, \frac{ds}{d\omega}, \frac{d^2s}{d\omega^2}, \ldots, \frac{d^ns}{d\omega^n}$$

darstellen.

[1] Cfr. Ritter. Math. Ann. 41. p. 17 und des Weiteren Klein's autographirte Vorlesungen über Differentialgl. II. O.

Nun ist aber $\frac{d\xi}{d\omega} = \frac{D}{\beta^2} = D\sigma^2, \quad \frac{d\beta}{d\omega} = -\frac{\frac{d\sigma}{d\omega}}{\sigma^2} = -\frac{\frac{d\sigma}{d\xi}\frac{d\xi}{d\omega}}{\sigma^2}.$

$\frac{d^2\beta}{d\omega^2} = -\frac{\frac{d^2\sigma}{d\xi^2}\left(\frac{d\xi}{d\omega}\right)^2}{\sigma^2} + 2\frac{\left(\frac{d\sigma}{d\xi}\right)^2\left(\frac{d\xi}{d\omega}\right)^2}{\sigma^3} - \frac{\frac{d\sigma}{d\xi}\frac{d^2\xi}{d\omega^2}}{\sigma^2} = -D^2\sigma^2\frac{d^2\sigma}{d\xi^2},$ also:

$$(33.) \quad \begin{vmatrix} D\cdot\omega = \int\frac{d\xi}{\sigma^2}, \quad speciell: \omega = \int\frac{dx}{x^4}. \\ z = D^2\sigma^4\frac{d^2\sigma}{d\xi^2} = x^3\frac{d^2s}{dx^2}, \quad z = \frac{n-1}{2}(\sigma\sigma')^2\,\sigma_x^{n-2}\,\sigma_y^{n-2}. \end{vmatrix}$$

Die elegante Formel $z = x^3\frac{d^2s}{dx^2}$ rührt von Herrn Christoffel her, welcher sie durch direkte Rechnung mit der ursprünglichen unhomogenen Variabeln x ableitete. Sie diente dann ihrerseits zur Ableitung der Differentialgleichungen $F_i = o$, $F_k = o$ einer linearen und einer quadratischen Form von x_1, x_2, also, in unhomogenen Veränderlichen x, s ausgedrückt, von Funktionen der Form $\lambda = \frac{\lambda_1 x + \lambda_2}{s}$ und $q = \frac{a_0 x^2 + 2a_1 x + a_2}{s^2}$. Setzt man allgemein

$$q = \frac{a_0 x^h + \binom{h}{1} a_1 x^{h-1} + \cdots + a_h}{s^h} = \varphi_x^h,$$

so gründet sich das von Christoffel angegebene Verfahren darauf, dass: $\frac{d^{h+1}(x^h q)}{dx^{h+1}} = o$ ist. Die Umformung der so erhaltenen Differentialgleichung in eine andere mit der unabhängigen Veränderlichen ω erfolgt dann mit Hilfe der Beziehung $\frac{d}{d\omega} = x^2\frac{d}{dx}$, vergl. (33.). Der Zusammenhang der so resultirenden Gleichung $F_{h+1}(q) = o$ mit den Schwesterformen, sowie überhaupt der invariante Inhalt dieses Problems tritt bei dieser Methode nicht zu Tage. Dagegen ist es bei der oben gewählten Darstellungs-weise nicht ohne Reiz, dass sich schliesslich wieder die ursprüngliche schlichte Veränderliche x als zweckmässig erweist, und zwar auch vom Standpunkte der Invariantentheorie.

V. Eine formelle Eigenschaft der Reciprokante.

Zur Umformung von Reciprokantenausdrücken kann eine schöne Formel[1]) dienen, die wir nun ableiten wollen. Es bedeutet

---

[1]) Sie rührt, wie ich nachträglich bemerke, von Klein her, Autographirte Vorlesungen über Diffgl. II 6.

$$[y]_x = \frac{\dfrac{d^3y}{dx^3}}{\dfrac{dy}{dx}} - \frac{3}{2}\left|\frac{\dfrac{d^2y}{dx^2}}{\dfrac{dy}{dx}}\right|^2.$$

Wir betrachten nun y als Funktion einer Variabeln η, diese als abhängig von x. Dann ist:

$$\frac{dy}{dx} = \frac{dy}{d\eta} \cdot \frac{d\eta}{dx}$$

$$\frac{d^2y}{dx^2} = \frac{d^2y}{d\eta^2} \cdot \left(\frac{d\eta}{dx}\right)^2 + \frac{dy}{d\eta} \cdot \frac{d^2\eta}{dx^2}$$

$$\frac{d^3y}{dx^3} = \frac{d^3y}{d\eta^3} \cdot \left(\frac{d\eta}{dx}\right)^3 + 3\frac{d^2y}{d\eta^2} \cdot \frac{dy}{dx} \cdot \frac{d^2\eta}{dx^2} + \frac{dy}{d\eta} \cdot \frac{d^3\eta}{dx^3}$$

also:

$$[y]_x = \frac{\dfrac{d^3y}{d\eta^3}}{\dfrac{dy}{d\eta}} \cdot \left(\frac{d\eta}{dx}\right)^2 + 3\frac{\dfrac{d^2y}{d\eta^2}}{\dfrac{dy}{d\eta}} \cdot \frac{d^2\eta}{dx^2} + \frac{\dfrac{d^3\eta}{dx^3}}{\dfrac{d\eta}{dx}}$$

$$- \frac{3}{2} \cdot \left|\frac{\dfrac{d^2y}{d\eta^2}}{\dfrac{dy}{d\eta}}\right|^2 \cdot \left(\frac{d\eta}{dx}\right)^2 - 3\frac{\dfrac{d^2y}{dy^2}}{\dfrac{dy}{d\eta}} \cdot \frac{d^2\eta}{dx^2} - \frac{3}{2} \cdot \left|\frac{\dfrac{d^2\eta}{dx^2}}{\dfrac{d\eta}{dx}}\right|^2$$

$$[y]_\eta \left(\frac{d\eta}{dx}\right)^2 + [y]_x, \text{ also:}$$

(34.) $$[y]_x - [\eta]_x = [y]_\eta \cdot \left(\frac{d\eta}{dx}\right)^2$$

Das ist die gewünschte Formel. Zu ihrer Anwendung gehen wir aus von (9.) und (17.)

$$[z]_\omega = 2z, \ 3R_{q\psi}\left(\frac{dy}{d\omega}\right)^2 = 2P\{[y]_\omega - 2z\}, \text{ wo}$$

$$\Delta = D_{qq} - 2D_{q\psi} \, y + D_{\psi\psi} \, y^2.$$

Dann ist: $3R_{q\psi}\left(\frac{dy}{d\omega}\right)^2 = 2\Delta^2\{[y]_\omega - [z]_\omega\}$, also nach Formel (34.):

$$3R_{q\psi} \cdot \left(\frac{dy}{d\omega}\right)^2 = 2\Delta^2 [y]_z \left(\frac{dz}{d\omega}\right)^2, \text{ oder:}$$

(35.) $\left|\begin{array}{l} 3R_{q\psi}\left(\dfrac{dy}{dz}\right)^2 = 2\Delta^2 \cdot [y]_z, \text{ wo } z \text{ der Quotient zweier linearer, } y \text{ der} \\ \textit{Quotient zweier quadratischer Formen, und } \Delta = D_{qq} - 2D_{q\psi} \, y + \\ D_{\psi\psi} \, y^2 \textit{ ist.} \end{array}\right.$

Vermöge (6.) schliesst man daraus:

(36.) $\qquad 3R_{qr} = -2 \cdot \{ D_{qq} - 2D_{qr} \cdot y + D_{rr} \cdot y^2 \}^2 \cdot [z]_y$

Solcher Differentialgleichungen liessen sich noch viele ableiten.[1] Wir geben
nur noch — ohne Beweis — die folgende:

*Wenn y_1, y_2 und η_1, η_2 beliebige von x_1, x_2 unabhängige Grössen sind,
so genügt:*

(37.) $\qquad \theta \quad \begin{array}{cc} a_x^{n-1} & a_\eta \\ a_x^{n-1} & a_y \end{array}, \quad (a_x^n = 1)$

der Differentialgleichung:

(38.) $\quad \dfrac{d\theta}{d\omega} = 2 \cdot \dfrac{(y\eta)}{(a_x^{n-1} a_y)^2}, \; wo \; \omega \quad -\int(\omega d\tau),\; z = \dfrac{n-1}{2} (\omega')^2 a_\eta^{n-2} a_x^{n-2}.$

und

(39.) $\quad [\theta]_\omega \quad \dfrac{z''}{z} - \dfrac{3}{2}\left(\dfrac{z'}{z}\right)^2 + 2z, \; wo \; z' \cdot \dfrac{dz}{d\omega}, \; z'' \quad \dfrac{d^2z}{d\omega^2}.$

Man findet daraus nach (34.):

(40.) $\quad [\theta]_\chi \quad \dfrac{2}{z}, \; wo \; Z \quad \int z d\omega \qquad \dfrac{n-1}{2}\int(\omega')^2 a_x^{n-2} a_\eta^{n-2} (\omega d\tau).$

§ 9.
Beziehungen zu den Wurzelwerthen und den symmetrischen
Funktionen.

Es ist nach dem Vorangegangenen zu erwarten, dass auf dem binomischen Gebilde a_x^n 1 sich auch die Beziehungen zwischen den Covarianten und den Wurzelwerthen von a_x^n und ihren symmetrischen Funktionen
in besonders einfacher Form werden darstellen lassen. Vor allem interessant
sind die Eigenschaften der Wurzelwerthe der typisch dargestellten Formen,
bezüglich derer wir auf die schönen Untersuchungen von Kohn[2] verweisen
können. Im Folgenden wollen wir uns auf die Darlegungen beschränken,
welche nöthig sind, um an die genannten, von ganz anderem Standpunkte
aus unternommenen Untersuchungen Anschluss zu gewinnen.

[1] Ist H ein Quotient zweier ganzer Formen q, φ, so ist, wie sich leicht zeigen lässt
$[H]_\omega$ stets eine Covariante von q, φ und f 1.

[2] Berichte d. Wiener Akad., Juli u. Okt. 1891; cfr. Sylvester. Comptes rendus.
LXXXVI. 448—50; Am Journ. I, 118—124.

Ausser der Grundgleichung $f(x) = a_x^u - 1$ nehmen wir wieder die beliebige Grundform $q(x)$ des § 2, (1.) auf. Sei in Linearfaktoren zerlegt:

(1.)
$$\begin{cases} f(x) = (c_1\,x)\,(c_2\,x)\ldots(c_n\,x) - a_x^u = 1 \\ q(x) = (r_1\,x)\,(r_2\,x)\ldots(r_h\,x) = q_x^h. \end{cases}$$

Nach § 2 substituiren wir für x_1, x_2 die typischen Variabeln ξ_1, ξ_2:

(2.)
$$\begin{cases} \xi_1 = r_x \\ \xi_2 = (xt) \end{cases} \begin{vmatrix} \tau_1 = a_t^{u-1}\,a_1 \\ \tau_2 = a_t^{u-1}\,a_2 \end{vmatrix} \begin{vmatrix} x_1 = t_1\,\xi_1 + \tau_2\,\xi_2 \\ x_2 = t_2\,\xi_1 - \tau_1\,\xi_2 \end{vmatrix} \tau_t = a_t^u = 1.$$

Aus $f(t) = (c_1 t)\,(c_2 t)\ldots(c_n t) = 1$ folgt durch Polarenbildung:

(3.)
$$\begin{cases} u\,a_t^{u-1}\,a_x = \dfrac{(c_1 x)}{(c_1 t)} + \dfrac{(c_2 x)}{(c_2 t)} + \ldots + \dfrac{(c_n x)}{(c_n t)} = \sum_c \dfrac{(cx)}{(ct)}, \\ u\,r_x = u\,\xi_1 = \sum_c \dfrac{(cx)}{(ct)}, \end{cases}$$

wo die Summation über alle c zu erstrecken ist.

Vermöge (2.) ist:

(4.)
$$\begin{cases} (cx) = (ct)\,\xi_1 - \tau_c\,\xi_2 = (ct)\,.\,(\xi_1 - \iota\,\xi_2), & wo \; \iota = \dfrac{\tau_c}{(ct)} \\ (rx) = (rt)\,\xi_1 - \tau_r\,\xi_2 = (rt)\,.\,(\xi_1 - \varrho\,\xi_2), & wo \; \varrho = \dfrac{\tau_r}{(rt)} \end{cases}$$

Daher nach (1.):

$$f(x) = \underset{c}{H}(cx) = \underset{c}{H}(ct)\,.\,\underset{\iota}{H}(\xi_1 - \iota\,\xi_2) = f(t)\,.\,\underset{\iota}{H}(\xi_1 - \iota\,\xi_2)$$

$$q(x) = \underset{r}{H}(rx) = \underset{r}{H}(rt)\,.\,\underset{\varrho}{H}(\xi_1 - \varrho\,\xi_2) = q(t)\,.\,\underset{\varrho}{H}(\xi_1 - \varrho\,\xi_2),$$

oder, da $f(t) = 1$ ist:

(5.)
$$\begin{cases} f(x) = 1 = \underset{\iota}{H}(\xi_1 - \iota\,\xi_2) = (\xi_1 - \iota_1\,\xi_2)\,(\xi_1 - \iota_2\,\xi_2)\ldots(\xi_1 - \iota_n\,\xi_2) \\ q(x) = q(t)\,.\,\underset{\varrho}{H}(\xi_1 - \varrho\,\xi_2) = q(t)\,(\xi_1 - \varrho_1\,\xi_2)\,(\xi_1 - \varrho_2\,\xi_2)\ldots(\xi_1 - \varrho_h\,\xi_2). \end{cases}$$

Hält man hiergegen die Gleichungen § 2, (8.) und (9.), nämlich

(6.) $f(x) = 1 = \sum \binom{u}{v} u_v\,\xi_1^{u-v}\,\xi_2^v, \quad q(x) = \sum \binom{h}{v} c_v\,\xi_1^{h-v}\,\xi_2^v,$

so kann man die Schwesterformen u_v, c_v leicht durch die Wurzelwerthe $\iota_1, \iota_2, \ldots, \iota_n; \varrho_1, \varrho_2, \ldots, \varrho_h$ der nach (5.) typisch dargestellten Grundformen ausdrücken. Wir verzeichnen nur:

$$\iota_1 + \iota_2 + \ldots + \iota_n = 0, \quad - q(t)\,(\varrho_1 + \varrho_2 + \ldots + \varrho_h) = h\,v_1;$$

nach § 3, (13) ist: $r_1 = \dfrac{h!}{(h-1)!}$, $r_1 = h r_1 = \dfrac{dq(t)}{da_0}$, also:

(7.) $\displaystyle\sum_r \iota = 0,\quad \sum_\varrho \varrho = -\frac{q'}{q},\ \textit{wo}\ q = q(t),\ q' = \frac{dq}{da_0}.$

Um die Nullwerthe der typischen Grundformen durch die c bezw. r auszudrücken, combiniren wir (3.) und (4.):

$$u\tau_c = \sum_{\lambda=1}^u \frac{(c_\lambda r)}{(c_\lambda t)}\, t_\mu,\quad \frac{r_{c_\mu}}{(c_\mu t)} = \frac{1}{u}\frac{1}{(c_\mu t)}\sum_{\lambda=1}^u \frac{(c_\lambda c_\mu)}{(c_\lambda t)},$$

woraus:

(8.) $\begin{vmatrix} t_\mu = \dfrac{1}{u}\dfrac{1}{(c_\mu t)}\displaystyle\sum_{\lambda=1}^u \dfrac{(c_\lambda c_\mu)}{(c_\lambda t)} & \text{und ebenso} \\[2em] \varrho_\mu = \dfrac{1}{u}\dfrac{1}{(c_\mu t)}\displaystyle\sum_{\lambda=1}^u \dfrac{(c_\lambda r_\mu)}{(c_\lambda t)} & \end{vmatrix}$

folgt. Zur Berechnung der Wurzeldifferenzen gehen wir aus von:

$$\iota - \varrho = \frac{r_c}{(ct)} - \frac{r_c}{(ct)} = \frac{r_c(ct) - r_c(ct)}{(ct)(ct)} = -\frac{(cr)}{(ct)(ct)}.$$

denn es ist identisch

$$(cr)\,t_c + (ct)\,c_c + (tc)\,r_c = 0,\ t_t = 1.$$

Daher ist:

(9.) $\begin{vmatrix} \iota - \varrho = -\dfrac{(cr)}{x(ct)\,(ct)},\ \text{und ebenso:} \\[1.5em] t_\mu - t_r = -\dfrac{(c_\mu c_r)}{(c_\mu t)\,(c_r t)}, \\[1.5em] \varrho_\mu - \varrho_r = -\dfrac{(t_\mu r_r)}{(c_\mu t)\,(c_r t)}. \end{vmatrix}$

Die zweite Formel von (8.) lässt sich vermöge der ersten aus (9.) schreiben:

$$\varrho_\mu = \frac{1}{u}\sum_{\lambda=1}^u (\varrho_\mu - t_\lambda),\quad \varrho_\mu = \frac{1}{u}\sum_r t_r - \varrho_\mu.$$

was zur Kontrolle der Rechnung dienen möge.

Die hier abgeleiteten Formeln reichen aus, um die erwähnten Untersuchungen Kohn's mühelos auf das binomische Gebilde $a_r^u = 1$ zu übertragen; wegen der Gleichung $H(\xi_1 - c\,\xi_2) = 1$ der Nummer (5.) werden dabei die Formeln viel einfacher als die der Kohn'schen Untersuchung, worauf wir jedoch nicht weiter eingehen wollen.

An ein anderes Gebiet der Algebra gewinnt man Anschluss durch folgende einfache Betrachtung. Nach (3.) ist:

$$n \, a_x^{n-1} \, a_t = \sum_c \frac{(ct)}{(cx)}.$$

Aber wegen $t_t = 1$ ist identisch:

$$(ct) x_t + (tx) c_t + (xc) t_t = 0, \quad (cx) = (ct) \tau_x - (xt) \tau_c, \text{ also}$$

$$n \cdot a_x^{n-1} \, a_t = \sum_c \frac{(ct)}{(cx)} = \sum_c \frac{(ct)}{(ct)\,\tau_x - (xt)\,\tau_c} = \frac{1}{\tau_x} \sum_c \frac{1}{1 - \bar{z}^{-1} \cdot t}$$

wenn $\bar{z}^{-1} = \frac{(xt)}{\tau_x} = \frac{\bar{z}_2}{\bar{z}_1}$ bedeutet und t nach (4.) definirt ist; man hat demnach:

$$n \cdot a_x^{n-1} \, a_t \cdot \tau_x = \sum_t \frac{1}{1 - \frac{t}{\bar{z}}} = \sum_t \left(1 + \frac{t}{\bar{z}} + \frac{t^2}{\bar{z}^2} + \cdots \right)$$

giltig für grosse Werthe von $\bar{z}$, oder, da $\bar{z} = \frac{\tau_x}{(xt)}$ ist, für solche Werthe von x_1, x_2, die von t_1, t_2 nur wenig verschieden sind; es folgt jetzt:

$$n \cdot \left(a_x^{n-1} \, a_t\right) \cdot \left(a_t^{n-1} \, a_x\right) = n + \frac{\Sigma_t}{\bar{z}} + \frac{\Sigma_t^2}{\bar{z}^2} + \frac{\Sigma_t^3}{\bar{z}^3} + \cdots,$$

wo links die Klammern angewandt sind um Zweideutigkeit der Symbole zu verhindern. Rechts treten die Potenzsummen der n Wurzeln $t_1, t_2, \ldots t_n$ auf. Es folgt:

Liegen die Punkte x_1, x_2 und t_1, t_2 der Curve $a_x^n = 1$ hinreichend nahe bei einander, so lässt sich das Product der beiden binären Polaren $a_x^{n-1} \, a_t$ und $a_t^{n-1} \, a_x$ nach fallenden Potenzen von $\bar{z} = \frac{\bar{z}_1}{\bar{z}_2}$ entwickeln:

$$(10.) \quad n \cdot \left(a_x^{n-1} \, a_t\right) \cdot \left(a_t^{n-1} \, a_x\right) = s_0\,(t) + \frac{s_1\,(t)}{\bar{z}} + \frac{s_2\,(t)}{\bar{z}^2} + \cdots$$

wobei die Entwicklungscoefficienten die Potenzsummen der n Wurzelwerthe $t_1, t_2, \ldots, t_n$ sind:

$$(11.) \quad s_\nu\,(t) = t_1^\nu + t_2^\nu + \cdots + t_n^\nu; \quad s_0\,(t) = n, \; s_1\,(t) = 0.$$

Analog findet man aus

$$\varphi_x^h = \varphi\,(x) = (r_1 \, x) \, (r_2 \, x) \ldots (r_h \, x)$$

durch Bildung der Polaren zunächst:

$$hq_x^{k-1} q_t = q(x) \left(\frac{(r_1 t)}{(r_1 x)} + \frac{(r_2 t)}{(r_2 x)} + \dots + \frac{(r_h t)}{(r_h x)} \right) = q(x) \sum_r \frac{(r t)}{(r x)},$$

und daraus mittelst der Identität

$$(x t) r_t + (t r) x_t + (r x) t_t = 0, \ t_t = 1$$

weiter:

$$hq_x^{k-1} q_t = q(x) \sum_r \frac{(rt)}{(xt) r_x - (rx) r_t} = q(x) \sum_\varrho \frac{1}{r_t \left(1 - \frac{\varrho}{z} \right)},$$

vergl. (4.). Mithin gilt, ähnlich wie oben, der Satz:

Liegen die Punkte x_1, x_2 und t_1, t_2 der Curve a_r^{n-1} hinreichend nahe bei einander, so gilt die convergente Reihenentwicklung:

$$(12.) \qquad h \cdot q_x^{k-1} q_t = a_t^n = a_x - q_x^k \left\{ s_0(\varrho) + \frac{s_1(\varrho)}{z} + \frac{s_2(\varrho)}{z^2} + \dots \right\},$$

deren Entwicklungscoefficienten die Potenzsummen der h Wurzeln $\varrho_1, \varrho_2, \dots, \varrho_h$ sind:

$$(13.) \qquad s_r(\varrho) = \varrho_1^r + \varrho_2^r + \dots + \varrho_h^r; \quad s_0(\varrho) = h.$$

Diese beiden Reihenentwicklungen (10.) und (12.) vermitteln in höchst einfacher Weise den Zusammenhang zwischen der Invariantentheorie auf a_r^{n-1} und der Lehre von den symmetrischen Funktionen der Wurzeln einer Gleichung; man vergleiche besonders § 1 der *Theorie der binären Formen von Faà di Bruno — Walter*; unsere Formel[1] (10.) ist die Bruno'sche Formel § 1, (12.) in homogener Gestalt. Unsere Formel (12.) ist eine wesentliche Verallgemeinerung der Bruno'schen Formel § 1, (46.), und überdies homogen in den Variabeln.

Es erübrigt noch, für die Wurzeln x und ϱ die Differentialgleichungen aufzustellen, denen sie als Funktionen von $a_t = -f(t)(t)$ auf a_t^{n-1} genügen. Aus (4.) und Satz (10.) stellen wir zusammen:

$$(14.) \qquad z = \frac{r_x}{(x t)}, \quad \varrho = \frac{r_r}{(r t)}, \quad z = \frac{z_1}{z_2} = \frac{r_r}{(x t)}.$$

Als Funktionen von t_1, t_2 zeigen diese Grössen wesentlich gleiches Verhalten. Nun ist nach § 3, (7.):

$$\frac{dz_1}{da_t} = z z_2, \quad \frac{dz_2}{da_t} = -z_1, \quad z = \frac{n-1}{2} (a a')^2 a_t^{n-2} a_t'^{n-2}.$$

Daher:

$$\frac{d\xi}{d\omega_t} = \frac{\tau \xi_2 + \xi_1{}^2}{\xi_2 \quad \xi_2{}^2} = \tau + \xi^2, \text{ also ist:}$$

(15.) $\qquad \frac{d\xi}{d\omega_t} = \xi^2 + \tau \mid \frac{dt}{d\omega_t} = t^2 + \tau \mid \frac{d\varrho}{d\omega_t} = \varrho^2 + \tau.$

Das sind die verlangten Differentialgleichungen.[1]) Aus derjenigen für t ergiebt sich durch Summation über alle t folgende einfache Darstellung der Hesse'schen Kovarianten τ:

$$\sum_t \frac{dt}{d\omega_t} = \sum_t t^2 + n\tau = s_2(t) + n\tau, \text{ und da } \Sigma t = 0 \text{ ist:}$$

(16.) $\qquad n\tau = -s_2(t) = -\{t_1{}^2 + t_2{}^2 + \cdots + t_n{}^2\}$

woraus sich bekannte Schlüsse auf die Realitätsverhältnisse der Wurzeln der Hesse'schen Form $\tau \quad \frac{n-1}{2}(aa')^2 a_t^{n-2} a'_t{}^{n-2}$ ziehen liessen.

Da $\xi_1 = -\frac{d\xi_2}{d\omega_t}$, so ist $\xi = -\frac{1}{\xi_2}\frac{d\xi_1}{d\omega_t} = -\frac{dln\,\xi_2}{d\omega_t} = -\frac{dln\,(xt)}{d\omega_t}$, ebenso $t = -\frac{dln\,(vt)}{d\omega_t}$, also:

---

[1]) Es sind Riccati'sche Differentialgleichungen; fasst man t und ϱ als Partikularlösungen der Gleichung $\xi' = \xi^2 + \tau$ auf, so hat man ein instruktives Beispiel für die allgemeinen Sätze, welche die Gruppentheorie zur Lösung derartiger Gleichungen an die Hand giebt. Vergl. „Vorlesungen über continuirliche Gruppen" von Lie-Scheffers, Kap. 24, § 1. Der Satz l. c. Seite 768, dass das Doppelverhältniss

$$(t_1 \, \varrho_1 \, t_2 \, \varrho_2) \quad \frac{t_1 - \varrho_1}{t_2 - \varrho_1} : \frac{t_1 - \varrho_2}{t_2 - \varrho_2}$$

von ω_t unabhängig ist, wird bestätigt, indem vermöge (9.) offenbar:

$$(t_1 \, \varrho_1 \, t_2 \, \varrho_2) \quad \frac{t_1 - \varrho_1}{t_2 - \varrho_1} \cdot \frac{t_2 - \varrho_2}{t_1 - \varrho_2} \quad \frac{(t_1 \, r_1)}{(t_2 \, r_1)} \cdot \frac{(t_2 \, r_2)}{(t_1 \, r_2)} \quad \frac{(t_1 \, r_1)}{(t_2 \, r_1)} : \frac{(t_1 \, r_2)}{(t_2 \, r_2)}$$

ist. Die nach l. c., 768 (4.) mögliche Transformation ist in unserem Falle:

$$\frac{1}{t - \varrho}$$

und: $\qquad \frac{dt}{d\omega} = -\frac{1}{(t - \varrho)^2} \cdot (t^2 - \varrho^2) = \cdots = \frac{t + \varrho}{t - \varrho} = -(t + \varrho)\,i$

sodass also: $lni = \cdots = \int (t + \varrho)\,d\omega$ ist, übereinstimmend mit l. c., Seite 770, Satz 2. Die nach l. c., Kap. 21, § 2 mögliche Zerfällung von ξ wird geleistet durch $\xi \quad \frac{\xi_1}{\xi_2}$, und das simultane System für ξ_1, ξ_1 (l. c. Seite 772, (7.)) lautet:

$$\frac{d\xi_1}{d\omega} = \tau \xi_2, \frac{d\xi_2}{d\omega} = -\xi_1.$$

$$(17.) \quad \xi = -\frac{d\ln(xt)}{d\omega_t} = -\frac{d\ln\xi_t}{d\omega_t}, \quad \varepsilon = -\frac{d\ln(\varepsilon t)}{d\omega_t}, \quad \varrho = -\frac{d\ln(rt)}{d\omega_t}.$$

Auch die Potenzsummen genügen bemerkenswerthen Differential-gleichungen:

$$s_r(t) = \sum_t t^r, \quad \frac{ds_r(t)}{d\omega_t} = \sum_t rt^{r-1}(t^2+\tau) - r\sum_t t^{r+1} + r\tau\sum_t t^{r-1},$$

also:

$$(18.) \quad \frac{ds_r(t)}{d\omega_t} = -rs_{r+1}(t) + r\tau s_{r-1}(t) \mid \frac{ds_r(\varrho)}{d\omega_t} = -rs_{r+1}(\varrho) + r\tau s_{r-1}(\varrho).$$

Summirt man die dritte Formel (17.) über alle k Wurzeln ϱ, so kommt:

$$(19.) \quad s_1(\varrho) = -\frac{d\ln q(t)}{d\omega_t} = \frac{\frac{dq}{d\omega_t}}{q}$$

übereinstimmend mit (7.).

Die Formeln (16.) und (19.) können dazu dienen, die Formen τ, φ und ihre Derivirten nach ω_t als Funktionen der Potenzsummen darzustellen. Deutet man die Differentiation nach ω_t durch Striche an, so ist nach (18.) und (18.)

$$\tau = -\frac{s_2(t)}{u}, \quad s'_r(t) = -rs_{r+1}(t) - \frac{r}{u}s_2(t)s_{r-1}(t),$$

also:

$$(20.) \quad \left| \begin{array}{l} \tau' = -\frac{s'_2(t)}{u} = -\frac{2}{u}s_3(t) + \frac{2}{u^2}s_2s_1 = -\frac{2}{u}s_3(t), \\ \tau'' = -\frac{2}{u}s'_3(t) = -\frac{3!}{u}s_4(t) + \frac{3!}{u^2}s_2(t)s_2(t), \end{array} \right.$$

u. s. w. Ebenso hat man, da

$$s'_r(\varrho) = -rs_{r+1}(\varrho) + r\tau s_{r-1}(\varrho) = -rs_{r+1}(\varrho) - \frac{r}{u}s_2(t)s_{r-1}(\varrho)$$

ist, vermöge (19.)

$$(21.) \quad \left| \begin{array}{l} q' = -q \cdot s_1(\varrho), \\ q'' = -q(s_2(\varrho)+h\tau) - q' \cdot s_1(\varrho) = q \cdot (s_1(\varrho)^2 - s_2(\varrho) - h\tau), \quad \tau = -\frac{s_2(t)}{u}, \end{array} \right.$$

u. s. w., man sieht, dass alle Derivirten von q den Faktor q ausscheiden; sie werden erhalten als Funktionen der $s(\varrho)$ und der $s(t)$. Es gilt der Satz:

Die Invarianten von q sind solche Funktionen von q, q', q'', q''', ..., aus welchen sich, wenn man q, q', q'', ... nach (21.) durch die Potenz-summen $s(\varrho)$, $s(t)$ ausdrückt, alle Potenzsummen der t herausheben.

Denn jede Invariante von q lässt sich nach früheren Sätzen durch $r_0, r_1, \ldots, r_h$ ausdrücken, letztere Grössen sind, wie ein Vergleich von (5.) und (6.) zeigt, symmetrische Funktionen der ϱ und als solche nach einem bekannten Satze der Algebra, rationale Funktionen der Potenzsummen; also sind alle Invarianten von q, dividirt durch eine passende Potenz von q, rationale Funktionen von $s_1(\varrho)$, $s_2(\varrho)$, $s_3(\varrho)$, ... Die Division durch eine Potenz von q ist nöthig, weil man die r_r nach (5.) und (6.) in der Form

$$\binom{h}{\nu}r_r \quad q \cdot (-1)^{h-\nu} \sum \varrho_1 \varrho_2 \ldots \varrho_r$$

erhält, wo $\sum$ die symmetrische Funktion bedeutet. Der Exponent jener Potenz ist offenbar gleich dem Gewichte der Invariante. Das giebt den bekannten Satz:

Jede Invariante J von q ist darstellbar in der Form

$$J \quad q^\lambda \cdot funct. \ rat. \ (s_1(\varrho), s_2(\varrho), \ldots, s_h(\varrho)),$$

wo λ das Gewicht von J ist.

Bezeichnet man diese rationale Funktion mit H, so ist:

$$J = q^\lambda \cdot H, \quad \frac{dJ}{d\omega} \quad 0, \text{ also:}$$

$$0 \cdot \sum_\varrho \frac{\partial J}{\partial \varrho} \frac{d\varrho}{d\omega} + \frac{\partial J}{\partial q} \frac{dq}{d\omega} = \sum_\varrho \frac{\partial J}{\partial \varrho} (\varrho^2 + \tau) + \lambda q^{\lambda-1} \cdot q' \cdot H,$$

indem H die Grösse q explicite nicht enthält. Es ist also:

$$0 \quad \sum_\varrho \varrho^2 \frac{\partial J}{\partial \varrho} + \tau \sum_\varrho \frac{\partial J}{\partial \varrho} + \lambda q^\lambda H \cdot \frac{q'}{q}.$$

Nach (7.) ist $\dfrac{q'}{q} = -s_1(\varrho)$; setzt man noch $q^\lambda H = J$ ein, so kommt:

$$\sum_\varrho \varrho^2 \frac{\partial J}{\partial \varrho} + \tau \sum_\varrho \frac{\partial J}{\partial \varrho} - \lambda J \cdot s_1(\varrho) \quad 0.$$

Da man in $\tau = -\dfrac{1}{h} s_2(t)$ die t als willkürliche Veränderliche betrachten kann, so ist die vorstehende Identität nur dadurch möglich, dass das Glied mit τ sich heraushebt. Dann ist einzeln:

$$(22.) \qquad \sum_\varrho \frac{\partial J}{\partial \varrho} \quad 0, \quad \sum_\varrho \varrho^2 \frac{\partial J}{\partial \varrho} \quad \lambda J \cdot s_1(\varrho).$$

Das sind die bekannten Differentialgleichungen,[1] denen die Invarianten als

---

[1] Brioschi. Annali di Tortolini, Bd. V.

Funktionen der Wurzeln genügen. Es ist nicht schwer, diese Betrachtung auf simultane Invarianten und Covarianten auszudehnen. Wie die Cayley-Aronhold'schen Differentialgleichungen der Covarianten als Funktionen der Coefficienten eine Folge der Differentialgleichungen

$$(n-r)\, u_{r+1} = \frac{d a_r}{d u} + r\, r\, u_{r-1}, \dots \quad (\S\ 3,\ (14.))$$

sind, denen die Coefficienten selber genügen, so sind die Brioschi'schen Differentialgleichungen der Covarianten als Funktionen der Wurzeln — und darum haben wir dieselben abgeleitet oder ihre Ableitung angedeutet — weiter nichts als eine Folge der Differentialgleichungen (15.).

Den Brioschi'schen Differentialgleichungen (22.) fügen wir ein weiteres Paar hinzu. Ist eine Invariante J von φ nach obigem Satze dargestellt in der Form

$$J = q^\lambda \cdot H,$$

wo H eine rationale Funktion von $s_1(\varphi), s_2(\varphi), \dots s_k(\varphi)$ ist, so folgt, da $\dfrac{dJ}{d \omega_l} = 0$, vermöge (18.)

$$0 = \sum_{r=1}^{r,\,h} \frac{\partial J}{\partial s_r(\varphi)} \frac{d s_r(\varphi)}{d \omega_l} + \frac{\partial J}{\partial q} \frac{d q}{d \omega_l} = \sum \frac{\partial J}{\partial s_r(\varphi)} r s_{r+1}(\varphi) + \sum \frac{\partial J}{\partial s_r(\varphi)} r s_{r-1}(\varphi) - \lambda J s_1(\varphi),$$

und nach einem ähnlichen Schlusse wie oben:

$$(23.) \qquad \sum_{r=1}^{r,\,h} r s_{r+1}(\varphi) \frac{\partial J}{\partial s_r(\varphi)} = \lambda J s_1(\varphi) \,|\, \sum_{r=1}^{r,\,h} r s_{r-1}(\varphi) \frac{\partial J}{\partial s_r(\varphi)} = 0$$

als Differentialgleichungen, denen eine Invariante J der Form $q = q_x^h$ mit dem Gewichte λ, als Funktion der Potenzsummen genügt.

§ 10.

Das binomische Analogon der elliptischen v-Funktion.

Die Differentialgleichung $(n-1)^{\text{ter}}$ Ordnung $U_{n+1}(z) = 0$, welcher

$$z = \frac{n-1}{2}\, (a u')^2\, a_x^{n-2}\, a_x^{n-2}$$

als Funktion von $\omega = -f(x dx)$ genügt (vergl. § 3, (17.)), hat in vielen Einzelfällen, wie wir in § 4 sahen, die Weierstrass'sche $\wp$-Funktion zur Lösung. Diese Thatsache legt es nahe, z auch im allgemeinen Falle als

Funktion von ω zu betrachten, obgleich dieselbe unendlich-vieldeutig sein wird. Als Funktion von x_1, x_2 wird z unstetig nur in den Verzweigungspunkten $c_1, c_2, c_3, \ldots, c_n$. Bezeichnet ω_r den Werth von ω in c_r, so folgt: z wird als Funktion von ω unendlich nur für $\omega = \omega_1, \omega_2, \ldots, \omega_n$. Es fragt sich, zu welcher Ordnung. Sucht man eine Zahl λ so zu bestimmen, dass $\lim z(\omega - \omega_r)^\lambda$ weder 0 noch ∞ wird, so findet man, wie wir nun verificiren wollen, $\lambda = 2$.

Nach § 8, (26.) und (28.) ist nämlich einerseits:

$$z = (n-1)\left(\frac{dz}{d\omega}\right)^2 \cdot (FF_2 - F_1^2), \quad F = F(\zeta);$$

andrerseits ist nach § 8, (33.) $\frac{d\zeta}{d\omega} \cdot \frac{D}{\beta'}$ und nach der auf § 8, (24.) folgenden Formel: $D^\mu = \beta^n \cdot F$, also, indem man das σ des § 8, (31.) einführt:

$$\sigma = \frac{1}{\beta} = \frac{\sqrt[n]{F}}{D}, \quad F = D^\mu \cdot \sigma^n, \quad \frac{d\zeta}{d\omega} = D\sigma^2.$$

Daher:

$$z = (n-1)\left(\frac{D\sigma^2}{D^\mu \sigma^n}\right)^2 (FF_2 - F_1^2) = \frac{n-1}{D^{2(n-1)}}\left(\frac{1}{\sigma^{n-2}}\right)^2 (FF_2 - F_1^2)$$

und

$$l_r \equiv \lim z(\omega - \omega_r)^2 : = \lim \frac{n-1}{D^{2(n-1)}} \cdot \left(\frac{\omega - \omega_r}{\sigma^{n-2}}\right)^2 \cdot (FF_2 - F_1^2).$$

Hierin nimmt

$$\frac{\omega - \omega_r}{\sigma^{n-2}}$$

die Form $\frac{0}{0}$ an. Es ist also:

$$\lim \frac{\omega - \omega_r}{\sigma^{n-2}} = \lim \frac{\frac{d}{d\zeta}(\omega - \omega_1)}{\frac{d}{d\zeta}\sigma^{n-2}} = \lim \frac{1}{D\sigma^2} \cdot \frac{1}{(n-2)\sigma^n} \cdot \frac{1}{3}\frac{d\sigma}{d\zeta} = \frac{1}{(n-2)D}\lim \frac{1}{\sigma^{n-1}}\frac{d\sigma}{d\zeta}.$$

Aber: $\sigma^n D^\mu = F(\zeta)$, also:

$$n D^\mu \sigma^{n-1}\frac{d\sigma}{d\zeta} = \frac{dF(\zeta)}{d\zeta} = nF_1(\zeta)$$

und

$$\lim \frac{\omega - \omega_r}{\sigma^{n-2}} = \frac{1}{(n-2)D}\lim \frac{D^\mu}{F_1(\zeta)} = \frac{D^{\mu-1}}{(n-2)}\lim \frac{1}{F_1}.$$

Da F in c_r verschwindet, so ist $\lim F = 0$, daher:

$$l_\nu = \lim z(\omega - \omega_\nu)^2 = \frac{u-1}{D^{2(u-1)}} \lim \left(\frac{D^{u-1}}{(u-2)F_1}\right)^2 (FF_1 - F_1')^2$$

$$= -\frac{u-1}{(u-2)^2} \cdot \lim \frac{F_1'^2}{F_1^2} = -\frac{u-1}{(u-2)z'^2},$$

sodass also $l_1 = l_2 = \ldots = l_n = -\dfrac{u-1}{(u-2)^2}$ ist. Es folgt:

Bezeichnet man

(1.) $\nu(\omega) = -z \cdot \dfrac{(u-2)^2}{u-1} = -\dfrac{1}{2}(u-2)^2 (\omega')^2 a_x^u{}^{-2} a_x^{\prime\prime-2}$

so folgt: $\nu(\omega)$ wird als Funktion von ω nur in den u Stellen $\omega = \omega_1$, $\omega_2, \ldots, \omega_u$ unendlich, welche den Verzweigungspunkten der Riemann'schen Fläche entsprechen, und zwar ist

(2.) *in ω_ν:* $\nu(\omega)$ $\dfrac{1}{(\omega - \omega_\nu)^2} + funct. cont. (\omega),$

in Uebereinstimmung mit der Weierstrass'schen $\nu(\omega)$-Funktion. Im Falle $u = 4$, also im Falle elliptischer Funktionen, muss daher das in (1.) definirte ν mit der Weierstrass'schen ν-Funktion geradezu identisch sein; nach § 4 trifft das auch zu.

Ueberhaupt ist das nach (1.) definirte $\nu(\omega)$ in allen Fällen mit der Weierstrass'schen ν-Funktion identisch, wo die Differentialgleichung $U_{u+1}(z) = 0$ eine einwerthige Funktion von ω zur Lösung hat.

In ganz speciellen Fällen wird dieselbe auch degeneriren können. (Vergl. § 4).

Macht man einen Verzweigungspunkt zum Anfangspunkt des Integrals ω, so ist dort $\omega = 0$, daher in diesem Falle:

für $\omega = 0$: $\nu(\omega)$ $\dfrac{1}{\omega^2} + funct. cont. (\omega),$

wie bei der Weierstrass'schen Funktion. Nach § 6 ist die Differentialgleichung $U_{u+1}(z) = 0$, die in § 3, (15.) als $U_{u+1}(\tau)$ berechnet ist, in $\tau, \tau', \tau'', \ldots$ isobar, wenn man $\tau^{(\nu-2)}$ das Gewicht r beilegt. Die Summe der Differentiationsexponenten jedes Gliedes von $U_{u+1}(z) = 0$ ist daher entweder eine gerade, oder eine ungerade Zahl, jenachdem u eine ungerade oder gerade Zahl ist. Vertauscht man daher ω mit $-\omega$, so ändert sich die Differentialgleichung nicht, indem entweder alle Glieder das Vorzeichen beibehalten oder alle es umkehren:

Die in (1.) definirte Funktion $\wp(\omega)$ ist eine gerade Function,

$$(3.) \qquad \wp(-\omega) = \wp(\omega).$$

Setzt man jetzt in $\omega = 0$ genauer an:

$$\omega = 0 : \wp(\omega) = \frac{1}{\omega^2} + \sum_{\lambda=0}^{\infty} c_{2\lambda}\,\omega^{2\lambda},$$

so kann man die Coefficienten $c_{2\lambda}$ mittels der Gleichung $U_{n+1}(z) = 0$ nicht vollständig bestimmen. Wählt man $n-2$ von einander unabhängige Invarianten $J_1, J_2, \ldots, J_{n-2}$ aus, so kann man diese zunächst durch $z, z', z'', \ldots$ ausdrücken, dann statt z die Funktion $\wp$ nebst ihren Derivirten einführen und schliesslich die Reihenentwicklung einsetzen. So werden alle bestimmbaren Coefficienten $c_{2\lambda}$ ermittelt.

Wie wir später zu zeigen gedenken, lässt sich das Querschnittsystem der binomischen Riemann'schen Fläche von $f = 1$ stets so anlegen, dass die Periodicitätsmoduln von ω sich wesentlich auf $n-2$ reduciren, während die übrigen sich im Zahlenkörper $\varrho'' = 1$ linear durch jene darstellen lassen. Nimmt man diese Periodicitätsmoduln als Invarianten $J_1, J_2, \ldots, J_{n-2}$, so ist bei linearer Transformation der Variabeln x_1, x_2 mit der Determinante μ:

$$z = \mu^2 \cdot z, \quad \omega = \frac{\omega}{\mu}, \text{ also auch } J_1 = \frac{J_\nu}{\mu} \; (\nu = 1, 2, \ldots).$$

Schreibt man also ausführlicher:

$$\wp(\omega) = \wp(\omega \,|\, J_1, J_2, \ldots, J_{n-2}),$$

so ist:

$$(4.) \qquad \wp\left(\frac{\omega}{\mu} \,\middle|\, \frac{J_1}{\mu}, \frac{J_2}{\mu}, \ldots\right) = \mu^2 \cdot \wp(\omega \,|\, J_1, J_2, \ldots)$$

entsprechend der Gleichung

$$\wp\left(\frac{\omega}{\mu} \,\middle|\, \frac{\omega_1}{\mu}, \frac{\omega_2}{\mu}\right) = \mu^2 \cdot \wp(\omega \,|\, \omega_1, \omega_2)$$

der Weierstrass'schen Funktion. Aus der Differentialgleichung

$$\wp'^2 = 4\wp^3 - g_2\wp - g_3$$

der letzteren folgt: $\wp''' = 12\wp\wp'$, das Analogon zu $U_{n+1}(z) = 0$. Das Analogon zur Weierstrass'schen Differentialgleichung $\wp'^2 = 4\wp^3 - g_2\wp - g_3$ ist dagegen die Gleichung (3.) des § 7.

Es gilt indessen auch im Falle binomischer Funktionen eine Differentialgleichung von der Form:

$$\wp'^2 = 4\wp^3 - G_2 \cdot \wp - G_3,$$

nur mit dem Unterschied, dass bei $n > 4$ die Formen G_2, G_3 nicht Invarianten, sondern Covarianten von r_1, r_2 sind. Zerlegt man dann

$$\wp'^2 = 4(\wp - E_1)(\wp - E_2)(\wp - E_3),$$

so zeigen $\sqrt{\wp - E_1}$, $\sqrt{\wp - E_2}$, $\sqrt{\wp - E_3}$ viele ähnliche Eigenschaften wie die modernen elliptischen Funktionen $\sqrt{\wp - e_1}$, $\sqrt{\wp - e_2}$, $\sqrt{\wp - e_3}$.

Es liegt nach alledem nahe, in $\wp(\omega \mid J_1, J_2 \ldots)$ das vollständige Analogon der Weierstrass'schen $\wp$-Funktion zu erblicken. Als Funktion von ω allein ist dieses $\wp$ allerdings unendlich vieldeutig. Man steht daher vor der Wahl, $\wp$ entweder als Funktion von ω eindeutig zu machen, oder als Funktion sämmtlicher Integrale I. Gattung darzustellen, als welche $\wp$ eindeutig ist.

Strassburg i. E., 22. Mai 1898.

NOVA ACTA.

Abh. der Kaiserl. Leop.-Carol. Deutschen Akademie der Naturforscher

Band LXXIV. Nr. 3.

Beiträge

zur

Morphologie und Entwicklungsgeschichte der Rhynchoten.

Von

Dr. Richard Heymons,

Privatdocent und Assistent am Zoologischen Institut in Berlin.

Mit 3 Tafeln. No. XV—XVII.

Eingegangen bei der Akademie am 4. März 1899.

HALLE.
1899.
Druck von Ehrhardt Karras, Halle a. S.

Für die Akademie in Commission bei Wilh. Engelmann in Leipzig.

Inhaltsübersicht.

Der Umstand, dass gerade in der Morphologie der Rhynchoten noch eine Anzahl ungelöster Fragen und Controversen zu entscheiden sind, hat die Veranlassung zu vorliegender Bearbeitung geboten. Dieselbe kann gleichzeitig als Fortführung und weiterer Ausbau der früher von mir veröffentlichten beiden Abhandlungen „die Segmentirung des Insektenkörpers (1895) und „Grundzüge der Entwicklung und des Körperbaues von Odonaten und Ephemeriden" (1896) gelten.

Der bei der Untersuchung eingeschlagene Weg ist jedenfalls bei der gegenwärtigen Arbeit der gleiche geblieben, indem ich mich bemüht habe, durch das Studium der Entwicklungsgeschichte vom Ei resp. Embryo anfangend zunächst über den Körperbau der Larve und hierauf über die Organisation des ausgebildeten Insektes Klarheit zu gewinnen.

So selbstverständlich es ist, dass die entwicklungsgeschichtliche Untersuchungsmethode natürlich nicht zur Lösung aller morphologischen Probleme den Schlüssel liefern kann, so dürfte doch auch in entomologischen Fachkreisen sich mehr und mehr die Ueberzeugung Bahn brechen, dass die Kenntniss der Jugendstadien für die richtige Beurtheilung der Zusammensetzung des Insektenkörpers von grosser Wichtigkeit ist, indem in vielen Fällen z. B. hinsichtlich der Gliederung, der Segmentzugehörigkeit bestimmter Anhänge u. a. die Entwicklungsgeschichte unter gleichzeitiger Berücksichtigung der vergleichend-anatomischen Verhältnisse allein sicheren und einwandsfreien Aufschluss zu gewähren vermag. Die ältere Methode, die allerdings noch jetzt von manchen Autoren fast ausschliesslich angewendet wird, lediglich die äusseren Harttheile ausgebildeter Insekten miteinander zu vergleichen und darauf Homologien und mehr oder minder weittragende Hypothesen zu bauen, kann dagegen nur als eine durchaus unzulängliche bezeichnet werden.

Meine Beobachtungen bezogen sich ursprünglich nur auf einige Wasserwanzen (Cryptocerata). Von Landwanzen (Gymnocerata) fügte ich später die Gattungen Cimex und Pyrrhocoris hinzu, und als ich durch die Liebenswürdigkeit von Dr. L. O. Howard, Director der entomologischen Abtheilung des Department for Agriculture in Washington U. S. A., in den Stand gesetzt wurde, auch die Entwicklung der amerikanischen Cikade (Cicada septemdecim L.) zu studiren, zog ich auch Homopteren in den Kreis der Untersuchungen hinein. Einige kurze Angaben über die Phytophthiren, sowie einige Bemerkungen allgemeinen Inhaltes bilden den Schluss der vorliegenden Mittheilungen.

I. Heteroptera Cryptocerata.

Untersuchungen an Naucoris cimicoides L., Notonecta glauca L. und
Nepa cinerea L.

1. Die Embryonalanlage.

Die drei Formen, welche ich zur Untersuchung verwendete, zeigen
in ihrer Körperbildung nur sehr geringe Unterschiede. Sowohl bei Nepa,
wie bei Notonecta und Naucoris legt sich der Keimstreifen am hinteren
Ende des Eies an und wächst, gerade wie dies schon für zahlreiche andere
Insekten beschrieben worden ist, an der Dorsalfläche des Eies entlang, so
dass er bald den vorderen Eipol erreicht. Die Orientirung ist nunmehr in
ganz typischer Weise eine derartige, dass das Kopfende des Embryonalkörpers nach dem hinteren, das Hinterende desselben nach dem vorderen
Eipole gerichtet ist (Fig. I). Erst durch den Umrollungsprocess erlangt der
Embryo die entgegengesetzte Lage im Ei, welche er dann bis zum Ausschlüpfen beibehält. Während bei Notonecta und Naucoris der von den
Embryonalhäuten umgebene Keimstreifen vollkommen an der Oberfläche des
Eies verbleibt, so ist bei Nepa die Embryonalanlage auch ventralwärts von
einer dünnen zwischen Amnion und Serosa befindlichen Dotterschicht um-
hüllt. In dieser Hinsicht weist Nepa ein Verhalten auf, welches auch für
gewisse Gymnoceraten noch zu erwähnen sein wird.

Auffallend frühzeitig gelangen bereits an der Embryonalanlage die
hauptsächlichsten Körperregionen zur Absonderung. Dieselben sind schon
vor dem Eintreten der eigentlichen Segmentirung zu unterscheiden (Fig. 8).
Auf das durch zwei auffallend grosse Scheitellappen gekennzeichnete Vorderende folgt ein halsartig verjüngter Abschnitt (Kf), der den hinteren Kopf-

segmenten entspricht. Der sich hieran anschliessende Abschnitt (Th) enthält
das Bildungsmaterial für den Thorax und die Beine, während der schmalere
Endtheil des Embryonalkörpers (Abd) späterhin zum Abdomen wird.

Bei den hier untersuchten Embryonen, besonders deutlich bei Notonecta, tritt somit die Erscheinung einer sog. primären Segmentirung des
Keimstreifens deutlich zu Tage. Letztere beruht darauf, dass vor dem Eintreten der definitiven Segmentirung die hauptsächlichen Körperregionen sich
bereits daran erkennen lassen, dass sie entsprechend ihrer späteren Entfaltung schon von vornherein einen grösseren oder geringeren Umfang besitzen. Dass es sich hier aber nicht um eine echte Segmentirung oder um

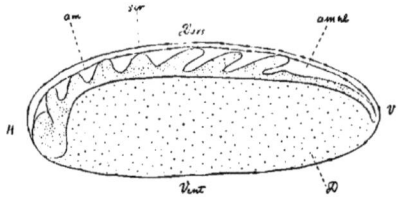

Fig. I. Längsschnitt durch ein Ei von Notonecta glauca mit Keimstreif.
am = Amnion, amh = Amnionhöhle, D = Dotter, Dors = Dorsalseite des Eies, H = Hinterende, ser = Serosa, V = Vorderende, Vent = Ventralseite.

einen Zerfall in „Macrozoniten" handelt, beweist der Umstand, dass das
Mesoderm in dem betreffenden Stadium noch unsegmentirt ist und ohne
Grenze von dem einen zum anderen Abschnitt hinüberzieht.

Die echte Segmentirung und Extremitätenbildung folgt erst später
nach, und zwar geht sie zuerst im Brustabschnitt vor sich. Es zeigen sich
an den Seiten desselben sechs zapfenförmige Vorsprünge, je drei grössere
und drei kleinere. Die ersteren sind die Anlagen der Thoraxbeine, die vor
den grösseren Zapfen befindlichen kleineren werden zu den Tergiten oder
Rückenplatten der Segmente (Fig. 6).

Bald nachdem sich im Thorax die besprochene Gliederung vollzogen hat, erscheinen im Kopfabschnitt die Kieferanlagen. Die hinteren Maxillen eilen in der Entwicklung den übrigen Mundtheilen voraus. Aehnlich wie im Thorax tritt auch vor ihnen eine, nur etwas kleinere, Tergitanlage auf (Fig. 17 Terg. mx₂). Im vorderen Maxillarsegment legt sich das Maxillenpaar in entsprechender Weise an, die Tergitanlagen sind indessen hier viel kleiner und nicht mehr deutlich gesondert. Die Mandibeln kommen zuletzt zum Vorschein, sie sind die kleinsten unter den genannten Gliedmassenanlagen, stimmen in ihrem Habitus mit den letzteren aber in jeder Hinsicht vollkommen überein.

In einem etwas späteren Stadium tritt vor der Mundöffnung die Anlage des Clypeus und der Oberlippe hervor. Sie ist unpaar und zeigt an ihrem nach hinten gerichteten freien Rande eine Einkerbung.

Während das hintere Maxillenpaar im wesentlichen eine beinartige Gestalt gewinnt und in seiner Form an die Thoraxextremitäten erinnert, so geht an dem vorderen Maxillenpaar eine eigenthümliche Veränderung vor sich. Die betreffenden Gliedmaassenhöcker werden auffallend breit, und es macht sich an ihrem distalen Ende eine von vorn nach hinten ziehende Furche bemerkbar, die beim weiteren Wachsthum schliesslich zu einer vollkommenen Durchschnürung des ursprünglich einheitlich angelegten Kiefers führt.

Die Durchschnürung ist in dem in Fig. 29 dargestellten Stadium noch keine ganz vollständige, d. h. die beiden Theilhälften hängen noch an der Basis miteinander zusammen. Man kann aber jedenfalls von nun ab zwei Abschnitte an den vorderen Maxillen unterscheiden, einen lateralen grösseren und einen medialen kleineren. Der laterale Abschnitt (Fig. 29 Mxp.) besitzt eine höckerförmige Gestalt und mag dementsprechend als Maxillarhöcker bezeichnet werden. In morphologischer Hinsicht entspricht der letztere der Hauptmasse der Maxille resp. ihrem Stammtheile, während der zapfenförmig gestaltete mediale Abschnitt (Mxl) die morphologische Bedeutung einer von dem Maxillenstamm secundär abgetrennten Lade (Lacinia oder Lobus maxillaris) besitzt. Dass diese Auffassung die zutreffende ist, scheint mir daraus hervorzugehen, dass der Maxillarhöcker noch die primäre Richtung der ursprünglich einfachen Gliedmaassenanlage nach der lateralen Seite beibehalten hat. Der Maxillarhöcker verhält sich hiermit homostich zu den

hinteren Maxillen und den folgenden Beinpaaren, er liegt in derselben Linie
und in gleichen Abständen von der Medianlinie wie diese. Die vom
Maxillarhöcker abgegliederte zapfenförmige Lade dagegen ist mit ihrer Längsachse dorsoventral gerichtet, sie liegt unmittelbar hinter den Mandibeln, mit
denen sie in Lage und Richtung vollständig übereinstimmt.

Wichtig für die eben vorgetragene Auffassung ist ferner die Vertheilung des Mesoderms. Sowohl der Stammtheil wie der Ladentheil der
vorderen Maxillen enthalten solches. Doch ist zu berücksichtigen, dass der
erstere Theil oder Maxillarhöcker die eigentliche auf das Cölomsäckchen
zurückzuführende Hauptmasse des Mesoderms anschliesst, von der sich ge-
wissermassen nur ein Ausläufer in die mediale Maxillarlade hinein erstreckt.

Unberücksichtigt habe ich bisher die Anlage des Abdomens gelassen.
Die Gliederung in isolirte Segmente tritt im Hinterleibe später ein als in
den beiden vorangehenden Körperabschnitten (Fig. 17) und erfolgt wieder
in der Richtung von vorn nach hinten. Die Gliederung ist aber im Ab-
domen insofern eine etwas ungleichmässige, als sich zunächst nur neun
deutliche Abdominalsegmente abgrenzen, an welche hinten ein unsegmentirter
Endabschnitt sich anschliesst. Letzterer zerfällt später abermals in zwei
Segmente, sodass dann elf typische Abdominalsegmente vorhanden sind. Der
Ausdruck typisch rechtfertigt sich insofern, als in sämmtlichen Segmenten
Bestandtheile des späteren Bauchmarks (Ganglienzellen) angelegt werden.
In den ersten zehn Segmenten ist es nicht schwer, die Ganglionanlagen
schon an Totopräparaten ohne Weiteres zu erkennen. Beim letzten Ab-
dominalsegmente ist dies nicht mehr möglich, weil hier kein vollständiges
Ganglion mehr ausgebildet wird. Doch ergeben Schnittserien, dass inner-
halb des 11. Abdominalsegmentes wenigstens noch eine geringe Anzahl von
Ganglienzellen in der Nähe der Medianlinie von der oberflächlichen Hypo-
dermisschicht aus zur Absonderung gelangt (Fig. 21).

Die Aftereinstülpung tritt nicht im 11. Abdominalsegmente, sondern
hinter diesem auf. Ein selbständiges Analsegment oder Telson kommt allerdings nur in ganz rudimentärer Weise zur Ausbildung, es besteht bei den
zur Untersuchung verwendeten Wanzen lediglich aus einer schmalen, den
Afterrand bildenden Zellenschicht.

Die Bildung von eigentlichen Abdominalextremitäten bleibt auf das

erste Abdominalsegment beschränkt (Fig. 17). Hier treten zwei knopfförmige
Höcker hervor, welche anfangs an die Mandibeln jugendlicher Keimstreifen
in ihrer Form erinnern. Sie treten unmittelbar zu den Seiten der Ganglionanlage auf, lateral von ihnen befindet sich der breite Segmentrand, welcher
als Tergitanlage aufzufassen ist.

Obwohl in den folgenden Abdominalsegmenten (2.—11.) von selbständigen Extremitätenbildungen nicht mehr gesprochen werden kann, so
kommen doch noch in ihnen paarweise wulstförmige Höcker zur Ausbildung,
welche man zunächst geneigt sein könnte, ohne weiteres als die Rudimente
abdominaler Gliedmassenanlagen anzusprechen. Dies ist aber nur theilweise
der Fall, denn die paarigen Wülste stellen grösstentheils die schon beim
Embryo stark verdickten Medianränder der Tergitanlagen dar. Ich will sie
kurz als Tergitwülste bezeichnen (Fig. 1 Tergw). Nach einer genauen
Untersuchung kann es aber nicht zweifelhaft sein, dass in der medialen
Parthie eines jeden Tergitwulstes auch noch der Ueberrest des entsprechenden
abdominalen Gliedmassenhöckers eingeschmolzen ist. Dies zeigt die Lage
der Stigmen an. Letztere befinden sich im Thorax lateral von den Beinen,
medial von den hier ebenfalls wulstförmig verdickten Tergitanlagen. Da
nun im Abdomen die Stigmen nicht medial von den Tergitwülsten liegen,
sondern vorn und auf denselben angebracht sind, so folgt daraus, dass man
die medial (und hinter) dem Stigma gelegene Parthie des Tergitwulstes als
eingeschmolzenen Gliedmassenrest deuten kann. Hierfür sprechen ferner
gewisse, noch zu erwähnende Beobachtungen an Gymnoceraten, welche in
dieser Hinsicht klarere Verhältnisse erkennen lassen, sowie endlich der Umstand, dass die medialen Theile der Tergitwülste in der gleichen Lage-
beziehung zu den Cölomsäckchen stehen, wie dies bei den weiter vorn
befindlichen thorakalen Gliedmassenanlagen der Fall ist.

Am ersten Abdominalsegmente wandeln sich die Gliedmassenanlagen
zu den schon bei zahlreichen Insektenembryonen aufgefundenen drüsigen
Organen um (Wheeler 89). Sie sinken bereits bei älteren Keimstreifen
unter Ausscheidung einer Sekretmasse unter die Körperoberfläche ein (Fig. 4
u. 5 Abx₁), erhalten sich aber daselbst und sind selbst noch bei jungen
Larven an der bezeichneten Stelle erkennbar.

Inzwischen sind im Bereiche des hinteren Maxillensegmentes zwei tiefe Einstülpungen aufgetreten. Dieselben befinden sich medial am Hinterrande der Kiefer und liefern später die grossen im Thorax der Wanze gelegenen Speicheldrüsen.

In den soeben beschriebenen Stadien lassen die mittlerweile lang ausgewachsenen Thoraxbeine die ersten Spuren der beginnenden Gliederung erkennen (Fig. 5). Es werden an ihnen durch Einkerbungen zunächst vier Abschnitte von einander gesondert. Ein breites und relativ langes basales Stück entspricht im wesentlichen der Coxa, die übrigen Stücke stellen die aufeinander folgenden Anlagen von Femur, Tibia und Tarsus dar.

Es ist interessant, dass ungefähr zu gleicher Zeit an den hinteren Maxillen eine ganz ähnliche Gliederung sich bemerkbar macht. Auch hier markiren sich jetzt vier Abschnitte, die allerdings anfänglich noch durchaus nicht so scharf und deutlich wie bei den Thoraxextremitäten abgesetzt sind. Die Basaltheile, die mit den Coxen sich etwa vergleichen liessen, sind bei den hinteren Maxillen ebenfalls relativ breit, während die übrigen Stücke allmählich nach dem distalen Ende hin sich verjüngen. Das proximale Basalglied der Maxillen mag als Glied 1, die folgenden entsprechend als Glied 2, 3 und 4 bezeichnet werden. Ist die Gliederung eingetreten, so krümmen sich die Thoraxextremitäten und wenden unter Einknickungen der einzelnen Glieder sich nach der Medialseite hin (Fig. 1). Die Knickungen haben augenscheinlich nur den Zweck der Drehbewegung innerhalb des geringen zur Verfügung stehenden Raumes zwischen Amnion und Körperoberfläche überhaupt zu ermöglichen. Sobald die Drehung von der lateralen zur medialen Seite vollzogen ist, strecken die einzelnen Glieder sich wieder aus, und die Beine liegen alsdann in gerader Richtung von vorn nach hinten verlaufend, der Körperfläche an (Fig. 5).

Der gleichen Drehung unterliegen bald darauf die hinteren Maxillen. Nur vermisst man an ihnen eine Einkrümmung, und zwar augenscheinlich deswegen, weil die Glieder noch nicht scharf genug abgesetzt und überdies hinreichend kurz sind, um ohne Weiteres eine Wendung ausführen zu können. Die hinteren Maxillen gehen somit ebenfalls aus der lateralen in eine mediale Stellung über, ihre beiderseitigen Basalglieder rücken dabei aneinander und legen sich zusammen, womit dann der hintere Abschluss des Kopfes gegen den Rumpf gegeben ist.

Die vorderen Maxillen sind noch ziemlich unverändert geblieben. Ihre Laden erscheinen nur in der Längsrichtung etwas verlängert, wie dies auch bei den Mandibeln der Fall ist. Die Stammtheile des ersten Maxillenpaares zeigen sich als zwei breite kräftige Fortsätze, nächst den hinteren Maxillen stellen sie die compactesten Bestandtheile der Mundwerkzeuge dar.

Das Abdomen hat währenddessen eine eigenthümliche kahnförmige Gestalt gewonnen, welche dadurch hervorgerufen wird, dass die Tergitwülste stärker hervortreten und sich nach der Medianseite biegen, sodass die letztere etwas vertieft erscheint. Diese kahnförmige Gestalt habe ich in dem bezeichneten Stadium am deutlichsten bei Keimstreifen von Nepa ausgeprägt gefunden (Fig. 5).

Hierauf kommt es zur bekannten Umrollung des Keimstreifens, in Folge deren der Körper nach dem Riss der Embryonalhüllen an die ventrale Fläche des Eies gelangt.

2. Die Bildung des Kopfes und der Mundtheile.

Betrachtet man den Kopf eines jungen Embryo nach der Umrollung, so fällt zunächst auf, dass die hinteren Maxillen sich jetzt in ihrer ganzen Länge in der Medianlinie aneinander gelegt haben und dort verwachsen sind. Von der Verschmelzung bleiben anfangs nur die distalen oder vierten Glieder ausgeschlossen. Mit der Verwachsung der Maxillen ist das Labium (Schnabel, Proboscis oder Rostrum) der Wanze angelegt. Da die Maxillen sich unter einem Winkel aneinander gefügt hatten, so besitzt das Labium von vorn herein die Gestalt einer flachen Rinne mit nach vorn gerichteter Concavität. Während des weiteren Entwicklungsverlaufes macht sich ein Concentrationsprocess der Mundtheile geltend, welcher in einer Verschiebung der Kiefer nach vorn besteht. Dieser Vorgang ist bei allen Hemipteren sehr stark ausgeprägt und führt zu einer Zusammenschiebung der medialen zwischen den Basaltheilen der Kiefer befindlichen Hautpartie, aus welcher der Hypopharynx hervorgeht. Verglichen mit dem entsprechenden Organ anderer Insekten ist aber der Hypopharynx der Wanzen von Anfang an relativ klein und unscheinbar, obwohl es keine Schwierigkeiten macht, ihn bei sorgfältiger Präparation oder auf Schnitten zu Gesicht zu bekommen.

Er hat bei den hier besprochenen Formen im wesentlichen die Gestalt eines Kegels mit distalwärts gewendeter Spitze (Fig. 16 Hyp.).

An der Basis des Hypopharynx, in der Tiefe der sattelförmigen Einstülpung, die sich zwischen ihm und dem Labium befindet, macht sich alsbald eine ectodermale Einstülpung (Splx) bemerkbar. Die letztere liefert das Material für einen eigenartigen Druck- und Pumpapparat, den man als „Wanzenspritze" bezeichnet hat, und dessen anatomischer Bau bereits von Geise (83) und Wedde (85) ausführlich beschrieben wurde.

Der betreffende Apparat dient zum Ausspritzen des Speichels. Seine Construction ist derart, dass in einer Chitinkapsel ein kolbenartiger Stempel auf- und niederbewegt werden kann. Bei Zurückziehung des Stempels durch einen Muskel tritt in die Kapsel Speichel ein, welcher bei Erschlaffung des Muskels durch den wieder vorwärts schnellenden Stempel ausgespritzt wird.

Dieser Apparat bildet sich schon frühzeitig beim Embryo aus. Die Ectodermeinsenkung liefert die Kapsel, welche ungefähr glockenförmig gestaltet ist. Der centrale Klöppel, der sich auf dem Boden der Kapsel erhebt, wird zu dem die Pumpbewegung vermittelnden Stempel. Letzterer erhält gegen Ende des Embryonallebens eine sehr starke Chitinbedeckung. An der Spitze des Stempels entsteht abermals eine tiefe und sehr enge Einstülpung, deren Lumen mit Chitin ausgefüllt wird. Der Chitinstrang stellt die Sehne des den Stempel bewegenden Musculus retractor dar.

Auf den Ursprung der Speicheldrüsen wurde bereits oben hingewiesen. Von den zwei Drüseneinstülpungen, die anfänglich an der Basis der hinteren Maxillen sich befinden, wuchert eine umfangreiche zellige Masse ins Innere, die sich in mehrere Schläuche und Divertikel theilt und den eigentlichen Drüsenkörper nebst dessen Ausführungsgängen liefert. Die primären Drüseneinstülpungen werden bei der Bildung des Labiums mit in das Bereich der oben erwähnten Ectodermeinstülpung hinein gezogen und münden daher später in die Kapsel des Spritzapparates ein.

In morphologischer und genetischer Hinsicht ist der eben beschriebene Spritzapparat mit dem unpaaren Speichelgange anderer Insekten zu vergleichen, der bei den Wanzen (und den übrigen Rhynchoten) somit eine sehr eigenthümliche Umgestaltung erfahren hat.

Mit der Beschreibung des Spritzapparates, dessen Ontogenie bisher noch unbekannt war, ist in der Schilderung des Entwicklungsverlaufes etwas vorgegriffen worden. Es ist zunächst nothwendig, wieder auf ein früheres embryonales Stadium (zur Zeit der Umrollung) zurückzugehen.

Die Aufmerksamkeit wird während dieser Entwicklungsperiode durch Umgestaltungen der Mandibeln und Maxillen in Anspruch genommen. Die ersteren, sowie die abgegliederten Laden der letzteren sind zu langen stabförmigen Organen geworden, deren distales Ende verdickt ist. Im Innern sind einige wenige strangförmig angeordnete Mesodermzellen anzutreffen.

Am Kopf machen sich gleichzeitig Wachsthums- und Verschiebungsprocesse bemerkbar, durch welche die Untersuchung ungemein erschwert wird. Nahezu die gesammte postorale Kopfparthie, soweit sie Träger der Mandibeln und Maxillenladen ist, zieht sich in eine Art Atrium zurück, welches kapuzenförmig von der vorderen präoralen Kopfparthie überdeckt wird. Die Ueberwallung wird durch die Oberlippe eingeleitet, welche als ein Fortsatz der Clypeusanlage zu betrachten ist, der bei Nepa zu einem schmalen lancettförmigen Gebilde auswächst, ferner sind es die vorderen und seitlichen Parthieen des Kopfes, die namentlich bei Naucoris und Notonecta in Form einer Duplicatur nach hinten sich ausdehnen.

Die Mandibeln und Maxillenladen verschwinden auf diese Weise gänzlich von der Oberfläche, und erst bei genauerer Untersuchung bemerkt man, dass sie sich in tiefe, taschenartige Höhlungen zurückgezogen haben, die weit in den Binnenraum des Kopfes hineinreichen. Noch während des Einsinkens scheidet sich an ihrem distalen Ende Chitinsubstanz ab. Je tiefer nun die betreffenden Kiefertheile in das Körperinnere gelangen, desto intensiver wird die Production von Chitin, sodass schliesslich vier lange Chitingräten resultiren, zwei mandibulare und zwei maxillare, welche die bekannten Stechborsten darstellen. Die Matrix der letzteren ist also in den am Grunde der vier Kiefertaschen verborgenen kleinen Mandibeln und Maxillenladen zu erblicken. Die Stechborsten sind anfänglich sehr zarte farblose Chitingebilde, die ihre spätere characteristische dunkelbraune Färbung erst kurz vor dem Abschluss der Embryonalentwicklung gewinnen.

Das Einsinken der erwähnten Kiefertheile in ihre Taschen findet am frühesten bei Nepa statt, während sie bei Notonecta am längsten oberflächlich verbleiben und erst zur Zeit, wenn das kugelige von der Serosa gebildete Dorsalorgan in den Dotter gelangt, von den Kiefertaschen aufgenommen werden.

Hinsichtlich der Form der letzteren ist zu bemerken, dass sie bei der beträchtlichen Länge, die sie ziemlich rasch erreichen, unmöglich in gerader Richtung in das Innere des Kopfes hineinwachsen können, sie sind vielmehr gezwungen, nach der lateralen Seite sich umzubiegen und rollen sich dabei posthornförmig ein. Man kann hierbei beobachten, dass das den Mandibeln angehörende Taschenpaar von vornherein weiter ventralwärts liegt und kleiner bleibt, als das maxillare Taschenpaar.

Hiermit ist ein sicheres Unterscheidungsmittel zur Hand, welches es gestattet, ohne Schwierigkeit auch im weiteren Entwicklungsverlauf die Kiefertaschen von einander zu unterscheiden. Ein solches Merkmal ist um so wichtiger, als es eine bestimmte Entscheidung der mehrfach discutirten Frage ermöglicht, welches Stechborstenpaar der ausgebildeten Wanze den Mandibeln und welches den Maxillen anderer Insekten gleich zu setzen sei. Im Bereiche des Labiums treten bekanntlich die medianen Stechborsten zur Bildung eines unpaaren Saug- und Speichelrohres zusammen, während die lateralen Borsten isolirt bleiben. Im Hinblick auf die oben angegebene Lagerung der Kiefertaschen lässt es sich mit Bestimmtheit feststellen, dass die medianen Borsten den maxillaren, die lateralen dagegen den mandibularen Kiefertaschen angehören.

Es sind jetzt noch einige Worte über das Labium nachzutragen. Wie oben gesagt, setzt sich dasselbe aus vier Gliedern zusammen. Von denselben sind das erste und vierte am deutlichsten abgegliedert, während die beiden mittleren bis gegen Ende der Embryonalentwicklung inniger zusammenhängen.

Das basale Glied stellt bei Notonecta den breitesten und kräftigsten Abschnitt dar. Seine lateralen Parthien wölben sich so stark hervor, dass zwischen ihnen eine tiefe Furche zur Aufnahme der in das Labium eintretenden Stechborsten zurückbleibt. Diese Furche wird von der dreieckigen Oberlippe zugedeckt.

Bei Naucoris ist das Verhalten ein ganz ähnliches. Nur wird das hier sehr kurze basale Glied so vollständig von der breiten Oberlippe überdeckt, dass das Labium von Naucoris bei flüchtiger Betrachtung dreigliedrig erscheint. Nepa schliesst sich in dieser Hinsicht an Naucoris an,[1]) weist aber noch eine besondere Eigenthümlichkeit auf.

An der durch die Rinne ausgezeichneten Vorderseite des Labiums treten bei Nepa am distalen Ende des dritten Gliedes zwei tasterähnliche Fortsätze auf, die ich als Appendices Labii bezeichnen will. Sie sind bei der Imago schon seit längerer Zeit bekannt (Fig. 34 Appl).

Die Entstehung der Appendices Labii fällt in diejenige Embryonalperiode, welche unmittelbar der Umrollung des Keimstreifens vorangeht. Sobald die hinteren Maxillen sich zur Bildung des Labiums an einander legen, vertiefen sich die trennenden Einschnitte zwischen den Rüsselgliedern und zwar besonders zwischen dem 1. und 2. und dem 3. u. 4. Gliede. Die lateralen Partieen des 3. Gliedes schieben sich hierbei an der Vorderseite des Labiums etwas über das 4. Glied hinüber, sie sind anfänglich dem letzteren aufgelagert, erheben sich aber später und werden, indem sie sich abgliedern, zu den oben erwähnten Appendices. Diese letzteren sind somit ontogenetisch auf die vorstehenden distalen Spitzen des 3. Labialgliedes zurückzuführen. Das distale Ende des 3. Gliedes hat durch die Appendices eine gewisse Aehnlichkeit mit dem distalen Ende des 4. Gliedes erhalten. An dem letzteren kann man ebenfalls zwei isolirte frei vorstehende Spitzen unterscheiden, zwischen denen eine mediane Zunge, die Fortsetzung der Rüsselrinne sichtbar wird.

Die vorstehenden, jedoch nicht abgegliederten Spitzen des Endgliedes entsprechen den Appendices Labii, die mediane Zunge demjenigen Theile des dritten Gliedes, welcher den Anschluss an das vierte vermittelt.

Wenn somit die Mundwerkzeuge im wesentlichen schon innerhalb

---

[1]) Es ist mehrfach angegeben (cf. Fieber 61) und als systematisches Merkmal verwendet worden, dass das Labium von Nepa und Naucoris dreigliedrig sei. Dies ist indessen nicht zutreffend und gilt weder für Embryonen noch Imagines. Von der thatsächlichen Viergliedrigkeit des Labiums kann man sich am besten überzeugen, wenn man letzteres von der Unter-(Ventral-)Seite her betrachtet. Ich bemerke bei dieser Gelegenheit, dass ventralwärts zwischen dem 1. und 2. Labialgliede bei Notonecta sich eine Art Gelenkverbindung ausgebildet hat, indem vorspringende Chitinknöpfe in entsprechende Vertiefungen eingreifen. Die gleiche Eigenthümlichkeit ist an der entsprechenden Stelle auch bei Nepa und Naucoris vorhanden. Es spricht dies ebenfalls zu Gunsten der hier vertretenen Auffassung.

des Eies fertig gestellt werden, so tritt vor Abschluss der Embryonalentwicklung dem Beobachter doch noch ein fremdartiger Bestandtheil entgegen. Es handelt sich um die Maxillenhöcker, die als breite Fortsätze zu
beiden Seiten des Labiums hervorragen.

Bei genauerer Untersuchung ergiebt sich, dass an dem Maxillarhöcker
inzwischen eine Differenzirung eingetreten ist. Man kann einen plattenartigen medialen und einen erhabenen lateralen Theil unterscheiden. An
dem letzteren ist die Hypodermis verdickt, während der mediale Theil das
gesammte Mesoderm des Maxillarsegmentes enthält. Mit Rücksicht auf den
letzteren Umstand wird man den medialen Abschnitt als den eigentlichen
Grund- und Basaltheil des Maxillenstammes aufzufassen haben, während der
erhabene laterale Abschnitt nur eine distale Fortsetzung des Stammes darstellt. Des leichteren Verständnisses wegen gebe ich den genannten Abschnitten besondere Namen und bezeichne den medialen Theil des Maxillarhöckers als Lamina maxillaris, den lateralen als Processus maxillaris.

Im weiteren Entwicklungsverlauf ändert sich die Gestalt der soeben
beschriebenen Theile, die in einem frühen Stadium in Fig. 16 (Lamx und
Procx) abgebildet sind.

Die Lamina maxillaris wird zu einem einfachen plattenartigen Gebilde, dessen Aussenfläche mit Chitin bedeckt ist. Die Lamina bleibt indessen nicht oberflächlich liegen, sondern wird von der kapuzenartig vor-
wachsenden vorderen Kopfpartie vollständig überwölbt und ist bei der
Larve und dem ausgebildeten Insekt ohne Präparation dann überhaupt nicht
mehr sichtbar.

Erst wenn man den vorderen, eine Duplicatur darstellenden Theil
der Schädeldecke der Wanze abgesprengt hat, stösst man auf zwei kleine
mit farblosem Chitin versehene Platten, die Laminae maxillares, welche die
Ueberreste des rudimentär gewordenen Maxillenstammes repräsentiren.

Die Laminae maxillares sind in Fig. 7 (Lamx) dargestellt, sie sind
bei Notonecta von mehr rundlicher, bei Naucoris von nahezu dreieckiger
Gestalt und liegen stets zur Seite der aus dem Kopf austretenden Stechborsten.

Die Processus maxillares (Fig. 7 Procx) stossen unmittelbar an den
lateralen Rand der Lamina an, sie sind aber nicht wie diese vom Vorder-

kopf überdeckt, sondern liegen oberflächlich. Man bemerkt sie an der Basis des Labiums an der Seitenfläche des Kopfes.

Fig. 32 zeigt die Processus maxillares eines von hinten gesehenen Kopfes der Imago von Notonecta. Sie haben bei diesem Insekt eine annähernd fünfeckige Gestalt. Ihre Seitenflächen stossen an die laterale Kopfwand, an den Clypeus, an die Antennengrube, sowie an die als Gula bezeichnete Unterfläche des Kopfes an. In Form einer Duplicatur überdecken ferner die Processus maxillares ein wenig das Basalglied des Labiums. Da es sich bei den erwähnten Gebilden um flache Platten und nicht um Fortsätze oder Processus handelt, so erscheint die letztere Bezeichnung allerdings nicht glücklich gewählt, sie rechtfertigt sich aber im Hinblick auf gewisse, bei Nepa und anderen Rhynchoten noch zu beschreibende Verhältnisse.

Die vorstehende Schilderung hat im Wesentlichen auch für Naucoris Gültigkeit. Bei Nepa liegt das Verhalten schon ein wenig anders. Die Trennung des ursprünglichen Maxillarhöckers in Lamina und Processus maxillaris ist bei diesem Insekt keine so ausgeprägte wie bei den andern beiden Formen. Beide Theile bleiben bei Nepa in continuirlichem Zusammenhang. Es findet auch keine Ueberwallung der Laminae maxillares statt. Dagegen entwickelt sich der Processus maxillaris jederseits zu einem voluminösen, in seiner Gestalt an eine Zwiebelschale erinnernden Gebilde. Der Processus ist aussen convex, innen concav und umschliesst und verdeckt vollständig die kleine rechteckige Lamina maxillaris. Die beiderseitigen Processus schliessen sich bei Nepa eng an den zwischen ihnen liegenden Clypeus an. Da sie ihre convexe Seite nach aussen wenden, so sehen sie äusserlich betrachtet wie zwei Halbkugeln aus. In Fig. 34 ist der linke Processus maxillaris in seiner natürlichen Lage dargestellt, der rechte ist etwas aufgebogen, um die Lamina theilweise erkennen zu lassen.

Es hat sich somit gezeigt, dass die vorderen Maxillen der in Rede stehenden Heteropteren in höchst eigenartiger Weise umgestaltet werden. Medialwärts gliedert sich schon frühzeitig von den Maxillen eine umfangreiche Partie als Lade oder Lobus ab, und zieht sich in eine taschenartige Höhlung tief in das Innere des Kopfes zurück, um daselbst eine der medialen Stechborsten (Setae maxillares) zu produciren. Der eigentliche Maxillenkörper selbst bewahrt noch eine Zeit lang die typische Gestalt eines Höckers oder Zapfens, verliert aber schliesslich vollkommen seine Extremitätennatur. Mehr oder weniger deutlich zerfällt er darauf in einen medialen (Lamina max.) und einen lateralen Abschnitt (Processus max.). Beide Abschnitte werden zu einfachen plattenförmigen Gebilden, beide fügen sich in die Schädelwandung ein.

Es fragt sich nun, in welcher Weise die genannten Theile mit einander in Verbindung stehen und welche Anzeichen ihrer dereinstigen Zusammengehörigkeit beim ausgebildeten Insekt sich noch nachweisen lassen.

Dass der Processus nur ein Fortsatz der an ihn direkt noch anstossenden Lamina ist, wurde schon oben gesagt, es handelt sich also speciell darum, die Zusammengehörigkeit der letzteren mit der in der Kiefertasche befindlichen Lade herauszufinden. Hier giebt das Verhalten des Mesoderms im Maxillensegmente werthvollen Aufschluss. Sobald die Lade ins Innere versinkt, folgt ihr das Mesoderm in Form eines strangförmigen Gebildes und wandelt sich in einen Muskel um. Letzterer, der das Vorstossen der maxillaren Stechborsten zu besorgen hat und demnach als Protractor zu bezeichnen ist, reicht von dem Grunde der Maxillentasche bis zum vorderen Ende der Lamina maxillaris (Fig. 7 Petrmx.). Da die Maxillartaschen bis über die Kopfmitte sich nach hinten erstrecken, so ist der Muskel natürlich gezwungen, sich eben so stark auszudehnen. Der Musculus protractor maxillaris ist einer der längsten Kopfmuskeln, die es deswegen von Interesse, weil er zwei Theile miteinander vereinigt, die beim entwickelten Insekt zwar weit von einander entfernt liegen, die aber ursprünglich zusammengehörten und neben einander sich befanden.

Auch die Mandibulartaschen sind selbstverständlich mit einem Musculus protractor versehen. Der letztere geht aus einer kleinen dem Mandibularsegment angehörenden Mesodermgruppe hervor, die, wenn die Mandibel verlängert und zapfenförmig geworden ist, ein wenig vor dieser liegt. An der betreffenden Stelle gewinnt der Muskel dann einen Ansatzpunkt. Die Insertionsstelle der mandibularen Protractoren befindet sich bei der Larve und ausgebildeten Wanze am vorderen Kopfrande, genauer gesagt an der vorderen Partie der als Backe oder Jugum zu bezeichnenden Kopfparthie, und zwar dort, wo diese sich an die davor befindliche Lamina maxillaris anschliesst. In Fig. 7 ist die betreffende Stelle zu erkennen.

Eigenthümlich ist die hintere Endigung des in Rede stehenden Muskels. Meine ursprüngliche Voraussetzung, dass er sich ähnlich wie der maxillare Protractor an die zugehörige Kiefertasche anheften würde, erwies sich bei genauerer Untersuchung als unzutreffend. Der mandibulare Protractor heftet sich vielmehr an eine grosse gabelförmige Chitinsehne an, von welcher ein Ast sich mit der Mandibulartasche verbindet (Fig. 7 Chmd.). Es liegt hier ein Hebelapparat vor. Contrahirt sich der Muskel, so wird durch Drehung des Chitinstückes auf die Mandibulartasche eine Zugwirkung ausgeübt, durch welche die lateralen Stechborsten hervorgetrieben werden.

Den betreffenden Hebelapparat habe ich bei allen von mir untersuchten Cryptoceraten angetroffen. Er ist auch schon einmal beschrieben worden und zwar von Geise (83) für Notonecta. Geise ist aber dabei in den Fehler verfallen, den ganzen eigenartigen Bewegungsmechanismus anstatt den Mandibeln den Maxillen zuzuschreiben, von denen er meint, dass sie sehr weit vorgestossen werden mussten. Letzteres ist auch vom physiologischen Standpunkte nicht ganz zutreffend, indem bekanntlich beim Stechen der Wanze zuerst und mit grosser Energie die mandibularen Stechborsten hervorgeschnellt werden, um die zum Saugen nothwendige Verwundung des Beutethieres herbeizuführen.[1)]

Abgesehen von den Protractoren sind die Mandibel- und Maxillentaschen auch mit Retractoren versehen. Letztere gehen ebenfalls aus dem Mesoderm der betreffenden Kiefersegmente hervor. Die Mesodermelemente, welche zu den Rückziehmuskeln werden, stellen die unmittelbare Verlängerung des im Lumen der Mandibel- resp. Maxillenlade befindlichen Mesoderms dar. Die Insertionsstelle befindet sich anfangs lateral von den ge-

---

[1)] Der Irrthum Geise's wurde wohl zum Theil dadurch hervorgerufen, dass dieser Autor sich allzusehr auf das Studium von Schnittserien verlassen hat. Genügenden Einblick in die etwas verwickelten topographischen Verhältnisse des Rhynchotenkopfes kann man aber am besten durch die allerdings mühsame Präparation mittelst Pincette und Nadel gewinnen. Ich bemerke der Vollständigkeit wegen, dass ich an der Maxillartasche von Naucoris einen Chitinbalken angetroffen habe, der von der hinteren seitlichen Kopfwandung ausgeht und den Grund der Tasche umgreift. Dieser Chitinbalken dient indessen keineswegs zur Anheftung des Protractor, sondern hat offenbar nur den Zweck, eine laterale Verschiebung der Kiefertasche innerhalb des Kopfes unmöglich zu machen. Ob eine solche Sicherung auch bei Notonecta vorkommt, vermag ich nicht bestimmt zu sagen, bei Nepa ist jedenfalls eine ähnliche Einrichtung vorhanden.

nannten Kiefertheilen an der Hypodermis. Wenn die letztere später zur Bildung der Kopfkapsel nach hinten und dorsal ausgewachsen ist, so befindet sich die Insertionsstelle der Retractoren an der hinteren Kopfwandung. Das entgegengesetzte Ende der genannten Muskeln steht direct mit dem Grundtheile der entsprechenden Kiefertasche in Zusammenhang (Fig. 7 Retrmd und Retrmx). Bei den Mandibeln von Naucoris habe ich zwei Rückziehmuskeln nachweisen können, indem ausser dem grossen Retractor noch ein sehr viel kleinerer vorhanden ist, der sich mittelst einer langen dünnen Chitinsehne an den Grund der Mandibeltasche anheftet.

Hinsichtlich der Bildung der eigentlichen Schädelkapsel ist zu erwähnen, dass sich die Wandungen der letzteren hauptsächlich auf den Clypeus und die primären Kopflappen, sowie auf das Antennensegment des Keimstreifens zurückführen lassen.

Die Tergite der Kiefersegmente betheiligen sich dagegen nur in geringem Maasse an dem Aufbau des Kopfes, sie liefern die hinteren seitlichen Partien desselben, an denen die Retractoren der Kiefertaschen inseriren.

Aus den Kopflappen geht der Hauptbestandtheil der oberen Schädeldecke hervor, besonders die Stirn und ferner die umfangreichen Facettenaugen. Trotz des übereinstimmenden Ursprungs dieser Theile setzt sich aber das die Augen enthaltende Feld durch eine deutliche Nahtlinie gegen die Stirn ab (Fig. 34). Es ist dies ein Beweis dafür, dass durch die Nahtlinien nicht immer die Grenzen primärer Körperabschnitte markirt werden, sondern dass die Nähte oft nur die Bedeutung secundärer Stützleisten oder Insertionslinien von Muskeln besitzen.

Die Theile des Antennensegmentes, welche von vorn herein mit dem Kopflappen bezw. der Stirn in Zusammenhang stehen, liefern abgesehen von den Antennen selbst noch die seitlichen vorderen Partien des Schädeldaches. Diese Theile pflegen bei den Hemipteren als Juga bezeichnet zu werden. Bei Naucoris und Notonecta sind letztere mit dem Clypeus verwachsen und überwölben die Laminae maxillares.

Bei Nepa sind die Juga deutlich ausgebildet und zwar treten sie in Form von zwei halbkugeligen Vorsprüngen auf. Es werden von ihnen die hinteren der vier rundlichen Ausbauchungen gebildet, die bei Betrachtung eines Nepakopfes sogleich auffallen (Fig. 34 Iu).

Die vorderen Ausbauchungen entsprechen den oben beschriebenen Processus maxillares.

3. Die Bildung des Thorax.

Die Anlage des Brustabschnittes und die sich hieran anschliessenden ersten Entwicklungsphasen sind bereits in einem vorhergehenden Abschnitt besprochen worden, und es wurde bereits auf die drei Paar von auffallend grossen Tergitanlagen hingewiesen.

Die letzteren sind in etwas späteren Stadien nicht mehr so deutlich zu unterscheiden. Sie werden dann nämlich zum Theil von den breiten Basaltheilen der Beine überdeckt. Dies Verhalten ändert sich, sobald die Thoraxextremitäten die oben beschriebene Drehung von der lateralen nach der medialen Seite ausführen. Ist dies geschehen, so treten die Tergitenanlagen wieder deutlich hervor, liegen dann aber nicht wie früher vor, sondern lateral von der Ansatzstelle der Beine (Fig. 1).

In diesen Stadien sind bereits Stigmen zu bemerken, die am vorderen Rande des Meso- und Metathorax zwischen Extremität und Tergitanlage aufgetreten sind.

Auf die Gliederung der Beine ist bereits früher hingewiesen worden. Später gliedert sich am proximalen Ende des Femur und der Coxa abermals ein weiteres Stück ab. Das erstere ist der bekannte Schenkelring. Trochanter, das zwischen Rumpf und Coxa befindliche Stück bezeichne ich als Subcoxa (Fig. 15 Subx).

Ueber die Bildung der Bauchplatten in den Thoraxsegmenten ist nicht viel zu berichten, indem die ganze median zwischen den Beinen gelegene Fläche die entsprechenden Sternite liefert. Einiges Interesse bietet jedoch noch die weitere Entwicklung der Tergitenanlagen. Dieselben sondern sich nämlich noch vor der Umrollung des Keimstreifens in zwei Abschnitte. Der eine Theil (Fig. 15 Tergw) ist schmal und bleibt unmittelbar neben der Ansatzstelle des Beines zurück, während der andere Theil (Fig. 15 Tergt, welcher sich stark ausdehnt, den Dotter umwächst, mit der gegenüberliegenden Tergitanlage in der dorsalen Medianlinie sich vereinigt und mit dieser zusammen dann die eigentliche Rückenplatte (Tergit) im engeren Sinne bildet.

Der schmale, lateral von der Ansatzstelle der Extremität zurückgebliebene Theil der Tergitenanlage liefert den ventralwärts umgebogenen Seitenrand der Rückenplatten. Dieser Rand betheiligt sich demnach bei der Larve an der Herstellung der Ventralfläche des Körpers, er entspricht bestimmten Chitinstücken, die auch im Abdomen auftreten und welche ich Paratergite nennen will. Es ist hervorzuheben, dass im Thorax Tergite und Paratergite nicht abgegliedert sind, sondern dass eine Grenze zwischen ihnen lediglich durch den scharfen Seitenrand des Körpers hergestellt wird.

Die im Thorax zur Entwicklung gekommenen Stigmenpaare erleiden in der Folge eine Verschiebung. Das dem Mesothorax angehörende Paar nimmt nämlich eine intersegmentale Lage zwischen Meso- und Prothorax ein und gelangt schliesslich noch während der Embryonalzeit vollkommen in den hinteren Abschnitt des letzteren. In ähnlicher Weise tritt das dem Metathorax zuzurechnende Paar in den Mesothorax hinüber. Gewissermaassen als Ersatz dafür schliesst sich das erste abdominale Stigmenpaar dem Hinterrande des Mesothorax an. Die Thoraxsegmente sind durch diese Vorgänge in den Besitz von Stigmen gelangt, die ihnen ursprünglich nicht angehören. Natürlich erfolgt bei diesen Wachsthumsprocessen nicht nur eine Verschiebung der eigentlichen Stigmen selbst, sondern mit diesen tritt gleichzeitig auch die das Stigma unmittelbar umgebende Hypodermispartie hinüber. Die letztere bezeichne ich als Stigmenträger oder als Pleurit.

Es liegt nicht in meiner Absicht, die Ausbildung der einzelnen Chitinstücke und ihre Formen bis ins Detail hinein zu beschreiben, ebensowenig kann hier auf die weitere Ausbildung der Extremitäten eingegangen werden. Nur in den wichtigsten Grundzügen mag noch die spätere Gestaltung des Thorax bei den zur Untersuchung verwendeten Insekten eine Berücksichtigung finden.

An den Larven von Naucoris (Fig. H) bemerkt man bei einer Ansicht von der Ventralseite, dass im Metathorax sich die Coxalglieder der Beine an das Hinterende einer keulenähnlich geformten Chitinplatte anheften. Dieselbe (Subx III) befindet sich zwischen dem Metasternum und dem umgebogenen Rand des Rückenschildes (Paratergit), während sie sich vorn an den Hinterrand der Mesothorax anschliesst. Diese Platte entspricht zwar nicht vollkommen, aber doch zum Theil der embryonalen Subcoxa des

Beines, welche also nicht, wie man ihrer Genese nach eigentlich hätte erwarten sollen, zu einem bleibenden Glied der Extremität geworden ist. Die Subcoxa hat vielmehr bei der Bildung der ventralen Rumpfwand Verwendung

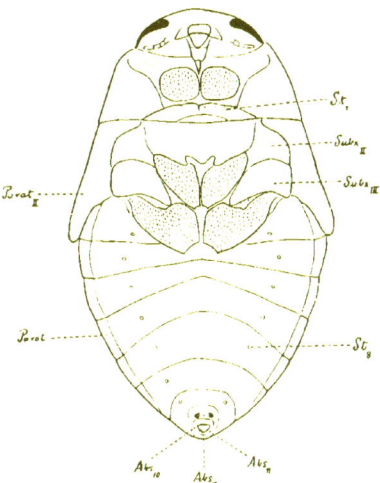

Fig. 11. Männliche Larve von Naucoris cimicoides, von der Ventralseite betrachtet.
Die 6 Thoraxbeine sind amputirt, die noch stehen gebliebenen coxalen Stümpfe derselben der
Deutlichkeit wegen punktirt worden. Die Umrisse der drei vordersten Stigmenpaare, welche
etwas verborgen liegen, sind nur durch Punkte angegeben. Die 3 dunklen Flecke im Bereiche
des 9. Abdominalsternites markiren die Anlagen der Genitalanhänge.
Abs = Abdominalsegment, Parat = Paratergit, St_1 = erstes Stigma, St_8 = achtes Stigma.
Subx = Lamina subcoxalis.

gefunden, indem sie an der Herstellung einer Chitinplatte Antheil nahm, die ich dementsprechend Subcoxalplatte nennen will.

Im Mesothorax, wo das embryonale Subcoxalglied ebenfalls in die

Rumpfwand einschmilzt, liegen die Verhältnisse ganz ähnlich. Die Subcoxalplatte (Subx II) ist hier aber bedeutend kleiner, weil der mediale Abschnitt derselben mit dem Mesosternum verwachsen ist, während der laterale Theil frei bleibt und wie im Metathorax als distinktes Sceletstück deutlich erkennbar ist. Im Prothorax endlich hat die Vereinigung zwischen dem Subcoxalgliede und der Sternalpartie noch weitere Fortschritte gemacht. Selbstständige Subcoxalplatten fehlen in Folge dessen, nur die lateral und vor der Hüfte gelegene Partie des Prosternum lässt sich auf dieselbe beziehen.

Bei der Imago von Naucoris ist das Verhalten noch ein ganz ähnliches, jedoch hat sich im Metathorax die laterale Partie der Subcoxalplatte in Form einer schuppenförmigen Duplicatur nach hinten verlängert, und bedeckt theilweise das Hüftglied.

Am Hinterrande des Prothorax findet man (besonders deutlich bei der Larve) zwei annähernd elliptische Chitinstücke, in denen sich die Stigmen (St_1) befinden. Die betreffenden Theile sind genetisch als die Pleurite des Mesothorax aufzufassen. Im Meso- und Metathorax haben die Stigmen eine etwas verborgene Lage, vor bezw. hinter den Hinterhüften.

Die lateralen Theile der Tergite (Paratergite) verlängern sich in den beiden zuletzt erwähnten Segmenten bei älteren Larven und werden, indem sie nach hinten auswachsen, zu den Flügeln der Imagines.

Bei den jungen vor kurzem ausgeschlüpften Larven von Notonecta ist die Zusammensetzung des Thorax eine sehr ähnliche wie bei Naucoris, abgesehen natürlich von der etwas abweichenden Form der einzelnen Sceletstücke.

Die Rückenschilder besitzen einen ventralwärts umgeschlagenen Seitenrand, der mit Haaren besetzt ist. Vor den sehr starken Hüften der Hinterbeine liegen die Subcoxalplatten, medialwärts in eine zipfelförmige Spitze auslaufend. Im Mesothorax ist der mediale Theil der Subcoxalplatte mit dem Mesosternum vereinigt, der laterale läuft ebenfalls hinten in ein Zipfelchen aus. Dem lateralen und hinteren Rande der genannten Platte genähert, ist das Stigmenpaar angebracht.

Im Prothorax sind die Seitentheile des Tergites nicht so weit ventralwärts umgeschlagen, sie reichen bei älteren Larven nur bis zum Körperrande selbst hin. Lateral von den Vorderhüften befinden sich die nur un-

deutlich abgesetzten, etwas erhabenen und ebenfalls zipfelförmig ausgehenden
Subcoxalstücke. Dem Hinterende des Prothorax genähert zeigt sich endlich
das vorderste Stigmenpaar in der Region der dort eingeschmolzenen (meso-
thoracalen) Pleurite.

Während der larvalen Entwicklungsperiode findet hauptsächlich eine
Vergrösserung und weitere Entfaltung der Subcoxalplatten statt. Dieselben

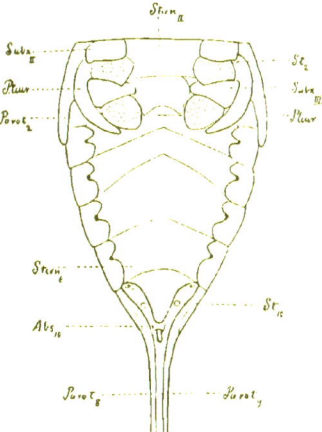

Fig. III.   Abdomen und die beiden hinteren Thoraxsegmente einer Larve von Nepa cinerea.
Abs = Abdominal-segment. Parat = Paratergit. Pleur = Pleurit. St = Stigma.
Stern = Sternit. Subx = Lamina subcoxalis.

werden zu schuppenförmigen Gebilden, die mit langen schwarzen Haaren
besetzt sind. Diejenigen des Metathorax sind besonders stark entwickelt
und überdecken bei der Imago die Basis der Hinterbeine.

Die Gattung Nepa nimmt in mancher Hinsicht eine etwas isolirte
Stellung ein. An den drei Thoraxsegmenten sind bei der Larve die Seitentheile der Rückenschilder überhaupt nicht ventralwärts umgeklappt, sondern

überragen lateral nur ein wenig den Körperrand. Vor den Coxen der beiden hinteren Beinpaare liegen die Subcoxalstücke (Fig. III Subx), sich an der Bildung der ventralen Körperwand betheiligend. Im Prothorax weisen die nicht mehr deutlich abgegrenzten Subcoxalpartieen der nach vorn gewendeten Stellung der Raubbeine wegen die umgekehrte Lagerung auf, d. h. sie liegen hier hinter den Vorderhüften.

Am Hinterrande des Prothorax ist das vorderste Stigmenpaar anzutreffen. Die folgenden befinden sich in der weichen Verbindungshaut an der Seite des Mesothorax. Vor den letzteren Stigmen erhebt sich ein zipfelförmiger Fortsatz mit frei nach hinten gewendeter Spitze. Dieser Fortsatz (Fig. III Pleur) entspricht den metathorakalen Pleuriten, deren Verschiebung an die bezeichnete Stelle hin während der Embryonalentwicklung sich verfolgen lässt.

Die in Rede stehenden zipfelförmigen Pleurite sind bei der jungen Larve sehr klein und lassen sich erst bei genauerer Untersuchung unter dem freien Rande der Rückenplatte auffinden. Schon bei den nächstfolgenden Häutungen werden sie aber zu langen sichelförmig gekrümmten Gebilden, deren Spitzen sogar die Hinterbeine von der lateralen Seite her umgreifen. Diese sichelförmigen Pleurite sind eine charakteristische Eigenthümlichkeit älterer Nepalarven. Bei den Imagines sind sie zwar noch vorhanden, aber bei weitem nicht mehr so auffällig; sie liegen noch lateral von den Coxen der Mittelbeine und gehen hinten in eine kleine dreieckige Spitze aus.

4. Die Bildung des Abdomens.

Bezüglich der Bildung des Abdomens ist bereits oben darauf hingewiesen worden, dass sich beim Keimstreifen 11 deutliche Segmente anlegen, während ein selbständiges Telson fehlt. Noch beim Keimstreifen treten in den ersten acht Abdominalsegmenten Stigmen auf. Nach der Umrollung geht dann die Bildung der Rücken- und Bauchplatten vor sich.

Jedes Sternit entwickelt sich aus drei Theilen, und zwar zeigt sich diese primäre Zusammensetzung dann besonders deutlich, wenn beim Embryo die Concentration der Bauchganglienkette vor sich geht. Die Verkürzung des Bauchmarkes ist bei den Rhynchoten bekanntlich eine besonders weitgehende und führt schon während des Embyronallebens zu einer vollständigen Entblössung des Hinterleibes von Bauchganglien.

Sobald die Zusammenziehung erfolgt, bemerkt man, dass die medianen Partien des 1.—10. Abdominalsegmentes, in denen die Ganglienanlagen sich befinden, stark sich emporwölben und damit deutlich von den vertieft erscheinenden lateralen Theilen der Segmente sich abheben. In diesem Stadium besteht dann jedes Sternit aus drei Hypodermisplatten, einer erhabenen medianen, welche die Ganglienanlage enthält (Medianfeld) und zwei lateralen, die von der ersteren zum Tergit reichen (Lateralfelder).

Die geschilderte Entstehungsweise der Bauchplatten entpricht ganz der von mir dargelegten primären Zusammensetzung der Sternite bei Orthopteren (95). Während nun aber bei diesen Insecten sehr häufig (Blattiden) die laterale Hälfte jeder Bauchplatte fast vollkommen von der Gliedmaassenanlage gebildet wird, so betheiligen sich letztere bei den Hemipteren nur in äusserst geringem Maasse an der Herstellung der Seitentheile der Bauchplatten. Nur die unmittelbar an das Stigma angrenzende Partie kann auf Gliedmaassenreste zurückgeführt werden.

Die Entwicklung der Tergite vollzieht sich in bekannter Weise indem die beiderseitigen Anlagen den Dotter umwachsen und sich dorsal vereinigen. Ein typisches abdominales Tergit besteht alsdann gerade wie ein thorakales aus einer dorsal gelegenen Partie und aus zwei kleinen lateralen Abschnitten, welche ventralwärts umgeklappt sind und sich grösstentheils auf die eben erwähnten Tergitwülste zurückführen lassen. Auf diese Weise kommt auch im Abdomen ein scharfer Körperrand zu Stande. Am 1. Abdominalsegment ist jedoch das Tergit eine einfache schmale Spange, an welcher ventralwärts umgebogene Seitenstücke vermisst werden.

Nach diesen allgemeinen Vorbemerkungen wende ich mich zu einer speciellen Betrachtung der einzelnen von mir untersuchten Formen.

a) Naucoris.

Die Bestandtheile des 11. Abdominalsegmentes verschmelzen schon beim Embryo zur Bildung eines kegelförmigen Zapfens, der die Bezeichnung Analkonus führen mag. Tergit und Sternit des 10. Abdominalsegmentes werden zu einem Ring, der den Analkonus umgreift.

An der Fig. 4, welche das Hinterende eines männlichen Embryo von Naucoris wiedergiebt, schimmern durch das Sternit des 10. Abdominalsegmentes zwei laterale dunkle Flecken (Amp) hindurch. Letztere werden hervorgerufen durch die ampullenartig verdickten Enden der Vasa deferentia, welche sich an dieser Stelle an die Hypodermis anheften.

Der Analkonus ist vom 10. Abdominalringe durch eine an der Abbildung als dunkele Zone angegebene Intersegmentalhaut getrennt. Bei genauerer Untersuchung ergiebt sich, dass der Analkonus aus zwei koncentrischen eng mit einander verbundenen Ringen zusammengesetzt ist. Der äussere Ring ist ventralwärts stärker entwickelt, der innere, welcher möglicherweise die Andeutung eines Analsegmentes darstellt, bildet die eigentliche Umwallung der Afterspalte (A). Die Grenze zwischen den beiden Ringen ist in der Figur stärker angegeben, als es der Wirklichkeit entspricht.

Bei der Larve (Fig. 11) zeigt sich zwischen den schmalen ventralwärts umgeklappten Seitentheilen der Rückenplatten und den Sterniten keine Nahtlinie. Erstere unterscheiden sich von letzteren aber dadurch, dass ihnen der dichte Haarbesatz mangelt, ein Verhalten, welches auch noch für die Imago zutreffend ist. In Fig. 11 sind die Grenzen zwischen den Seitentheilen der Rückenplatten und den Sterniten schematisch durch Linien angegeben worden. Die abdominalen Stigmenpaare (2.—8.) liegen bei der Larve im Bereich der Sternite. Besondere Pleurenplatten sind demnach im Abdomen nicht zur Entwickelung gekommen.

Bei den Imagines von Naucoris zeigt sich die auffallende Erscheinung, dass im 3.—8. Abdominalsegmente die Bauchplatten sich je in einen mittleren und zwei laterale Theile gegliedert haben. Der erstere Theil mag als Sternit s. str. bezeichnet werden. Die seitlichen Theile wurden von Verhoeff (93) als „untere Pleuren" gedeutet, da sie indessen (bei Naucoris nicht einmal sehr scharf) abgetrennte Seitenstücke der Sternite sind, so wende ich für sie den Namen Parasternite an. Die Stigmen, welche schon früher dem lateralen Rande der Bauchplatten genähert waren, finden sich in den bezeichneten Abdominalsegmenten jetzt in den Parasterniten vor.

Das 7. Sternit überdeckt im weiblichen Geschlecht, welches ich zuerst besprechen will, grösstentheils die an der 8. und 9. Bauchplatte zur

Entwicklung (gekommenen Geschlechtsanhänge (Gonapophysen). Während
bis zum 7. Segmente die Parasternite von dem eigentlichen Sternit nur
durch eine feine schmale Linie abgegrenzt sind, so trennen sich im 8. Abdominalsegment die stigmentragenden Parasternite (Fig. 9 Parast.) vollkommen
von dem aus zwei Hälften bestehenden Sternum ab und betheiligen sich
an der Bildung der beiden flossenförmigen zur Seite des Hinterleibsendes
befindlichen und nach hinten gewendeten Fortsätze.

Die Rückenfläche dieser flossenförmigen Fortsätze wird von den
Seitentheilen des 8. Tergites gebildet. Da dieselben von dem mittleren
Theile des 8. Tergites durch eine Nahtfurche, welche in Fig. 9 durchschimmert,
sich absetzen, so kann man sie entsprechend als Paratergite (obere Pleuren
nach Verhoeff) bezeichnen.

Das 9. Sternit besteht aus zwei schmalen Plättchen, die mit dem von
den vorderen Gonapophysenpaaren gebildeten Legestachel in Verbindung
stehen. Das 9. Tergit setzt sich aus zwei flügelförmigen Stücken zusammen,
deren verschmälerte Theile in der dorsalen Medianlinie an einander stossen.

Die Bestandtheile des 10. Abdominalsegmentes sind nicht mehr als
solche zu erkennen. An dem Analkonus fällt einmal die bedeutendere Grösse
im Vergleich zu den larvalen Stadien auf und zweitens zeigt sich an seinem
distalen Ende dorsalwärts eine lancettförmige Verlängerung, welche man
auf ein 11. Tergit beziehen kann. Diese Verlängerung überragt die ab-
gerundete ventrale Platte (11. Sternit).

Im männlichen Geschlechte liegen die Verhältnisse im allgemeinen
ähnlich wie im weiblichen. Am 5. und namentlich am 6. Tergit ist eine
Theilung in einen mittleren und zwei seitliche Stücke erfolgt. Die flossenförmigen Seitentheile des 8. Tergites besitzen die entsprechende Gestalt wie
beim Weibchen, ich fand sie aber beim Männchen nicht so deutlich abgesetzt. Das 8. Sternum bleibt im männlichen Geschlecht ungetheilt.

Das 9. Segment ist stark chitinisirt und hat dadurch eine eigenthümliche Form gewonnen, dass sich seine ventrale Partie sehr stark verlängert hat und das Ende des kielförmig auslaufenden Abdomens bildet.
Der Dorsalfläche des 9. Segmentes sitzt der kleine Analkonus auf, an dem
eine so starke Entwicklung des 11. Tergums, wie sie beim Weibchen hervortritt, vermisst wird. —

Meine Ergebnisse weichen von den von Verhoeff (93) für das Abdomen der
weiblichen Imago von Naucoris gemachten Angaben hauptsächlich in zwei
Punkten ab. Dem genannten Autor zufolge soll zunächst der Analkonus
aus dem 10. Tergit und Sternit zusammengesetzt sein, eine Auffassung, die
indessen deswegen unhaltbar wird, weil sich bei der Larve das 10. Abdominalsegment noch deutlich in Form eines den Analkonus umgebenden Ringes
zeigt (Fig. 11 u. 22). Erst bei der Umwandlung zur Imago wird das betreffende Segment rückgebildet.

   Ferner beschreibt Verhoeff zwei eigenartige Fortsätze: „Ausserhalb
der 9. und 10. Dorsalplatte lagert jederseits ein sehr reich beborsteter, im
Innern von Tracheen durchzogener Kegel, welcher sich an seiner inneren
Basis an die 9. Dorsalplatte anlegt. Diesem Konus ... lege ich die Bezeichnung Pseudostylus bei." Hinsichtlich der morphologischen Natur desselben giebt Verhoeff an, dass der „Pseudostylus" den „Pleuren" (also
Paratergiten oder Parasterniten) des 9. Abdominalsegmentes entspreche.
Letztere Auffassung dürfte wohl dadurch entstanden sein, dass der erwähnte
Autor sich nur auf die Untersuchung des weiblichen Geschlechtes beschränkt
hat. Bei Berücksichtigung auch des anderen Geschlechtes ergiebt sich aber
sogleich, dass beim Männchen die entsprechenden kegelförmigen Anhänge
nicht vorkommen, und dass die Pseudostyli somit Gebilde darstellen, die
speciell dem Weibchen eigenthümlich sind. Ueber ihre wahre Bedeutung
liefern ebenfalls entwicklungsgeschichtliche Untersuchungen Aufschluss. Es
zeigt sich nämlich, dass die „Pseudostyli" aus Hypodermiswucherungen der
9. Bauchplatte hervorgehen. Entsprechende Wucherungen in demselben und
in dem vorhergehenden Sternit gestalten sich zu den Gonapophysen um,
und es kann daher keinem Zweifel unterliegen, dass die angeblichen Pseudostyli oder Pleuren der weiblichen Imago nichts anderes als das laterale
Paar der hinteren (am 9. Segment entstehenden) Gonapophysen sind. In
Fig. 22 sind die zu den Genitalanhängen das Weibchens werdenden larvalen
Hypodermisverdickungen dargestellt worden. Mit den vier medianen Anlagen,
welche die spätere Legeröhre zu liefern haben, stimmen die beiden lateralen
hinteren Hypodermiserhebungen vollkommen in ihrem Aussehen überein.[1])

---

   [1]) Im Interesse etwaiger Nachuntersuchungen sei bemerkt, dass jugendliche Individuen
am besten geeignet sind, um constatiren zu können, dass die erwähnten sechs Anlagen that-

Die betreffenden lateralen Geschlechtsanhänge des 9. Segmentes haben allerdings nichts mit der Bildung der eigentlichen Legeröhre zu thun, sondern scheinen mehr die Bedeutung von Tastorganen zu besitzen. Solche sind vermuthlich für die Weibchen von Naucoris um so wichtiger, als dieselben ihre Eier in das Parenchym von Wasserpflanzen zu versenken pflegen.

Es sind also bei Naucoris im weiblichen Geschlechte nicht zwei, sondern wie bei zahlreichen anderen Insecten drei Gonapophysenpaare vorhanden, von denen das laterale hintere Paar mit Sinneshaaren besetzt ist, während die anderen beiden Paare stark chitinisirt sind und den Legestachel bilden.

b) Notonecta.

Das Abdomen ist bei den Embryonen und Larven in ganz entsprechender Weise wie bei Naucoris gegliedert. Die Abdominalstigmen (2.–8.) sind bei der Larve ebenfalls in den Lateraltheilen der Sternite anzutreffen. Die Seitentheile der Tergite sind ventralwärts umgeschlagen, und ihr medialer Rand ist daselbst mit langen schwarzen Grannen versehen. Im Gegensatz zu Naucoris tritt daher die Grenze zwischen den umgeklappten Seitenstücken der Tergite und den Sterniten ausserordentlich scharf hervor.

Das hinterste Ende des spitz auslaufenden Abdomens wird von dem 9. Tergite gebildet. Umgeben von dem 9. zeigt sich das schmale ringförmige 10. Segment. Innerhalb des letzteren befindet sich durch eine weiche Intersegmentalhaut getrennt der Analkonus, an dessen distalem Ende die dorsale Verlängerung kürzer als die ventrale bleibt.

Bei den Imagines trennen sich im 3.–7. Abdominalsegment durch Absetzung der stigmentragenden Seitentheile der Sternite gegen den medialen Theil der Bauchplatten wieder besondere Parasternite ab. Dieselben sind mit den umgeklappten Seitentheilen der Tergite (Paratergite) zwar verwachsen, doch markirt sich, abgesehen von der verschiedenartigen Färbung, die Grenze auch noch durch den schon bei der Larve erwähnten Haarbesatz.

sächlich das Bildungsmaterial für die Gonapophysen enthalten. Untersucht man dagegen Larven, welche kurz vor der Umwandlung zur Imago stehen, so sind unter der Larvenhaut bereits die Körpertheile der Imago (Legeröhre etc) erkennbar, letztere decken sich dann aber nicht mehr mit den larvalen Anlagen. Selbstverständlich hat dies nicht allein für Naucoris, sondern auch für andere Formen Gültigkeit.

Vom 8. Abdominalsternit haben sich ebenfalls die stigmentragenden Lateraltheile abgegliedert. Sie verschmelzen indessen im weiblichen Geschlecht mit den Paratergiten, während im männlichen das 8. Stigmenpaar in die weiche Bindehaut zwischen Rücken- und Bauchplatte gelangt.

Bezüglich der Tergite ist hervorzuheben, dass dorsalwärts ihre Seitentheile die Neigung zeigen, von dem mittleren Theile sich abzutrennen. Hierdurch bilden sich wieder Paratergite aus, die im 7. und 8. Segmente zur Entstehung von flossenförmigen Anhängen Veranlassung geben.

Im 9. Segment ist das Tergit beim Männchen zu einer schmalen, quer gelagerten Chitinspange geworden, beim Weibchen besteht es aus zwei, nur durch eine enge mediane Brücke verbundene Hälften. Das 10. Segment ist bei der Imago rückgebildet. Am Analkonus ist die dorsale Platte breiter als die ventrale.

Bezüglich der Gestaltung der weiblichen Genitalsegmente kann ich auf die eingehendere Beschreibung Verhoeff's (93) verweisen und bemerke nur, dass hinsichtlich der von ihm erwähnten Pseudostyli dasselbe gilt wie für Naucoris. Die von Verhoeff beschriebenen „Styloide" treten gleichfalls erst bei der Imago auf, sie sind als Fortsätze der 9. Ventralplatte zu betrachten, eine Homologie zwischen ihnen und den Styli niederer Insecten (Thysanuren) ist jedenfalls aber nicht vorhanden.

c) Nepa.

Schon bei den Embryonen von Nepa fällt die sehr starke Entwicklung der abdominalen Tergitwülste auf, die im 2.—9. Segmente gelegen sind (Fig. 5). Hiermit steht in Verbindung, dass nach der Umrollung die auf die Tergitwülste zurückzuführenden Seitentheile der Tergite sowohl im 8. wie im 9. Segmente sich in sehr beträchtlicher Weise nach hinten verlängern. Diese Seitentheile, welche man entsprechend wieder als 8. und 9. Paratergite bezeichnen kann, bilden, indem sie sich an das gleichfalls verlängerte 9. Tergit anlegen, einen eigenthümlichen schaufelförmigen Fortsatz. Letzterer gewinnt bereits während des Embryonallebens eine derartige Länge, dass er, wegen des beschränkten Raumes in der Eischale, gezwungen ist, sich dorsalwärts umzuklappen.

Ich übergehe eine eingehende Beschreibung der genannten Theile beim Embryo, deren Entwicklung von mir Schritt für Schritt verfolgt werden konnte, und wende mich zu einer Betrachtung des Abdomens bei der Larve, bei welcher die einschlägigen Verhältnisse sehr viel klarer und übersichtlicher erscheinen.

Die Abdominalschaufel ist bei der Larve gerade nach hinten ausgestreckt und zeigt sich deutlich aus den oben genannten Theilen zusammengesetzt. Ein medianer Streifen, der vorn breiter ist, hinten sich verschmälert, entspricht dem verlängerten hinteren Abschnitt des 9. Abdominaltergites. Durch zwei helle Nahtlinien davon getrennt erscheinen die zu seinen Seiten liegenden bandförmigen Paratergite desselben Segmentes. Am vorderen Ende dorsal vereinigen sich diese drei Stücke zur Bildung des 9. Tergites s. str. Die beiden ventralwärts umgebogenen Lateraltheile der Abdominalschaufel werden von den Paratergiten des 8. Abdominalsegmentes gebildet. Letztere sind durch helle Linien von den 9. Paratergiten abgesetzt und gehen vorn in ein deutlich differenzirtes bogenförmiges Tergit über. Die Paratergiten des 7. Abdominalsegmentes stellen den Uebergang der Abdominalschaufel zum Rumpftheil dar. Betrachtet man das larvale Abdomen von der Ventralseite, so zeigt sich, dass die Ränder der tief ausgehöhlten halbrohrförmigen Abdominalschaufel mit langen Haaren besetzt sind, welche dieselbe zu einem Rohre ergänzen, durch welches die Luft zu dem am Grunde befindlichen Stigmen (des 8. Segmentes) hingeleitet werden kann.

Das 10. Abdominalsegment stellt bei der Nepalarve nicht einen kurzen Ring dar, in dessen Höhlung der Analkonus eingefügt ist, sondern das cylindrische 10. Segment und der Analkonus folgen aufeinander und sind auch ungefähr gleich lang. Das 10. Segment ist zwar relativ schwach chitinisirt, aber mit Borsten besetzt und gliedert sich vorn und hinten deutlich ab (Fig. III.)[1]

Die ventralwärts umgeklappten Seitentheile der Tergite (Tergitwülste) sind vom 2.—6. Abdominalsegment bei der Nepalarve gut entwickelt, medial enden sie mit breitem umgebogenen Rand, in dessen Mitte vom 3.—6. Segment

---

[1] Abgesehen von der selbstverständlich schematischen Fig. III kann ich auf eine früher veröffentlichte Zeichnung (Morphol. Jahrbuch Bd. 24. Tafel I. Fig. 3) hinweisen, welche gerade die betreffende Partie bei einer älteren weiblichen Nepalarve genau wiedergiebt.

je eine weite mit Haaren ausgekleidete Grube (Sinnesgrube) liegt. Lateral reichen sie bis zum Körperrand und gehen dort ohne Grenze in das zugehörige Tergit über.

Die Stigmen befinden sich dicht am lateralen Rande der Bauchplatten. Bei der Umbildung der Larve zur Imago vollzieht sich sowohl eine Veränderung der Bauchplatten wie der Rückenplatten. Im 2. 6. Abdominalsegment setzen sich die stigmentragenden Lateraltheile der ersteren ab, so dass damit Parasternite entstehen. Mit Ausnahme des 6. Abdominalsegmentes reichen dieselben jetzt bis zum Körperrand, indem bei der Umbildung zur Imago die bisher ventralwärts umgeklappten Seitentheile der Tergite grösstentheils rückgebildet worden sind. Dorsal treten Paratergite auf, die sich deutlich gegen das Tergit abgrenzen, sie reichen aber im 2.—5. Abdominalsegment nur noch bis zum scharfen Körperrand hin.

Von besonderem Interesse sind die Umwandlungen am Hinterrande, welche zur Bildung der bekannten langen Athemröhre führen.

Untersucht man Larven, welche unmittelbar vor der Metamorphose zur Imago stehen, so zeigt sich, dass im Innern der oben beschriebenen Abdominalschaufel nur theilweise eine Neubildung der Chitinkutikula stattgefunden hat. Im mittleren Streifen der Schaufel, welcher sich auf das verlängerte 9. Tergit zurückführen liess, ist die Hypodermis verödet, und es hat sich daselbst die Chitinhaut nicht mehr ergänzen können, während letzteres in den lateralen Theilen der Abdominalschaufel, welche von den Paratergiten des 8. Segmentes gebildet werden, der Fall ist. In den Paratergiten des 9. Segmentes ist die Hypodermis gleichfalls grösstentheils zu Grunde gegangen, doch erhält sie sich im vordern Theile, und in einzelnen Fällen schien es mir, als ob sie sich in Form eines sehr schmalen Streifens längs des 8. Paratergites sogar bis zum hinteren Ende der Schaufel hin erstrecke.

Durch die Rückbildung der Hypodermis im medianen Theil ist die Schaufel somit in zwei laterale Hälften zerlegt, welche sich sobald das geschlechtsreife Insect aus der Larvenhaut ausschlüpft, zur Bildung der Athemröhre aneinander fügen. Das Athemrohr besteht somit im wesentlichen aus den Paratergiten des 8. Abdominalsegments. Der dorsale Nahtstreif in welchem die beiden Hälften der Athemröhre sich der Länge nach aneinander schliessen, ist möglicherweise auch auf die 9. Paratergiten zurückzuführen, jedenfalls verbreitern sich letztere vorn und betheiligen sich an der Bildung der breiten Basis der Athemröhre. Wenn von Verhoeff (93) angegeben ist, dass das Athemrohr von Nepa von den Paratergiten („Pleuren") des 8. Abdominalsegmentes gebildet werde, so ist also zu berücksichtigen, dass jedenfalls der Grundtheil derselben theilweise auch auf Bestandtheile des 9. Segmentes zurückgeführt werden muss.

Das 8. Tergit ist bei beiden Geschlechtern, vielleicht in Folge der Entwicklung des Athemrohres rückgebildet worden und verschwunden. Das 9. Tergit ist beim Weibchen noch in Form eines schmalen, quergelagerten Chitinstreifens nachzuweisen, welcher mit den zugehörigen Paratergiten (Athemrohr) nicht mehr im Zusammenhang steht. Beim Männchen ist das betreffende Tergit häutig geworden.

Die Bestandtheile des 10. und 11. Segmentes bleiben auch bei der Imago in ihrer ursprünglichen larvalen Form bei beiden Geschlechtern fast unverändert erhalten. Das schwach chitinisirte 10. Abdominalsternit unterscheidet sich besonders durch seine andersartige Behaarung von dem 11. Sternit (Fig. 36).

Das 10. Tergit der Imago ist zart und häutig geworden, es grenzt sich aber sowohl vorn deutlich ab, wie es auch hinten von dem im vorderen Theile mit einer hellen medianen Linie versehenen und stark chitinisirten 11. Tergit deutlich abgesetzt ist.

Bei Nepa sind somit noch bei der Imago die Bestandtheile der 11. Abdominalsegmente erkennbar. Von früheren Beobachtern sind das 10. Segment und 11. Segment (Analkonus) nicht von einander unterschieden, sondern als ein Segment (Endsegment) aufgefasst worden. Durch die Entwicklungsgeschichte der genannten Theile ist aber leicht der wahre Sachverhalt klar zu stellen.

II. Heteroptera Gymnocerata.

A. Untersuchungen an Cimex dissimilis Fab.

1. Die embryonalen Entwicklungsvorgänge.

Die jüngsten von mir untersuchten Stadien liessen bereits den Keimstreifen deutlich erkennen. Die Orientirung desselben im Ei befindet sich
in einem gewissen Gegensatz zu der Lage des Keimstreifens, welche für
die meisten niederenInsecten (Orthopteren, Odonaten etc.) als typisch anzusehen ist. Während im letztere Falle der Keimstreifen gewölnlich an

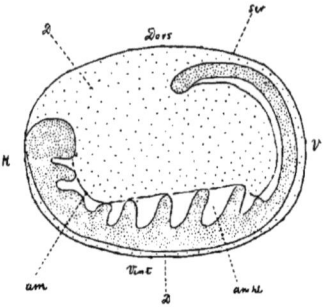

Fig. VI. Längsschnitt durch das Ei von Cimex dissimilis.
am = Amnion, amhl = Amnionhöhle, D = Dotter, Dors = Dorsalseite, H = Hinterende,
ser = Serosa, V = Vorderende, Vent = Ventralseite.

der dorsalen Seite des Eies liegt und dorsal gekrümmt ist, befindet sich die
Embryonalanlage von Cimex umgekehrt an der Ventralseite des Eies und
besitzt eine konkave Bauchseite und eine konvexe Rückseite. Der Keimstreifen ist hierbei allseitig von Dottersubstanz umgeben und gehört demnach in die Gruppe der „inneren" Insectenkeimstreifen hinein. Hierbei ist
allerdings zu berücksichtigen, dass nur eine sehr dünne Schicht von

Dottersubstanz die Rückenfläche der Embryonalanlage von der Ventralfläche des Eies resp. von der dieselbe bekleidenden Serosa trennt. Diese immerhin aussergewöhnliche Lage des Cimexkeimstreifens, welche ich in Fig. IV schematisch wiedergegeben habe, ist ohne Zweifel durch eine frühzeitige Inversion der gesammten Embryonalanlage herbeigeführt.

An dem Keimstreifen sind bereits die Gliedmaassenanlagen von Kopf und Thorax zu unterscheiden. Es zeigt sich, dass die Thoraxbeine und Antennen in ihrem Wachsthum etwas voraneilen, während die Maxillen und namentlich die Mandibeln im Vergleich hierzu ein wenig langsameres Tempo einschlagen. Einen Keimstreifen, der die erwähnten Anhänge bereits deutlich erkennen lässt, stellt Fig. 14 dar. Am Vorderende fallen die verhältnissmässig (im Vergleich zu Orthopteren und anderen Insecten) nicht grossen Kopflappen auf. Die Mundöffnung stellt eine flache Grube dar und befindet sich zwar grösstentheils im Bereiche des Antennensegmentes, doch reicht der vordere Mundrand noch über die Region dieses Segmentes nach vorn hinaus. Es ist dies bei Cimex noch eine Andeutung der primären postoralen Lagerung der Antennen, welche bei niederen Insecten deutlicher hervortritt.

Vor der Mundöffnung fallen zwei Höcker auf, in denen die paarige Anlage des Clypeus und der Oberlippe zu erblicken ist. In dem in Rede stehenden Stadium (Fig. 14) sind allerdings die beiden, namentlich vorn verdickten Höcker bereits durch eine schmale mediane Verbindungsbrücke mit einander in Zusammenhang getreten. In der hinter dem Munde folgenden Körperregion lassen sich die Verhältnisse leicht übersehen. Die Mandibeln und vorderen Maxillen sind nahezu von gleicher Grösse, die hinteren Maxillen bereits etwas länger. An dem 1. Abdominalsegment fallen zwei deutliche zapfenähnlich gestaltete Gliedmaassenanlagen auf, die aber im Gegensatz zu den Kopf- und Thoraxextremitäten nicht nach der lateralen Seite gewendet sind, sondern sich senkrecht über der Ventralfläche des Körpers erheben. Bei älteren Embryonen sinken sie unter Ausscheidung eines Secretes in das Innere des Körpers ein.

Das Abdomen lässt anfangs 9 deutliche Segmente erkennen, die von vorn nach hinten eine allmähliche Grössenabnahme aufweisen. Der an das 9. Segment sich anschliessende Abschnitt ist grösser als die vorhergehenden und besteht, wie die spätere Entwicklung lehrt, aus dem 10. und

11. Abdominalsegment. Die Afteröffnung liegt am hintersten Ende, befindet sich aber nicht in der gleichen Ebene wie der übrige Körper (der Keimstreifen in ausgebreitetem Zustande gedacht), sondern ist um einen Winkel von 90° verschoben), so dass der sich entwickelnde Enddarm parallel mit der Dorsalfläche des Abdomens nach vorn wächst.

Die folgenden Entwicklungsprocesse führen zu einer Verkürzung des Körpers in der Längsrichtung, welcher statt dessen an Breite gewinnt. Ein völlig verändertes Aussehen weist dann besonders die Anlage des Clypeus auf. Zum besserem Verständniss habe ich daher noch ein Zwischenstadium in Fig. 30 abgebildet. Man sieht, dass die beiden primären Bildungshöcker vollkommen mit einander verwachsen sind und zwar namentlich in Folge der Ausbreitung des an ihrem vorderen Ende befindlichen Bildungsmateriales. Der Clypeus stellt dann eine quergelagerte Platte dar, die sich über die Mundöffnung hinüberzuschieben beginnt.

In Fig. 3 ist dieser Process zum vorläufigen Abschluss gediehen. Die Mundöffnung ist bei Betrachtung von der Ventralseite nicht mehr zu erkennen. Sie wird begrenzt von zwei Vorsprüngen, den Resten der beiden primären Bildungshöcker des Clypeus. Dieser selbst geht jetzt vorn in eine Spitze aus und erhebt sich deutlich über das Niveau der angrenzenden Körperpartien. Am hinterem Rande der Kopflappen ist eine tiefe Einkerbung eingetreten, wodurch sich diese Theile scharf von der dahinter folgenden Region des Antennensegmentes abgrenzen. Die Seitenhälften des Antennensegmentes heben sich in Folge dessen sehr deutlich ab und treten wulstförmig neben der Mundöffnung hervor, sie mögen als laterale Stirnlappen bezeichnet werden. Unter den lateralen Stirnlappen befindet sich der Ursprung der Antennen, welche jetzt nicht mehr wie früher nach hinten, sondern mit ihrem distalen Ende nach vorn gewendet sind. Diese Lageveränderung hängt mit der Zusammenziehung des vorderen Körperendes zusammen, bei welcher die Antennen auf ihrer Unterlage ruhen blieben, natürlich aber dabei nach vorn umgedreht wurden.

Auch in der Kieferregion sind jetzt wichtige Umgestaltungen zu konstatiren. Während die beinähnlichen hinteren Maxillen in der Medianlinie näher aneinander treten, haben die vorderen Maxillen und Mandibeln die Gestalt von länglichen Zapfen gewonnen. An der lateralen Seite der

maxillaren Zapfen zeigt sich ein Maxillarhöcker. Wie bei den Cryptoceraten
ist es somit auch bei Cimex zu einer Spaltung der einheitlich angelegten
vorderen Maxillen gekommen. Der laterale Maxillarhöcker, welcher noch
den beträchtlichsten Theil des primären Gliedmaassenmesoderms umschliesst,
kann im wesentlichen wieder als Ueberrest der primären Gliedmaassenanlage
angesehen werden, während das mediale zapfenähnliche Stück die morphologische Bedeutung einer Maxillenlade besitzt.

Bei Fig. 3 war die rechte Mandibel abpräparirt worden, um die
Gestalt des Maxillarhöckers besser zeigen zu können. Ferner ist daselbst
rechts die hintere Maxille abgenommen, so dass die Oeffnung der Speicheldrüse (Spo) sichtbar wird. Endlich ist noch auf die wulstförmig erhabene
Sternalregion der Kiefersegmente hinzuweisen, die zum Hypopharynx wird.

Von der Drüseneinstülpung, die sich am hinteren Rande der hinteren
Maxillen befindet, wuchert wie bei den Cryptoceraten ein Säckchen ins
Innere, welches sich alsbald in zwei Theile gabelt. Der eine Theil erweitert sich an seinem Ende blasenförmig und liefert den eigentlichen
secernirenden, später sehr voluminösen Körper der Speicheldrüse nebst deren
Ausführungsgang. Der andere Theil der Drüseneinstülpung wird zu einem
blind endigenden, röhrenförmigen Gang, auf dessen Existenz bei Pyrrhocoris
schon von P. Mayer (74) hingewiesen wurde.

Die folgenden Entwicklungsprocesse schliessen sich auch an die bei
Cryptoceraten geschilderten Erscheinungen an. An den Abdominalsegmenten,
abgesehen von dem ersten, kann man bei Cimex ebenfalls nicht von eigentlichen Gliedmaassen sprechen. Die Reste der letzteren sind nur in den
medialen Rändern der verdickten Tergitwülste zu erblicken. Immerhin
zeigen bei Cimex diese Gliedmaassenreste insofern noch eine etwas grössere
Selbstständigkeit, als sie in Form kleiner höckerförmiger Zipfel ausgebildet
sind, die medianwärts überhängen. Dass es sich bei letzteren Gebilden
thatsächlich um Gliedmaassenrudimente handelt, kann im Hinblick auf ihre
Stellung nicht zweifelhaft sein. Wie bei den Cryptoceraten befinden sich
nämlich die betreffenden Höcker immer medial von den Stigmen und entsprechen also in ihrer Lage ganz den Thoraxextremitäten. Der Umrollungsprocess durch welchen der Embryonalkörper aus dem Dotter heraus und
an die ventrale Fläche des Eies gelangt, bietet nichts bemerkenswerthes.

Der Kopf eines Cimexembryo nach der Umrollung ist in Fig. 33 dargestellt. Die hinteren Maxillen haben sich zur Bildung des Labium vereinigt, das in zwei distale Spitzen ausläuft und eine mediane Rinne besitzt. An der Basis desselben zeigt sich in Form einer unpaaren Ektodermeinstülpung die Anlage für den Ejakulationsapparat der Speicheldrüsen.

Der Clypeus (Fig. 33 Cl.) hat sich hinten in einen schmalen lancett-förmigen Fortsatz verlängert, in dem die Anlage der Oberlippe zu erblicken ist. Die Antennen haben bei der Umrollung ihre frühere Lage eingebüsst und sind jetzt mit ihren distalen Enden nach hinten gewendet. Die Gestalt der Mandibeln und vorderen Maxillen geht aus der Abbildung zur Genüge hervor.

Zu Fig. 20 habe ich endlich noch die hintere Körperpartie eines Cimexembryo nach der Umrollung dargestellt, die Gestalt der Abdominal-segmente ist bis zum 9. Segmente hin eine ziemlich übereinstimmende. Man erkennt die paarigen Tergitanlagen und die Sternite, die aus einem erhabenen, dem Ganglien enthaltenden Medianfelde und zwei vertieften Lateral-feldern bestehen. Im 10. Abdominalsegmente ist die Sternitanlage nur schwer nachzuweisen, weil sie verhältnissmässig tief liegt und von den Bestandtheilen des 11. Segmentes überdeckt wird. Letztere setzen sich hauptsächlich aus zwei zur Seite der Afteröffnung befindlichen Zapfen zusammen, die an die Cerci anderer Insectenembryonen etwas erinnern und nach hinten gewendet sind. Im weiteren Entwickelungsverlauf werden diese Zapfen immer undeutlicher, sie umgreifen den After, fügen sich aneinander und werden schliesslich zur Bildung des 11. Tergums und Sternums aufgebraucht.

2. Die Bildung des Kopfes und der Mundwerkzeuge.

Wie dies bereits für Cryptoceraten beschrieben wurde, ziehen sich auch bei Cimex noch während des Embryonallebens die zapfenförmigen Mandibeln und Maxillenladen in taschenartige Höhlungen zurück. Sie verschwinden hierbei unter den lateralen Stirnlappen, bleiben aber nicht etwa unterhalb derselben liegen, sondern gelangen durch weiteres Einwachsen bis in den Hinterkopf hinein.

Es fragt sich nun, was aus den beiden Maxillarhöckern wird, in denen, wie schon oben dargelegt wurde, der Hauptbestandtheil der primitiven

Maxillenanlagen zu erblicken ist. Da die Kiefertaschen unter den lateralen Stirnlappen in die Tiefe treten, so ist es leicht verständlich, dass die Maxillarhöcker ebenfalls an diese Stelle gelangen müssen. Es erfolgt hierauf eine Verwachsung zwischen Stirnlappen und Maxillarhöckern, und zwar in der Weise, dass die letzteren sich an die untere (ventrale) Wand der ersteren einfügen und mit dieser verschmelzen. Die Stirnlappen werden damit zu den als „Juga" bekannten lateralen vorderen Kopfpartien, die man bei Betrachtung des Wanzenkopfes von der Dorsalseite zur Seite des „Tylus" liegen sieht (Fig. 13 Ju). Der sog. Tylus (Cl) ist vollkommen homolog mit dem Clypeus anderer Insecten, auf seine Bildung ist bereits oben eingegangen worden.

Die Maxillarhöcker werden zu den als „Genae" bezeichneten Theilen, die sich an der Unterseite der Juga befinden. Indem der mediale Rand der Gena, welcher an die Basis des Labiums angrenzt, in Form einer Längsfalte sich emporhebt, wird die Veranlassung zur Entstehung der sog. Buccula oder Wanzenplatte gegeben, welche indessen gerade bei Cimex dissimilis keinen besonders hohen Grad der Ausbildung erkennen lässt.

Aus dem Gesagten geht hervor, dass die Genae von Cimex mit den am Kopfe der Cryptoceraten von mir Laminae maxillares genannten Theilen homolog sind, obwohl sie keine scharf umschriebenen Stücke darstellen, sondern hinten ohne Grenze in die Gula übergehen. Auch die „Bucculae" sind keine fremden Gebilde, sondern entsprechen den bei Cryptoceraten als Processus maxillares von mir beschriebenen Abschnitten. In Fig. 28 (Procx) sind diese Processus maxillares (Bucculae) abgebildet worden, allerdings nicht von Cimex, sondern von Syromastes marginatus, weil sie bei letzterer Form stärker entwickelt sind.

Der frühere Zusammenhang zwischen den Laminae maxillares (Genae) und den maxillaren Stechborsten giebt sich auch bei Gymnoceraten durch eine dauernde mesodermale Verbindung zu erkennen. Dieselbe gestaltet sich in die Protractormuskeln um, welche vorn an den Laminae entspringen und in fast gerader Richtung nach hinten zu verlaufen, wo sie sich an die erweiterte Basis der Stechborste resp. an die mit letzterer in Zusammenhang stehende Wand der Kiefertasche anhetten (Fig. 13 Petrmx). Die maxillaren Stechborsten werden innerhalb der Kopfhöhle in ihrer Lage noch durch je

50

eine kräftige Chitinspange von glasheller Färbung fixirt, die hinter dem Auge von der seitlichen Kopfwand ausgeht und die Kiefertaschen an der Stelle umgreift, an der die Basis der Stechborste sich befindet.

Aehnlich verhält es sich mit den mandibularen Stechborsten. Schon bei jungen Embryonen, noch vor der Umrollung, kann man sich davon überzeugen, dass das Mesoderm des Mandibelsegmentes nicht nur unterhalb resp. in der Gliedmaassenanlage vorhanden ist, sondern dass es sich bis in die lateralen Theile dieses Segmentes hinein erstreckt. Die betreffende laterale Partie des Mandibelsegmentes liegt unmittelbar vor dem Maxillarhöcker, wird aber nicht wie dieser zur Bildung der Lamina maxillaris verwendet, sondern verschmilzt bei dem Eintritt der Kiefertaschen in das Innere des Kopfes mit Abschnitten des Antennensegmentes. Mit letzterem zusammen formirt es dann die oben erwähnten Iuga. Es ist zu berücksichtigen, dass aber nur die vorderste Partie der Iuga von Bestandtheilen des Mandibularsegmentes aufgebaut wird. Diese Partie ist dadurch charakterisirt, dass an ihr die mandibularen Protractoren entspringen. Letztere haben keinen ganz geraden Verlauf, sondern konvergiren etwas nach der Medianseite und inseriren an einem besonderen Chitinhebel (Fig. 13 Chmd.), welcher mit der Mandibulartasche in Verbindung steht. In Folge der Kraftübertragung durch den Hebel kann dann eine sehr viel energischere Aktion der verhältnissmässig nicht starken mandibularen Protractoren erzielt werden.

Die Retractoren der Stechborsten gehen aus denjenigen Mesodermtheilen hervor, welche im Innern der Mandibeln resp. der Maxillenladen zurückgeblieben waren. Sie heften sich direkt, ohne Vermittelung einer Hebeleinrichtung, an die Kiefertaschen an und nehmen ihren Ursprung von der hinteren lateralen Fläche des Kopfes (Fig. 13 Retrmd).

Die Insertion der Retractoren findet nicht, wie man vielleicht erwarten könnte, an der Basis oder an dem hintersten blinden Ende der betreffenden Kiefertasche statt, sondern befindet sich weiter vorn an der Wandung der Kiefertasche und zwar bei den maxillaren Taschen dicht hinter der Insertion der Protractoren.

Es zeigt sich hierin eine sehr sinnreiche Einrichtung, die mit der periodischen Regeneration der Stechborsten in Zusammenhang steht.

Bei jungen kürzlich aus dem Ei geschlüpften Thieren oder auch bei
älteren Larven, die kurz vor einer Häutung stehen, zeigt sich, dass die
Stechborsten durch Muskelwirkung vorgestreckt und zurückgezogen werden
können. Sie sind demnach functionsfähig, ob sie bei den jungen Thieren
thatsächlich zum Nahrungserwerb bereits benutzt werden, lasse ich dahingestellt und halte es nicht einmal für sehr wahrscheinlich, da ich niemals
das Saugen bei jungen Wanzen vor der ersten Häutung beobachtet habe,
welche in diesem Stadium auch noch über einen reichlichen Dottervorrath
im Innern verfügen.

Thatsache ist jedenfalls, dass selbst vor einer Häutung der Saug-
apparat noch actionsfähig ist, obwohl bereits die Neubildung von vier
zum Ersatz dienenden Stechborsten im Gange ist. Zu diesem Zwecke hat
sich der hinter der Insertion der Retractoren liegende Theil der Kiefertaschen
stark nach hinten verlängert und umschliesst bereits die neue noch aus farblosem Chitin bestehende Stechborste (Fig. 13 Se.).

Es liegt auf der Hand, dass eine solche, zur Neubildung der Chitingräten unumgänglich nothwendige Verlängerung der Kiefertaschen bei gleichzeitiger Functionsfähigkeit der alten Stechborsten nur dann möglich ist,
wenn die Retractoren nicht am hintersten Ende der Kiefertaschen inseriren.
Denn wäre dies der Fall, so würden die Muskeln nach Anlage der neuen
Stechborsten nicht mehr das Zurückziehen der alten herbeiführen können.
Eine entsprechende Einrichtung ist übrigens auch bei Cryptoceraten vor
handen.

Ueber die Zusammensetzung des auch bei Cimex viergliedrigen Labiums
ist nichts besonderes zu bemerken.

Die Kopfkapsel verdankt wie bei Cryptoceraten ihren Ursprung
zwar grösstentheils den embryonalen Kopflappen, doch geht bei Cimex
die hintere dorsale Fläche des Kopfes nicht aus diesen, sondern aus einer
Hautpartie hervor, welche beim Embryo in Gestalt einer selbständigen
Verdickung hinter den Kopflappen und vor dem Pronotum auftritt. Diese
Verdickung hat anfangs eine ellipsoide Gestalt, gewinnt aber später die
Form eines Dreiecks mit nach vorn gerichteter Basis. Von der betreffenden
Hypodermis wird ein eigenthümlicher Chitinapparat ausgeschieden, der zum
Abheben des Deckels der Eischale dient. Wenn nach dem Ausschlüpfen

der Larve aus dem Ei der Chitinapparat abgestreift worden ist, so gleicht
sich an der erwähnten Stelle die Hypodermisverdickung aus, und das von
letzterer ausgeschiedene Chitin wird gemeinsam mit dem von den Kopflappen
producirten Chitin zur Bildung der oberen Schildeldecke verwendet. Eine
Grenze zwischen den beiden heterogenen Theilen des Schädeldaches existirt nicht.

3. Die Bildung von Thorax und Abdomen.

Im Vergleich zu der complicirten Entstehungsweise des Kopfes geht
die Bildung der hinteren Körperregionen in sehr viel einfacher und leicht
verständlicher Weise von statten.

Die Thoraxbeine wachsen stark in die Länge und krümmen sich
beim Embryo über dem Bauch derartig zusammen, dass immer die rechte
Extremität die entsprechende linke von hinten her umgreift. Auf die
Gliederung der Beine gehe ich hier nicht ein und bemerke nur, dass von
der embryonalen Coxa ein kleines Subcoxalglied sich abgrenzt, welches indessen
mit dem zugehörigen Sternum verwächst ohne dass es zur Entwicklung
einer eigenen Subcoxalplatte kommt. Es ist stets der lateral von der Insertion des Beines gelegene Theil des Sternums, der sich auf das Subcoxalglied zurückführen lässt. Dieser Theil ist bei der jungen Larve noch
deutlich erhaben, und von ihm entspringt die zur Bewegung der Hüfte
dienende Musculatur.

Die Stigmen erleiden im Thorax eine ganz entsprechende Verschiebung, wie sie oben für Cryptoceraten geschildert wurde.

Ist das junge Thier aus dem Ei ausgeschlüpft, so macht sich am
Thorax und auch am Abdomen eine charakteristische Gestaltveränderung
bemerkbar, zu welcher der Anfang übrigens schon während des Embryonallebens gemacht war. Es tritt nämlich in den Seitentheilen der Tergite
eine scharfe Knickung ein, so dass die lateralen Partien derselben vollkommen an der Ventralseite verbleiben. Der Körper der Wanze gewinnt
auf diese Weise die bekannte abgeflachte Gestalt mit scharfen Körperrändern.

Innerhalb des Abdomens betheiligen sich die Extremitätenwülste vom
2. Segmente anfangend an dem Aufbau der Sternite, sie thun dies aber nur
in sehr geringfügigem Maasse, indem immer nur der unmittelbar medialwärts

an das Stigma sich anschliessende Theil aus dem Gliedmaassenhöckerchen
hervorgeht. Die Reste des unter die Oberfläche eingesunkenen 1. abdominalen
Gliedmaassenpaares (Pleuropoden), welche nicht zur Bildung des sich vollkommen rückbildenden 1. Sternites verwendet werden, sind noch nach dem
Ausschlüpfen bei jungen Larven nachweisbar.

In den Tergitanlagen des Abdomens werden noch beim Embryo die
Stinkdrüsen angelegt. Im dritten und sechsten Abdominalsegment entsteht
jederseits eine kleine und im vierten und fünften Segment jederseits eine
grosse und weite schlitzförmige Hauteinstülpung die für die betreffenden
Drüsen das Material liefert. Da die Einstülpungen hart am hintern Rande
der erwähnten Segmente erscheinen, so lässt es sich schwer entscheiden,
ob sie noch den betreffenden Segmenten zuzurechnen sind, oder ob man
sie als primär intersegmentale Bildungen aufzufassen hat. Die erstere
Auffassung scheint mir indessen die zutreffendere zu sein, zumal bei den
Larven die Drüsenpori in den bezeichneten Segmenten liegen. Bei den
Imagines habe ich das Drüsenpaar des sechsten Segmentes nicht mehr
aufgefunden.[1]

Tergite und Sternite fügen sich im Abdomen so fest aneinander,
dass nach dem Ausschlüpfen der jungen Wanzen eine Grenze zwischen
ihnen überhaupt nicht mehr erkennbar ist. Die ursprüngliche Trennungslinie zwischen den Bauchplatten und den umgeklappten Rückenplatten wird
nur durch die Reihe der Stigmen markirt, die im 2.—8. Abdominalsegment
sich ventralwärts vorfinden und noch von embryonaler Zeit her ihre anfängliche Lage beibehalten haben.

Einige Zeit nach dem Ausschlüpfen färben sich sowohl dorsal wie
ventral in geringen Abständen von den Körperrändern die Seitentheile der
Tergite dunkel (Fig. 26 Parat.). Diese Erscheinung beruht anfangs nur auf einer
stärkeren Chitinisirung der betreffenden Stücke, welche offenbar den Zweck
hat, dem Körper Festigkeit und gleichzeitig an einer etwas exponirten
Stelle besseren Schutz zu verleihen. In späteren Stadien gewinnen aber
schon die dorsal gebogenen, schwarz gefärbten Seitentheile der Rückenplatte
eine grössere Selbstständigkeit und gliedern sich dann schliesslich bei der

---

[1] Nach Verhoeff befinden sich die Drüsenöffnungen bei den weiblichen Imagines
im vierten, fünften und sechsten Abdominalsegmente.

Imago durch eine Naht gegen den Mitteltheil des Tergums ab. Die dorsal abgegrenzten Seitentheile der Tergite können wieder als Paratergite bezeichnet werden, ventralwärts sind dieselben nach wie vor mit dem Sternit verschmolzen.

Eine besondere Besprechung verdient endlich noch der hinterste Theil des Abdomens bestehend aus dem 8.- 11. Segmente.

Die Entwicklung des 8. und 9. Segmentes schliesst sich noch ganz an diejenige der vorhergehenden Segmente an, ihre Gestaltung wird aber im späteren Larvenleben und hauptsächlich bei der Imago erheblich beeinflusst durch die Ausbildung der äusseren Genitalanhänge. Da die Beschreibung der letzteren indessen ausserhalb des Rahmens dieser Arbeit liegt, und sie für das Weibchen überdies schon von Verhoeff (93), für das Männchen zum Theil von Sharp (90) bearbeitet worden sind, so gehe ich auf diesen Punkt nicht weiter ein.

Für die weibliche Imago vertritt Verhoeff (93) die eigenthümliche Ansicht, dass das 9. Sternit verschwunden sei. Er sagt: „Als einen sehr bemerkenswerthen und im offenbaren Zusammenhang mit der Metamorphosirung der Ovipositoren stehenden Umstand habe ich das Verschwinden der eigentlichen 9. Ventralplatte hervorzuheben." Die 9. Bauchplatte der Pentatomiden muss vielmehr, wie Verhoeff angiebt, „als sekundäre 9. Ventralplatte bezeichnet werden."

Zu einer derartigen Bezeichnungs- und Anschauungsweise ist indessen bei Cimex dissimilis jedenfalls kein Grund vorhanden. Die betreffende Bauchplatte (Fig. 37 Stern$_9$) entsteht bei der Imago ontogenetisch gerade wie die vorhergehenden Bauchplatten aus dem entsprechenden larvalen resp. embryonalen Sternit. Es liegt mithin kein Grund vor, hier von einer sekundären Neubildung zu sprechen.

Die Bestandtheile des 10. Abdominalsegmentes, Tergit und Sternit vereinigen sich schon beim Embryo zu einem Ringe, der das 11. Segment umschliesst. Letzterer setzt sich aus einer dorsalen grösseren (Tergit) und einer ventralen kleineren Platte (Sternit) zusammen, welche zusammen die quergestellte Afterspalte zwischen sich fassen.

Während der Larvenzeit prägt sich der 10. Abdominalring (Fig 26 Abs$_{10}$) stärker und deutlicher aus. Das 11. Tergit und Sternit gewinnen eine übereinstimmende Gestalt, sie sind an ihrem distalen Ende mit einer ganzen Anzahl buckelförmiger Verdickungen besetzt, von denen jede eine Chitinborste trägt. Die geschilderte Zusammensetzung des Hinterendes bleibt im übrigen aber erhalten.

Bei der Imago wird beim Männchen der hintere Theil des 9. Segmentes zu einem stark chitinisirten, einem unvollkommenen Hohlkegel ähnelnden Gebilde, welches die Kopulationsorgane trägt. In der Höhlung des 9. Segmentes findet sich das röhrenförmige 10. Segment vor, dessen dorsale Partie stärker chitinisirt und mit Haaren besetzt ist. Das 11. Tergit und Sternit haben bei der männlichen Imago ihre frühere (larvale) Form beibehalten und sind meist etwas zurückgezogen. Von Verhoeff ist das etwas schwächer entwickelte 10. Segment des weiblichen Abdomens als „Annulus" bezeichnet worden. Umgeben von dem Annulus (Fig. 37 Terg$_{10}$ u. Stern$_{10}$) erkennt man beim ausgebildeten Weibchen gerade wie beim Männchen noch das 11. Tergit und Sternit als zwei quere mit Borsten besetzte Platten, zwischen denen der After liegt. Von Verhoeff wurden diese beiden Platten mit einem eigenen Namen belegt und als „Diademplättchen" beschrieben. Ihre morphologische Natur ist ihm jedoch nicht klar geworden, er deutet sie vielmehr in einer erheblich abweichenden, unten noch näher zu erwähnenden Weise.

B. Untersuchungen an Pyrrhocoris apterus L.

Wiewohl Cimex und Pyrrhocoris systematisch bekanntlich zu zwei ganz verschiedenen Gruppen von Gymnoceraten gehören, so hat sich doch gezeigt, dass bei beiden Insecten die Entwicklung eine sehr ähnliche ist.

Die Bildung des Keimstreifens geht bei Pyrrhocoris wieder vom hinteren Eipole aus. Die Orientirung zwischen vorn und hinten ist ähnlich wie bei Cimex um so leichter, als am vorderen Pole des Eies sich die Micropylcaufsätze erheben.[1])

Die am Hinterende sich anfangs bildende Blastodermverdickung wuchert in Form eines zelligen Bandes nach innen. Während dieses

---

[1]) Leuckart (55) und Mayer (74) geben übereinstimmend als Regel das Vorhandensein von 5 Micropylcaufsätzen am Pyrrhocorisei an. Ich habe bei den von mir untersuchten Eiern in den meisten Fällen 6—8 und mehrfach sogar 9 solcher Aufsätze angetroffen.

Vorganges wird auch schon das Mesoderm angelegt und zwar entsteht es mittelst einer medianen Einstülpung, deren Boden und Seitentheile sich in Mesoderm umgestalten. Fig. 24 zeigt ein von der Ventralseite gesehenes Pyrrhocorisei, an dem die Lagerung des Keimstreifens leicht zu verstehen ist. Man erkennt, dass der vorderste Theil der Embryonalanlage dem Dotter aufgelagert ist und noch oberflächlich liegt. Hinter dieser vordersten Partie, aus der späterhin besonders die Kopflappen hervorgehen, folgt eine scharfe Umbiegung und es schliesst sich dann erst der eigentliche bandförmige Keimstreifen selbst an, der in den Dotter eingewachsen ist und somit bei Pyrrhocoris wieder als ein immerser bezeichnet werden kann. Die Lage im Ei entspricht hierbei derjenigen des Cimexembryo, indem die Dorsalseite des Embryonalkörpers dicht an der Ventralseite des Eies liegt oder doch nur durch eine dünne Lage von Dotter von dieser geschieden ist, während die Ventralfläche des Körpers nach der Hauptmasse des Dotters resp. gleichzeitig nach der Dorsalseite des Eies gewendet ist.

Der auswachsende Keimstreifen besitzt schon in diesen frühen Stadien wellige Konturen, welche indessen noch nicht als der Ausdruck eigentlicher Segmentirung gelten können. Die hellere Färbung innerhalb der Medianlinie, welche auch in Fig. 31 markirt ist, wird hervorgerufen durch die oben erwähnte mediane Invagination des Mesoderms, welche vorn schmal und tief ist, während sie hinten durch ihre verhältnissmässige Breite auffällt. Bei dem in Fig. 24 abgebildeten Ei befindet sich die Konkavität der Einstülpung an der dem Beschauer abgewandten Seite.

Wendet man sich der Betrachtung eines etwas älteren Keimstreifens zu, so zeigt es sich, dass einmal die mediane Einstülpung nach Abtrennung des Mesoderms vollständig verschwunden ist und das zweitens die schon vorhin erwähnten welligen Konturen mit grösserer Deutlichkeit und Schärfe im Vergleich zu früher hervortreten. An den Seitenrändern sind besonders in der vorderen Hälfte des Keimstreifens paarige lappenartige Vorsprünge entwickelt, die durch entsprechende Einkerbungen von einander getrennt sind. Obwohl das Mesoderm in diesem Stadium noch nicht in Ursegmente aufgetheilt ist, eine innere Segmentirung also noch fehlt, so wird doch schon jetzt durch die erwähnten Lappen eine äussere Metamerie bedingt. Hierbei ist allerdings zu berücksichtigen, dass durchaus nicht immer ein

Paar von Vorsprüngen ein (definitives) Segment repräsentirt, sondern dass je zwei aufeinanderfolgende Paare einem Körpersegment zugehören, indem die vorderen Vorsprünge zu den Tergitanlagen, die hinteren zu den Extremitäten werden. Eine ähnliche Gliederung der embryonalen Segmente ist oben für Cryptoceraten beschrieben worden. Bei Pyrrhocoris findet sich eine derartige provisorische Zweitheilung der Segmentanlagen sowohl in der Kieferregion, wie im Thoraxabschnitt, innerhalb des Abdomens habe ich sie dagegen nicht mehr mit Deutlichkeit nachweisen können.

Bemerkenswerth ist an dem Keimstreifen von Pyrrhocoris die eigenartige Stellung der Kopflappen, welche durch die oben erwähnten Einwachsungsprocesse bedingt worden ist. Die Kopflappen sind beinahe um einen Winkel von 180° zur Körperaxe gedreht und müssen daher in Fig. 18, bei welcher der Keimstreifen von der Ventralseite gezeichnet ist, von der Dorsalseite erscheinen. Zwischen die divergirenden Kopflappen schiebt sich eine vom Blastoderm bekleidete, zapfenähnlich gestaltete Dotterpartie ein, deren Spitze nach der Knickungsstelle des Körpers gerichtet ist (Fig. 31 Blast).

Das nächstfolgende Stadium (Fig. 12) ist bereits durch Ausbildung aller Körpersegmente und ihrer Anhänge charakterisirt. Unter den letzteren lenken besonders die Antennen die Aufmerksamkeit auf sich. In sehr aussergewöhnlicher Weise sind sie nämlich in gerader Richtung nach vorn ausgestreckt. Sie entspringen genau an der Stelle, an welcher die Seitentheile des Keimstreifens in die Kopflappen umbiegen. In dem von ihnen gebildeten Winkel liegt die Mundöffnung, die sich also gerade an der Knickungsstelle des Körpers vorfindet. Vor derselben, d. h. also wie die Kopflappen schon dorsal gelegen und auf der Dotteroberfläche erhebt sich ein paariger Wulst, in dem die erste Anlage von Labrum und Clypeus zu erblicken ist. Die Ganglienanlage des Intercalarsegmentes tritt bei Pyrrhocoris mit grosser Deutlichkeit hervor, ein Umstand der durch die eigenthümliche Stellung der Antennen und ihres Segmentes bedingt wird. Indessen bleibt auch bei Pyrrhocoris das Intercalarsegment gliedmaassenlos. Eine detaillirte Beschreibung der folgenden Kopf- und Brustgliedmaassen übergehe ich hier, weil sie im Vergleich zu denen von Cimex kaum Unterschiede erkennen lassen.

Das Abdomen setzt sich beim Keimstreifen von Pyrrhocoris (Fig. 12) aus 11 Segmenten zusammen, hinter denselben liegt die Afteröffnung, deren hintere Wandung in die Amnionfalte übergeht.

In den folgenden Stadien tritt eine Verkürzung des Körpers in der Längsrichtung ein, welche dahin führt, dass die Mundöffnung und die vor ihr befindliche Clypeusanlage gänzlich an die Ventralseite des Körpers gelangt, während freilich die beiden Kopflappen unverändert ihre ursprüngliche Stellung beibehalten.

Die übrige Entwicklung des Körpers bis zur Umrollung, die Theilung der vorderen Maxillen in Maxillarhöcker und in ein Ladenpaar, die Ausbildung des Abdomens u. a. vollziehen sich in einer Weise, die es beinahe gestattet, die Entwicklung von Pyrrhocoris ein genaues Abbild derjenigen von Cimex zu nennen. Die Unterschiede sind namentlich in der Bildung der Mundtheile sehr geringfügig, sie beruhen beispielsweise auf der bei Pyrrhocoris früheren Entwicklung der Stechborsten, welche schon beim Embryo, noch ehe das Labium zu Aufnahme bereit ist, als 4 parallele, in Abständen neben einander liegende Chitingräten aus dem Kopfe hervortreten. Bei der Entwicklung des Kopfes erscheint bei Pyrrhocoris nicht die für Cimex erwähnte Hypodermisverdickung, welche den Apparat zum Abheben des Eideckels liefert und schliesslich an dem Aufbau des Hinterkopfes noch theilnimmt. Bei dem ersteren Insect wird vielmehr der hintere Theil des Schädels nur von Derivaten der Kopflappen und die hinteren und seitlichen Theile ausserdem noch von den Tergiten der Kiefersegmente hergestellt.

Obwohl ein complicirter Mechanismus zum Oeffnen der Eischale fehlt, so ist Pyrrhocoris doch im Besitze eines typischen „Eizahns", wie ich ihn in ähnlicher Weise auch bei Forficula (95a) beschrieben habe. Der Eizahn ist bei Pyrrhocoris ein spitzer Chitinfortsatz, welcher am Vorderrande einer zwischen den Hälften der Stirn befindlichen schmalen Chitinleiste sich erhebt.

Die Zusammensetzung des Abdomens bei der Larve ist bei Pyrrhocoris so wenig von derjenigen von Cimex verschieden, dass ich hier nicht genauer darauf einzugehen brauche. Zu erwähnen ist, dass auch an dem larvalen Abdomen die ursprüngliche Elfgliedrigkeit sich mit grosser Deutlichkeit zeigt. In dem ringförmigen 10. Abdominalsegment befinden sich ein etwas grösseres 11. Sternum und ein etwas kleineres 11. Tergum,

die meistens zurückgezogen sind, gelegentlich aber auch weit vorgestülpt
werden, wobei dann die dünne Intersegmentalhaut zwischen dem 10. und
11. Segmente stark ausgespannt wird. Letzteres Verhalten veranschaulicht
Fig. 2. Das 11. Tergit ist aus 2 symmetrischen Hälften zusammen gesetzt
und wie das einfach halbmondförmig bleibende 11. Sternit mit Haaren besetzt.

Die Gestaltung des weiblichen Abdomens bei der Imago ist schon
von Verhoeff (93) beschrieben worden. Letzterem ist freilich hierbei entgangen, dass seine beiden „Diademplättchen" nur die Bestandtheile eines
11. Abdominalsegmentes sind. Von dem Hinterleibsende einer männlichen
Pyrrhocoris gebe ich in Fig. 27 eine Abbildung. An das tief ausgehöhlte
9. Segment, welches der Träger der (in der Figur abgestutzten) Genitalanhänge ist, schliesst sich ein kurzcylindrisches 10. Segment an, welches das
11. Tergum und Sternum umgiebt.

Bei Pyrrhocoris ist somit die primäre Elfgliedrigkeit selbst noch bei
der Imago deutlich erkennbar.

III. Zusammenfassung unter Berücksichtigung früherer Arbeiten über Heteropteren.

A. Kopf und Mundtheile der Heteropteren.

Da es nicht in meiner Absicht liegt, eine erschöpfende Litteratur-
zusammenstellung zu geben, so beschränke ich mich darauf, hier nur diejenigen Arbeiten namhaft zu machen, welche für die Morphologie des
Hemipterenkopfes in erster Linie in Betracht kommen.

Der allgemeine Bauplan der Hemipterenmundtheile hat durch Savigny
(16) eine im wesentlichen bereits durchaus zutreffende Deutung erfahren.
Savigny fasste den Schnabel (Rostrum) der Wanze als Labium auf und
betrachtete das mediale Paar von Stechborsten als Maxillen, das laterale
als Mandibeln. Hinzu tritt noch das Labium, welches die Basis des Labiums
sammt den Stechborsten von oben her bedeckt. Der Anschauung von
Savigny haben sich die namhaftesten Entomologen wie Burmeister (39),
Newport (39) u. a. bis in die neueste Zeit hinein angeschlossen.

Im Gegensatz hierzu gab jedoch Kräpelin (84) eine abweichende
Erklärung. Gestützt auf seine mustergiltigen Untersuchungen an Musciden

und Siphonapteren glaubte er umgekehrt die medialen, zur Bildung eines Rohres vereinigten Stechborsten als Mandibeln, die lateralen als Maxillen in Anspruch nehmen zu sollen. Zweifellos ist dies ein Punkt, der sich allein durch anatomische Untersuchungen nicht ohne Schwierigkeit klar stellen lässt. Erst vor einigen Jahren hat Schmidt (91) nach eingehenden Untersuchungen an Nepiden und Belostomiden die Frage nach der Deutung der Kiefer noch als offen bezeichnet, indem „zur sicheren Entscheidung auf die embryonale Entwicklung zurückgegangen werden müsste."

Die in dieser Arbeit enthaltenen entwicklungsgeschichtlichen Thatsachen dürften nun aber jedenfalls hinreichend beweisen, dass wir in der Deutung der Mandibeln und Maxillen Kräpelin nicht folgen können, sondern dass die ältere Anschauung von Savigny zu Recht besteht.

Wenn somit die morphologische Deutung der Hemipterenmundtheile im grossen und ganzen keine Schwierigkeiten macht, so bereitete doch die Auffassung der Mundwerkzeuge im einzelnen und namentlich ihre Zurückführung auf die bei anderen Insecten vorkommenden Bestandtheile um so mehr Verlegenheiten. In dieser Hinsicht sind denn auch die Ansichten bisher noch sehr weit auseinandergegangen. An den Mundtheilen der Hemipteren vermisst man bekanntlich vor allem eine deutliche Absonderung von Palpen, von Maxillen- und Labialtastern, und ferner fehlt an beiden Maxillenpaaren eine deutliche Sonderung in Innen- und Aussenladen (Lobi interni und externi).

Kann man auch die Umbildung einer einfachen höckerförmigen Mandibel kauender Insecten in eine spiessförmige Gräte bei Hemipteren begreiflich finden, so muss doch die Umwandlung eines so reich gegliederten Gebildes, wie es die (vordere) Maxille in der Regel zu sein pflegt, in eine gerade wie die Mandibel gestaltete einfache Gräte, mit Recht Befremden erregen.

Gleichwohl hat es auch hier nicht an Erklärungsversuchen gefehlt. Namentlich Chatin (97) sucht neuerdings, gestützt auf seine umfassenden Untersuchungen an den Mundwerkzeugen verschiedenster Insecten, die Maxillen der Hemipteren auf diejenigen kauender Insecten zurückzuführen. Ich citire wörtlich: Une analyse minutiöse permet d'établir que, spécialement pour la mâchoire, c'est la region galéaire qui constamment y prend une part prééminente, le galéa subissant une élongation considérable. La base du stylet, conformée en crosse du fusil, est formée par le sous-maxillaire et le maxillaire. Elle porte la lame, proprement dite, répondant au galéa.

Der französische Forscher verfällt hierbei indessen in einen Irrthum, den auch zahlreiche andere Entomologen bereits begangen haben: man pflegt ohne weiteres die Stechborsten mit den Mandibeln resp. mit den Maxillen oder wie Chatin thut, sogar mit den Lobi externi von letzteren zu vergleichen. Die Stechborste an sich enthält aber überhaupt kein lebendes Gewebe, sondern ist weiter nichts als eine Chitinausscheidung, die in enormer Quantität von dem tief im Kopf verborgenen Kiefertheil producirt wird. Nur dieser letztere kann also als eigentliches Vergleichsobject in Frage kommen, während die chitinöse Stechborste von untergeordneter Bedeutung ist, ein Umstand, der leider sehr vielfach ausser Acht gelassen wurde.

Der im Kopfinnern verborgene Kiefertheil zeigt niemals eine Spur von Gliederung, sodass die von Chatin vorgeschlagenen Vergleiche mit Cardo, Stipes und Lobus externus hinfällig werden.

Mit dem Fehlen von Tastern (Palpen) an den Maxillen hat man sich verhältnissmässig schnell abgefunden. Geise (83) spricht sich in dieser Hinsicht folgendermaassen aus: „Ein Taster am Maxillenkörper selbst war eben eine mechanische Unmöglichkeit und mit der fortschreitenden Ausbildung der Kiefer zu glatten in Röhren auf- und niedergleitenden Stiletten mussten die Taster schwinden." Wedde (85) sagt: „Taster fehlen den Maxillen vollständig. In dieser Thatsache kann ich durchaus nichts befremdendes finden; es ist doch sehr gut denkbar, dass ein rings eingeschlossenes und umhülltes Gebilde, wie in unserm Falle die Maxillen, Anhänge die funktionslos geworden sind, verloren hat." Andere Autoren begnügen sich einfach, das gänzliche Fehlen der Maxillartaster zu constatiren.

Meine entwicklungsgeschichtlichen Untersuchungen haben zu dem Ergebniss geführt, dass die primär angelegte Maxille eine eigenartige Theilung in der Längsrichtung erfährt, wodurch zwei nebeneinanderliegende Stücke zur Ausbildung gelangen. Das mediale zapfenförmige und kleinere Stück sinkt in die Tiefe und producirt die Stechborste. Dieser letztere Theil, welchen man gewöhnlich als „Maxille" zu bezeichnen pflegt, besitzt nur die morphologische Bedeutung einer Maxillenlade (Lobus internus — Lacinia).

Der lateral verbleibende Stamm und Haupttheil der Maxille flacht sich dagegen ab und findet bei der Bildung der Schädelwandung Verwendung. Der Maxillenstamm liefert eine bestimmte Partie des Kopfsceletes, welche ich als Lamina maxillaris bezeichne. Letztere ist bei den von mir untersuchten Cryptoceraten eine verhältnissmässig gut umschriebene Platte, während sie bei Gymnoceraten in stärkerem Maasse mit anderen Theilen der Kopfwandung (namentlich der Gula) vereinigt ist.

Die Lamina maxillaris bleibt in den meisten Fällen nicht einfach, sondern an ihr erhebt sich häufig ein mehr oder weniger deutlich abgesetztes Anhangsgebilde, welches in morphologischer Hinsicht von Bedeutung ist. Dieses Gebilde, das bei Cryptoceraten meines Wissens bisher nicht beachtet wurde, habe ich als Processus maxillaris beschrieben. Ausser bei Cryptoceraten kommt das entsprechende Gebilde auch bei Gymnoceraten vor und ist dort schon lange unter dem Namen Buccula oder Wangenplatte (Fieber 61) bekannt.

Die Bucculae der Gymnoceraten sind entweder durch eine Furche von den Laminae maxillares abgesetzt, oder sie gehen unmerklich in diese über. Eine genauere Untersuchung, die ich an verschiedenen Formen anstellte, ergab, dass im Innern der Bucculae keine Muskulatur enthalten ist. Sie stellen einfache häutige Erhebungen oder, richtiger gesagt, Fortsetzungen der Laminae maxillares dar.

In dieser Hinsicht documentirt sich also ohne weiteres eine Uebereinstimmung der Bucculae mit den Processus maxillares der Cryptoceraten, welche ontogenetisch ebenfalls als laterale Fortsätze der Laminae entstehen und niemals zum Ansatz von Muskeln dienen.

Wenn ich thatsächlich nicht zögere, die Bucculae und Processus maxillares zu homologisiren und auch auf erstere die letztere Bezeichnung anwende, so sind hierbei nicht nur anatomische und entwicklungsgeschichtliche Gründe maassgebend gewesen, sondern es fällt auch noch die ganz entsprechende Lagerung der beiden Theile ins Gewicht. Man braucht sich nur vorzustellen, dass die Laminae mit dem lateral daran anstossenden Processus max. eines Notonectakopfes von der Dorsalseite an die Unter- resp. Ventralseite des Kopfes geschoben wurden, und sich dort in der Richtung von hinten nach vorn etwas verlängern, um sogleich die ganz entsprechende Lagerung von Genae (Laminae max.) und Bucculae (Processus max.) bei Gymnoceraten wiederzufinden.

Hat man in den Laminae maxillares den beim Embryo noch deutlich gliedmaassenförmigen, später aber vollkommen rudimentär werdenden Maxillen-stamm zu erblicken, welcher wahrscheinlich Cardo und Stipes anderer Insektenmaxillen entspricht, so sind die Processus maxillares der Hemipteren in morphologischer Hinsicht für die Homologa der Palpi maxillares anzusehen. Zu Gunsten der letzteren Auffassung sprechen ausser den entwicklungs-geschichtlichen Ergebnissen besonders gewisse, bis jetzt aber unrichtig inter-pretirte Befunde von anderer Seite.

Im Jahre 1887 beschrieb Léon bei einer nicht näher bestimmten, aus Ceylon stammenden Tingide zwei an der Basis des ersten Schnabel-gliedes befindliche dreigliedrige Anhänge, die er als Labialtaster deutet. Die von Léon gegebene Abbildung lässt deutlich erkennen, dass dasjenige was Léon für Labialpalpen hält, den Processus maxillares (Bucculae) anderer Hemipteren entspricht. Léon ist auf diese Uebereinstimmung mit Bucculae selbst aufmerksam geworden und erklärt daraufhin die Bucculae der Hemip-teren für verwachsene „Tasti labiales".

In einer späteren Veröffentlichung (92) beschreibt derselbe Autor ein leider ebenfalls nicht bestimmtes „Hemipteron", das er in der Umgebung von Jassy fand. Dieses Thierchen wies gleichfalls Tasteranhänge auf, die denen der soeben genannten Form entsprechen.

Da, wie auch Léon hervorhebt, an der Homologie der von ihm auf-gefundenen Taster mit den Bucculae anderer Wanzen kein Zweifel obwalten kann, und da ich ferner den entwicklungsgeschichtlichen Nachweis erbringen konnte, dass die Bucculae nicht zum Labium, sondern zu den Maxillen ge-hören, so folgt daraus, dass die bei Tingiden gefundenen Taster auch keine Labialtaster sein können, wie man bisher annahm, sondern dass es sich hier um Palpi maxillares handelt[1])

Dieser Deutung steht auch die Angabe von Léon nicht im Wege,

[1]) Von Tingiden habe ich selbst Monanthia cardui L. untersucht, die mir von Herrn Dr. Babor in Prag freundlichst zur Verfügung gestellt wurde. Bei der genannten Form zeigten sich die Processus max. in ganz entsprechender Weise ausgebildet wie bei Vertretern anderer Heteropterenfamilien (Pentatomiden, Coreiden, Pyrrhocoriden).

dass die betreffenden Palpen mit der Basis des Labiums zusammenhängen. Letzteres erklärt sich zur Genüge aus der oben ausführlich beschriebenen Bildungsweise des Kopfes.

Wenn also, woran wohl nicht zu zweifeln ist, die thatsächliche Richtigkeit der Léon'schen Befunde durch spätere Untersuchungen bestätigt wird, so ergiebt sich, dass wenigstens in vereinzelten Fällen, z. B. bei gewissen Tingiden, noch echte Maxillartaster vorkommen, wenngleich diese letzteren auch bei der überwiegenden Mehrzahl der Heteropteren nur noch in rudimentärer und modificirter Form als einfache Platten oder in Gestalt von Erhebungen (Processus maxillares) hervortreten.

Wenn man bisher auch noch nicht bei den (vorderen) Maxillen nach Ueberresten von Tastern gesucht hat, so sind doch schon vielfach Bemühungen gemacht worden, bald in diesem, bald in jenem Theile des Wanzenschnabels die Labialpalpen anderer Insekten wiederzuerkennen. Eine Einigung in dieser Hinsicht ist hierbei aber nicht erzielt worden.

Nach Burmeister (39) ist das Grundglied des Labiums die „wahre Unterlippe". Die distalen Glieder entsprechen den miteinander verwachsenen Tastern. Nach Gerstfeld (53) sind indessen die Palpen an der Bildung des Labiums der Hemipteren überhaupt nicht betheiligt.

Geise (83) schliesst sich der Auffassung von Gerstfeld an, wogegen nach Kräpelin (84) das Basalglied des Labiums dem Submentum und Mentum homolog sei, während die übrigen Glieder den in der Medianlinie zu einer Rinne miteinander verwachsenen Palpen entsprechen. Auch Wedde (85) meint, dass das Labium aus Cardo, Stipes und Palpi besteht, welche Theile sämmtlich zu einem unpaaren langgestreckten Organ verwachsen seien.

Léon (92) stimmt mit Gerstfeld überein, während nach Chatin (97) die distalen Glieder des Hemipterenlabiums von den verschmolzenen Palpen gebildet werden.

In neuerer Zeit haben namentlich gewisse Versuche, nicht im Schnabel selbst sondern in bestimmten Fortsätzen desselben die Palpi labiales zu erkennen, die Aufmerksamkeit auf sich gelenkt.

Es gebührt besonders Schmidt (91) das Verdienst, auf gewisse Anhänge an dem Labium von Nepiden und Belostomiden hingewiesen zu haben, welche schon von einigen älteren Autoren (Savigny u. a.) beschrieben warden, seitdem aber in Vergessenheit gerathen waren. Die Anhänge bestehen aus zwei kleinen, deutlich abgegliederten Zapfen, die an der Dorsalseite des dritten Labialgliedes sich erheben. Die Entstehungsweise dieser von mir Appendices Labii genannten Anhänge habe ich oben beschrieben. Schmidt deutet sie als Lippentaster.[1]

Ferner hat Léon (97) Anhänge, die den eben genannten Appendices labii gleichen, ebenfalls bei Belostomiden (Benacus, Zaitha) und auch bei Gerris und Velia beschrieben. Er hält die von mir in einer kurzen vorläufigen Mittheilung (96 a) ausgesprochene Meinung, dass das Labium der Rhynchoten eigentliche Palpen nicht besitze, für fraglich, und betrachtet die genannten Anhangsgebilde als Taster.

Wenn es mir nicht möglich ist, mich der Auffassung von Léon resp. der älteren von Schmidt anzuschliessen, so beruht dies auf mehreren Gründen, von denen ich die folgenden hervorhebe.

Die Léon'sche Auffassung basirt auf der Voraussetzung, dass die Labialanhänge der oben genannten Wanzen Fortsätze des zweiten (vorletzten) Gliedes eines dreigliedrigen Labiums sein. Léon homologisirt nämlich das erste Glied (Basalglied) des Wanzenrüssels mit dem Submentum (sous-maxillaires), das zweite mit dem Mentum (maxillaires) bei kauenden Insekten. In diesem Falle würde also der Palpus ähnlich wie bei kauenden Insekten dem Mentum aufsitzen. Diese Homologisirung wird aber bereits erschüttert, wenn die Labialanhänge am dritten Gliede eines viergliedrigen Labiums vorkommen, wie es z. B. bei Gerris zutrifft und nach meinen Untersuchungen auch bei Nepa der Fall ist.

Ueber die Art und Weise, wie man nun hier homologisiren soll, lässt sich aus der Léon'schen Veröffentlichung leider keine Klarheit gewinnen.

[1] An die Veröffentlichung von Schmidt knüpft sich ein Aufsatz von Léon (94) an, welcher ersterem zum Vorwurfe machte, dass er seine Arbeiten nicht berücksichtigt hätte, und sich das Verdienst zuschreibt, selbst schon früher die erwähnten „Labialtaster" (bei Tingiden) beobachtet zu haben. Offenbar befindet sich Léon hierbei in einem Irrthum, denn seine Befunde an Tingiden haben nichts mit denjenigen von Schmidt zu thun. Handelt es sich bei den von Léon (87, 92) untersuchten Insekten um Gebilde, die an der Basis des Labiums sich befinden und welche, wie oben gezeigt wurde, aus vergleichend-anatomischen Gründen, mit ziemlicher Sicherheit als Maxillartaster angesehen werden können, so gehören umgekehrt die von Schmidt (94) beschriebenen Anhänge einem der distalen Glieder des Labiums an.

Léon hebt nämlich als Resultat seiner gesammten Untersuchungen hervor, dass, wie es bereits von Gerstfeld (53) angegeben wurde, das 3. und 4. Labialglied bei den Hemipteren den vereinigten Laden entsprechen solle. Ist diese von Léon demnach als richtig anerkannte Meinung zutreffend, so wird aber jedenfalls der gewünschte Vergleich mit den Palpi labiales der Orthopteren hinfällig, denn bei letzteren sind die Laden bekanntlich niemals Träger der Palpen, während bei einem viergliedrigen Rhynchotenschnabel die fraglichen Anhänge dem bereits mit der Lade verglichenen dritten Gliede aufsitzen. Es scheint indessen, dass man im vorliegenden Falle lieber einmal eine Ausnahme machen und erst das dritte Glied als Mentum deuten möchte. Eine solche Deutung wird wenigstens von Léon dem dritten Labialgliede von Gerris beigelegt. Abgesehen davon, dass es sich hier anscheinend um eine Art Verlegenheitsmittel handelt, hätten wir aber gleichzeitig dann den exceptionellen Fall eines zweigliedrigen Submentums vor Augen, der sich wiederum mit dem Orthopterenschema (Blatta, Gryllus) nicht vereinigen lässt.[1] Auch andere Auskunftsmittel aus diesem Dilemma, etwa das überschüssige dritte Glied als gliedförmige Squama palpigera aufzufassen, können natürlich einen wissenschaftlichen Werth wohl kaum beanspruchen. Die Wahrheit ist eben nur, dass bei einer gewissen Gruppe nachher noch näher zu charakterisirender Wanzen oberflächlich an Taster erinnernde Anhänge immer am vorletzten Gliede eines drei- oder viergliedrigen Labiums vorkommen.

Die Ontogenie liefert für die Richtigkeit der Léon'schen Auffassung keine Belege. Im Hinblick auf die Voraussetzung, dass die Orthopteren die Stammform der Hemipteren seien (87), sucht der genannte Forscher das Labium der letzteren von den einzelnen Bestandtheilen des Labiums der ersteren abzuleiten. Die Entwicklung geht nun aber in beiden Fällen unverkennbar in differenter Weise vor sich. Bei den Embryonen der Orthopteren

---

[1] Die hier erwähnte Schwierigkeit ist Schmidt (91) nicht entgangen. Wenn dieser Autor meint, dass das Grundglied des Wanzenrüssels vielleicht garnicht den eigentlichen Mundtheilen zuzuzählen sei, indem nach seinen Beobachtungen es sich nicht an der Rinnenbildung zur Aufnahme der Stechborsten betheilige, so ist das für die überwiegende Zahl der Heteropteren jedenfalls nicht zutreffend, wie leicht an beliebigen Landwanzen zu constatiren ist. Ausserdem sprechen die Ergebnisse der Entwicklungsgeschichte entschieden gegen eine solche Erklärung.

bildet sich der Palpus labialis sehr frühzeitig, er besitzt von vornherein
eine beträchtliche Grösse und zeigt sich als directe Fortsetzung des hinteren
Maxillenstammes, während die Laden im Vergleich hierzu zurücktreten.
Bei den Heteropteren (untersucht sind von mir Nepa und Ranatra) bleibt
dagegen der hintere Maxillenstamm zunächst einfach, erst gegen Ende der
Embryonalperiode hin, nachdem das eigentliche Labium durch Verwachsung
der hinteren Maxillen schon fertiggestellt ist, erscheinen an ihm die kleinen
Labialanhänge, die aber nicht in der Verlängerung des Maxillenstammes
liegen, sondern secundäre, ungegliedert bleibende, dorsale Auswüchse desselben darstellen.

Die von Schmidt und Léon beschriebenen Labialanhänge treten stets
in gleicher Form und zwar immer als eingliedrige zapfenartige Vorsprünge
auf. Diese Uebereinstimmung in Lage und Gestalt deutet auf Anpassung
an eine bestimmte Function (Geschmacks- oder Geruchsorgane?) hin.
Handelte es sich hier wirklich um rudimentäre Gebilde, so würde man
wohl noch eine grössere Variabilität in ihrer Gestalt voraussetzen können
(ähnlich den Processus maxillares). Es müsste vor allem der Nachweis
geführt werden können, dass die Anhänge wenigstens noch gelegentlich in
einer Form auftreten, die an diejenige typischer gegliederter Taster erinnert
(ähnlich den Maxillartastern einiger Tingiden). Derartige Fälle sind indessen
noch niemals aufgefunden worden.

Die fraglichen Labialanhänge kommen lediglich bei einer bestimmten
kleinen Gruppe von Heteropteren vor, fehlen aber nicht nur bei weitem
der Mehrzahl der letzteren, sondern vor allem, soviel man bisher weiss,
auch sämmtlichen Homopteren. Die Labialanhänge sind bisher überhaupt
nur bei solchen, zum Theil sehr nahe verwandten, Wanzengattungen gefunden worden, die sich an den Aufenthalt im Wasser oder in nächster
Nähe desselben angepasst haben. Diese biologische Seite verdient jedenfalls
Berücksichtigung, denn das Vorkommen der Anhänge speciell bei Wasser-
insecten scheint darauf hinzudeuten, dass sie eine ganz bestimmte Aufgabe,
vermuthlich das Aufspüren der Beute im feuchten Elemente, oder doch
eine ähnliche Function haben. Da nun die Rhynchoten ursprünglich unzweifelhaft echte Landthiere gewesen sind (Osborn 95), so liegt es sehr nahe,
dass die Appendices labii erst in Anpassung an eine bestimmte Lebensweise

secundär entstanden sind, es ist sehr wahrscheinlich, dass ihrer Entwicklung bei gewissen Wasserwanzen nur physiologische Momente zu Grunde liegen, dass man aber in diesen Gebilden nicht rudimentäre Organe von bestimmter phylogenetischer Bedeutung vor Augen hat.[1])

Abgesehen von den Appendices labii homologisirt Léon (97) auch noch einige andere Anhänge und Vorsprünge, die er an der Spitze des Labiums der von ihm studirten Wasserwanzen fand, mit den Lobi interni und externi des Labiums beissender Insekten. Die letzteren Anhänge habe ich selbst bei Gerris untersucht, bin jedoch der Ansicht, dass es vorläufig jedenfalls sehr gewagt sein würde, derartige Gebilde allein auf eine noch sehr entfernte äussere Aehnlichkeit und ihre noch sehr fragliche Ueber-einstimmung in der Lage hin mit bestimmten Körpertheilen anderer Insekten in Verbindung zu bringen.

Es ist selbstverständlich nicht ausgeschlossen, dass die zu erwartende ausführliche Arbeit von Léon noch bestimmtes Thatsachenmaterial, welches zu Gunsten seiner Annahme vielleicht sprechen könnte, bringt. Die bis jetzt vorliegenden Ergebnisse gestatten jedenfalls aber nur den Schluss, dass die Existenz von Palpi labiales bei den Heteropteren, welche den Lippentastern kauender Insecten homolog sind, bisher wenigstens in keinem Falle mit Sicherheit erwiesen ist.

Es ist schliesslich noch mit einigen Worten auf den Hypopharynx hinzuweisen. Die Existenz desselben ist gerade vielfach bei den Wanzen in Frage gezogen worden. Léon (87) sagt, dass er auf Schnitten durch die Mundwerkzeuge der Hemipteren den Hypopharynx weder als besonderes Organ noch als Rudiment entdecken konnte. Er ist der Meinung, dass

[1]) Léon (97) wirft die Frage auf, wie es möglich sei, dass ein Organ (Labialpalpen), welches wegen Functionsmangel geschwunden sei, nachher bei anderen Formen wieder an demselben Orte (in diesem Falle richtiger gesagt, an einer ähnlichen Stelle?) auftreten könne, ohne dass hier eben eine Homologie vorläge. Ich glaube, dass hierfür aber bereits genug Beispiele vorhanden sind und brauche nur an die Rückenflosse der Fische und Rückenflosse der Wale zu erinnern. In Anpassung an eine bestimmte Lebensweise hat sich bei letzteren ein flossenartiger Fortsatz auf dem Rücken ausgebildet, den man aber natürlich doch noch nicht deswegen für das Homologon einer Rückenflosse von Teleostiern erklären wird, sondern der gerade wie die horizontale Schwanzflosse der Wale erst innerhalb dieser Ordnung von Säuge-thieren erworben wurde (vgl. Gegenbaur, Vergleichende Anatomie der Wirbelthiere. Bd. 1 1898).

bei den genannten Insekten der Hypopharynx weiter nichts sei, als die bei einigen Arten stark verdickte „untere Rinne des Pharynx."

Meinert (91) fasst seine Ansicht in den Worten zusammen: Rhynchota, ut inter homines doctos constat, hypopharynge omnino carent. Ich bedaure, dass ich mich hiernach wohl nicht zu der bezeichneten Kategorie rechnen darf, denn bei den von mir untersuchten Heteropteren habe ich den Hypopharynx sicher nachweisen können. Er entsteht in derselben Weise wie ich früher (95) für Orthopteren beschrieben habe, bleibt allerdings bedeutend unansehnlicher als bei den letzteren Insekten. Am deutlichsten tritt der Hypopharynx bei Embryonen hervor, aber auch bei Larven von Wanzen habe ich ihn auf Schnitten noch in vielen Fällen erkennen können. Der Hypopharynx erscheint als medianer Zapfen oder Höcker und befindet sich an der Basis des Labiums, dorsal von der Ausmündung des Spritzapparates für die Speicheldrüsen.

B. Zusammensetzung des Thorax und Abdomens bei den Heteropteren.

Ueber den Bau des Thorax der Wanzen sind die eingehendsten Arbeiten bisher von Fieber (52, 61) veröffentlicht worden. Derselbe hat zum ersten Male darauf hingewiesen, dass bei vielen Wanzen, namentlich bei Cryptoceraten, die Bauchplatten der drei Thoraxsegmente (Pro-, Meso- und Metasternum in vulgärem Sinne) nicht einfach bleiben, sondern aus einer Anzahl von Stücken zusammengesetzt sind. Da ein ausführliches Eingehen auf die Fieber'sche Beschreibung über den Rahmen dieser Abhandlung hinausgehen würde, so beschränke ich mich darauf, nur die wichtigsten Punkte seiner Ergebnisse hervorzuheben.

1. Das Mittelbruststück (Mesostethium) kann aus dem unpaaren Mesosternum (Sternum mesostethii) und zwei seitlichen Schulterstücken (Scapula) bestehen.

2. Das Hinterbruststück Metastethium kann aus einem mittleren Stück, Metasternum (Sternum metastethii) und zwei Seitenstücken (Pleurum) zusammengesetzt sein.

3. Bei Corixa findet sich hinter jedem Pleurum ein lappenförmiges Seitenstück (Parapleurum).

4. Die Gelenkpfannen für die Mittelbeine werden durch einen Ausschnitt am Hinterrande des Mesostethiums und der seitlichen Scapula gebildet, diejenigen der Hinterbeine werden vom Metasternum und den Pleuren begrenzt.

Meine entwicklungsgeschichtlichen Untersuchungen haben zu folgendem Resultat geführt. An jedem der drei Thoraxsegmente des Embryo sind zu unterscheiden:

1. Die Sternitanlage (Pro-, Meso- und Metasternum), 2. die paarigen Beinanlagen, 3. die paarigen Anlagen der Tergite.

Während sich die Tergitanlagen zur Bildung des Pro-, Meso- und Metanotum vereinigen, tritt an den Beinanlagen zunächst eine undeutliche Gliederung in vier Abschnitte ein, die im wesentlichen Coxa, Femur, Tibia und Tarsus entsprechen. Von dem proximalen Theil des Femur gliedert sich später der Trochanter ab, und von dem proximalen Theil der Coxa ein Stück, welches ich als Subcoxa bezeichnet habe. Die Subcoxa bildet den Uebergang zum Rumpfe, ist genetisch, aber als noch zum Beine gehörig zu betrachten. Im weiteren Entwicklungsverlauf schmilzt die Subcoxa in das Sternum des zugehörigen Thoraxsegmentes ein und stellt mit diesem zusammen erst die „eigentliche Bauchplatte" dar. Die Verschmelzung zwischen Subcoxa und Sternum kann eine derartige sein, dass zwischen beiden eine Grenze überhaupt nicht erhalten bleibt. Dies pflegt namentlich im Prothorax der Fall zu sein, gilt aber auch für Meso- und Metathorax zahlreicher Landwanzen (Cimex). Bei Pyrrhocoris sind die Subcoxen zwar ebenfalls mit den Thoraxsterniten verwachsen, doch sind als Reste von ihnen noch deutlich wulstförmige Erhebungen an der Basis der Beine erkennbar.

Bei den Wasserwanzen (Cryptoceraten) findet zwischen Meso- und Metasternum einerseits und den Subcoxen andererseits in der Regel keine so innige Vereinigung statt, sondern diese letzteren erhalten sich noch mehr oder weniger deutlich in Gestalt selbständiger durch Nähte oder Furchen abgegrenzter Stücke als Laminae subcoxales. Die sowohl bei Larven wie bei Imagines nachweisbaren Subcoxalplatten befinden sich theils an der lateralen Aussenseite der Beine, theils liegen sie vor den Mittel- und

Hinterhütten, sie entsprechen nicht vollkommen den embryonalen Subcoxen (weil die Nähte niemals eine absolut genaue Grenzbestimmung primärer Bestandtheile ermöglichen), lassen sich aber doch mindestens theilweise, oder überhaupt noch im wesentlichen auf die ersteren zurückführen. Der Zusammenhang zwischen den Subcoxalplatten und den Beinen giebt sich in vielen Fällen noch dauernd darin zu erkennen, dass von der Subcoxalplatte aus ein Theil der in das Bein eintretenden Bewegungsmuskulatur ihren Ursprung nimmt. Hat eine völlige Vereinigung zwischen Sternum und der Subcoxa stattgefunden, so entspringen natürlich die betreffenden Muskeln von demjenigen Theile des Sternums, in welche die Hauptmasse der embryonalen Subcoxa eingeschmolzen ist.

Die von mir beschriebenen Subcoxalplatten sind im Mesothorax identisch mit den Scapulae, im Metathorax mit den Pleuren der von Fieber gegebenen Terminologie. Statt dieser mir nicht sehr zweckmässig erscheinenden Namen habe ich in meiner Bezeichnungsweise die wechselseitige Uebereinstimmung der genannten Theile in den verschiedenen Brustsegmenten und vor allem ihre genetische Beziehung zur Coxa des Beines zum Ausdruck zu bringen versucht.

Während die stigmentragenden Seitenplatten (Pleurite) an der Zusammensetzung des Thorax bei den Wanzen meist keine wesentliche Rolle spielen, so entwickeln sich bei der Nepalarve die Pleurite des Metathorax zu zwei auffallenden langen, siebelförmig gekrümmten Fortsätzen, welche ich bisher noch nicht erwähnt oder beschrieben gefunden habe. Nur die von Fieber bei Corixa als Parapleuren bezeichneten Stücke lassen sich möglicherweise mit derartigen Pleuriten vergleichen.

Bezüglich der Entwicklung der Flügel ist zu bemerken, dass dieselben bei den Wanzen als nach hinten gerichtete Auswüchse der Seitenränder von Meso- und Metanotum angelegt werden.

Der Bau des Abdomens hat bei den Heteropteren von Seiten früherer Autoren bereits eine viel gründlichere Untersuchung gefunden, als dies hinsichtlich des Thorax der Fall ist. Bei weitem die beste und genaueste Beschreibung dieser Art ist Verhoeff (93) zu verdanken. Da in der Verhoeff'schen Arbeit die ältere Litteratur bereits eine Berücksichtigung gefunden hat, so gehe ich hier nicht auf dieselbe ein.

Die Repräsentanten von nicht weniger als 18 verschiedenen Heteropterenfamilien haben das Material für die Untersuchungen Verhoeff's geliefert. Derselbe giebt eine minutiöse und grösstentheils auch durchaus genaue Beschreibung von den einzelnen Chitinstücken, die er an dem weiblichen Abdomen angetroffen hat. Zu bedauern bleibt nur, dass er seinen Beschreibungen keine Abbildung beigefügt hat. Der Hinterleib männlicher Wanzen wurde von Verhoeff nicht untersucht. Einige geringfügige Differenzen zu denen mich eigene Untersuchungen im Vergleich zu den Angaben dieses Autors geführt haben, sind bereits im speciellen Theil erwähnt worden. Hier gehe ich nur auf Fragen principieller Bedeutung ein, in denen ich nicht der Verhoeff'schen Auffassung beipflichten kann.

Verhoeff geht von der Voraussetzung aus, dass die Zahl der Abdominalsegmente bei den Wanzen 10 betrage. Den „Nachweis der Allgemeinheit der Zahl 10" bezeichnet er geradezu als einen Zweck seiner Untersuchungen. Da sich nun aber in Wirklichkeit bei einigermassen sorgfältiger Präparation an zahlreichen ausgewachsenen Heteropteren sowohl im männlichen wie im weiblichen Geschlechte die Bestandtheile von 11 Abdominalsegmenten deutlich nachweisen lassen, und diese Bestandtheile natürlich Verhoeff nicht entgehen konnten, so hat sich letzterer, um nicht selbst mit seiner Theorie in Widerspruch zu geraten, zu eigenartigen Deutungen veranlasst gesehen und Theile bei verschiedenen Thieren miteinander homologisirt, welche verschiedenen Abdominalsegmenten angehören, so dass schliesslich seine gesammte Auffassung der hinteren Körpersegmente bei Heteropteren (und Homopteren) zu einer irrthümlichen geworden ist.

Ich gehe hier nicht auf Einzelheiten ein, sondern bemerke nur, dass, soviel sich aus meinen Untersuchungen ergeben hat, der von Verhoeff als „Annulus" oder 10. Tergit beschriebene Theil der Gymnoceraten dem 10. Tergit + 10. Sternit entspricht. Diesem Stück soll nach Verhoeff ein löffelähnlicher Theil bei Cryptoceraten entsprechen, welcher sich indessen nur als ein 11. Tergit entpuppt hat. Das 10. Sternit kommt Verhoeff zufolge bei Cryptoceraten immer vor, ich fand es dagegen gerade mehrfach rückgebildet, konnte jedoch niemals, wie Verhoeff angiebt, constatiren, dass es eine Afterklappe bildet, was vielmehr für das 11. Sterit zutreffend ist. Derjenige Theil, welcher bei den Gymnoceraten von Verhoeff als „oberes

Diademplättchen" oder als „Terminalschuppe" beschrieben ist, stellt das
11. Tergit dar. Dasselbe soll bei den Cryptoceraten kein Homologon besitzen, während es dort in Wirklichkeit sich sehr viel stärker ausgebildet
zeigt. Das „untere Diademplättchen" ist nach Verhoeff als 10. Sternit aufzufassen, es lässt sich indessen unschwer nachweisen, dass es dem 11. Sternit
angehört u. a. m.

Um meine eigenen Ergebnissen kurz zu recapituliren, so habe ich
bei Cryptoceraten und Gymnoceraten, beim Embryo wie bei
der Larve stets 11 Abdominalsegmente nachweisen können.
Zieht man die Imagines in Betracht, so ergiebt sich, wenigstens an den
von mir untersuchten Formen, zwischen Cryptoceraten und Gymnoceraten
ein recht auffallender Unterschied. Bei den ersteren zeigt sich eine ausgesprochene Neigung, die Bestandtheile des 10. Abdominalsegmentes rück-
zubilden und zu unterdrücken, während das stark chitinisirte 11. Segment,
welches die Afteröffnung enthält, in Form eines deutlich hervortretenden
Analkonus sich erhält. Nur bei der Imago von Nepa konnte ich noch
die Bestandtheile des 10. Segments nachweisen, während dieselben bei
Naucoris und Notonecta gänzlich weichhäutig geworden sind.

Gerade umgekehrt liegen die Verhältnisse bei Gymnoceraten. Hier
wird das 10. Hinterleibssegment zu einem stark chitinisirten röhrenförmigen
Gebilde („Annulus"), in dessen Tiefe die Afteröffnung liegt, welche noch
von zwei ziemlich unscheinbaren kleinen Plättchen („Diademplättchen") um-
rahmt wird. Die betreffenden Plättchen stellen die verhältnissmässig kümmer-
lichen Ueberreste des 11. Tergites und Sternites dar.

Offenbar liegt bei den Gymnoceraten die Tendenz vor, gewissermaassen zu Gunsten des 10. Segmentes, welches zum Schutz der Darm-
öffnung umgestaltet ist, das nächstfolgende, nunmehr zwecklose 11. Segment
zu unterdrücken. Letzteres ist, wie ich aus den vergleichenden Untersuchungen von Verhoeff entnehme, denn auch bei einer Anzahl von Formen
theilweise bereits erfolgt. Nach Angabe dieses Autors zeigt sich bei Antho-
coriden, Saldiden und Aradiden lediglich nur noch 1 Diademplättchen
(11. Tergit) entwickelt, während bei den Hydrometriden umgekehrt das
11. Tergit (Terminalschuppe) in Fortfall gekommen ist.

In der Auffassung der einzelnen Abschnitte, die an den Abdominal-

segmenten der Heteropteren zu unterscheiden sind, habe ich mich Verhoeff
nicht angeschlossen. Derselbe spricht von oberen (dorsalen) und unteren
(ventralen) „Pleuren". Meine Untersuchungen haben indessen ergeben, dass
es sich hier jedenfalls nicht um eigentliche Pleuralbildungen (im Sinne
anderer Tracheaten) handelt, sondern nur um die gelegentlich mehr oder
weniger deutlich abgegliederten Seitentheile der Rücken- bezw. Bauchplatten.
Die abgetrennten Seitentheile der ersteren habe ich Paratergite, die der
letzteren Parasternite genannt.

Die primäre Zusammensetzung der Abdominalsegmente ist bei den
Heteropteren wie bei anderen Insecten die folgende.

Man unterscheidet ein chitinöses Tergit, ein ebenso beschaffenes
Sternit und ein Paar meist häutiger Pleuren, in denen sich die Stigmen
befinden.

Während bei vielen Insekten (Orthopteren) diese Zusammensetzung
der Hinterleibssegmente sich dauernd erhalten kann, bilden sich bei den
Heteropteren keine häutigen Pleuren aus, und Tergit und Sternit gelangen
auf diese Weise in enge Verbindung, sie verschmelzen miteinander. Hierdurch wird bei den Heteropteren die Eigenthümlichkeit bedingt, dass sich
später bei den Imagines und zwar hauptsächlich in den mittleren Abdominalsegmenten besondere Stücke, nämlich die oben genannten Paratergite oder
Parasternite durch Nahtfurchen absetzen oder sogar vermittelst Bindehäute
von den betreffenden Rücken- oder Bauchplatten abgliedern können.

Nach der Entwicklungsgeschichte zu urtheilen markiren die Stigmen
noch im grossen und ganzen die ursprüngliche zwischen Rücken- und Bauchplatten vorhandene Trennungslinie. Es zeigt sich nun schon beim Embryo,
dass bei den Heteropteren die Rückenplatten dominiren, sie sind sehr viel
grösser als die Sternitanlagen und betheiligen sich in den meisten Fällen,
indem ihr lateraler Rand ventralwärts umgeschlagen bleibt, auch an der
Bildung der ventralen Rumpfwand.

Letzteres Verhalten tritt besonders klar bei den Cryptoceraten zu
Tage, und gilt namentlich für die Larven derselben. Bei den Imagines ist
der umgeklappte Theil der Rückenplatte meist erheblich kleiner, verschwindet
auch wohl in einzelnen Segmenten vollständig (im 2.—5. Abdominalsegment

von Nepa), bleibt aber gelegentlich (Notonecta) selbst dauernd durch abweichende Färbung u. s. w. erkennbar.

Bei den Imagines von Cryptoceraten (selbstverständlich habe ich hierbei in erster Linie immer die von mir untersuchten Familien im Auge) kommt es ferner zur Bildung von Parasterniten, die sich medial von dem Sternit s. str. absetzen, das Stigma in sich enthalten und lateral noch eventuell mit dem umgeklappten Theil des Tergites verwachsen sind, während sie anderntalls bis zum Körperrande reichen. Dorsalwärts können auch Paratergite auftreten (Nepa, andeutungsweise auch bei Notonecta).

Bei den Gymnoceraten ist es im allgemeinen schwerer die umgeklappten Lateraltheile der Tergite an der Ventralseite des Körpers zu erkennen, doch gelingt dies beispielsweise bei Larven von Cimex noch ziemlich leicht, da hier die betreffenden Theile durch ihre dunkle Färbung im Gegensatz zu den Sterniten sich auszeichnen. Bei den Imagines der Reduviiden (Harpactor) sind die in Rede stehenden umgeklappten Seitentheile der Tergite ventralwärts sogar durch eine Nahtfurche von den stigmentragenden Bauchplatten geschieden. Für die Imagines fast aller Gymnoceraten ist ferner das Auftreten von Paratergiten an der Dorsalseite charakteristisch, die sich daselbst durch eine Naht von dem medianen Tergit s. str. abgrenzen.

Während somit bei den Heteropteren im allgemeinen die eigentliche Grenze zwischen Rücken- und Bauchplatten, resp. zwischen den ersteren und den Parasterniten, an der Ventralseite des Körpers zu suchen ist, so machen die Lygaeiden in dieser Hinsicht eine Ausnahme, indem bei ihnen die stigmentragenden Parasternite dorsalwärts umgeklappt sind um sich an der Bildung der Rückendecke zu betheiligen.

Besondere Pleurite, d. h. selbständige Stücke, die zwischen Rücken- und Bauchplatte liegen und das Stigma umgeben, fehlen, wie aus dem oben gesagten hervorgeht, ausnahmslos in dem Abdomen der Heteropteren. Die Stigmen gelangen in diesem Körperabschnitt stets an den lateralen Rand der Bauchplatten, und, wenn sich die Lateraltheile der Bauchplatte als Parasternite absondern, natürlich in diese letzteren hinein.

Die geschilderten Verhältnisse geben sich klar und deutlich zu erkennen, sobald man bei der Untersuchung die verschiedenen Entwicklungsstadien berücksichtigt. Verhoeff, der die Morphologie der Abdominalsegmente nur bei weiblichen Imagines studirt hat, gab zwar eine eingehende Beschreibung, durch welche indessen der wahre Zusammenhang der einzelnen Theile noch in keiner Hinsicht klar gelegt wurde.

Diejenigen Abschnitte, welche von Verhoeff als „obere Pleuren" bei den Pentatomiden (und anderen Gymnoceraten) beschrieben wurden, sind Paratergite (Seitentheile der Rückenplatten), die Theile, welche von ihm mit gleichem Namen bei Lygaeiden belegt wurden, sind dagegen Parasternite (Seitentheile der Bauchplatten). Seine unteren „Pleuren" hat man bei Nepiden 'als Parasternite aufzufassen, während die gleichnamigen Abschnitte bei Reduviiden Paratergite darstellen, und die Verhoeff'schen „unteren Pleuren" bei Notonectiden theils zu den Paratergiten, teils zu den Parasterniten gehören. Obwohl im letztgenannten Falle Verhoeff selbst von einem „oberen und unteren Theil" der unteren Pleuren spricht, so ist doch die heterogene Natur derselben von ihm nicht erkannt worden.

IV. Homoptera.

A. Beschreibender Theil.

Als Untersuchungsmaterial verwendete ich hauptsächlich die amerikanische Cikade, Cicada septendecim Fabr. die folgenden Angaben beziehen sich daher sämmtlich auf dieses Insekt, sofern nicht ausdrücklich andere Formen genannt sind.

Die jüngsten Stadien, welche mir zur Verfügung standen, zeigten bereits den in Folge einer dorsalen Krümmung vollständig in den Dotter eingesunkenen Keimstreifen. Letzterer ist, wie Fig. 10 erkennen lässt, nur selten ganz gerade gestreckt. In den meisten Fällen zeigt das Hinterende eine bald mehr, bald weniger deutliche spirale Krümmung um die Längsachse.

Am Vorderende des Körpers fallen zwei umfangreiche Kopflappen auf, welche sammt den an ihrem Hinterrande entspringenden Antennen dorsalwärts umgebogen sind, so dass sie bei Betrachtung von der Ventralseite nur unvollständig sichtbar sind. Das Vorkiefersegment bleibt extremitätenlos, auch die übrigen Kopf- und Rumpfsegmente sind ähnlich wie

bei den Heteropteren gebildet. Im hinteren Abdominaltheil ist in dem bezeichneten Stadium die Segmentirung noch nicht vollendet.

Ein weiter fortgeschrittenes Stadium (Fig. 11) weist schon die Anlagen aller Körpersegmente und der entsprechenden Anhänge auf. Besonders
auffallend ist am Kopf die Grösse des Clypeus, der zu einem helmartigen,
namentlich nach vorn überhängenden Fortsatz geworden ist. Eine Oberlippe fehlt noch. Die Lage und Gestalt der Mundgliedmaassen erklärt Fig. 11
besser als es eine lange Beschreibung vermag. In Uebereinstimmung mit
den Heteropteren ist auch bei Cicada an den vorderen Maxillen eine Trennung
in ein laterales Stück, den Maxillenhöcker, und in einen medialen Zapfen
eingetreten, welcher letzterer wieder als „Lade" gedeutet werden kann.

Eine geringfügige Differenz im Vergleich zu den Heteropteren giebt
sich dagegen in der Lage der hinteren Maxillen zu erkennen. Dieselben
fügen sich nämlich nicht dem vorhergehenden Kieferpaare an, sondern befinden sich auffallend weit hinten, dicht am vorderen Rande des Prothorax-
segmentes.

Schon in diesem früheren Entwicklungsstadium macht sich also die
für Homopteren charakteristische Tendenz zur Verwachsung der hinteren
Maxillen (Labium) mit dem Prothorax geltend, eine Eigenthümlichkeit,
welche bekanntlich bereits zur Aufstellung der systematischen Gruppe der
Gulaerostria (Homoptera und Phytophthires) Veranlassung gegeben hat im
Gegensatz zu den Frontirostria (Heteroptera), bei welchen später das Labium
vorn am Kopf inserirt.

An den Thorax schliesst sich auch bei Cicada ein deutlich elfgliedriges
Abdomen an (Fig. 11). Am 1. Abdominalsegment begegnet man den Pleuropoden, welche die Form von kugeligen, aus grossen Zellen zusammengesetzten
Körpern besitzen und bereits in das Innere des Keimstreifens einzusinken
beginnen.

Die folgenden Abdominalsegmente zeigen paarige, wulstförmige nach
der Medianseite gewendete Verdickungen (Tergitwülste), an deren Aufbau
die Gliedmaassenrudimente in gleicher Weise betheiligt sind, wie dies oben
für die Heteropteren beschrieben wurde. Die Tergitwülste treten im vorderen
Abdominalabschnitt deutlicher hervor, während sie hinten mehr und mehr
undeutlich werden. Das letzte (11.) Abdominalsegment geht in zwei nach

hinten gerichtete Vorsprünge aus, welche die vordere Begrenzung für den After bilden.

Endlich ist zu erwähnen, dass in dem in Rede stehenden Stadium auch die Stigmen angelegt sind und am Meso- und Metathorax sowie den ersten 8 Abdominalsegmenten sich vorfinden.

Bei der Umrollung haben die Mandibeln und die Laden der vorderen Maxillen schon die charakteristische zapfenförmige Gestalt angenommen. Auch die Maxillarhöcker sind bei Cicada auffallend lang und gehen in eine nach hinten gerichtete Spitze aus (Fig. 35 Mxp). Endlich trifft man noch

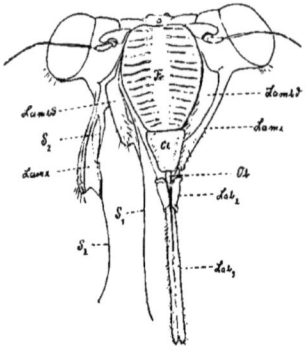

Fig. V. Kopf von Cicada (Imago) von vorn gesehen. Copie einer von Marlatt (95) gegebenen Figur unter Veränderung der Bezeichnungen.

Cl = Clypeus, Fr = Frons, Lab$_{2(3)}$ = 2. (3.) Labialglied, Lambd = Lamina mandibularis, Lamx = Lamina maxillaris, Ob = Labrum, S$_1$ = Seta mandibularis, S$_2$ = Seta maxillaris.

zwischen den genannten Theilen in der Medianlinie einen gleichfalls nach hinten gerichteten spiessförmigen Fortsatz an. Letzterer entspricht dem Hypopharynx, der auch bei Cicada wie bei anderen Insekten durch Auswachsen der Sternitanlagen der Kiefersegmente gebildet wird. Die hinteren

Maxillen haben sich in diesem Stadium zur Bildung des Labium an einander gelegt, an welchem schon die spätere Dreigliedrigkeit hervortritt.

Die Bildung des Kopfes und der Mundtheile vollzieht sich übereinstimmend mit der für Heteropteren angegebenen Weise. Die Abweichungen, welche sich zu erkennen geben, sind nur auf die verschieden starke Entwicklung gewisser Theile zurückzuführen. In erster Linie ist das Wachsthum der Kopflappen auffallend und der bedeutende Antheil, den sie hiermit an der Bildung des Kopfes nehmen. Aus ihnen geht der blasenartig aufgetriebene und beim Embryo wie bei der jungen Larve etwa kegelförmig gestaltete Vorderkopf hervor. Dieser Theil entspricht der Stirn, Frons, an deren Innenfläche die Pharynxmuskulatur angeheftet ist. Den embryonalen Kopflappen verdankt auch noch der Scheitel oder Vertex seinen Ursprung, mit Ausnahme der hinteren lateralen Theile, in welche die Tergite der Kiefersegmente eingeschmolzen sind, und an denen die Retractoren der Stechborsten inseriren.

An das Vorderende der Stirn schliesst sich der Clypeus an Fig. 11 u. Fig. V Cl, durch Auswachsen des vorderen Randes des letzteren entsteht die Oberlippe, welche sich indessen bei Cicada ziemlich spät bildet und bei Larven wie Imagines relativ schwach entwickelt ist.

Die unteren Seitentheile des Kopfes werden bei den Cikaden gewöhnlich als Verlängerungen der „Wangen" oder Genae angesehn und meist auch noch als solche bezeichnet. Ontogenetisch sind sie grösstentheils auf die oben erwähnten Maxillarhöcker zurückzuführen, sie entsprechen demnach völlig den Laminae maxillares der Heteropteren und enthalten in ihrem vorderen Theile die Ansatzstellen des Musculus protractor maxillaris, der dort mit mehreren neben einander liegenden Köpfen entspringt und zur Basis der Kiefertasche zieht.

Von Interesse ist, dass die Laminae maxillares bei Cicada an ihrem distalen Ende in einen kurzen, spiessförmigen Fortsatz übergehen. Dieser Fortsatz ist bereits beim Embryo nachweisbar und ist homolog dem bei Heteropteren beschriebenen Processus maxillaris. (Buccula oder Palpus). Der Processus maxillaris der Cikaden entspringt an der Stelle, wo die maxillare Stechborste aus dem Kopf hervortritt und ist zwar nicht abgegliedert, aber doch deutlich von den Laminae maxillares abgesetzt.

An dem Cikadenkopf sind ferner noch zwei Theile bemerkenswerth, die in der Regel als „Lora" oder Zügel beschrieben werden. Bei Cicada, ähnlich wie bei den meisten übrigen Homopteren, handelt es sich um zwei halbmondförmige Platten, die an den Seitentheilen des Kopfes zwischen Frons und den Laminae maxillares eingeschaltet sind. Diese sog. Lora sind in entwicklungsgeschichtlicher Hinsicht keine ganz einheitlichen Bildungen, indem sie sowohl auf Bestandtheile des Antennensegmentes wie auf solche des Mandibelsegmentes zurückzuführen sind. Aus letzterem Umstande erklärt es sich, dass in ihr Bereich mandibulares Mesoderm zu liegen kommt, welches zu den Protractoren der mandibularen Stechborsten wird.

Da die Lora bei den Homopteren selbständige, deutlich von der Stirn abgegrenzte Sceletstücke sind und da sie in derselben Beziehung zu den Mandibeln stehen, wie die Laminae max. zu den vorderen Maxillen, so können die „Lora" entsprechend als Laminae mandibulares bezeichnet werden. Die Protractoren entspringen an der ganzen Innenfläche dieser Laminae mandibulares, sie heften sich dann aber nicht direkt an den Grund der Mandibulartasche an, sondern an einen scheidenartigen Chitinstab, welcher mit der chitinösen Basis der Kiefertasche verwachsen ist.

Die Entstehungsweise des Thorax habe ich bei Cicada nicht im speciellen untersucht, ich bemerke nur, dass auch hier die für Heteropteren beschriebenen Subcoxalplatten zur Entwicklung gelangen. Dieselben sind bei der Larve an der Seitenfläche des Thorax, dorsal von der Insertion der Coxen leicht zu erkennen.

Bezüglich der Bildung des Abdomens verdient erwähnt zu werden, dass die Tergitwülste, welche gerade wie bei Heteropteren zu embryonaler Zeit in den Seitentheilen der Segmente aufgetreten waren, beinahe unverändert in die Larvenperiode übernommen werden. Die paarigen wulstförmigen Verdickungen, welche an der Ventralseite des 3.—8. Abdominalsegmentes bei den jungen Cicadalarven erkennbar sind, lassen sich auf die in Rede stehenden embryonalen Bildungen zurückführen. Es kommt hierdurch an der Unterseite des Abdomens eine tiefe Rinne zur Ausbildung. Tergitwülste fehlen nur in den vordersten (1.—2.) und hintersten (10.—11.) Abdominalsegmenten.

Die Gliedmaassenrudimente des 1. Abdominalsegmentes sinken vollkommen unter das Körperniveau ein. In den folgenden Segmenten betheiligen sich die unscheinbaren Gliedmaassenanlagen kaum an der Bildung der Bauchplatten, indem wie bei den Heteropteren nur die unmittelbar an das Stigma angrenzende Partie des Sternites sich auf Gliedmaassenreste zurückführen lässt.

Gerade wie 11 Bauchplatten vorhanden sind, so lassen sich bei den jungen Larven auf 11 typische Rückenplatten nachweisen. Die geschilderte Zusammensetzung erleidet indessen bei Cicada im Verlaufe des Larvenlebens gewisse Veränderungen. Dieselben werden einmal durch die Ausbildung der Gonapophysen bedingt und zweitens durch eine damit Hand in Hand gehende Umgestaltung der hintersten Segmente.

Bei ausgewachsenen männlichen Larven von Tettigia orni L. (anderes Material hatte ich nicht zur Verfügung) präsentirt sich namentlich das 9. und 10. Segment des Hinterleibes in abweichender Form. Das 9. Sternit tritt nur wenig hervor und ist durch den Besitz von 2 Höckern ausgezeichnet, das zugehörige Tergit ist dagegen ausserordentlich umfangreich geworden und läuft hinten in einen dreieckigen Fortsatz aus, der fast bis zum Körperende reicht. Umgekehrt verhält es sich mit dem 10. Segmente, bei welchem die Bauchplatte buckelförmig geworden ist, während die Rückenplatte zu einer schmalen Spange reduzirt wurde, die erst durch Wegnahme des 9. Tergites sichtbar gemacht werden kann. Das 11. Segment hat die Gestalt eines Ringes, dessen ventrale Partie stärker als die dorsale entwickelt ist, erstere steht hinten frei vor und ist der dreieckigen Spitze des 9. Tergites opponirt.

Bei anderen Cicadiden sind ebenfalls noch in älteren Larvenstadien die 11 Abdominalsegmente deutlich erkennbar. Zur Erläuterung verweise ich auf Fig. 38, welche das Hinterende einer weiblichen Larve von Aphrophore salicis Deg. von der Ventralseite gesehen, wiedergiebt. Bemerkenswerth sind die Tergitwülste, die bei der Aphrophoralarve an den ersten 9 Abdominalsegmenten hervortreten. Das 9. Abdominalsternit erstreckt sich bis hinter die sogleich zu erwähnenden Gonapophysen. Das 10. Sternit besitzt hinten zwei seitliche flügelförmige Erweiterungen, die sich deutlich von dem vorderen Theil der 10. Bauchplatte abgrenzen, sodass hiermit eine Theilung des 10. Sternites in 2 hintereinander liegende Stücke angedeutet ist. Das

10. Tergit ist eine schmale Spange. Das ringförmige 11. Segment bildet dorsalwärts eine rundliche, die Afteröffnung von oben überdeckende Platte. Im männlichen Geschlecht ist die Segmentirung eine ganz entsprechende. Die Gonapophysen treten bei männlichen Larven als höckerartige Erhebungen im 9. Segmente auf. Bei weiblichen Individuen zeigt sich dagegen ein Gonapophysenpaar im 8., und zwei weitere nebeneinander liegende Paare im 9. Segmente, sodass die Gesammtzahl der weiblichen Geschlechtsanhänge 6 beträgt, ein Verhalten, welches in Fig. 38 veranschaulicht ist. Es ist besonders zu bemerken, dass die Gonapophysen dicht neben der Medianlinie sich erheben. Diese Lage ist deswegen von Wichtigkeit, weil sie bei Beurtheilung der morphologischen Natur der Gonapophysen in Betracht kommt. Bei dem Cicaden ist wie bei den Heteropteren nur der laterale, unmittelbar an das Stigma oder den Tergitwulst grenzende Theil der Bauchplatte auf den embryonalen Extremitätenhöcker zurückführen, während die gesammte mediane Partie des Sternites sicherlich nichts mit Gliedmaassen zu thun haben kann, ebensowenig wie dies etwa mit dem mittleren Theil eines Thoraxsternites der Fall ist. Da nun die Gonapophysen unmittelbar zu den Seiten der Medianlinie aus der mittleren Partie der Bauchplatte hervorgehen, so folgt daraus, dass die Geschlechtsanhänge den Beinen nicht homostich sind, dass sie deshalb nicht von Gliedmaassen abstammen, sondern lediglich die Bedeutung von Hypodermiserhebungen besitzen können.

Der Bau des Abdomens bei der Imago ist von mir aus Mangel an Material nicht an Cicada selbst, sondern an der nahestehenden Form Tibicina tomentosa Oliv. untersucht worden.[1]) Ich hebe nur einige wenige Punkte hervor, zumal Verhoeff (93) wenigstens für das Weibchen schon genauere Angaben gemacht hat.

Die bei Larven an der Ventralseite des Abdomens vorhandenen Tergitwülste sind bei den Imagines als solche nicht mehr zu erkennen, vielmehr sind sie hier zu Platten geworden, die medialwärts von den Sterniten durch eine Naht getrennt sind, während sie lateralwärts bis zum scharfen Körperrande reichen. Man hat diese Platten als Paratergite aufzufassen. Die Stigmen sind im Abdomen jetzt vorn am lateralen Rande der Bauch-

¹) Das Material habe ich Herrn Dr. W. Stempell (Greifswald) zu verdanken, der mir die betreffenden aus Kilikien stammenden Exemplare seiner Sammlung überlassen hat.

platten anzutreffen. Das 8. und 9. Segment beim Weibchen, sowie das 9. und 10. Segment des Männchens sind ferner durch die Entwicklung der äusseren Genitalien charakterisirt.

Die Gestalt des 10. Segmentes beim Weibchen beschreibt Verhoeff folgendermaassen: „Auch bei den Cicadiden reichen die Flanken der 10. Dorsalplatte weit hinab, ohne jedoch in der Ventralmediane zu verschmelzen." Verhoeff nennt nicht die von ihm untersuchte Cicadenart, so dass eine Controlle nicht möglich ist. Bei der von mir untersuchten Tibicina bildet aber jedenfalls das 10. Abdominalsegment im weiblichen Geschlecht einen vollständigen Ring. Im männlichen Geschlecht ist das ebenfalls ringförmig gestaltete 10. Segment ventralwärts mit dem langen penisartigen Kopulationsanhang verbunden.

Die Bestandtheile des 11. Abdominalsegmentes sind bei beiden Geschlechtern von Tibicina auch im imaginalen Zustande noch sehr deutlich ausgebildet und zwar unterscheidet man ein dorsales unpaares Stück, zwei kleine laterale und schliesslich noch einen verhältnissmässig grossen unpaaren ventralen Theil. Die genannten vier Stücke sind stark chitinisirt und durch dünnhäutige Partieen von einander geschieden. Ihre Gestalt und Lage ist in Fig. 25 dargestellt.

Die unpaaren Stücke wird man unzweifelhaft als ein 11. Tergit und Sternit ansprechen können, zumal die gleichen Theile auch bei Heteropteren entwickelt sind. Die beiden paarigen Platten lassen sich entwicklungsgeschichtlich auf die lateralen Theile der ventralen Partie des 11. larvalen Abdominalringes zurückführen, sie können demnach als Parasternite bezeichnet werden.

Verhoeff hat die soeben erwähnten Theile zwar genau beschrieben, sie jedoch in einer nicht zutreffenden Weise gedeutet, indem er vor allem das 11. Sternit für das 10. hält. Das 11. Tergit bezeichnet er als „Terminalfilum" und die Parasternite werden von ihm als „Cerci" bezeichnet. Hinsichtlich des letzteren Punktes, auf welchen Verhoeff vom theoretischen Standpunkt aus ein grösseres Gewicht legt, verweise ich auf den folgenden Abschnitt.

Nach Beschreibung der Körperbildung von Cicada septendecim habe ich noch zu erwähnen, dass sämmtliche von mir untersuchte Eier dieses Insects ein eigenthümliches Gebilde im Innern enthielten. Dasselbe ist von eiförmiger Gestalt und befindet sich bei jungen Eiern, d. h. solchen die sich noch im Blastodermstadium befinden, dicht unterhalb des hinteren Eipoles im Eidotter vor (Fig. VI). Das fragliche eiförmige Gebilde setzt sich aus einer grossen Masse kleiner Kügelchen oder Körnchen zusammen, die

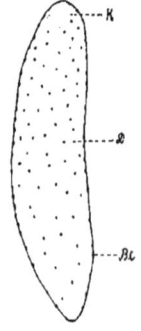

Fig. VI.
Ei von Cicada septemdecim.
Bl = Blastoderm. D = Dotter.
K = Körnchenmasse.

vollkommen homogen erscheinen und sich mit den gebräuchlichen Kerntinktionsmitteln (Hämatoxylin, Karminfarbstoffe) nicht färben lassen. Zwischen den kleinen sind einige etwas grössere Körner von polygonaler Gestalt eingestreut. Die ganze Masse, welche den Eindruck einer feinkörnigen Dottersubstanz macht, ist endlich noch von einer sehr zarten Membran umgeben, durch welche die äussere Begrenzung gegen den Nahrungsdotter gebildet wird.

Bezüglich der Herkunft dieser Membran glaube ich nicht fehl zu gehen, wenn ich sie als ein Derivat des den Nahrungsdotter durchsetzenden plasmatischen Netzwerkes betrachte. Sie entspricht demnach der Membrana vitellina. Gerade wie letztere den Nahrungsdotter nach aussen hin begrenzt, so wird der Dotter durch eine entsprechende Membran auch an dem directen Contact mit der Körnchenmasse gehindert. Man erkennt leicht, dass einige Dotterzellen sich an die Oberfläche der Membran anlegen und sich auf derselben ausbreiten, so dass die Körnchenmasse hiermit eine äussere zellige Bekleidung erhält.

In etwas späteren Stadien trifft man die Körnchenmasse nicht mehr am Hinterende des Cicadacies, sondern in der Nähe seines vorderen Eipoles an. Es handelt sich hierbei offenbar um eine rein passive Verschiebung. Der Transport bis zur genannten Stelle wird durch das Keimstreifen bewirkt, dessen Hinterende sich um die Körnchenmasse krümmt und diese in den Nahrungsdotter mit hineinzieht. Von diesem Zeitpunkt an bleibt das Gebilde mit dem Hinterende des sich entwickelnden Cicadaembryo in Zusammenhang und liegt zunächst an dem proximalen blinden Ende des Enddarmes.

Bei der Umrollung wird die Körnchenmasse aus dem Dotter herausgezogen und in den hinteren Theil des Abdomens eingeschlossen. Zu dieser Zeit vollzieht sich auch eine wesentliche Veränderung. Zunächst erfolgt eine Theilung der ganzen Masse in zwei gleiche Hälften, die sich symmetrisch auf die beiden Körperseiten des Embryo vertheilen. Sie sind hierbei zwischen dem Enddarm und den dorsoventralen Muskelzügen eingeschlossen (Fig. 23 K), und ihre Längsachse ist parallel zu derjenigen des Embryo gerichtet.

Während die Theilung sich vollzieht, wandern Zellen aus der Fett-körperanlage in die Körnchenmasse ein und vertheilen sich daselbst zwischen den im Innern liegenden Körnchen und Kügelchen, andere Zellen bleiben auch auf der Oberfläche der Körnchenmasse zurück.

Bei etwa einer Woche alten Larven von Cicada liessen die in Rede stehenden Gebilde keine wesentliche Veränderung, abgesehen von einer geringen Zunahme der im Innern befindlichen (Fettkörper-) Zellen, erkennen. Die weitere Entwicklung konnte von mir nicht verfolgt werden, weil die jungen Cicadalarven abstarben.

Es ist mir nicht möglich, eine positive Ansicht über die Natur der beschriebenen Körnchen zu geben. Zu einer sicheren Beurtheilung wurden durchaus Untersuchungen an frischem Material, namentlich an älteren Larven und Imagines des betreffenden Insectes nothwendig sein, die mir nicht zur Verfügung standen. So viel scheint indessen festzustehen, dass es sich bei der Körnchenmasse um ein normal im Eidotter vorkommendes Einschluss-gebilde handelt, welches möglicherweise dann erst später bei der Larve zur Resorption gelangt. Ein Vergleich mit den bereits bei verschiedenen Insecten beobachteten und auch von mir (95 a) bei mehreren Blattidenspecies beschriebenen bacterienartigen Körperchen dürfte wegen der durchaus ab-weichenden Gestalt derselben wohl kaum möglich sein, obwohl diese letzteren bekanntlich ebenfalls unmittelbar durch Vererbung übertragen werden, indem sie in den Dotter des unreifen Eies und später aus diesem in das Fettkörpergewebe des jungen Thieres gelangen. Ich bemerke hierzu, das ich in Ovarialeiern von Tibicina tomentosa die fraglichen Einschlussgebilde bereits constatiren konnte, so dass wenigstens hinsichtlich des frühzeitigen Auftretens thatsächlich ähnliche Verhältnisse wie bei den Blattiden obzuwalten scheinen. Da jedoch bei dem Erhaltungszustand meiner Cikadaeier die Anwendung feinerer Untersuchungsmethoden ergebnislos blieb, so muss die Entscheidung späteren Untersuchungen an günstigerem Materiale überlassen bleiben.

B. Uebersicht über die früheren Ergebnisse.

Die Structur der Mundtheile und die Zusammensetzung des Kopfes ist gerade bei den Cikaden schon verhältnissmässig seit langer Zeit bekannt und durch Wort und Bild erläutert worden. Letzteres ist erklärlich, da es sich bei diesen Thieren meist um grosse und der Untersuchung leicht zugängliche Formen handelt.

Von den älteren Autoren sind besonders Burmeister (39) und Westwood (40) zu nennen. Namentlich der erstere hat eine genaue, auch mit Abbildungen versehene Darstellung von den Kiefern und der dazu gehörenden Muskulatur bei der Cikade gegeben. Ich kann die Burmeister'schen Angaben, soweit sie die Muskeln der Mandibeln betreffen, vollkommen bestätigen und verweise in dieser Hinsicht auf das oben Gesagte.

Die Protractormuskeln der maxillaren Stechborsten sind aber von Burmeister in einer nicht ganz zutreffenden, zum mindesten in einer nicht verständlichen Weise geschildert worden. Er sagt: „Der Senker (Protractor) entspringt theils von einem an der Aussenecke der Grundplatte befindlichen Fortsatz, theils von einem Hornstück, das mit der Grundplatte (Basis der Kiefertasche) gelenkt und frei nach aussen hervorragt." Es handelt sich hier jedoch nicht um einen Senker, sondern um zwei verschiedenartige Muskeln. Der zuerst erwähnte ist der eigentliche Protractor maxillaris, dessen Verlauf ich oben beschrieben habe. Der andere Muskel entspringt nicht an dem Chitinstab (Hornstück) wie Burmeister angiebt, sondern unmittelbar neben demselben an der Innenfläche der Lamina maxillaris, von dort zieht er in schrägem Verlaufe nach vorn zur Ventralfläche der chitinösen Scheide, welche mit der Mandibulartasche zusammenhängt. Kontrahirt sich dieser letztere Muskel, so wird einerseits die Lamina maxillaris etwas gehoben und ferner durch den erwähnten Chitinstab, welcher an seinem proximalen gabelförmigen Ende mit der Maxillartasche zusammenhängt, die maxillare Kiefertasche nebst ihrer Stechborste etwas nach vorn verschoben. Dieser Muskel von dem ich ein Homologon bei den Heteropteren nicht angetroffen habe, unterstützt also noch das hauptsächlich aber durch den oben beschriebenen Protractor bewirkte Hervorstossen der maxillaren Stechborsten.

In neuerer Zeit hat die Morphologie des Kopfes von Cicada septemdecim durch den bekannten amerikanischen Entomologen Marlatt (95, 98) eine sorgfältige Beschreibung gefunden. Marlatt bestätigt im wesentlichen die älteren Angaben und weist mit Recht eine von Smith (92) gegebene Deutung der Homopterenmundtheile als irrig zurück.

Die wichtigsten Ergebnisse von Marlatt sind die folgenden: Das Schädeldach wird gebildet vom Clypeus, an den sich vorn eine zweigliedrige Oberlippe anschliesst. An den Seitentheilen des Kopfes befinden sich die Mandibeln und Maxillen, und zwar unterscheidet Marlatt an jeder derselben einen äusseren Theil, sclerite, und einen inneren, die Stechborste oder Seta, die mit einer „bulbous, fleshy expansion" beginnt.

In der Deutung der Sceletstücke an der Oberseite des Kopfes kann ich Marlatt nicht ganz folgen, indem der von ihm als Clypeus beschriebene Theil der Stirn anderer Insekten homolog ist und daher als Frons bezeichnet werden muss, während der basale Theil der von Marlatt beschriebenen Oberlippe den Namen Clypeus verdient.

Der Zusammenhang zwischen den Stechborsten und gewissen äusseren Kopfbestandtheilen ist von dem amerikanischen Forscher richtig erkannt worden, ohne dass freilich hierbei die in erster Linie wichtige Anordnung der Muskulatur berücksichtigt wurde. Eine morphologische Erklärung der Cikadenmundtheile und einen Vergleich derselben mit den Mundtheilen anderer Insekten hat Marlatt nicht gegeben. In dem allgemeinen Theil der vorliegenden Abhandlung werden diese Verhältnisse besprochen werden.

Die Mundwerkzeuge der Cikaden hat endlich auch Chatin (97) berücksichtigt. Letzterer deutet das von mir Processus maxillaris genannte Gebilde als Palpus.

Die Körpersegmentirung ist bei den Cikaden von Verhoeff (93) studirt worden, welcher namentlich die Gliederung des weiblichen Abdomens untersucht hat. In drei wesentlichen Punkten bin ich indessen zu anderen Resultaten wie der genannte Autor gelangt. Diese Punkte betreffen 1. die Zahl und Zusammensetzung der Körpersegmente 2. die Zahl der Gonapophysen und 3. das angebliche Vorhandensein von Cerci bei den Cikaden.

Da Verhoeff die Zehngliedrigkeit des Insektenabdomens für die typische hält, so hat er auch bei den Homopteren 10 Hinterleibssegmente nachzuweisen versucht, obwohl gerade bei diesen Insekten vom Embryo bis zur Imago hinauf die thatsächliche Elfgliedrigkeit des Abdomens nicht schwer erkennbar ist. Ich habe letzteres Verhalten im vorigen Abschnitt bereits ausführlich hervorgehoben, so dass ich hier nicht mehr darauf einzugehen brauche.

Hinsichtlich der Zusammensetzung der Abdominalsegmente habe ich zu bemerken, dass die oben von mir Paratergite genannten Stücke, bereits von Verhoeff unter dem Namen Pleuren beschrieben worden sind. Diese Paratergite sind bei den Cikaden abgesonderte Seitentheile der Rückenplatten. Die Aufgabe der Verhoeff'schen Nomenklatur und die Anwendung einer präcisen Benennungsweise wird nun deswegen erforderlich, weil Verhoeff auch gewisse Theile bei Fulgoriden als Pleuren angesehen und als solche beschrieben hat, die im Gegensatz zu den eben erwähnten Paratergiten jedoch abgegliederte Abschnitte der Bauchplatten sind und morphologisch demnach als Parasternite aufgefasst werden müssen. Bezüglich des zweiten Punktes (Zahl der Gonapophysen) ist zu erwähnen, dass Verhoeff an dem 9. Abdominalsegmente weiblicher Cikaden sogenannte Styloide beschreibt. Offenbar ist es ihm hierbei aber entgangen, dass diese Styloide die gleichen Gebilde sind, welche er schon bei gewissen Wasserwanzen mit dem Namen „Pseudostyli" belegt hatte.

Man wird diese Namen, durch welche leicht eine Confusion entstehen kann,[1] am besten fallen lassen, denn die Styloide der Cikaden sind wie die Pseudostyli der Cryptoceraten nur die lateralen Gonapophysen des 9. Abdominalsegmentes. Dieselben sind bei der Larve oben von mir beschrieben worden. Die betreffenden Gonapophysen betheiligen sich indessen später nicht wie die medialen Gonapophysen des 9. Segmentes an der Herstellung des Legestachels, sondern sie bilden bei Cicada, indem sie sich aneinanderlegen, eine Art Futteral, welches die distale Partie des Legestachels aufnehmen kann.

Den weiblichen Cikaden kommen also nicht wie von Verhoeff angegeben wurde 2, sondern 3 Paar von Geschlechtsanhängen zu.

---

[1] Die Verwirrung wird dadurch noch erheblich grösser, dass Verhoeff bei den Wasserwanzen ausser den Pseudostyli auch noch Styloide beschreibt.

Eine eingehendere Besprechung verlangt endlich noch das von Verhoeff angegebene Vorhandensein von „deutlichen und unzweifelhaften Resten von Cerci bei Cikaden". Als solche werden von dem genannten Forscher zwei laterale Stücke des Endsegmentes bezeichnet, welche ich oben als die Parasternite des 11. Abdominalsegmentes beschrieben habe.

Wenn ich in dieser Hinsicht der Verhoeff'schen Auffassung ebenfalls nicht zu folgen vermag, so liegt es mir doch jedenfalls vollkommen fern die Verhoeff'sche Meinung etwa direct als unrichtig hinstellen zu wollen, denn es lässt sich nicht verkennen, dass die Parasternite des 11. Abdominalsegmentes bei den Cikaden in ihrer Lage mit den Cerci anderer Insekten übereinstimmen, sodass in dieser Hinsicht wenigstens ein Vergleich immerhin berechtigt wäre.

Eine andere Frage ist es jedoch, ob die erwähnten Parasternite nun auch wirklich als rudimentär gewordene ehemalige Cerci anzusehen sind, oder ob sie nicht lediglich einer secundär eingetretenen Gliederung der Bauchplatte ihren Ursprung verdanken.

Die bei niederen Insekten vorkommenden Cerci sind mehr oder weniger deutlich abgegliederte Fortsätze, welche im Innern eine Höhle zur Aufnahme von Blutflüssigkeit, von Nerven etc. enthalten. Bei den fraglichen Theilen der Cikaden (Tibicina) ist hiervon aber keine Spur zu bemerken, sondern es handelt sich bei diesen eben lediglich um einfache Chitinplatten, die am Hinterende des Körpers liegen und natürlicherweise der Wölbung desselben entsprechend, eine convexe Aussenfläche besitzen. Die Cerci der Insekten hat man in morphologischer Hinsicht bekanntlich als umgewandelte Extremitäten aufzufassen. Gliedmaassen treten jedoch an dem in Rede stehenden 11. Segmente der Cikaden überhaupt nicht, weder während der embryonalen, noch während der postembryonalen Entwicklung hervor. Dagegen lässt sich der Nachweis führen, dass die Parasternite lediglich vermittelst Abgliederung von der mit einem Sternit zu vergleichenden ventralen Partie des larvalen 11. Segmentes entstehen.

Würde es sich thatsächlich bei den Cikaden um Ueberreste von Cerci handeln, so würde man ferner erwarten können, diese Gebilde bei irgend einem anderen Homopter wenigstens noch in ähnlicher, vielleicht sogar in besserer Weise entwickelt zu sehen. Dies scheint aber nicht der Fall zu

sein. Verhoeff meint zwar, das bei Jassiden und Cercopiden durch die
10. Bauchplatte „schwache Höcker hindurchschimmern", die er als Ueberreste von Cerci auffassen möchte. Meine eigenen Untersuchungen haben
aber in dieser Hinsicht zu einem negativen Ergebniss geführt, bei Aphrophora fand ich nicht die geringsten Anhaltspunkte, die für das ehemalige
Vorhandensein cerciartiger Bildungen sprechen könnten.

Die lateralen Parasternite des 11. Segmentes scheinen lediglich bei
der Familie der Cicadiden vorzukommen. Ihre Abtrennung vom medianen
Theil des zugehörigen Sternites dürfte wohl allein durch physiologische
Gründe (grössere Dilatationsfähigkeit des Afters) verständlich zu machen
sein, ohne dass man dabei an die Vererbung von verkümmerten Schwanz-
fäden thysanuren- oder orthopterenartiger Vorfahren zu denken braucht.

Mein Ergebniss fasse ich dahin zusammen, dass, soviel
man bisher weiss, bei den Homopteren weder Cerci vorkommen
noch Gebilde vorhanden sind, die sich mit einiger Wahrschein-
lichkeit als Rudimente von Cerci deuten lassen.

V. Phytophthires.

Als Vertreter des Phytophthires wählte ich Dryobius roboris L.[1]
Ich habe mich jedoch darauf beschränkt an dieser Form nur einige anatomische Beobachtungen anzustellen, weil einerseits der Körperbau der
Blattläuse bereits ziemlich genau untersucht ist, und auch die Entwicklungsgeschichte der Phytophthiren durch die Arbeiten von Metschnikoff (66)
besonders aber durch diejenigen von Witlaczil (82, 84) schon hinlänglich
bekannt geworden ist.

Betrachtet man den Kopf von Dryobius, so fällt sogleich der blasig
aufgetriebene Vorderkopf auf, welcher vor dem die Antennen und Augen
tragenden Scheitel liegt. Dieser Vorderkopf ist homolog der Stirn der

---

[1] Das Material sammelte ich in der Gorge du Chaudron bei Montreux, und zwar
wurde die ungeflügelte Art von mir nach Altum (78) als Lachnus exsiccator Alt. bestimmt. Im
Anschluss an Mordwilko (Arbeit. Zoolog. Labor. Univ. Warschau 1896, cf. Zoolog. Centralblatt
1897 p. 253) betrachte ich aber L. exsiccator als identisch mit Dryobius roboris und wende
deshalb diesen älteren Namen an.

Cikaden und kann daher wieder als Frons bezeichnet werden. An die Stirn schliesst sich vorn der Clypeus und an letzteren das Labrum an.

Während bei den Cikaden die Stirn lediglich auf die Oberseite des Kopfes beschränkt bleibt, so besitzt sie bei Dryobius zwei seitliche Erweiterungen, die an der lateralen Begrenzung des Kopfes sich betheiligen (Fig. 19 fu). Unter und vor diesen Erweiterungen trifft man zwei grosse und wohl umgrenzte Chitinplatten an, die bis zur Seite des Clypeus reichen. Diese Chitinplatten (Fig. 19 Lamx) sind hinten schmaler und besitzen vorn einen breiten abgerundeten Rand.

Die Deutung der genannten Theile ist nicht schwierig. Die seitlichen Erweiterungen der Stirn entsprechen den Laminae mandibulares der Cikaden (und den Juga der Heteropteren) während die ventral von ihnen befindlichen abgegrenzten Chitinplatten den oben bei Homopteren und Heteropteren von mir beschriebenen Laminae maxillares homolog sind. Etwas der Medianlinie genähert geht am Vorderende jeder Laminae maxillaris ein spiessförmiger Fortsatz aus, der als Processus maxillaris zu deuten ist und daher wieder als Tasterrudiment aufgefasst werden kann.

Dass die soeben gegebene Deutung eine zutreffende ist, geht wieder aus der Anordnung der Muskulatur hervor. Von dem ventralen Theil der seitlichen Stirnfortsätze oder Laminae mandibulares, dort wo dieselben an die Laminae maxillares grenzen, entspringt ein zartes etwas abgeplattetes Muskelbündel. Letzteres stellt den für das Hervorstossen der mandibularen Stechborsten bestimmten Protractor dar, der sich, soviel ich ermitteln konnte, an einen mit den letzteren in Zusammenhang stehenden Chitinhebel anheftet. Die Protractoren der maxillaren Stechborsten entspringen dagegen von der vorderen ventralen Partie der Laminae maxillares und gehen direkt zum Grunde der Maxillentasche. Selbstverständlich sind für beide Stechborstenpaare auch besondere Retractoren vorhanden.

Das Labium von Dryobius ist ebenfalls in Fig. 19 dargestellt. Besonders bemerkenswerth ist seine Zusammensetzung aus 4 Gliedern. Die Artikulation zwischen dem 1. und 2. Gliede unterscheidet sich insofern von derjenigen der folgenden Glieder, als das 2. Labialglied mittelst eines kolbenförmigen Fortsatzes in das basale Glied eingelassen ist. Wenn es hiernach auch nicht ausgeschlossen ist, dass in diesem Falle das basale Glied nicht eigentlich zum Labium hinzugehört, sondern eine Verlängerung des Rumpfes darstellt, so ist doch andererseits wieder zu berücksichtigen, dass das basale Glied sehr scharf und deutlich von dem Körper abgesetzt ist.

Aus diesen Beobachtungen ergiebt sich, dass der hier besprochene Repräsentant der Phytophthiren gewissermaassen eine Mittelstufe zwischen Heteropteren und Homopteren (Cikaden) einnimmt. Wie bei den ersteren sind die zur Insertion der mandibularen Protractoren bestimmten Theile mit der Stirn verschmolzen, obwohl sie noch deutlich als laterale Auswüchse (Laminae mandibulares) derselben erscheinen. Wie bei den Homopteren dagegen finden sich die Laminae maxillares als selbständige Platten an den Seiten des Kopfes vor.

Der in den vorstehenden Mittheilungen skizzirte Bau der Dryobius-mundtheile stimmt im wesentlichen mit den von Mordwilko im Zoologischen Anzeiger (95) veröffentlichten Angaben überein. Mordwilko beschreibt daselbst, dass die Mundöffnung von Trama troglodytes Heyden von den Seiten und von unten her „durch besondere Fortsätze des Vorderkopfes" verdeckt werde. Diese Fortsätze entsprechen, wie aus der vom Autor beigegebenen Abbildung leicht zu entnehmen ist, den oben erwähnten Laminae maxillares und Processus maxillares. Mordwilko macht im Anschluss hieran ferner die Mittheilung, dass sich an die Seiten- und Vorderränder der erwähnten Fortsätze des Vorderkopfes die Muskeln, Protractores der Kieferborsten, anheften. Diese Beobachtung ist insofern zutreffend, als, wie oben von mir angegeben wurde, die Laminae maxillares thatsächlich die Insertionsfläche für die Protractoren der Maxillen abgeben. Die mandibularen Protractoren gehen dagegen nicht von den Laminae maxillares aus, sondern entspringen, wie bereits gesagt, an den lateralen Erweiterungen der Stirn (Laminae mandibulares.)

Die entwicklungsgeschichtlichen Untersuchungen, die Witlaczil (82, 84) an einigen Aphiden, besonders an Aphis pelargonii Kalt. sowie an Chaitophorus populi L. angestellt hat, tragen ebenfalls durchaus zur Bestätigung der von mir gegebenen morphologischen Erklärung bei. Witlaczil beschreibt nämlich das Auftreten von besonderen „Maxillartastern" an den embryonalen

Maxillen, dieselben legen sich später jederseits an den Vorderkopf an, um mit letzteren zu verwachsen. Ich bemerke, dass ich diese Angaben an Embryonen von Siphonophora rosae L. kontrollirt habe und an den vorderen Maxillen das Auftreten eines Maxillarhöckers konstatiren konnte, welcher nicht allein dem „Maxillartaster" Witlaczils entspricht, sondern auch den oben beschriebenen Maxillarhöckern der Heteropteren und Homopteren vollständig homolog ist. Auch die Witlaczil'sche Angabe, dass dieses Gebilde mit dem Vorderkopf verwächst und die Seitentheile desselben bildet, worauf auch Mordwilko aufmerksam macht, habe ich durch eigene Befunde bestätigt gefunden.

Gerade wie bei den Homopteren und Heteropteren, so liefert auch bei den Phytophthiren der Maxillarhöcker die Lamina maxillaris sammt ihrer vorderen Verlängerung, dem Processus maxillaris.

Es geht hieraus hervor, dass die Mundwerkzeuge der Phytophthiren in der gleichen Weise wie diejenigen anderer Rhynchoten angelegt werden, und dass auch an dem Kopfe ausgebildeter Aphiden die einzelnen Bestandtheile sich ohne Schwierigkeit mit den Theilen des Kopfes von Heteropteren und Homopteren homologisiren lassen.

Bezüglich der Bildung des Abdomens bemerke ich nur, dass nach Witlaczil (84) die definitive Zahl der Hinterleibssegmente bei den Phytophthiren 10 betragen soll. Da bei anderen Rhynchoten das Vorhandensein von 11 Segmenten von mir constatirt worden ist, so ist es nicht unwahrscheinlich, dass auch bei den Embryonen der Pflanzenläuse die primär angelegte Zahl der Hinterleibssegmente 11 beträgt. Es ist dies indessen eine Frage, die sich nur auf vergleichendem Wege und an der Hand eines grösseren Materials als mir zur Verfügung stand, lösen lässt.

VI. Allgemeiner Theil.

A. Ueber die Organisation der Rhynchoten.

War es auch schon seit langer Zeit bekannt, dass in dem Körperbau der verschiedenen Rhynchoten untereinander eine ziemlich weitgehende Aehnlichkeit zu Tage tritt, so können die in dieser Arbeit mitgetheilten entwicklungsgeschichtlichen und vergleichend-anatomischen Befunde doch noch als weitere Belege hierfür dienen. In der embryonalen Segmentirung, in der Differenzirung der ursprünglich angelegten Mundtheile und in der Gestaltung der Thorax- und Abdominalsegmente zeigt sich bei Heteropteren und Homopteren eine Uebereinstimmung, die geradezu auffallend erscheint. Auch die Phytoph- thiren schliessen sich im Bauplan ihres Körpers dem allgemeinen Schema unverkennbar an, wenngleich bekanntlich gerade in dieser Gruppe vielfach Modifikationen einzutreten pflegen, die oft sogar zu extremen Umgestaltungen führen können.

Die Rhynchoten stellen somit eine durch bestimmte Eigenthümlich- keiten wohl charakterisirte, in sich abgeschlossene Insektenabtheilung dar. Die Schwierigkeit beruht hauptsächlich darin, die einzelnen Bestandtheile des Rhynchotenkörpers auf die entsprechenden Theile anderer Insekten zu beziehen. Die entwicklungsgeschichtliche Untersuchungsmethode vermag indessen gerade in dieser Hinsicht zur Klärung etwas beizutragen. Ich gehe zunächst auf den Kopf und seine Anhänge ein, weil besonders in der Deutung dieser Theile noch gegenwärtig die grössten Kontroversen herrschen.

In seiner Arbeit über die Hemipterenmundtheile spricht sich Marlatt folgendermaassen aus: The striking similarity between the upper and lower jaws discourages the applying of names to the parts in the maxilla which, in the biting insects, are known only in the maxilla, and in this case would have to apply to both jaws. Diese Aeusserung kennzeichnet die Schwierigkeit des Vergleiches zur Genüge, denn man kennt in der That keine andere Insektengruppe, wo Mandibeln und Maxillen so konform wie bei den Schnabelkerfen sind.

Die Entwicklungsgeschichte hat nun gezeigt, dass der herkömmlich bisher als Maxille bezeichnete Theil bei den Rhynchoten in Wirklichkeit nur der Lade (Lobus internus) der vorderen Maxillen entspricht. Bei allen von mir untersuchten Rhynchoten kommt es während der Embryonalzeit zu einer Theilung der primären vorderen Maxillen in ein kleines mediales und ein grösseres laterales Stück. Das erstere Stück sinkt als „Lade" gerade wie die Mandibel in die Tiefe, das letztere, der eigentliche Maxillenstamm, wird rudimentär und betheiligt sich an der Bildung der Kopfwandung. Es ist also nicht richtig, bei den Rhynchoten die Mandibeln mit den Maxillen in toto zu vergleichen, die ersteren entsprechen eben nur der Innenlade der letzteren.

Die morphologische Beziehung zwischen Lade und Stammtheil an den Kiefern der Insekten dürfte sich meiner Auffassung nach etwa folgendermaassen erklären lassen. Die Entwicklungsgeschichte niederer Insekten besonders der Thysanuren (Lepisma) und Orthopteren (Gryllotalpa) deutet darauf hin, dass den Laden im Vergleich zu den übrigen Theilen des Kiefers verhältnissmässig eine geringere morphologische Wichtigkeit zukommt. Die Laden treten erst nach Anlage des Maxillenstammes auf und erscheinen relativ spät als Auswüchse medialwärts an der Basis desselben. Als die direkte Fortsetzung und Verlängerung des Maxillenstammes hat man nicht die Laden, vielmehr den Palpus anzusehen. Der letztere erinnert bei den genannten Insektenembryonen in Gestalt und Habitus durchaus an den distalen Abschnitt eines Thoraxbeines. Es liegt sehr nahe, ihn mit demselben zu vergleichen und in dem mit dem Stamm (Cardo, Stipes) vereinigten Palpus überhaupt die primären Bestandtheile der Kopfextremität zu erblicken. Die Lobi stellen dagegen phyletisch jüngere Gebilde dar, die vermuthlich ursprünglich die Form von Kaufortsätzen besassen. Ich habe bereits in einer früheren Arbeit (97) die Lobi der Insektenmaxillen mit den Coxalfortsätzen der Mundgliedmaassen von Limuliden und Scorpionen verglichen. Wenn man auch bei den Insekten die Laden nicht als eigentliche Coxalfortsätze oder als Anhänge des Basalgliedes deuten kann, und eine eigentliche Homologie mit den genannten Gebilden der Arachnoiden selbstverständlich nicht vorliegt, so sprechen doch jedenfalls die embryologischen Befunde dafür, dass die Laden bei den Insekten ursprünglich eine den Coxalfortsätzen anderer Thiere ähnliche Gestalt und Funktion gehabt haben mögen.

Hierfür spricht auch der Umstand, dass gerade an den vorderen Maxillen niederer Insekten mit kauenden Mundtheilen (Orthopteren, Dermapteren und auch noch manche Hymenopteren) die Palpen entschieden eine dominirende Stellung einnehmen. Erst bei höheren Insekten treten, wie dies namentlich Chatin (97) durch vergleichende Untersuchungen klar gezeigt hat,[1]) die Lobi (namentlich die Aussenladen) mehr und mehr in den Vorder-

---

[1]) Wenn Chatin die Ansicht ausspricht „que le palpe n'est, à tout prendre, qu'un organe secondaire", so beruht dies eben darauf, dass dieser Autor gerade das Verhalten bei

grund, während der Taster verkümmert und schliesslich, z. B. bei manchen
Insekten mit saugenden Mundtheilen, dann gänzlich verschwindet. Hiermit
ist dann der Endpunkt der phylogenetischen Entwicklungsreihe erreicht
worden.

Die Entstehung der Palpen bei den Insekten hätte man sich demnach also möglicherweise derartig zu erklären, dass mit der stärkeren und
kräftigeren Ausbildung, welche die Kaufortsätze oder Laden im Laufe der
Zeit erlangten, eine allmähliche Reduktion der Endglieder des Extremitätenstammes vor sich gegangen ist, welche schliesslich zu einem einfachen
Taster degradirt wurden, unter Aufhebung ihrer ursprünglichen lokomo-
torischen Bedeutung.

An dem vordersten Kieferpaare, den Mandibeln, dürfte dieser Entwicklungsverlauf am weitesten bereits fortgeschritten sein. Hier ist der
gesammte distale Abschnitt des Extremitätenstammes überhaupt zu Grunde
gegangen, und es hat sich nur ein allerdings um so grösserer und kräftigerer
Kaufortsatz erhalten. Die Mandibel würde demgemäss also im wesentlichen
nur noch die morphologische Bedeutung einer „Lade" besitzen.

Betrachtet man nach diesen theoretischen Erörterungen, welche bei
dem gegewärtigen Stande unserer Kenntnisse natürlich nicht mehr als einen
rein hypothetischen Werth beanspruchen dürfen, die Mundtheile der Rhynchoten, so ist es nicht schwer das Verständniss für die ganz übereinstimmende
Ausbildung der Mandibeln und Maxillenlobi zu finden. Die ersteren können
nach dem Gesagten eben nur mit Laden verglichen werden. Auch in dem
Einsinken von Mandibeln und Maxillenlobi in tiefe Kiefertaschen und in
der damit in Zusammenhang stehenden Ausscheidung von Stechborsten
(Setae) kann ein prinzipieller Unterschied zwischen Rhynchoten und anderen
Insekten nicht erblickt werden. Ein ähnliches, wenn auch keineswegs so

den Insekten im Allgemeinen ins Auge fasste, und auch die mit saugenden Mundwerkzeugen
versehenen extremen Formen (Lepidopteren, Dipteren etc.) in vollem Umfange hierbei in
Betracht gezogen hat. Basirt man dagegen die morphologische Beurtheilung in erster Linie auf
anatomische und ontogenetische Thatsachen bei niederen Insektentypen, so wird man kaum
umhin können, in dem Palpus maxillaris die eigentliche „pièce directrice" des Kiefers zu
erblicken. Untersuchungen an den Mundtheilen der Chilopoda, die ich demnächst zu ver-
öffentlichen gedenke, haben mich zu ganz entsprechenden Ergebnissen geführt.

weitgehendes Zurückziehen der Kiefer kommt auch bei anderen Insektenformen z. B. bei entognathen Thysanuren vor.

Von grosser Wichtigkeit scheint mir aber ein anderer Umstand zu
sein, welcher bisher sowohl bei Homopteren (Cikaden) wie bei Heteropteren
gänzlich unbekannt geblieben war, nämlich die bei den vorderen Maxillen
sich vollziehende Abtrennung des eigentlichen Maxillenstammes, welcher
sich an der Bildung des Schädelsceletes betheiligt. Den abgetrennten
Maxillenstamm betrachte ich als dem Lobus externus + Palpus maxillaris
anderer Insekten homolog. Eine derartige Verwendung der genannten
Theile steht allerdings sehr exceptionell da, lässt sich aber bei den Rhynchoten mit Bestimmtheit nachweisen.

Bei den von mir untersuchten cryptoceraten Heteropteren flacht sich
der Maxillenstamm ab und liefert nebst zugehörigen Theilen des Maxillensegmentes eine wohl umschriebene Platte, welche ich Lamina maxillaris
genannt habe. Bei den gymnoceraten Heteropteren und Homopteren ist der
homologe Bestandtheil in dem von den meisten Autoren als Gena beschriebenen
Kopfabschnitt, und zwar namentlich in der vorderen Partie desselben, zu
erblicken. Letzterer könnte deshalb ebenfalls Lamina oder Pars maxillaris
genannt werden.

Obwohl sich Lobi externi bei ausgebildeten Rhynchoten an den
Maxillen nicht mehr nachweisen lassen, so trifft dies doch noch gelegentlich
für den Palpus zu. Rudimente des Palpus maxillaris stellen beispielsweise
die bekannten Bucculae oder Wangenplatten der Wanzen dar, welche, soviel
aus den Angaben von Léon zu ersehen ist, bei gewissen Tingiden noch als
thatsächliche kleine gegliederte Taster (von Léon als Labialtaster beschrieben)
auftreten können. Die den Bucculae oder Tasterrudimenten der Gymnoceraten homologen Theile erscheinen bei den Cryptoceraten vielfach als
schalen- oder schuppenförmige Gebilde, die ich Processus maxillares genannt
habe. Endlich kommen derartige Tasterrudimente oder Processus maxillares
auch bei Homopteren (Cicada) und Phytophthiren (Dryobius u. verschiedene
Lachninen) vor, bei denen sie die Gestalt von zapfenähnlichen stets un-
gegliederten distalen Fortsätzen der Laminae maxillares besitzen.

An den Laminae maxillares der Rhynchoten entspringen die Protractormuskeln für die Lobi interni der Maxillen. An die Processus maxillares (Bucculae oder Palpen) heften sich dagegen keine Muskeln an.

Ausser den Laminae maxillares können auch besondere Laminae mandibulares vorhanden sein, welche bei Heteropteren allerdings mit der Stirn verwachsen sind und den bisher als Iuga beschriebenen Theilen entsprechen. Diese Laminae mandibulares gehen aus Bestandtheilen des Mandibularsegmentes hervor. Vom anatomischen Standpunkte lassen sie sich deswegen mit den Laminae maxillares vergleichen, weil sie wie diese die Insertionsfläche für die Protractormuskeln (mandibulare Protractoren) enthalten. Entwicklungsgeschichtlich habe ich dagegen nicht den Nachweis führen können, dass an dem Aufbau der Laminae mandibulares sich auch noch die Extremitäten des Mandibularsegmentes betheiligen.

Am meisten Schwierigkeiten hat bisher die morphologische Deutung des Labiums bei den Rhynchoten bereitet. Es liegt jedenfalls die Annahme nahe, dass die Schnabelkerfe von Insekten abstammen, an deren Labium sowohl Palpi labiales wie Lobi interni und externi differenzirt waren. Ein derartiges Verhalten zeigt sich wenigstens bereits bei zahlreichen apterygoten Insekten. Nach dem oben Ausgeführten ist es nicht unwahrscheinlich, dass frühzeitig eine Reduktion der Palpi labiales eintrat und die Lobi, welche gleichzeitig zur Stütze der vorderen Kieferpaare verwendet wurden, sich dann um so stärker ausbildeten. Bereits bei Campodea sind die Lobi interni viel kräftiger entwickelt als die übrigen Theile des Labiums.

Das Labium der Rhynchoten betrachte ich hiermit als ein Verwachsungsprodukt zwischen den beiderseitigen Stammgliedern und den Laden der hinteren Maxillen. Die Stammglieder dürften wahrscheinlich die beiden Basalglieder (1. und 2. Glied) des Labiums gebildet haben, welche wahrscheinlich dem Submentum und Mentum an der Unterlippe anderer Insekten entsprechen. Aus den Laden sind dagegen die beiden distalen Endglieder des Rhynchotenlabiums hervorgegangen, welche sich mit der Subgalea und den untereinander verwachsenen Laden vergleichen lassen dürften.

Mit dieser Erklärung steht auch die schon von Gerstfeld (53) gegebenen Deutung vollkommen in Einklang. Die Viergliedrigkeit des Labiums der Rhynchoten betrachte ich als das ursprüngliche Verhalten, das drei-

gliedrige Labium ist hiervon durch Reduktion des Basalgliedes (Submentum)
abzuleiten. Eine solche Reduktion ist vielfach nur dadurch bedingt worden,
dass das Labium nach hinten rückte, „kehlständig" wurde und mit dem
Prothorax in engere Verbindung trat. Hiermit findet die Dreigliedrigkeit
des Labiums bei den Gulaerostria ihre Erklärung.[1])

Es sind in neuerer Zeit Versuche gemacht worden, gewisse Vorsprünge oder zapfenartige Anhänge, die sich an dem Labium einzelner
Heteropteren vorfinden, mit den Loben oder Palpen an dem Labium kauender
Insekten zu vergleichen. An einer anderen Stelle dieser Arbeit habe ich schon
darauf hingewiesen, dass diese besonders von Léon (97) vorgeschlagene Deutung
sich nicht mit der von Gerstfeld und mir vertretenen Auffassung des Labiums
vereinigen lässt, oder das letzteres doch höchstens nur in sehr gezwungener
Weise ermöglicht werden kann. Abgesehen von den verschiedenen, oben
bereits ausführlicher erörterten Gründen, scheint es mir aber überhaupt
nicht rathsam zu sein, die Homologisirung verhältnissmässig unscheinbarer
kleiner Zapfen und Vorsprünge, bei den verschiedenen Insektenordnungen
allzuweit zu treiben. Man hat sich daran zu erinnern, wie leicht bekanntlich
gerade bei den Arthropoden in Anpassung an eine bestimmte Funktion
oder Lebensweise derartige Anhänge und Fortsätze an beliebigen Körper-
stellen entstehen können, ohne dass sie doch immer von den Vorfahren
vererbt seien und einen morphologischen Werth besitzen müssen.

Sofern daher nicht durch spätere Untersuchungen noch bestimmte
Anhaltspunkte zu Gunsten der Léon'schen Hypothese sich ergeben sollten,
wird man nur den Schluss ziehen können, dass den Rhynchoten Palpi labiales,
welche denen anderer Insekten homolog sind, gänzlich fehlen.

Abgesehen von der eigenartigen, für die Rhynchoten charakteristischen
Umgestaltung der Mundtheile bietet die Zusammensetzung des Kopfes bei
diesen Insekten kaum etwas besonders bemerkenswerthes dar. Gerade wie
bei Orthopteren und anderen Formen kommen am Vorderende des Embryo
ein primäres Kopfsegment, ein Antennensegment und ein gliedmaassenloses
Intercalarsegment (Vorkiefersegment) zur Anlage. Aus diesen Segmenten baut

---

[1]) Gelegentlich kann aber selbst bei den Gulaerostria, wie das oben erwähnte Beispiel
von Dryobius beweist, das Labium aus vier Gliedern zusammengesetzt sein.

sich im Verein mit den Kiefersegmenten der Kopf auf. Es verdient besonders hervorgehoben zu werden, dass, wie ich schon früher mitgetheilt hatte (97 b), die Kopfnähte am ausgebildeten Thiere durchaus nicht immer den Grenzen der primären embryonalen Bezirke entsprechen, indem Nähte auch an Stellen auftreten können, wo beim Embryo keine Segmentgrenzen vorhanden waren.

Ein Hypopharynx legt sich bei allen von mir untersuchten Rhynchotenembryonen an. Während er bei den Heteropteren klein und unscheinbar bleibt, wird er bei Cicada zu einem verhältnissmässig umfangreichen zapfenähnlichen Organ, das bereits früheren Beobachtern aufgefallen war. Es ist nicht zulässig, im Hypopharynx der Rhynchoten die verschmolzenen Anhänge eines besonderen Kopfsegmentes zu erblicken, er entspricht in morphologischer Hinsicht nur den umgewandelten Sterniten der Kiefersegmente. Diese Befunde stehen gleichfalls in Einklang mit meinen früheren Ergebnissen an Orthopteren, Thysanuren, Ephemeriden etc.

Auch in der Bildung der beiden am Grunde des Labiums ausmündenden Speicheldrüsen schliessen sich die Rhynchoten den genannten Insekten an. Der eigenartige Spritzapparat („Wanzenspritze") der Rhynchoten ist homolog dem unpaaren Speichelgange anderer Insekten.

Bei vielen Rhynchoten (Cryptocerata, Pyrrhocoris) zeigt sich die Eigenthümlichkeit, dass sowohl die hinteren Kopfsegmente wie besonders die Thoraxsegmente bei ihrer Anlage ursprünglich eine äusserliche Theilung in zwei hinter einander folgende Abschnitte erkennen lassen. Beide Abschnitte sind durch zwei laterale Lappen ausgezeichnet. Die Lappen des vorderen Segmentabschnittes werden zu den Tergitanlagen, diejenigen des hinteren zu den Extremitäten. Diese Bildungsweise ist als eine exceptionelle anzusehen und bisher bei den Insekten noch nicht beschrieben worden, ich möchte ihr aber keine tiefere Bedeutung beimessen, da es sich hierbei offenbar nur um eine frühzeitige Vertheilung und entsprechende Anordnung des zum Aufbau der verschiedenen Abschnitte eines Segmentes bestimmten plastischen Materials handelt.

Hinsichtlich der weiteren Entwicklung des Thorax hat sich das Resultat ergeben, dass die basalen Beinglieder an der Zusammensetzung der ventralen Brustwand Antheil nehmen. Beim Embryo theilt sich das Grundglied des Beines in einen proximalen und in einen distalen Abschnitt.

Der letztere wird zu Coxa, dem Hüftglied des Beines, während der erstere Abschnitt, der von mir Subcoxa genannt ist, sich abflacht und denjenigen Theil der Thoraxwand bildet, mit dem das Bein artikulirt oder von dem einige der Beinmuskeln entspringen. Die Subcoxa gestaltet sich hierbei in vielen Fällen zu einem selbständigen, vor oder lateral von der Hüfte gelegenen Sceletstück um, das selbst noch bei der Imago erkennbar ist und welches ich Subcoxalplatte genannt habe. Wenn auch die durch Furchen oder Nähte abgegrenzte Subcoxalplatte in ihrem ganzen Umfange nicht ganz genau dem subcoxalen Beingliede entspricht, so lässt sie sich doch noch theilweise oder auch im wesentlichen auf dieses zurückführen. Auf die Verschiedenheiten, welche sich hierbei im einzelnen zu erkennen geben, bin ich oben ausführlich eingegangen.

In den soeben geschilderten Verhältnissen könnte vielleicht eine bemerkenswerthe Differenz im Körperbau der Rhynchoten und denjenigen anderer Insekten erblickt werden. Dies ist jedoch nicht der Fall. Auch bei den Blattiden zeigt sich etwas Aehnliches. Ventralwärts finden sich hier vor dem Hüftgliede des Beines zwei kleine Sceletstücke vor, die durch Furchen wieder in mehrere Unterabtheilungen zerlegt werden und welche man bisher als Episternum und Epimerum bezeichnet hat. An diesen Sceletstücken entspringt ein Theil der in die Hüfte eintretenden Muskulatur, und es kann im Hinblick hierauf wie auch besonders in Rücksicht auf die übereinstimmende Lage kein Zweifel sein, dass die betreffenden Theile der Blattiden den Subcoxalplatten der Rhynchoten homolog sind.

Jedenfalls ist es ausgeschlossen, dass die beschriebenen Subcoxalplatten umgewandelte Theile der Pleuralhäute (Pleurite) darstellen. Dies wird vielfach schon durch ihre Lage bewiesen und ferner können ausser den Subcoxalplatten auch noch besondere Pleurite vorhanden sein (Nepalarve). Unentschieden muss ich freilich die Frage noch lassen, ob es zulässig ist, die Subcoxalplatten oder die ihnen entsprechenden Theile anderer Insekten nun wirklich für die Reste ehemaliger eigentlicher Beinglieder zu halten, die nachträglich in den Thorax eingeschmolzen sind, vielleicht um letzteren grössere Festigkeit zu verleihen. Zu Gunsten dieser Meinung scheint vorläufig die Entwicklungsgeschichte zu sprechen, und ausserdem verdient noch der Umstand Beachtung, dass selbst noch jetzt bei manchen

Insekten, denen wie z. B. den Odonatenlarven besondere Subcoxalplatten vollkommen fehlen, das Coxalglied (Hüftglied) des Beines durchaus nicht einfach ist, sondern aus mehreren aufeinanderfolgenden Gliedern zusammengesetzt wird. Da es sich indessen hier um Verhältnisse handelt, welche bisher fast gänzlich unberücksichtigt geblieben sind und über welche mithin noch kein ausreichendes Beobachtungsmaterial vorliegt, so ist definitive Klarheit erst auf Grund weiter ausgedehnter und an verschiedenen Insekten vergleichend ausgeführter Untersuchungen zu erwarten.

Das Abdomen setzt sich bei den Insekten, wie durch entwicklungsgeschichtliche Untersuchungen bekanntlich festgestellt ist, ursprünglich aus 12 Segmenten zusammen, von denen das letzte oder Telson die Afteröffnung enthält. Wenn auch das Telson der Insekten, verglichen mit denjenigen anderer Arthropoden z. B. Myriopoden, im Allgemeinen in Rückbildung und Verkümmerung begriffen ist, so sind doch die Bestandtheile des Telson noch bei den Imagines zahlreicher anderer Insektenformen (Orthopteren, Ephemeriden, Odonaten, Plecopteren u. a.) deutlich und unverkennbar nachzuweisen. Anders verhält es sich nun bei den in vieler Hinsicht überhaupt schon viel complicirter gebauten Rhynchoten. Bei letzteren ist das Telson bereits gänzlich in Fortfall gekommen. Es tritt wenigstens bei den von mir untersuchten Formen kaum noch vorübergehend während der Embryonalzeit auf. Auf seine einstige Existenz kann eigentlich nur insoweit geschlossen werden, als die Afteröffnung beim Embryo nicht innerhalb des 11. Abdominalsegmentes, sondern erst hinter demselben zur Anlage kommt, während der After später freilich vollkommen in das Bereich des genannten Segmentes selbst hinein gelangt.

Bei allen von mir untersuchten Rhynchotenembryonen fand ich nur 11 deutliche Abdominalsegmente vor, und es liess sich der Nachweis führen, dass diese Zahl in vielen Fällen erhalten bleibt, indem selbst noch bei der Imago 11 Tergite und 11 Sternite das Abdomen zusammensetzen. In dieser Hinsicht sind allerdings bemerkenswerthe Unterschiede zwischen Cryptoceraten, Gymnoceraten und Homopteren zu constatiren, die bereits schon oben eingehend erörtert sind.

Abdominale Gliedmaassenanlagen sind beim Embryo nur am 1. Abdominalsegment ausgebildet, sie treten bei den hier zur Untersuchung gelangten Formen stets in übereinstimmender Weise auf und gleichen den auch bei Embryonen von Orthopteren, Thysanuren (Lepisma) u. a. vorkommenden und von Wheeler unter dem Namen Pleuropoden beschriebenen Anhängen. Bei den Rhynchoten sind diese Pleuropoden von drüsiger Natur, sie scheiden eine Sekretmasse nach aussen ab, höhlen sich hierbei napfförmig aus und sinken schliesslich unter die Körperoberfläche ein.

An allen folgenden Abdominalsegmenten (2.—11.) kommt es dagegen nicht mehr zur Ausbildung von typischen Extremitätenanlagen, letztere sind nur noch als kümmerliche Reste an der medialen Kante der Tergitwülste nachweisbar. Da Extremitätenrudimente auch am 11. Abdominalsegmente, weder während der embryonalen noch während der larvalen Entwicklungsperiode hervortreten, so erklärt sich das Fehlen der Cerci. Letzteres gilt auch für die Imagines, so dass nach meinen Untersuchungen die Rhynchoten in allen Fällen der Cerci gänzlich entbehren.

Von anderen Abdominalanhängen kommen besonders die Gonapophysen in Betracht. Es kann keinem Zweifel unterliegen, dass diese Anhänge bei den Rhynchoten ebenfalls der Rückbildung entgegen gehen. Zahlreichen Schnabelkerfen fehlen im männlichen wie im weiblichen Geschlecht die Gonapophysen bereits vollständig, bei anderen sind sie nur noch in rudimentärer Weise vorhanden. Während bisher die Ansicht vertreten wurde, dass die weiblichen Rhynchoten überhaupt höchstens vier Genitalanhänge besässen, so gelang es mir den Nachweis zu führen, dass sowohl bei den Homopteren, wie bei den Heteropteren 3 Paare von Geschlechtsanhängen vorkommen können.

Die Zahl 6 der Gonapophysen ist für die weiblichen Rhynchoten jedenfalls als die primäre anzusehen, und die gleiche Zahl ist bekanntlich auch die typische für die Vertreter zahlreicher anderer Insektengruppen. Von den Geschlechtsanhängen der Rhynchoten gehört ein Paar dem 8. und zwei Paare dem 9. Abdominalsegmente an. Die Gonapophysen des 8. und die medialen Gonapophysen des 9. Segmentes werden zur Bildung des eigentlichen Legeapparates verwendet, während das noch übrige Paar von Geschlechtsanhängen, das bisher in seiner wahren Bedeutung nicht erkannt worden ist und welches das Homologon der beiden oberen Scheidenklappen einer Heuschreckenlegeröhre darstellt, nicht an dem Aufbau der Legeröhre direct betheiligt ist. An den genannten Gonapophysen der von mir untersuchten weiblichen Rhynchoten war in keinem Stadium irgend eine Art von Gliederung zu bemerken.[1])

Diese Ergebnisse sind deswegen von Wichtigkeit, weil die Rhynchoten sich hierdurch eng an die übrigen flügeltragenden Insekten, soweit dieselben im Besitze von Gonapophysen sind, anschliessen, während sie sich gleichzeitig von den Thysanuren, denen nicht mehr als vier Gonapophysen zukommen, entfernen.

Die Anlage der Gonapophysen bei der Larve, vor allem der Ort ihres Auftretens in der Nähe der Medianlinie der Bauchplatten sprechen durchaus dagegen, dass in den Genitalanhängen der Rhynchoten modificirte Abdominalgliedmaassen vorliegen. Es hat sich namentlich bei Cicada mit Bestimmtheit der Nachweis führen lassen, dass die embryonalen Gliedmaassenanlagen zur Bildung der Seitentheile der Bauchplatten verwendet werden. Da nun die Gonapophysen niemals wie die Extremitäten in den Seitentheilen der Sternite entstehen, sondern zum Theil unmittelbar neben der Medianlinie auftreten, so können sie auch nur die morphologische Bedeutung von Hypodermiserhebungen besitzen.

Zum Schluss sei noch auf eine Eigenschaft hingewiesen, welche wenigstens für die Mehrzahl der Rhynchoten als charakteristisch angesehen werden kann. Dieselbe besteht darin, dass die weichen zwischen Tergit und Sternit befindlichen Pleuralhäute in Fortfall kommen, während Rücken- und Bauchplatten mit einander verschmelzen. Hierbei vereinigen sich die das Stigma umgebenden Theile (Pleurit) mit dem Sternit des betreffenden Segmentes oder mit demjenigen des vorhergehenden, so dass gleichzeitig in den meisten Abdominalsegmenten die Sternite zu den Trägern der Stigmen werden.

---

[1]) Bei weiblichen Insekten ist die Gliederung der Genitalanhänge (Ovipositoren) überhaupt eine sehr seltene Erscheinung, welche nur auf gewisse Thysanuren beschränkt zu sein scheint. Zum ersten Male ist ein solches Verhalten von mir bei Nicoletia (97) nachgewiesen worden, und ich habe mich jetzt davon überzeugt, dass auch bei Lepisma, wo ich früher die Gliederung nicht bemerkt hatte, eine wenn auch nur sehr schwach ausgeprägte Gliederung der Legeröhre vorhanden ist. Das Gleiche gilt für Lepismina. Für die Beurtheilung der morphologischen Natur dieser Anhänge kann natürlich, wie ich schon früher dargelegt hatte, das Vorhandensein oder Fehlen der Gliederung nicht in Betracht kommen.

Mit diesem Verhalten steht eine andere Eigenthümlichkeit im Zusammenhang, welche wohl den Zweck verfolgen dürfte, dem Körper die namentlich für die Imago während der Reifung der Geschlechtsproducte nothwendige Ausdehnungsfähigkeit zu bewahren. Bei den Rhynchoten besitzen nämlich die mit einander verwachsenen Tergite und Sternite die Neigung zu einer weiteren, secundären Gliederung. Entweder an den Rückenplatten oder an den Bauchplatten oder sogar an beiden können die Lateraltheile sich absondern oder durch Furchen sich mehr oder minder deutlich von dem Mittelstück absetzen. Diese abgegrenzten Seitentheile der Rücken- und Bauchplatten habe ich als Paratergite und Parasternite beschrieben.

Das primäre Verhalten, welches sich bei den von mir untersuchten Insekten im Embryonalstadium verwirklicht zeigt, besteht darin, dass die Seitentheile der Rückenplatten sehr stark entwickelt sind und häufig in Form von Wülsten (Tergitwülste) bis zur Ventralseite reichen, so dass hierdurch eine eigenthümliche kahnförmige Gestalt des Körpers (mit ausgehöhlter Ventralfläche) bedingt wird. Diese charakteristische Gestalt bleibt selbst bei den Larven der Cicadinen und denen mancher Cryptoceraten noch deutlich erkennbar. Bei den Imagines flachen sich die Paratergite zwar ab, doch pflegen sie noch an der Bildung der ventralen Körperwand Antheil zu nehmen. Letzteres gilt namentlich für die Mehrzahl der Homopteren, bei denen deutlich abgegrenzte Paratergite sich an der Ventralseite des Abdomens vorfinden, zum Theil trifft dies auch noch für einige Cryptoceraten zu. Bei den Gymnoceraten sind die Seitentheile der Rückenplatten schon von vornherein weniger entwickelt, sie reichen hier zwar auch bis an die Ventralseite, gliedern sich aber bei der Imago als Paratergite nur dorsal deutlich ab. In extremen Fällen (Lygaeiden) können endlich sogar noch die stigmentragenden Parasternite an die Dorsalseite gelangen.

B. Verwandtschaftsverhältniss der Rhynchoten zu anderen Insekten.

Es ist nicht schwer in dem Körperbau der Rhynchoten dieselben grundlegenden Organisationsverhältnisse wieder zu erkennen, welche auch für andere paurometabole oder hemimetabole Insektengruppen als typisch

57*

und charakteristisch anzusehen sind. Denn wenn auch der Bau der erwachsenen Rhynchoten manche Eigenthümlichkeiten besitzt, so lehrt doch gerade die Entwicklungsgeschichte, dass in der Anlage der Kopf- und Rumpfgliedmaassen, in der Bildung der Segmenttheile und in der gesammten Körpersegmentirung keine wesentlichen Verschiedenheiten vorhanden sind.

Hinsichtlich der Gliederung des Abdomens hat sich beispielsweise der Nachweis führen lassen, dass bei den Rhynchoten nur das Telson nebst den zugehörigen Laminae anales rückgebildet worden ist, wodurch das primär zwölfgliedrige Insektenabdomen in einen elfgliedrigen Hinterleib verwandelt wurde, welcher nunmehr den Schnabelkerfen im allgemeinen eigenthümlich ist.

Auch in der inneren Organisation kommen solche prinzipielle Uebereinstimmungen mit anderen niederen Insekten zum Ausdruck. Ich mache hierbei besonders auf die mesodermalen Geschlechtsgänge (Ovidukte, Vasa deferentia) aufmerksam. Bei allen von mir entwicklungsgeschichtlich untersuchten Homopteren und Heteropteren reichen die Geschlechtsgänge anfänglich beim Weibchen bis zum Hinterende des siebenten, beim Männchen dagegen bis zu dem des neunten oder zehnten Abdominalsternites. Das gleiche Verhalten trifft nun nach Untersuchungen von mir auch für Thysanuren (Campodea und Lepisma) Orthopteren, Plecopteren, Odonaten und Ephemeriden zu, während bei anderen, und zwar namentlich bei komplizirter organisirten Insekten (Dermapteren) bereits im Embryo abweichende Verhältnisse obwalten.

Schwierigkeiten ergeben sich erst dann, wenn man den Versuch macht, im einzelnen Vergleiche durchzuführen und bestimmte verwandtschaftliche Beziehungen zwischen den Rhynchoten und dieser und jener Insektengruppe herauszufinden.

Während man früher namentlich die Pediculinen vielfach in nähere Verbindung mit den Rhynchoten gebracht hat, so ist nach Meinert (91) gerade die Organisation der Mundwerkzeuge bei den beiden Gruppen eine so differente, dass an eine engere Verwandtschaftsbeziehung wohl kaum noch gedacht werden kann.

Unter den typischen flügellosen Insekten (Apterygoten) lassen die Mundwerkzeuge bei der Abtheilung der Entognatha (Collembola, Campodeidae, Japygiden) wenigstens in der Art und Weise ihrer Anordnung und in ihrer

Verbindung mit der Kopfkapsel noch eine gewisse Annäherung an die Mundtheile der Rhynchoten erkennen.

Meinert (67) hat hierauf zum ersten Male aufmerksam gemacht, und Grassi (88) hält es daraufhin wie auch aus anderen Gründen nicht für ausgeschlossen, dass entotrophe (entognathe) Thysanuren die Vorläufer der Rhynchoten gewesen sein mögen. Smith (97) geht in neuerer Zeit in dieser Hinsicht aber noch weiter. Allen anderen flügeltragenden Insekten, den „Mandibulata" stellt er die Rhynchoten (und Thysanopteren) als „Haustellata" gegenüber und spricht ihnen in Hinblick auf den Bau ihrer Mundtheile nicht nur eine ganz isolirte Stellung im Insektensystem, sondern auch einen selbständigen und ganz unabhängigen Ursprung von thysanurenartigen Formen zu.[1] Im Gegensatz hierzu sind jedoch von anderen Seiten wieder vielfache Versuche gemacht worden, die Rhynchotenmundtheile von den kauenden Mundtheilen der Orthopteren abzuleiten. In den Orthopteren glaubt Léon (87) geradezu die Stammgruppe der Hemipteren zu erkennen.

Soweit die bisherigen anatomischen und entwicklungsgeschichtlichen Kenntnisse ein Urtheil gestatten, so dürfte jedenfalls kein Grund zu der Annahme vorliegen, dass eine engere verwandtschaftliche Beziehung zwischen den entognathen Apterygoten und den Rhynchoten vorhanden sei, wenn man auch die letzteren mit gewissem Rechte immerhin als entognathe Pterygoten bezeichnen könnte. Denn obwohl bei den genannten beiden Gruppen in der Stellung der Mandibeln und vorderen Maxillen, in der Entwicklung der letzteren und in dem theilweisen oder völligen Einsinken der Kiefer in das Innere des Kopfes eine Annäherung sich ausspricht, so giebt es doch auch zahlreiche und sehr wesentliche Differenzen.

Bei den Thysanuren fehlt eine von der Unterlippe gebildete Schnabelscheide und eigentliche Stechborsten, es fehlen vor allem die Flügel.

Nach meinen Untersuchungen und auch namentlich nach denjenigen von Uzel (98) hat sich ergeben, dass den entognathen Thysanuren ein Amnion nicht zukommt, während sich letzteres bei allen bisher untersuchten Rhynchoten und zwar ganz in der für die flügeltragenden Insekten typischen

---

[1] Der leitende Gesichtspunkt von Smith ist hierbei aber jedenfalls ein irriger. Smith geht nämlich vor der eigenartigen Vorstellung aus, dass die „Haustellata" überhaupt keine Mandibeln besitzen sollten.

Weise entwickelt. Den entognathen Thysanuren scheinen, wie ich bereits früher hervorgehoben habe (97 a), Vasa Malpighi durchweg zu fehlen, oder es zeigen sich doch wie bei Campoden höchstens nur Rudimente von solchen, während bei den Rhynchoten, wenigstens bei den von mir entwicklungsgeschichtlich untersuchten Formen, die Malpighi'schen Gefässe sogleich in Vierzahl angelegt werden, ein Verhalten, welches bekanntlich gerade auch für eine sehr grosse Zahl pterygoter Insekten charakteristisch ist.

Auch zwischen ectognathen Thysanuren (Lepismiden, Machiliden) und Rhynchoten sind bemerkenswerthe Unterschiede vorhanden. Abgesehen von dem bekanntlich sehr abweichenden Bau der Mundtheile, weise ich hier auf die weiblichen Geschlechtsanhänge hin. Bei den Thysanuren beträgt die Zahl der letzteren 4, bei den flügeltragenden Insekten und auch bei den Rhynchoten ist dagegen die Zahl 6 als die typische und die primäre anzusehn.

Aus den erörterten Gründen kann ich nicht denjenigen Autoren folgen, welche eine selbständige Herkunft der Rhynchoten von apterygoten Urformen annehmen und damit die Meinung eines diphyletischen Ursprungs der Rhynchoten und der Mehrzahl der übrigen flügeltragenden Insekten vertreten.

Da andrerseits die eigenartige Richtung, welche gerade die Entwicklung der Mundtheile bei den Schnabelkerfen genommen hat, ferner das Fehlen des Endsegmentes und der Cerci, die starke Concentration der Ganglienkette und andere Merkmale unmöglich es gestatten, eine nähere Beziehung zwischen Rhynchoten und Orthopteren oder zwischen jenen und irgend einer anderen der jetzt existirenden Insektengruppen anzunehmen, so bleibt mithin nur die Annahme übrig, dass die Rhynchoten ausserordentlich frühzeitig bereits von einem gemeinsamen Stamme sich abgezweigt haben, dem vermuthlich auch die meisten der gegenwärtigen flügeltragenden Insekten entsprungen sind.

Litteraturverzeichniss.

Altum (78) Lachnus exsiccator. Buchenkrebs Baumlaus. Zeitschr. f. Forst- und Jagdwesen. Bd. 9, Berlin, 1878.

Chatin, J. (97) La mâchoire des Insectes, détermination de la pièce directrice. Paris. 1897.

Fieber, Fr. X. (52) Genera Hydrocoridum secundum ordinem naturalem in familias disposita. Abh. Böhm. Ges. Wiss. 5. Folge, Bd. 7. Prag, 1852.

Derselbe (61) Die europäischen Hemiptera (Rhynchota Heteroptera) nach der analytischen Methode bearbeitet. Wien, 1861.

Geise, O. (83) Die Mundtheile der Rhynchoten. Arch. Naturgesch. Jahrg. 49, Bd. 1, 1883.

Gerstfeld G. (53) Ueber die Mundtheile der saugenden Insekten. Dorpat, 1853.

Grassi, B. (88) I Progenitori dei Miriapodi e degli Insetti. R. Accad. dei Lincei. Roma, 1888.

Heymons, R. (95) Die Segmentirung des Insektenkörpers. Abh. K. Preuss. Acad. Wiss. Berlin, 1895.

Derselbe (95a) Die Embryonalentwicklung von Dermapteren und Orthopteren. Jena. 1895.

Derselbe (96) Grundzüge der Entwicklung und des Körperbaues von Odonaten und Ephemeriden. Abh. K. Preuss. Acad. Wiss. Berlin, 1896.

Derselbe (96a) Die Mundtheile der Rhynchota (Homo-Heteroptera). Entomolog. Nachrichten (F. Karsch) Jahrg. 22, Berlin. 1896.

Derselbe (96b) Zur Morphologie der Abdominalanhänge bei den Insekten. Morphol. Jahrbuch. Bd. 24. 1896.

Derselbe (97) Entwicklungsgeschichtliche Untersuchungen an Lepisma saccharina L. Zeitschr. wiss. Zoologie. Bd. 62. 1897.

Derselbe (97a) Ueber die Bildung und den Bau des Darmkanals bei niederen Insekten. Sitz. Ber. Ges. Nat. Freunde, Berlin. 1897.

Derselbe (97b) Ueber die Zusammensetzung des Insektenkopfes. Sitz. Ber. Ges. Nat. Freunde. Berlin, 1897.

Karawaew WI. (95) Sur le développement embryonnaire de Pyrrhocoris apterus L. (russisch). Mém. Soc. Natural. Kiew, vol. 13. 1895. (Mir nicht zugänglich gewesen).

Kräpelin K. (84) Ueber die systematische Stellung der Puliciden. Festschr. z. Feier d. 50 jähr. Bestehens d. Realgymnas. Johanneum in Hamburg, 1884.

Léon, N. (87) Beiträge zur Kenntniss der Mundtheile der Hemipteren. Jena, 1887.

Derselbe (92) Labialtaster bei den Hemipteren. Zool. Anzeig. Jahrg. 15, No. 389, 1892.

Léon, N. (94) E. Schmidt's Lippentaster. Zool. Anzeig. Jahrg. 17, No. 461. 1894.

Derselbe (97) Beiträge zur Kenntniss des Labiums der Hydrocoren. Zool. Anzeig. Bd. 20, No. 527, 1897.

Leuckart, R. (55) Ueber die Mikropyle und den feineren Ban der Schalenhaut bei den Insekteneiern. Arch. Anat. Physiol. 1855.

Marlatt, L. C. (95) The hemipterous mouth. Proceed. Entom. Soc. Washington vol. 3. 1895.

Derselbe (98) The periodical Cicada. U. S. Dep. Agriculture, Divis. Entom. Bulletin 14, new series. Washington, 1898.

Mayer, P. (74) Anatomie von Pyrrhocoris apterus L. Arch. Anat. Physiol. 1874.

Meinert, Fr. (67) On the Campodeae a Family of Thysanura. (Translated from Naturhist. Tidskrift ser. 3, vol. 3. Kopenhagen, 1865). Ann. Mag. Nat. Hist. vol. 20, ser. 3. London 1867.

Derselbe (91) Pediculus humanus L. et trophi ejus. Entomolog. Meddelser 3. Bind. Kopenhagen 1891.

Metschnikoff, E. (66) Embryologische Studien an Insekten. Zeitschr. wiss. Zool. Bd. 16. 1866.

Mordwilko (95) Zur Anatomie der Pflanzenläuse, Aphiden. Zool. Anzeig. Jahrg. 18. 1895.

Newport, G. (39) Insecta. Cyclop. Anat. Physiol. (R. B. Todd) vol. 2. London. 1839.

Osborn, H. (95) The Phylogenie of Hemiptera. Proceed. Ent. Soc. Washington vol. 3. 1895.

Savigny, J. C. (16) Mémoires sur les animaux sans vertèbres. Paris, 1816.

Schmidt, E. (91) Lippentaster bei Rhynchoten und systematische Beziehung der Nepiden und Belostomiden. Sitz.-Ber. Ges. Nat. Freunde. Berlin. 1891.

Sharp, D. (90) On the structure of the terminal segment in some male Hemiptera. Trans. Ent. Soc. London. T. 12—14. 1890.

Smith, J. B. (92) The structure of the hemipterous mouth. Science, an illustrated Journal. vol. 19. New York, 1892.

Derselbe (97) An essay on the Classification of Insects. Science, a weekly Journal. new series vol. 5. New York, 1897.

Uzel, H. (98) Studien über die Entwicklung der apterygoten Insekten. Königgrätz, 1898.

Verhoeff, C. (93) Vergleichende Untersuchungen über die Abdominalsegmente der weiblichen Hemiptera-Heteroptera und Homoptera. Verhandl. Naturwiss. Ver. preuss. Rheinlande, Westfalen Reg.-Bez. Osnabrück. Jahrg. 50. Bonn, 1893.

Wedde, H (85) Beiträge zur Kenntniss des Rhynchotenrüssels. Arch. Naturg. Jahrg. 51, Bd. 1. 1885.

Westwood (40) An introduction to the modern Classification of Insects. vol. 2. London, 1840.

Wheeler W. M. (89) Ueber drüsenartige Gebilde im ersten Abdominalsegment der Hemipteren-embryonen. Zool. Anzeig. Jahrg. 12, 1889.

Witlaczil, E. (82) Zur Anatomie der Aphiden. Arbeit Zool. Instit. Wien, Bd. 4. 1882.

Derselbe (84) Entwicklungsgeschichte der Aphiden. Zeitschr. wiss. Zoolog. Bd. 40, 1884.

Erklärung der Abbildungen.

—

Tafel 1.

Fig. 1. Keimstreif von Naucoris cimicoides nach Anlage des Labiums und Ausbildung der Tergitwülste im Abdomen. Das rechte Hinterbein ist grösstentheils entfernt, um die Anlänge des 1. Abdominal-segmentes zu zeigen. Vergr. 60.

Fig. 2. Hinterende einer Larve von Pyrrhocoris apterus von der Ventralseite gesehen. Das den Anus umgebende 11. Sternit und zweilappige 11. Tergit sind hervorgestülpt. Vergr. 58.

Fig. 3. Kopf eines Keimstreifens von Cimex dissimilis. Die rechte Mandibel und die dahinter liegende 2. Maxille sind abgenommen. Vergr. 60.

Fig. 4. Hinterende eines männlichen Embryo von Naucoris nach der Umwachsung des Dotters. Im 10. Segmente schimmern durch die Körperwand die Terminalampullen (Amp) der Vasa deferentia hindurch. Dorsalwärts im 9. Segmente ist das hintere Ende des Rückengefässes erkennbar. Vergr. 130.

Fig. 5. Keimstreifen von Nepa cinerea, ungefähr gleichaltrig mit dem in Fig. 1 abgebildeten Embryo. Das 10. und 11. Abdominalsegment sind dorsalwärts umgebogen und daher in der Figur nicht mehr sichtbar. Vergr. 60.

Fig. 6. Vorderende eines Keimstreifens von Notonecta glauca. Bemerkenswerth ist die embryonale Segmentirung. Vergr. 45.

Fig. 7. Vorderer Kopftheil von Notonecta (Imago) von der dorsalen Seite gesehen. Von oberflächlich liegenden Theilen sind zu erkennen: die basalen Labialglieder (Lab), die Oberlippe (Ob) und die seitlich gelegenen Processus maxillares (Procx). Die obere Schädeldecke ist entfernt, so dass die Laminae maxillares sichtbar geworden sind. Links ist die mandibulare Stechborste nebst dem dazu gehörenden Muskelapparat, rechts die maxillare Stechborste mit ihren Muskeln dargestellt worden. Vergr. 25.

Fig. 8. Ei von Notonecta mit oberflächlich gelegenem Keimstreifen im Stadium der sog. primären Segmentirung. Vergr. 45.

Fig. 9. Hinterende einer weiblichen Imago von Naucoris. Ansicht von der Ventralseite. An der linken Seite der Figur ist die Gonapophyse des 8. Abdominalsegmentes zur Hälfte entfernt. Rechts ist (bei Abs$_9$) die laterale Gonapophyse des folgenden Segmentes abgenommen worden. Vergr. 21.

Fig. 10. Ei von Cicada septemdecim mit Keimstreifen im Dotter. Vergr. 45.

Fig. 11. Keimstreifen von Cicada, Aelteres Stadium als das der vorigen Figur. Die rechte Antenne und das rechte Hinterbein sind abgenommen. Vergr. 60.

Fig. 12. Keimstreif von Pyrrhocoris nach beendeter Segmentirung. Die Kopflappen sind dorsal umgebogen, die Antennen stehen am Vorderende. In den Abdominalsegmenten treten bereits die als laterale helle Flecken erscheinenden Tergitwülste hervor. Vergr. 60.

Fig. 13. Kopf einer Pentatomidenlarve (Cimex?). Links ist das gesammte Schädeldach abgetragen, um die Stechborsten und ihren Muskelapparat zu zeigen. Die Inga (In), Laminae maxillares (Lamx) und die hintere Kopfwandung sind links nur in Umrissen angegeben. Das Thier befand sich kurz vor einer Häutung. In der spiralig aufgerollten Kiefertasche (Ki) ist bereits eine neue Stechborste (Se) angelegt. Die maxillare Kiefertasche und die zugehörigen Retractoren sind nicht eingezeichnet worden. Vergr. 45.

Tafel 2.

Fig. 14. Keimstreif von Cimex dissimilis in eine Ebene ausgebreitet. Vergr. 45.

Fig. 15. Rechtes Mittelbein eines Embryo von Naucoris, ungefähr in dem in Fig. 1 dargestellten Stadium befindlich. Man erkennt die primäre Gliederung des Beines und namentlich die embryonale Subcoxa (Subx). Ausser der Tergitanlage ist auch die Hälfte des mesothorakalen Sternites (Stern) abgebildet. Die hellere Partie in dem letzteren kennzeichnet die Ganglionanlage. Vergr. 200.

Fig. 16. Kopf eines Embryo von Naucoris nach der Umrollung. Clypeus und Oberlippe sind abgetragen, um den Hypopharynx (Hyp) und die Anlage der „Wanzenspritze" (Splex) zu zeigen. Vergr. 90.

Fig. 17. Keimstreif von Naucoris. Die Segmentirung ist im Abdomen noch unvollständig. Vergr. 45.

Fig. 18. Junger, aus dem Dotter herauspräparirter Keimstreif von Pyrrhocoris. Die Kopflappen (Kbl) sind von der Dorsalseite, der Rumpf von der Ventralseite gesehen. Die Körperregionen sind bereits angedeutet. Vergr. 45.

Fig. 19. Vordere Kopfpartie nebst Labium von Dryobius roboris von der linken Seite gesehen. Die Stechborsten (Set) sind aus dem proximalen Theil des Labiums künstlich etwas hervorgezogen. Vergr. 50.

Fig. 20. Hinterende eines Embryo von Cimex nach der Umrollung. Jede Sternitanlage besteht aus drei Theilen, indem ein medianes erhabenes Feld (Sternum), das die Ganglienanlage enthält, sich von zwei lateralen Feldern (Sternl) absetzt. Vom Enddarm gehen vier Vasa Malpighi aus, welche durch die Tergite hindurchschimmern. Die distalen Enden der beiden längeren Vasa (Malp) treten hervor. Vergr. 120.

Fig. 21. Sagittalschnitt durch das Hinterende eines Keimstreifens von Naucoris. Auch im 11. Abdominalsegment sind noch Ganglienzellen erkennbar. Vergr. 355.

Fig. 22. Hinterende einer weiblichen Larve (Nymphe) von Naucoris von der Ventralseite gesehen. Vergr. etwa 40.

Fig. 23. Transversalschnitt durch eine Larve von Cicada septemdecim. Vergr. 200.

Fig. 24. El von Pyrrhocoris von der Ventralseite gesehen. Man erkennt im Innern den Keimstreifen, dessen Kopflappen noch oberflächlich liegen, während der Rumpf seine Dorsalfläche dem Beschauer zuwendet. Die dunkle Färbung in der Medianlinie wird durch die Invagination des Mesoderms hervorgerufen. Vergr. 45.

Fig. 25. Hinteres Körperende eines Männchen von Tibicina tomentosa. Von dem Kopulationsanhang (Gon) ist nur die basale Partie angegeben. Vergr. 20.

Fig. 26. Abdominalende einer Larve von Cimex von der Ventralseite gesehen. Das plättchenförmig gestaltete 11. Tergit und Sternit liegen eingezogen im 10. Abdominalringe. Am Körperrande treten die dunkel gefärbten Seitentheile der Tergite hervor (Parat), welche ventral umgeklappt sind. Vergr. 30.

Fig. 27. Hinterende einer männlichen Imago von Pyrrhocoris. Die Gonapophysen sind nur unvollständig angegeben, um die letzten Abdominalsegmente sichtbar zu machen. Vergr. 30.

Tafel 3.

Fig. 28. Vorderkopf von Syromastes marginatus von der Ventralseite gesehen. An der medialen Kante der Laminae maxillares (Lamx) treten die Processus maxillares oder „Bucculae" (Prox) hervor. Vergr. 40.

Fig. 29. Kopf und Thorax eines Keimstreifen von Naucoris. An den vorderen Maxillen ist eine Spaltung eingetreten. Vergr. 60.

Fig. 30. Vorderende eines Keimstreifen von Cimex. Etwas älteres Stadium als in Fig. 14. Vergr. 45.

Fig. 31. Junge Embryonalanlage von Pyrrhocoris, aus dem Dotter herauspräparirt. Mit Ausnahme der Kopflappen ist der Körper von der Ventralseite betrachtet. In der vorderen Rumpfhälfte ist noch die Invaginationsrinne (It) für das Mesoderm erkennbar. Zwischen die aus einander weichenden Kopflappen schiebt sich ein vom Blastoderm bekleideter zapfenförmiger Fortsatz des Dotters (Blast) ein. Vergr. 90.

Fig. 32. Kopf von Notonecta (Imago) von hinten gesehen. An der rechten Seite der Figur sind die an der Gula und dem Processus maxillaris befindlichen Borsten entfernt Vergr. 18.

Fig. 33. Kopf nebst Speicheldrüsen eines Embryo von Cimex. Das gleiche Stadium wie in Fig. 20. Vergr. 60.

Fig. 34. Kopf einer Larve von Nepa, von der Dorsalseite gesehen. Rechts ist der Processus maxillaris künstlich aufgebogen, so dass die unter ihm verborgene kleine Lamina maxillaris sichtbar wird. Vergr. 24.

Fig. 35. Hintere Kopfpartie eines Embryo von Cicada nach der Umrollung. Mandibeln, Maxillen. Hypopharynx und Unterlippe sind erkennbar. Vergr. 145.

Fig. 36. Analpartie einer weiblichen Imago von Nepa. Die rechte Hälfte des 8. Sternites ist entfernt, desgleichen die Gonapophysen mit Ausnahme der lateralen des 9. Segmentes. Von den letzteren ist die rechte Gonapophyse nur zur Hälfte eingezeichnet, um das 10. Sternit vollkommen sichtbar zu machen. Vergr. 30.

Fig. 37. Abdominalende einer weiblichen Imago von Cimex von hinten gesehen. Umgeben von dem ringförmigen 10. Abdominalsegment sind das 11. Tergit und Sternit erkennbar. Vergr. 43.

Fig. 38. 5.—11. Abdominalsegment einer weiblichen Larve von Aphrophora salicis. von der Ventralseite gesehen. Vergr. 65.

Erklärung der Buchstaben.

A = Anus
Abd = Abdomen
Abs_{1-11} = Abdominalsegment (1.—11.)
Abx_1 = Gliedmaassenanhänge des 1. Abdominalsegmentes
am = Amnion
amhl = Amnionhöhle
Amp = Terminalampulle der Geschlechtsgänge
Ant = Antenne
Appl = Appendices Labii
Blast = Blastoderm
C = Herz, Rückengefäss
Chmd = Chitinhebel zum Bewegen der mandibularen Stechborsten
Cl = Clypeus
Cx = Coxa, Hüfte
D = Dotter
Deut = Ganglion des Antennensegmentes
Ed = Enddarm
ekt = Ektoderm
Fa = Facettenauge
Fe = Femur, Oberschenkel
Fr = Frons, Stirn
Foroc = Foramen occipitale
ggl ab_{1-11} = Abdominalganglion (1.=11.)
gglz = Ganglienzellen
Gon = männliche Genitalanhänge
Gon_8 = Gonapophysen des 8. Abdominalsegmentes
$Gon\ lat_9$ = laterale] Gonapophysen des 9. Ab-
$Gon\ med_9$ = mediale   } dominal segmentes
Gul = Gula
Hyp = Hypopharynx
Int = Intersegmentalhaut
Ju = Juga (Laminae mandibulares)
K = körnchenförmige Einschlüsse im Dotter
Kbl = Kopflappen
Kf = Kieferregion
Kt = Kiefertasche
Lab = Labium
Lab_{1-4} = 1.—4. Glied der Unterlippe
Lmnx = Lamina maxillaris
Malp = Vasa Malpighi
Md = Mandibel
mes = Mesoderm
msk = Muskeln
Mx_{1-2} = vordere resp. hintere Maxille
Mxl = Lade (Lobus internus oder Lacinia) der vorderen Maxille

Mxp = Maxillarhöcker
O = Mundöffnung
Ob = Labrum
$Parnst_{1-9}$ = Parasternit des 1.—9. Abdominalsegmentes
$Parat_{1-III.}$ = Paratergit des 1.—3. Thoraxsegmentes
$Parat_{1-9}$ = Paratergit des 1.—9. Abdominalsegmentes
Phsk = Chitinscelet des Pharynx
Proex = Processus maxillaris (Inucula) = Rudiment des Palpus maxillaris
Ptrmd = Musculus protractor mandibularis
Ptrmx = Musculus protractor maxillaris
R = Invagination des Mesoderms
Rtrmd = Musculus retractor mandibularis
Rtrmx = Musculus retractor maxillaris
Se = Seta, Stechborste
Semd = Seta mandibularis
Semx = Seta maxillaris
Spl = Speicheldrüsen
Spld = Speichelgang
Splex = Spritzapparat der Speicheldrüsen resp. Anlage desselben
Splo = Einstülpung für die Speicheldrüsenanlage
St_{1-10} = Stigma (1.—10)
stern = sternit
$Stern_{1-11}$ = sternit des 1.—11. Abdominalsegmentes
Sternl = laterales Feld der Sternitanlage
Sternm = medianes Feld der Sternitanlage
Ta = Tarsus
$Terg_{1-III.}$ = 1.—3. thorakales Tergit
$Terg_1$ = 1.—11. abdominales Tergit
$Tergnx_2$ = Tergit des hinteren Maxillarsegmentes
Tergw = Tergitwulst (verdickter, an der Ventralseite verbleibende Seitenrand der Tergitanlage).
$Tergw_{1-III.}$ = Tergitwulst des 1.—3. Thoraxsegmentes
$Tergw_{1-11}$ = Tergitwulst des 1.—11. Abdominalsegmentes
Th = Thorax
$Thx_{1-III.}$ = Thoraxbeine
Ti = Tibia
Tr = Trochanter
Trit = Ganglion des Intercalarsegmentes
Ve = Vertex

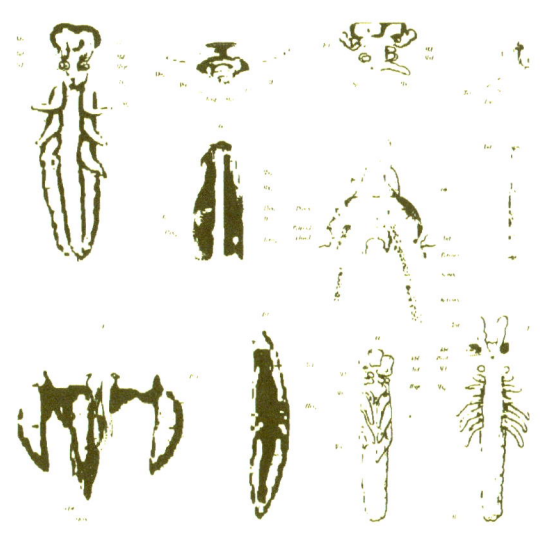

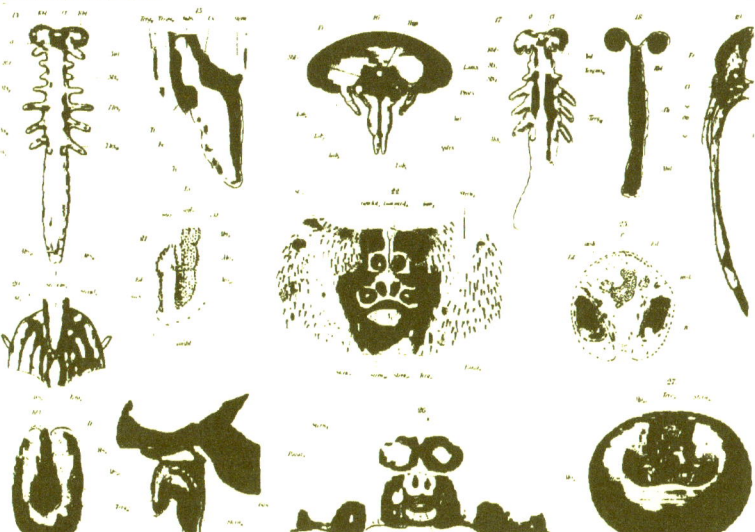

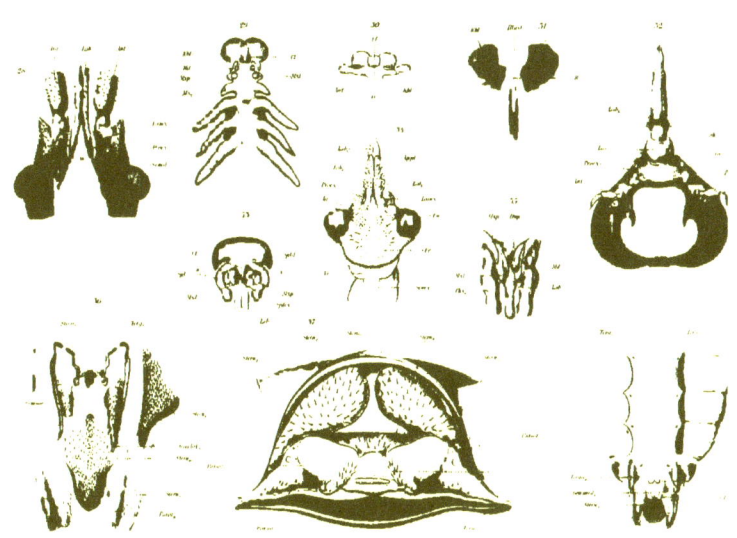

NOVA ACTA.

Abh. der Kaiserl. Leop.-Carol. Deutschen Akademie der Naturforscher

Band LXXIV. Nr. 4.

Theorie der atmosphärischen Refraction und Totalreflexion der Schallwellen

und ihre Bedeutung für die Nautik.

Von

Ludwig Matthiessen

Rostock.

Eingegangen bei der Akademie am 5. Mai 1899.

HALLE.
1899.

Druck von Ehrhardt Karras, Halle a. S.

Für die Akademie in Commission bei Wilh. Engelmann in Leipzig.

Die Theorie der atmosphärischen Refraction der Schallstrahlen lässt eine analoge Behandlung zu, wie die Theorie der astronomischen Refraction der Lichtstrahlen nach Laplace und Bessel, wenn man von der Annahme ausgeht, dass die Atmosphäre aus homogenen, concentrischen Schichten besteht, deren Temperatur mit der Höhe nach gewissen einfachen Gesetzen abnimmt. Wenn man nämlich wie bei der astronomischen Strahlenbrechung voraussetzt, dass die Atmosphäre frei von Wasserdampf und die thermische Höhenstufe constant sei, so ist die Refraction der Schallstrahlen nur ab-

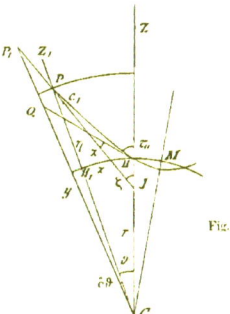

Fig. 1.

hängig von der Temperatur, dagegen unabhängig vom Drucke. Wir nehmen an, wie in der Theorie der astronomischen Refraction von Bauernfeind[1], die thermische Höhenstufe betrage 176 m für 1° C.; alsdann wird die Trajectorie eine ebene, in der Verticalebene des Erregungscentrums liegende nach oben concave Curve sein, und es lassen sich sowohl die Differenzial-

[1] Astronom. Nachr. 62. Bd. S. 209; 67. Bd. S. 33.

gleichungen der Aberration in irgend einem Punkte der Trajectorie, als auch die Differenzialgleichung der Trajectorie selbst ableiten.

Es sei (Fig. 1.) C das Erdcentrum, H das Erregungscentrum, Z sein Zenith, P ein Punkt der Curve, y sein Abstand von C, PH_1 gleich η die Höhe desselben, ϑ der Centriwinkel PCH, τ_0 der Winkel ZHQ der Trajectorie mit der Verticalen HZ, c_1 der Winkel HPC der Trajectorie mit der Verticalen $H_1 Z_1$, endlich ζ die scheinbare Höhe PIZ des Punktes P.

Denkt man sich nun die Schallstrahlen von H nach P in der Richtung der positiven Coordinaten bewegt, so handelt es sich bei der astronomischen Strahlenbrechung wesentlich um die Bestimmung der Zenithdistanz ζ, indem man dieselbe aus dem Integral von $\partial\zeta$ zwischen den Grenzen $\zeta = \zeta$ und $\zeta = \tau_0$ zu bestimmen sucht. Wir gehen dabei aus von den Beziehungen, welche sich aus der Figur ergeben,

$$\zeta = c_1 + \vartheta, \quad \partial\zeta = dc_1 + \partial\vartheta,$$

$$\tan c_1 = \frac{y \partial\vartheta}{\partial y}.$$

Nun gilt nach Laplace[1]) für jedes Refractionsgesetz in concentrischen Kugelschichten die Gleichung

(1) $ny \sin c_1 = \text{const.} = N_1 r \sin \tau_0.$

Durch Differenzirung derselben erhält man

$$-\cot c_1 \, \partial c_1 = \frac{\partial n}{n} + \frac{\partial y}{y}$$

und wenn man hieraus ∂c_1 in die vorigen Gleichungen einsetzt,

$$\partial\zeta = -\tan c_1 \frac{\partial n}{n};$$

oder

(2) $\partial\zeta = \frac{-r \, N_1 \sin \tau_0 \, \partial n}{n \sqrt{n^2 y^2 - N_1^2 r^2 \sin \tau_0^2}}.$

Das angenommene Refractionsgesetz für die Temperatur-Differenz t zwischen H und P ist nun

$$n = \sqrt{1 + at} \quad \left(1 + 0{,}003665\, t\right),$$

und wenn man die thermische Höhenstufe $t : \eta = 176 = \eta : h$ substituirt,

[1]) Méc. cél. Livre X. Chap. I. No. 10 und Matthiessen, Die Phoronomie der Lichtstrahlen in anisotropen, unkrystallinischen Medien im Allgemeinen und in sphärischen Niveauflächen im Besonderen. Exner's Rep. d. Phys. 25. Bd. S. 664. 1889.

$$(3) \qquad u = \sqrt{1 + a\,\frac{\eta}{h}}.$$

Da ferner $y = r + \eta$ und

$$\hat{e}u \qquad \tfrac{1}{2}\,a\hat{e}\eta$$
$$h\sqrt{1 + a\frac{\eta}{h}}$$

ist, so wird $\hat{e}z$ als Function von η bestimmbar, wenn es gelingt, die Gleichung (2) zu integriren. Wir wollen jedoch hiervon Abstand nehmen, da es für unser Ziel von grösserem Interesse ist, die Gleichung der Trajectorien der Schallstrahlen zu bestimmen, besonders zur Erklärung der Erscheinungen der Totalreflexion des Schalles in der Luft bei klarem Himmel, wie sie zuweilen auf dem Meere beobachtet worden ist.

Von Professor Dr. H. Mohn in Christiania ist zwecks „Studien über Nebelsignale"[1] unter der beschränkten Annahme, dass die von Schallstrahlen durchlaufenen Luftschichten sich wenig über dem Meere erheben und die Schallgeschwindigkeit gleichförmig mit der Höhe nach oben abnimmt, gefunden, dass die Trajectorien Kreise, also (theoretisch) in sich zurücklaufende Kurven seien. Da der Schall aber auch aus bedeutenden meilenhohen Entfernungen wahrgenommen wird, z. B. von explodirenden Meteoriten, so wollen wir die Theorie in dieser Richtung zu erweitern suchen.

Um die Gleichung der Trajectorie HP, indem wir die Schallquelle in H annehmen, zu finden, so ist für ein Bogenelement derselben in P

$$z = c_1 + \vartheta = r_0 - \lambda.$$

also

$$(4) \qquad c_1 = r_0 - \vartheta - \lambda.$$

wo λ die Aberration bezeichnet. Dabei ist c_1 der Einfallswinkel des Schallstrahles in P, welcher kleiner ist als der Einfallswinkel r_0 in H. Diese Verminderung ist also eine zweifache und zwar einmal wegen der Drehung ϑ des Einfallslothes und sodann noch wegen der Variation des Index u. Dies giebt sich nun auch kund in dem Werthe des totalen Differenziales $\hat{e}c_1$, welches aus zwei partiellen besteht, wie folgende Betrachtung ergiebt. Wir fanden oben

$$- \cot c_1 \hat{e}c_1 \qquad \frac{\hat{e}u}{u} + \frac{\hat{e}q}{q}$$

[1] Annalen der Hydrographie etc. der Deutschen Seewarte in Hamburg. Jahrg. 1892. S. 85—117; 1893, S. 249; 1895, S. 185, 226, 261 u. 362.

oder

$$\partial e_1 = -\tan c_1 \left(\frac{\partial u}{u} + \frac{\partial y}{y} \right).$$

Da der Kreisbogen $HH_1 = r\vartheta$ und $KP = y\vartheta = (r + \eta)\vartheta$ ist, so wird weiter

$$\partial e_1 = -\frac{y\partial\vartheta}{\partial y} \left(\frac{\partial u}{u} + \frac{\partial y}{y} \right)$$

und weil $\partial y = \partial \eta$ ist,

$$\partial e_1 = -\frac{(r + \eta)\,\partial\vartheta}{u\partial\eta}\,\partial u - \partial\vartheta$$

oder endlich

(5) $$\partial e_1 = -\left(\frac{\partial e_1}{\partial u} \right) \partial u + \left(\frac{\partial e_1}{\partial\vartheta} \right) \partial\vartheta,$$

welche Gleichung die beiden partiellen Differenziale enthält. Integriren wir die vorhergehende Gleichung zwischen den Grenzen H und P, so resultirt

$$\int_{\tau_0}^{e_1} \partial e_1 = -\int_0^y \partial\vartheta - \int_0^\vartheta \frac{(r + \eta)\,\partial u}{u\partial\eta}\,\partial\vartheta$$

also entsprechend der Relation (4)

$$e_1 = \tau_0 - \vartheta - \int_\eta^\vartheta \frac{y\partial u}{u\partial y}\,\partial\vartheta.$$

Hieraus folgt dann, dass die Aberration des Schallstrahles gefunden wird aus

(6) $$\lambda = \int_0^\vartheta \frac{y\partial u}{u\partial y}\,\partial\vartheta.$$

Es mag an dieser Stelle bemerkt werden, dass in der Theorie der astronomischen Refraction die entsprechende Gleichung von (4) lautet

$$e_1 = \tau_0 - \vartheta + \lambda,$$

also das dritte Glied auf der rechten Seite einen positiven Werth hat, wogegen bei der akustischen Refraction das dritte Glied einen negativen Werth besitzt; dass ferner im ersten Falle λ sehr klein gegen ϑ, im anderen Falle ϑ verschwindend klein gegen λ bleibt.

Die Refractionsgleichung (4) wollen wir dazu benutzen, die Gleichung der Trajectorie in Polarcoordinaten y und ϑ zu suchen. Da nämlich

$$e_1 = \text{arc cot}\, \frac{\partial \eta}{y\partial \vartheta}$$

ist, so wird die Differenzialgleichung der Trajectorie

$$(7) \qquad \text{arc cot}\, \frac{\partial \eta}{(r+\eta)\partial\vartheta} - \tau_0 - \vartheta - \int_0^\vartheta \frac{(r+\eta)\partial n}{n\partial\eta}\,\partial\vartheta.$$

Hierin ist zunächst das Refractionsgesetz (3) zu substituiren, nämlich

$$\frac{\partial n}{n} - \frac{\frac{1}{2}a\partial\eta}{h\left(1+a\frac{\eta}{h}\right)},$$

wodurch die Ordinate η sich als eine Function von ϑ ergeben muss. Um eine Vereinfachung des Integrales zu erhalten, beachten wir, dass, wenn in dem Bereiche unserer Untersuchungen die Ordinate η höchstens bis zu einer Höhe von etwa 15000 Meter aufwärts steigt, bei dem Halbmesser der Erdkugel $r = 6366000$ Meter

$$r + \eta \quad r\left(1 + \frac{\eta}{r}\right) \quad 1.0023,$$

dagegen der Divisor des dritten Gliedes bis zum Werthe

$$1 + a\,\frac{\eta}{h} - 1 + 0.003665\,\frac{\eta}{176} - 1.31$$

wächst. Wir können deshalb innerhalb jenes Bereiches vorläufig setzen

$$\text{arc cot}\, \frac{\partial\eta}{(r+\eta)\partial\vartheta} - \tau_0 - \vartheta - \int_0^\vartheta \frac{r\partial n}{n\partial\eta}\,\partial\vartheta,$$

also

$$(8) \qquad \lambda - \frac{1}{2}\,a\,\frac{r}{h}\int_0^\vartheta \frac{\partial\vartheta}{1 + a\frac{\eta}{h}}$$

Der erste Näherungswerth hiervon ist

$$\lambda - \frac{1}{2}\,a\,\frac{r\vartheta}{h} - 66.2\,\vartheta,$$

woraus hervorgeht, dass immer nahezu $e_1 - \tau_0 - \lambda$ bleibt, indem ϑ gegen λ verschwindend klein bleibt. Desungeachtet wollen wir einstweilen noch das ϑ der rechten Seite beibehalten und der Kürze wegen $\tau_0 - \vartheta = z$, also $\partial\vartheta = -\partial z$ setzen. Alsdann lässt sich die Differenzialgleichung (7) in goniometrischer Form schreiben

$$(9) \quad \frac{-\hat{r}\eta}{(r+\eta)\,\hat{e}z} = \cot c_1 - \cot z + \frac{\lambda}{\sin z^2} + \frac{\lambda^2 \cot z}{\sin z^2} + \frac{\lambda^3\,(1 + 2\,\cos z^2)}{3\,\sin z^1} - + \cdots$$

Durch Integration zwischen den gegebenen Grenzen wird nun

$$\int_0^{z_i} \frac{\hat{e}\eta}{r+\eta} = -\int_{z_0}^{z} \cot z\,\hat{e}z - \int_{z_0}^{z} \lambda\,\frac{\hat{e}z}{\sin z^2} - \int_{z_0}^{z} \lambda^2\,\frac{\cot z}{\sin z^2}\,\hat{e}z - \cdots$$

Daraus resultirt

$$1 + \frac{\eta}{r} = \frac{\sin \tau_0}{\sin z}\,e^{-\int_{\tau_0}^{z}\frac{\lambda\hat{e}z}{\sin z^2} - \int_{z_0}^{z}\lambda^2\,\frac{\cot z}{\sin z^2}\,\hat{e}z - \cdots}$$

Die Gleichung der Trajectorie ist somit

$$(10) \quad \eta = r\left\{\frac{\sin \tau_0}{\sin (\tau_0 - \vartheta)} - 1\right\} - r\,\frac{\sin \tau_0}{\sin z}\int_{\tau_0}^{z}\frac{\lambda\hat{e}z}{\sin z^2} - r\,\frac{\sin \tau_0}{\sin z}\int_{\tau_0}^{z}\frac{\lambda^2 \cot z}{\sin z^2}\,\hat{e}z - \cdots$$

Für $a = 0$, also $u = 1$, wird demgemäss die Trajectorie in die Gerade

$$\eta = r\left(\frac{\sin \tau_0}{\sin (\tau_0 - \vartheta)} - 1\right)$$

übergehen müssen, welche den Punkt P mit H verbindet. Nach Potenzen von ϑ bis zu incl. ϑ^2 entwickelt, ist diese Gleichung in Polarcoordinaten

$$(11) \quad \eta \quad r\,\vartheta\cot\tau_0\left\{1 + \vartheta\,\frac{1 + 2\cot\tau_0^2}{2\cot\tau_0} + \vartheta^2\left(\frac{5}{4} + \cot\tau_0^2\right) + \cdots\right\}$$

So lange also τ_0 von 0^0 verschieden bleibt, werden wir in erster Annäherung setzen können

$$\eta = (r\,\vartheta)\cot\tau_0.$$

Nach der Figur ist $r\,\vartheta$ die sphärische Abscisse $H\,H_1 = x$ und wir werden sehen, dass die Integrale sich in convergente Reihen nach steigenden Potenzen vor $r\,\vartheta$ oder x, beziehungsweise von ϑ entwickeln lassen. Um den Gang der Entwicklung zu illustriren, wollen wir wegen der relativen Kleinheit der Glieder höherer Ordnung hier nur noch die Glieder von der Ordnung x^3 berücksichtigen und da ferner ϑ immer eine gegen τ_0 verschwindend kleine Grösse bleibt, so lange η verschwindend klein gegen r und τ_0 messbar verschieden von 0^0 ist (senkrechte Incidenz), so können wir vorläufig τ_0 für z setzen und bei einer genaueren Entwicklung der Integrale beachten, dass

(12) $$\frac{\sin r_0}{\sin z} = 1 + \vartheta \cot r_0 + \vartheta^2 \left(\frac{1}{2} + \cot r_0^2\right) + \dots$$

Zunächst bestimmen wir das erste Integral in (10)

$$- r \frac{\sin r_0}{\sin z} \int_{r_0}^{z} \frac{\lambda \hat{c} z}{\sin z^2} = \frac{r}{\sin r_0^2} \int_0^{\vartheta} \lambda \hat{c} \vartheta.$$

In Berücksichtigung der Gleichung (8) kann man setzen

$$\frac{r}{\sin r_0^2} \int_0^{\vartheta} \lambda \hat{c} \vartheta = \frac{a}{2h \sin r_0^2} \int_0^{\vartheta} \left[r \hat{c} \vartheta \int_0^{\vartheta} \frac{r \hat{c} \vartheta}{1 + a \frac{z}{h}} \right]$$

Um η durch ϑ auszudrücken, substituiren wir aus (11) den Näherungswerth $\eta = - (r\vartheta) \cot r_0$ und erhalten somit

$$\frac{r}{\sin r_0^2} \int_0^{\vartheta} \lambda \hat{c} \vartheta = \frac{a}{2h \sin r_0^2} \int_0^{\vartheta} \left[r \vartheta \int_0^{\vartheta} \frac{r \hat{c} \vartheta}{1 + a \frac{\cot r_0}{h} r\vartheta} \right]$$

Die zweimalige Integration ergiebt das Integral

$$\frac{a}{4h \sin r_0^2} (r\vartheta)^2 - \frac{a^2 \cot r_0}{12 h^2 \sin r_0^2} (r\vartheta)^3 + \dots$$

Das nächstfolgende Integral ist mindestens von der Ordnung $(r\vartheta)^5$ und weitere Glieder der Gleichung (10) von noch höherer Ordnung. Das zweite Integral in (10) ist nun aber

$$\frac{\cot r_0}{\sin r_0^2} \int_0^{\vartheta} \lambda^2 \hat{c} \vartheta - \frac{a^2 \cot r_0}{12 h^2 \sin r_0} (r\vartheta)^3 + \dots$$

Fügen wir diesen Werth dem vorigen hinzu, so erhalten wir als Gleichung der Trajectorie

(12) $$\eta = r \cot r_0 + \frac{a}{4h \sin r_0^2} r^2.$$

Wenn wir keine Grössen vernachlässigen, so wird die Gleichung der Trajectorie von folgender Form

(13) $$\eta = \cot r_0 (1 + A_1 \vartheta + B_1 \vartheta^2 + \dots) r + \frac{a}{4h \sin r_0} (1 + A_2 \vartheta + B_2 \vartheta^2 + \dots) r^2$$
$$+ (A_3 \vartheta + B_3 \vartheta^2 + \dots) r^3 + (A_4 \vartheta + B_4 \vartheta^2 + \dots) r^4 + \dots$$

Wir werden demnach zu der Gleichung (12) gelangen müssen, bei

der Annahme horizontaler, ebener Schichten der Atmosphäre und recht-
winkliger Coordinaten. In diesem Falle reducirt sich die Gleichung (1) auf

$$n \sin c_1 = N_1 \sin \tau_0,$$

und wenn wir rechtwinklige Coordinaten einführen,

$$\left(\frac{\partial \eta}{\partial x}\right)^2 = \frac{n^2}{N_1^2 \sin \tau_0^2} - 1.$$

Mit Hilfe der Gleichung (3) erhalten wir die Differenzialgleichung
der Trajectorie

$$\int_0^{\eta} \frac{\sin \tau_0 \, \partial \eta}{\sqrt{\cos \tau_0^2 + a \frac{\eta}{h}}} = \int_0^{x} \partial x,$$

woraus sich die Gleichung (12) unmittelbar ergiebt. Wir gelangen also
auch zu derselben, wenn wir in (13) $\vartheta = -0$ setzen; sie gehört offenbar einer
Parabel an mit verticaler Axe und es ist unschwer, über die physikalische
Bedeutung derselben zu discutiren.

Da die Function ein Minimum besitzt, so entspricht dem simultanen
Werthe von η der Punkt der totalen Reflexion an einer Luftschicht, nach
welcher die Trajectorie symmetrisch wieder nach oben verläuft. Verlegt man
die Coordinaten in diesen Punkt, so muss die neue Gleichung der Trajectorie
lauter gerade Potenzen von x enthalten. Dies gilt offenbar auch von der
allgemeinen Gleichung (13) und die gegenseitigen Beziehungen der Functionen
A_{m}, B_{m} u. s. w. müssen von der Art sein, dass nach der Verrückung des
Coordinaten dieselbe folgende Form annimmt

(14) $Y - R (1 + M_1 \vartheta + N_1 \vartheta^2 + .) X^2 + (M_2 \vartheta + N_2 \vartheta^2 + .) X^4 + \ldots$

Wir wollen zunächst für die einfachere Form der Parabel die Lage
des Minimums bestimmen; es ist

$$\frac{\partial \eta}{\partial x} = 0 = \cot \tau_0 + \frac{a}{2h \sin \tau_0^2} x,$$

folglich

(15) $x_1 = -\frac{2 \sin \tau_0 \cos \tau_0 \, h}{a}, \quad \eta_1 = -\frac{\cos \tau_0^2 \, h}{a}.$

Dies sind die Coordinaten der Totalreflexion; sie sind beide negativ
und liegen also unterhalb der Niveauﬂäche $H H_1$. Bei unveränderlichem
Winkel der Incidenz τ_0 haben x_1 und η_1 relativ verschiedene Maxima und
Minima, nämlich

τ_0	x_1	η_1
$0°$	0	$-h:a$
$45°$	$h:a$	$-h:2a$
$90°$	0	0

Verlegen wir das Coordinatensystem in den Punkt (x_1, η_1) und bezeichnen die neuen Coordinaten mit X und Y, so wird

$$x = X - \frac{2\sin\tau_0\cos\tau_0\,h}{a}, \quad \eta = Y - \frac{\cos\tau_0^2\,h}{a},$$

und die Scheitelgleichung der Trajectorie

(16) $$X^2 = 4\sin\tau_0^2\frac{h}{a}\,Y.$$

Der Parameter hat sein Maximum für $\tau_0 = 90°$ d. h. für horizontal auslaufende Schallstrahlen und der Scheitel liegt in H. Der Ort aller Scheitelpunkte der Parabeln ist eine Ellipse, deren horizontale Axe doppelt so gross ist, als die Verticale, nämlich

(17) $$y^2 = -4\left(\frac{h}{a}\,\eta + \eta^2\right).$$

Es ist nun von besonderem Interesse, für bestimmte Höhen η des Erregungscentrums den Hörraum zu bestimmen, welcher wegen der Totalreflexion an den tiefer liegenden Luftschichten von den Schallwellen überhaupt nicht getroffen wird. Für einen nach unten unbegrenzten Raum wird der Hörraum begrenzt durch die Enveloppe aller parabolischen Trajectorien. Nach (12) ist

$$x\cot\tau_0 + \frac{a}{4h\sin\tau_0^2}x^2 = \eta, \quad U_0 = \frac{x}{\sin\tau_0^2} - \frac{a\cot\tau_0}{2h\sin\tau_0^2}x^2 = \frac{\partial U}{\partial\tau_0} = 0.$$

Eliminirt man aus beiden Gleichungen τ_0, so erhält man die Gleichung der Enveloppe

$$\eta = -\frac{h}{a} + \frac{a}{4h}x^2 \text{ (Parabel)}$$

Diese Parabel ist congruent der parabolischen Trajectorie, welche von der Schallquelle H horizontal ausläuft.

Wenn die tiefer liegenden Luftschichten durch eine horizontale Fläche begrenzt werden, z. B. durch die Meeresfläche, so wird der todte Hörraum

(Schallschatten) noch erweitert, da alle die Meeresfläche treffenden Schallstrahlen in den oberen Schallraum reflectirt werden, und sich nicht an der
Enveloppe betheiligen können. Um dies an concreten Beispielen zu erläutern,
wollen wir die Coordinaten der Scheitelpunkte der Parabeln für einige
wenig von $\tau_u = 90^o$ abweichende Incidenzwinkel berechnen.

τ_u	x_1	y_1
90°	0 m	0 m
89°	— 1676 „	— 14,6 „
88°	— 3350 „	— 58,5 „
87°	— 5020 „	— 131,5 „
86°	— 6684 „	— 233,7 „
56°	—44500 „	—15000 „
45°	—48000 „	—24000 „
0°	0 „	—48000 „

Hieraus geht hervor, dass Schallwellen bei senkrechter Incidenz
(τ_u 0°) wegen der Totalreflexion überhaupt nicht tiefer in die Atmosphäre
eindringen können als 48000 Meter (6,4 geogr. Meilen). Um diese Verhältnisse weiter zu verfolgen, so treffen bei Windstille, wenn die Schallquelle (Glocke, Nebelhorn, Brown'sche Sirene) z. B. 131,5 Meter über der
Meeresfläche sich befindet, die Schallstrahlen die Meeresfläche nicht mehr
bei grösserer Entfernung als 5020 Meter (⅔ geogr. Meilen). Denn die vor
diesem Punkte die Meeresfläche treffenden Schallstrahlen werden sämmtlich
nach oben in den Schallraum reflectirt. Diese Thatsache scheint von ausser-
ordentlicher Bedeutung für die Nautik zu sein, da wiederholt die Beobachtung
gemacht ist, dass Schallsignale nicht an Bord, wohl aber im Mastkorb oder
in den Bramstengen gehört wurden. Denken wir uns diesen letzteren
Beobachtungsort etwa 15 Meter über der Meeresfläche, so würde in dem
gewählten concreten Falle das Signal an Bord (5 m) nicht mehr gehört
werden bei (5020 + 1000) m = 6020 m, wohl aber noch in den Bramstengen
bei (5020 + 1680) m = 6700 m Entfernung. Nun werden aber in den
meisten Fällen die Verhältnisse noch ungünstiger liegen, wenn die thermische
Höhenstufe dicht über der Meeresfläche abnimmt, also h einen kleineren

Werth annimmt z. B. die Hälfte 88 m. Alsdann erhält man folgende simultane Werthe:

r^0	x_1	y_1
90°	0 m	0 m
89°	— 838 „	— 7,3 „
88°	— 1675 „	— 29,3 „
87°	— 2510 „	— 65,7 „
86°	— 3342 „	— 116,9 „
—	— 3540 „	— 131,5 „
45°	— 24000 „	— 12000 „
0°	0 „	— 24000 „

Wenn dann die Schallquelle 131,5 Meter über der Meeresfläche sich befindet, würde das Signal an Bord nicht mehr gehört werden bei 4250 Meter, wohl aber in den Bramstengen noch bei 4720 Meter Entfernung.